INHALT

Staatschefs Ngo Dinh Diem, Präsident Kennedys Beschluß vom 2. Oktober, mit dem Abzug der US-Truppen zu beginnen, und seine Ermordung fünfzig Tage später.

4. EINE ZEIT DES ÜBERGANGS

Wie Präsident Kennedy meiner Ansicht nach zu Vietnam entschieden hätte · Wie wir uns in den ersten acht Monaten der Regierung Johnson fast unmerklich, aber immer tiefer in den Vietnamkonflikt verstrickten · Die verworrene politische Situation nach Diems Tod · Lauter werdende Forderungen nach mehr Einsatz von US-Militär.

5. DIE TONKING-RESOLUTION

Die vom Kongreß verabschiedete Tonking-Resolution vom August 1964 kam einer Kriegserklärung der Vereinigten Staaten an Nordvietnam gleich · Massive Meinungsverschiedenheiten und lohnende Fragen: Was war tatsächlich geschehen? Warum war es so gekommen? Welche Folgen ergaben sich daraus? Was hätten wir anders machen sollen? · Weshalb sich die Regierung Johnson so und nicht anders verhielt · Warum der Kongreß die Tonking-Resolution so rasch und mit überwältigender Mehrheit verabschiedete · Und wie sie später von Lyndon B. Johnson und seinem Nachfolger Nixon mißbraucht wurde.

6. DIE WAHL VON 1964 UND DIE FOLGEN

Die Präsidentschaftswahlen von 1964 und die Wende in der Vietnampolitik · Rasche Verschlechterung der militärischen und politischen Bedingungen in Südvietnam · Das sich verschärfende Dilemma, einerseits eine direkte Verwicklung amerikanischer Truppen in den Konflikt und andererseits den Verlust Südvietnams an die kommunistische Hemisphäre vermeiden zu wollen · Regierung und Pentagon vor tiefgreifenden Differenzen über die Frage, wie man dieses zunehmend schwierige und Gefahren in sich bergende Problem bewältigen solle · Die besonders kritische Situation von Anfang 1965, als nur noch die Wahl zwischen gleichermaßen unangenehmen Alternativen blieb.

Die entscheidende Phase der dreißig Jahre währenden Verwicklung der USA in Indochina · Wende zur massiven militärischen Intervention in Vietnam, die Johnson letztlich die Präsidentschaft kostete und unser Land in zwei Lager spaltete wie seit dem Bürgerkrieg nicht mehr · Wie kam es dazu? Weshalb sahen wir die Folgen unseres Handelns nicht voraus? Von welchen – echten und trügerischen – Hoffnungen, Ängsten, Vorstellungen und Einschätzungen war unser Denken und Handeln geprägt?

Realität und Erwartungen stimmen nicht überein · Probleme und Grenzen militärischer Operationen in Vietnam werden deutlich · Ernüchterung und Enttäuschung · Verschiedene Kreise fordern eine weitergehende Eskalation · Vermehrte diplomatische Bemühungen im Gegenzug · Das Ergebnis: eine stark umstrittene einmonatige Unterbrechung der Bombardierungen Ende 1965 · Die negative Reaktion Hanois und des Vietcong · Als Konsequenz davon: neue Forderungen nach einer Ausweitung des Krieges.

9. DIE SCHWIERIGKEITEN NEHMEN ZU

Der eskalierende Krieg fordert immer höhere Verluste · Die Debatten um die Bodenstrategie, die Befriedung und insbesondere die Bombardements werden mit zunehmender Härte geführt · Wachsender Druck auf die Regierung Johnson, aber auch auf meine Familie und mich · Die Öffentlichkeit unterstützt den Krieg nach wie vor, aber der Widerstand wächst · Drei weitere sporadische und dilettantische Versuche, Verhandlungen aufzunehmen · Als Reaktion auf die gescheiterten Geheimgespräche fordert General Westmoreland erneut Verstärkung für die US-Truppen · Meinungsverschiedenheiten zwischen dem Präsidenten und seinem Verteidigungsminister · Mein Memorandum vom 19. Mai 1967 an Präsident Johnson.

10. ENTFREMDUNG UND ABSCHIED

Das Memorandum löst stürmische Kontroversen aus und verschärft die ohnehin hart geführte Debatte innerhalb der Regierung · Spannungsreiche und erbitterte Anhörungen im Senat über die Bombardements von Nordvietnam, wobei meine Haltung gegen die der Vereinigten Stabschefs steht · Das Memo beschleunigt den Prozeß, der Lyndon B. Johnson und mich letztlich entzweit · Eine Reihe anderer Krisen macht der ohnehin überlasteten Regierung zu schaffen: ein Nahostkrieg, der zum erstenmal den »heißen Draht« zwischen Moskau und Washington in Gang setzt; Rassenunruhen in den großen amerikanischen Städten; wachsende öffentliche Proteste, die in dem Versuch gipfeln, das Pentagon zu blockieren · Am 1. November überreiche ich Präsident Johnson ein weiteres Memo, das meine Überlegungen vom 19. Mai weiterführt · Unsere Differenzen hinsichtlich der Vietnamfrage führen zum Bruch.

11. DIE LEHREN AUS VIETNAM 407

Überlegungen zum Krieg: War es rückblickend betrachtet eine kluge Entscheidung der Vereinigten Staaten, in Vietnam militärisch einzugreifen? Welche Fehler haben wir begangen? Welche Lehren lassen sich daraus ziehen? Und wie lassen sie sich in Gegenwart und Zukunft umsetzen?

ANHANG

ÜBER DIE GEFAHR EINES ATOMKRIEGS IN DEN SECHZIGER JAHREN UND DIE LEHREN DARAUS FÜR DAS 21. JAHRHUNDERT 433

Im Laufe des Vietnamkriegs wurden Maßnahmen gefordert, die zum Einsatz von Nuklearwaffen hätten führen können · Weshalb die Vereinigten Staaten, die Sowjetunion und Kuba während der Kubakrise 1962 viel näher am Rand einer atomaren Katastrophe standen, als wir damals dachten · Allmählich wächst die Erkenntnis, daß Atomwaffen militärisch sinnlos sind und ihre Stationierung hohe Risiken mit sich bringt · Eine ständig größer werdende Zahl von Sicherheitsexperten verlangt, die Nuklearwaffenarsenale

unter das von den Präsidenten Bush und Jelzin ausge-
handelte Niveau zu senken · Manche Sicherheitsexperten
fordern sogar – soweit praktizierbar – die Rückkehr zu einer
atomwaffenfreien Welt.

In Erinnerung an Marg,
eines der wunderbarsten Geschöpfe,
die Gott erschaffen hat.
Sie trug zur Bereicherung aller
bei, die sie kannten.
Und mir gab sie auf unserem gemeinsamen
Lebensweg über vierzig Jahre hinweg
Freude und Kraft.

VORWORT

Ich hatte nie die Absicht, dieses Buch zu schreiben.

Obwohl ich über ein Vierteljahrhundert lang wiederholt dazu gedrängt wurde, den bereits veröffentlichten Berichten über Vietnam meine Sicht hinzuzufügen, schreckte ich davor zurück – aus Sorge, dies könnte als Selbstrechtfertigung, Entschuldigung oder als Akt der Rache verstanden werden, was ich unter allen Umständen vermeiden wollte. Vielleicht zögerte ich auch deshalb, weil es immer schwerfällt, sich mit eigenen Fehlern auseinanderzusetzen. Doch meine Haltung hierzu hat sich geändert, und ich bin nun bereit, mich zu diesem Thema zu äußern. Mein Anliegen ist nicht, meine persönliche Geschichte zu erzählen; vielmehr möchte ich zeigen, warum unsere Regierung und ihre führenden Persönlichkeiten sich so verhalten haben, wie sie es taten, und was wir aus dieser Erfahrung lernen können.

Meine Kollegen in der Regierung Kennedy beziehungsweise Johnson waren eine außergewöhnliche Truppe: junge, mutige, intelligente Patrioten, die nur das Beste für die Vereinigten Staaten wollten. Wie konnten diese »besten und hellsten Köpfe«, wie man uns ironisch abwertend nannte, in der Vietnamfrage nur solche Fehler begehen?

Darüber ist noch nicht geschrieben worden.

Aber warum jetzt? Warum bin ich nach all den Jahren des Schweigens davon überzeugt, nun reden zu müssen? Dafür gibt es mehrere Gründe. Der wichtigste ist, daß mich der Zynismus und der Abscheu schmerzen, mit denen so viele Menschen über unsere politischen Institutionen und über die politisch Verantwortlichen sprechen.

Viele Faktoren dürften dazu beigetragen haben: Vietnam, Watergate, Skandale, die Korruption. Aber ich glaube nicht – jedenfalls im großen und ganzen nicht –, daß die maßgeblichen Politiker der Vereinigten Staaten inkompetent oder ohne Verantwortungsgefühl und Rücksicht auf das Wohlergehen des Volkes handelten: des Volkes, das sie gewählt hat und dem gegenüber sie rechenschaftspflichtig bleiben. Auch glaube ich nicht, daß sie schlechter waren als ihre ausländischen Amtskollegen oder die Wirtschaftsbosse. Gewiß haben sie zu erkennen gegeben, daß sie alles andere als vollkommen waren, doch Menschen sind nun einmal nicht ohne Fehl und Tadel. Sie haben Fehler begangen, aber meist in ehrlicher Absicht.

Dies unterstreicht nur, in welch schwierige Lage ich gerate, wenn ich mich zu Vietnam äußere. Ich weiß, daß viele Politiker und Experten in den Vereinigten Staaten wie im Ausland bis zum heutigen Tag die Meinung vertreten, der Vietnamkrieg habe dazu beigetragen, die Ausbreitung des Kommunismus in Süd- und Ostasien in Grenzen zu halten. Manche behaupten sogar, er habe das Ende des Kalten Krieges beschleunigt. Aber ich weiß auch, daß der Krieg in Amerika ungeheuren Schaden angerichtet hat. Daran hege ich nicht den geringsten Zweifel. Ich möchte mich nicht deshalb rückblickend mit Vietnam auseinandersetzen, um meine Fehleinschätzungen und die anderer sowie die immensen Kosten, die damit verbunden waren, zu verschleiern. Vielmehr will ich zeigen, unter welchem Druck wir damals standen und wie groß unser Mangel an Wissen war. Ich möchte Vietnam in den Zusammenhang stellen, in dem wir damit konfrontiert waren.

Wir, die Mitglieder der Regierungen Kennedy und Johnson, die an den Entscheidungen über Vietnam teilhatten, handelten entsprechend dem, was wir für die Prinzipien und Traditionen unseres Landes hielten. Wir trafen unsere Entscheidungen anhand dieser Wertvorstellungen. Aber wir haben uns geirrt, schrecklich geirrt. Und wir sind künftigen Generationen eine Erklärung schuldig, warum das so war.

Ich glaube fest daran, daß unsere Irrtümer nicht auf falschen Wertmaßstäben und Absichten beruhten, sondern auf Fehlurteilen und Unzulänglichkeit. Ich sage dies bewußt vorab, da ich weiß, daß meine Ausführungen dort, wo sie zu rechtfertigen scheinen oder rational nachvollziehbar machen, was ich und andere getan haben, unglaubwürdig wirken und den Zynismus der Menschen eher verstärken könnten. Dabei ist ja gerade er es, der viele Amerikaner zögern läßt, die politisch Verantwortlichen zu unterstützen, wo es darum geht, sich innen- und außenpolitischen Problemen zu stellen und notwendige Maßnahmen zu ihrer Lösung zu ergreifen.

Ich möchte, daß die Amerikaner erfahren, warum wir Fehler gemacht haben, und daß sich daraus etwas lernen läßt. Was ich mit diesem Buch auszudrücken hoffe, ist:»Seht her, das, was wir hier über Vietnam lesen, ist konstruktiv und auf die Welt von heute und morgen übertragbar.« Denn nur so kann unser Land hoffen, seine Vergangenheit jemals hinter sich zu lassen. Der griechische Dramatiker Aischylos schrieb:»Der Lohn für Leiden ist Erfahrung.« Möge dies auch das bleibende Erbe des Vietnamkriegs sein.

Es ist nicht leicht, in dem verwirrenden Vietnam-Szenario den Menschen, Entscheidungen und Ereignissen den ihnen angemessenen Platz zuzuweisen. Als ich überlegte, in welcher Form ich meine Erinnerungen niederschreiben sollte, erwog ich einen umfassenden Bericht über meine sieben Amtsjahre als Verteidigungsminister, um dem Leser vollen Einblick in die Rahmenbedingungen der Ereignisse und Entscheidungen zu geben. Aber ich habe es dann doch für richtiger befunden, ausschließlich über Vietnam zu schreiben, was mir erlaubt, die Entwicklung unserer Politik eingängiger darzustellen, als es sonst möglich gewesen wäre.

Ich tue dies auf die Gefahr hin, allzusehr zu vereinfachen. Denn einer der Gründe, warum die Regierungen Kennedy und Johnson wesentliche Fragen zu Vietnam nicht auf systematische, rationale Weise angingen, war die ungeheure Vielfalt und Komplexität anderer Themen, mit denen wir uns auseinanderzusetzen hatten. Oder um es anders auszudrücken: Wir standen vor einer Flut von Problemen, und da der Tag nur vierundzwanzig Stunden hat, blieb uns oft nicht genügend Zeit, alles hinlänglich zu durchdenken.

In dieser mißlichen Lage befanden sich aber nicht nur die Kabinette, denen ich angehörte, oder die Vereinigten Staaten allein. Dieses Phänomen hat es zu allen Zeiten und in den meisten Ländern gegeben. Und ich wüßte nicht, wann oder wo man sich einmal ausführlich damit beschäftigt hätte. Es existiert heute wie damals, und es müßte eigentlich bei jeder Regierungsbildung berücksichtigt werden.

Meiner Ansicht nach verlassen sich Memoirenschreiber zu häufig auf ihr Gedächtnis. Das führt dazu, daß ihre Erinnerungen – so ehrlich die Absicht auch sein mag – eher vom Wunschdenken geprägt sind und das tatsächliche Geschehen in den Hintergrund tritt. Ich habe versucht, diese Gefahr, die sehr menschlich ist, weitgehend auszuschalten, indem ich zeitgenössische Berichte hinzugezogen habe, wo immer es möglich war. Doch um die ungeheure Menge bedeutender Dokumente und Zeugnisse nicht nur mechanisch aneinanderzureihen, habe ich mich um eine Strukturierung des Materials bemüht, die der historischen Wahrheit entspricht. Denjenigen, die der Meinung sind, ich hätte den einen oder anderen Aspekt zu sehr betont beziehungsweise vernachlässigt, kann ich nur erwidern, daß dieser Bericht meinem Bild der Wahrheit so nah wie möglich kommt und auf den Informationen beruht, die mir heute zur Verfügung stehen. Es ist weder mein Ziel, Irrtümer zu rechtfertigen, noch habe ich die Absicht, andere an den Pranger zu stellen. Ich möchte nur die Fehler, die wir begangen haben, benennen, ihre Ursachen ergründen und darüber nachdenken, wie sie in Zukunft vermieden werden können.

Der Vietnamkrieg und mein Anteil daran haben meine Familienangehörigen tief berührt, doch möchte ich nicht näher darauf eingehen, welche Folgen dieser Krieg für sie und mich hatte. Ich spreche nicht gern über solche Dinge, denn ich bin von Natur aus ein zurückhaltender Mensch. Um darzulegen, wie sich unser Land mit dem Vietnamproblem auseinandersetzte, bedarf es nicht der ausgiebigen Beschäftigung mit meinen eigenen Hochgefühlen, Leistungen, Enttäuschungen und Fehlern. Dafür gibt es konstruktivere Möglichkeiten.

Beim Nachdenken über Vietnam erinnerte ich mich wieder an ein Gedicht, auf das mich Marg vor dreißig Jahren, in jener aufregenden Zeit, als Präsident Kennedy gerade sein Amt übernommen hatte, aufmerksam gemacht hat. Es handelt sich um T. S. Eliots »Little Gidding«*:

> Wir werden nicht nachlassen in unserem Kundschaften,
> Und das Ende unseres Kundschaftens
> Wird es sein, am Ausgangspunkt anzukommen
> Und den Ort zum erstenmal zu erkennen.

Ich bin mit dem Kundschaften noch nicht zu Ende, und ich kenne auch den Ort noch nicht, aber nun, da ich diesen Weg der Selbsterforschung und Selbstentdeckung eingeschlagen habe, sehe ich den Vietnamkrieg wohl weitaus klarer als in den sechziger Jahren. Und das ist sicher ein Ausgangspunkt.

Wie kam es zu alledem? Welche Lehren können wir aus unserer Erfahrung ziehen?

---

* T. S. Eliot: *Gesammelte Gedichte 1909–1962*. Frankfurt a. M. 1988, S. 334.

1.

MEIN WEG NACH WASHINGTON

9. JUNI 1916 – 20. JANUAR 1961

> Zwei Wege trennten im Wald sich einmal,
> auf den minder begangenen fiel meine Wahl.
> Und das war der große Unterschied.
> ROBERT FROST, *The Road Not Taken**

Nur selten in meinem Leben war ich so von Stolz erfüllt wie am Tag nach dem Amtsantritt John F. Kennedys. An jenem 21. Januar 1961 fand ich mich um vier Uhr nachmittags zusammen mit meinen neun künftigen Kabinettskollegen im East Room des Weißen Hauses zur Vereidigung ein. Unter dem Kronleuchter bildeten wir vor dem Obersten Richter Earl Warren in seiner schwarzen Robe einen Halbkreis. In Anwesenheit des Präsidenten und Mrs. Kennedys, der Kongreßführer und unserer Familien sprach ich unisono mit den anderen meinen Amtseid. Dann trat der Präsident vor und gratulierte uns.

Nun war ich der achte Verteidigungsminister der Vereinigten Staaten – und der jüngste, den es jemals gegeben hatte. Doch obwohl ich erst 44 Jahre alt war, gehörten der Runde noch Jüngere an: Der Präsident war 43, Robert Kennedy 35. Wie die meisten von ihnen war ich in den Jahren zwischen den Weltkriegen aufgewachsen und hatte im Zweiten Weltkrieg als Offizier gedient. Präsident Kennedy wußte, daß ich Managementmethoden aus der Wirtschaft auf das Militär übertragen würde, so wie es meine Kollegen aus Harvard und ich während des

---

* Robert Frost: Der Weg, den ich nicht ging. In: *Gedichte*, Mannheim o. J.

Krieges als für statistische Kontrolle zuständige Offiziere getan hatten. Daß ich nun erneut berufen wurde, meinem Land zu dienen, empfand ich als große Herausforderung.

Mein Weg zum East Room hatte in San Francisco begonnen. Meine früheste Kindheitserinnerung ist die an eine vor Freude berstende Stadt. Es war der 11. November 1918 – Armistice Day. Damals war ich zwei Jahre alt. Anlaß für die Feierlichkeiten in der Stadt war nicht nur das Ende des Ersten Weltkriegs, sondern die – von Präsident Woodrow Wilson so eifrig gehegte – Überzeugung, daß der Sieg der Vereinigten Staaten und ihrer Alliierten allen Kriegen ein Ende setzen würde.

Natürlich war das ein Irrtum. In keiner Epoche der Menschheitsgeschichte floß soviel Blut wie im 20. Jahrhundert: Mehr als 160 Millionen Menschen sind bisher weltweit in Kriegen getötet worden.

Der Babyboom des Ersten Weltkriegs hatte zur Folge, daß bei meinem Eintritt in die Grundschule im Jahre 1922 die Unterrichtsräume knapp wurden. Meine Klasse war in einer Holzbaracke untergebracht. Die Ausstattung war zwar dürftig, aber wir hatten eine hervorragende Lehrerin. Am Monatsende ließ sie uns jeweils eine Prüfung ablegen und verteilte den Ergebnissen entsprechend unsere Sitzplätze neu: Der Schüler mit der besten Note durfte vorn in der äußeren linken Reihe sitzen.

Ich war entschlossen, genau diesen Platz in Beschlag zu nehmen. Die Klasse bestand zwar vor allem aus WASPs – weißen angelsächsischen Protestanten –, aber meine Konkurrenten um den ersten Platz waren stets Chinesen, Japaner und Juden. Nach einer Woche harter Arbeit in der Schule pflegte ich am Wochenende mit meinen Freunden aus der Nachbarschaft zu spielen, während meine Rivalen die Sonntagsschulen ihres jeweiligen Kulturkreises besuchten, die Sprache ihrer Vorfahren lernten, alte und komplexe Traditionen in sich aufnahmen und am Montag mit dem festen Entschluß in die Schule zurückkehrten, ihren irischen Klassenkameraden aus dem Rennen zu schlagen. Glücklicherweise gelang ihnen das nur selten.

Mein Ehrgeiz, in der Schule Herausragendes zu leisten, ist wohl auf die Tatsache zurückzuführen, daß weder meine Mutter noch mein Vater ein College besucht hatten. (Mein Vater war nicht über die achte Klasse hinausgekommen.) Und so setzten sie alles daran, daß ich es schaffen würde. Ihre Entschlossenheit hat mein Leben geprägt.

Jeder Mensch, der auf sein Leben zurückblickt – in meinem Fall sind das 78 Jahre –, kann bestimmte Ereignisse nennen, die sein Wesen und seine Überzeugungen geprägt haben. Ich möchte drei solche Ereignisse schildern.

Das eine war die Große Depression. 1933 machte ich meinen Abschluß an der High-School. Zu dieser Zeit war jeder vierte männliche Erwachsene dieses Landes arbeitslos. Der Vater eines meiner Klassenkameraden beging Selbstmord, weil er seine Familie nicht mehr ernähren konnte. Eine Freundin, die Tochter wohlhabender Eltern, schloß sich der kommunistischen Partei an.

Gewalttätige Streiks waren an der Tagesordnung. Während der Hafenarbeiterstreiks an der Westküste in den Jahren 1934 und 1936 wurden auf den Dächern an der Küste von San Francisco Maschinengewehre aufgestellt, um Kämpfe auf den Docks zu verhindern. Einmal sah ich, wie in der Market Street ein Hafenarbeiter einen Mann angriff, den er für einen Streikbrecher hielt. Er schlug den Mann nieder, preßte sein Knie auf den Bordstein, während das Fußgelenk auf der Straße lag, und drückte auf das Schienbein, um ihm die Knochen zu brechen. Solche Gewaltakte schockierten mich.

Als ich im Sommer 1935 zur Stellenvermittlung der Gewerkschaft ging und mich für einen Job auf See bewarb, um Geld für mein nächstes Semester am College zu verdienen, erfuhr ich aus erster Hand, welche Umstände zum Auflodern der Gewalt beitrugen. Ich stach als gemeiner Matrose auf dem Frachtschiff *SS Peter Kerr* in See. Der Lohn betrug zwanzig Dollar pro

Monat; in den Mannschaftsquartieren gab es kein fließendes Wasser; die Schlafkojen waren so von Wanzen befallen, daß ich eines Morgens neunzehn Bisse an einem Bein zählte; und das Essen war ungenießbar. Obwohl ich mich in hervorragender physischer Verfassung befand, nahm ich während dieser Fahrt über sechs Kilo ab. Diese Erfahrung erweckte in mir ein Mitgefühl für die Misere der nicht organisierten Arbeiter, das bis heute nachwirkt. Als Manager in der Autoindustrie bewunderte ich Gewerkschaftsführer wie Walter Reuther, und im Pentagon versuchte ich, Jack Conway, einen Funktionär der United Auto Workers, als Leiter der »Abteilung Militärpersonal« zu gewinnen.

Das zweite und das dritte Ereignis standen miteinander in Zusammenhang: mein Eintritt in die Universität von Kalifornien in Berkeley und meine Begegnung mit Margaret, meiner zukünftigen Frau. Ich ging nach Kalifornien, weil dort die einzige erstklassige Universität war, die ich mir leisten konnte. Die Studiengebühren betrugen jährlich 52 Dollar. Berkeley eröffnete mir eine vollkommen neue Welt – eine Welt der Geschichte, der Ideen, der ethischen und moralischen Werte, der Wissenschaft und des regen intellektuellen Austauschs. Der Präsident, Robert Gordon Sproul, und der Provost, Monroe Deutsch, hatten das Unmögliche möglich gemacht: Obwohl die Universität finanziell vollkommen von einer konservativen, ländlich geprägten staatlichen Legislative abhängig war, gelang es den beiden, eine liberale Atmosphäre intellektueller Freiheit und Diskussion aufrechtzuerhalten. In den vier Jahren, die ich dort studierte, wurde ich mit Theorien von Gerechtigkeit und Freiheit und Konzepten eines ausgewogenen Verhältnisses von Rechten und Pflichten vertraut, die bis heute mein Denken prägen.

Doch auch noch in anderer Hinsicht haben diese Jahre meine Zukunft bestimmt. In der ersten Woche auf dem Campus lernte ich Margaret McKinstry Craig, eine kluge, attraktive und temperamentvolle junge Frau aus Alameda, kennen. Sieben

Jahre später heirateten wir. Marg hat einen ausgeglichenen Menschen aus mir gemacht und mir Kraft und Lebensfreude geschenkt. Sie ergänzte mich in allen entscheidenden Punkten. Marg war von Natur aus gescheit; und dank ihrer Warmherzigkeit, Offenheit und Freundlichkeit war sie allseits beliebt. Ohne sie hätte ich längst nicht soviel erreicht.

Ich wählte Ökonomie als Hauptfach und Philosophie und Mathematik als Nebenfächer, wobei ich keinen bestimmten Berufswunsch im Sinn hatte. (Bedenkt man die damals gegebenen Umstände, wird leicht einsichtig, warum mich das Fach Wirtschaftswissenschaften so fasziniert hat.) Doch die entscheidenden Einsichten meiner Studienzeit gewann ich in meinen Philosophie- und Mathematikkursen. Die Ethikseminare zwangen mich, meine Wertvorstellungen zu hinterfragen, während ich durch das Studium der Logik lernte, streng und präzise zu denken. Und meine Mathematikprofessoren lehrten mich, die Mathematik als einen Denkprozeß zu begreifen – als eine Sprache, in der man einen Großteil des menschlichen Tuns, wenn auch sicher nicht alles, ausdrücken kann.

Es war eine Offenbarung. Bis heute bin ich der Überzeugung, daß die quantifizierende Sprache dem Nachdenken über die Welt mehr Präzision verleiht. Natürlich taugt sie nicht für Themen wie Moral, Schönheit und Liebe, aber sie ist ein wirksames Hilfsmittel, das leider zu oft vernachlässigt wird, wenn es darum geht, Armut, Haushaltsdefizite oder die Mängel unserer Gesundheitsversorgung zu überwinden.

Eine weitere Erfahrung, die großen Einfluß auf mein Leben haben sollte – obwohl mir das damals kaum bewußt war –, war das Reserve Officers Training Corps (ROTC). Da Berkeley ein staatlich subventioniertes College war, das mit öffentlichen Geldern arbeitete, mußte jeder männliche Student mindestens zwei Jahre lang an militärischen Übungen teilnehmen. Ich meldete mich für die freiwillige vierjährige Marineausbildung, wurde jedoch nicht angenommen, weil ich schlechte Augen hatte. So diente ich zwei Jahre lang im ROTC der Armee.

Damals bemerkte ich, daß niemand das Militär ernst nahm. Meine Studienkollegen und ich betrachteten den Wehrdienst als nichtssagendes Ritual, das für uns keine Bedeutung hatte. Am Tag unserer Schlußparade mußten wir vor dem Präsidenten der Universität aufmarschieren, und kaum hatten wir es hinter uns, warfen wir unsere Gewehre weg: Zur Hölle damit! Doch schon nach wenigen Jahren mußten wir verwundert zur Kenntnis nehmen, daß eine ganze Generation von karrierebewußten Offizieren wie George Marshall, Hap Arnold, Max Taylor und Dwight Eisenhower in einer Zeit, da niemanden das Militär kümmerte, durchgehalten hatte. Wirtschaftskrise hin oder her, Männer wie Max Taylor hätten vor dem Zweiten Weltkrieg ein Vermögen machen können. Doch statt dessen entschieden sie sich, ihrem Land zu dienen. Und als ihre Zeit gekommen war, retteten sie es. Wir stehen auf ewig in ihrer Schuld.

Nach Berkeley besuchte ich die Harvard Graduate School of Business Administration. Dort sog ich alles in mich auf, was ich nach meiner Vorstellung an praktischen Fähigkeiten brauchte, um eine Stelle zu bekommen. In der Fakultät schienen viele zu glauben, daß die Wirtschaft einzig und allein dem Zweck diene, Geld zu machen. Doch einige wenige, darunter Ross G. Walker, mein Professor für das Finanzwesen, und Edmund P. Learned, mein Professor für Marketing, hatten eine umfassendere Sichtweise. Sie lehrten, daß Führungskräfte in der Wirtschaft der Gesellschaft genauso verpflichtet seien wie den Aktienbesitzern und daß ein Unternehmen gleichzeitig Gewinne erzielen und gesellschaftliche Verantwortung übernehmen könne. Ich möchte das mit einem Satz zum Ausdruck bringen, der Walker und Learned sicher gefallen hätte: »Es gibt keinen Widerspruch zwischen einem weichen und einem harten Herzen.« Dies ist ein Leitspruch meines Lebens geblieben.

Sosehr es mir in Harvard gefiel, so plagte mich doch das Heimweh nach Kalifornien. Als ich 1939 meinen Abschluß in der Tasche hatte, ging ich daher wieder nach San Francisco und nahm eine Stelle an, bei der ich 125 Dollar im Monat verdiente. Im darauffolgenden Sommer bat mich Dekan Wallace Donham, als Dozent an die Wirtschaftswissenschaftliche Fakultät zurückzukehren.

Obwohl der Dekan meine Antwort sofort erwartete, weil das Studienjahr bereits sechs Wochen später begann, teilte ich ihm mit, daß die Entscheidung nicht bei mir allein läge. Ich erklärte ihm, daß ich einer jungen Dame den Hof machte. Wenn ich sie überreden könne, mich zu heiraten, würde ich nach Harvard zurückkehren; wenn nicht, laute die Antwort nein. Zu dieser Zeit war Marg in Urlaub und fuhr mit ihrer Mutter und ihrer Tante durchs Land. Ich spürte sie im YWCA in Baltimore auf. Dort erhielt sie, von einem Münzfernsprecher aus, meinen Heiratsantrag – und nahm ihn an.

Auf der Rückfahrt nach Kalifornien wurde ihr bewußt, daß nur noch wenig Zeit für die Vorbereitungen zur Hochzeit blieb, und so telegraphierte sie von Red Wing in Minnesota aus: »MUSS SOFORT HOCHZEITSEINLADUNGEN DRUCKEN LASSEN. WIE LAUTET DEIN ZWEITER NAME?« – »STRANGE«, telegraphierte ich zurück; es war der Mädchenname meiner Mutter. »MACHT NICHTS, WENN SELTSAM*«, antwortete sie. »WIE LAUTET ER?«

Wir bezogen eine Einzimmerwohnung in Cambridge – das Geschirr mußten wir im Badezimmer abwaschen – und lebten ein Jahr lang glücklicher, als wir es uns je erträumt hatten. Unser erstes Kind wurde am 31. Oktober 1941 geboren.

Fünf Wochen später fand der Überraschungsangriff Japans auf Pearl Harbor statt. Anfang 1942 unterzeichnete die Wirtschaftswissenschaftliche Fakultät einen Vertrag mit der Luftwaffe der US-Armee über die Ausbildung von Offizieren in statistischer Kontrolle. Das Luftwaffenkorps wuchs explosions-

---

* Strange ist ein Name, bedeutet aber auch »seltsam, sonderbar«. (Anm. d. Übers.)

artig an. Als der Blitzkrieg in Europa begann, standen den amerikanischen Streitkräften weniger als 1800 Flugzeuge und 500 Piloten zur Verfügung; als Hitler im Mai 1940 in Frankreich einmarschierte, forderte Präsident Roosevelt die Produktion von mindestens 50 000 Flugzeugen pro Jahr. Praktisch von heute auf morgen sah sich die Armee vor die Aufgabe gestellt, eines der größten und komplexesten Unternehmungen der Nation durchzuführen. Deshalb bat sie Harvard um Hilfe.

Der Chef des Programms zur statistischen Kontrolle bei der Luftwaffe war ein ungestümer, außerordentlich talentierter junger Offizier namens Charles B. »Tex« Thornton. Er arbeitete eng mit Robert A. Lovett, dem Leiter der Abteilung für den Luftkrieg, zusammen. Lovett war mit seiner Weisheit beinahe am Ende. Er war ein bekannter Investmentbanker in New York gewesen und wußte, wie wichtig der Informationsfluß für ein gutes Management ist. Aber das Luftwaffenkorps, das er übernommen hatte, war sehr klein, streitlustig und so schlecht organisiert, daß es fast keine Daten gab, mit denen man Operationen hätte planen oder überwachen können.

Thornton richtete rasch ein notdürftiges Kontrollsystem ein. Binnen kürzester Zeit ermittelten bei jedem Einsatz der US-Luftstreitkräfte Beamte, die den einzelnen Einheiten zugeordnet waren, Daten über den Zustand der Flugzeuge (kampfbereit, reparaturbedürftig, nicht mehr einsatzfähig), der Soldaten (Art der Ausbildung, Verluste, Bedarf an Ersatz) und den Stand der Operationen (Zahl und Art der geflogenen Einsätze, angegriffene Ziele, Erfolgsquote, Verlust an Soldaten und Ausrüstung usw.). Mit Hilfe dieser Berichte konnten sich die Befehlshaber ein aktuelles Bild von den Operationen – und Defiziten – der amerikanischen Luftstreitkräfte in der ganzen Welt machen. Thornton hatte kein Interesse daran, ein Imperium von Beamten zu errichten. Er verfolgte viel differenziertere Ziele: Wenn die erfaßten Daten mit Verstand ausgewertet würden, so seine Überzeugung, könnten sie dazu beitragen, den Krieg zu gewinnen. Das war das Leitprinzip der statistischen Kontrolle und zugleich das, was die Mitarbeit in diesem Team so interessant machte.

Da auch mehrere meiner Kollegen und ich einen Beitrag zu den Kriegsanstrengungen leisten wollten, folgten wir einer Aufforderung unseres Dekans, im Rahmen des Programms zu unterrichten. Anfang 1943 bat das Kriegsministerium mich und Myles Mace, einen jungen Professor, direkt bei der U. S. Eighth Air Force zu arbeiten, was eine Stationierung in England bedeutete. Obwohl wir als Zivilberater für das Kriegsministerium beginnen sollten, gab es klare Hinweise darauf, daß wir später die Offizierslaufbahn einschlagen sollten.

Zwar waren Myles und ich aus doppeltem Grund von der Wehrpflicht befreit – wir lehrten in einer Militärschule und hatten beide eine junge Familie –, dennoch nahmen wir den Auftrag an. Hätte mich Marg nicht trotz der damit verbundenen Opfer so begeistert unterstützt, hätte ich mich nie freiwillig dazu entschlossen; ja, ich hätte es gar nicht gekonnt: Wenn ich umgekommen wäre, wäre meine Frau in finanzielle Bedrängnis geraten. Das war meine größte Sorge. Und da ich mit dem Pan American Clipper nach London fliegen sollte, drängten mich meine Kollegen, wegen der damit verbundenen Gefahr (tatsächlich verunglückte dieselbe Maschine beim nächsten Flug in Lissabon), eine Lebensversicherung abzuschließen. Ich mußte mir vom Dekan der Wirtschaftswissenschaftlichen Fakultät 100 Dollar leihen, um die Prämie für eine Versicherung über 10000 Dollar bezahlen zu können.

In den folgenden drei Jahren diente ich in England, Kansas, Indien, China, Washington, D. C., im Pazifik und in Ohio. Und obwohl Thorntons Methoden nicht allzu genau angewendet wurden, waren sie in manchen Situationen doch von großer Bedeutung. Als ich im Januar 1946 als Oberstleutnant aus dem Militärdienst ausschied, wurde mir durch General Arnold, den Stabschef des Luftwaffenkorps, die Auszeichnung »Legion of Merit« verliehen.

Am Tag des Sieges im August 1945 lagen Marg und ich im Army Air Corps Regional Hospital in Dayton, Ohio: Wir hatten uns beide Polio zugezogen. Da die Krankheit bei mir harmlos verlief, wurde ich nach etwa sechs Wochen wieder entlassen. Marg hingegen war so schwer erkrankt, daß die Ärzte zeitweilig meinten, sie würde ihr Leben lang ans Bett gefesselt bleiben. Im Herbst jenes Jahres half mir dann der Dekan der Medizinischen Fakultät in Harvard, Marg in eine der besten orthopädischen Kliniken, das Children's Hospital in Baltimore, zu verlegen. Die Behandlung, die Marg dort in den folgenden Monaten zuteil wurde, sowie ihre eigene Vitalität und ihr starker Wille retteten sie. Aber das Ganze war überaus kostspielig.

Inzwischen verfolgte Tex Thornton ein neues Projekt: Er sammelte Veteranen aus seinem Büro um sich, die nun im Zivilbereich zusammenarbeiten sollten. Er wollte sich auf die Suche nach einem großen Unternehmen machen, welches einer Neustrukturierung und Modernisierung bedurfte und ihn zusammen mit seinem Team einstellen würde. Ein derartig kühnes Vorhaben war typisch für Tex. Als er mich bat, mich dem Team als sein Stellvertreter anzuschließen, lehnte ich unmißverständlich ab, da Marg und ich wieder nach Harvard zurückkehren wollten. Doch Tex ließ nicht locker, bis ich schließlich aufhorchte, als er mir offen sagte: »Bob, du weißt, daß du nicht nach Harvard zurück kannst, weil du dann nie in der Lage sein wirst, Margarets Arztrechnungen zu bezahlen.«

Zu diesem Zeitpunkt glaubte er, einen Interessenten gefunden zu haben – Henry Ford II, der gerade als Präsident der Ford Motor Company die Nachfolge seines Großvaters, des Firmengründers, angetreten hatte. Ich hielt Tex' Vorhaben immer noch für unrealistisch, versprach ihm aber, mir die Sache zu überlegen, wenn wir uns in der Ford-Zentrale in Michigan mit dem jungen Ford treffen könnten. Ich wollte erst aus seinem Mund hören, daß er vorhatte, uns einzustellen und effizient einzusetzen.

Ein paar Wochen später, im November 1945, fuhren ein paar von uns – immer noch in Armeeuniform – nach Dearborn im fernen Michigan. Wir trafen Henry und seinen Personalchef John Bugas, der früher FBI-Agent gewesen war und die Dienststelle der Behörde in Detroit geleitet hatte. Ford sen. hatte ihn Anfang der vierziger Jahre angeworben, um seine Enkel, Henry Ford II und dessen Geschwister, zu beschützen. (Wie viele reiche Leute hatte auch Ford die Entführung des Lindbergh-Babys ein paar Jahre zuvor tief erschüttert.)

In dem Unternehmen herrschte ein ziemlich rauhes Klima. John erzählte uns später von Harry Bennett, einem Preisboxer der Marine, der ebenfalls als Leibwächter der Enkel begonnen und so viel Macht angehäuft hatte, daß er schließlich in einem großen Büro im Erdgeschoß des Hauptverwaltungsgebäudes residierte. Aber das änderte nichts an seinem persönlichen Gehabe. Er hatte stets eine geladene Pistole in seiner Schreibtischschublade, und wenn jemand zu ihm kam, schoß er gelegentlich über die Schulter seines Besuchers hinweg in die Wand. 1943 beschloß Henry, sich von Bennett zu trennen, und bat John, ihn zu entlassen. John dachte darüber nach. Bevor er in Bennetts Büro hinunterging, legte er sein FBI-Schulterhalfter mit Pistole an – für den Fall, daß Bennett die Sache mit »blauen Bohnen« austragen würde. Doch der Abschied verlief friedlich.

Bei Kriegsende meinte John, auf seinem Weg in die Unternehmensspitze habe er nur mit wenigen Konkurrenten zu rechnen. Unter den rund tausend Führungskräften bei Ford hatte kaum mehr als eine Handvoll einen College-Abschluß. Als unser Team aufkreuzte, sah er daher Rivalen in uns und war alles andere als begeistert. Unser Gespräch mit Henry verfolgte er eine Zeitlang schweigend, doch dann hob er an: »Nun, Henry, wenn Sie diese Kerle einstellen wollen ...«

Doch Henry unterbrach ihn: »John, wie oft muß ich Ihnen noch sagen, daß ich sie einstellen will? Das ist beschlossene Sache.«

Doch für John war der Fall noch keineswegs klar. Als wir uns Ende Januar 1946 in der Zentrale in Dearborn zur Arbeit meldeten, schickte er uns erst einmal in die Personalabteilung der riesigen, etwa eineinhalb Kilometer entfernten River-Rouge-Fabrik. Dort erfuhren wir, daß wir uns zwei Tage lang verschiedenen Tests unterziehen sollten. Und so mußten wir sämtliche Prüfungen über uns ergehen lassen, von denen ich jemals gehört hatte: Intelligenztests, Leistungstests, Persönlichkeitstests, Tests zur Prüfung von Führungsqualitäten – die Liste nahm kein Ende. Offensichtlich suchte John nach Schwachstellen, um Henry davon zu überzeugen, daß er einen Fehler begangen hatte.

Nach Abschluß der Tests stellte ich fest, daß wir unsere Sache gut gemacht hatten – meine eigenen Ergebnisse, die mir von einem der Betriebspsychologen erläutert wurden, waren hervorragend, und die Firma setzte uns alle auf Managerposten. Doch erst vor kurzem erfuhr ich, wie gut die ganze Gruppe abgeschnitten hatte. Vier von uns erreichten 100 Prozent bei der Beurteilung der Argumentations- und Denkfähigkeit, und alle zehn erzielten bei einer Prüfung der praktischen Urteilsfähigkeit das bestmögliche Ergebnis. Damit war Johns Sabotageversuch gescheitert.[1]

Weil wir Entscheidungsprozesse rational anzugehen pflegten und wegen unseres jugendlichen Alters wurden wir die Whiz Kids* genannt. Wir waren für die engstirnige Kultur bei Ford genauso ein Schock wie die Kultur eines Automobilkonzerns für uns. Die meisten aus unserer Gruppe mieden das Gesellschaftsleben Detroits. Die Spitzenmanager der Autoindustrie wohnten in den wohlhabenden Vororten Grosse Point oder Bloomfield Hills, doch zwei von uns entschieden sich für Ann Arbor, den Sitz der University of Michigan, so daß wir unsere Kinder in einem universitären Umfeld aufwachsen lassen konnten.

---

* Wunderkinder (Anm. d. Übers.)

Auch unsere politische Haltung war nicht gerade typisch für Führungskräfte eines Automobilkonzerns. Wie ich bald entdeckte, bestand eine von John Bugas' Aufgaben darin, die Topmanager von Ford abzuklappern und Geld für die Republikanische Partei zu sammeln. Doch ich weigerte mich, etwas zu spenden. Als ich Anfang der fünfziger Jahre Chef der Ford Division, der größten Abteilung des Unternehmens, geworden war und mich Bugas aufforderte, von den etwa 1100 bestbezahlten Angestellten in meiner Abteilung Spenden einzutreiben, weigerte ich mich ebenfalls. Statt dessen ließ ich allen einen Brief zukommen, in dem es hieß, daß wir in einer Demokratie lebten, die auf einem tragfähigen Zwei-Parteien-System basiere. Dieses aber sei von privaten Spenden abhängig, und ich hoffte, meine Mitarbeiter würden – ebenso wie ich – einer der beiden Parteien Geld spenden. Wenn sie den Demokraten etwas geben wollten, hieß es da weiter, sollten sie ihre Spende an Mr. Soundso schicken; Spenden an die Republikaner könnten Mr. Bugas zugeleitet werden. Niemand würde erfahren, welche Partei sie unterstützten, doch ich hoffte, sie würden einer der beiden etwas zukommen lassen.

Mit dieser Einstellung machte ich mich bei vielen meiner Kollegen nicht gerade beliebt. Doch die Reibereien blieben ohne Folgen. Ich hatte eine Art ungeschriebenen Vertrag mit Henry Ford II: Solange ich Gewinne für die Firma herausschlug, konnte ich tun, was mir beliebte. Und die Whiz Kids erreichten das, wofür er sie eingestellt hatte. In den nächsten fünfzehn Jahren stiegen sechs von uns zu Spitzenmanagern auf (zwei brachten es zum Präsidenten). In derselben Zeit wuchs die Firma rasch und eroberte große Marktanteile zurück, die sie an General Motors verloren hatte. Die Aktienkurse kletterten dramatisch.

Tex Thornton blieb nicht in der Gruppe. Er hielt sich nicht einmal zwei Jahre, dann wurde er wegen eines Streits mit Lewis Crusoe, dem Finanzleiter, gefeuert. Auch ich hätte jederzeit entlassen werden können, zumal ich bei kontroversen Themen wie Sicherheit, Industrie-Design, Wirtschaftlichkeit sowie in Fragen des Umweltschutzes Ansichten vertrat, die weder in der Firma noch in der Branche geteilt wurden. Aber ich fand Mittel und Wege, mit meinen Kollegen zusammenzuarbeiten, und wurde immer wieder befördert, weil ich gute Ergebnisse erzielte.

Im Sommer 1960 bereitete sich Ernest Breech, der Generaldirektor unter Henry Ford II, auf seine Pensionierung vor. Im Juli fuhren Henry, John Bugas und ich nach Köln, um dort die Zentrale unserer deutschen Niederlassung zu besuchen. Einmal kehrten wir nach einem Streifzug durchs Kölner Nachtleben erst gegen zwei Uhr morgens in unser Hotel zurück. Als der Aufzug auf dem Stockwerk hielt, wo sich die Zimmer von John und mir befanden, und wir gerade aussteigen wollten, sagte Henry, dessen Suite eine Etage höher lag: »Bob, kommen Sie doch noch auf einen Schlummertrunk mit zu mir.«

»Ich möchte keinen Schlummertrunk«, erwiderte ich, »ich gehe ins Bett.«

»Henry, ich komme mit«, meinte daraufhin John.

»Ich habe Sie aber nicht gebeten«, erklärte Henry ihm. »Ich habe Bob eingeladen.«

Also fuhr ich mit hinauf, und da bat mich Henry, Präsident des Unternehmens zu werden. Ich versprach ihm, darüber nachzudenken, mit Marg zu reden und ihm innerhalb einer Woche Bescheid zu geben. Eine Woche später nahm ich das Angebot an. Ende Oktober wurde ich vom Vorstand offiziell gewählt.

Am Donnerstag, dem 8. Dezember 1960, sieben Wochen nachdem ich die Leitung des Konzerns übernommen hatte, verließ ich frühmorgens mein Haus in Ann Arbor, um zu meinem Büro in Dearborn zu fahren. Unterwegs machte ich bei der River-Rouge-Fabrik halt, und als ich dann gegen 10.30 Uhr in der Zentrale eintraf, überreichte mir meine Sekretärin Virginia Marshall eine lange Liste von Telephonnotizen. Ich hatte sie angewiesen, mich zur Beantwortung aller Telephonate zu zwingen, die hereinkamen – auch der Beschwerden –, und so gab ich ihr die Liste zurück, ohne einen Blick darauf zu werfen, und sagte: »Fangen Sie an, der Reihe nach.«

Ungefähr eine halbe Stunde später verkündete sie: »Robert Kennedy ist am Apparat.« Wir hatten uns noch nie gesehen. (Siebeneinhalb Jahre später sollte ich zu den Sargträgern gehören, die ihn zu seiner letzten Ruhestätte auf dem Arlington-Nationalfriedhof trugen.) Ich hatte keine Ahnung, warum er anrief, doch er kam sofort zur Sache. »Der designierte Präsident wäre Ihnen dankbar, wenn Sie bereit wären, sich mit unserem Schwager Sarge Shriver zu treffen«, sagte er.

Ich erwiderte, ich würde gern kommen – obwohl ich Shriver gar nicht kannte und nicht den leisesten Schimmer hatte, warum er diese Begegnung wünschte. Ich schlug den folgenden Dienstag vor.

»Nein, nein«, meinte Robert Kennedy. »Er möchte Sie heute noch sehen.«

Ich wies ihn darauf hin, daß es schon fast elf Uhr war.

»Setzen Sie eine Zeit fest, und er wird kommen«, entgegnete er.

Und so sagte ich: »Vier Uhr.«

Um Punkt vier betrat Sarge Shriver mein Büro. Er eröffnete das Gespräch mit den Worten: »Der designierte Präsident hat mich angewiesen, Ihnen den Posten des Finanzministers anzubieten.«

»Sie sind ja nicht bei Sinnen«, erwiderte ich. »Ich bin dafür nicht qualifiziert.«

»Wenn Sie dieser Ansicht sind«, meinte Sarge daraufhin, »soll ich Ihnen sagen, daß Jack Kennedy Sie als Verteidigungsminister wünscht.«

»Das ist absurd!« erklärte ich. »Auch dafür bin ich nicht qualifiziert.«

»Nun, der designierte Präsident hofft zumindest, daß Sie so freundlich sind, sich morgen mit ihm in Washington zu treffen«, konterte Sarge. Da konnte ich nicht nein sagen.

Henry Fords Büro lag unmittelbar neben meinem. Nachdem Sarge sich verabschiedet hatte, ging ich zu ihm, um ihm von dem Gespräch zu berichten und ihm zu versichern, daß ich das Angebot nicht anzunehmen gedächte. Wie sich jedoch herausstellte, war Henry gerade nach New York abgereist. Ich forderte ein Firmenflugzeug an, um hinzufliegen und ihn zu unterrichten, bevor ich am nächsten Tag den designierten Präsidenten treffen würde. Henry war wie gelähmt, als wir darüber sprachen, aber ich betonte, daß sich auch nach meinem Besuch in Washington nichts ändern würde.

Am nächsten Tag traf ich den designierten Präsidenten Kennedy in seiner Wohnung in Georgetown. Photographen, Radioreporter und Fernsehkameraleute blockierten die N Street, in der sich das dreistöckige Backsteinhaus befand. Mitarbeiter des Geheimdienstes brachten Besucher durch eine Seitenstraße unbemerkt in das Gebäude.

Als wir uns gegenüberstanden, schüttelten wir uns die Hände. Dann fragte mich John F. Kennedy, ob ich sein Verteidigungsminister werden wolle. Ich erwiderte, was ich bereits Sarge erklärt hatte: »Ich bin dafür nicht qualifiziert.«

»Wer dann?« fragte er.

Ich bemerkte nicht, daß das rhetorisch gemeint war, und so schlug ich Thomas Gates, den amtierenden Verteidigungsminister, vor. Am Morgen hatte ich auf dem Weg nach Georgetown beim Pentagon haltgemacht, um Tom zu besuchen, den ich von der Scott Paper Company kannte, wo wir beide zu verschiedenen Zeiten dem Direktorium angehört hatten. Ich fragte ihn, ob er vorhabe, auch in der neuen Regierung mitzuarbeiten. Er hatte angedeutet, daß dem so sei.

Kennedy überging meinen Vorschlag kommentarlos. Meinen Einwurf, ich sei nicht qualifiziert, entkräftete er mit dem Hinweis, seines Wissens gebe es keine Schulen für Verteidigungsminister – genausowenig wie Schulen für Präsidenten. Er bat mich, sein Angebot zumindest zu überdenken und mich am folgenden Montag erneut mit ihm zu treffen.

Ich sagte zu, erklärte jedoch, ich sei überzeugt, daß meine Antwort genauso ausfallen würde.

Wie kam John F. Kennedy dazu, mir einen Kabinettsposten anzubieten? Ich bin mir nicht sicher, vermute aber, daß vor allem zwei Leute dafür verantwortlich waren: Bob Lovett, der wußte, welches Ansehen ich bei Ford genoß und wie ich beim Militär gearbeitet hatte; und John Kenneth Galbraith, der liberale Wirtschaftswissenschaftler aus Harvard. Ich lernte Ken, mit dem mich inzwischen eine enge Freundschaft verbindet, bei einer seiner Feldstudien Mitte der fünfziger Jahre in Detroit kennen. Er erforschte damals die Machtstrukturen in Unternehmen und wählte mich aus, weil er gehört hatte, ich sei als Manager eines Automobilherstellers für die Verhältnisse in Detroit ein sonderbarer Kauz. Ich hatte seine Schriften schon früh schätzen gelernt und muß immer noch schmunzeln, wenn ich an einen Satz aus seinem Buch *Gesellschaft im Überfluß* denke: »Der Leisetreter führt die Leisetreter.«*

Wie Ken mir später erzählte, hatte er mich vorgeschlagen, weil er dachte, der Präsident brauche einen Wirtschaftsfachmann mit innovativen Ideen. Die Parteizugehörigkeit habe dabei so gut wie keine Rolle gespielt. Wie viele andere meinte wahrscheinlich auch Ken, ich sei Republikaner. Die Presse hatte mich von Zeit zu Zeit als solchen bezeichnet, weil ich mich im Alter von 21 Jahren in Kalifornien in die republikanische Wählerliste hatte eintragen lassen, und zwar nur aus dem einen Grund, weil mein Vater Republikaner war.

Marg und ich diskutierten die Sache das ganze Wochenende lang. Wir sprachen mit unseren drei Kindern und erklärten ihnen, daß sich im Falle meines Weggangs von Ford unsere finanzielle Situation vollkommen ändern würde. Mein Nettovermögen war zwar nicht groß, aber ich besaß umfangreiche, noch nicht wahrgenommene Aktienoptionen und ein Gesamtjah-

---

* John Kenneth Galbraith: *Gesellschaft im Überfluß*. München/Zürich 1959, S. 15.

reseinkommen von über 400 000 Dollar (das entspricht nach heutiger Kaufkraft etwa zwei Millionen Dollar). Wenn ich Kennedys Angebot annahm, konnte ich hingegen nur mit einem Jahresgehalt von 25 000 Dollar rechnen.

Die Kinder kümmerte das kein bißchen, und Marg wollte nur das, was ich letztlich wollte. Und so saßen wir am Sonntag in unserem Arbeitszimmer und kamen überein, daß ich das Angebot annehmen sollte, sofern ich das Gefühl hatte, der Aufgabe gewachsen zu sein.

Wir sprachen noch eine Weile über die Voraussetzungen meiner Zusage, die da lauteten: Ich mußte die Befugnis haben, die oberen Chargen des Verteidigungsministeriums mit den fähigsten Köpfen der Nation – unabhängig von Parteizugehörigkeiten – zu besetzen, um meine eigene Unerfahrenheit auszugleichen. Und man würde Verständnis dafür haben müssen, daß ich innerhalb meiner Arbeitszeit nicht am Gesellschaftsleben Washingtons teilnehmen würde. Ich hatte nicht die leiseste Ahnung, wie ich diese beiden Bedingungen klarmachen sollte. Schließlich handelt man mit einem designierten Präsidenten keinen Vertrag aus.

Während wir uns unterhielten, bemerkte ich, daß es draußen heftig schneite. Plötzlich kam mir die Erleuchtung. »Warum rufe ich den designierten Präsidenten nicht einfach an und sage ihm, daß das Wetter meine Rückkehr nach Washington um ein oder zwei Tage hinauszögert und ich ihm inzwischen einen Brief schicke, in dem ich meine Position darlege?«

Ich wählte eine Nummer, die er mir gegeben hatte, aber Kennedy war gar nicht in Washington. Schließlich spürte ich ihn in Palm Beach auf. Er reagierte ziemlich gelassen auf den Vorschlag einer Verschiebung unserer Zusammenkunft. In Washington schneie es ebenfalls, und er könne selbst nicht am nächsten Tag dorthin zurückkehren.

Wie ich auf die Idee kam, der Brief würde ihn rechtzeitig erreichen, weiß ich nicht. Am Ende trug ich ihn in meiner Tasche, als ich Kennedy am Dienstag traf. Wieder betrat ich das

Haus in der N Street von hinten. John F. Kennedy und sein Bruder Robert saßen auf einem kleinen Zweiersofa. Ich nahm in dem Sessel ihnen gegenüber Platz und erklärte zunächst, ich hätte meine Gedanken schriftlich niedergelegt. Vielleicht könne man am schnellsten zur Sache kommen, wenn der designierte Präsident meinen Brief läse.

So geschah es. Dann reichte Kennedy ihn kommentarlos an seinen Bruder weiter, der einen Blick darauf warf und ihn zurückgab. Schließlich fragte ihn John F. Kennedy: »Was meinst du?«

»Ich meine, das ist großartig«, erwiderte Robert Kennedy.

»Ich auch«, sagte der designierte Präsident. »Dann brauchen wir es ja nur noch bekanntzugeben.«

Er nahm einen gelben Notizblock und entwarf eine Pressemitteilung. Dann gingen wir hinaus auf seine Veranda und stellten uns den Kameras und der Presse. Auf diesem Wege erfuhren Marg und die Kinder, daß wir nach Washington umziehen würden.

Henry und seine Mutter, Mrs. Edsel Ford, waren entsetzt, als sie von meiner Entscheidung hörten. Ich erklärte ihnen, daß ich für sie und die Ford Motor Company zwar große Loyalität empfände, aber ihre Interessen nicht über meine Pflicht stellen könne, dem Land zu dienen, wenn ich dazu aufgefordert würde. Das mußten sie akzeptieren, doch insbesondere Mrs. Ford war sehr aufgebracht. Sie war überzeugt, daß ihr Schwiegervater, Henry Ford, am Tod ihres Mannes schuld war, weil er ihm so große Verantwortung aufgebürdet hatte. Und am Ende hat ihn das wohl auch tatsächlich umgebracht. Nun wollte sie auf keinen Fall, daß ihr Sohn ein ähnliches Schicksal erlitt, und sie hatte gehofft, ich würde ihn davor bewahren.

Ein paar Tage nachdem ich das Amt angenommen hatte, kehrte ich nach Washington zurück und machte mich daran, den Mitarbeiterstab für mein Ministerium zu rekrutieren. Da ich weder eine Wohnung noch ein Büro, eine Sekretärin oder sonstiges Personal hatte – wir erhielten kein Übergangsgeld –, zog ich in die Suite der Ford Motor Company im Shoreham-Hotel. Zunächst entwarf ich eine Liste von Leuten, die, was Intelligenz, Bildung und Erfahrung betraf, meinen Maßstäben gerecht wurden. Zu diesem Zweck rief ich verschiedene Bekannte an und bat sie um Empfehlungen: Lovett, Galbraith und John McCloy, einen prominenten New Yorker Rechtsanwalt, der im Establishment der Ostküste verkehrte. Für jeden Namen, den sie und andere mir nannten, legte ich eine Karteikarte an und trug darauf sämtliche Informationen ein, die ich über den Betreffenden in Erfahrung bringen konnte.

Nach zahlreichen Überprüfungen unter verschiedenen Gesichtspunkten – wobei mich Sarge Shriver und sein Assistent Adam Yarmolinsky (der später mein Sonderberater im Pentagon wurde) tatkräftig unterstützten – wählte ich diejenigen aus, mit denen ich sprechen wollte. Im Anschluß an die Gespräche entschied ich, wen ich dem designierten Präsidenten für eine Nominierung durch den Kongreß empfehlen würde. Präsident Kennedy wies nicht einen einzigen meiner Kandidaten zurück.

Aus diesem Prozeß ging das beste Team hervor, das jemals in einem Kabinett zusammengearbeitet hatte. Unter anderen gehörten fünf Männer dazu, die später selbst einen Ministerposten übernehmen sollten: Harold Brown, Joseph Califano, John Connally, Paul Nitze und Cyrus Vance.

Das Vorgehen bei der Rekrutierung offenbart etwas über meine Person: Ich war ziemlich blauäugig. Aber es offenbart auch etwas über den designierten Präsidenten Kennedy, denn er hielt sein Versprechen, daß die Besetzung der Schlüsselpositionen in meiner Hand liegen und einzig und allein auf der Grundlage von Leistungen erfolgen sollte.

Bald nach meiner Ankunft in Washington entnahm ich Berichten, daß Franklin Roosevelt jun. zum Marineminister ernannt werden sollte. Ich hatte ihn nie kennengelernt, doch was ich von ihm gehört hatte, weckte Zweifel in mir, ob er für diesen Posten geeignet sei. Deshalb schenkte ich den Berichten keine Aufmerksamkeit. Nicht einen Augenblick kam mir in den Sinn, daß Roosevelt jun. in dem Wunsch, in die Fußstapfen seines Vaters zu treten, dies mit Kennedy vereinbart hatte und er oder einer seiner Freunde es an die Presse hatte durchsikkern lassen, um mich vor vollendete Tatsachen zu stellen.

Vier oder fünf Tage später – nachdem Kennedy eine Reihe meiner Besetzungsvorschläge akzeptiert hatte – rief er mich an und meinte: »Bob, Sie haben noch niemanden als Marineminister empfohlen. Wie weit sind Ihre Überlegungen gediehen?«

»Sie haben recht«, erwiderte ich. »Ich habe noch nicht den richtigen gefunden.«

»Haben Sie Franklin Roosevelt jun. in Erwägung gezogen?«

»Ich habe gehört, daß sein Name ins Spiel gebracht wurde«, antwortete ich, »aber er ist ein Playboy und vollkommen unqualifiziert.«

»Haben Sie ihn denn schon persönlich kennengelernt?«

Als ich verneinte, meinte Kennedy: »Glauben Sie nicht, Sie sollten ihn kennenlernen, bevor Sie ein endgültiges Urteil fällen?«

Ich stimmte einem Treffen zu.

Mir fiel ein, daß Roosevelt Fiat-Händler war, und so suchte ich Fiat im Branchenverzeichnis, rief ihn an, stellte mich vor und fragte, ob ich vorbeikommen könne. Ich glaube, ihm ist beinahe der Hörer aus der Hand gefallen. Nach dem Gespräch rief ich den designierten Präsidenten an.

Erwartungsvoll fragte mich Kennedy: »Was meinen Sie?«

»Ich meine, daß er ein Playboy und für den Posten vollkommen unqualifiziert ist.«

Es entstand eine lange Pause. »Bob«, sagte Kennedy dann, »haben Sie die Vorwahlen der Demokraten in West Virginia verfolgt?«

Ich erklärte ihm, daß ich damals in Detroit gewesen sei und nur oberflächliche Kenntnis vom Verlauf des Wahlkampfs hätte. Aber ich wisse natürlich, daß der Sieg bei den Vorwahlen in West Virginia ein entscheidender Schritt auf seinem Weg zum Weißen Haus gewesen sei. Dort habe er Hubert Humphrey, einen Protestanten, geschlagen und die Behauptung widerlegt, daß ein Katholik niemals Präsident werden könne.

»Ja«, erwiderte er rasch, »und wissen Sie auch, wie das zustande kam?«

Als ich verneinte, fuhr er fort: »Franklin Roosevelt jun. hat viel zu meinem Sieg beigetragen.«

(Später erfuhr ich, daß Roosevelt angeblich das Gerücht verbreitet hatte, Humphrey habe sich im Zweiten Weltkrieg vor der Einziehung gedrückt.)

»Nun«, sagte ich, »er eignet sich trotzdem nicht als Marineminister.«

Das Schweigen, das nun folgte, erschien mir endlos. Schließlich seufzte Kennedy und meinte: »Ich denke, ich muß mich nach einem anderen Posten für ihn umsehen.«

(Später ernannte er Roosevelt zum Staatssekretär für Handelsfragen.) Gespräche wie dieses waren der Grund, warum ich Kennedy so mochte.

Als ich an Weihnachten mit meiner Familie in einen Skiurlaub aufbrach, hatte ich mich noch immer nicht für einen Marineminister entschieden. Aber ich war einer Lösung schon ziemlich nahe. Schließlich kam ich in Aspen zu einem Entschluß und rief Kennedy an, der sich wieder in Florida aufhielt. Nach gründlichen Nachforschungen, so verkündete ich ihm, hätte ich mich für John B. Connally jun. entschieden.

»Das ist ja interessant«, meinte er. »Dieser Name wäre mir nicht in den Sinn gekommen. Aber hier sind zwei Männer, die Connally wahrscheinlich besser kennen als ich. Teilen Sie ihnen Ihre Ansichten mit, hören Sie sich ihre an, und dann komme ich wieder an den Apparat.«

Ich fragte, wer die beiden seien. »Der designierte Vizepräsident Johnson und Speaker Rayburn«, erwiderte er.

In meiner Naivität bemerkte ich nicht, daß Kennedy mir da einen Streich spielte. Johnson und Rayburn waren wie Connally Texaner und standen diesem so nahe wie der eigene Vater. Connally hatte 1960 sogar Johnsons Wahlkampf im Konvent der Demokraten in Los Angeles gemanagt, als dieser Kennedy bei der Kandidatenaufstellung schlagen wollte. Einige glaubten, daß es Connally gewesen sei, der das Gerücht verbreitete, JFK leide an der Addisonschen Krankheit.

Doch als Johnson und Rayburn den Hörer nahmen, ließen sie sich nichts anmerken. Sie hörten sich meine Geschichte an, teilten mir ihre Ansicht mit und gaben dann das Gespräch an Kennedy zurück. »Bob, ich bin hocherfreut«, sagte er zu mir. Erst im nachhinein wurde mir alles klar.

Der Präsident hatte nie Grund, sich über meine Wahl zu beklagen. Connally gehörte zu denjenigen, die ihn und mich am tatkräftigsten unterstützten, und wir bedauerten sein Ausscheiden zwei Jahre später, als er sich erfolgreich zur Wahl des Gouverneurs von Texas stellte.

Bis heute staune ich darüber, daß meine Naivität Präsident Kennedy nie zu ärgern schien, selbst wenn diese sich in peinlicher Weise äußerte. Dazu folgendes Beispiel: Ein Hauptthema beim Wahlkampf 1960 war die sogenannte Raketenlücke gewesen. Kennedy warf Präsident Eisenhower vor, die nukleare Rüstung vernachlässigt zu haben, weshalb die Sowjetunion in bezug auf die meisten modernen Angriffswaffen – die atomaren Interkontinentalraketen (ICBMs) – zahlenmäßig überlegen sei. Diesem Vorwurf lag ein Bericht des Geheimdienstes der Luftwaffe zugrunde, der durch Senator Stuart Symington (Demokrat/Missouri), einen ehemaligen Luftwaffenminister, an Kennedy gelangt war. Ohne deren Wissen aber hatte die Central Intelligence Agency den Schlußfolgerungen der Luftwaffe widersprochen. (Damals gab es noch kein Verfahren, um solche divergierenden Einschätzungen in Einklang zu bringen.)

Sobald ich dem Pentagon angehörte, sah ich es als meine vorrangige Aufgabe an, die Größe dieser Raketenlücke zu bestimmen und geeignete Maßnahmen zu ergreifen, um sie zu schließen. Mein Stellvertreter Roswell Gilpatric und ich verbrachten Tage mit dem stellvertretenden Stabschef des Geheimdienstes der Luftwaffe und sahen persönlich Hunderte von Photographien der sowjetischen Raketenstützpunkte durch, die dem Bericht der Luftwaffe zugrunde lagen. Obwohl die Deutung dieser Aufnahmen schwierig war, kamen wir am Ende zu dem Schluß, daß die CIA recht hatte und die Luftwaffe sich irrte. Es gab tatsächlich eine Lücke – aber auf seiten der Sowjets!

Genau zu diesem Zeitpunkt, am 6. Februar 1961, sagte mein Pressesprecher Arthur Sylvester zu mir: »Bob, Sie haben sich noch nicht der Pentagon-Presse gestellt. Das ist jetzt fällig.«

Ich erwiderte, ich wisse über die Washingtoner Presse überhaupt nicht Bescheid und sei auf eine derartige Begegnung nicht im geringsten vorbereitet.

»Keine Sorge«, meinte er. »Es sind nette Kerle, und sie werden Sie gut behandeln.« In Wirklichkeit waren sie, wie sie selbst wohl zugegeben hätten, die reinsten Haie.

Ich gab nach und erklärte mich bereit, am frühen Nachmittag im Konferenzraum neben meinem Büro ihre Fragen zu beantworten. Die Reporter strömten herein, die Türen wurden geschlossen, und Arthur erklärte die Spielregeln. Ich hatte gedacht, es handele sich um eine Pressekonferenz ohne Protokoll, aber Arthur hatte offenbar gesagt, es gehe um »Hintergrundinformationen« – was bedeutete, daß die Reporter das Gehörte veröffentlichen durften, solange sie es nicht als meine Aussage ausgaben. Damals kannte ich den Unterschied zwischen den beiden Spielarten noch nicht.

Die erste Frage lautete: »Herr Minister, Sie sind jetzt seit drei Wochen im Amt. Was haben Sie über die Raketenlücke zu sagen?«

Ich erwiderte, daß ich dieser Frage in meiner Tätigkeit absoluten Vorrang eingeräumt hätte und zu dem Schluß gekommen sei, daß die Raketenlücke, falls es überhaupt eine gäbe, zu unseren Gunsten ausfalle.

Die Reporter hätten beinahe die Tür eingerannt, so eilig hatten sie es, zu ihren Telephonen zu kommen. Ich erinnere mich noch an die reißerischen Schlagzeilen im *Washington Evening*

Star jenes Nachmittags. Am nächsten Morgen erschien die Geschichte in *The New York Times* als Leitartikel auf der ersten Seite. Die Republikaner im Kongreß und im ganzen Land ergingen sich in schweren Protesten; der Anführer der Senatsminderheit Everett Dirksen (Republikaner/Illinois) verlangte meinen Rücktritt und – vielleicht nicht ohne Hintergedanken – eine Neuwahl des Präsidenten.

Ich suchte Kennedy auf. »Mr. President«, sagte ich, »ich bin hierher gekommen, um Ihnen zu helfen, und alles, was ich erreicht habe, ist, daß nun Forderungen nach Ihrem Rücktritt laut werden. Ich bin bereit, zurückzutreten.«

»Aber nicht doch, Bob, vergessen Sie es«, erwiderte Kennedy ohne die geringste Spur von Verärgerung. »Wir befinden uns in einem Mordsschlamassel, aber wir treten alle mal ins Fettnäpfchen. Vergessen Sie es einfach. Die Wellen glätten sich schon wieder.«

So war es schließlich auch, aber ich habe die Großzügigkeit, mit der er mir meine Dummheit verzieh, nie vergessen.

Inzwischen hatte ich eine Liste von über hundert Themen zusammengestellt, über die ich Studien anfertigen und Papiere vorbereiten lassen wollte. Im Ministerium bezeichnete man diese Liste scherzhaft als »99 Posaunen«. Sie deckte die gesamte Bandbreite der Aufgaben des Verteidigungsministeriums ab. Dazu gehörten die Bedrohungen, denen wir ausgesetzt waren, die notwendigen militärischen Strukturen, um darauf zu reagieren, die wichtigsten unverzichtbaren Waffensysteme und eine Auswertung unseres atomaren Angriffsplans.

Durch die »99 Posaunen« entstand unter anderem das Gerücht, wir seien nachdrücklich dabei, das Ministerium in den Griff zu bekommen. 1961, eineinhalb Jahrzehnte nach Beginn des Kalten Krieges, war es zu einem Koloß angewachsen. Etwa viereinhalb Millionen Menschen arbeiteten im Verteidigungsbereich – dreieinhalb Millionen in Uniform und eine weitere Million Zivilisten. Damit war das Pentagon eine größere Institution als die knapp dreißig amerikanischen Spitzenunternehmen zusammengenommen. Der jährliche Etat, 280 Milliarden Dollar (nach der Kaufkraft von 1994), war größer als der Staatshaushalt eines jeden unserer NATO-Partner. Das Pentagon unterhielt riesige Transport-, Kommunikations-, Logistik- und Wartungskomplexe, dazu Armeen, Flotten und Luftstreitkräfte; nicht zu vergessen das atomare Arsenal.

In der Verfassung steht geschrieben, das Militär der Vereinigten Staaten unterläge der zivilen Kontrolle. Das heißt, der Präsident und der Verteidigungsminister bestimmen die gesamte Bandbreite der Aktivitäten des Verteidigungsministeriums. Tatsächlich aber hatten die meisten meiner Vorgänger ihr Amt mit großen Ambitionen angetreten und dann feststellen müssen, daß die Führung dieses gewaltigen bürokratischen Apparats viel zuviel Kraft kostete, als daß sie zum Nachdenken gekommen wären. Und am Ende beugten sie sich in Fragen des Etats, bei Anschaffungen, Strategien, ja manchmal sogar in Fragen der Politik – ohne zu begreifen, um was es ging – den altgedienten Bürokraten sowie den Generalen und Admiralen, und zwar deshalb, weil der militärische Apparat so komplex geworden war.

Für den Mythos, es sei unmöglich, das Verteidigungsministerium in den Griff zu bekommen, hatte ich jedoch nichts übrig. Zwar handelte es sich um eine außergewöhnlich große Organisation, aber die Behauptung, sie sei eine unregierbare Kraft, war absurd. Als Manager hatte ich fünfzehn Jahre damit zugebracht, Probleme zu benennen und Organisationen – oftmals gegen ihren Willen – dazu zu zwingen, gründlich und realistisch über alternative Strategien und deren Folgen nachzudenken. Mein Team und ich waren entschlossen, das Ministerium so zu leiten, daß ein entscheidendes Ziel des Präsidenten erreicht wurde: Sicherheit für das Land bei möglichst niedrigen Kosten.

Einem Fernsehreporter erklärte ich es einen Monat nach meinem Amtsantritt so: »Die Rolle eines staatlichen Managers ist der eines Managers in der Wirtschaft ziemlich ähnlich; beide haben die Möglichkeit, eine oder zwei alternative Strategien zu verfolgen. Sie können beide als Richter oder als Führer fungieren ... Ich war immer von der aktiven Führungsrolle im Gegensatz zur passiven Richterrolle überzeugt und habe es vorgezogen, mich an ersterer zu orientieren.«

Im privaten Kreis sprach ich noch viel offener über mein Vorhaben, das Ministerium gründlich umzukrempeln. Ich machte kein Hehl daraus, daß ich entschlossen sei, die starken institutionellen Interessen der verschiedenen Waffengattungen und der Rüstungsindustrie auf breiter Ebene dem nationalen Interesse unterzuordnen. Ich wollte den Widerstand des Pentagons gegen Veränderungen brechen und beabsichtigte durchzusetzen, daß die großen Entscheidungen auf der Grundlage von Forschung und Analyse getroffen würden. Und ich wollte nicht länger an der Praxis festhalten, den einzelnen Waffengattungen bestimmte Summen zuzuweisen, über die sie nach eigenem Gutdünken verfügen konnten.

Um diese Ziele zu erreichen, waren radikale Veränderungen erforderlich. Das heißt, die höheren Zivilbeamten mußten viel stärker in die Lenkung der Verteidigungsprogramme eingebunden werden. Außerdem gehörte zu unserem Konzept der Wechsel von einer einjährigen zu einer fünfjährigen Planung, ein revolutionärer Schritt, der inzwischen in sämtlichen Regierungsressorts vollzogen wurde. Und wir richteten ein Planungs-, Programm- und Finanzierungssystem ein, das Licht in die Beschaffungskriterien bringen sollte. Dieses System zwang zu langfristigen Kosten-Nutzen-Vergleichen im Hinblick auf Waffensysteme, militärische Strukturen und Strategien über die Grenzen der einzelnen Waffengattungen hinweg. Selbst der Tenor der Besprechungen auf höchster Ebene im Pentagon mußte sich ändern – weg vom Routinemäßigen, hin zu politischen Entscheidungen.

Eine der wichtigsten Maßnahmen aber war die grundlegende Neugestaltung der sogenannten Lageberichte, die der

Verteidigungsminister alljährlich offiziell im Kongreß gab. Wir begannen diese Lageberichte mit einer Schilderung der außenpolitischen Ziele Amerikas. Daraus wurde dann eine Analyse der Bedrohungen abgeleitet, die wir bei der Verfolgung dieser Ziele zu gewärtigen hatten, der notwendigen Militärstrategie angesichts dieser Bedrohungen, der Struktur der Streitkräfte, die erforderlich war, um diese Strategie umzusetzen, und des entsprechenden Etats. Dieses Zusammenführen von Außenpolitik und Verteidigungshaushalt war absolut entscheidend. Es ist die einzige solide Vorgehensweise. Doch damals gab es großen Widerstand gegen unsere Methode. Im Verteidigungsministerium beispielsweise hielten es viele für eine Überschreitung unserer Befugnisse, wenn wir den schriftlichen Bericht zur US-Außenpolitik vorbereiteten. Aber es gab keinen anderen derartigen Bericht. Und sie wußten nicht, daß ich Dean Rusk bat, ihn Wort für Wort zu überprüfen, bevor ich ihn als Grundlage für unsere militärischen Strategie- und Verteidigungsprogramme benutzte.

All dies entsprang einer Methode zur Organisation menschlicher Tätigkeiten, die ich in Harvard entwickelt und während des Krieges beim Militär und später bei Ford angewendet hatte; und sie bei der Weltbank wieder anwandte. Einfach ausgedrückt, handelte es sich darum, für die Organisation, der ich jeweils angehörte, klare Ziele zu formulieren, einen Plan zur Erreichung dieser Ziele zu entwerfen und den Fortschritt anhand dieses Plans ständig zu überprüfen. Und wenn die Erfolge zu wünschen übrigließen, konnte man entweder den Plan entsprechend verändern oder ergänzende Maßnahmen ergreifen, um den Fortschritt zu beschleunigen. Was das Verteidigungsministerium leisten sollte, war für mich von Anfang an klar: das Land unter geringem Risiko, mit minimalen Kosten und, falls wir in einen Krieg verwickelt würden, mit möglichst niedrigen Verlusten an Menschenleben zu verteidigen.

Eine höchst dringliche Aufgabe nahmen wir sofort in Angriff: die Überprüfung und Neubestimmung unserer Strategie im Falle eines Atomkriegs. Den Anstoß dazu lieferte eine lang anhaltende Strategiedebatte. Entgegen dem Rat hoher militärischer Führer – zum Beispiel des Generalstabschefs General Maxwell Taylor – hatte die Regierung Eisenhower zunehmend auf Atomwaffen zur nationalen Verteidigung gesetzt. Außenminister John Foster Dulles hatte diese Doktrin eines massiven Vergeltungsschlags zusammengefaßt, als er erklärte, die Vereinigten Staaten wollten potentielle Angreifer abschrecken, indem sie »in erster Linie auf eine starke, sofortige Zweitschlagskraft [mit Atomwaffen] mit den Mitteln und an Orten eigener Wahl« bauten.

Die Regierung Kennedy befürchtete nun, daß uns durch dieses Setzen auf Atomwaffen keine Möglichkeit blieb, auf großangelegte nichtatomare Angriffe zu reagieren, ohne Selbstmord zu begehen. Präsident Kennedy meinte, wir hätten uns in die Lage gebracht, im Ernstfall zwischen »unehrenhaftem Rückzug und unbegrenzter Vergeltung« wählen zu müssen. Wir beschlossen daher, die Bandbreite der Optionen zu vergrößern, indem wir dem Militär durch Modernisierung und Verbesserung der Waffen ermöglichten, auch einen nichtatomaren Krieg erfolgreich zu führen. Dies bedeutete aber eine Verschiebung in der Doktrin: Weg von der massiven Vergeltung, hin zur sogenannten »Flexible Response«, einer Strategie, die das Risiko eines Atomkrieges vermindern sollte. Wir waren bei der Anhebung der atomaren »Schwelle« jedoch nur teilweise erfolgreich. Unsere Vorschläge wurden fünf Jahre lang von der NATO diskutiert und dann auch nur mit erheblichen Veränderungen angenommen.

Auf jeden Fall arbeiteten wir zu Beginn der Amtszeit Kennedys lange Stunden an der Entwicklung von Plänen, die unsere Streitkräfte schlagkräftiger machen sollten. Ende März legte Präsident Kennedy unseren Entwurf in einem außerordentlichen Verteidigungsbericht dem Kongreß vor. Er forderte zusätzlich 650 Millionen Dollar für das Pentagon, so daß wir eine Reihe von Maßnahmen ergreifen konnten, um einen nichtatomaren Angriff wirkungsvoller zu verhindern oder uns im Ernstfall auch ohne Atomwaffen zu verteidigen.

Nach der Amtseinführung Präsident Kennedys herrschte bei uns drei Monate lang eine geradezu euphorische Stimmung. Doch schon ein paar Tage nachdem er unseren Entwurf dem Kongreß präsentiert hatte, sahen wir uns mit einer Entscheidung konfrontiert, die zeigte, daß unserem Urteilsvermögen – und unserem Erfolg – enge Grenzen gesetzt waren.

Anfang 1960 hatte die Regierung Eisenhower die CIA beauftragt, in Zentralamerika insgeheim eine Brigade von 1400 Exilkubanern zusammenzustellen, zu bewaffnen und auszubilden, um bei passender Gelegenheit in Kuba einzumarschieren und das Regime Fidel Castros zu stürzen. Castro hatte ein Jahr zuvor die Macht auf der Insel ergriffen und schien Kuba in die sowjetische Einflußsphäre zu führen. Die Regierung Kennedy übernahm dieses Vorhaben einer Invasion als Erbe und ließ die Planung weiterlaufen.

Kaum neunzig Tage nach seinem Amtsantritt mußte Kennedy nun entscheiden, ob die Operation fortgesetzt werden sollte oder nicht. Er rief seine Berater – insgesamt etwa zwanzig – zu einer Besprechung im Außenministerium zusammen und fragte jeden, was zu tun sei. Er ging um den Tisch herum und bat jeden einzelnen um seine Meinung. Mit einer Ausnahme – Senator J. William Fulbright (Demokrat/Arkansas), der sich vehement dagegen aussprach – befürwortete jeder der Anwesenden die Maßnahme. Obwohl es sich um eine Operation der CIA handelte, wurde sie von allen Generalstabschefs gebilligt. Auch Außenminister Dean Rusk und ich stimmten zu, obgleich nicht gerade begeistert; ebenso der Berater für nationale Sicherheit, McGeorge Bundy, sowie alle anderen Mitglieder des Nationalen Sicherheitsrats (NSC).

Die Invasion erfolgte am 17. April 1961 in der Schweinebucht an der Südwestküste Kubas. Sie erwies sich rasch als »vollkommener Fehlschlag«, wie ein Historiker sich ausdrückte: Castros Agenten hatten die Brigade durch und durch infiltriert; entgegen den Vorhersagen der CIA stand das kubanische Volk nicht auf, um die Invasion zu unterstützen; in dem betreffenden Gebiet ließ Castro rascher und massiver Truppen aufmarschieren, als man angenommen hatte; die Deckung der Landung aus der Luft war nicht richtig geplant worden; der Fluchtweg in die Berge führte 130 Kilometer weit durch unwegsames Sumpfgebiet; Washingtons Billigung der Operation rief, nachdem sie einmal bekannt geworden war, weltweite Entrüstung hervor – die Liste der Fehler nahm kein Ende. Präsident Kennedy trat vor die Fernsehkameras und übernahm die volle Verantwortung für das Debakel.

Als ich das sah, lernte ich eine bittere Lektion. Ich war mit begrenztem Wissen über militärische Angelegenheiten und mit noch geringeren Kenntnissen über Geheimoperationen an die Spitze des Pentagons getreten. Dieses mangelnde Wissen, verbunden damit, daß ich mit anderen Angelegenheiten beschäftigt war, sowie mit meinem Respekt vor der CIA, die ich im Hinblick auf Geheimdienstoperationen für vollkommen kompetent hielt, hatten mich den Plan kritiklos akzeptieren lassen. Ich hatte an Vorbesprechungen teilgenommen, die zu dieser Invasion geführt hatten. Ich hatte sogar eine mehrdeutige Stellungnahme der Stabschefs kommentarlos an den Präsidenten weitergeleitet, die besagte, daß die Invasion wahrscheinlich zu Castros Sturz beitragen würde, selbst wenn sie nicht sofort zum Erfolg führte. Die Wahrheit ist, daß ich den Plan nicht recht begriffen hatte und die Daten nicht kannte. Ich hatte mich mit der Rolle eines passiven Zuschauers begnügt.

So ging ich am nächsten Tag ins Oval Office und erklärte: »Mr. President, ich habe nicht vergessen, wo ich war, als Sie die Entscheidung über die Durchführung der Invasion trafen. Ich befand mich in einem Raum, in dem, mit einer Ausnahme, alle Ihre Berater – auch ich – Ihnen empfahlen, weiterzumachen. Ich bin bereit, vor die Fernsehkameras zu treten und dies zu sagen.«

Kennedy ließ mich ausreden. »Bob«, sagte er dann, »ich danke Ihnen für Ihre Bereitschaft, einen Teil der Verantwortung zu übernehmen. Aber ich bin der Präsident. Ich mußte nicht tun, was Sie alle mir empfohlen haben. Aber ich habe es getan. Ich bin verantwortlich, und ich möchte nicht einen Teil der Schuld auf Sie, auf Eisenhower oder sonst jemanden schieben.«

Dafür bewunderte ich ihn, und der Vorfall brachte uns einander näher. Ich nahm mir vor, ihn nicht noch einmal im Stich zu lassen.

2.

DIE FRÜHEN JAHRE

19. JANUAR 1961 – 23. AUGUST 1963

> Gleich nach der Geburt ist jedes
> Ding schwach und zart: deshalb
> muß man zu Anfang die Augen
> offenhalten; denn wie zunächst,
> wenn das Ding noch ganz klein ist,
> kaum eine Gefahr darin zu erblicken
> ist, so ist später, wenn es erst groß
> geworden ist, kein Mittel mehr
> dagegen zu entdecken.
> MONTAIGNE, *Essais**

Am Anfang sind alle Dinge unscheinbar. Auch mit der Geschichte meiner Verwicklung in den Vietnamkrieg verhielt es
sich nicht anders. Als John F. Kennedy Präsident wurde, standen wir einer komplexen und sich verschärfenden Krise in
Südostasien gegenüber, hatten aber nur geringe Kenntnisse,
wenig Erfahrung und gingen von vereinfachenden Annahmen
aus. Erst im Laufe der Zeit erkannten wir, daß die Probleme,
die Südvietnam und dessen kampfbereiten Staatschef Ngo
Dinh Diem plagten, weitaus komplizierter waren, als wir ursprünglich gedacht hatten. Und außerdem waren wir geteilter
Meinung darüber, wie man sie anzugehen habe.

Während der Amtszeit Präsident Kennedys handelten wir
auf der Grundlage von zwei Prämissen, die sich schließlich als

---

* Michel Eyquem de Montaigne: *Die Essais.* Leipzig 1953 (Lizenzausgabe
  Bremen), S. 360.

nicht miteinander vereinbar erwiesen. Die eine war, daß ein Vietnam, welches der kommunistischen Sphäre zufiel, die Sicherheit der Vereinigten Staaten und der westlichen Welt bedrohte; die andere, daß nur die Südvietnamesen ihr Land verteidigen könnten und Amerika seine Rolle auf die Ausbildung der Truppen und auf logistische Unterstützung beschränken sollte. Entsprechend dieser letzteren Auffassung begannen wir 1963, einen stufenweisen Rückzug der US-Streitkräfte zu planen. Bei jenen, die glaubten, dies könne zum Verlust Vietnams und höchstwahrscheinlich ganz Asiens führen, stieß dieses Vorhaben auf heftigen Widerstand.

1961 unterschieden sich meine Ansichten zu Südostasien kaum von denen vieler Amerikaner meiner Generation, die im Zweiten Weltkrieg gedient hatten, die Außenpolitik in den Zeitungen verfolgten, aber über keine geopolitischen Kenntnisse verfügten und nichts von den spezifischen Problemen Asiens verstanden. Da ich drei Jahre lang geholfen hatte, deutsche und japanische Angriffe abzuwehren, nur um nach dem Krieg Zeuge der Einnahme Osteuropas durch die Sowjets zu werden, folgte ich der von George F. Kennan propagierten Theorie, die er in seinem berühmten Artikel in *Foreign Affairs* formuliert hatte: Der Westen müsse sich unter Führung der USA durch eine Eindämmungspolitik vor einer kommunistischen Expansion schützen. Mir schien das eine vernünftige Grundlage für Entscheidungen, in denen es um die nationale Sicherheit und den Einsatz westlicher Streitkräfte ging.

Wie die meisten Amerikaner hielt auch ich den Kommunismus für einen monolithischen Block. Ich glaubte, die Sowjets und die Chinesen würden bei dem Versuch, ihre Hegemonie zu erweitern, zusammenarbeiten. Im nachhinein betrachtet ist natürlich klar, daß die beiden Länder seit Ende der fünfziger Jahre keine gemeinsame Strategie mehr verfolgten. Aber die Kluft zwischen ihnen entstand allmählich und wurde erst nach und nach sichtbar. Damals schien der Kommunismus noch auf dem Vormarsch zu sein. Mao Zedong und seine Anhänger beherrschten China seit 1949 und hatten an der Seite Nordkoreas gegen den Westen gekämpft; Nikita Chruschtschow hatte den Sieg des Kommunismus durch »die nationalen Befreiungskriege« in der Dritten Welt prophezeit und dem Westen angekündigt: »Wir werden euch beerdigen.« Seine Drohung gewann an Glaubwürdigkeit, als die Sowjets 1957 den Sputnik ins All schossen und damit ihre Überlegenheit in der Raumfahrttechnik demonstrierten. Im Jahr darauf begann Chruschtschow, die Berlinkrise anzuheizen. Und nun hatte Castro Kuba in einen kommunistischen Brückenkopf innerhalb unserer Hemisphäre verwandelt. Wir fühlten uns eingekreist und gefährdet. Diese Angst lag auch unserer Einmischung in den Vietnamkonflikt zugrunde.

Dennoch erschien mir die kommunistische Gefahr nicht, wie für viele Menschen des rechten politischen Spektrums, überwältigend groß. Ich hielt sie für eine Bedrohung, mit der man gewiß fertig werden konnte, und teilte Präsident Kennedys Einschätzung, als er Amerika und den Westen dazu aufrief, die Last eines langen Kampfes ohne eindeutige Fronten auf sich zu nehmen. »Alle Nationen sollen wissen«, sagte er in seiner Antrittsrede, »egal, ob sie uns wohlgesonnen sind oder nicht, daß wir bereit sind, jeden Preis zu zahlen, jede Last auf uns zu nehmen, uns jeder schweren Lage zu stellen, jeden Freund zu unterstützen und uns jedem Feind zu widersetzen, um das Überleben und den Erfolg der Freiheit sicherzustellen.«[1]

Ein wenig wußte ich über die jüngste Geschichte Indochinas und insbesondere Vietnams Bescheid. Mir war bekannt, daß der Kommunist Ho Chi Minh nach dem Ersten Weltkrieg begonnen hatte, das Land von französischer Herrschaft zu befreien; daß Japan das Land im Zweiten Weltkrieg besetzt hatte; daß Ho Chi Minh nach der Kapitulation Japans die Unabhängigkeit Vietnams erklärt hatte, die Vereinigten Staaten aber Frankreichs Rückkehr nach Vietnam gebilligt hatten, aus

Furcht, Spannungen zwischen Frankreich und den Vereinigten Staaten könnten die Eindämmung der sowjetischen Expansion in Europa erschweren. In den letzten zehn Jahren hatten wir sogar französische Militäroperationen gegen Hos Streitkräfte, die wiederum von den Chinesen unterstützt wurden, mitfinanziert. Und ich wußte, daß die Vereinigten Staaten Indochina als einen notwendigen Bestandteil der Eindämmungspolitik betrachteten – als ein wichtiges Bollwerk im Kalten Krieg.

In den fünfziger Jahren hatte es den Anschein, als ob die kommunistische Bewegung in Vietnam in engem Zusammenhang mit den Guerillaaufständen in Birma, Indonesien, Malaya und auf den Philippinen stünde. Wir betrachteten diese Konflikte nicht als nationalistische Bewegungen – als die sie im großen und ganzen im nachhinein gedeutet werden –, sondern als Zeichen für einen gemeinsamen Vorstoß der Kommunisten zur Vorherrschaft in Asien. Diese Denkweise hatte Dean Acheson, den Außenminister Präsident Trumans, dazu veranlaßt, Ho Chi Minh als den »Erzfeind der unabhängigen Völker Indochinas« zu bezeichnen.[2]

Ich wußte außerdem, daß die Regierung Eisenhower die Sicht Trumans übernommen hatte, wonach ein kommunistisch beherrschtes Indochina die Sicherheit der USA bedrohen würde. Obwohl Eisenhower nicht bereit gewesen war, US-Streitkräfte in die Region zu entsenden, hatte er immer wieder unmißverständlich vor einer kommunistischen Bedrohung gewarnt. Im April 1954 hatte er seine berühmte Vorhersage formuliert, wenn Indochina fiele, würde auch das übrige Südostasien »sehr rasch die Seite wechseln«, wie eine »Reihe von Dominosteinen«. Und er hatte hinzugefügt: »Die möglichen Folgen eines solchen Verlustes sind für die freie Welt nicht abschätzbar.«[3] In jenem Jahr übernahm unser Land von Frankreich die Verantwortung für den Schutz Vietnams südlich der 1954 festgelegten Demarkationslinie. Außerdem hatten wir den Südostasienvertrag (SEATO) unterzeichnet, der die Vereinigten Staaten bedingt verpflichtete, Indochina zu schützen. Und wir hatten zwischen 1955 und 1961 Südvietnam über sieben Milliarden Dollar an Wirtschafts- und Militärhilfe zukommen lassen.

Schließlich war mir auch bewußt, daß John F. Kennedy in seiner Zeit als Senator Eisenhowers Einschätzung der Lage in Südostasien geteilt hatte. »Vietnam stellt den Eckstein der freien Welt in Südostasien dar«, hatte er 1956 in einer Rede erklärt, die weite Verbreitung fand. »Es ist unser Zögling. Wir dürfen es nicht aufgeben, wir dürfen seine Bedürfnisse nicht ignorieren.«[4]

Nachdem ich Verteidigungsminister geworden war, bestärkten zwei Entwicklungen meine Haltung zu Vietnam: die Intensivierung der Beziehungen zwischen Kuba und den Sowjets und eine neue Welle sowjetischer Provokationen in Berlin. Beide schienen die aggressiven Ziele der kommunistischen Politik zu unterstreichen. In diesem Zusammenhang erschien es vernünftig, der Gefahr, Vietnam und – im Domino-Effekt – ganz Südostasien zu verlieren, durch verstärkte Anstrengungen der Vereinigten Staaten in Vietnam zu begegnen.

Dennoch war ich nicht einmal annähernd ein Ostasienexperte. Weder hatte ich jemals Indochina besucht, noch kannte ich seine Geschichte, seine Sprache, seine Kultur und seine Werte. Dasselbe galt in unterschiedlichem Maße auch für Präsident Kennedy, Außenminister Dean Rusk, den Berater für nationale Sicherheit McGeorge Bundy, den militärischen Berater Maxwell Taylor und viele andere. Mit unseren Entscheidungen Vietnam betreffend legten wir uns auf eine Politik für eine Region fest, die *terra incognita* war.

Noch schlimmer war, daß unsere Regierung keine Fachleute zur Hand hatte, die uns beraten und unsere Unkenntnis hätten ausgleichen können. 1961, als es zur Berlinkrise kam, und während der Kubakrise 1962 konnte sich Präsident Kennedy an erfahrene Leute wie Llewellyn Thompson, Charles Bohlen und George F. Kennan wenden, die die Sowjets aus nächster Nähe kannten. Es gab jedoch weder im Pentagon noch im Außenministerium Beamte mit einem vergleichbaren Wissen über Südostasien. Ich kannte nur einen Pentagonbeamten, der in der Region Erfahrungen in der Aufstandsbekämpfung gesammelt hatte: Oberst Edward Lansdale, der als Berater auf den Philippinen für Ramon Magsaysay und in Südvietnam für Diem gearbeitet hatte. Aber Lansdale war relativ jung und verfügte über keine umfassenden geopolitischen Kenntnisse.

Die Ironie der Geschichte ist, daß diese Wissenslücke großenteils entstanden war, weil die wichtigsten Ostasien- und Chinaexperten im Außenministerium – John Paton Davies jun., John Stewart Service und John Carter Vincent – in den fünfziger Jahren den hysterischen Säuberungsaktionen unter McCarthy zum Opfer gefallen waren. Ohne Männer wie sie, die uns detaillierte und differenzierte Einsichten hätten vermitteln können, interpretierten wir – und ich ganz gewiß – die Ziele Chinas völlig falsch und mißverstanden dessen martialische Rhetorik als ein Zeichen seines hegemonialen Machtstrebens in der Region. Außerdem unterschätzten wir den nationalistischen Aspekt der Bewegung Ho Chi Minhs vollkommen. Wir sahen ihn in erster Linie als Kommunisten und erst in zweiter als vietnamesischen Patrioten.

Warum gelang es uns nicht, China und Vietnam im selben Licht zu betrachten wie Jugoslawien – als ein von Moskau unabhängiges kommunistisches Land? Wie ich meine, aus mehreren Gründen. Tito erschien uns als Einzelfall; er und Stalin waren für jedermann sichtbar miteinander zerstritten. Die flammende Rhetorik Chinas und Nordvietnams hingegen ließ uns glauben, sie strebten nach regionaler Hegemonie. Und die jüngste Hinwendung Kubas zur Sowjetunion schien zu illustrieren, wie rasch sich vorgeblich unabhängige Bewegungen der Dritten Welt in die kommunistische Hemisphäre eingliederten. Daher setzten wir Ho Chi Minh nicht mit Marschall Tito, sondern mit Fidel Castro gleich.

Derartige unbegründete Wertungen wurden von der Regierung Kennedy genauso diskussionslos übernommen wie zuvor von deren demokratischen und republikanischen Vorgängern. Damals und auch später versäumten wir es, unsere Einschätzungen kritisch zu überprüfen. Die Grundlagen unserer Entscheidungsfindung waren außerordentlich brüchig.

Aber es gab auch noch andere Fehler. Ich werde versuchen, sie zu benennen und zu erklären, um aus ihnen Lehren für die Zukunft zu ziehen. Über Vietnam ist eine Unzahl von Büchern verfaßt worden, in denen der Konflikt in allen Einzelheiten beschrieben wird, und ich glaube nicht, daß es notwendig ist, dem noch etwas hinzuzufügen. Statt dessen werde ich mich auf elf Schlüsselereignisse oder -entscheidungen konzentrieren und jeweils die Implikationen beziehungsweise den Prozeß der Entscheidungsfindung darlegen. Im einzelnen sind das:

- Eine Besprechung zwischen Präsident Eisenhower und dem designierten Präsidenten Kennedy am 19. Januar 1961.
- Die Ende 1961 von Präsident Kennedy getroffene Entscheidung, 16000 Militärberater nach Südvietnam zu entsenden, die die Südvietnamesen ausbilden und so zur Verteidigung des Landes gegen den Druck Nordvietnams befähigen sollten.
- Die Ankündigung Präsident Kennedys vom 2. Oktober 1963, er erwarte, daß die Ausbildungsmission bis Ende 1965 erfüllt sei, und man werde innerhalb der nächsten neunzig Tage mit dem Abzug der US-Ausbildungstruppen beginnen (das heißt bis zum 31. Dezember 1963).
- Der Staatsstreich vom 1. November 1963, der zur Ermordung Präsident Diems führte.
- Der politische Zerfall Südvietnams während der ersten zwölf Monate der Amtszeit Präsident Lyndon Johnsons und die Reaktion der Regierung darauf.
- Die Ereignisse im Golf von Tonking im August 1964, die Antwort des Präsidenten darauf und die folgende Entschließung des Kongresses.
- Ein entscheidendes Memo von McGeorge Bundy und mir an Präsident Johnson Ende Januar 1965. Ihm folgte innerhalb weniger Wochen der Beginn der Bombardierung Nordvietnams.

- Die verhängnisvolle Entscheidung vom Juli 1965, Ende des Jahres 175 000 US-Kampftruppen zur Verteidigung Südvietnams zu entsenden, obwohl erkannt wurde, daß daraus die Notwendigkeit weiterer Truppenentsendungen folgen könnte.
- Wiederholte, Ende 1965 begonnene und bis 1967 anhaltende Versuche, angesichts unserer Unfähigkeit, den Krieg militärisch zu beenden, Verhandlungen in Gang zu setzen.
- Die im Frühjahr 1966 getroffene Entscheidung, bis zum Jahresende weitere 200 000 Soldaten nach Vietnam zu entsenden, obwohl erkannt wurde, daß ein baldiges Ende des Krieges unwahrscheinlich war.
- Die erbitterte Diskussion im Jahre 1967 über die Kriegführung und die Notwendigkeit weiterer Truppenverstärkungen – eine Kontroverse, die schließlich am 29. Februar 1968 zu meinem Ausscheiden aus der Regierung führte.

Es ist behauptet worden, daß in dieser Zeit vom Militär und von der politischen Führung – einschließlich mir – in Umlauf gesetzte falsche Berichte über Fortschritte im Krieg Entscheidungen der Regierung und die Reaktion der Öffentlichkeit auf die Ereignisse in Vietnam beeinflußt hätten. Ich werde auf diese Vorwürfe im Verlauf meiner Ausführungen zurückkommen.

Mit dem Problem Indochina wurde ich zum erstenmal während einer relativ kurzen Besprechung zwischen Präsident Eisenhower und dem designierten Präsidenten Kennedy konfrontiert. Dies war am 19. Januar 1961, dem letzten vollen Amtstag Präsident Eisenhowers. Er und seine engsten Mitarbeiter – Außenminister Christian Herter, Verteidigungsminister Thomas Gates, Finanzminister Robert Anderson und der Mitarbeiter des Stabes General Wilton Persons – trafen sich mit dem designierten Präsidenten Kennedy, dem designierten Außenminister Dean Rusk, dem designierten Finanzminister Douglas Dillon, dem Interimsberater Clark Clifford und mir, um die vordringlichsten nationalen Probleme darzulegen, denen wir gegenüberstehen würden.*

An jenem Nachmittag besprachen wir eine immense Anzahl von Themen, doch der Schwerpunkt lag auf Indochina. Hinsichtlich dessen, was damals gesagt wurde, würde ich mich niemals auf mein Gedächtnis verlassen, aber mehrere Teilnehmer und auch ich machten sich Notizen für einen kurz darauf folgenden Bericht. Diese und weitere Aufzeichnungen von der Besprechung zeigen, wie unterschiedlich die Ratschläge, die Eisenhower Kennedy zum zentralen Thema Militärintervention in Südostasien erteilte, von den Anwesenden wahrgenommen wurden.

In der Tat lag Eisenhowers Hauptaugenmerk in jenem Teil des Gesprächs auf Laos, nicht auf Vietnam. Die kommunistische Pathet Lao hatte ihren Kampf gegen die von den USA unterstützten Streitkräfte Phoumi Nosavans um die Kontrolle des Landes verstärkt. Clark Clifford hielt dazu folgendes fest: »Präsident Eisenhower bemerkte, daß Laos gegenwärtig der Schlüssel zum gesamten südostasiatischen Raum sei. Wenn Laos an die Kommunisten fiele, würde dies einen unglaublichen Druck auf Thailand, Kambodscha und Südvietnam bedeuten. Präsident Eisenhower sagte, er betrachte Laos [und damit implizit auch Vietnam] als so bedeutend, daß er bereit

---

* Das Treffen veranschaulicht eine Schwäche unserer Regierungsform – das Fehlen einer wirksamen Möglichkeit, Wissen und Erfahrungen der einen Regierung an die nächste weiterzugeben – und zeigt den hohen Preis, den wir dafür zahlen. In parlamentarischen Systemen haben die neuen Minister in der Regel mehrere Jahre als Schattenminister der Opposition gearbeitet, bevor sie ihr Amt übernehmen. Ich erinnere mich zum Beispiel, daß ich mit dem Briten Denis Healey und mit Helmut Schmidt zu tun hatte, als sie Verteidigungsminister wurden. Beide waren auf ihre Aufgabe vorbereitet worden, indem sie in der Parteiführung der Opposition tätig gewesen waren und die Sicherheitsprobleme ihres Landes lange Jahre studiert hatten. Ich dagegen kam nach Washington, nachdem ich als Präsident der Ford Motor Company gearbeitet hatte. Das Treffen zwischen den beiden Mitarbeiterstäben von Eisenhower und Kennedy war ein dürftiger Ersatz für eine derartige Vorbereitung. John Locke hatte recht, als er schrieb: »Bei keinem Menschen kann das Wissen seine Erfahrung übersteigen.«

wäre, ›*als letzte, verzweifelte Hoffnung, allein zu intervenieren*‹ [Hervorhebung im Original], falls wir niemand anderen von gemeinsamen Operationen überzeugen könnten.«[5]

Dean Rusks Erinnerung an das Gespräch deckte sich im großen und ganzen mit Cliffords Bericht. Er meinte, gehört zu haben, daß Eisenhower ein einseitiges Handeln in Laos empfohlen habe, wenn dies die einzige Alternative zum Verlust von Laos an den Kommunismus sei.[6]

Mein Memorandum hingegen, das ich auf Präsident Kennedys Bitte von meinen während des Gesprächs gemachten Notizen anfertigte, lief darauf hinaus, daß Eisenhower im Grunde eine doppeldeutige Aussage gemacht hatte. Ich hatte den Eindruck, daß er sehr unsicher war, welches der richtige Kurs sei. Ich schrieb: »Präsident Eisenhower riet im Zusammenhang mit Laos von einem einseitigen Vorgehen der Vereinigten Staaten ab.« Außerdem hatte ich festgehalten, daß Eisenhower Kennedys direkte Frage: »Was kann getan werden, um die chinesischen Kommunisten aus Laos herauszuhalten?«, nicht beantwortete. Ich zog daraus den Schluß: »Präsident Eisenhower stellte ohne Einschränkung fest: ›Wenn Laos der freien Welt verlorengeht, werden wir auf lange Sicht ganz Südostasien verlieren.‹«[7]

Douglas Dillons Erinnerung an das Gespräch stimmte vollkommen mit meinen Notizen überein, wie er später einem Historiker mitteilte. Dillon ging sogar noch einen Schritt weiter und fügte hinzu, er habe den Eindruck gehabt, daß »Eisenhower und [Außenminister] Herter beide in gewisser Weise innere Befriedigung daraus zogen, ein potentiell nicht zu bewältigendes Problem auf Kennedy abwälzen zu können«[8].

Dougs Eindruck war meiner Meinung nach absolut richtig: Eisenhower wußte nicht, wie man in Südostasien vorgehen sollte, und war froh, das Problem den Demokraten überlassen zu können. Trotzdem kann ich ihm keinen Vorwurf machen. Das Indochina-Problem war so, wie Eisenhower und auch wir meinten, tatsächlich nicht in den Griff zu bekommen. *Wie* wenig, das sollte unser Land in den folgenden vierzehn Jahren zu spüren bekommen.

Es gibt noch einen weiteren Beleg dafür, daß Eisenhower mit seiner Weisheit am Ende war. Denn irgendwann später wurde berichtet, er habe drei Wochen vor der Unterrichtung Kennedys zu seinen Mitarbeitern gesagt: »Wir dürfen Laos nicht in die Hände der Kommunisten fallen lassen, selbst wenn damit ein Krieg verbunden ist.«[9] Doch diese Äußerung steht in krassem Widerspruch zu seiner Haltung während der Krise von Dien Bien Phu sechs Jahre zuvor, als er sich gegen eine Intervention der Vereinigten Staaten entschieden hatte. Vielleicht hatte Eisenhower seine Überzeugung angesichts der weltweiten Entwicklung geändert, aber ich kann die eine Aussage nicht mit der anderen in Einklang bringen. Hätte Eisenhower letztlich in Vietnam Krieg geführt, wie wir es getan haben? Ich weiß es nicht.

Hingegen kann ich sagen, daß wir keine durchdachte Analyse des Problems und auch keine alternativen Möglichkeiten – mit allem Für und Wider – vorgelegt bekamen, wie damit umzugehen sei. Alles, was wir hatten, war die düstere Prophezeiung, der Verlust von Laos werde den Fall ganz Südostasiens nach sich ziehen. Demzufolge mußte der Westen das Notwendige tun – was immer dies sein mochte –, um es zu verhindern. Die Besprechung hinterließ bei Kennedy und uns allen einen tiefen Eindruck und beeinflußte unser späteres Vorgehen in Südostasien sehr stark.

Nach wenigen Wochen wurde offensichtlich, daß sich nicht nur in Laos, sondern auch in Südvietnam Schwierigkeiten auftaten, und zwar rascher, als wir angenommen hatten. Im März bildete Präsident Kennedy eine Projektgruppe aus Regierungsbeamten unter Vorsitz von Ros Gilpatric, die alternative Handlungsrichtlinien erarbeiten und Empfehlungen geben sollte. Am 8. Mai legte diese Projektgruppe ihren Bericht vor, der auf eine unserer Ansicht nach massive Verstärkung des amerikanischen Militärs in Südvietnam um mehrere hundert bis etliche tausend Mann hinauslief. Präsident Kennedy verwarf den Plan im wesentlichen und genehmigte lediglich eine mäßige Aufstockung um hundert Berater und 400 Mann der Special Forces, die die Südvietnamesen in Techniken der Aufstandsbekämpfung ausbilden sollten.

Inzwischen verschlimmerte sich die Situation in Laos. Im August empfahl Dean Rusk bei einer Besprechung im Weißen Haus, wir sollten die diplomatischen Bemühungen fortsetzen, uns aber auf militärische Operationen zur Verteidigung Indochinas nach einem von der SEATO ausgearbeiteten Plan vorbereiten. Dieser Plan sah die Entsendung eines etwa 30 000 Mann starken Truppenkontingents vor, das von den Signatarstaaten – zu denen Großbritannien, Frankreich und die Vereinigten Staaten gehörten – gestellt werden sollte. Aber die Briten und die Franzosen hatten bereits signalisiert, daß sie sich daran nicht beteiligen wollten.

Deans Vorschlag stellte uns aber auch noch vor ein anderes Problem. Ich teilte Präsident Kennedy mit, daß er vor einem militärischen Engagement in Indochina die Lage in Laos gegen andere Probleme der Weltpolitik abwägen sollte. Ich dachte dabei vor allem an Berlin: Die Situation dort hatte sich so weit zugespitzt, daß wir die Entsendung von sechs Divisionen (etwa 90 000 Mann) nach Europa in Erwägung zogen. Es sei unvorstellbar, gab ich zu bedenken, daß wir dazu in der Lage wären und gleichzeitig einen Krieg in Südostasien führten, außer man würde die allgemeine Mobilmachung ausrufen. Der Präsident zog daraus den Schluß – und Dean stimmte ihm zu –, daß wir uns nicht auf den SEATO-Plan festlegen sollten, ohne die möglichen Entwicklungen in den übrigen Teilen der Welt zu berücksichtigen.[10]

Im Herbst 1961 hatte die Infiltration Südvietnams durch die Guerilla aus Nordvietnam deutlich zugenommen, und der Vietcong hatte seine Angriffe auf die Regierung Diem verstärkt. Präsident Kennedy beschloß, Max Taylor und Walt Rostow vom Nationalen Sicherheitsrat nach Südvietnam zu schicken, um die Situation zu beurteilen und Vorschläge für das weitere Vorgehen zu machen. In ihrem Bericht drängten Max und Walt darauf, unsere Unterstützung Südvietnams wesentlich zu verstärken und mehr Berater, mehr Ausrüstung und sogar ein kleines Kontingent Kampftruppen zu entsenden. Derartige Schritte, so legten sie dar, würden in dem Krieg eine grundlegende »Verschiebung vom beratenden Status hin zur Partnerschaft« bedeuten.[11]

Am 8. November 1961 ließ ich Präsident Kennedy ein kurzes, hastig abgefaßtes Memorandum zukommen, in dem ich mich zu diesen Empfehlungen äußerte; es stellte meine erste Reaktion sowie die der Generalstabschefs und meines Stellvertreters Ros Gilpatric dar. Ich machte darauf aufmerksam, daß der Bericht von Taylor und Rostow zwei grundlegende Fragen aufwarf: War es das Ziel der Vereinigten Staaten, den Wechsel Südvietnams ins kommunistische Lager zu verhindern? Sollten wir dieses Ziel dadurch zu erreichen versuchen, daß wir sofort mehr Militär nach Südvietnam schickten und uns gleichzeitig auf spätere Truppenverstärkung vorbereiteten, falls dies erforderlich wäre? Ich schloß meine Ausführungen mit der Formulierung, wir »neigen zu der Empfehlung«, sowohl das Ziel als auch die Mittel, dieses zu verfolgen, gutzuheißen.[12]

Sobald ich das Memo ins Weiße Haus geschickt hatte, machte ich mir Sorgen, daß wir den Präsidenten vielleicht zu voreilig beraten haben könnten. In den folgenden Tagen vertiefte ich mich daher stärker in das Vietnamproblem, und je weiter ich eindrang, desto deutlicher wurden die Komplexität der Situation und die Unsicherheit, ob wir mit militärischen Mitteln damit fertig werden könnten. Ich erkannte, daß es kein guter Gedanke gewesen war, sich an das Memo von Taylor und Rostow zu halten.

Dean Rusk und seine Berater im Außenministerium kamen zu demselben Schluß. Nach weiterem Nachdenken und zusätzlichen Gesprächen legten er und ich dem Präsidenten am

11. November ein gemeinsames Memorandum vor, in dem wir von der Entsendung von Kampftruppen, wie sie Max und Walt empfohlen hatten, abrieten. Wir räumten zwar ein, daß diese Streitkräfte eines Tages notwendig sein könnten, betonten jedoch, daß wir vor einem Dilemma stünden: »Wenn es starke Anstrengungen seitens Südvietnams gibt, sind [US-Kampftruppen] vielleicht nicht notwendig; wenn es diese nicht gibt, könnten angesichts einer passiven und feindlich gesonnenen Bevölkerung US-Streitkräfte ihren Auftrag nicht erfüllen.«[13]

Noch am selben Tag kam Präsident Kennedy bei einem Treffen im Weißen Haus auf die beiden Memos zu sprechen. Er machte deutlich, daß er kein bedingungsloses Engagement in Südvietnam wünsche, um dessen Verlust zu verhindern. Und er weigerte sich entschieden, die Entsendung von Kampftruppen zu billigen.[14]

Das von Dean und mir erkannte Dilemma sollte uns über Jahre verfolgen. Rückblickend wird aus den Aufzeichnungen dieser Besprechungen klar, daß unsere Analyse nicht einmal annähernd ausreichend war. Wir versäumten es, die fünf wichtigsten Fragen zu stellen: Trifft es zu, daß der Fall Südvietnams den Fall ganz Südostasiens nach sich ziehen würde? Würde dies eine schwerwiegende Bedrohung der Sicherheit des Westens darstellen? Zu welcher Art von Krieg – einem konventionellen oder einem Guerillakrieg – könnte es kommen? Könnten wir diesen Krieg mit US-Truppen gewinnen, die an der Seite der Südvietnamesen kämpften? Und schließlich: Sollten wir nicht alle diese Fragen beantworten, bevor wir über die Entsendung von Truppen entscheiden?

Es scheint unverständlich, ja unglaublich, daß wir uns nicht sofort und direkt mit diesen Punkten auseinandersetzten. Andererseits ist es sehr schwierig, heute die Unbedarftheit und Vertrauensseligkeit nachzuvollziehen, mit der wir in den ersten Tagen der Regierung Kennedy an das Vietnamproblem herangingen: Wir wußten nur sehr wenig über die Region; wir hatten keine Erfahrung im Umgang mit Krisen; andere drängende internationale Probleme verlangten im ersten Regierungsjahr unsere Aufmerksamkeit: Kuba, Berlin und der Kongo, um nur drei zu nennen. Schließlich – und dies war vielleicht der wichtigste Punkt – standen wir vor Problemen, für die es keine fertigen oder akzeptablen Lösungen gab. Ich fürchte, daß Regierungen – und sicher auch die meisten Menschen – unter solchen Voraussetzungen nur allzu leicht den Kopf in den Sand stecken. Das erklärt vielleicht ein wenig unser Verhalten, aber natürlich ist das keine Entschuldigung.

Ein paar Tage später, am 15. November, wiederholte der Präsident vor dem Nationalen Sicherheitsrat seine Zweifel an einem militärischen Engagement der Vereinigten Staaten in Südvietnam. Er befürchte, so sagte er, an zwei Fronten in entgegengesetzten Teilen der Welt in einen Krieg verwickelt zu werden, und wies darauf hin, wie sehr sich die Situation in Vietnam von der im Koreakrieg unterscheide. In Korea war der feindliche Angriff deutlich erkennbar gewesen, während hier die Situation mehrdeutig war. Er habe den Eindruck, vieles spreche *dagegen*, in einer mehr als 15 000 Kilometer entfernten Region zu intervenieren, um einer 200 000 Mann starken Armee im Kampf gegen 16 000 Guerillas beizustehen; wir hätten bereits Milliarden Dollar für Vietnam ausgegeben – und das, wenn überhaupt, mit wenig Erfolg. Außerdem bezweifle er, daß die Vereinigten Staaten jemals militärische Unterstützung von den SEATO-Partnern erhalten würden. Es war ziemlich klar, daß ihm die Situation nicht gefiel. Aber die Sitzung endete ergebnislos.[15]

Trotz unseres widersprüchlichen Vorgehens in Südvietnam in diesen ersten Monaten kamen viele von uns – so auch der Präsident und ich – zu der Überzeugung, daß nur die Südvietnamesen in der Lage waren, mit dem Problem fertig zu werden. Wir konnten versuchen, ihnen durch die Ausbildung von Soldaten und durch logistische Unterstützung zu helfen, aber wir konnten nicht ihren Krieg führen. Dies war damals unsere

Sicht der Dinge. Hätten wir uns daran gehalten, wäre die Geschichte dieser Epoche wohl ganz anders verlaufen.

Ich gab mir größte Mühe, den Militärchefs – sowohl jenen im Pentagon als auch den Kommandeuren, die für die Operationen in Vietnam unmittelbar verantwortlich waren – die Sicht des Präsidenten zu vermitteln. Am 28. November teilte ich Admiral Harry Felt, dem Oberbefehlshaber der Pazifikflotte, und General Lionel McGarr, dem Kommandeur unserer Truppen in Südvietnam, mit: »Wir müssen uns darauf einstellen, daß der politische Rahmen über Jahre hinweg unklar und … das militärische Handeln begrenzt bleibt.«

Im Monat darauf wiederholte ich diese beiden Punkte gegenüber Admiral Felt und General McGarr bei unserer ersten Besprechung in Hawaii. Ich ließ sie wissen, daß keine US-Kampftruppen nach Südvietnam entsandt würden.[16]

Da man sich jedoch nicht direkt mit den grundlegenden Fragen auseinandergesetzt oder sie genügend erläutert hatte, wurden sie bis zum Tod des Präsidenten zwei Jahre später in der Regierung immer wieder kontrovers diskutiert. Am 13. Januar 1962 überreichten mir die Vereinigten Stabschefs ein Memorandum mit der Bitte, es an den Präsidenten weiterzuleiten. Darin vertraten sie den Standpunkt, daß es amerikanischen Kampftruppen gelingen würde, den Verlust Südvietnams zu verhindern, und drängten Präsident Kennedy, deren Einsatz zu genehmigen. Sie waren der Überzeugung, daß ein solcher Schritt vollkommen mit der amerikanischen Außenpolitik in Einklang stünde. »Die Vereinigten Staaten haben deutlich zu verstehen gegeben …, daß es zu ihren unveräußerlichen Zielen gehört, Südvietnam nicht der kommunistischen Aggression zum Opfer fallen zu lassen.«

Aber sie irrten sich: Genau diese grundsätzliche Entscheidung war nicht getroffen worden.

Am 27. Januar überreichte ich Präsident Kennedy das Memorandum mit der knappen Bemerkung: »Ich bin nicht bereit, mich der Sicht der Stabschefs anzuschließen, bevor wir mehr Erfahrung mit unserem gegenwärtigen [Ausbildungs-] Programm in Südvietnam gesammelt haben.«[17]

In jenen ersten Monaten des Jahres 1962, in denen wir das Verteidigungsministerium umstrukturierten, war Vietnam bei weitem nicht das größte Problem. Aber im Gegensatz zu vielen anderen Themen, die ich an Ros Gilpatric delegierte, machte ich Vietnam zunehmend zu meiner eigenen Aufgabe. Und das war nur recht und billig, schließlich war es der einzige Schauplatz, wo Amerikaner sich, wenn auch nur als Berater, in einem heißen Krieg befanden. Ich fühlte mich sehr stark dafür verantwortlich, und ich vertiefte mich so weit in die Problematik, wie es mir möglich und effektiv erschien. Das veranlaßte manche Leute schließlich dazu, den Vietnamkrieg als McNamaras Krieg zu bezeichnen.

Im Verlauf des Jahres 1962 lernte ich in Südvietnam auch dessen Staatsoberhaupt, Präsident Ngo Dinh Diem, kennen. Ich nahm an verschiedenen langen Besprechungen mit ihm teil, die unter den rotierenden Deckenventilatoren und vergoldeten Gesimsen seines Büros im Gia-Long-Palast stattfanden. Wir glaubten, Diem wolle sein Volk zu Freiheit und Demokratie führen. Daß er Anfang der fünfziger Jahre in einem katholischen Seminar in New Jersey studiert hatte, schien uns ein Beweis dafür zu sein, daß er die westlichen Wertvorstellungen teilte. Doch als wir die Situation besser durchschauten, erkannten wir, daß dies nicht der Fall war. Diem und den Leuten, die ihn umgaben, sowie den von ihm geschaffenen politischen Strukturen fehlte es an einer Verbindung zum südvietnamesischen Volk, und er versuchte auch nie, eine solche herzustellen. Das hatten wir vollkommen falsch eingeschätzt.

Da er nicht sehr mitteilsam war und einen völlig anderen kulturellen Hintergrund hatte, war Diem mir, ja praktisch allen Amerikanern, die ihn kennenlernten, ein Rätsel. Ich verstand ihn nicht. Er erschien mir autokratisch, mißtrauisch, unzugänglich und von seinem Volk isoliert.

Es hieß, Diem sei der Umgang mit Frauen fremd: Er hatte nie geheiratet und angeblich nie sexuelle Beziehungen gepflegt. Doch eine seiner engsten Vertrauten war seine Schwägerin, Madame Nhu. Sie war mit Diems intrigantem und sehr einflußreichen Bruder Ngo Dinh Nhu verheiratet, fungierte aber gleichzeitig als eine Art Frau an Diems Seite. Madame Nhu umsorgte ihn, wenn er seine Amtsgeschäfte erledigt hatte, bot ihm Entspannung, diskutierte oft mit ihm und spielte eine wichtige Rolle bei der Formung seines Denkens. Dennoch blieb es für mich ein Rätsel, wie dieses Denken aussah. Auch heute noch weiß ich nicht, welche langfristigen Ziele sich Diem für sein Land und sein Volk vorstellte.[18] Wie die meisten Amerikaner, die das Land besuchten, und ich glaube auch die meisten Vietnamesen, hielt ich Madame Nhu für intelligent, stark und schön, aber zugleich auch für böse und intrigant – für eine echte Hexe.

Obwohl wir diese Mängel erkannten, übernahmen viele von uns die herkömmliche Beurteilung Diems, wie sie zum Beispiel 1959 *Newsweek* zum Ausdruck brachte, die ihn als »einen der fähigsten Staatsoberhäupter des freien Asien« bezeichnete. Gut informierte Regierungsmitglieder wie Senator Mike Mansfield, ehemals Professor für ostasiatische Geschichte, hegten große Bewunderung für Diem wegen seiner Leistungen während der Jahre 1954 und 1955, als das Land in die Unabhängigkeit geführt wurde. »In dieser Zeit«, stellte Mansfield 1963 fest, »waren sein persönlicher Mut, seine Integrität und Entschlossenheit sowie sein echtes Nationalbewußtsein entscheidende Faktoren für die Verhinderung eines totalen Zusammenbruchs in Südvietnam. So ist es gelungen, ein gewisses Maß an Ordnung und Hoffnung in das von Chaos, Intrigen und weitverbreiteter Korruption heimgesuchte Land zu bringen.«[19]

Wir trauten Diem die Lösung der außergewöhnlich schwierigen Aufgabe zu, aus einem religiös und politisch tief gespaltenen Land eine Nation zu formen, und das angesichts der Entschlossenheit Nordvietnams, das ganze Land unter seine

Herrschaft zu zwingen. Was auch immer er für Schwächen hatte – und derer gab es viele –, ich und andere meinten, daß die Aussicht, jemand geeigneteren als Diem finden zu können, im besten Falle unsicher war.

Aber war unsere Einschätzung Präsident Diems richtig? War unsere Sicht der Probleme, denen wir gegenüberstanden, realistisch? Würden unsere Pläne, sie zu lösen, Erfolg haben? Wie sollten wir das wissen, wo wir uns doch in eine fremde Umgebung begaben, mit einem Volk, dessen Sprache und Kultur wir nicht verstanden und dessen Geschichte, Wertvorstellungen und politische Traditionen sich grundlegend von den unseren unterschieden? Es war nicht leicht, diese und viele ähnliche Fragen zu beantworten.

Keiner von uns – weder ich noch der Präsident, weder Mac noch Dean oder Max – war jemals mit den Informationen zufrieden, die wir aus Vietnam erhielten. Natürlich baten wir um gelegentliche Berichte über militärische Operationen und erhielten sie auch. Und wir lasen begierig die zahllosen, in Erzählform abgefaßten Analysen unserer Botschaft in Saigon. Doch schon sehr früh kamen wir zu dem Schluß, daß regelmäßige Treffen zwischen hochrangigen US-Beamten in Saigon und Washington notwendig seien, um diese Themen zu erörtern. So kam es ab Ende 1961 zu meinen häufigen Reisen nach Hawaii und Südvietnam.

Die Besprechungen in Hawaii fanden im Hauptquartier des Oberbefehlshabers der US-Streitkräfte im Pazifik (CINCPAC) statt, von wo aus man auf Pearl Harbor blickte. Fünfzig bis sechzig Leute – Militärs und Zivilisten aus Washington, Saigon und Hawaii – versammelten sich in einem gewölbeartigen Konferenzraum, wo wir uns endlose Reihen von Berichten anhören mußten. Die große Zahl der Anwesenden und die überladene Tagesordnung machten es oft schwierig, sich auf die einschlägigen Themen zu konzentrieren und zu gewährleisten, daß wir zuverlässige Berichte und durchdachte Empfehlungen erhielten.

Fast dasselbe galt für unsere Besprechungen in Vietnam. Sie wurden im Militärhauptquartier der USA abgehalten, zunächst in einem umgebauten Hotel aus der Kolonialzeit, das sich in der Innenstadt von Saigon in der Pasteur Street befand, und später auf dem Luftwaffenstützpunkt Tan Son Nhut am westlichen Stadtrand. Da die Örtlichkeiten dem Vietcong bekannt waren, versuchte er häufig, diese Treffen zu stören. Einmal, im Mai 1964, wurde ein Anschlag auf mich verübt: Unter einer Brücke, die ich auf dem Weg nach Saigon überqueren mußte, waren Minen verlegt. Die südvietnamesische Polizei entdeckte sie jedoch und entschärfte die Sprengladung, bevor mein Wagen die Brücke erreichte.

Ohne zu wissen, daß diese Besprechungen nur eine von mehreren Informationsquellen für uns darstellten, haben uns Kritiker deswegen später Vorwürfe gemacht. Obwohl diese Treffen in Hawaii und Vietnam keineswegs vollkommen waren, erlaubten sie uns, die wir aus Washington kamen, unseren Kollegen in Vietnam die Gedanken und Ziele des Präsidenten zu vermitteln. Und diese wiederum hatten die Möglichkeit, Bericht zu erstatten und Empfehlungen für das weitere Handeln zu geben. Ich glaube, wir wären noch viel schlimmer dran gewesen, wenn diese Treffen nicht stattgefunden hätten.

Von Washington aus flogen wir mit der sogenannten Poor Man's 707 zu diesen Konferenzen. Eine meiner ersten Amtshandlungen war die Stornierung unnötiger und kostspieliger Aufträge für eine dritte Air Force One und eine Reihe kleiner, aber teurer Lockheed-Jets für die Beamten des Verteidigungsministeriums. Statt dessen schlug ich Brigadegeneral George S. Brown (meinem Militärberater, der später Generalstabschef der Luftwaffe und dann Vorsitzender der Vereinigten Stabschefs wurde) vor, für 20 000 Dollar Sitze anzuschaffen, die in ein Transportflugzeug der Luftwaffe installiert werden konnten, wenn höhere Beamte zu Sondermissionen reisen mußten.

Das Transportflugzeug, eine mit Kraftstoffzusatztanks ausgestattete Version des Tankflugzeugs KC-135, hatte eine so große Reichweite, daß es ohne Zwischenlandung fast von jedem Punkt der Erde zu einem x-beliebigen anderen fliegen konnte. Lange bevor die 747 aufkamen, konnte es schon nonstop von Paris nach Saigon und mit nur einer Zwischenlandung von Saigon nach Washington fliegen.

Das Flugzeug hatte nur einen Nachteil: Es besaß keine Schallisolierung, und ich weigerte mich, das Geld für die Installation einer solchen zur Verfügung zu stellen. Folglich war es schwierig, sich darin zu unterhalten. Aber Max Taylor und der Stellvertretende Außenminister W. Averell Harriman, die mich oft auf meinen Reisen begleiteten, litten an partieller Taubheit. Ihnen fiel auch mit Schallisolierung die Unterhaltung schwer, und so waren sie froh, eine Ausrede zu haben und schweigen zu können.

Schließlich lockerte ich die Ausgabebeschränkungen ein wenig, und wir stellten Geld für ein paar Schlafkojen und einen Schreibtisch zur Verfügung. Auf diese Weise konnten wir abends von Saigon oder Honolulu aus losfliegen, zu Abend essen, unseren Bericht an den Präsidenten schreiben, ihn abtippen lassen, während wir schliefen, und dem Präsidenten die Papiere am nächsten Tag bei unserer Ankunft in Washington vorlegen.

Der Terminplan dieser Reisen war stets sehr eng. Für die Besprechungen in Hawaii flog ich am Sonntagnachmittag in Washington ab, kam nach einem neun- bis zehnstündigen Flug in Honolulu vor Mitternacht Ortszeit an, besprach mich den ganzen Montag mit dem CINCPAC und dem Befehlshaber des Militärischen Unterstützungskommandos in Vietnam (Commander of the Military Assistance Command, Vietnam/ COMUSMACV), reiste am Montagabend wieder ab, schlief unterwegs und erstattete dem Präsidenten am Dienstagmorgen Bericht. Schließlich erklärte Bobby Kennedy seinem Bruder, dieser Terminplan werde mich noch umbringen. Deshalb drängte mich der Präsident, hin und wieder einen zusätzlichen Tag einzulegen, Marg mitzunehmen, seine Air Force One zu benutzen und in einem Luxusbungalow zu übernachten, den die Armee für hochrangige Angehörige und Gäste im Fort DeRussy am Waikiki Beach unterhielt. Doch ich folgte dem Rat des Präsidenten nur ein einziges Mal. Die Folge war nämlich eine Kolumne von Drew Pearson, die zunächst in der *Washington Post* erschien und dann im ganzen Land veröffentlicht wurde. Darin wurde eine skandalöse Verschwendung und der Mißbrauch von Regierungsgeldern zum persönlichen Vergnügen des Ministers McNamara angeprangert! So griffen wir wieder auf die Poor Man's 707 zurück.

Wie schon erwähnt, ermöglichten die Reisen nach Hawaii und Südvietnam meinen Mitarbeitern und mir, von vielen unserer amerikanischen und südvietnamesischen Kollegen etwas aus erster Hand in Erfahrung zu bringen. Und wir ergänzten diese Besprechungen stets durch Beratungen mit unabhängigen Beobachtern. Insbesondere suchte ich den militärischen Rat des israelischen Kriegshelden General Moshe Dayan und des britischen Experten für Aufstandsbekämpfung, Sir Robert Thompson. Letzterer hatte in den fünfziger Jahren die erfolgreiche Mission gegen die Guerillas in Malaya geleitet und war nun Chef der British Advisory Mission in Südvietnam.

Auf der Grundlage dessen, was wir aus diesen verschiedenen Quellen erfuhren, erstatteten Dean, ich und unsere Mitarbeiter dem Kongreß und der Presse immer wieder Bericht. Waren diese Berichte genau? Sie sollten es sein. Doch im Rückblick muß ich sagen, daß sie – die meinigen nicht ausgenommen –, was die militärische Situation betraf, zu optimistisch waren. Meine Berichte über die Stabilität der politischen Institutionen – deren Bedeutung als Vorbedingung für den militärischen Erfolg ich stets betonte – waren jedoch viel genauer.

Im März 1962 zum Beispiel erklärte ich bei einem Treffen des Advertising Council in Washington, daß »der Erfolg im Kampf gegen den Guerillakrieg nicht nur von militärischen Aktionen, sondern mindestens genauso, wahrscheinlich aber stärker, von politischen und wirtschaftlichen Maßnahmen abhängt«. In einem elf Tage später in der *Washington Post* veröffentlichten Interview sagte ich: »Südostasien ist für die Sicherheit des Pazifiks und der Pazifik für die Sicherheit der Vereinigten Staaten von entscheidender Bedeutung, aber der Einsatz militärischer Streitkräfte allein wird nicht automatisch zur Niederlage des Kommunismus führen, wenn dort keine wirtschaftlichen und sozialen Reformen stattfinden.«

Typisch für meine Berichte über militärische Operationen der US-Streitkräfte waren hingegen folgende Passagen:

5. Februar 1962:

Die Maßnahmen der südvietnamesischen Regierung gegen die schwerwiegende Bedrohung durch Subversion und offene wie verdeckte Aggression in diesem Land zeigen allmählich Wirkung. ... Meiner Ansicht nach führen die Aktionen, die sie selbst ergriffen, und diejenigen, die sie von uns erbeten haben, gemeinsam zu einer Verbesserung der Lage. Dennoch ist es bei weitem zu früh, das endgültige Ergebnis vorauszusagen.[20]

23. Juli 1962:

Unsere Militärhilfe für Vietnam zahlt sich aus. Die Südvietnamesen schlagen allmählich die Vietcong-Rebellen an einer besonders empfindlichen Stelle – sie ziehen das Volk auf die Seite der Regierung. ... Die bewaffneten vietnamesischen Verbände kämpfen entschlossener und häufiger gegen den Vietcong. ... Die Zeichen sind ermutigend, und wir versuchen jetzt, diese Schwungkraft zu erhalten.[21]

9. Oktober 1962:

Ich meine, es wäre verfrüht zu sagen, das Blatt habe sich gewendet oder ein endgültiges Ergebnis sei abzusehen, aber im vergangenen Jahr wurden immense Fortschritte erzielt. ... Wir sind hocherfreut über die Fortschritte, von denen uns berichtet wurde. Gemessen an dem Verhältnis von Verlusten der südvietnamesischen Armee zu denen der kommunistischen Aggressoren oder an anderen Kriterien, die wir überprüft haben, ist dieser Fortschritt deutlich erkennbar.[22]

Warum waren meine Äußerungen über die politische Situation in Südvietnam realistisch, während ich bei der Beurteilung der militärischen Fortschritte, in der Rückschau betrachtet, viel zu optimistisch war?

Die militärischen Berichte gaben das Bild wieder, welches uns unsere Befehlshaber bei den Konferenzen in Hawaii und Südvietnam vermittelten. Ich traf mich bei diesen Besprechungen jedesmal mit dem COMUSMACV, General Paul D. Harkins. Er war ein großer, stattlicher Mann und äußerst redegewandt; er sah genauso aus, wie man sich einen General vorstellt, und sprach auch so. Doch obwohl er ein Schützling des gebildeten Max Taylor war, hatte er nicht das intellektuelle Format seines Mentors. Aber er redete sehr freimütig und überzeugend.

General Harkins und seine Mitarbeiter berichteten, die südvietnamesischen Streitkräfte würden den Vietcong zurückdrängen und seine Macht über die Landbevölkerung schmälern. Am 23. Juli 1962 sagte mir Harkins zum Beispiel in Honolulu: »Es gibt keinen Zweifel daran, daß wir gewinnen. Wenn wir unsere Programme fortsetzen, ist damit zu rechnen, daß die Aktionen des Vietcong nachlassen.«[23] Ich glaubte damals nicht – und tue es auch heute nicht –, daß er oder andere Offiziere mich bewußt in die Irre führten. Das hätte ihrer Berufsauffassung und ihrer Tradition widersprochen. Außerdem gab es noch andere Informationskanäle, mit deren Hilfe ich überprüfen konnte, was ich von der Militärführung erfuhr – die CIA, das Außenministerium und die Medien, um nur drei zu nennen.

Die Gründe für ihren falschen Optimismus lagen woanders. Heute ist bekannt, daß sie von den Südvietnamesen nur sehr ungenaue Informationen erhielten. Diese neigten nämlich dazu, zu berichten, was ihrer Ansicht nach die Amerikaner hören wollten. So schrieb der CIA-Direktor John McCone später:

Die Informationen über die Aktivitäten des Vietcong in einer Reihe von Provinzen und über das Kräfteverhältnis zwischen der SVN-[südvietnamesischen]-Regierung und den Truppen des Vietcong, welche uns vom MACV [Military Assistance Command,

Vietnam] und von der Botschaft übermittelt wurden, waren falsch, und zwar aufgrund der Tatsache, daß die Stabsoffiziere ... von den südvietnamesischen Provinz- und Bezirkschefs weitgehend falsch informiert wurden. ... Die Provinz- und Bezirkschefs fühlten sich verpflichtet, »Statistiken zu erzeugen«, die die Billigung der Zentralregierung fanden.[24]

Wie viele andere Menschen auch verfielen die US-Generale bis zu einem gewissen Maß in ein Wunschdenken. Darüber hinaus hatten sie – wie ich – das Wesen dieses Krieges nicht begriffen. Sie betrachteten ihn in erster Linie als eine militärische Angelegenheit, während es sich in Wahrheit um einen hochkomplexen nationalen Krieg zur gegenseitigen Vernichtung handelte.

Ich bestand stets darauf, daß unsere Kommandeure die militärischen Fortschritte beziehungsweise deren Ausbleiben bewerteten. Die Ergebniskontrolle – die ich immer noch als grundlegendes Prinzip jedes guten Managements betrachte – wurde in Vietnam jedoch nur sehr unzureichend durchgeführt. Sowohl die Generale als auch ich tragen für diesen Fehler die Verantwortung. Unsicher darüber, wie man in einem Krieg ohne Frontlinien die Ergebnisse bewerten sollte, versuchte das Militär, seine Fortschritte anhand quantitativer Maßstäbe – Anzahl der feindlichen Verluste (was als Leichenzählen berüchtigt wurde), der eroberten Waffen, der Kriegsgefangenen, der geflogenen Einsätze usw. – zu beurteilen. Später erkannten wir, daß viele dieser Maßstäbe in die Irre führten oder falsch waren. Ich dämpfte zwar in meinen öffentlichen Stellungnahmen den Optimismus des Militärs über die Fortschritte in diesem Krieg, aber bei weitem nicht ausreichend.

Mitte 1962 war es das unmißverständliche und immer wieder erklärte Ziel der Regierung Kennedy, die Südvietnamesen so weit auszubilden, daß sie sich selbst verteidigen konnten. Für mich bedeutete dies, daß die Ausbildungshilfe zeitlich begrenzt sein sollte. Mein Argument lautete, entweder würde sich das Ausbildungsprogramm als erfolgreich erweisen – in diesem Fall könnten wir uns zurückziehen –, oder man müßte nach Ablauf der festgelegten Zeit feststellen, daß es gescheitert war – in diesem Fall wäre unser Rückzug ebenfalls gerechtfertigt.

Vorausdenkend fragte ich General Harkins am 23. Juli 1962 in Honolulu, wie lange es seiner Ansicht nach dauern würde, das militärische Potential des Vietcong zu vernichten. Seine Schätzung lautete in etwa: ein Jahr, sobald die südvietnamesischen Streitkräfte und Milizen voll einsatzfähig wären und anfangen würden, den Vietcong in sämtlichen Gebieten zurückzudrängen.

Unter Berücksichtigung dieser und anderer Einschätzungen und der Annahme, es würde drei Jahre dauern, den Vietcong zu schlagen, ordnete ich eine langfristige Planung für einen schrittweisen Abzug der US-Berater an. Zu diesem Zeitpunkt hatten wir etwa 16000 Berater in Südvietnam.[25]

Im folgenden Frühjahr, am 29. März 1963, fragte ich Sir Robert Thompson, ob er es für ratsam hielte, die Zahl der Berater zu reduzieren. Wenn es weiterhin Fortschritte gäbe, so seine Antwort, und der Vietcong im Sommer aus einem bestimmten Teil Südvietnams vertrieben werden könnte, wäre es vielleicht möglich, unsere Truppen um tausend Soldaten zu reduzieren.[26]

Bei meinem nächsten Treffen mit General Harkins in Honolulu am 6. Mai 1963 teilte er mir mit, wir würden weiterhin Fortschritte in diesem Krieg erzielen. Daher wies ich das Militär an, einen Plan für einen stufenweisen Abzug der US-Truppen vorzubereiten, wobei mit der Rückkehr von tausend Beratern zum Jahresende begonnen werden sollte.[27]

Zu dieser Zeit kam es in ganz Südvietnam zu einer politischen und religiösen Krise. Der Zorn der Buddhisten über eine Einschränkung der Religionsfreiheit durch das Diem-Regime entlud sich in Protesten, die zu gewaltsamen Vergeltungsmaßnahmen durch die Sicherheitskräfte Diems führten. Dieses brutale Vorgehen rief noch mehr Proteste hervor, darunter auch schreckliche Selbstopferungen von buddhistischen Mönchen. Die Ereignisse schockierten und entsetzten mich und andere in Washington und erweckten den Eindruck, daß Diems Regierung mehr in Bedrängnis war als je zuvor.

Während die Lage Ende August immer noch verworren war, legten die Stabschefs den von mir erbetenen Abzugsplan vor. Aber sie gaben auch ihrer Überzeugung Ausdruck, daß keine US-Truppen zurückgerufen werden sollten, solange die Krise anhielt, und rieten, bis Ende Oktober keine Entscheidung über die Durchführung des Abzugsplans zu treffen.

Der Wunsch der Stabschefs, die Entscheidung aufzuschieben, machte einen wichtigen Unterschied zwischen zwei Lagern innerhalb der Regierung deutlich. Beide betrachteten es als unsere Aufgabe, die Südvietnamesen zur Selbstverteidigung zu befähigen. Doch die einen waren der Überzeugung, daß wir im Land bleiben sollten, bis sie dazu in der Lage wären, egal, wie lange es dauern würde. Die anderen meinten, wir sollten unser Ausbildungsprogramm auf eine vorgegebene Zeit beschränken und uns dann zurückziehen. Wenn die Südvietnamesen bis dahin nicht gelernt hätten, sich selbst zu verteidigen, hieße das, daß sie nicht ausbildungsfähig wären. Dieser Konflikt schwelte unter der Oberfläche, wurde aber nie richtig diskutiert oder gelöst. Er sollte großen Einfluß auf eine wichtige Entscheidung des Präsidenten am 2. Oktober 1963 haben.

3.

DER SCHICKSALHAFTE
HERBST 1963

24. AUGUST – 22. NOVEMBER 1963

Den ganzen Sommer hindurch schwelte der Konflikt zwischen den Buddhisten und der südvietnamesischen Regierung. Unvermutet ergriff die Regierung am 12. August scharfe Maßnahmen. Mit Diems Zustimmung befahl Nhu einer Eliteeinheit den Sturm auf die buddhistischen Pagoden. In den frühen Morgenstunden brachen die Soldaten die verbarrikadierten Türen auf und richteten die Mönche, die Widerstand leisteten, übel zu. Mehrere hundert von ihnen wurden ins Gefängnis geworfen.

Diem ließ dies alles geschehen, obwohl er zuvor persönlich dem scheidenden US-Botschafter Frederick E. Nolting jun. versichert hatte, es werde keine repressiven Maßnahmen gegen die Buddhisten mehr geben. Hinzu kam, daß dieser ärgerliche Sinneswandel auf dem Höhepunkt einer weiteren verwirrenden Entwicklung erfolgte, die Charles de Gaulle in Paris eingeleitet hatte. Im Frühsommer war uns zu Ohren gekommen, daß Diem über seinen Bruder Nhu Geheimkontakte zu Hanoi geknüpft habe. De Gaulle, darum bemüht, den Einfluß Frankreichs in Indochina zu sichern, hatte aus eigenen Quellen in Nord- und Südvietnam ebenfalls davon Kenntnis bekommen und dies als günstige Gelegenheit für einen öffentlichen Appell genutzt, Vietnam unter dem Status der Neutralität wiederzuvereinigen. Wir waren uns nicht sicher, ob die Gerüchte der Wahrheit entsprachen, und mutmaßten, Diem versuche vielleicht, die Vereinigten Staaten zu erpressen, weil wir ihn gedrängt hatten, gegenüber den Dissidentengruppen weniger hart vorzugehen.[1]

Diem hätte den Sturm auf die Pagoden zu keinem ungünstigeren Zeitpunkt anordnen können. Sämtliche für Vietnam zuständigen Entscheidungsträger der US-Regierung – Präsident Kennedy, Dean Rusk, McGeorge Bundy, John McCone und ich – waren meiner Erinnerung nach zum ersten und einzigen Mal gleichzeitig nicht in Washington anwesend. Der Präsident hielt sich in Hyannis Port auf, und Marg und ich waren nach Wyoming in die Tetons zu einem kurzen, aber dringend nötigen Urlaub gefahren. An unserem Ferienort gab es zwar Telephone, doch ich war zumeist in den Bergen unterwegs und hatte meinem Stellvertreter sämtliche Vollmachten übertragen, wie immer, wenn ich mich nicht in Washington aufhielt.

Als am 24. August Berichte über die Gewaltmaßnahmen in Washington eintrafen, sahen verschiedene der dort verbliebenen Regierungsbeamten darin eine günstige Gelegenheit, gegen das Diem-Regime vorzugehen. Noch vor Ablauf des Tages hatten die Vereinigten Staaten einen Militärputsch in die Wege geleitet, der meiner Ansicht nach eine der zentralen Entscheidungen war, die unter den Regierungen Kennedy und Johnson hinsichtlich Vietnams gefällt wurden.

Roger Hilsman jun., der Nachfolger von Averell Harriman als Leiter der Abteilung für Angelegenheiten des Fernen Ostens im Außenministerium, war es, der die Initiative ergriff. Hilsman, ein intelligenter, schroff auftretender und eloquenter Absolvent der Akademie von West Point, hatte im Zweiten Weltkrieg Erfahrungen in der Guerillabekämpfung gesammelt und danach an der Hochschule studiert. Er und seine Mitarbeiter waren der Ansicht, daß wir im Bündnis mit Diem nicht gewinnen könnten und Diem deshalb entfernt werden müsse.

Als erstes setzte Hilsman ein Telegramm an unseren neuen Botschafter in Saigon, Henry Cabot Lodge jun., auf. Das Telegramm begann mit der Verurteilung von Nhus Vorgehen:

Es ist nun deutlich geworden, daß unabhängig davon, ob das Militär das Kriegsrecht verhängt oder Nhu es dazu angestiftet hat, Nhu es als günstige Gelegenheit erachtete, die Pagoden stürmen zu lassen. ... Ebenso klar ist, daß Nhu die Befehlsgewalt an sich gezogen hat.

Die Regierung der Vereinigten Staaten kann nicht hinnehmen, daß die Macht in Nhus Händen liegt. Diem muß die Möglichkeit gegeben werden, sich Nhus und seiner Clique zu entledigen und sie durch das beste militärische und politische Personal zu ersetzen, das verfügbar ist.

Falls Diem sich jedoch trotz unserer Bemühungen starrsinnig zeigen und weigern sollte, müssen wir die Möglichkeit in Betracht ziehen, daß Diem selbst nicht mehr gehalten werden kann.

... Zugleich ist die Führungsspitze des Militärs darüber zu informieren, daß die Vereinigten Staaten sich nicht in der Lage sehen, weiterhin die GVN [Regierung von Vietnam] militärisch und wirtschaftlich zu unterstützen, sofern nicht ... unverzüglich Schritte eingeleitet werden [die inhaftierten Mönche freizulassen], was unserer Ansicht nach die Entlassung der beiden Nhus aus dem Amt erforderlich macht. Wir sind gewillt, Diem hierzu ausreichend Gelegenheit zu geben. Sollte er jedoch uneinsichtig bleiben, sind wir bereit, die naheliegende Folgerung zu ziehen, daß wir Diem nicht mehr unterstützen können. Sie sind gleichfalls befugt, geeigneten militärischen Kommandeuren zu versichern, daß wir sie gegebenenfalls während einer Übergangsphase nach einem Zusammenbruch des Regierungsapparates direkt unterstützen werden.

... Zugleich sollten der Botschafter und seine Mitarbeiter umgehend prüfen, welche Führungspersönlichkeiten als Alternative zur Wahl stünden, und genaue Pläne darüber ausarbeiten, auf welche Weise wir, wenn nötig, Diems Ablösung durchführen könnten.[2]

Noch am 24. April billigte Averell Harriman, der erst kurz zuvor Staatssekretär für politische Angelegenheiten im Außenministerium geworden war, den von Hilsman verfaßten Telegrammentwurf. Michael Forrestal, Sohn des früheren Verteidigungsministers und Mitglied des Nationalen Sicherheitsrats, schickte unmittelbar darauf den Telegrammentwurf an Präsident Kennedy nach Hyannis Port mit der Bemerkung:

»Genehmigungen werden eingeholt von [Staatssekretär im Außenministerium George] Ball und Verteidigungsministerium. ... Bitte um Mitteilung, falls ... der Vorgang abgebrochen werden soll.«[3]

Die Befürworter des Telegramms waren entschlossen, es noch am selben Tag nach Saigon zu schicken. Sie stöberten George Ball auf dem Golfplatz auf und baten ihn, den Präsidenten in Cape Cod anzurufen. Präsident Kennedy gab zur Antwort, er werde der Absendung des Telegramms zustimmen, wenn seine engsten Berater es ebenfalls billigen würden. Daraufhin rief George sofort Dean Rusk in New York an und teilte ihm mit, der Präsident stimme zu. Daher willigte Dean Rusk ebenfalls ein, wenngleich mit wenig Begeisterung. In der Zwischenzeit versuchte Averell die Zustimmung der CIA einzuholen. Da John McCone nicht anwesend war, sprach er mit Richard Helms, dem stellvertretenden Planungsdirektor. Helms sträubte sich zunächst, zog dann aber wie Rusk ebenfalls mit, da der Präsident bereits seine Einwilligung gegeben hätte.

Inzwischen telephonierte Forrestal mit Ros Gilpatric, der sich zu Hause aufhielt, und erzählte ihm dieselbe Geschichte: Der Präsident und der Außenminister hätten das Telegramm gelesen und gebilligt.

Ros empfand genauso wie ich: Wir waren beide beunruhigt über das zunehmend repressive Vorgehen der Regierung Diem, sahen aber auch keine Möglichkeit, Diem durch ein besseres Regime zu ersetzen. Wir hielten es für das Beste, den Versuch zu unternehmen, Diem von einer Änderung seines politischen Kurses zu überzeugen. Die Berater, die Ausrüstung und das Geld, das wir seinem Militär zur Verfügung stellten, verschafften uns beträchtlichen Einfluß, und uns schien dies der Schlüssel zur Stabilität in Südvietnam zu sein. Wenn wir – so unsere Überlegung – mit einer Verminderung unserer Hilfsleistungen drohten oder sie tatsächlich kürzten, könnten wir Diem im Laufe der Zeit vielleicht doch dazu bringen, sein destruktives Verhalten zu ändern.

Trotz solcher Erwägungen und weil bereits so viele andere zugestimmt hatten, gab auch Ros seine Einwilligung. Nach Absendung des Telegramms am Samstagabend ließen ihm aber seine Bedenken über die möglichen Auswirkungen keine Ruhe mehr. Deshalb sandte er eine Kopie des Telegramms an Max Taylor, den militärischen Berater des Präsidenten.

Max war der klügste Geopolitiker und Sicherheitsberater unter den Militärs, den ich jemals kennengelernt habe. Er gehörte zu jener Generation von Offizieren, die in den zwanziger und dreißiger Jahren ihre Laufbahn begonnen hatten – in der Zeit also, wie ich bereits gesagt habe, als unser Land glaubte, keine Armee zu brauchen, und den Männern in Uniform mit Gleichgültigkeit oder sogar offener Verachtung begegnete. Max war ein Kriegsheld. Während des Zweiten Weltkriegs hatte er die 101. Luftlandedivision befehligt und war in den frühen Morgenstunden des D-Day mit dem Fallschirm über der Normandie abgesprungen. Zugleich war er sehr gebildet, sprach sechs oder sieben Sprachen, darunter Japanisch und Koreanisch, und er hatte zwei bemerkenswerte Bücher über Militärfragen geschrieben.

Hilsmans Telegramm schockierte ihn – insbesondere der Umstand, daß es bereits genehmigt und abgeschickt war. Denn Max wußte, daß dieses Schreiben einen bedeutenden Umschwung in unserer Vietnampolitik darstellte. Mehr noch, es stand in krassem Widerspruch zu dem, was er für den richtigen Kurs hielt. Später sagte er, das Telegramm wäre niemals genehmigt worden, hätte nicht die Fraktion der Diem-Gegner in Washington während der Abwesenheit hochrangiger Regierungsmitglieder einen, wie er es nannte, »ungeheuerlichen Vorstoß« unternommen.[4]

Der Präsident bedauerte es bald, daß er seine Einwilligung gegeben hatte. In einem Interview zu Fragen der Zeit im darauffolgenden Jahr meinte Bobby Kennedy, sein Bruder habe diese Entscheidung als einen schweren Fehler angesehen. Bobby erklärte außerdem: »Er hat die Sache zu übereilt entschieden, während eines Wochenendes am Cape Cod – er war der Meinung gewesen, McNamara und Taylor und alle anderen im Außenministerium hätten ebenfalls ihr Placet gegeben. In Wahrheit steckten Harriman, Hilsman und Mike Forrestal im Weißen Haus dahinter. Sie waren es, die Diem unbedingt stürzen wollten.«[5]

Ich teile Max' Ansicht, das Telegramm sei ein ungeheuerlicher Vorstoß gewesen, nicht. Wir wußten alle, daß Hilsman zuweilen die offiziellen Kanäle umging, wenn dies die Chancen erhöhte, seinen Standpunkt durchzusetzen. Der Fehler lag nicht nur bei Hilsman allein, sondern genauso bei all denen, die es versäumten, ihn an die Kandare zu nehmen. Aber noch heute denke ich mit Schrecken und Trauer daran, daß damals ein Prozeß in Gang gesetzt wurde, der schließlich mit dem Sturz und der Ermordung Diems endete, und dies nur deshalb, weil Vertreter der amerikanischen Regierung in Washington und Saigon zutiefst darüber zerstritten waren, ob es klug sei, Diem zu entfernen. Weder ich noch sonst jemand hatte sorgfältig geprüft, welche Alternativen es zu Diem gab; es war nichts unternommen worden, um über hochrangige Regierungsvertreter direkt mit Diem ins Gespräch zu kommen und ihn – notfalls mit Zuckerbrot und Peitsche – von einer Kursänderung zu überzeugen. Darüber hinaus ließen wir zu, daß die Kontroverse um die Stellung Diems den Vorschlag de Gaulles gänzlich in den Hintergrund drängte. Wir haben seinen Überlegungen nie die Beachtung geschenkt, die sie verdient gehabt hätten: Neutralität war ein Jahr zuvor für Laos die Lösung gewesen; angenommen, Nhu und die Franzosen wären in der Lage, diese Lösung auch für Vietnam zu erreichen …? Wir diskutierten diese Frage eher am Rande; sie blieb ungeklärt.

Als das Telegramm in Saigon eintraf, überschlugen sich die Ereignisse. Am Tag nachdem Lodge es erhalten hatte, berief er eine Konferenz ein, um zu beraten, wie ein Staatsstreich organisiert werden könnte. Er entschied, daß offizielle amerikanische Stellen nicht in Erscheinung treten dürften, und beauftragte daher das Saigoner Büro der CIA – die angewiesen war, Einsatzbefehle vom Botschafter entgegenzunehmen – mit der Operation. Lodge verstand das Telegramm vom 24. August als Aufforderung, Maßnahmen zu ergreifen, um Diem als Staatschef Südvietnams zu entfernen.*[6]

Zu diesem Zeitpunkt bekleidete Lodge sein neues Amt seit genau zwei Tagen. Zuvor war er als Mitglied der Republikanischen Partei Senator und Kandidat für das Amt des Vizepräsidenten gewesen. Ich bewunderte ihn ob seiner parteiübergreifenden Bereitschaft, einer Regierung, die sein von ihm erbittert bekämpfter politischer Gegner aus Massachusetts leitete, für eine schwierige und gefährliche diplomatische Aufgabe seine Dienste anzubieten. Doch zugleich hielt ich ihn für einen Patrizier und für selbstbewußt bis zur Überheblichkeit.

Bei seiner Ankunft in Saigon hatte er seinen Abscheu über die, wie er meinte, unmenschliche Unterdrückung des Volkes durch das Regime kundgetan, die sich insbesondere an dem harten Vorgehen gegen die Buddhisten gezeigt habe. Lodge schien gleichermaßen über die Gerüchte aufgebracht zu sein, Diem versuche sich auf geheimem Wege den Nordvietnamesen anzunähern, um das Land von den Vereinigten Staaten abzukoppeln und in die Neutralität zu führen. Und so legte er das Telegramm in genau dem Sinne aus, den sein Verfasser beabsichtigt hatte: als einen Befehl Präsident Kennedys, die südvietnamesischen Militärs zu einem Putsch zu ermutigen. (Wie jedoch bereits gezeigt wurde, enthielt das Telegramm keine *ausdrückliche* Anweisung hierzu.)

---

* Jahre später erklärte Lodge, er sei durch das Telegramm »wie vom Donner gerührt« gewesen und habe es für »sehr unbesonnen« gehalten. Doch zum damaligen Zeitpunkt scheint er darüber anders gedacht zu haben. Am 28. August, vier Tage nachdem er das Telegramm erhalten hatte, telegraphierte er an Dean: »Ich persönlich stimme den Maßnahmen, zu deren Ausführung ich im Telegramm vom letzten Sonntag angewiesen wurde, völlig zu.«

Auf Lodges Anordnung hin schickte der Leiter des CIA-Büros unverzüglich einige seiner Mitarbeiter zu General Tran Thien Khiem in Saigon und zu General Nguyen Khanh in Pleiku. Sie unterrichteten die Generale, daß die beiden Nhus abzutreten hätten, überließen aber ihnen die Entscheidung darüber, ob Diem im Amt bleiben sollte oder nicht.[7]

In der Zwischenzeit berieten wir in Washington verspätet über die Frage, ob wir einen Militärputsch gegen Diem unterstützen sollten. Es war keine Kontroverse zwischen Falken und Tauben, sondern eine Debatte über die Bedeutung politischer Stabilität in Südvietnam und wie diese herzustellen sei. Der Streit darüber schwelte monatelang hinter den Kulissen. Merkwürdigerweise hatte zwar das Pressecorps in Saigon wiederholt kritische Berichte über Diem veröffentlicht und immer öfter die vietnamesische Regierungspolitik in Zweifel gezogen, doch um unsere Auseinandersetzungen haben sich die Reporter in Washington nie gekümmert.

Kennedy pflegte einen außerordentlich sensiblen Umgang mit den Medien. Das war einer der Punkte, worin er sich von seinen Vorgängern unterschied. Er mochte die Journalisten. Ihm gefiel ihre offene, einfallsreiche und anregende Denkweise und ihr zuweilen zotiger Humor. Er respektierte ihre Intelligenz und ihr Wissen und war der Ansicht, dies bei seinen Überlegungen berücksichtigen zu müssen. Außerdem wollte er sie beeinflussen, weil ihm ihr Gewicht innerhalb der Gesellschaft bewußt war.*

---

* Kennedy pflegte oft geselligen Umgang mit Journalisten. Dabei kam es einmal zu einem Vorfall, der viel über den Menschen JFK verriet. An einem Montagmorgen sollten Dean und ich uns um neun Uhr mit dem Präsidenten treffen; es war der Tag nach seiner Rückkehr aus einem Wochenendurlaub, den er zusammen mit Jackie im Haus ihrer Mutter in Newport, Rhode Island, verbracht hatte. Wie gewohnt kam ich um sieben in mein Büro und studierte dort das Vorausexemplar der *Newsweek*, das auf meinem Schreibtisch lag. Zu meinem Entsetzen stellte ich fest, daß in einem Bericht höchst vertrauliche Informationen wiedergegeben wurden – es war der schlimmste Fall von durchgesickerten Informationen, den man sich nur vorstellen konnte.

Die Presseberichte über den Sturm auf die Pagoden waren das Thema, mit dem Kennedy am 26. August die erste Konferenz im Weißen Haus nach der Absendung des Telegramms einleitete. Kennedy sagte, so widerwärtig Diem und Nhu in mancher Hinsicht auch seien, so hätten sie seiner Ansicht nach doch eine Menge in der von uns gewünschten Richtung getan. Deshalb sollten wir nichts unternehmen, um sie auszuschalten, nur weil die »Medien Druck ausüben«. Max sprach sich gegen einen Militärputsch aus. Er wies darauf hin, daß innerhalb der südvietnamesischen Armee unterschiedliche Meinungen über Diem herrschten und wir die Aufgabe, ein neues Staatsoberhaupt einzusetzen, keinesfalls dem Militär überlassen dürften.

Ich erinnere mich nicht mehr, wovon der Bericht handelte, doch damals war nur eine Handvoll Leute in der Regierung – der Präsident, Dean, ich und zwei oder drei unserer Untergebenen – in eben jene für höchst sensibel erachtete Angelegenheit eingeweiht. Ich überprüfte rasch meine Mitarbeiter und fand heraus, daß keiner von ihnen etwas preisgegeben hatte.

Als ich um neun Uhr das Kabinettzimmer betrat, war Dean bereits da. Ich sagte zu ihm: »Mein Gott, Dean, was glauben Sie, wie das passiert ist?« Er erwiderte: »Bob, ich habe meine sämtlichen Mitarbeiter befragt, die Kenntnis von den Fakten haben, aber es steht außer Zweifel, daß keiner von ihnen die Sache ausgeplaudert hat.«

In diesem Augenblick kam der Präsident herein. »Zum Teufel«, rief er, »Dean, ich habe Sie auf diesen Posten berufen, um das Ministerium unter Kontrolle zu halten, und was muß ich nun feststellen? Das ist seit Jahren der schlimmste Fall von Informationsweitergabe in der US-Regierung.«

»Mr. President«, entgegnete Dean, »Bob und ich haben gerade darüber gesprochen. Wir haben beide heute morgen unsere Ministerien überprüft und dasselbe herausgefunden: Bei uns hat niemand etwas durchsickern lassen.«

»Das glaube ich nicht«, meinte Kennedy und wurde zunehmend ungeduldiger. »Deshalb habe ich Sie dort hingesetzt – um diesem Ministerium ein wenig Disziplin beizubringen.«

Dean erwiderte ruhig: »Bei meiner Überprüfung heute morgen, Mr. President, stellte ich fest, daß Ben Bradlee [damals der Washingtoner Redaktionsleiter von *Newsweek* und enger Freund des Präsidenten] am Donnerstagabend aus Newport abgereist ist, bevor *Newsweek* am Freitag in Druck ging.«

Jeder andere Präsident hätte jetzt barsch geantwortet: »Was in Gottes Namen wollen Sie damit andeuten? Daß ich es war?« Statt dessen kam von Kennedy nur ein »Oh, mein Gott« – nichts weiter.

Aus diesem Grund war ich so eingenommen von diesem Mann.

Dann lenkte ich das Gespräch auf Botschafter Lodge, der Saigon noch so wenig kannte, daß seine Treffen mit Diem und Nhu nichts weiter als Höflichkeitsbesuche gewesen sein konnten. Ich warf zwei grundsätzliche Fragen auf:

1. Was soll Botschafter Lodge Diem mitteilen – das heißt, was erwarten wir von Diem, wenn wir ihm »erlauben«, an der Macht zu bleiben, und welche Druckmittel oder Anreize sind nötig, um ihn dazu zu bewegen, unserer Aufforderung nachzukommen?

2. Wen könnte sich Lodge als möglichen Ersatz für Diem vorstellen; wobei wir für den Fall, daß wir nur untätig zusehen würden und einen schwachen Mann ans Ruder ließen, »in *ernsthafte* Schwierigkeiten geraten würden« [Hervorhebung im Original]?[8]

Auf keine der beiden Fragen wurde eine befriedigende Antwort gefunden, und an Lodge ergingen keine Anweisungen, mit Diem zu sprechen.

Hilsman hielt es für dringend erforderlich, sofort zu handeln. Doch der Präsident entgegnete ihm, daß er am folgenden Tag eine weitere Zusammenkunft wünsche und den früheren Botschafter Nolting hinzuzuziehen bitte. Das war nicht nach Hilsmans Geschmack. Er behauptete, Noltings Ansichten seien beschönigend, und er wäre emotional in die Sache verwickelt. Der Präsident erwiderte daraufhin in aller Schärfe: »Was vielleicht nur logisch ist.«[9]

Die Sitzung am 27. August begann mit einem Bericht des Vietnamexperten der CIA, William E. Colby. Er beschrieb die Lage in Vietnam als entspannt und meinte, die Unruhen hätten nicht auf das Land übergegriffen. Auf eine entsprechende Frage des Präsidenten erklärte der Generalmajor des Marinekorps Victor H. Krulak jun. vom Vereinigten Stab, die zivilen Unruhen hätten sich nur geringfügig auf die militärischen Maßnahmen gegen den Vietcong ausgewirkt und es sei keine dramatische Verschlechterung der südvietnamesischen Kampfkraft eingetreten. Dean merkte an, daß Lodge erst noch mit Diem und Nhu über die Probleme in Vietnam sprechen müsse. Und Nolting bestätigte Max' Feststellung vom Tag zuvor, daß es den Generalen an Einigkeit und echter Führungsqualität mangele.

Darauf meinte der Präsident, er sehe keine Veranlassung, einen Putsch einzuleiten, solange sein Gelingen nicht wahrscheinlich sei. Deshalb wolle er wissen, welche Unterstützung das Militär bei einem Putsch leisten würde. Nolting antwortete, er sehe keinerlei Anzeichen für eine derartige Unterstützung, doch dies könne sich ändern, nachdem ja die CIA das Gerücht ausgestreut habe, die Vereinigten Staaten wollten Diem und Nhu absetzen.

Der Präsident meinte, noch wäre nicht der Punkt erreicht, an dem ein Putsch nicht mehr verschoben werden könnte. Ich schlug vor, Lodge und General Harkins in Saigon um Stellungnahme zu bitten, ob ein Militärputsch Aussicht auf Erfolg habe; in der Zwischenzeit sollten wir der CIA Anweisung erteilen, die Generale in Ruhe zu lassen. Hilsman geriet darüber erneut in Aufregung. Je länger wir warteten, sagte er, um so schwieriger werde es, Diem abzusetzen. Der Präsident äußerte sich nicht dazu, sondern fragte Max, was Harkins über einen Putsch denke. Max erwiderte, Harkins sei dazu nie befragt worden. Der Präsident schloß die Sitzung mit der Anweisung, an Lodge und Harkins zu telegraphieren und ihren Rat einzuholen, ob die Putschvorbereitungen fortgeführt oder abgeblasen werden sollten.[10]

Unsere Beratungen wurden in Charakter und Ton zunehmend dringlicher. Am folgenden Tag, dem 28. August, trafen wir uns erneut mit dem Präsidenten, zunächst mittags und dann noch einmal abends. Bei der Mittagssitzung schlug ich vor, endgültig zu entscheiden, ob wir einen Versuch der Generale, Diem und Nhu zu stürzen, unterstützen wollten oder nicht. George Ball meinte, wir hätten keine andere Wahl, als bei einem Putsch Hilfestellung zu leisten, doch ich hielt dagegen, daß wir uns von der Eigendynamik der Ereignisse nicht mitreißen lassen dürften. Der Präsident stimmte mir zu und sagte, wir sollten nicht einfach nur deshalb weitermachen, weil wir schon so weit gegangen seien.

Nolting äußerte schwere Vorbehalte, gegen Diem vorzugehen, und meinte, wir könnten keineswegs davon ausgehen, daß wir mit einer neuen Regierung besser zurechtkämen oder bessere Bedingungen für die weitere Kriegführung schaffen würden. George widersprach und erklärte, wir könnten den Krieg nicht gewinnen, solange Diem an der Macht sei, und deshalb müßten wir ihn davonjagen. Averell Harriman teilte diese Ansicht und sagte, wir würden den Kampf in Vietnam verlieren und uns zurückziehen müssen, falls kein Putsch stattfinde. Hilsman fügte noch hinzu, die Generale ließen sich jetzt nicht mehr aufhalten.

Daraufhin wiederholte Nolting eine grundlegende Frage, die wir zwar zuvor schon aufgeworfen, aber nicht umfassend geprüft oder beantwortet hatten. In welchem Zustand würde sich Südvietnam im Fall eines gelungenen Putsches befinden? Hilsman räumte ein, daß wir nur über geringe Kenntnisse verfügten, wie die Generale das Land zu regieren gedächten, falls sie die Macht übernähmen. Nolting meinte, nur Diem könne das in sich zersplitterte Land zusammenhalten.

Angesichts so stark divergierender Meinungen war es nicht verwunderlich, daß der Präsident die Runde bat, abends noch einmal zusammenzukommen.[11]

Um sechs Uhr abends trafen wir uns erneut. Der Präsident setzte sich zuerst mit Dean, Mac, Max und mir zusammen und beriet erst dann in einer größeren Runde. Schließlich gab er Order, drei Botschaften nach Saigon zu schicken: eine von Max an General Harkins mit der Bitte um seine Einschätzung der Lage und der von den Generalen erwogenen Absichten; eine zweite, vom Präsidenten an Lodge, ebenfalls mit der Bitte um Stellungnahme; und ein drittes Telegramm an beide Männer, das über unsere mittägliche Diskussion berichten und eine klare Aufforderung Kennedys enthalten sollte, ihre persönliche Ansicht darüber mitzuteilen, was zu tun sei – nicht aber ihre

Reaktion darauf, was ihrer Meinung nach in Washington beschlossen worden sei.[12]

Dean hatte, als wir uns am nächsten Tag trafen, von Lodge und Harkins bereits Antwort erhalten. Sie stimmten beide darin überein, daß unter dem Diem-Regime der Krieg nicht zu gewinnen sei. Aber Harkins wies darauf hin, daß zwischen den Nhus und Diem unterschieden werden müsse. Nolting war ebenfalls dieser Ansicht und sprach sich für »einen letzten Versuch mit Diem« aus. Dean drängte auf eine Entscheidung darüber, ob wir Harkins Anweisung erteilen sollten, die Kontakte der CIA zu den Generalen zu unterstützen oder nicht. Der Präsident wollte wissen, ob jemand Einwände gegen die eingeleiteten Maßnahmen hege.

Ich hatte Bedenken und schlug deshalb vor, Harkins solle versuchen, Diem davon zu überzeugen, daß er seinen Bruder absetzen müsse. Ros pflichtete mir bei. Meinen Vorschlag begründete ich folgendermaßen: »Ich sehe keine brauchbare Alternative. Die Armeechefs stellen sich eine Militärjunta vor, und aus dem wenigen, was ich über sie weiß – und ich glaube, ich kenne sie ganz gut –, entnehme ich, daß sie nicht in der Lage sind, die Regierung lange zu führen.«[13]

Mac wiederholte noch einmal John McCones Ansicht, wir sollten keinen weiteren Versuch mehr unternehmen, Nhu zum freiwilligen Rücktritt zu überreden. Nolting wies darauf hin, daß Lodge bisher mit Diem noch keine Unterredung von Belang geführt hatte. Was Nolting nicht sagte – aber, wie ich vermute, wußte –, war, daß Lodge eine solche Unterredung auch gar nicht beabsichtigte und daß ihm seine Vorgesetzten im Außenministerium keinerlei Anweisung erteilt hatten, eine solche herbeizuführen.

Der Präsident genehmigte ein Telegramm folgenden Inhalts an Lodge: Harkins sollte den Generalen versichern, daß die Äußerungen der CIA die Auffassung der US-Regierung wiedergaben; doch die Vereinigten Staaten müßten zuerst die Pläne der Generale kennen, bevor sie irgendwelche Aktionen einleiteten. Und es sei noch nicht entschieden, ob man einen letzten Versuch der Annäherung an Diem unternehmen wolle.

Ein untrügliches Zeichen für die Unsicherheit des Präsidenten war, daß er, Dean und ich beschlossen, diesem Telegramm an Lodge ein zweites hinterherzuschicken – das niemand sonst in der Regierung zu Gesicht bekommen sollte. In diesem Geheimtelegramm erklärte Präsident Kennedy seinem Botschafter: »Aufgrund der mir von der Verfassung übertragenen Verantwortung als Präsident und Oberbefehlshaber möchte ich Sie an folgendes erinnern: ... Bis zum endgültigen Startsignal für die Operation der Generale muß ich mir die Möglichkeit offenhalten, den Kurs zu ändern und zuvor ergangene Anweisungen zu widerrufen.« Und er fügte hinzu: »Der Folgen eines solchen möglichen Kurswechsels ... bin ich mir völlig bewußt, doch ich weiß aus Erfahrung, daß sich ein Fehlschlag verheerender auswirken kann als der Eindruck von Unentschlossenheit. Ich würde natürlich die volle Verantwortung für eine solche Kehrtwendung übernehmen.«[14]

Daß andere Leute über den künftigen Kurs ebenso unsicher waren wie Präsident Kennedy, wurde bei einer Besprechung über das weitere Vorgehen im Konferenzraum von Dean Rusk im Außenministerium deutlich, das am 31. August stattfand. Dean eröffnete die Diskussion mit den Worten, er habe den Eindruck, unsere Überlegungen würden sich nur mehr im Kreis bewegen. Wir seien wieder auf dem Stand wie vor dem 24. August, jenem Tag, an dem das Telegramm abgeschickt worden war, das Unterstützung bei einem Putsch signalisierte.

Dean schlug vor, Lodge solle Diem mitteilen, daß seine Repressionsmaßnahmen eine weitere US-Hilfe in Frage stellten. Außerdem solle der Botschafter um Stellungnahme gebeten werden, welche Konzessionen seiner Meinung nach Diem dazu bewegen könnten, für die Sicherheit der Buddhisten zu garantieren und Madame Nhu aus dem Amt zu entfernen. Ich stimmte diesem Vorschlag voll und ganz zu und betonte, wie wichtig es sei, die Kommunikation zwischen Lodge, Harkins und der südvietnamesischen Regierung wiederherzustellen. Sicherlich wäre es klüger gewesen, wenn ich das schon vor dem Telegramm vom 24. August getan hätte. Doch die Sitzung endete, ohne daß meine Vorschläge weitere Beachtung gefunden hätten und ohne eine Anweisung an Lodge und seinen Stab, entsprechend diesen vorzugehen.[15]

In dieser ungeklärten Situation verlängerte der Fernsehsender CBS am 2. September seine Abendnachrichten um eine Viertelstunde auf dreißig Minuten und brachte ein Interview von Walter Cronkite mit Präsident Kennedy, das im Garten des Familienanwesens der Kennedys in Hyannis Port geführt wurde. Cronkite sagte:»Mr. President, der einzige heiße Krieg, den wir zur Zeit führen, ist natürlich der in Vietnam, und ganz offensichtlich haben wir damit einige Schwierigkeiten.« Der Präsident erwiderte:»Solange die [südvietnamesische] Regierung keine größeren Anstrengungen unternimmt, um die Unterstützung der Bevölkerung zu gewinnen, glaube ich nicht, daß der Krieg dort gewonnen werden kann. Denn letzten Endes ist es ihr Krieg. Nur die Vietnamesen können ihn gewinnen oder verlieren. Wir können ihnen helfen, wir können ihnen Ausrüstung zur Verfügung stellen, wir können ihnen unsere Männer als *Berater* [Hervorhebung des Autors] schicken, aber gewinnen müssen sie ihn, das Volk von Vietnam, gegen die Kommunisten. ... Alles, was wir tun können, ist zu helfen, und daran haben wir auch keinen Zweifel gelassen, aber ich pflichte nicht denjenigen bei, die sagen, daß wir abziehen sollten. Das wäre ein großer Fehler.«[16]

Der Präsident hätte keine klareren Worte für seine Überzeugung finden können, daß der Krieg nur von den Südvietnamesen gewonnen werden konnte, und er deutete auch mit keiner Silbe an, daß er US-Kampftruppen zur Verstärkung oder als Ersatz für die südvietnamesischen Truppen entsenden wollte (und auch Diem hatte keinerlei Anzeichen zu erkennen gegeben, daß er eine solche Entscheidung begrüßen würde).

Ich zitiere Präsident Kennedys Worte, weil ich glaube, daß darin seine tiefempfundene Überzeugung hinsichtlich der Rolle der Vereinigten Staaten in diesem Krieg zum Ausdruck kommt.

Bei einer Unterredung am 3. September äußerte der Präsident die Vermutung, daß Frankreich für Vietnam die gleiche Lösung suche, wie sie kurz zuvor die internationalen Verhandlungen für das benachbarte Laos erbracht hatten: Neutralität, was eine Koalition der drei sich bekriegenden Fraktionen bedeutete. Er sei überzeugt, daß dies in Laos nicht funktioniere und daß es auch bei dessen Nachbarn nicht funktionieren werde. Doch weder zu diesem noch zu einem späteren Zeitpunkt haben wir gründlich darüber diskutiert, wie sich ein neutrales Südvietnam – sofern dieser Status hätte erreicht werden können – geopolitisch auf die Vereinigten Staaten ausgewirkt hätte. Der Grund für dieses Versäumnis lag darin, daß wir von der Annahme ausgingen, Südvietnam würde niemals wirklich neutral bleiben, sondern vom Norden kontrolliert werden, wodurch der von Eisenhower prophezeite Domino-Effekt eingetreten wäre.

Rückblickend gesehen, war es ein schwerer Fehler, die Möglichkeit einer Neutralität nicht einmal in Erwägung zu ziehen. Einer solchen Lösung, die selbst ein versierter Staatsmann wie de Gaulle für erstrebenswert hielt, hätten wir zumindest größte Aufmerksamkeit schenken müssen. Unsere Haltung war voller Widersprüche und Ungereimtheiten. Wir – inbesondere Dean Rusk – befürchteten eine Schwächung unserer Position innerhalb der NATO, falls wir unseren Verpflichtungen gegenüber Vietnam nicht nachkämen, wie sie seiner Meinung nach aus unserer Mitgliedschaft in der SEATO resultierten. Doch die SEATO, die sich aus den Vereinigten Staaten, dem Vereinigten Königreich, Frankreich, Australien, Neuseeland, Thailand, den Philippinen und Pakistan zusammensetzte, verpflichtete ihre Mitglieder nur dazu, in Übereinstimmung mit dem jeweils eigenen »verfassungsmäßigen Abstimmungsprozeß« eine »gemeinsame Gefahr abzuwehren« und einander zu »konsultieren«. In einem Zusatzprotokoll wurden Kambodscha, Laos und Südvietnam als die Gebiete bezeichnet, deren Bedrohung »den Frieden und die Sicherheit« der Unterzeichnerstaaten gefährde. Aber eine dieser Signatarmächte, nämlich Frankreich, glaubte nicht nur, daß ihr aus dem Vertrag keine Verpflichtung erwachse, sondern schien geradezu darauf hinzuweisen, daß eine US-Intervention gegen die gemeinsamen Interessen verstoße. Und wenn Frankreich – Gründungsmitglied der SEATO und Hauptnutznießer der amerikanischen Sicherheitsgarantie gegenüber der NATO – der Ansicht war, ein neutrales Vietnam würde die Sicherheit der NATO oder des Westens nicht ernsthaft gefährden, hätten wir zumindest über diese Frage diskutieren sollen. Wir taten es nicht.

Das Treffen endete mit der Übereinkunft, Lodge solle sich zum nächstmöglichen Zeitpunkt zu Staatspräsident Diem begeben, um mit ihm die Themen zu diskutieren, die wir in unserer Konferenz am 31. August im Außenministerium erörtert hatten.[17]

Doch als wir uns am 6. September wiedertrafen, hatte Lodge unerklärlicherweise immer noch nicht mit Diem gesprochen. An diesem Punkt schaltete sich Bobby Kennedy, der seit der Kontroverse über das Telegramm vom 24. August ein größeres Interesse an Vietnam entwickelt hatte, energisch ein. Er dachte laut darüber nach, warum wir, nachdem wir doch zu dem Schluß gekommen waren, daß wir mit Diem den Krieg verlieren würden, »nicht jetzt den Stier bei den Hörnern packen« – womit er meinte, wir sollten mit dem Abzug unserer Berater drohen.

Das versetzte Dean in Aufregung. Er erwiderte, die Androhung eines Rückzugs wäre ein »sehr schwerwiegender Schritt«, denn wenn der Vietcong Südvietnam einnähme, kämen wir erst in »wirkliche Schwierigkeiten«. Max pflichtete ihm bei und erinnerte daran, daß wir noch vor drei Wochen der Überzeugung gewesen seien, auch mit Diem den Krieg gewinnen zu können, eine Ansicht, die auch die Vereinigten Stabschefs teilten. Daraufhin ergriff Dean wieder das Wort und bezeichnete unsere gegenwärtige Position – das Gespräch mit Diem zu suchen – als Phase eins. Eine Phase zwei aber werde es nicht geben, wenn wir uns zurückzögen. »Wichtiger, als einen Rückzug in Erwägung zu ziehen, wären Überlegungen, ob wir einen Putsch durchführen wollen« – als wären wir nicht bereits dabeigewesen, einen solchen in die Wege zu leiten! Paradoxerweise versäumten wir inmitten unserer Auseinandersetzungen immer noch, das Für und Wider eines Rückzugs zu prüfen.[18]

Einen weiteren Einblick, welche Überlegungen Präsident Kennedy während der Krise verfolgte, vermittelt ein Interview, das er am 9. September in den Abendnachrichten des Senders NBC mit Chet Huntley und David Brinkley führte. »Mr. President«, fragte ihn Brinkley, »hatten Sie jemals Grund, an der sogenannten ›Domino-Theorie‹ zu zweifeln, das heißt daran, daß die Einnahme Südvietnams durch den Vietcong den Verlust auch des übrigen Südostasien nach sich ziehen wird?« Der Präsident erwiderte – vielleicht weil er sich an Eisenhowers Warnung erinnerte –: »Nein, ich halte diese Theorie für richtig ... China ist so riesig, ragt hinter den Grenzen so mächtig empor, daß – wenn Südvietnam fallen sollte – China nicht nur eine bessere geographische Ausgangsbasis für einen Guerillaangriff auf Malaysia hätte, sondern auch der Eindruck entstünde, die Zukunft Südostasiens gehöre China und den Kommunisten. Deshalb erscheint mir diese Theorie richtig.«[19]

Am 10. September nahmen wir unsere Beratungen wieder auf. Bobby schlug vor, wir sollten über Maßnahmen gegen Diem und Nhu diskutieren. Darauf erwiderte ich, unsere Vorgehensweise führe zu nichts: »Wir haben versucht, Diem abzusetzen, aber soweit ich sehe, verfügen wir über niemanden, der an seine Stelle treten könnte. Einerseits verbauen wir uns also die Chance, weiterhin mit Diem zusammenzuarbeiten, und andererseits entwickeln wir auch keine Alternativlösung. Deshalb sollten wir dort fortfahren, wo wir vor drei Wochen stehengeblieben sind.«

Averell widersprach mir heftig. Ich bewunderte ihn sehr, denn er gehörte wie Nelson Rockefeller und Douglas Dillon zu der Sorte Männer, die in den Wohlstand hineingeboren wurden, sich aber dem Dienst für ihr Land verschrieben hatten. Während des Zweiten Weltkriegs hatte Averell als Botschafter in der Sowjetunion gewirkt, danach war er Sonderbeauftragter Präsident Trumans und Mitte der fünfziger Jahre Gouverneur von New York gewesen. Doch nach seiner Niederlage bei den Gouverneurswahlen in New York war ihm so sehr daran gelegen, nach Washington zurückzukehren und dem jungen Präsidenten zu helfen, daß er mit seinen 69 Jahren die vergleichsweise unbedeutende Position eines fliegenden Botschafters einer Regierung akzeptierte, deren Mitglieder ihrem Alter nach seine Söhne hätten sein können. Dank seines Elans und seiner guten Ratschläge gewann Averell sehr bald das Vertrauen des Präsidenten, der ihn zum Delegationsleiter bei den Genfer Verhandlungen über Laos ernannte, danach zum Abteilungsleiter für fernöstliche Angelegenheiten im Außenministerium und später noch zum Staatssekretär für politische Angelegenheiten im Außenministerium.

Averell hielt mit seinen Ansichten nie hinter dem Berg und stritt ganz offen mit mir über die Frage, ob Diem entfernt werden sollte. Seiner Meinung nach hatte Diem eine Situation herbeigeführt, durch die unsere Ziele in Vietnam unerreichbar geworden waren, solange er im Amt war. Max und John McCone hingegen stimmten meiner Ansicht zu. Das Treffen endete, ohne daß die Streitfrage geklärt wurde.[20]

Am folgenden Tag teilte uns Lodge telegraphisch seine Einschätzung der aktuellen Lage in Südvietnam mit. Er berichtete: »Sie verschlechtert sich rapide..., und es ist an der Zeit, daß die Vereinigten Staaten alle ihnen zur Verfügung stehenden Sanktionsmaßnahmen ergreifen, um den Sturz der gegenwärtigen Regierung und die Einsetzung einer neuen herbeizuführen.« Mac meinte in einem Gespräch mit Dean, der Präsident halte die Einschätzung von Lodge für die überzeugendste, die er bislang erhalten habe, doch Dean erwiderte, er ärgere sich, daß Lodge immer noch nicht mit Diem gesprochen habe.[21]

Als einige Tage später eine weitere Konferenz im Außenministerium stattfand – an der John McCone und zwei CIA-Agenten teilnahmen, die gerade erst aus Südvietnam zurückgekehrt waren –, fragte McCone, welche Vorstellungen den gegenwärtigen Putschvorbereitungen zugrunde lägen. Die beiden Agenten erläuterten die Überlegungen der Generale und fügten dann hinzu: »Was ihnen allen grundsätzlich fehlt, ist ein umfassender Ablaufplan.« Dann diskutierten wir zwei Möglichkeiten des Umgangs mit Diem: entweder Versöhnung oder Konfrontation. Ich schlug vor, Lodge in einem Telegramm die versöhnliche Vorgehensweise darzulegen und ihn um seine Meinung dazu zu bitten. Dean stimmte mir zu und ordnete an, ein entsprechendes Telegramm aufzusetzen und es dem Präsidenten vorzulegen.[22]

Nach einer Unterredung mit seinen engsten Beratern, die am 17. September stattfand, sandte der Präsident das »versöhnliche« Telegramm an Lodge. Darin hieß es:

CAP 63516. Zur ausschließlichen Vorlage an Botschafter Lodge persönlich. Umgehend von Minist. absenden. Nur Kopie aushändigen. Kein Verteiler im Minist. Vom Präsidenten.
1. Heutiges Treffen auf höchster Ebene hat Grundlagen eines Aktions ... programms gebilligt, das darauf abzielt, bei GVN [Regierung von Südvietnam], sofern möglich, Reformen und personelle Veränderungen zu erreichen, die notwendig sind, um weiterhin in vietnamesischer und US-amerikanischer Öffentlichkeit Unterstützung für den Krieg gegen Vietcong zu erhalten. Dieses Telegramm legt unser Programm und unsere Haltung dar; wir ersuchen vor der endgültigen Entscheidung um Ihre Stellungnahme hierzu. ...
2. Für Maßnahmen, um die jetzige Regierung in naher Zukunft zu entfernen, scheint uns die Lage nicht besonders geeignet. Deshalb müssen wir zum gegenwärtigen Zeitpunkt, wie aus Ihren letzten Mitteilungen zu entnehmen, die uns zur Verfügung stehenden Druckmittel einsetzen. ... Wir halten es für wahr-

scheinlich, daß eine solche Verbesserung zumindest kurzfristig eine Änderung bewirkt. Darüber hinaus steht ein solcher Kurs in Einklang mit drastischeren Schritten, falls und sobald die Mittel hierzu zur Verfügung stehen. ...

3. Wir teilen Ihre Ansicht, ... daß die bestmögliche Stärkung Ihrer Verhandlungsposition in dieser Interimsphase in dem unmißverständlichen Hinweis besteht, daß sämtliche Unterstützung durch die USA von Ihrer Zustimmung abhängig ist. ... Sie sind berechtigt, jegliche Lieferung von Hilfsgütern und jeglichen Transfer von Geldmitteln durch welche Stelle auch immer zu unterbinden, sofern Sie nicht überzeugt sind, daß diese Lieferung im Interesse der Vereinigten Staaten liegt; es ist jedoch zu bedenken, daß es nicht unserer gegenwärtigen politischen Haltung entspricht, sämtliche Hilfsleistungen gänzlich einzustellen. ... Wir glauben, diese Befugnis könnte für Sie insbesondere dazu nützlich sein, jegliche Form von Hilfsleistung und Unterstützung, die gegenwärtig an oder über Nhu oder ihm verbundene Personen geht, zu begrenzen und umzulenken. ...

4. Mit Bitte um Stellungnahme und Ergänzung nachfolgend unsere Liste möglicherweise hilfreicher Maßnahmen der Regierung, in etwa der Reihenfolge ihrer Wichtigkeit:

a) Verbesserung der Atmosphäre – Diem sollte dafür sorgen, daß sich alle wieder ihren Aufgaben widmen und sich darauf konzentrieren, den Krieg zu gewinnen. Er sollte Toleranz und Verständnis gegenüber denjenigen zeigen, denen es aus nachvollziehbaren Gründen schwerfällt, ihn unter den gegenwärtigen Bedingungen vorbehaltlos zu unterstützen.
Eine echte Haltung der Versöhnlichkeit könnte bei den Menschen, die er regiert, Wunder wirken; eine strafende, harsche oder autokratische Haltung würde nur noch zu stärkerem Widerstand führen.

b) Buddhisten und Studenten – Sie sind freizulassen und nicht weiter zu behelligen. Dies würde mehr als alles andere die Rückkehr zu besseren Verhältnissen demonstrieren und die Konzentration auf die jetzige Hauptaufgabe, den Krieg, verdeutlichen.

c) Presse – Der Presse sollte umfassende Äußerungsmöglichkeit eingeräumt werden. Auch wenn an Diem Kritik geübt werden mag, würden Nachsicht und Zusammenarbeit mit der in- und ausländischen Presse zur gegebenen Zeit Lob für seine Regierung einbringen. Tendenziöse Berichte sind zwar ärgerlich, doch die Unterdrückung von Nachrichten führt zu noch schwerwiegenderen Problemen.

d) Geheim- und Militärpolizei – Deren Rolle ist auf Operationen gegen den VC [Vietcong] zu begrenzen; Operationen gegen nicht-kommunistische Oppositionsgruppen sind zu unterlassen, wodurch auch verdeutlicht wird, daß wieder eine Phase der Versöhnung und der politischen Stabilität angebrochen ist.

e) Veränderungen im Kabinett zur Auffrischung der Kräfte; Personen, die Unmut in der Bevölkerung erregen, sind zu entfernen.

f) Wahlen – Sollten abgehalten werden, frei sein und weitestgehend überwacht werden.

g) Gesetzgebende Körperschaft – Das Parlament sollte bald nach den Wahlen einberufen werden. Die Regierung sollte ihre Politik von diesem autorisieren und sich von ihm das Vertrauen aussprechen lassen.

6. Einzelne Reformen zeigen in der Regel wenig Wirkung, wenn sie nicht mit einem dramatischen, symbolischen Schritt verbunden werden, der die Vietnamesen davon überzeugt, daß wirkliche Reformen stattfinden. Wir teilen Ihre Ansicht, daß dies in der Praxis am besten dadurch erreicht werden kann, daß der Einfluß des Ehepaars Nhu deutlich sichtbar reduziert wird, da es für die Unzufriedenen das Symbol für alles darstellt, was ihnen an der GVN mißfällt. Hierzu wäre es unseres Erachtens notwendig, daß die Nhus Saigon und am besten Vietnam überhaupt verlassen, zumindest für die Dauer eines ausgedehnten Urlaubs. Wir sind uns der hohen Wahrscheinlichkeit bewußt, daß diese und andere Druckmittel nicht unbedingt zu dem gewünschten Ergebnis führen, doch wir sind von der Notwendigkeit des Versuchs überzeugt. ...

[...]

8. Wir bemerken Ihr Zögern, den Dialog mit Diem weiterzuführen, solange Sie nicht Substantielles darzulegen haben. Doch wir halten weiterhin das Gespräch mit ihm zumindest für eine wichtige Quelle von Erkenntnissen und vielleicht auch für ein Mittel, um in gewisser Weise Einfluß auf ihn auszuüben, selbst angesichts seiner gegenwärtigen mentalen Verfassung. ... Uns erscheint es überaus sinnvoll, auch mit einem unvernünftigen

Menschen, der sich auf Kollisionskurs befindet, das Gespräch zu suchen. ...

9. Unterdessen beschäftigt man sich hier zunehmend mit den strikt militärischen Aspekten des Problems, sowohl was den aktuellen Fortgang der Operationen betrifft, als auch im Hinblick auf die Notwendigkeit, mit dem Kongreß zu einer Einigung über die Weiterführung unserer Anstrengungen zu gelangen. Zu diesem Zweck hat der Präsident beschlossen, den Verteidigungsminister und General Taylor nach Vietnam zu entsenden; sie werden nächste Woche eintreffen. Es wird hier unmißverständlich klargestellt werden, daß es sich dabei um eine militärische Mission handelt und sämtliche politischen Entscheidungen von Ihnen als ranghöchstem Vertreter des Präsidenten getroffen werden. ...[23]

Am selben Tag, noch bevor das Telegramm abgeschickt wurde, rief Averell Mike Forrestal an, um ihm mitzuteilen, daß er und Hilsman »über den Telegrammentwurf sehr enttäuscht« seien. Außerdem bezeichnete er die geplante Reise als »Desaster«, weil, wie er meinte, »zwei Männer losgeschickt werden, die sich unserer Politik widersetzen [McNamara und Taylor], plus einem weiteren [der stellvertretende Staatssekretär im Außenministerium U. Alexis Johnson], der nicht dafür eintreten wird, daß unsere Politik zum Zuge kommt.« Forrestal gab ihm recht.[24]

Nachdem Lodge die Botschaft des Präsidenten erhalten hatte, meldete er sich am folgenden Tag und sprach sich gegen unseren Besuch aus. Er befürchtete, die Reise könnte Diem signalisieren, wir hätten »vergeben und vergessen«, und dies würde unsere Bemühungen zunichte machen, die Regierung auszuwechseln. Lodge favorisierte eine Politik eisigen Schweigens gegenüber Diem, die, wie er glaubte, bereits Wirkung zeige; unsere Reise hingegen würde diese Entwicklung gefährden.[25]

Aus Rücksicht auf seine Einwände schlug ich dem Präsidenten vor, daß Max und ich uns statt in Saigon lieber in Hawaii mit Lodge und Harkins treffen sollten. Doch – wie Mac gegenüber Dean sagte – »der Präsident meint, man muß es selbst in

Augenschein nehmen [das heißt, McNamara sollte das Problem vor Ort prüfen], um es zu erkennen«. Kennedy erläuterte seine Haltung in einem Telegramm an Lodge, das noch am selben Nachmittag losgeschickt wurde. »Ich verstehe sehr wohl, daß Sie den Besuch von McNamara und Taylor für problematisch halten. Hingegen halte ich einen solchen Besuch für dringend erforderlich, und ich bin der Überzeugung, daß wir Vorkehrungen treffen können, um Ihre grundsätzlichen Bedenken auszuräumen. … McNamara wird bei seinen Unterredungen mit Diem ohne Umschweife die militärischen Folgen der gegenwärtigen Schwierigkeiten zur Sprache bringen.«[26]

Am 23. September ließ mir der Präsident die folgenden schriftlichen Instruktionen aushändigen:

Ich halte es für nützlich, unsere Vorstellungen über den Zweck Ihres Besuches in Südvietnam schriftlich darzulegen. Ich bitte Sie um diese Reise, weil ich die bestmögliche Einschätzung vor Ort über die militärischen und paramilitärischen Anstrengungen im Kampf gegen den Vietcong zu erhalten wünsche. Die Schritte, die nach General Taylors Mission ausgearbeitet und unter Ihrer direkten Aufsicht durchgeführt wurden, haben ermutigende Ergebnisse erbracht, zumindest bis vor kurzem. Die Ereignisse in Südvietnam seit Mai werfen jedoch ernsthafte Fragen auf, sowohl was die jetzigen Erfolgsaussichten gegenüber dem Vietcong als auch und vor allem was die zukünftige Wirksamkeit unserer Anstrengungen in dieser Hinsicht betrifft, sofern im Land keine entscheidende politische Verbesserung eintritt. In diesem Zusammenhang benötige ich Ihre Beurteilung der Lage. Sollten Sie in Ihrer Einschätzung zu einer wenig hoffnungsfrohen Prognose gelangen, wünsche ich Ihre Ansichten dazu, welche Maßnahmen die südvietnamesische Regierung ergreifen und welche Schritte unsere Regierung einleiten sollte, um den Vietnamesen diese Maßnahmen nahezulegen.

Botschafter Lodge unterstützt ebenfalls von ganzem Herzen diese Mission[!], und ich verlasse mich darauf, daß Sie beide einander Ihre Standpunkte gründlich darlegen werden. Es ist offensichtlich, daß die allgemeine politische Lage und die militärischen und paramilitärischen Anstrengungen auf vielfältige Weise eng miteinander verknüpft sind; wenn Sie daher Ihre Aufgabe wahrnehmen, das militärische und paramilitärische Problem zu beurteilen, erwarte ich, daß Sie sich mit Botschafter Lodge umfassend über die damit zusammenhängenden politischen und sozialen Fragen beraten. Ebenso erwarte ich, daß Sie zusammen mit Botschafter Lodge Mittel und Wege prüfen, unsere gesamten Hilfsleistungen für Südvietnam so zu gestalten, daß sie den Zielsetzungen unserer Außenpolitik besser entsprechen.

Getrennt von diesen Instruktionen erhalten Sie von mir außerdem ein Schreiben, das an Präsident Diem adressiert ist. Botschafter Lodge und Sie sind gehalten, diesen Brief zu erörtern. Wenn ich nach Ihrer Unterredung und Berichterstattung zu dem Schluß komme, daß dies notwendig ist, soll Botschafter Lodge ihn bei einem Treffen mit Präsident Diem aushändigen.

Da nach meinem Dafürhalten der Fortschritt in den Auseinandersetzungen in Südvietnam von höchster Bedeutung ist, sollten Sie sich zur Durchführung Ihrer Mission so viel Zeit nehmen, wie Sie für eine sorgfältige Prüfung der Lage in Saigon und auf dem Kriegsschauplatz für nötig befinden.

Als der Präsident mir diese Instruktionen übergab, fügte er noch hinzu, er halte es für erforderlich, daß ich mich mit Diem zweimal treffe. Falls Max und ich Reformen und einen Regierungswechsel als Grundbedingungen für einen Sieg im Krieg ansähen, sollte ich ihm gegenüber nachdrücklich darauf bestehen.[27] Kennedy betrachtete diesen Brief als Anleitung für mich und zugleich als Dokument, das ich anderen präsentieren könnte, um zu zeigen: »Dies ist es, was der Präsident wünscht.«

Aber die Diem-Gegner in Washington setzten ihre Nachhutgefechte fort. Weder Mac noch mir war bekannt, daß Hilsman, nachdem er die Instruktionen des Präsidenten an mich gelesen hatte, Lodge einen Brief sandte, in dem es hieß:

Lieber Cabot,
auf vertraulichem Wege über Mike Forrestal lasse ich Ihnen diese Botschaft überbringen.

… Meinem Empfinden nach teilen immer mehr Leute in der Hauptstadt unsere Ansicht [das heißt, daß Diem durch einen Putsch gestürzt werden muß], und wenn Sie in Saigon und wir im Ministerium uns nicht beirren lassen, werden auch die übrigen mitziehen. Wie Mike Ihnen mitteilen wird, ist eine entschlossene Gruppe hier bereit, Ihnen voll und ganz Rückendeckung zu geben. ...[28]

Präsident Kennedys schriftliche Anweisungen an mich und Hilsmans inoffizieller Brief waren der Gipfelpunkt einer einmonatigen Phase völliger Unentschlossenheit der Regierung, die angesichts eines schwerwiegenden, Tag um Tag größer werdenden Problems, das eigentlich ein entschiedenes Handeln verlangt hätte, nicht wußte, was sie tun sollte. Bevor wir den Putsch gegen Diem genehmigten, hatten wir es versäumt, die fundamentalen Fragen zu Vietnam zu klären – was schließlich zu Diems Sturz führte. Und nach seiner Absetzung kümmerten wir uns weiterhin nicht um sie. Im Rückblick glaube ich, daß jeder von uns Fehler begangen hat:

- Ich hätte darauf bestehen sollen, die grundlegenden Fragen aufzugreifen, zu erwägen und zu diskutieren. Zum Beispiel: »Ist mit Diem ein Sieg möglich?« Falls nein, könnte man ihn durch jemanden ersetzen, mit dem ein Sieg eher möglich wäre? Falls nein, sollten wir nicht erwägen, mit Nhu und Frankreich zusammenzuarbeiten, um Vietnam in die Neutralität zu führen? Oder – als Alternative –: Sollten wir uns zurückziehen, da die ungeordneten politischen Verhältnisse in Südvietnam ein weiteres Verbleiben der Vereinigten Staaten unmöglich machen?
- Max unterließ es, die anhaltenden Widersprüche in den Berichten über die Fortschritte der Militäraktionen in Südvietnam – bzw. deren Ausbleiben – auszuräumen.
- Dean – einer der selbstlosesten und engagiertesten Menschen, die jemals in Regierungsdiensten standen – scheiterte völlig an der Aufgabe, das Außenministerium zu leiten und Lodge zu beaufsichtigen. Auch an den Besprechungen mit dem Präsidenten beteiligte er sich nicht energisch genug.
- Präsident Kennedy mache ich am wenigsten einen Vorwurf, da ich weiß, daß er mit zahlreichen anderen Problemen beschäftigt war, vom Streit über die Bürgerrechte bis zum Vertrag über das Verbot oberirdischer Atomtests, den er im Kongreß durchset-

zen wollte. Doch auch er versäumte es, die in sich gespaltene Regierung auf eine gemeinsame Linie einzuschwören. Angesichts der Entscheidung, unter verschiedenen Übeln eines wählen zu müssen, blieb er viel zu lange unentschlossen.

Ich sollte hinzufügen, daß mittlerweile das Für und Wider einer Neutralisierung Vietnams und eines Abzugs zwar nicht in der Regierung, wohl aber in der Presse erörtert wurden. Im Sommer und Herbst 1963 schlugen die Kolumnisten Walter Lippman und James Reston vor, man sollte die Frage der Neutralität zumindest erwägen. Der Journalist David Halberstam, der Anfang der sechziger Jahre für die *New York Times* aus Südvietnam berichtet und unsere Regierungspolitik heftig kritisiert hatte, verwarf jedoch beide Alternativen. 1965 schrieb er:

An den grundsätzlichen Alternativen für Vietnam hat sich seit 1961 nichts geändert; sie sind nicht angenehmer geworden, sie haben nichts von ihrem alptraumhaften Charakter verloren.

Erstens ist viel von der Möglichkeit eines neutralen Vietnam die Rede. Doch die gegenwärtigen Bedingungen stellen dies außer Frage. Nicht einmal im entferntesten besteht die Chance einer Neutralität in dem Sinne, wie die Schweiz, Österreich, Indien oder sogar Laos neutral sind – wodurch die genannten Länder ausdrücken, daß sie weder zum Schlachtfeld noch zum Verbündeten einer der beiden Seiten im Kalten Krieg zu werden wünschen. Der erste Schritt in Richtung auf ein neutrales Vietnam wäre zweifellos der Abzug sämtlicher US-Streitkräfte aus dem Land und die Kürzung der amerikanischen Militärhilfe; dies würde zu einem Vakuum führen, so daß die Kommunisten, die einzig wirklich organisierte Kraft im Süden, das Land nach Belieben unterwandern könnten – vielleicht in sechs Monaten, vielleicht in zwei Jahren. Es würde dann einfach keine andere Kraft mehr geben, die sich ihnen entgegenstellen könnte, und wenn daher Hanoi uns und den Südvietnamesen die Neutralitätslösung anböte, so würde das bedeuten, daß die Vereinigten Staaten nur irgendwie ihr Gesicht retten könnten.

Was ist zu einem Truppenabzug zu sagen? Kaum ein Amerikaner, der in Vietnam gedient hat, kann einen solchen Gedanken gutheißen. Denn das würde bedeuten, daß diejenigen Vietnamesen, die ihr ganzes Vertrauen auf die Vereinigten Staaten gesetzt haben, unter einer kommunistischen Herrschaft entsetzlich zu leiden hätten, während wir, die wenigen, die sich glücklich schätzen dürfen, einen blauen Paß zu besitzen, sich unbeschadet davonmachen könnten. Abzug würde eine düstere, leblose und kontrollierte Gesellschaft für ein Volk bedeuten, das etwas Besseres verdient. Abzug hieße auch, daß die Vereinigten Staaten überall auf der Welt an Ansehen verlören und daß sich der Druck der kommunistischen Länder auf das übrige Südostasien verstärken würde. Und schließlich würde ein Truppenabzug überall auf der Welt die Feinde des Westens ermutigen, Aufstände anzuzetteln wie den in Vietnam.

Wie unser Engagement in Korea 1950 dazu geführt hat, daß seither die Kommunisten keine offenen Grenzüberschreitungen mehr wagen, würde ein Sieg über die Kommunisten in Vietnam dazu beitragen, die sogenannten Befreiungskriege einzudämmen.[29]

Gerechtigkeitshalber muß man sagen, daß die martialischen Ansichten Halberstams die Meinung der Mehrheit der Journalisten jener Zeit wiedergaben.

Am 25. September, am Vorabend meiner Abreise nach Saigon, fragte mich Harry Reasoner von *CBS Reports*, ob die Südvietnamesen »mit unserer Hilfe … womöglich den Krieg auf dem Schlachtfeld gewinnen, ihn aber in Saigon verlieren«.

Ich erwiderte:

Die gegenwärtige Phase ist schwer einzuschätzen. Sicherlich haben in den letzten paar Wochen die Maßnahmen der Regierung zu einer gewissen Instabilität geführt. Es ist durchaus möglich, daß wichtige Teile der Bevölkerung dadurch der Regierung entfremdet wurden. Aber die Regierung und die Bevölkerung können nur in gemeinsamer Anstrengung den Vietcong besiegen; andernfalls wird ihnen das nicht gelingen.

Und ich fügte noch hinzu:

Es ist wichtig zu erkennen, daß es sich um einen Krieg der Südvietnamesen handelt. Sieg oder Niederlage werden davon abhängen, was die Südvietnamesen tun. Wir können mit Rat und

Hilfe zur Seite stehen, aber *sie* sind verantwortlich für das Endergebnis, und es bleibt abzuwarten, wie sie den Krieg weiterhin führen werden.[30]

Diese Worte sollten sich als schlimme Prophezeiung erweisen.

Auf dem Weg nach Saigon erinnerte ich meine Mitreisenden noch einmal an das Ziel unserer Mission: die Wirksamkeit des südvietnamesischen Kampfes gegen den Vietcong zu beurteilen und die Erfolgsaussichten zu bewerten. Falls unsere Prognosen ungünstig ausfielen, müßten wir überlegen, welche Maßnahmen Südvietnam zu ergreifen hätte und wie die Vereinigten Staaten Südvietnam dazu anleiten könnten, diese Maßnahmen durchzuführen.

Ich sagte ihnen, bevor wir irgendwelche Empfehlungen aussprechen könnten, müßten wir meiner Ansicht nach zuerst folgende Fragen klären:

- Wie sind die widersprüchlichen Berichte über die militärischen Fortschritte und die politische Stabilität zu erklären? Welche dieser Berichte entsprechen der Wahrheit?
- Wie stark ist die Opposition gegen Diem unter den Studenten, in der Armee, in der Bürokratie und in der Bevölkerung allgemein? Könnte sie noch stärker werden?
- Wer verfügt auf dem Land und in den Dörfern über die politische Macht? Können wir dies einschätzen und uns auf unser eigenes Urteil verlassen?
- Ist in der körperlichen und geistigen Verfassung von Diem und Nhu eine Veränderung eingetreten? Wie steht es gegenwärtig um ihr Verhältnis zueinander im Vergleich zu früher?
- Hat Diem tatsächlich noch die politische Macht? Sind bestimmte Schlüsselbereiche der südvietnamesischen Machtbasis nicht mehr in seinen Händen?
- Wenn Diem die Macht behält, können dann die Bemühungen der Militärs gelingen, oder müssen sie scheitern?
- Wenn wir zu dem Schluß kommen, daß Diem einen Kurswechsel vollziehen soll, welche Druckmittel – ökonomischer, militärischer und politischer Art – stünden uns dafür zur Verfügung?

Um diese Fragen beantworten zu können, war es meiner Ansicht nach nötig, ein so breites Meinungsspektrum wie möglich zu sondieren: südvietnamesische Militärangehörige aller Dienstgrade, die Presse, die ausländischen Gesandten, südvietnamesische, französische und amerikanische Geschäftsleute und Gewerkschaftsführer, Akademiker und Angehörige des katholischen Klerus. Ich ordnete an, daß wir uns jeden Morgen zum Meinungsaustausch treffen sollten und daß es nur einen einzigen Berichtsweg nach Washington geben dürfe; sämtliche Meinungsverschiedenheiten würden in dem täglichen gemeinsamen Telegramm mitgeteilt, abweichende Ansichten gegebenenfalls in meinem Bericht an den Präsidenten übermittelt.[31]

Während unseres zehntägigen Aufenthalts besuchten wir so gut wie alle Kampfgebiete in Südvietnam und führten Dutzende von Gesprächen. Drei meiner eigenen Unterredungen erschienen mir besonders aufschlußreich und beunruhigend zugleich.

Am 26. September traf ich mich mit P. J. Honey, der als Dozent für vietnamesische Angelegenheiten am Fachbereich für orientalische und afrikanische Studien der Universität von London tätig war. Honey sprach fließend Vietnamesisch und unterhielt zu nord- wie südvietnamesischen Führern gleichermaßen enge Kontakte. Seine Äußerungen hatten für mich besonderes Gewicht, zum einen wegen seiner intimen Kenntnisse, zum anderen aber, weil er vormals Diem unterstützt hatte.

Während unseres Gesprächs erklärte Honey, er habe, als er einige Wochen zuvor in Saigon eingetroffen sei, geglaubt, die Vereinigten Staaten könnten irgendeine Regelung finden, um mit Diem doch noch zurechtzukommen, und es wäre gefährlich, einen Machtwechsel herbeizuführen. Aber nun habe sich seine Meinung geändert. Diem sei in den vergangenen drei Jahren furchtbar gealtert und geistig unbeweglicher geworden. In Militärkreisen wie in der Zivilbevölkerung werde jetzt offen

Kritik an Diem geäußert. Der Angriff Diems auf die Buddhisten habe die Bevölkerung in besonderem Maße erschreckt. Alle diese Faktoren hatten Honey zu der Überzeugung geführt, es sei unmöglich, das Regime zu liberalisieren oder Diem zu einem Sinneswandel zu bewegen. Die Vereinigten Staaten müßten daher überlegen, ob sie an der Seite dieses Regimes den Krieg gewinnen könnten. Honeys Ansicht nach war das nicht möglich, obgleich er einräumte, daß sich das Programm der Wehrdörfer als wirksam erwiesen habe und der Vietcong nicht in der Lage gewesen sei, sich die politische Instabilität Saigons zunutze zu machen.

Aber sollte das heißen, daß wir einen Ersatz für Diem finden müßten? Honey gab darauf keine eindeutige Antwort: Jedes Abrücken vom gegenwärtigen Regime sei riskant, meinte er, und im Falle eines Militärputsches oder eines Attentats schätze er die Chancen, daß sich die Situation verbessern würde, fünfzig zu fünfzig ein.

Abschließend meinte Honey, daß kein politischer Führer in ganz Asien mehr einen Funken Vertrauen in die Zusagen des Westens hätte, falls in Südvietnam die Kommunisten die Macht ergreifen sollten. Und dieser Vertrauensverlust würde sich nicht allein auf Asien beschränken.[32]

Am 30. September sprach ich mit dem päpstlichen Legaten Monsignore Asta. Als erstes berichtete er mir, daß in Südvietnam unter der scheinbar ruhigen Oberfläche »die Schrauben angezogen« würden. Das Regime habe einen Polizeistaat errichtet und wende vielerorts Foltermittel an. Unter Intellektuellen und Studenten sei die Rede davon, daß sämtliche Gegner der Regierung eliminiert würden. Manche würden sich dem Vietcong anschließen, die Mehrzahl aber trete für eine Neutralität des Landes ein. Schon Honey hatte bestätigt, daß Hanoi über die Franzosen Kontakt zu Nhu aufgenommen habe, und Monsignore Asta fügte hinzu, daß Nhu im Falle einer Machtergreifung als erstes die Vereinigten Staaten auffordern würde, aus Vietnam abzuziehen, und dann ein Abkommen mit den Kommunisten treffen würde. Monsignore Asta schloß mit einer Kritik, der ich voll und ganz zustimmte: Die Regierung der Vereinigten Staaten habe in Saigon nicht mit nur einer Stimme gesprochen, und das habe die Konturen der amerikanischen Politik verwischt und das südvietnamesische Volk verwirrt.[33]

Das dritte Gespräch führte ich am 27. September mit John Richardson, seit 1962 Leiter des CIA-Büros in Saigon. Er berichtete mir, daß der Angriff auf die Buddhisten in weiten Kreisen den Unmut verstärkt habe, der schon seit geraumer Zeit im verborgenen geschlummert habe. Die nächtlichen Verhaftungen von Studenten und das allgemeine Klima der Verdächtigungen beunruhigten ihn besonders. Er beschrieb Diem als einen Patrioten, der wegen seiner moralischen Qualitäten Respekt genieße, doch seine Bundesgenossen – insbesondere Nhu – würden seinem Ruf schaden und ihn womöglich ins Verderben stürzen. Es sei eine Tragödie.

Richardson berichtete, Diems enge persönliche Mitarbeiter befürchteten, die aufkeimende Krise könnte zu einem Putsch hochrangiger Militärs führen, obgleich weit und breit niemand in Sicht sei, der über genügend moralische Autorität verfügen würde, um Diem zu ersetzen. Wenn man Südvietnam retten wolle, so schloß er, müßten die USA Druck auf Diem ausüben, die Repressionen zu beenden und Nhu zum Rücktritt zu zwingen. Andernfalls würde ein Putsch stattfinden, und das wäre eine Katastrophe. Einen anderen Weg sehe er nicht. Und er sagte mir: »Ich bitte Sie, Herr Minister, Diem gegenüber sehr entschieden aufzutreten.«[34]

Am 29. September schließlich begab ich mich gemeinsam mit Max in den Gia-Long-Palast an der Cong-Ly-Straße, nur ein paar Häuserblocks von der Botschaft der Vereinigten Staaten entfernt, zu einer dreistündigen Unterredung mit Diem, an die sich ein offizielles Diner anschloß. Lodge und Harkins begleiteten uns. Nhu war bei dem Treffen nicht anwesend.

Die ersten zweieinhalb Stunden verstrichen damit, daß Diem uns in säuselndem Französisch und einschläferndem Ton einen Monolog über die Weisheit seiner Politik und die Erfolge seiner Kriegführung vortrug, wobei er unablässig Zigaretten rauchte und häufig aufsprang, um seine Ausführungen anhand von Landkarten zu erläutern. Seine gelassene Selbstsicherheit irritierte mich.

Als er seinen Monolog einmal kurz unterbrach, ergriff ich das Wort. Ich sagte, die Vereinigten Staaten hätten den aufrichtigen Wunsch, Südvietnam bei der Niederwerfung des Vietcong zu helfen. Dabei betonte ich, daß dies grundsätzlich ein Krieg Vietnams sei und die USA nichts anderes tun könnten, als Hilfe zu leisten. Zwar stimmte ich ihm zu, daß auf militärischem Gebiet vernünftige Fortschritte erzielt worden seien, teilte ihm aber ruhig und eindringlich die Besorgnis der US-Regierung über die politischen Spannungen in Südvietnam mit. Diese Spannungen und die Repression, die sie nach sich zögen, so betonte ich, gefährdeten die Kriegsanstrengungen und Amerikas Hilfsleistungen. Deshalb müsse der Repression ein Ende gesetzt und der Grund der Unruhen beseitigt werden.

Diem wies meine Ausführungen rundheraus zurück. Er behauptete, bösartige Angriffe der Presse auf seine Regierung und seine Familie seien dafür verantwortlich, daß in den USA ein falsches Bild von der tatsächlichen Lage in Südvietnam entstanden sei. Manche der Presseberichte, räumte ich ein, seien vermutlich unrichtig, aber es sei doch nicht zu leugnen, daß sowohl in Südvietnam als auch in den Vereinigten Staaten die Regierung Diem beträchtlich an Vertrauen verloren habe. Erneut widersprach er und schob die Schuld an der jüngsten Verhaftungswelle »unreifen, unerfahrenen und verantwortungslosen« Studenten zu. Frostig fügte er hinzu, er sei in gewisser Weise selbst verantwortlich für die Unruhen unter den Buddhisten, denn er wäre »zu freundlich« zu ihnen gewesen.

Ich brachte nachdrücklich die Sprache auf Madame Nhu und sagte zu Diem, daß die Schwierigkeiten seiner Regierung mit der öffentlichen Meinung in den Vereinigten Staaten zu einem nicht geringen Teil aus ihren unbedachten und unglücklichen Erklärungen herrührten. Dabei holte ich aus meiner Westentasche einen Zeitungsausschnitt, in dem ihre Äußerung zitiert wurde, die jungen amerikanischen Offiziere würden in Südvietnam »wie kleine Söldner« auftreten. Durch solche Verunglimpfungen, sagte ich zu Diem, fühle sich die Öffentlichkeit in den USA tief verletzt.

Seine Miene und seine Gestik verrieten mir, daß er nun zum erstenmal verstanden hatte, worauf ich hinauswollte; dennoch hob er zu einer Verteidigungsrede für Madame Nhu an. »Das reicht nicht aus«, erwiderte ich. Schließlich handle es sich um echte und schwerwiegende Probleme. Sie müßten gelöst werden, wenn man den Krieg gewinnen wolle.

Max faßte meine Argumente zusammen. Er betonte, Diem müsse auf die weitverbreitete und berechtigte Besorgnis in den Vereinigten Staaten, was die jüngsten Ereignisse in Südvietnam anging, reagieren. In einem zwei Tage später folgenden Brief an Diem schrieb er: »Nachdem ich mit Dutzenden von vietnamesischen und amerikanischen Offizieren gesprochen habe, bin ich überzeugt, daß die Aufstände des Vietcong im Norden und im Zentrum des Landes bis Ende 1964 so gut wie völlig niedergeschlagen werden können. Im Delta wird es länger dauern, doch bis Ende 1965 müßte auch dort die Aufgabe erledigt sein. Diese Prognosen sind jedoch nur unter der Voraussetzung gültig, daß bestimmte Bedingungen [das heißt die von Minister McNamara gestellten] erfüllt werden.«[35]

Diem gab keine Antwort. Er bot nicht die geringste Zusage an, daß er hinsichtlich der von uns genannten Problempunkte irgendwelche Schritte zu unternehmen beabsichtigte. Wie schon unser Protokollant über das Treffen mit Diem schrieb: »In seiner Haltung zeigte er zumindest äußerlich Gelassenheit, und er tat so, als habe er geduldig eine Menge erklärt und hoffe, eine Anzahl von Mißverständnissen ausgeräumt zu haben.«[36]

Auf dem Rückflug nach Washington entwarfen Max und ich unseren Bericht an den Präsidenten; dabei half uns der Leiter der Abteilung für internationale Sicherheitsfragen im Verteidigungsministerium William P. Bundy. Wegen der Bedeutung dieses Berichts und der weiteren Ereignisse möchte ich ihn ausführlich zitieren. Die nachstehenden Auszüge fassen unsere Schlußfolgerungen und Empfehlungen besser zusammen, als dies mit einer Neuformulierung je möglich wäre:*

Schlußfolgerungen:

- Die militärischen Maßnahmen haben bereits große Fortschritte erbracht und sind auch weiterhin erfolgreich.
- Es herrschen ernste politische Spannungen in Saigon (und womöglich auch andernorts in Südvietnam), wo die Regierung Diem/Nhu zunehmend unbeliebter wird.
- Weitere repressive Maßnahmen Diems oder Nhus könnten die gegenwärtig vorteilhafte militärische Lage gefährden. Andererseits würde eine – wenngleich unwahrscheinliche – Rückkehr zu gemäßigteren Formen der Machtausübung und der staatlichen Verwaltung die politische Krise entscheidend entschärfen.
- Es bestehen Zweifel, ob die Vereinigten Staaten Diem und Nhu durch Druck dazu bewegen können, eine gemäßigtere Haltung einzunehmen. Ein solcher Druck könnte sie in ihrer starrsinnigen Haltung nur noch bestärken. Doch solange sie keinen Druck verspüren, werden sie mit ziemlicher Wahrscheinlichkeit von den überholten Verhaltensmustern nicht ablassen.
- Die Aussichten, daß ein Regierungswechsel eine Verbesserung bewirken könnte, stehen ungefähr fünfzig zu fünfzig. Anfangs wäre nur ein streng autoritäres Regime in der Lage, die Regierung zusammenzuhalten und die Ordnung aufrechtzuerhalten. Angesichts der herausragenden Rolle, die zur Zeit das Militär in

---

* Ich informierte den Präsidenten, daß sämtliche Mitglieder unserer Mission unserem Bericht beipflichteten, mit einer wichtigen Ausnahme: Bill Sullivan, Assistent von Averell Harriman. Sullivan äußerte die Ansicht, daß »eine Ersatzregierung, die nicht der großen Gefahr ausgesetzt wäre, Nhus Bestreben – die Errichtung eines totalitären Staates – zum Opfer zu fallen, ... zwangsläufig besser wäre als das gegenwärtige Regime«.

Vietnam spielt, würde vermutlich ein Militäroffizier diese Funktion übernehmen und die Macht ergreifen, vielleicht nach einem kontroversen Ausleseprozeß innerhalb einer Junta. Nach einer Anfangsphase der Euphorie über die Absetzung Diems und Nhus würde ein solches autoritäres Regime vermutlich wieder zu repressiven Mitteln greifen, und zwar zumindest in dem Maße, wie Diem sie praktiziert. Es käme wieder zur Korruption der führenden Schichten Vietnams wie vor Diem, und die traditionellen militärischen Belange hätten Vorrang vor sozialen, ökonomischen und politischen Fragen, verbunden mit einem zumindest entsprechend hohen Maß an fremdenfeindlichem Nationalismus.

Empfehlungen:

Wir empfehlen,
- daß General Hawkins mit Diem die notwendigen militärischen Veränderungen überprüft, damit bis Ende 1964 der Feldzug im Norden und im Zentrum, bis Ende 1965 im Delta abgeschlossen werden kann;
- daß ein Ausbildungsprogramm für Vietnamesen erstellt wird, damit bis Ende 1965 wichtige Funktionen, die jetzt noch von Militärangehörigen der USA ausgeübt werden, von Vietnamesen übernommen werden können. Es sollte möglich sein, bis zu diesem Datum den Großteil des US-Personals abzuziehen;
- daß das Verteidigungsministerium – entsprechend dem Ausbildungsprogramm für die Vietnamesen mit dem Ziel der schrittweisen Übertragung militärischer Funktionen – in allernächster Zukunft die zur Zeit vorbereiteten Pläne veröffentlicht, die den Abzug von tausend US-Militärberatern bis Ende 1963 vorsehen.
- Um Diem unsere Mißbilligung seines politischen Programms zu verdeutlichen, sollten wir:
  - wichtige finanzielle Hilfsleistungen für seine Entwicklungsprogramme zurückstellen;
  - an den gegenwärtigen, lediglich »korrekten« Beziehungen zur Spitze der südvietnamesischen Regierung festhalten;
  - durch sorgfältige Prüfung der Lage kontrollieren, welche Schritte Diem unternimmt, um repressive Praktiken zu reduzieren und die Wirksamkeit der militärischen Anstrengungen zu erhöhen. Es sollte Klarheit darüber herrschen, daß in zwei bis vier Monaten womöglich drastischere Maßnahmen eingeleitet werden müssen;

– keine Schritte unternehmen, um aktiv einen Regierungswechsel zu unterstützen.

Wir betonten insbesondere, daß unserer Meinung nach zum gegenwärtigen Zeitpunkt nichts unternommen werden dürfe, um einen Putsch zu organisieren.[37]

Am Morgen des 2. Oktober trafen wir in Washington ein. Vormittags fuhren Max und ich ins Weiße Haus und berichteten dem Präsidenten eine Stunde lang über unsere Reise. Ein Hauptthema unseres Gesprächs war die Empfehlung, tausend Berater abzuziehen. »Ich meine, Mr. President, wir müssen uns eine Möglichkeit schaffen, um unser Engagement in diesem Gebiet zu reduzieren, und wir müssen unser Land auf diese Möglichkeit hinweisen«, sagte ich.[38]

Präsident Kennedy berief für den Abend den Nationalen Sicherheitsrat ein, um unseren Bericht zu erörtern. In Anbetracht der tiefen Divergenzen der vorangegangenen Wochen faßte der Präsident zusammen, an welchem Punkt wir seiner Meinung nach stünden. Er sagte, wir müßten wirksame Wege finden, um Diem von der notwendigen Veränderung des politischen Klimas in Saigon zu überzeugen. Zugleich betonte er, daß die Regierung in der Vietnamfrage schließlich zu einer einheitlichen Linie gefunden habe. Denn nun gebe es einen Bericht, der von allen mitgetragen würde, und eine gemeinsame Vorgehensweise.

Alle Anwesenden stimmten darin überein, daß der Krieg eine Angelegenheit Südvietnams sei und wir nur als Berater in dem Land tätig seien, um den Südvietnamesen dabei zu helfen, sich zu verteidigen. Sollten sie nicht in der Lage sein, sich selbst zu verteidigen, könne der Krieg nicht gewonnen werden. Hitzige Debatten entzündeten sich hingegen an unserer Empfehlung, das Verteidigungsministerium solle Pläne bekanntgeben, bis Ende 1965 sämtliche US-Militärkräfte abzuziehen und mit dem Abzug von tausend Mann zum Ende des Jahres zu beginnen. Obwohl alle Mitglieder unserer Mission dem Inhalt unseres Berichts zugestimmt hatten, kam es während des Gesprächs hierüber zum Streit. Die Debatte offenbarte einen völligen Mangel an Einigkeit hinsichtlich der Frage, *wie* wir unsere Ziele erreichen könnten.

Die eine Fraktion war der Ansicht, die Militäraktionen hätten sich als erfolgreich erwiesen und das Ausbildungsprogramm sei so weit fortgeschritten, daß wir mit dem Abzug beginnen könnten. Eine andere Fraktion bestritt, daß der Krieg Erfolge gebracht habe und die Südvietnamesen genügend ausgebildet seien. Aber auch diese Fraktion war dafür, den Abzug einzuleiten, denn wenn die Südvietnamesen »ausbildbar« wären, hätten wir uns bereits lange genug in dem Land aufgehalten, um Ergebnisse zu erzielen; wenn jedoch keine Ergebnisse zu erkennen seien, dann wären sie eben aufgrund der politischen Instabilität auch nicht zu erreichen. Die dritte Fraktion – der die Mehrheit der Anwesenden angehörte – hielt die Südvietnamesen durchaus für ausbildbar, war jedoch der Ansicht, die Ausbildung habe noch nicht lange genug stattgefunden, um Ergebnisse zu zeitigen, und deshalb sollte sie im gleichen Umfang wie bisher weitergeführt werden.

Nach langen Debatten billigte der Präsident unsere Empfehlung, bis zum 31. Dezember 1963 tausend Mann abzuziehen. Meiner Erinnerung nach stimmte er zu, ohne seinen Gedankengang darzulegen. Weil der Widerstand so stark gewesen war und ich befürchtete, daß andere versuchen könnten, ihn umzustimmen, drängte ich ihn, seine Entscheidung öffentlich zu verkünden. Auf diese Weise wäre sie endgültig festgeschrieben.

Dies gab, wie nicht anders zu erwarten war, erneut Anlaß zu Auseinandersetzungen. Doch der Präsident stimmte schließlich zu, obgleich er sich dagegen aussprach, die Formulierung »bis zum Ende des Jahres« zu verwenden. Er meinte nämlich, wenn wir eine solche Ankündigung bekanntgäben und es uns nicht gelänge, den Abzug innerhalb von neunzig Tagen durchzuführen, würde man uns übertriebenen Optimismus vorwerfen. Ich erwiderte: »Der Vorteil eines Abzugs besteht darin, daß wir dem Kongreß und dem Volk sagen können, wir *haben* einen Plan, um die US-Streitkräfte aus der Schußlinie der Guerillaaktionen in Südvietnam zu nehmen; das Volk von Südvietnam soll schrittweise lernen, aus eigener Kraft gegen solche Guerillaaktionen vorzugehen. Und ich glaube, dadurch berücksichtigen wir auch die von Fulbright und anderen vehement vertretene Ansicht, daß wir uns in Asien immer tiefer festfahren und für Jahrzehnte dort bleiben müssen [Hervorhebung im Original].«[39]

Der Präsident gab schließlich seine Einwilligung, und nach unserer Sitzung veröffentlichte Kennedys Pressesekretär Pierre Salinger unsere Verlautbarung. Die Presseerklärung des Weißen Hauses enthielt u. a. folgende Passage:

> Minister McNamara und General Taylor ... berichteten, bis Ende des laufenden Jahres werde das US-Programm zur Ausbildung von Vietnamesen so weit abgeschlossen sein, daß tausend US-Militärangehörige aus Südvietnam abgezogen werden können. Die politische Situation in Südvietnam erscheint nach wie vor äußerst besorgniserregend. ... Zwar haben sich bislang bestimmte [repressive] Maßnahmen [in dem Land] noch nicht nachteilig auf die Kriegsanstrengungen ausgewirkt, doch für die Zukunft scheint dies nicht ausgeschlossen.[40]

Der Streit über unseren Bericht an den Präsidenten fand am Vormittag des 5. Oktober seine Fortsetzung. Noch einmal kam es zu hitzigen Debatten, aber schließlich erklärte der Präsident eindeutig, er stimme dem Abschnitt in unserem Bericht zu, der sich auf die Planung eines Putsches bezog. Wir hatten geschrieben: »Gegenwärtig sollte nichts unternommen werden, um einen Regierungswechsel aktiv zu unterstützen. Unsere Politik sollte darin bestehen, intensiv nach einer alternativen Staatsführung Ausschau zu halten und mit dieser Kontakt aufzunehmen, falls und sobald sich eine solche herausbilden sollte.« Der Präsident erließ zu diesem Zweck bestimmte Anweisungen, die über CIA-Kanäle nach Saigon weitergeleitet wurden.[41]

Die Entscheidung des Präsidenten, daß die Vereinigten Staaten nichts unternehmen würden, »um einen Regierungswechsel aktiv zu unterstützen«, fiel in den folgenden Wochen immer mehr in sich zusammen. In einem Telegramm, das Lodge am 25. Oktober an Mac sandte, hieß es, die Planungen der südvietnamesischen Generale seien schon so weit fortgeschritten, daß »wir einen Putsch nicht vereiteln dürfen«. Seine Begründung hierfür lautete, die »Chancen, daß die nächste Regierung nicht so herumpfuscht und sich so verhaspelt wie die jetzige«, stünden zumindest fünfzig zu fünfzig. Im Namen des Präsidenten antwortete Mac, es gehe nicht darum, einen Putsch zu vereiteln, sondern wir behielten uns das Recht vor, die Planungen der Generale zu überprüfen und von allen Versuchen mit nur mäßigen Erfolgsaussichten abzuraten.[42]

Bei einer Sitzung mit dem Präsidenten vier Tage später wollte ich wissen, wer von unseren Vertretern in Saigon die Putschplanungen leite, und wies darauf hin, daß Harkins wahrscheinlich keine Kenntnis vom Tun der Botschaft und der CIA besitze. Bobby räumte ein, nicht alle Telegramme gelesen zu haben, und sagte, die gegenwärtige Lage ergebe für ihn keinen Sinn. Einen Putsch zu unterstützen, bedeute, die Zukunft Südvietnams – und damit die Zukunft ganz Südostasiens – in die Hände eines Unbekannten zu legen, von dessen Absichten wir noch nichts wüßten. Max pflichtete ihm bei und meinte, daß selbst ein erfolgreicher Umsturz die Kriegführung behindern würde, da eine neue und unerfahrene Regierung erst einmal Erfahrungen sammeln müßte. McCone schloß sich dieser Ansicht an. Zuvor hatte er gesagt: »Mr. President, wenn ich Trainer einer Baseballmannschaft wäre und nur einen Werfer hätte, würde ich ihn behalten, ganz gleich, ob er ein guter Werfer ist oder nicht.« Dean meinte, wenn die Diem-Regierung an der Macht bliebe, würden die Kriegsanstrengungen langfristig gesehen scheitern. Die Sitzung endete beschlußlos, und der Präsident bat uns, am Abend noch einmal zusammenzukommen.[43]

Die Besprechung begann um 18 Uhr. Der Präsident, der Lodges Überzeugung und Begeisterung für einen Putsch gegen Diem nie geteilt hatte, meinte, die Generale hätten nachzuweisen, daß ein rascher Erfolg möglich wäre. Zu diesem Zweck sandte Mac nach der Sitzung ein Telegramm an Lodge und wies ihn an, Harkins die Telegramme über die Planungen der Generale vorzulegen und ihn sowie das örtliche CIA-Büro um Stellungnahme zu bitten, welche Maßnahmen zu ergreifen seien.[44]

Nachdem Harkins die Telegramme gelesen hatte, schickte er Max in Washington eine zornige Antwort. Er beschwerte sich bitter darüber, daß Lodge ihn über die Putschvorbereitungen nicht informiert habe. Außerdem bekräftigte er noch einmal seine ablehnende Haltung gegenüber einem Staatsstreich und betonte, daß er keinen Nachfolger für das Amt des Staatschefs sehe, der über Diems Charakterstärke verfüge – insbesondere nicht unter den Generalen, die er gut kenne. Harkins riet ab von »dem Versuch, zu schnell die Pferde zu wechseln. Statt dessen sollten wir lieber Überzeugungsarbeit leisten, auf daß die Pferde ihren Kurs und ihre Vorgehensweise ändern.«

Lodge, den der Gedanke erschreckte, die USA könnten versuchen, einen Putsch zu vereiteln, antwortete gleichermaßen aufgebracht: »Glauben Sie nicht, wir hätten die Macht, einen Putsch zu verschieben oder zu verhindern.« Ich bezweifelte sehr, daß die südvietnamesischen Generale einen Staatsstreich wagen würden, wenn sie wüßten, daß die amerikanische Regierung dagegen war. Mac teilte offensichtlich meine Ansicht. Noch am selben Tag telegraphierte er an Lodge: »Die Aussage, daß wir keine Macht hätten, einen Putsch zu verschieben oder zu verhindern, können wir als Grundlage amerikanischer Politik nicht akzeptieren. ... Wir sind der Ansicht, ... Sie sollten die Anführer des Putsches davon überzeugen, jegliche Operation abzubrechen oder zu verschieben, die ... nicht zweifelsfrei hohe Erfolgsaussichten verspricht.«[45]

Am 1. November sollte Lodge von Saigon zu Beratungen nach Washington reisen. Kurz vor seinem Abflug begleitete er Admiral Felt zu einem Höflichkeitsbesuch bei Diem. Zuvor hatte Diem ihm seinen Wunsch übermittelt, ihn eine Viertelstunde unter vier Augen zu sprechen. Lodge kam dieser Bitte nach und telegraphierte anschließend nach Washington: »Als ich mich erhob, um mich zu verabschieden, sagte er: Bitte, teilen Sie Präsident Kennedy mit, daß ich ein guter und ehrlicher Verbündeter bin und daß ich offene Fragen lieber auf ehrliche Weise und sofort klären würde als später, wenn bereits alles verloren ist. ... Berichten Sie Präsident Kennedy, daß ich alle seine Vorschläge sehr ernst nehme und auch bereit bin, sie zu realisieren, dies aber eine Frage des geeigneten Zeitpunkts ist.« Lodge fügte folgenden Kommentar bei: »Meiner Ansicht nach ist dies ein weiterer Schritt in dem Dialog, den ... Diem bei unserem Treffen in Da Lat am Sonntag [27. Oktober] eröffnet hat. *Wenn die USA eine Paketlösung anstreben, so glaube ich, daß wir nunmehr in einer Position sind, in der dies möglich ist. ... Im Grunde sagte er: Teilen Sie uns mit, was Sie von uns wollen, und wir werden es tun.* Ich hoffe, diese Frage in Washington besprechen zu können [Hervorhebung des Autors].«[46]

Dieses Telegramm wurde auf üblichem Wege übermittelt und traf am 1. November um 9.18 Uhr (Washingtoner Zeit) im Außenministerium ein. Um 9.37 Uhr kam die Nachricht im Weißen Haus an, wo wir uns gerade mit dem Präsidenten in einer Sitzung befanden, um unsere Diskussion über die Ereignisse in Saigon fortzusetzen. Zu diesem Zeitpunkt war es bereits zu spät; der Putsch hatte begonnen.

Am 2. November um 9.30 Uhr trafen wir uns erneut mit dem Präsidenten, um über die Vorgänge in Saigon zu beraten. Als die Sitzung begann, wußten wir noch nichts über Diems und Nhus Schicksal. Mitten während der Beratungen stürzte Mike Forrestal mit einer Eilmeldung aus dem Lageraum herein. Das CIA-Büro in Saigon berichtete, der südvietnamesische Geheimdienst habe ihnen mitgeteilt, daß Diem und Nhu »auf dem Weg von der City zum Hauptquartier des Generalstabs« Selbstmord verübt hätten.[47]

Tatsache ist, daß die beiden, nachdem sie sich zur Kapitulation bereit erklärt hatten, in einer katholischen Kirche in Cholon, dem Chinesenviertel südlich des Stadtzentrums von Saigon, gewartet hatten. General Minh, der spätere Präsident, schickte zwei Jeeps und einen Schützenpanzer, um sie von dort abzuholen. Man zerrte die beiden in das Fahrzeug und fesselte ihnen die Hände auf dem Rücken. Als der Konvoi im Hauptquartier des Generalstabs eintraf, waren Diem und Nhu tot: erschossen. Nhus Leichnam wies außerdem noch mehrere Messerstiche auf.

»Wieso sind sie tot?« soll General Don, einer der Anführer des Putsches, Minh gefragt haben.

»Was spielt das schon für eine Rolle?« erwiderte Minh.

Monate danach erklärte Minh gegenüber einem Amerikaner: »Wir hatten keine andere Wahl. Sie mußten getötet werden. Diem durfte nicht am Leben bleiben, weil er von den einfachen, naiven Leuten auf dem Land zu sehr verehrt wurde.«

Der Zivilist Tran Van Huong, der Diem kritisiert hatte und wegen seines Widerstands gegen das Regime inhaftiert gewesen war, sagte: »Die Armeechefs, die beschlossen, Diem und seinen Bruder umzubringen, hatten panische Angst. Sie wußten sehr gut, daß ihnen jegliche Befähigung fehlte, daß sie weder über moralische Tugenden noch über irgendwelchen politischen Rückhalt verfügten und daher ein spektakuläres Comeback des Präsidenten und Mr. Nhus nicht hätten verhindern können, wenn die beiden am Leben geblieben wären.«[48]

Als Präsident Kennedy die Nachricht erhielt, wich buchstäblich jegliche Farbe aus seinem Gesicht. Ich hatte ihn nie zuvor so aufgewühlt erlebt. Der Tod der beiden »schockierte ihn sehr«, sagte Forrestal später, »belastete ihn in moralischer und religiöser Hinsicht ... erschütterte sein Vertrauen ... in die

Ratschläge, die man ihm zu Südvietnam erteilt hatte«. Arthur Schlesinger jun. schrieb, der Präsident sei in »trüber Stimmung und ergriffen« gewesen und schien so niedergeschlagen wie seit dem Debakel in der Schweinebucht nicht mehr.[49]

Nachdem der Präsident die Nachricht verarbeitet hatte, wies er auf die schwerwiegenden Folgen für unser Land und für Südvietnam hin, die seiner Meinung nach der Tod der beiden nach sich ziehen würde. Er bezweifelte, daß die Katholiken Diem und Nhu Selbstmord begangen hatten. Hilsman wandte ein, es sei nicht schwierig, sich vorzustellen, daß Diem und Nhu sich trotz ihres katholischen Glaubens das Leben genommen hätten – in der Überzeugung, das »Armageddon«* sei gekommen. Mac hingegen meinte später trocken, es sei ungewöhnlich, daß Menschen, deren Hände auf dem Rücken gefesselt sind, sich selbst erschießen und erdolchen.[50]

Der Präsident vertrat eindeutig die Ansicht, daß das Leben Diems, der seinem Land mehr als zwanzig Jahre lang gedient hatte, nicht auf diese Weise hätte enden dürfen. Seinem Urteil über Diem pflichtete offenbar auch Mao Zedong bei, der in einem Interview im Frühjahr 1965 zu Edgar Snow sagte, die Amerikaner hätten nicht auf Diem gehört. Außerdem meinte er, daß sowohl Ho Chi Minh als auch er selbst Diem für nicht so schlecht gehalten hätten. Sei denn etwa, so fragte er, nach seiner Ermordung irgend etwas zwischen Himmel und Erde friedlicher geworden? Was Mao mit seinen Andeutungen über die weitere Entwicklung in Vietnam – wenn Diem überlebt hätte – sagen wollte, wird sich erst vollends klären lassen, wenn China und Vietnam ihre Archive öffnen. Aber es wirft auch so eine Menge Fragen auf.[51]

Die Ermordung Diems erschütterte Präsident Kennedy. Aber im Rückblick war noch weitaus schockierender, daß wir in Südvietnam vor einem völligen politischen Vakuum standen und

---

* Der Tag des letzten Kampfes zwischen Gut und Böse.

über keine Basis verfügten, von der aus wir einen den Zielen der USA entsprechenden Kurs hätten steuern können.

Mit Diems Tod waren die schwerwiegenden Differenzen innerhalb der Regierung, was Vietnam betraf, keineswegs beendet. In geradezu meisterhafter Untertreibung stellte Lodge am 4. November in einem Bericht nach Washington fest, es scheine

> einige Unstimmigkeiten zwischen uns und Ihnen zu geben, was die Bedeutung und den Nutzen des Putsches anbelangt. Hier unsere Einschätzung:
> a) Jedem, der jemals an einem militärischen oder politischen Feldzug beteiligt war, erscheint dieser Putsch als besonders gelungenes Beispiel in beiderlei Hinsicht. ...
> b) Experten, die zuvor einen Putsch immer strikt abgelehnt und gesagt hatten, man müsse »mit Diem siegen«, erklären nun, *dieser Putsch bedeute, daß sich der Krieg drastisch verkürzen läßt* [Hervorhebung des Autors].

Lodge schloß mit den Worten, auch er glaube, der Putsch werde den Krieg abkürzen und die Rückkehr der Amerikaner in ihre Heimat beschleunigen.[52]

Max und ich waren skeptisch. Schon vor dem Putsch hatten wir wenig Anzeichen dafür gesehen, daß als Ersatz für Diem eine starke und tatkräftige Regierung auf den Plan treten würde; und nach dem Putsch war die Situation nicht anders.

Zum Zwecke der Wahrheitsfindung sollte am 20. November in Honolulu eine Konferenz aller beteiligten Parteien stattfinden; der Präsident bat mich, dabei den Vorsitz zu führen. Es sollte unser letztes Gespräch über Vietnam sein. Vier Tage später trafen wir mit Lyndon Johnson zusammen, der als neuer Präsident die Amtsgeschäfte übernommen hatte.

Diese Konferenz in Honolulu verlief wie alle vorherigen, und ich habe keine besondere Erinnerung mehr daran. Auf Mac Bundy, der damals zum erstenmal an einem solchen Treffen in Hawaii teilnahm, machte sie jedoch einen großen Eindruck. Nach unserer Rückkehr erzählte er seinen Mitarbeitern:

»Die Sitzungen mit McNamara laufen darauf hinaus, daß die Leute versuchen, ihn an der Nase herumzuführen, und er sie davon zu überzeugen versucht, daß ihnen das nicht gelingen wird.« Vielleicht ist diese Äußerung ein wenig ungerecht gegenüber dem Militär, aber sie zeigt sehr gut, welche Schwierigkeiten es uns bereitete, ein klares Bild von der Lage und von unseren Aussichten in Vietnam zu gewinnen.

Wie sich herausstellen sollte, hatte Mac ein sehr genaues Resümee der Konferenz gezogen. Was das politische Bild in Südvietnam angehe, so berichtete er seinem Stab, sei es noch zu früh, um sagen zu können, welchen Kurs die Junta einschlage; klar sei jedoch, daß die Koalition der Generale nicht halten werde. Wie recht er haben sollte! Die Militärregierung war wie eine Drehtür, die in den folgenden eineinhalb Jahren mit rasender Geschwindigkeit einen Regierungschef nach dem anderen hinein und wieder hinaus beförderte.[53]

Auf einer Pressekonferenz am 14. November hatte sich Präsident Kennedy zum letztenmal öffentlich über Vietnam geäußert und die rhetorische Frage gestellt: »Werden wir in Südvietnam aufgeben?« Und er ließ auch selbst die Antwort folgen: »Oberstes Ziel ist natürlich unsere eigene nationale Sicherheit, aber ich möchte nicht, daß die Vereinigten Staaten dorthin Truppen entsenden müssen.«

Auf derselben Pressekonferenz war ihm zuvor die Frage gestellt worden: »Würden Sie uns jetzt, nach dem Putsch, Ihre Bewertung der Lage in Südvietnam und die Ziele der Honolulu-Konferenz mitteilen?« Kennedy antwortete: »Das Ziel der Konferenz in Honolulu ... besteht darin, die Lage einzuschätzen: wie die amerikanische Politik aussehen soll und welche Hilfsmaßnahmen wir ergreifen; wie wir die Anstrengungen intensivieren und die Amerikaner von dort zurückholen können. Denn das ist unser Ziel: *die Amerikaner wieder nach Hause zu bringen und die Südvietnamesen zu befähigen, standzuhalten*, als ein freies und unabhängiges Land [Hervorhebung des Autors].«[54]

Beide Äußerungen erinnerten an die Antwort, die Kennedy zehn Wochen zuvor Walter Cronkite gegeben hatte, als er sagte, letzten Endes sei es ihr eigener Krieg – nur sie selbst könnten ihn gewinnen oder verlieren. Kennedy hatte sich jedoch nicht unzweideutig zu diesem Thema geäußert; denn nur eine Woche später hatte er gegenüber Chet Huntley und David Brinkley bekannt: »Ich meine, wir sollten bleiben. Wir sollten unseren Einfluß auf so wirksame Weise nutzen wie möglich ... wir sollten nicht abziehen.«[55] Doch bei allen Erklärungen Präsident Kennedys – sowohl vor als auch nach diesem Interview, in der Öffentlichkeit wie im privaten Kreis – lag die Betonung stets auf dem Hinweis, daß letzten Endes die Südvietnamesen diesen Krieg selber führen müßten und die Vereinigten Staaten ihnen dies nicht abnehmen könnten.

4.

EINE ZEIT DES ÜBERGANGS

23. NOVEMBER 1963 – 29. JULI 1964

Zeiten des Übergangs bringen oft Unsicherheit, Verwirrung und Irrtum mit sich, und das traf ganz besonders auf das erste halbe Jahr nach der Ermordung Präsident Kennedys zu. Präsident Johnson, der zu Vietnam einen anderen Standpunkt vertrat als sein Vorgänger, erbte einen ganzen Berg unbeantworteter Fragen und ungelöster Probleme. Dies wurde immer deutlicher und immer besorgniserregender, je mehr wir uns in den Vietnamkrieg verstrickten.

Am Nachmittag des 22. November 1963, einem Freitag, als sich Präsident Kennedy in Dallas auf dem Weg zu einer Ansprache befand, traf ich mich in einem Konferenzraum neben meinem Büro im Pentagon mit meinen wichtigsten Mitarbeitern – Mac Bundy, Kermit Gordon vom Büro für den Verteidigungshaushalt und dem wissenschaftlichen Berater Jerome Wiesner. Wir überprüften den Verteidigungsetat, den das Weiße Haus im Januar dem Kongreß vorlegen wollte. Diese Revision des Haushaltsentwurfs war Teil meiner Bemühungen, die Ziele des Ministeriums festzulegen und dafür zu sorgen, daß sie mit den außenpolitischen Absichten des Präsidenten in Einklang standen. Nach dieser Besprechung plante ich, mit Max Taylor, dem Vorsitzenden der Vereinigten Stabschefs, nach Hyannis Port zu fliegen, um dort am Thanksgiving-Wochenende dem Präsidenten meine Vorschläge zu unterbreiten.

Inmitten unserer Diskussion – es war etwa 14 Uhr – rief mich meine Sekretärin zu einem dringenden persönlichen Gespräch ans Telephon. Ich verließ den Konferenzraum und nahm den Anruf – allein – in meinem Büro entgegen. Am anderen Ende der Leitung war Bobby Kennedy; er klang noch einsamer und in sich gekehrter als sonst. Mit einfachen Worten und ruhiger Stimme teilte er mir mit, es sei auf den Präsidenten geschossen worden.

Ich war wie vor den Kopf geschlagen. Langsam ging ich in den Konferenzraum zurück und überbrachte den dort Anwesenden die Nachricht, wobei mir fast die Stimme versagte. Es mag seltsam klingen, aber wir beendeten die Sitzung nicht: Wir standen unter einem solchen Schock, daß wir einfach nicht wußten, was wir jetzt hätten tun sollen. Deshalb setzten wir, so gut es eben ging, unsere Beratungen fort.

Eine Dreiviertelstunde später rief Bobby ein zweites Mal an. Der Präsident war tot. Unter Tränen und fassungslosem Schweigen brachen wir die Sitzung sofort ab.

Ohne zu wissen, wie es zu dem Attentat gekommen war und was nun folgen würde, traf ich mich unmittelbar darauf mit den Vereinigten Stabschefs. Wir vereinbarten, daß die Streitkräfte der USA weltweit in Alarmbereitschaft versetzt werden sollten – eine in einer Krise übliche Maßnahme. Einige Minuten danach rief Bobby erneut an. Er bat Max und mich, ihn am späteren Nachmittag zum nahegelegenen Luftwaffenstützpunkt Andrews zu begleiten, wo das Flugzeug mit dem Leichnam seines Bruders eintreffen werde.

Nachdem Bobby ins Pentagon gekommen war, bestiegen wir drei einen Helikopter, der uns nach Andrews bringen sollte. Wir überflogen den Potomac und blickten schweigend aus den Fenstern des Hubschraubers. Wir waren bereits in Erinnerungen versunken. Es gab nichts, worüber wir hätten sprechen können.

Kurz nach unserer Ankunft in Andrews rollte der blauweiße Jet des Präsidenten mit eingeschalteten Landungslichtern langsam in Richtung Terminal. Bobby drehte sich zu mir um und bat mich, gemeinsam mit ihm in die Präsidentenmaschine zu kommen. Für mich stand jedoch fest, daß dieser Augenblick in seiner Intimität und Privatheit der schockierten und trauernden Familie allein gehören sollte. Und so lehnte ich Bobbys Bitte ab.

Nachdem der Sarg aus der Maschine getragen worden war, kehrte ich nach Hause zurück und dachte darüber nach, was geschehen war; ich war mir unsicher, was nun folgen würde. Zu Beginn waren die Kennedys und ich einander fremd gewesen, doch allmählich hatten wir ein sehr enges Verhältnis zueinander entwickelt. Anders als manche der folgenden Regierungen zogen sie ihre Mitarbeiter ins Vertrauen, wodurch aus Kollegen Freunde wurden. Wir konnten miteinander lachen und weinen. Das machte den Tod des Präsidenten für mich noch schlimmer.

Zu Hause brachte ich beim Abendessen mit Marg kaum einen Bissen hinunter. Gegen Ende der Mahlzeit rief Bobby aus dem Bethesda-Marinekrankenhaus an und teilte mir mit, Jackie wünsche, ich solle bei ihr sein, während sie auf den Abschluß der Autopsie wartete. Ich fuhr sofort zum Krankenhaus und setzte mich zu Jackie, Bobby und den übrigen Familienangehörigen und Freunden. In den frühen Morgenstunden begleiteten wir den Leichnam des Präsidenten zurück ins Weiße Haus, wo der Sarg im eleganten East Room aufgebahrt wurde; der Raum war mit der Flagge geschmückt, der er gedient und die er geliebt hatte, und wurde sanft von Kerzenlicht erleuchtet.

Es entstand Uneinigkeit darüber, wo der Präsident bestattet werden sollte. Einige waren der Ansicht, es sollte in seinem Heimatstaat Massachusetts geschehen. Ich wandte ein, daß er nicht der Präsident von Massachusetts, sondern vielmehr der gesamten fünfzig Vereinigten Staaten gewesen sei und deshalb in der Hauptstadt unseres Landes zur Ruhe gebettet werden sollte.

So machte ich mich an die Aufgabe, einen angemessenen Platz für das Grab zu finden. Der Nationalfriedhof von Arlington wurde vom Verteidigungsministerium verwaltet, und dort begann ich meine Suche. Es war ein grauer und regnerischer Morgen. Über den Friedhof hatte sich ein leichter Nebel gelegt. Der Superintendent erwartete mich, und gemeinsam schritten wir durch das schmerzlich schöne Gräberfeld, das übersät ist mit schlichten weißen Grabsteinen – die letzte Ruhestätte zahlloser Amerikaner, die wie Präsident Kennedy ihrem Land in Krieg und Frieden gedient hatten. An einer Stelle unterhalb des Custis-Lee Mansion blieb ich stehen. Von dort aus konnte man selbst jetzt, da Nebel und Regen stärker geworden waren, in der Ferne die Memorial Bridge und das Lincoln Memorial sehen. »Hier ist der richtige Ort«, sagte ich leise.

Am selben Tag stellte man mir einen jungen Friedhofsaufseher vor, der Kennedy bei einem Besuch in Arlington einige Wochen zuvor begleitet hatte. Als ich ihm die Stelle, die ich ausgesucht hatte, beschrieb, nickte er nur. »Als Präsident Kennedy vor einigen Wochen hier war«, erwiderte er, »blieb er auch dort stehen. Er blickte hinüber zu den Denkmälern, und ich hörte, wie er sagte, dies sei die schönste Aussicht in ganz Washington.«

Die endgültige Entscheidung aber traf die trauernde Jackie, nachdem sie am späten Nachmittag den Grabplatz zusammen mit mir besichtigt hatte. Das Wetter war noch immer erbärmlich, während wir durch das Meer von Gräbern schritten. Als wir an der Stelle, die ich ausgewählt hatte, ankamen, stimmte sie sofort und ohne lange zu überlegen zu. Im Jahre 1994 wurde sie am selben Ort bestattet.

John F. Kennedy war kein Mensch ohne Fehl und Tadel; niemand ist das. Er war ein praktisch denkender Politiker. Doch zuweilen nahmen die politischen Praktiken – insbesondere die seiner unmittelbaren Umgebung – recht üble Formen an, wie folgender Vorfall zeigt.

Eines Tages erhielt ich den Anruf eines alten Kollegen, Rod Markley. Als Vizepräsident der Ford Motor Company war er für die Akquisition von Regierungsaufträgen zuständig. Rod erzählte mir, er habe etwas erfahren, was mich sicher auch interessieren werde: Red Duffy, ebenfalls Vizepräsident bei Ford und für die Werke an der Ostküste verantwortlich, die das Verteidigungsministerium belieferten, habe die Mitteilung erhalten, die Ford-Werke hätten der Demokratischen Partei eine angemessene Spende zu überweisen, ansonsten würden die Lieferverträge aufgekündigt. Während meiner Tätigkeit bei Ford hatte ich jahrelang mit Duffy zusammengearbeitet. Aufgebracht fragte ich Rod, weshalb Duffy mir nicht selbst von diesem eindeutig schwerwiegenden Verstoß gegen das Gesetz berichtet habe. Rod erwiderte, Duffy habe befürchtet, daß sich diejenigen im Verteidigungsministerium, die ich wegen dieser Angelegenheit befragen würde, an Ford rächen würden.

Ich dankte Rod, legte auf und rief sofort Generalleutnant William H. »Butch« Blanchard, den Generalinspekteur der Luftwaffe, an. Blanchard hatte als Pilot eines B-17-Bombers auf den Philippinen Heldentaten vollbracht; er war Gruppenkommandeur einer B-29-Staffel in Indien, China und auf den Marianen gewesen; und seit dem Zweiten Weltkrieg waren wir miteinander befreundet. »Butch, kommen Sie bitte in mein Büro und sagen Sie niemandem – weder dem Luftwaffenminister noch dem Stabschef –, daß Sie zu mir gehen.«

Ich erläuterte ihm die Angelegenheit und fügte hinzu: »Ich möchte, daß Sie alles, womit Sie gerade beschäftigt sind, liegenlassen und statt dessen einzig und allein diesen Anschuldigungen nachgehen und mir direkt Bericht erstatten.«

Nach etwa einem Monat rief ich Butch an, um nachzufragen, was er herausgefunden habe. Er antwortete, es sei weit schlimmer, als uns berichtet worden sei. Er habe noch weitere Fälle von Erpressung aufgedeckt, deren Opfer andere Firmen im Land wären. Nach sechs Monaten legte er mir einen umfangreichen Bericht auf den Schreibtisch, in dem alles dokumentiert war. Als ich wissen wollte, wer dafür verantwortlich war, nannte er mir den Namen eines Zivilisten, der, wie er sagte, von

Kenny O'Donnell, einem Mitarbeiter des Präsidenten, ins Beschaffungsamt der Luftwaffe berufen worden war.

Daraufhin rief ich den Luftwaffenminister an und beauftragte ihn, diesen Menschen in meinem Namen und ohne weitere Erklärung noch am selben Tag zu entlassen. Dann schickte ich eine Abschrift des Berichts an O'Donnell – zusammen mit der aus einem Satz bestehenden Anmerkung, daß der betreffende Mitarbeiter nicht mehr für das Verteidigungsministerium tätig sei. Ich erhielt nie eine Antwort.

John F. Kennedy hatte eine sehr klare Auffassung von der Rolle eines Präsidenten. Irgendwann einmal diskutierte ich mit ihm im Oval Office über das Thema Präsidentschaft. Dabei zeichnete ich folgendes Diagramm:

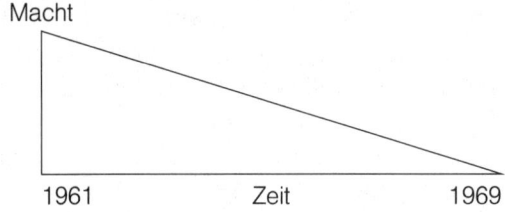

Die vertikale Achse stand für den Faktor »Macht«, die horizontale bezeichnete den Zeithorizont. »Mr. President«, sagte ich, »als Sie Ihr Amt antraten, verfügten Sie über ein bedeutendes Maß an Macht. Ich hoffe, daß Sie am Ende Ihrer Amtszeit über keine Macht mehr verfügen, weil Sie sie für das aufgebraucht haben, was Ihrer und meiner Ansicht nach gut für unser Land ist.« – »Bob«, erwiderte er, »genau so sehe ich es auch.« So dachte er, und ich glaube, er hätte auch dementsprechend gehandelt.

Präsident Kennedy verfügte zudem über die Fähigkeit, ein Thema aus der Distanz zu betrachten und dessen weitere Implikationen zu berücksichtigen. Er handelte mit viel Sinn für Geschichte und achtete darauf, welchen historischen Platz er einnehmen würde. Während seiner Präsidentschaft kamen gelegentlich einige Mitglieder seiner Regierungsmannschaft zu abendlichen Diskussionen zusammen, die wir als »Seminare von Hickory Hill« bezeichneten. Zu einer dieser Gesprächsrunden, die in den Privaträumen des Weißen Hauses stattfand, lud Präsidentenberater Arthur Schlesinger seinen Vater, den berühmten Harvard-Historiker Arthur Schlesinger sen., als Ehrengast ein. Leider verhinderten dringende Angelegenheiten im Pentagon meine Teilnahme, und so fragte ich später Marg, die ohne mich hingegangen war, wie es denn gewesen sei.

»Es war absolut faszinierend«, erzählte sie mir. »Keiner von uns ist richtig zu Wort gekommen. Den ganzen Abend ging es nur um Kennedys Fragen: ›Wonach wird ein Präsident beurteilt?‹ – ›Was sind die Kriterien hierfür?‹ – ›Warum halten Sie Präsident X für besser als Präsident Y?‹« John F. Kennedy sah die Welt unter historischen Gesichtspunkten. Sein Blick war auf lange Zeiträume gerichtet.

Er war wirklich eine große Führungspersönlichkeit mit einem außergewöhnlichen Charisma und der Fähigkeit, andere zu inspirieren. Sowohl in unserem Land als auch überall sonst auf der Welt stieß er bei alten Menschen genauso auf Resonanz wie bei jungen, und er brachte die guten Seiten in ihnen zum Vorschein – eine bei politischen Führern seltene und unschätzbare Gabe. In einer unvollkommenen Welt lenkte er unseren Blick zu den Sternen.

Und seine Hinterlassenschaft dauert fort. Lange Jahre nach seinem Tod reiste ich als Weltbankpräsident zusammen mit Marg in die entlegensten Winkel unserer Erde und besuchte abgelegene Dörfer in Indien, Nigeria und Paraguay, in die kaum jemals ein Amerikaner gekommen sein dürfte. Doch gerade an solchen vergessenen Orten stießen wir immer wieder auf Bilder von ihm, herausgerissen aus Zeitungen und Zeitschriften und an die Wand einer Hütte geheftet – als eines der wertvollsten Besitztümer des jeweiligen Bewohners. Die Menschen brauchen Helden. In John F. Kennedy haben sie einen gefunden. Wäre ihm ein längeres Leben vergönnt gewesen, stünde es heute – dies ist meine feste Überzeugung – besser um unser Land und um die Welt.

Es war kein Geheimnis, daß Präsident Kennedy mit der Art und Weise, wie Dean Rusk das Außenministerium leitete, äußerst unzufrieden war. Dennoch war ich verblüfft, als ich kurz nach dem Tod des Präsidenten von Bobby und anderen erfuhr, er habe beabsichtigt, mich im Falle seiner Wiederwahl darum zu bitten, Dean als Außenminister abzulösen. Ich hätte diesen Wunsch aus zwei Gründen zurückgewiesen: Erstens hegte ich tiefen Respekt und große Zuneigung für Dean, und zweitens hielt ich mich nicht für qualifiziert, um als Außenminister zu dienen. Später, nachdem ich sieben Jahre lang Verteidigungsminister und weitere dreizehn Weltbankpräsident gewesen war, hätte ich vielleicht anders darüber gedacht. Doch hätte mich Kennedy damals bedrängt, hätte ich darauf bestanden, daß Mac Bundy zum Außenminister ernannt würde, denn seine Kenntnisse der Geschichte, der internationalen Beziehungen und der Geopolitik waren weitaus größer als die meinen.

Im Laufe meines Berichts habe ich bereits mehrfach den Namen Mac Bundy erwähnt. Es erscheint mir angebracht, ein wenig mehr über ihn zu erzählen, denn während der Jahre, in denen wir zusammen für die Präsidenten Kennedy und Johnson gearbeitet haben, erwies er sich als eine sehr starke und einflußreiche Persönlichkeit. In allen meinen Ämtern – ob bei Ford, im Verteidigungsministerium oder in der Weltbank – habe ich versucht, mein eigenes Können dadurch abzustützen, daß ich mich mit den fähigsten Leuten umgab, die ich finden konnte, und bei ihnen geistige Anleihen nahm. Wenn sie hellere Köpfe waren als ich, um so besser. Mac zählt zu dieser Kategorie. Mit 22 war er bereits Junior Fellow in Harvard, mit 29 Henry Stimsons Biograph, und mit 34 wurde er Dekan der Geisteswissenschaftlichen Fakultät. Mac verfügt über einen scharfen Intellekt, wie ich ihn kein zweites Mal angetroffen habe. Und er war meiner Ansicht nach mit Abstand der fähigste Nationale Sicherheitsberater in den letzten vierzig Jahren.*

Was hätte John F. Kennedy zur Lösung des Vietnamproblems unternommen, wäre er am Leben geblieben? Diese Frage ist mir in den letzten dreißig Jahren unzählige Male gestellt worden. Aber aus zwei Gründen habe ich mich bisher stets geweigert, darauf eine Antwort zu geben: Abgesehen von dem, was ich berichtet habe, weihte mich der Präsident nicht in seine Planungen für die Zukunft ein. Und wie immer auch vor Diems Tod seine Vorstellungen gewesen sein mögen – als die Folgen dieses Ereignisses auf die politische Dynamik in Südvietnam deutlicher zutage traten, hätte er womöglich seine Meinung geändert. Außerdem sah ich nicht, welchen Vorteil unser Land davon haben konnte, wenn ich – oder sonst jemand – Spekulationen darüber anstellte, welche Entscheidungen John F. Kennedy womöglich getroffen hätte.

Doch heute denke ich anders darüber. Nachdem ich die Dokumente eingehend studiert habe und aus der Rückschau urteilen kann, halte ich es für ausgesprochen wahrscheinlich, daß Präsident Kennedy, hätte er das Attentat überlebt, unsere Truppen aus Vietnam zurückbeordert hätte. Er wäre zu dem Schluß gekommen, daß die Südvietnamesen nicht in der Lage waren, sich selbst zu verteidigen, und daß es angesichts der politischen Schwäche Saigons unklug gewesen wäre, den defizitären Zustand der südvietnamesischen Streitkräfte durch eine massive Entsendung von US-Kampftruppen auszugleichen. Ich glaube, er wäre selbst dann zu diesem Schluß gekommen, wenn er – was ich gleichfalls annehme – die Überzeugung gewonnen hätte, daß Südvietnam und schließlich auch ganz Südostasien

---

* Mein Freund Henry Kissinger wird mir dieses Urteil sicher übelnehmen, aber ich würde ihm entgegenhalten: »Auch wenn Sie den Titel ›Nationaler Sicherheitsberater‹ getragen haben und sich Ihr Büro im Weißen Haus befand, fungierten Sie zu jener Zeit in Wirklichkeit als Außenminister.«

auf diese Weise an die Kommunisten verlorengehen mußten. Er hätte diesen Verlust als kostspieliger eingeschätzt, als wir es heute sehen. Aber er hätte diesen Preis akzeptiert, weil er erkannt hätte, daß die von ihm aufgestellten Bedingungen – das heißt, daß es sich um einen Krieg der Südvietnamesen handelte, der nur von ihnen selbst gewonnen werden konnte, und daß ihr Sieg eine solide politische Basis voraussetzte – nicht erfüllt werden konnten. Kennedy hätte zugestanden, daß ein solcher Rückzug ein Umfallen der »Dominosteine« bewirken würde. Doch er wäre zu der Überzeugung gelangt, daß ein Verbleiben in Vietnam zu demselben Ergebnis führen würde, allerdings um den Preis eines schrecklichen Blutvergießens.

Zu Beginn seiner Amtszeit bat Präsident Kennedy die Mitglieder seines Kabinetts und des Nationalen Sicherheitsrates, Barbara Tuchmans Buch *The Guns of August* zu lesen. Er meinte, es schildere anschaulich, wie sich die politischen Führer Europas durch stümperhafte Politik in die Katastrophe des Ersten Weltkriegs hineinmanövriert hätten. Und er betonte ausdrücklich: »Ich will niemals in eine solche Lage geraten.« Nachdem wir das Buch gelesen hatten, sagte Kennedy zu uns: »Wir werden nicht aus Unvermögen in einen Krieg hineinstolpern.«

Während seiner gesamten Amtszeit schien Kennedy diese Lehre zu beherzigen. Als während der Schweinebucht-Krise im April 1961 die CIA und die Armeechefs Kennedy massiv bedrängten, hielt er an seiner Überzeugung fest – die er zuvor schon den Exilkubanern unmißverständlich dargelegt hatte –, daß die Vereinigten Staaten die Invasion unter keinen Umständen militärisch unterstützen würden. Er hielt sogar dann noch daran fest, als offenbar wurde, daß ohne eine solche Unterstützung die Invasion scheitern würde – was dann auch geschah.[1]

Dieselbe kluge Haltung war auch während der spannungsgeladenen Phase der Kubakrise zu erkennen. Am Samstag, dem 27. Oktober 1962 – an dem die Krise ihren Höhepunkt erreichte –, war die Mehrheit der militärischen und zivilen

Berater des Präsidenten bereit, einen Angriff der USA auf Kuba zu empfehlen, falls Chruschtschow die sowjetischen Raketen nicht von der Insel abziehen würde.* Einen Tag später gab Chruschtschow nach. Kennedy aber stellte an jenem Samstag bei verschiedenen Gelegenheiten klar – während der Sitzungen des Exekutivkomitees und auch in kleiner Runde mit Bobby, Dean, Mac und mir –, daß die Vereinigten Staaten jede nur denkbare Anstrengung unternehmen müßten, um das Risiko eines nicht kalkulierbaren Krieges zu vermeiden. Er schien sogar gewillt, falls nötig auch über den Abzug der veralteten amerikanischen Jupiterraketen aus der Türkei zu verhandeln – als Gegenleistung für den Abzug der sowjetischen Raketen aus Kuba. Er wußte, daß eine solche Maßnahme auf den heftigen Widerstand der türkischen Regierung, der NATO und der Mehrheit der hochrangigen Vertreter im Außen- und Verteidigungsministerium stoßen würde.[2] Doch er war bereit, das durchzustehen, um uns vor einem Krieg zu bewahren.

Deshalb meine ich, daß John F. Kennedy unser Engagement in Vietnam eher beendet hätte, als uns noch tiefer in den Krieg zu verstricken. Ich sage das deshalb, weil es mich zwingt zu erklären, wie und weshalb wir, die wir – einschließlich Lyndon Johnson – nach Präsident Kennedys Tod den Kurs der Politik bestimmten, jene Entscheidungen trafen, die zur Stationierung von US-Kampftruppen in Vietnam führten: schließlich von einer halben Million Mann. Weshalb entschieden wir so, wie wir es taten, und welche Lehren lassen sich aus unserem Handeln ziehen?

---

* Damals wußten wir nicht, daß entgegen den Schätzungen der CIA die Sowjets zu dieser Zeit ungefähr 160 nukleare Sprengköpfe in Kuba gelagert hatten, einschließlich der großen Zahl von taktischen Atomwaffen. Ein Angriff der Vereinigten Staaten hätte mit an Sicherheit grenzender Wahrscheinlichkeit zu einem atomaren Schlagabtausch und den damit verbundenen verheerenden Folgen geführt. Weitere Ausführungen zu diesem Thema siehe auch Anhang, S. 433 ff.

Obwohl die Nation über die Ermordung des Präsidenten erschüttert war, ging das Leben auch ohne John F. Kennedy weiter. Am Nachmittag des 24. November, einem Sonntag, während noch Vorbereitungen für die Begräbnisfeierlichkeiten getroffen wurden und Handwerker das Oval Office für seinen neuen Benutzer herrichteten, fand im westlich des Weißen Hauses gelegenen Old Executive Building, in dem Johnson als Vizepräsident gearbeitet hatte, eine Sitzung statt. Teilnehmer waren Präsident Johnson, Dean, Mac, George Ball, Henry Cabot Lodge (der zu bereits früher geplanten Beratungen nach Washington gekommen war), John McCone und ich.

Lyndon Baines Johnson war einer der schwierigsten, intelligentesten und arbeitswütigsten Menschen, die ich je kennengelernt habe. Er war eine vielschichtige Persönlichkeit: abwechselnd offen und unergründlich, liebenswert und ekelhaft, leidenschaftlich und gefühllos, sanft und grausam. Er war eine überragende, mächtige und widersprüchliche Gestalt, die mich an einen Vers aus Walt Whitmans »Gesang von mir selbst«* erinnerte:

> Wie? Ich widerspreche mir selbst?
> Nun gut, so widerspreche ich mir selbst.
> (Ich bin ja umfangreich, ich enthalte Massen.)

Johnson war ein Politiker par excellence. Seine Rolle sah er darin, Differenzen innerhalb des amerikanischen Volkes zu erkennen und sie abzubauen, so daß unser Land allen ein besseres Leben ermöglichte. So gesehen übernahm er das Präsidentenamt genau in dem Augenblick, als er am meisten gebraucht wurde – in einer Periode zunehmender Rassenunruhen und anhaltender wirtschaftlicher Ungleichheit.

Obwohl Johnson drei Jahre lang Mitglied der Regierung Kennedy gewesen war, hatte keiner von uns eng mit ihm zusammengearbeitet. Das Mißtrauen zwischen der Kennedy- und

---

* Walt Whitman: *Grashalme*. Stuttgart 1968, S. 99.

der Johnson-Fraktion muß wohl auch Zweifel bei ihm hervorgerufen haben, ob er von den Kabinettsmitgliedern Präsident Kennedys volle Loyalität erwarten durfte. Doch schon nach wenigen Tagen, wenn nicht nach Stunden, erkannte er, daß sowohl Dean als auch ich – sosehr wir John F. Kennedy verehrten – nach Washington gekommen waren, um unserem Land zu dienen, dessen verfassungsgemäßer oberster Repräsentant nunmehr Johnson hieß. Nicht ein einziges Mal hatte er in den folgenden Jahren Grund, unsere Loyalität ihm gegenüber in Frage zu stellen. Aber zu der Zeit, als er das Amt übernahm, kannte ich ihn kaum.

Von Johnsons Amtsantritt als Präsident bis zu meinem Ausscheiden aus dem Pentagon entwickelte sich zwischen uns ein überaus starkes Verhältnis gegenseitiger Achtung und Sympathie. Unsere Beziehung war jedoch anders als die zwischen Präsident Kennedy und mir, und sie war komplizierter. Johnson war ein schroffer Mensch – egal, ob er einen Freund oder Feind vor sich hatte. Er taxierte jedermann und versuchte seine Schwächen herauszufinden, um sie für sich auszunutzen. Bisweilen schurigelte er andere, was er bei mir allerdings nie versucht hat. Er merkte wohl, daß ich sehr ehrlich zu ihm war und ihm nicht nach dem Mund redete, sondern ihm das sagte, wovon ich überzeugt war. Und er wußte, wenn er als Präsident eine Entscheidung gefällt hatte, tat ich alles in meiner Macht Stehende, um sie auszuführen. Diese Art aufrichtiger Loyalität war stets mein Stil, und ich glaube, daß sowohl Präsident Kennedy als auch Präsident Johnson dies als beruhigend empfanden. Sie wußten, daß ich nicht mit falschen Karten spielte und daß ich es ihnen offen zu verstehen gab, wenn ich nicht mit ihnen übereinstimmte. Wie alle großen Führungspersönlichkeiten wollten sie Ergebnisse sehen.

In gewissem Sinne war es mit Kennedy und Johnson genauso wie zuvor mit Henry Ford II. Solange ich meine Arbeit erledigte, machten sie sich keine Sorgen. Sie wußten, daß meine Loyalität unerschütterlich war und sich meine Ziele mit den ihren deckten. Beide Präsidenten baten mich oft um Rat und Hilfe auch in Angelegenheiten, die nicht in der Zuständigkeit des Verteidigungsministers lagen. Das bereitete mir zuweilen Probleme.

Ich möchte das an einem Beispiel schildern. Nachdem mein Sohn Craig drei Jahre lang im Footballteam der St. Paul's School gespielt hatte, war er als Halfback (Läufer) in die New-England-Auswahl berufen worden, aber Marg und ich hatten nie Gelegenheit gehabt, ihn einmal in einem Wettkampf zu erleben. Sein letztes Match sollte an einem Wochenende im November stattfinden. Ich erwähnte dies gegenüber dem Präsidenten und teilte ihm mit, daß ich am Samstag nachmittag kurz verreisen und am Sonntag morgen wieder in meinem Büro sein würde. Johnson brummte etwas von »dieser Freizeitmacherei«, was ich aber als Zustimmung auffaßte.

Als Marg und ich am Samstag in unserem Hotel in Concord, New Hampshire, eintrafen, erhielt ich die Nachricht, ich solle unverzüglich den Präsidenten anrufen. Er kam persönlich an den Apparat und brüllte in den Hörer: »Wo sind Sie?« Daraufhin erklärte ich ihm geduldig, wo ich mich aufhielt und aus welchem Grund. »Ich wünsche, daß Sie schleunigst zurückkommen und diesen verdammten Aluminiumpreis herunterhandeln!« schnauzte er mich an. Ich erwiderte, ich wisse überhaupt nichts von einem Aluminiumpreis, und außerdem stehe ihm für solche Angelegenheiten schließlich ein Wirtschaftsminister zur Verfügung. »Nun, wenn Ihnen Ihr persönliches Vergnügen wichtiger ist als das Wohl Ihres Präsidenten und Ihres Landes . . .«, er legte eine Pause ein, »dann bleiben Sie, wo Sie sind.« Ich entgegnete: »Ich schlage Ihnen einen Kompromiß vor. Marg und ich sehen uns heute nachmittag das Spiel an, und ich werde morgen in aller Frühe wieder in meinem Büro sein.« Johnson legte abrupt auf.

Als ich am Sonntag ins Pentagon kam, rief ich sofort meinen früheren Assistenten Joe Califano im Weißen Haus an und bat ihn, mir zu erklären, was vorgefallen war. Die Aluminiumproduzenten hatten in Erwartung höherer Kosten ihre Preise heraufgesetzt. Aus Furcht, daß dies im ganzen Land eine Preisinflation auslösen könnte, hatte der Präsident gefordert, die Erhöhung wieder zurückzunehmen.

»Was können wir unternehmen, um das zu erreichen?« fragte ich Joe. Wir diskutierten ein bis zwei Stunden über dieses Thema, bis wir schließlich auf folgende Idee kamen: Die Regierung hatte seit dem Koreakrieg umfangreiche strategische Reserven an Rohstoffen – auch Aluminium – gehortet, ohne daß dafür eine Notwendigkeit bestand. Wir könnten doch den Aluminiumherstellern mitteilen, daß wir planten, einen Teil dieser Reserven auf den Markt zu werfen. Das würde den Preis sicherlich drücken.

Ich rief also John Harper, den Präsidenten der Firma Alcoa, an. »John«, sagte ich zu ihm, »Ihr Republikaner nervt uns doch schon lange mit der Forderung, das Staatsdefizit abzubauen. Jetzt haben wir endlich eine Lösung gefunden, und ich hoffe, Sie werden uns dabei unterstützen. Wir haben vor, einen Teil der staatlichen Aluminiumreserven zu verkaufen und den Erlös in die Staatskasse fließen zu lassen.« – »Sie Schweinehund«, fauchte er. »Sie versuchen, uns zu erpressen. Ich bin morgen früh in Ihrem Büro.«

Am Montag trafen sich John, Edgar Kaiser und sein Anwalt Lloyd Cutler mit Joe und mir. Nach langer Erörterung einigten wir uns auf eine Preissenkung und auf einen teilweisen Abbau der staatlichen Reserven. Letzteres geschah, ohne daß der Markt erschüttert wurde.

Als Johnson die Regierungsgeschäfte übernahm, hätte die Lage in Vietnam nicht verworrener, schwieriger und gefährlicher sein können. Die politischen Leitfiguren, die fast zehn Jahre lang die Zentrifugalkräfte in Südvietnam im Zaum gehalten hatten, waren gerade durch einen – von Johnson mißbilligten – Putsch beseitigt worden. Südvietnam verfügte über keinerlei Tradition nationaler Einheit. Das Land litt unter religiösen Spannungen, politischer Zersplitterung, einer korrupten Polizei und nicht zuletzt unter zunehmender Guerillatätigkeit, die vom nördlichen Nachbarn unterstützt wurde. Vor Diems Tod hatten selbst die Befürworter eines Putsches die Chancen für eine stabile politische Führung nach einem Sturz Diems bestenfalls auf fünfzig zu fünfzig geschätzt. Und auch das erwies sich als übertrieben optimistisch. Bereits in den ersten neunzig Tagen der Regierung Johnson gab es in Südvietnam einen Regierungswechsel, und in den folgenden neun Monaten lösten vier weitere Regierungen einander ab.

Außerdem übernahm Johnson einen Nationalen Sicherheitsrat, der zwar intakt, aber in der Frage Vietnam zutiefst uneins war. Die höherrangigen Mitglieder dieses Gremiums hatten es versäumt, sich mit grundlegenden Fragen auseinanderzusetzen, die sich sowohl Eisenhower und dann auch Kennedy gestellt hatten: Würde der Verlust Südvietnams die Sicherheit der Vereinigten Staaten derart bedrohen, daß der Einsatz äußerster Mittel gerechtfertigt wäre? Falls ja, welche Art von Maßnahmen wären zu ergreifen? Sollten diese auch den Einsatz von US-Luft- und Bodenstreitkräften umfassen? Und Angriffe auf Nordvietnam? Durfte man einen Krieg mit China riskieren? Welche Kosten würden solche Maßnahmen letztendlich verursachen – in wirtschaftlicher, militärischer, politischer und menschlicher Hinsicht? Wie stünden die Erfolgsaussichten? Und falls die Erfolgschancen gering, die Kosten jedoch hoch zu veranschlagen wären, gab es dann Alternativen – zum Beispiel eine Neutralität Vietnams oder Abzug unserer Truppen –, die eine sorgfältige Prüfung und Diskussion verdienten?

Lyndon Johnson erbte diese Fragen (obgleich sie ihm nicht deutlich gemacht wurden) ohne die dazugehörigen Antworten. Und sie blieben auch während seiner Präsidentschaft und sogar noch viele Jahre danach ungelöst. Kurz gesagt, Johnson bekam ein scheußliches Durcheinander als Hinterlassenschaft, das ungleich gefährlicher war als dasjenige, das Eisenhower Kennedy vermacht hatte. Eines Abends, nicht lange nach seinem Amtsantritt, gestand Johnson seinem Berater Bill Moyers, er fühle sich wie ein Katzenfisch, der »sich gerade einen großen, saftigen Wurm geschnappt hat, in dem ein spitzer Angelhaken steckt«[3].

Entgegen landläufiger Ansicht war Lyndon Johnson jedoch nicht blind gegenüber dem Problem Vietnam, als er Kennedys Nachfolge antrat. Obgleich er das Land nur einmal, im Mai 1961, besucht und zu Kennedys Amtszeit nur an wenigen Sitzungen zu diesem Thema teilgenommen hatte, war er sich des Problems und seiner Verantwortung, es zu lösen, in hohem Maße bewußt. Eine seiner ersten Amtshandlungen als Präsident war die Einberufung seiner Vietnamberater zu jener Sitzung am 24. November. Es ist behauptet worden, er habe dies nur aus innenpolitischen Gründen getan. Da im Jahr darauf Präsidentschaftswahlen anstanden – so das Gerücht –, habe er heftige Angriffe seitens der auf eine harte Linie bedachten rechtsgerichteten Republikaner befürchtet und deshalb den Anschein erwecken wollen, er würde sich mit dem Thema entschlossen auseinandersetzen.

Dieser Ansicht stimme ich nicht zu. Natürlich galt sein Hauptaugenmerk stets der Innenpolitik, und es trifft auch zu, daß er innenpolitische Folgen befürchtete, wenn er sich schwach gezeigt hätte. Auch wollte er bei unseren Verbündeten nicht den Eindruck hervorrufen, die Vereinigten Staaten seien nicht in der Lage oder willens, ihren Sicherheitsverpflichtungen nachzukommen. Aber vor allen Dingen war Johnson der Meinung, daß die UdSSR und China es darauf abgesehen hätten, die Vorherrschaft zu gewinnen. Die Übernahme Südvietnams sah er als einen Schritt in Richtung auf dieses Ziel hin – unsere Politik der Eindämmung zu durchkreuzen –, und er war entschlossen, dies zu verhindern. Im Gegensatz zu Präsident Kennedy war Johnson der festen Überzeugung, daß der Verlust Südvietnams kostspieliger wäre als ein direktes militarisches Eingreifen der Vereinigten Staaten; und von dieser Ansicht ließ er sich in den folgenden fünf Jahren bei seinen politischen Entscheidungen leiten. Dabei erkannte er jedoch nicht den zutiefst politischen Charakter dieses Krieges.

Am 24. November machte Johnson Lodge klar, daß er den Krieg gewinnen und zumindest auf absehbare Frist den militärischen Operationen höhere Priorität einräumen wolle als »sogenannten« Sozialreformen. Die Vereinigten Staaten hätten schon zuviel Zeit und Kraft darauf verwendet, andere Länder nach ihrem Vorbild zu gestalten. Den Krieg gewinnen! Das war seine Botschaft.[4]

Die Grundvoraussetzung dafür war, daß die Spannungen unter den offiziellen US-amerikanischen Repräsentanten in Saigon bereinigt wurden. Zwischen den zivilen Mitarbeitern der Botschaft und den US-Militärs herrschten Streit und schwere Zerwürfnisse bis hin zu offener Feindschaft. Der Präsident wollte eine starke Mannschaft und machte den mit diesen Problemen beauftragten Mann, Lodge, dafür verantwortlich.

Zwei Tage später wurde das Memorandum 273 zu Maßnahmen der Nationalen Sicherheit (NSAM) herausgegeben, das die politischen Direktiven des Präsidenten enthielt. Daraus ging unmißverständlich hervor, daß Johnson die gleiche Politik wie Kennedy verfolgte: »dem Volk und der Regierung Südvietnams dabei zu helfen, den Kampf gegen die von außen gelenkte und unterstützte kommunistische Verschwörung zu gewinnen«, und zwar durch Hilfe bei der Ausbildung und ohne offenen Einsatz von US-Militär. Johnson billigte jedoch auch verdeckte Aktionen gegen Nordvietnam, die von südvietnamesischen Kräften durchgeführt und in der Planung von der CIA unterstützt wurden. Dieser Vorschlag, der zum erstenmal am 20. November 1963 auf der Konferenz in Honolulu vorgelegt worden war, wurde später unter der Bezeichnung »Operationsplan 34A« bekannt.[5]

Zwei Wochen danach bat mich der Präsident um eine Unterredung zum Thema Vietnam, bei der er mir eine Standpauke hielt. Er sei überzeugt, daß die US-Regierung nicht alles tue, was sie tun sollte. Er bat mich, im Anschluß an die NATO-Konferenz in Paris nach Saigon zu fliegen, um dort zu sondieren, was noch unternommen werden könne. Vor allem aber wollte er von mir wissen, ob die Planung für Geheimoperationen ausgeweitet werden sollte.[6]

Über mehrere Monate hinweg hatten die südvietnamesischen Streitkräfte mit Unterstützung und unter der Leitung der USA ein kleines Programm verdeckter Aktionen gegen Nordvietnam durchgeführt, zu dem die Einschleusung von Agenten, die Verbreitung von Propagandamaterial, Spionage- und Sabotagemaßnahmen gehörten. Doch der von Hanoi betriebene rigide kommunistische Überwachungsapparat – zu dem auch die »Blockkomitees« gehörten, die in fast sämtlichen nordvietnamesischen Städten und Dörfern eingerichtet wurden und die jedes noch so geringfügige Anzeichen von Veränderung aufspürten – sorgte dafür, daß dieses Programm wenig Wirkung zeigte. Präsident Johnson suchte nun nach Mitteln und Wegen, um Nordvietnam ohne ein direktes militärisches Eingreifen der USA Schaden zuzufügen, und wollte deshalb, daß das Geheimprogramm verstärkt würde.

Bill Bundy begleitete mich auf diesem Abstecher. Wie sein jüngerer Bruder Mac hatte Bill die Integrität und Intelligenz seines Vaters Harvey H. Bundy geerbt, der lange Zeit Mitarbeiter von Henry Stimson gewesen war. Neben John McNaughton und später Paul Warnke (der John als Leiter der Abteilung für internationale Sicherheitsfragen im Verteidigungsministerium ablöste) war Bill einer meiner bewährtesten Vietnamberater.

Nachdem die Konferenz in Paris beendet war, bestiegen wir auf dem Flughafen Orly einen Militärjet, der bis zum maximalen Fassungsvermögen aufgetankt war, so daß wir ohne Zwischenlandung nach Saigon fliegen konnten. Als wir in dichtem Nebel die Startbahn hinabrollten und die Motoren unseres Jets unmittelbar vor dem Start auf Hochtouren liefen, tauchte plötzlich wie aus dem Nichts vor uns ein Passagierflugzeug der TWA auf, das kurz zuvor gelandet war. Unser Pilot, Captain Sutton, unternahm eine Vollbremsung. Unsere Maschine erbebte und kam nach einigen Sekunden zum Stehen – was uns wie eine Ewigkeit erschien. Reifen, Fahrwerk und Bremsen hatten Feuer gefangen, so daß wir das Flugzeug über Notrutschen verlassen mußten. Captain Suttons ausgezeichnete Reaktion hatte uns und den etwa 150 Passagieren der TWA-Maschine das Leben gerettet.

Bis in diese Zeit war den Berichten der militärischen Aufklärung, die mir vorgelegt wurden, zu entnehmen, wir hätten in Vietnam große Fortschritte erzielt. Am 13. Dezember 1963 erhielt ich jedoch von der Defense Intelligence Agency (DIA) ein Memorandum, aus dem hervorging, daß der Vietcong im vergangenen Jahr zwar keine spektakulären Gewinne erzielt habe, es ihm aber gelungen sei, seine Kampfkraft zu bewahren und sogar noch zu erhöhen. Außerdem hieß es in dem Bericht, die Aktivitäten des Vietcong würden vermutlich zunehmen, falls die südvietnamesische Armee (ARVN) ihre Operationen nicht besser durchführe.[7]

Meine Unterredungen in Saigon am 19. und 20. Dezember bestätigten diese neue und düstere Einschätzung. Es wurde deutlich, daß der Staatsstreich gegen Diem ein politisches Vakuum geschaffen hatte und dieses zunehmend von ehrgeizigen ARVN-Offizieren gefüllt wurde, die mehr an politischen Schachzügen in Saigon als an Militäroperationen in den Kampfgebieten interessiert waren. Außerdem stellte sich heraus, daß die früheren Berichte über militärische Fortschritte ein völlig falsches Bild vermittelten, weil südvietnamesische Regierungsvertreter unserem militärischen Unterstützungskommando stark manipulierte Daten vorgelegt hatten. Nach unserer Rückkehr berichtete John McCone dem Präsidenten: »Es ist zweifelsfrei erwiesen, daß im vergangenen Jahr und vielleicht auch schon länger die von GVN-Vertretern übermittelten und von der US-Botschaft weitergeleiteten Statistiken, anhand derer wir den Fortgang des Krieges beurteilt haben, weitgehend falsch waren.«[8]

Bei unseren Gesprächen in Saigon vertraten Lodge und General Harkins übereinstimmend die Ansicht, daß die materiellen Mittel, die Südvietnam für die Kriegführung benötigte – einschließlich der US-Hilfe bei der Ausbildung und logistischen Unterstützung –, bereits ausreichend vorhanden seien. Woran es aber vollständig fehlte, darin waren sich die beiden ebenso einig, sei die nötige politische Führung in Südvietnam. Dennoch, so ernst die Lage auch sein möge, irreparabel sei sie keineswegs.

Auf meine schon im voraus geäußerte Bitte hin legten Harkins und Lodge ein erweitertes Programm für verdeckte Aktionen zur Stärkung der südvietnamesischen Position vor. Es wurde später vom Ausschuß 303 gebilligt, der interdisziplinären Arbeitsgruppe, die mit der Prüfung solcher Planungen beauftragt war. Auf Empfehlungen von Dean, Mac, McCone und mir hin genehmigte der Präsident ein viermonatiges Versuchsprogramm, das am 1. Februar 1964 anlief. Sein Ziel war, die Nordvietnamesen davon zu überzeugen, in ihrem eigenen Interesse vom Angriff auf Südvietnam abzulassen. Im Rückblick war das ein absurd ehrgeiziges Ziel für ein solch unbedeutendes Programm – es bewirkte praktisch nichts.[9]

Bei meiner Rückkehr nach Washington am 21. Dezember verhielt ich mich gegenüber der Presse nicht gerade aufrichtig. Vielleicht kann ein hochrangiger Regierungsvertreter mitten in einem Krieg auch gar nicht völlig offen sein. Ich konnte nicht darüber hinwegsehen, welche Auswirkungen entmutigende Kommentare auf diejenigen haben mußten, die wir zu unterstützen versuchten (die Südvietnamesen), sowie auf diejenigen, die wir besiegen wollten (den Vietcong und die Nordvietnamesen). Dies ist ein grundlegendes, dauerhaftes und allgemeines ethisches wie moralisches Dilemma: Wie können in Kriegs- und Krisenzeiten Regierungsmitglieder ihrem eigenen Land gegenüber vollkommen aufrichtig sein, ohne dadurch dem Feind in die Hände zu arbeiten?

Jedenfalls sagte ich am 21. Dezember in zwei Interviews: »Wir haben eine wesentliche Zunahme von Vietcong-Aktivitäten festgestellt und beobachtet, welche Folgen dies hat.« (Das entsprach der Wahrheit.) Aber dann fügte ich hinzu: »Wir haben die Planungen der Südvietnamesen überprüft, und wir haben Grund zur Annahme, daß sie Erfolg zeitigen werden.« (Doch das war bestenfalls eine Übertreibung.)[10]

Mein Bericht an den Präsidenten hingegen war weit offener und pessimistischer: »Die Lage ist sehr besorgniserregend«, teilte ich ihm mit und prophezeite zugleich, daß »es bei der gegenwärtigen Entwicklung, falls nicht innerhalb der nächsten zwei bis drei Monate eine Wende eintritt, günstigenfalls zu einer Neutralisierung Südvietnams oder, was wahrscheinlicher ist, zu einer kommunistischen Kontrolle über das Land kommen wird«. Dieses Problem, sagte ich zu ihm, sei sowohl von den Nachfolgern Diems als auch von der US-Botschaft verschuldet. Die südvietnamesischen Generale bewiesen keinerlei Gespür für politische Führung, lägen unaufhörlich miteinander in Streit und erwiesen sich als unfähig, dem Vorrücken des Vietcong in den Kampfgebieten Einhalt zu gebieten. Die schlimmsten Befürchtungen der Gegner eines Putsches schienen sich zu bewahrheiten.

Der US-Botschaft mangele es an Führungskraft, sie sei schlecht informiert und arbeite nicht nach einem abgestimmten Plan. Ich machte vor allem Lodge für diese Probleme verantwortlich. Denn Lodge hielt praktisch keinen Kontakt zu Harkins und weigerte sich, wichtige Telegramme aus Washington weiterzuleiten. Ich sagte, Lodge wisse nicht, wie ein solch kompliziertes Amt wie die US-Botschaft in Saigon zu leiten sei. Und ich fügte hinzu, Dean und McCone seien ebenfalls meiner Ansicht; wir hätten versucht, ihm zu helfen, aber Lodge – der sein ganzes Leben lang ein Einzelgänger gewesen sei – wäre einfach nicht in der Lage, Ratschläge anzunehmen. Vorerst jedoch blieb Lodge Botschafter.[11]

Kurz nach meiner Rückkehr nach Washington erhielt der Präsident vom Mehrheitsführer im Senat, Mike Mansfield (Demokrat/Montana), ein Memorandum mit folgender Empfehlung: Die Vereinigten Staaten sollten mittels einer Art Waffenstillstand oder eines Abkommens die Neutralität Südvietnams zu erreichen versuchen, so daß Südostasien weder von militärischer Unterstützung durch die USA abhängig sei noch unter chinesischer Vorherrschaft stehe. Der Präsident bat Dean, Mac und mich um eine Stellungnahme hierzu.[12]

Wir waren alle der Ansicht, daß der von Mansfield empfohlene Weg zum Verlust Südvietnams und zu einer Machtübernahme durch die Kommunisten führen würde, was äußerst schwerwiegende Folgen für die Vereinigten Staaten und den Westen haben würde. Ich vertrat die damals unter den führenden zivilen und militärischen Regierungsmitgliedern vorherrschende Meinung:

In Südostasien würde Laos höchstwahrscheinlich unter nordvietnamesische Vorherrschaft fallen; Kambodscha könnte vielleicht den Anschein einer Neutralität wahren, würde jedoch faktisch die chinesisch-kommunistische Vorherrschaft akzeptieren; Thailand würde zu einem unsicheren Kandidaten werden, ebenso Malaysia, das jetzt bereits von Indonesien bedrängt wird. Selbst Birma dürfte eine solche Entwicklung als klaren Hinweis dafür auffassen, daß die gesamte Region sich vollständig dem Kommunismus anzupassen habe (mit schwerwiegenden Auswirkungen auf die Sicherheit Indiens).

Grundsätzlich ist es äußerst unwahrscheinlich, daß aus einer solchen Entwicklung ein wirklich »neutrales« Südostasien entsteht, selbst wenn die Vereinigten Staaten versuchen, sich in Thailand eine feste Position zu erhalten, selbst wenn auch Malaysia versucht, standhaft zu bleiben, und entfernt liegende und nicht involvierte Mächte wie Frankreich den Plan einer »Neutralität« unterstützen.

Im übrigen Asien und in anderen Schlüsselregionen, die eben-falls vom Kommunismus bedroht werden, betrachtet man Süd-vietnam als Testfall für die Standhaftigkeit der Vereinigten Staaten und insbesondere als Prüfstein für die Fähigkeit der Vereinigten Staaten, mit »nationalen Befreiungskriegen« fertig zu werden. Würden die Vereinigten Staaten ihr Engagement einstellen und die kommunistische Vorherrschaft hinnehmen, so hätte dies, allen Anzeichen nach zu schließen, in Asien – zum Beispiel in Japan – einen schwerwiegenden Vertrauensverlust zur Folge. Allgemein gesagt, kann kaum ein Zweifel daran bestehen, daß jedes Land, das von kommunistischer Subversion bedroht ist, künftig ernsthafte Bedenken hegen würde, ob wir uns wirklich darum kümmern würden. Dies gilt auch für theoretisch so weit entfernte Regionen wie Lateinamerika.[13]

Aus zwei Gründen habe ich ausführlich aus meinem Memo zi-tiert: Zum einen möchte ich zeigen, wie begrenzt und ober-flächlich unsere Analyse und Diskussion der Alternativen zu unserer bestehenden Vietnampolitik – nämlich Neutralität oder Abzug – waren. Und zum anderen soll es verdeutlichen, daß Präsident Johnson mit stärkerem Nachdruck und detaillierter als zuvor dargelegt wurde, welche Folgen ein Verlust Südost-asiens für die Sicherheit der Vereinigten Staaten und des We-stens haben würde.

Dieses Memorandum bestärkte den Präsidenten nur in der von ihm ohnehin schon vertretenen Meinung. Als dann in den folgenden Monaten immer klarer wurde, daß unsere Ausbildungsstrategie höchstwahrscheinlich scheitern würde, schwenkten wir nach und nach – fast unmerklich – auf eine andere Linie ein und befürworteten den direkten Einsatz von US-Streitkräften. Ausschlaggebend dafür war die immer grö-ßer werdende Furcht – die sich im Rückblick als übertrieben erwiesen hat – vor dem, was geschehen würde, wenn wir ihn unterließen. Doch wir haben niemals ausführlich darüber ge-sprochen, in welchem Umfang US-Streitkräfte eingesetzt wer-den müßten, wie hoch unsere Erfolgsaussichten waren, wel-chen politischen, militärischen, finanziellen Preis wir zahlen müßten und wie viele Menschenleben wir aufs Spiel setzten, wenn wir den Einsatz anordneten. Diese grundsätzlichen Fragen wurden ungeprüft beiseite geschoben.

Damit hatten wir einen tragischen und gefährlichen Weg eingeschlagen.

Am 22. Januar 1964 legten mir die Vereinigten Stabschefs ein Memorandum vor, in dem sie mir Vorschläge für ein wirksameres Vorgehen unterbreiteten. Sie behaupteten, der Präsident habe im Memorandum 273 der NSA den Beschluß gefaßt, »den Sieg in Südvietnam ... sicherzustellen«. In Wirklichkeit hatte er nichts dergleichen entschieden, und bestimmt nicht, ohne den Verlust an Menschenleben zu berücksichtigen. Außerdem schrieben die Stabschefs, unabdingbare Voraussetzung für einen Sieg sei ihrer Ansicht nach »die Bereitschaft der Vereinigten Staaten, viele der selbstauferlegten Beschränkungen zu beseitigen, die gegenwärtig unsere Bemühungen behindern«. Sie schlugen vor, »mutigere Schritte zu ergreifen, die möglicherweise auch größere Risiken beinhalten«[14]. Aber zu welchem Preis und mit welchen Erfolgsaussichten? Dieses Memo und auch die folgenden, die ich während der nächsten vier Jahre erhielt, gaben keinerlei Antwort auf diese entscheidenden militärischen Fragen.

Dieses fahrlässige Verhalten muß ich dem Präsidenten und seinen Beratern genauso zum Vorwurf machen wie mir selbst. Es war unsere Aufgabe, Antworten zu verlangen. Wir haben nicht genügend darauf gedrängt. Und aus freien Stücken waren die Armeechefs nicht dazu bereit. General Bruce Palmer jun., der 1967 in Vietnam als Korpskommandeur und später als stellvertretender COMUSMACV diente und 1968 Vizestabschef der Armee wurde, schrieb nach dem Vietnamkrieg: »Nicht ein einziges Mal während des Krieges machten die JCS [Vereinigten Stabschefs] den Oberkommandierenden oder den Verteidigungsminister darauf aufmerksam, daß die eingeschlagene Strategie höchstwahrscheinlich zum Scheitern verurteilt war und die Vereinigten Staaten ihre gesteckten Ziele nicht erreichen würden.«[15] Ich halte das für eine berechtigte Kritik, aber wir – ihre zivilen Vorgesetzten – handelten genauso falsch, weil wir eine solche Stellungnahme nicht erzwangen.

Warum haben wir diese Fragen nicht gestellt und Antworten gefordert? Auf dieses Thema werde ich später noch eingehender zurückkommen; hier nur soviel: Unser Versagen lag zum Teil darin begründet, daß wir uns nicht nur mit Vietnam, sondern gleichzeitig noch mit vielen anderen Problemen zu beschäftigen hatten. Die Instabilität in Lateinamerika, Afrika und im Nahen Osten und die fortwährende sowjetische Bedrohung in Europa nahmen unsere Zeit und Aufmerksamkeit in Anspruch. Und da wir kein Team von hochrangigen Fachleuten hatten, das sich ausschließlich mit Vietnam beschäftigte, war diese Krise nur eines von vielen Problemen auf dem Schreibtisch eines jeden von uns. Wenn man dies im Zusammenhang sieht mit der mangelnden Flexibilität unserer Zielsetzungen und der Tatsache, daß wir nicht geprüft hatten, was tatsächlich auf dem Spiel stand und was wichtig für uns war, dann wird klar, daß wir unter ständigem Zeitdruck standen, überfordert waren und uns an einer Landkarte orientierten, auf der nur eine einzige Straße eingezeichnet war. Weil wir unbedingt vorwärtskommen wollten, haben wir niemals angehalten, um zu erkunden, ob es vielleicht noch andere Wege ans Ziel gab.

Die Vereinigten Stabschefs hatten in ihrem Memo überdies festgestellt, daß »wir und die Südvietnamesen den Krieg nach den Bedingungen des Feindes führen« und »uns verpflichtet haben, unter selbstauferlegten Beschränkungen zu arbeiten«. Zu diesen Beschränkungen gehörte unter anderem, »den Krieg innerhalb der Grenzen Südvietnams zu halten« und »den direkten Einsatz von Kampftruppen der Vereinigten Staaten zu vermeiden«. Die Stabschefs empfahlen, den Krieg auszuweiten und US-Luftangriffe gegen Nordvietnam zu fliegen sowie von der Ausbildung der Südvietnamesen dazu überzugehen, den Krieg sowohl in Süd- als auch in Nordvietnam selbst zu führen: mit US-Streitkräften. Diese Empfehlung, die auf nichts Geringeres als eine grundlegende Wende in der US-Politik hinauslief, war auf zweieinhalb Seiten niedergelegt; noch dazu fehlte es an Analysen und stützenden Argumenten.[16]

Nachdem ich auf Wunsch der Stabschefs ihr Memo mit dem Außenminister erörtert hatte, informierten wir den Präsidenten. Er forderte die Stabschefs auf, genauere Vorschläge vorzulegen. In den folgenden Monaten arbeiteten sie ihre Vorstellungen aus und entwickelten vor allem Pläne für US-Luftangriffe auf den Ho-Chi-Minh-Pfad (ein Netz von nordvietnamesischen Nachschubrouten durch den Dschungel, die über Laos und Kambodscha nach Südvietnam führten) und auf militärische und industrielle Ziele in Nordvietnam. Die Stabschefs hielten es für »unwahrscheinlich, daß die chinesischen Kommunisten reguläre Bodentruppen in bedeutendem Umfang in die DRV [Demokratische Republik Vietnam (Nordvietnam)] schleusen« würden, und bezweifelten, daß Moskau »Maßnahmen ergreifen würde, die nach sowjetischer Einschätzung die Wahrscheinlichkeit eines Nuklearkrieges erhöhen würden«[17].

Ich hatte niemals daran gedacht, daß die Planungen der Stabschefs für die US-Operationen in Vietnam zu einer Eskalation bis hin zu einem Atomkrieg führen könnten. Doch von da an – und während der folgenden vier Jahre – war ich entschlossen, das Risiko möglichst gering zu halten, durch Militäraktionen der Vereinigten Staaten in Indochina eine Konfrontation von chinesischen oder sowjetischen Boden- oder Luftstreitkräften mit den USA herbeizuführen – ob auf konventioneller oder nuklearer Ebene, ob in Asien oder sonstwo. Präsident Johnson war derselben Ansicht. Neben anderen Gründen war es gerade diese Sorge, aus der heraus wir uns den in den folgenden vier Jahren immer wieder vorgebrachten Empfehlungen widersetzten, den Luftkrieg rascher zu intensivieren und den Bodenkrieg schneller auszuweiten.

Wie wir sehen werden, gab es zu keiner Zeit überzeugende Beweise dafür, daß Operationen in dem Umfang, wie sie die Militärs vorschlugen – im Unterschied zu den Operationen auf niedriger Ebene, wie sie der Präsident anordnete –, den Verlust Südvietnams verhindert hätten. Die Ausweitung der Operationen hätte höchstwahrscheinlich sowohl die Vereinigten Staaten als auch Vietnam nur noch mehr Menschenleben gekostet.

Als ich am 17. Februar 1964 vor dem Unterausschuß des Repräsentantenhauses zur Bewilligung von Verteidigungsausgaben über unsere Fortschritte in Vietnam befragt wurde, sprach ich auch diese Punkte an. Der demokratische Abgeordnete Harry Sheppard aus Kalifornien meinte anschließend: »Ich danke Ihnen für Ihre Aufrichtigkeit, Herr Minister, doch wenn ich mir Ihre Erklärung genauer betrachte, besagt sie folgendes: ›Ich sehe keine andere Möglichkeit, als sämtliche uns zur Verfügung stehenden Maßnahmen zu ergreifen, um einen Sieg der Kommunisten zu verhindern.‹« Sheppard legte dar, daß ich zuvor erklärt hätte, unsere Politik ziele darauf ab, die Südvietnamesen in begrenztem Umfang bei der Ausbildung und der Logistik zu unterstützen; doch nun hätte ich gesagt, wir würden »sämtliche« Hilfe geben, die nötig sei. Was solle das denn bedeuten?

Ich hielt einen Augenblick inne, bevor ich meine Antwort gab (die auch heute noch Gültigkeit hat): »Allein durch militärische Maßnahmen lassen sich nicht sämtliche Probleme in Vietnam lösen, genausowenig wie in vielen anderen Regionen der Welt.« Und ich fuhr fort: »Ein Krieg, wie er gegenwärtig in Vietnam stattfindet, kann nur vom vietnamesischen Volk selbst gewonnen werden. Zu den Voraussetzungen, um einen solchen Krieg zu gewinnen, gehört *eine starke, stabile und tatkräftige Regierung, die auf die volle Loyalität und Unterstützung der Bevölkerung zählen kann* [Hervorhebung des Autors].« Ich beendete meine Ausführungen mit dem Satz: »Ich wäre nicht aufrichtig, wenn ich Ihnen gegenüber nicht auch unsere Besorgnis über diejenigen Problembereiche, auf die wir keinen

Einfluß haben, zum Ausdruck brächte.« Auf diesen Punkt wies ich auch in meinen Erklärungen vor dem Kongreß und der Presse hin, so zum Beispiel während meiner Befragung vor dem Bewilligungsausschuß des Senats am 22. Juli 1964, wo ich sagte: »Das Hauptproblem in Südvietnam ist nicht ein militärisches. Das Hauptproblem ist ein politisches und wirtschaftliches. Solange wir in diesem Land keine politische und wirtschaftliche Stabilität herstellen können, gibt es auch keinerlei Möglichkeit für eine militärische Lösung.«[18]

Doch unter dem Druck der Ereignisse und ohne klar zu erkennen, wohin unser Handeln führen würde, waren wir dabei, einen neuen Kurs einzuschlagen. Am 21. Februar informierte der Präsident seinen Botschafter Lodge, daß »die Minister Rusk und McNamara mit meiner Zustimmung bereits damit begonnen haben, spezifische Pläne auszuarbeiten, wie Nordvietnam sowohl diplomatisch als auch militärisch unter Druck gesetzt werden kann«. Er fügte hinzu, ich würde Anfang März nach Saigon fliegen, um Lodges Stellungnahme hierzu einzuholen, wonach »wir endgültige Entscheidungen treffen sollten«[19].

Am selben Tag bat ich die Vereinigten Stabschefs, mir Vorschläge für Maßnahmen gegen Nordvietnam vorzulegen, die darauf zielten, »die Regierung dieses Landes dazu zu bewegen, ihre Unterstützung der Aufstände in Südvietnam ... und Laos zu beenden«. Ich wollte wissen, wie China in Indochina, Thailand, Südkorea und Taiwan reagieren würde und in welchem Umfang die Vereinigten Staaten Streitkräfte in der Luft, zu Wasser und zu Land einsetzen müßten, um einer chinesischen Reaktion zu begegnen. Wegen der großen Bedeutung und der Kompliziertheit dieser Fragen – und der Wahrscheinlichkeit, daß wir irgendwann vor diesem Problem stehen würden – schlug ich den Stabschefs vor, dafür eine eigene Planungsgruppe einzurichten.[20]

Am 2. März überreichten mir die Stabschefs als Antwort ein umfangreiches Memorandum. Darin bekräftigten sie erneut ihre Ansicht, es sei »für die Sicherheitsinteressen der Vereinigten Staaten von überragender Bedeutung, den Verlust Südvietnams zu verhindern«. Um dies zu erreichen, sollten wir uns darauf vorbereiten, militärische und industrielle Ziele in Nordvietnam zu zerstören, die Häfen des Landes zu verminen und eine Seeblockade zu verhängen. Sie räumten ein, daß China als Reaktion auf solche Maßnahmen militärisch eingreifen könnte und eine nicht-nukleare Antwort der USA auf ein solches Eingreifen China vermutlich nicht abschrecken würde. Nuklearangriffe hingegen böten »eine weit höhere Wahrscheinlichkeit«, China zu bremsen. Doch selbst unter dieser Voraussetzung wollten die Stabschefs nicht dafür garantieren, daß die von ihnen vorgeschlagenen Aktionen den Verlust Südvietnams verhindern würden.[21]

Es war klar: Die Stabschefs wußten, daß ihr Programm einen Wandel in der Haltung der USA voraussetzte – wozu auch der mögliche Einsatz von Atomwaffen gehörte –, nichtsdestotrotz drängten sie auf die Umsetzung ihres Programms.

Während dieser Monate verschlechterte sich die Situation in Südvietnam ständig. Die Junta, die nach dem Staatsstreich die Macht ergriffen hatte, unternahm wenig, um den Niedergang aufzuhalten. Am 29. Januar 1964 stürzte eine Gruppe junger Offiziere unter ihrem Anführer General Nguyen Khanh die in sich gespaltene und tatenlose Regierung. Washington unterstützte diesen Putsch in keiner Weise; im Gegenteil, der Putsch, ein Zeichen für das anhaltende Chaos, verstärkte nur Präsident Johnsons wachsende Befürchtungen, daß zunehmende politische Instabilität die Kriegsanstrengungen zunichte machen könnte. Er war der Ansicht, wir müßten uns deshalb um Khanh kümmern, ihn zu »unserem Jungen« machen.

Nguyen Khanh, von kleinwüchsiger Figur, mit stechendem Blick, einem Kinnbart und häufig einem roten Barett auf dem Kopf, beeindruckte mich durch seine unmißverständliche, energische, lebendige, scharfsinnige und äußerst ehrgeizige Art. Er war erst 37 Jahre alt. Khanh hatte in Fort Leavenworth in den

USA eine militärische Ausbildung absolviert und war danach Divisions- und Korpskommandeur. Er besaß also weitreichende militärische Erfahrung, aber von politischen und wirtschaftlichen Dingen wußte und verstand er nur wenig. Trotz dieser Einschränkungen sahen viele Amerikaner – und andere wie der Brite Robert Thompson – in ihm den fähigsten südvietnamesischen General.

Bevor Max und ich nach Saigon abflogen, rief uns der Präsident ins Weiße Haus. Er gab uns Instruktionen mit auf den Weg und sagte: »Bob, ich wünsche Berge von Photos zu sehen, mit Ihnen und General Khanh, auf denen Sie beide lächeln und winken und den Leuten dort zeigen, daß unser Land voll und ganz hinter Khanh steht.«

Der Wunsch des Präsidenten wurde erfüllt. Es ist mir unendlich peinlich, daß Mitte März die Amerikaner mehrere Tage lang keine Zeitung aufschlagen und keinen Fernsehapparat einschalten konnten, ohne mein Konterfei präsentiert zu bekommen – wobei ich aussah wie ein Politiker im Wahlkampf –, auf Tournee durch ganz Südvietnam, vom Mekong-Delta bis nach Hue, stets Schulter an Schulter mit dem kleinen, quirligen General Khanh vor Mengen von Vietnamesen. Es war der Versuch, ihn seinem eigenen Volk schmackhaft zu machen. Und da wir immer noch nicht begriffen hatten, daß der Kampf der Nordvietnamesen und des Vietcong seinem Wesen nach ein nationaler war, merkten wir nicht, daß die öffentliche Gleichstellung Khanhs mit Amerika viele Vietnamesen wohl nur in ihrer Ansicht bestärkte, daß die südvietnamesische Regierung nicht vom Volk, sondern von den Vereinigten Staaten gestützt wurde.

Trotz der Einschränkungen, die ich zuvor bereits erwähnt habe, wollte ich vermeiden, die Öffentlichkeit über unsere Fortschritte zu täuschen. Als wir auf dem Weg nach Saigon in Hawaii zum Auftanken zwischenlandeten, fragte mich ein Reporter: »Sie wurden gestern mit dem Satz zitiert, zur Zeit sei die Lage in Vietnam schwierig. Stimmt das?« Ich antwortete:

»Ja, ich glaube schon. Wie ich ... im Oktober und erneut im Dezember dargelegt habe, ist die Lage ernst. ... Innerhalb von drei Monaten hat es drei Regierungen gegeben. ... Der Vietcong hat versucht, aus diesen Regierungswechseln Vorteile zu ziehen, und hat die Zahl seiner Angriffe, seiner Terror- und Sabotageakte stark erhöht. Die Lage ist ernst.«[22]

Als ich vier Tage später, am 16. März, wieder in Washington war, berichtete ich dem Präsidenten, daß sich die Bedingungen in Südvietnam seit dem Putsch zweifellos verschlechtert hätten. Besonders auffällig war die Schwächung der Regierung im Verlauf der letzten Monate. Die Unterstützug der Aufständischen durch die Nordvietnamesen nahm weiterhin ständig zu. Doch den größten Anlaß zur Sorge gab die Frage, ob die Regierung Khanh überlebensfähig sei. Die Rundreise durch das Land hatte mich davon überzeugt, daß Khanh nicht auf weitgehenden politischen Zuspruch hoffen durfte; zwar beherrschte ich die Landessprache nicht, konnte dies aber dem ausdruckslosen leeren Blick entnehmen, den ich bei den meisten Dorfbewohnern feststellte. Darüber hinaus erschien es auch unsicher, ob Khanh die Armee wirklich unter Kontrolle hatte.

Ich diskutierte erneut alternative Schritte. Ein Rückzug schien wegen des Domino-Effekts nicht in Frage zu kommen. Es war dasselbe Ergebnis, zu dem wir bei verschiedenen Gelegenheiten früher bereits gelangt waren, und Unterstützung dafür gab es jetzt so wenig wie zuvor. Ich diskutierte auch über eine mögliche Neutralität und kam zu dem Schluß, daß de Gaulles Vorschlag zu einer Übernahme Südvietnams durch die Kommunisten führen würde, die sich auf die Sicherheit des Westens genauso schwerwiegend auswirken würde wie ein Rückzug der US-Truppen. Keiner von uns dachte daran, die Frage zu stellen: Wenn de Gaulle – der durch einen solchen »Schlag« gegen den Westen genausoviel zu verlieren hatte wie wir – eine Neutralität akzeptieren konnte, wieso konnten wir es dann nicht?

Den öffentlichen Äußerungen des französischen Staatspräsidenten über Neutralitätsverhandlungen mag es an Substanz und dadurch an Ernsthaftigkeit gemangelt haben: Einige Wochen nach meinem Gespräch mit Johnson räumte der französische Außenminister Maurice Couve de Murville gegenüber Dean Rusk ein, daß Paris keineswegs über einen ausgearbeiteten Plan dazu verfüge. Er betonte jedoch, Frankreich wolle nicht, daß Südvietnam dem kommunistischen Lager zufalle.[23] Doch zumindest hätten wir de Gaulle dazu drängen sollen, so weit wie möglich zu gehen, um sein erklärtes Ziel zu erreichen. Das unterließen wir.

Ich berichtete dem Präsidenten auch, daß die Vorschläge der Stabschefs zu US-Luftangriffen gegen Nordvietnam ausführlich erörtert worden seien. Dabei sei uns das Risiko bewußt geworden, daß die Chinesen eingreifen könnten und Luftangriffe möglicherweise nicht das geeignete Mittel wären, um die Bereitschaft und die Fähigkeit Nordvietnams zur weiteren Unterstützung der Aufstände im Süden zu mindern. Da es aber keine bessere Alternative zu geben schien, habe sich bei dem Gruppentreffen in Saigon die Mehrheit für solche Angriffe ausgesprochen!

Von dieser Art verzweifelter Tatkraft war auch in den folgenden Jahren ein Großteil unserer Vietnampolitik bestimmt. Die Daten und Analysen zeigten, daß Luftangriffe keinen Sinn hatten, doch es herrschte eine solche Entschlossenheit, irgend etwas gegen die weitere Ausbreitung des Kommunismus zu unternehmen, daß entmutigende Berichte oft gar nicht wahrgenommen wurden.

Entgegen der Mehrheitsmeinung bei den Unterredungen in Saigon riet ich davon ab, Luftangriffe zu starten. Ich legte dar, Khanh sei ebenfalls meiner Ansicht und befürchte, er besitze nicht genügend Rückhalt in Südvietnam, um möglichen Vergeltungsangriffen Nordvietnams auf Dauer standhalten zu können. Zwar empfahl ich nicht, das amerikanische Engagement zu verstärken, doch stimmte ich zu, mit der Planung für US-Luftangriffe auf den Norden zu beginnen. Der Einsatz von US-Bodentruppen hingegen wurde nicht einmal erwähnt.[24]

Mit Billigung sämtlicher hochrangiger militärischer und ziviler Regierungsvertreter, die mich begleitet hatten – darunter Max Taylor, John McCone und Bill Bundy –, legte ich diese Empfehlungen dem Präsidenten vor. Als jedoch die Stabschefs ihre Ansichten unterbreiteten, sprachen sich General Wallace Greene, der Kommandant des Marinekorps, und General Curtis LeMay, der Stabschef der Luftwaffe, gegen meinen Bericht aus. Greene meinte, wenn wir in Südvietnam bleiben und siegen wollten, müsse dieses Ziel mit der gesamten, konzentrierten Macht der Vereinigten Staaten (was das genau bedeutete, erklärte er nicht) verfolgt werden. LeMay war der Ansicht, man müsse die logistisch relevanten Stützpunkte Nordvietnams und des Vietcong sowie deren Nachschubwege in Laos und Kambodscha bombardieren. Dean unterstützte meine Empfehlungen, und der Präsident stimmte ihnen zu.[25]

Außer Green und LeMay übten auch noch andere heftige Kritik an meiner Empfehlung, nicht sofort mit US-Luftangriffen auf den Norden zu beginnen. Diese Kritiker behaupteten, der Präsident zögere nur deshalb, den Norden zu bombardieren, weil er vor den anstehenden Präsidentschaftswahlen eine innenpolitische Krise vermeiden wolle.[26]

Im Jahre 1964, als Lyndon Johnson sich der Präsidentschaftswahl stellte, glaubten viele, er treffe seine Entscheidungen ausschließlich unter dem Gesichtspunkt, ob sie ihm politisch dienlich wären. Dieser Ansicht war ich nicht. Und ich glaube auch nicht, daß dies erklärt, warum er sich damals gegen Luftangriffe auf Nordvietnam entschieden hat. Auch Khanh selbst war damals gegen ein solches Vorgehen. Und ich war dagegen, weil ich das Risiko möglicher Vergeltungsschläge durch die Chinesen und/oder Sowjets vermeiden wollte. Jeder Präsident berücksichtigt auf seine Art die innenpolitische Situation, doch ich glaube nicht, daß sich die Fehler, die den Regierungen Kennedy und Johnson in der Vietnamfrage unterlaufen sind, damit erklären lassen.

Am 26. März 1964 hielt ich auf Bitte des Präsidenten bei einem Preisverleihungsdinner in Washington eine Tischrede, in der ich der amerikanischen Öffentlichkeit unsere Haltung in der Vietnamfrage darlegte. Zufällig hatte einen Tag zuvor der Vorsitzende des Senatsausschusses für auswärtige Beziehungen, William Fulbright – der später einer unserer heftigsten Kritiker wurde –, vor dem Senat eine bedeutende Rede zum Thema »Alte Mythen und neue Realitäten« gehalten. Darin vertrat er eine Sicht des Vietnamproblems, die sich weitgehend mit meinen Äußerungen am folgenden Abend decken sollte. Zum Thema Verhandlungen meinte Fulbright: »Es ist schwer vorstellbar, wie unter den gegenwärtigen militärischen Gegebenheiten Verhandlungen zu einer Beendigung des Krieges unter Bedingungen führen könnten, die die Freiheit Südvietnams garantieren würden.« Deshalb, so fügte er hinzu,

> scheint klar zu sein, daß uns für die unmittelbare Zukunft nur zwei Optionen offenstehen: die Ausweitung des Konflikts in der einen oder anderen Weise oder erneute Bemühungen, Südvietnam den Rücken zu stärken, damit es den Krieg im jetzigen Rahmen erfolgreich weiterführen kann. Die Angelegenheit erfordert eine sorgfältige Prüfung durch die dafür verantwortlichen Vertreter der Regierung; und solange diese keine Gelegenheit hatten, die Bedingungen und die Machbarkeit der uns offenstehenden Optionen zu bewerten, haben wir meiner Ansicht nach keine andere Wahl, als der Regierung und der Armee Südvietnams mit den wirksamsten Mitteln, die uns zur Verfügung stehen, zu helfen. Welche politischen Entscheidungen auch gefällt werden mögen, es sollte allen Beteiligten klar sein, daß die Vereinigten Staaten weiterhin ihren Verpflichtungen nachkommen und ihre Verantwortung, Vietnam betreffend, erfüllen werden.[27]

Ich selbst äußerte mich in meiner Rede offen zum Thema Vietnam und führte aus: »Die Lage in Südvietnam hat sich zweifellos verschlechtert«; »sie ist zugegebenermaßen nicht leicht zu bewerten, und wegen der spezifischen Geländestruktur und der besonderen Art dieses Krieges sind Informationen nicht immer erhältlich oder zuverlässig«; »die weitgehende Unterstützung des Vietcong durch die einheimische Bevölkerung zeigt, daß das Problem nicht nur auf militärischer, sondern auch auf politischer und wirtschaftlicher Ebene gelöst werden muß«; und »der vor uns liegende Weg in Vietnam wird lang, schwierig und von Rückschlägen gekennzeichnet sein«. Alles wahr. Doch als ich dann von den Alternativen sprach, die ich dem Präsidenten vorgeschlagen hatte, hätten die Zuhörer aus meinen Worten schließen können, daß ich auf unsere Probleme keine Antwort wußte. Außerdem betonte ich:

> Die Interessen Rotchinas sind eindeutig klar. Sobald die Sowjets vorsichtige Töne anschlugen, wurden sie von Peiping* öffentlich gegeißelt, da sie angeblich Verrat an der revolutionären Sache begingen. Rotchina hat die Vereinigten Staaten als Papiertiger bezeichnet und betont, der revolutionäre Kampf zur »Befreiung und Wiedervereinigung« Vietnams sei risikolos, sofern man unter der nuklearen und konventionellen Verteidigungslinie der Freien Welt buchstäblich hindurchkrieche. Peiping scheint großes Interesse daran zu haben, diese neue Strategie vorzuführen, und benutzt Vietnam als Testfall. Einen Erfolg in Vietnam würde Peiping als Bestätigung ansehen, daß die Haltung Chinas im weltweiten ideologischen Kampf die richtige ist.[28]

Ob mein Urteil über die geopolitischen Ziele Chinas richtig oder falsch war, wird man erst wissen, wenn Peking seine Archive mit den Dokumenten aus dieser Zeit öffnet. Was ich damals äußerte, war die einhellige Meinung meiner militärischen und zivilen Mitarbeiter – mit einer Ausnahme: Mein persönlicher Assistent Adam Yarmolinsky bezeichnete, obgleich er kein Chinaexperte war, unsere Einschätzung als falsch. Das weist auf einen Punkt hin, den ich bereits erwähnt habe: Regierungsvertreter in Spitzenpositionen benötigen Spezialisten – Fachleute – an ihrer Seite, wenn sie Entscheidungen über Dinge außerhalb ihres eigenen Erfahrungsbereichs fällen. Hätten wir mehr Asienexperten zur Verfügung

---

* 1928 bis 1946 für Peking. (Anm. d. Übers.)

gehabt, wären unsere Einschätzungen zu China und Vietnam vielleicht nicht so einfältig gewesen. Während der Kubakrise verfügten wir über solche Fachleute, und im allgemeinen konnten wir auch bei Fragen, die die Sowjetunion betrafen, auf Experten zurückgreifen; aber was Südostasien anging, fehlten sie uns.

Einige Tage danach interviewte mich Peter Hackes, der Korrespondent des Fernsehsenders NBC. Gegen Ende des Gesprächs fragte er mich: »Unter welchen Bedingungen würde unser Land in Betracht ziehen ... bei Angriffen auf Nordvietnam Rückendeckung zu geben?« Ich erwiderte, daß eine der Optionen, die Max und ich nach unserer Rückkehr aus Südvietnam dem Präsidenten unterbreitet hatten, genau darauf hinauslief: »Militäraktionen außerhalb Südvietnams einzuleiten, insbesondere gegen Nordvietnam.« Ich schloß mit der Bemerkung: »... ganz gleich, zu welchen Maßnahmen uns die andere Seite letztendlich zwingt ..., sie müssen als Ergänzung und nicht als Ersatz für den Fortschritt in Südvietnam selbst gesehen werden.«[29]

Ich betrachtete meine Erklärung als Warnung vor all den Dingen, die vielleicht noch vor uns lagen.

Etwa zur selben Zeit, im April 1964, änderte General Khanh seine Haltung und fing an, auf eine Offensive gegen Nordvietnam zu drängen. Zermürbt von dem langen und ermüdenden Krieg, irritiert vom Ausbleiben eines Fortschritts im Süden und verärgert über Hanois anhaltende Einmischung suchte Khanh nun zunehmend nach einer Lösung im Norden. Bei einem Treffen mit Lodge am 4. Mai schlug er vor, Nordvietnam zu warnen, daß jede weitere Einmischung in Südvietnam Vergeltungsmaßnahmen nach sich ziehen werde. Und er fragte ausdrücklich, ob die Vereinigten Staaten bereit wären, Nordvietnam zu bombardieren. Der Präsident bat mich, auf dem Rückflug von Gesprächen mit westdeutschen Politikern in Bonn einen Zwischenaufenthalt in Saigon einzulegen, mich dort mit Max zu treffen und zusammen mit Lodge, Harkins und Khanh diese Frage noch einmal zu prüfen.

Am 13. Mai traf ich mich in Saigon mit Khanh. Er bestätigte mir, daß er seit meinem letzten Besuch im März tatsächlich zu einer anderen Auffassung gekommen sei. Der Plan 34A für verdeckte Operationen gegen Nordvietnam habe sich als unwirksam erwiesen, und daran werde sich auch wahrscheinlich nichts ändern (eine Einschätzung, der ich zustimmte). Ganz im Gegensatz zu seinen Äußerungen vom März meinte Nguyen Khanh nun, daß gerade das Fehlen eines starken Rückhalts im Süden für ihn ein Grund wäre, sofort gegen den Norden loszuschlagen, anstatt zu warten, bis diese Schwäche überwunden sei.[30]

Doch vor meiner Abreise aus Saigon vollzog Khanh plötzlich erneut einen Sinneswandel. Nun teilte er mir mit, er wolle keine sofortigen Luftangriffe gegen Nordvietnam, weil die Südvietnamesen dafür noch nicht bereit seien und er die US-amerikanische Luftwaffe nicht zu Hilfe rufen wolle.

Lodge widersprach ihm heftig. Er war dafür, daß der Schlag gegen den Norden bald erfolgen sollte, um zum einen das Einsickern von Truppen und Nachschub in den Süden zu unterbinden und zum anderen Hanois Willen zur Fortsetzung des Krieges zu brechen. Lodge wies auch darauf hin, daß Khanh durch einen erneuten Putsch gestürzt werden könnte, und in einem solchen Fall »sollten die Vereinigten Staaten darauf vorbereitet sein, in diesem Land die Regierungsgewalt zu übernehmen, eventuell von der Cam-Ranh-Bucht aus«. Ich traute meinen Ohren nicht. Aber ich konnte dem Präsidenten auch keinen Rat geben, wie ein erneuter Staatsstreich zu verhindern wäre oder wie wir reagieren sollten, falls ein Putsch stattfände.[31]

Inmitten all dieser Unsicherheit und dem frustrierenden Durcheinander ließ ich mich zu einer impulsiven, schlecht durchdachten öffentlichen Erklärung hinreißen, die mich seither verfolgt. Bei einer Pressekonferenz des Pentagons am 24. April kam es zu folgendem Dialog:

REPORTER: Herr Minister, Senator [Wayne] Morse [Demokrat / Oregon] hat von einem »Krieg McNamaras« gesprochen. ... Was sagen Sie dazu?

MCNAMARA: ... Dies ist ein Krieg der Regierung der Vereinigten Staaten. Ich folge den Richtlinien des Präsidenten und handle, wie jeder sehen kann, in enger Zusammenarbeit mit dem Außenminister. Ich muß [daher] sagen, daß ich nichts dagegen habe, wenn er McNamaras Krieg genannt wird. Ich halte ihn für einen sehr wichtigen Krieg, und ich bin erfreut, daß ich in einem Atemzug mit diesem Krieg genannt werde, und ich tue alles, was in meinen Kräften steht, um ihn zu gewinnen.[32]

Was ich eigentlich hatte ausdrücken wollen, war, daß ich mich dafür verantwortlich fühlte, alles in meiner Macht Stehende zu tun, die Interessen unseres Landes in dieser mittlerweile wichtigen Auseinandersetzung zu wahren. Da die Kriegsberichte von den Südvietnamesen so sehr verfälscht und von unseren militärischen und politischen Vertretern in Saigon und Washington so unterschiedlich interpretiert wurden, hielten es der Präsident und ich für unerläßlich, daß einer seiner engen Mitarbeiter alle dreißig oder sechzig Tage nach Vietnam flog, um ihm, dem Nationalen Sicherheitsrat und der amerikanischen Bevölkerung – via Presse – Bericht zu erstatten. Diese Aufgabe war mir zugefallen. Folglich wurde ich in der öffentlichen Meinung mehr als jeder andere hohe Regierungsvertreter in Washington mit dem Krieg in Verbindung gebracht. Das war eine Tatsache, und ich versuchte nicht, sie abzustreiten. In einer anderen Regierung wäre es vielleicht ein anderer gewesen. Aber in dieser Regierung war ich dafür verantwortlich.

Am 15. Mai 1964 legte die CIA dem Präsidenten, Dean, Mac und mir einen geheimdienstlichen Sonderbericht über Vietnam vor. Er enthielt düstere Nachrichten:

Die allgemeine Lage in Vietnam ist nach wie vor äußerst prekär. Es hat zwar einige Verbesserungen in der militärischen Leistung Südvietnams gegeben, doch der anhaltende Druck durch den Vietcong untergräbt im ganzen Land die Autorität der Regierung, macht die Programme der Vereinigten Staaten und Vietnams zunichte und schwächt die Moral der Südvietnamesen. Wir erkennen keine Anzeichen dafür, daß diese Entwicklungen bereits ihrem Endpunkt zusteuern. ... Wenn bis Ende dieses Jahres die Welle der Verschlechterung nicht zum Stillstand gebracht wird, ist die antikommunistische Position in Südvietnam wahrscheinlich nicht mehr länger zu halten.[33]

Da wir auf keinen anderen Plan zurückgreifen konnten, mit dem sich die »Welle der Verschlechterung« vielleicht hätte aufhalten lassen, verfügten wir einige Tage danach die Verlängerung des Programms für verdeckte Operationen über den ursprünglich vorgesehenen Endtermin am 31. Mai hinaus. Die Stabschefs räumten zwar ein, daß der Operationsplan 34A bisher wenig bewirkt habe, doch sie hielten an ihrer Überzeugung fest, das Potential dieses Programms sei »weiterhin hoch«. In der Folgezeit erwies es sich aber als ebensowenig effektiv wie zuvor, und später provozierte es wahrscheinlich die sehr einschneidende Reaktion Nordvietnams im Golf von Tonking.[34]

Angesichts der düsteren Einschätzung der CIA und der nachdrücklich vertretenen Empfehlungen des Stabschefs beauftragte der Präsident das Außen- und Verteidigungsministerium, einen integrierten politisch-militärischen Plan für abgestufte Aktionen gegen Nordvietnam auszuarbeiten. In Verbindung mit diesen Planungen legte das Außenministerium den Entwurf für eine Resolution vor, mit dem der Kongreß um Zustimmung ersucht wurde, die US-Militäraktionen in Indochina auszuweiten.

Das war der Ursprung der späteren Tonking-Resolution. Sie war das Resultat einer Warnung, die Präsident Johnson wieder und wieder ausgesprochen hatte: Falls die Ereignisse uns zwingen sollten, den Krieg auszuweiten, müßten wir den Fehler vermeiden, den Präsident Truman in Korea begangen hat, das heißt, militärische Operationen ohne die Zustimmung des Kongresses durchzuführen. Käme es nämlich zu einer »Bruchlandung«, ohne daß man den Kongreß auch schon beim »Start«

mit einbezogen hätte, würde dieser jegliche Verantwortung von sich weisen. Und deshalb war Johnson entschlossen, zuerst die Zustimmung des Kongresses einzuholen, sollte er jemals eine größere Militäraktion der Vereinigten Staaten in Südostasien anordnen müssen.

Eine kleine Arbeitsgruppe unter George Ball entwarf nun eine Kongreßresolution und legte sie am 24. Mai dem Nationalen Sicherheitsrat vor. Die Resolution sollte den Präsidenten ermächtigen, bei einem Hilfsersuchen der südvietnamesischen oder laotischen Regierung »sämtliche nötigen Mittel, einschließlich des Einsatzes von bewaffneten Kräften« zu ihrer Verteidigung, bereitzustellen. Wir diskutierten den Entwurf noch am selben Tag in einer Sitzung des Nationalen Sicherheitsrats, an der der Präsident nicht teilnahm. Ich vertrat die Ansicht, sollte der Präsident beschließen, innerhalb der nächsten zwei bis drei Monate in Südostasien US-Kampftruppen (im Unterschied zu Militärberatern) einzusetzen, sollten wir die Resolution sofort vorlegen. Falls nicht, könnten wir damit noch warten.[35]

Obgleich die Lage allmählich außer Kontrolle geriet, waren wir uns bewußt, welche Risiken wir eingingen, wenn wir den Norden bombardierten oder Kampftruppen der Vereinigten Staaten im Süden stationierten. Max glaubte, daß die südvietnamesische Regierung so rasch weder verlieren noch siegen werde. Daher würde das US-Militär es vorziehen, mit der Ausweitung von Aktionen bis zum Herbst zu warten. Am 26. Mai besprachen wir uns mit dem Präsidenten, kamen aber zu keinem Beschluß. Er bat uns, die Sache auch noch mit Lodge, Harkins Nachfolger als COMUSMACV, General William C. Westmoreland, und Felts Nachfolger als CINCPAC, Admiral U. S. Grant Sharp jun., in Honolulu zu diskutieren.

Westy, der von 1964 bis 1968 in Vietnam als amerikanischer Truppenkommandeur im Einsatz war, wäre für jeden Filmregisseur die Idealbesetzung für die Rolle eines Generals gewesen. Er war ein stattlicher Mann, schroff und entschlußfreudig, ein harter Vorgesetzter, der kein Blatt vor den Mund nahm. Er hatte die Akademie von West Point absolviert, im Zweiten Weltkrieg und in Korea als Offizier bei der kämpfenden Truppe gedient und war dann Superintendent der US-Militärakademie gewesen. Westy verfügte weder über Pattons prahlerisches Gepränge noch über LeMays Hartnäckigkeit, stand ihnen aber, was Entschlossenheit und Patriotismus betraf, in nichts nach.

Die Honolulu-Konferenz fand am 1. Juni in dem riesigen Kartenraum des CINCPAC statt. Im Unterschied zu den vorangegangenen Treffen, bei denen zumindest einige Teilnehmer Hoffnungen hegten, waren jetzt fast alle besorgt und düsterer Stimmung. Lodge glaubte zwar weiterhin daran, daß sich die Lage verbessern werde, aber er war eine bemerkenswerte Ausnahme.

Im Mittelpunkt der Erörterungen stand ein Aktionsplan, der in Washington entworfen worden war, dem aber weder der Präsident noch Dean oder ich bereits zugestimmt hatten. Als erster Schritt war eine Resolution des Kongresses und eine Kontaktaufnahme mit Hanoi vorgesehen*. Darauf sollte, um Druck zu erzeugen, eine Serie von abgestuften militärischen Maßnahmen folgen, und als Höhepunkt waren begrenzte Luftangriffe gegen Nordvietnam vorgesehen (die soweit irgend möglich von südvietnamesischen Streitkräften durchgeführt werden sollten). Einige Tage zuvor war ein Sonderbericht der

---

* Im Sommer 1964 knüpfte die Regierung Johnson den ersten von mehreren geheimen diplomatischen Kontakten mit Nordvietnam. Als Vermittler wirkte dabei J. Blair Seaborn, der Vertreter Kanadas in der Internationalen Kontrollkommission (ICC), die die Einhaltung der 1954 und 1962 getroffenen Genfer Abkommen überwachte. Seaborn teilte Hanoi mit, wenn Nordvietnam die Unterstützung des Vietcong einstellte und den Konflikt beendete, würden die Vereinigten Staaten Hanoi wirtschaftliche und diplomatische Hilfe gewähren. Andernfalls sei jedoch mit amerikanischen Angriffen zur Luft und zur See zu rechnen. Der nordvietnamesische Außenminister Pham Van Dong gab zur Antwort, die Vereinigten Staaten müßten sich aus Südvietnam zurückziehen und die Beteiligung des Vietcong an einer »neutralen« Koalitionsregierung akzeptieren. Die beiden Positionen lagen weit auseinander.

nationalen Sicherheitsbehörde (SNIE) zu dem Schluß gekommen, es bestünde begründete Hoffnung, daß Hanoi durch einen solchen Plan dazu bewegt werden könnte, das Maß seiner aufrührerischen Tätigkeit zu vermindern; aber es wurde auch darauf hingewiesen, daß Hanoi sich dadurch womöglich überhaupt nicht beeindrucken ließe.[36]

In Verbindung mit dem Aktionsplan standen vier Punkte zur Diskussion: Saigon war weiterhin nicht darauf vorbereitet, Luftangriffe gegen den Norden zu fliegen oder auf eine militärische Gegenoffensive gegen den Süden über mehrere Monate hinweg angemessen zu reagieren; die Gefahr einer chinesischen Intervention ließ die präventive Stationierung mehrerer US-Divisionen als erforderlich erscheinen; die amerikanische Öffentlichkeit war nach wie vor nicht davon überzeugt, daß Südostasien für die Sicherheit der Vereinigten Staaten von Bedeutung sei; und eine angemessene Resolution des Kongresses schien ein sinnvolles Mittel, um die Entschlossenheit der Vereinigten Staaten zu demonstrieren und die Bevölkerung mit deren Kurs vertraut zu machen. Die grundlegenden Fragen jedoch, die wir schon so lange mit uns herumschleppten, wurden wieder nicht behandelt. Die Konferenz endete beschlußlos.[37] Wir fanden zu keiner Entscheidung über den vorgeschlagenen Aktionsplan.

Aus zwei Gründen habe ich die Diskussion von Honolulu ausführlicher beschrieben: Zum einen gelangten wir an den Rand einer großen Eskalation – ohne deren Folgen oder Alternativen angemessen zu prüfen –, machten aber in letzter Sekunde einen Rückzieher. Und weil keine Entscheidung über einen erweiterten Militäreinsatz fiel, beschloß die Regierung zum anderen, die Vorlage des Resolutionsentwurfs an den Kongreß bis zum September zu verschieben; bis dahin wurde nämlich ein Senatsbeschluß über die Civil Rights Bill erwartet. Kritiker warfen dem Präsidenten später vor, er habe die Resolution monatelang mit sich herumgetragen und nur auf eine günstige Gelegenheit gewartet – oder gehofft, eine solche herbeizuführen –, um sie einem arglosen Kongreß »unterzuschieben«. Das war nicht der Fall.

Unmittelbar nach meiner Rückkehr aus Honolulu legten mir die Stabschefs (ohne ihren Vorsitzenden) ein Memo vor, in dem sie darauf hinwiesen, daß wir keine »militärisch relevante Zielsetzung für Südostasien« und auch keine »militärische Vorgehensweise zur Erreichung dieses Ziels« festgelegt hätten. Sie schlugen zwei Möglichkeiten vor: entweder dem Norden den Willen zu brechen und ihm seine Kampffähigkeit zu nehmen – die Lösung, der sie selbst den Vorzug gaben – oder die Unterstützung der südvietnamesischen Aufständischen durch den Norden zu unterbinden, wovon sie allerdings wenig hielten. Die Stabschefs sagten jedoch nicht, wie diese Ziele zu erreichen wären.[38]

Nachdem Max das Memo der Stabschefs gelesen hatte, erklärte er, dies sei keine »genaue oder vollständige Darstellung unserer Wahlmöglichkeiten«. Er sprach sich weiterhin gegen den hier bevorzugten Weg aus, weil er »das Risiko einer Eskalation beträchtlich erhöhen würde«[39].

Als die Republikaner 1964 die heiße Phase des Präsidentschaftswahlkampfs eröffneten, beschloß Cabot Lodge, sein Amt als Botschafter niederzulegen, um mit ganzer Kraft den gemäßigten Flügel seiner Partei unterstützen zu können. Damit war eine Möglichkeit gegeben, das US-Team in Südvietnam zu verstärken.

Zuallererst hieß das, dort einen möglichst energischen Botschafter einzusetzen. Mac, Bobby und ich erklärten uns freiwillig zu dieser Aufgabe bereit. Der Präsident berief jedoch Max Taylor und stellte ihm Alex Johnson zur Seite. Diese Ernennung und der Austausch General Harkins durch Westy verdeutlichte, daß der Präsident entschlossen war, alles in seiner Macht Stehende zu tun, um die Effektivität der amerikanischen Politik und der Maßnahmen der Vereinigten Staaten in Indochina zu erhöhen.

Kurz nachdem der Präsident, der sehr mit der Wahl von 1964 beschäftigt war, beschlossen hatte, mich nicht als Botschafter nach Südvietnam zu entsenden, bat er um meine Zustimmung, mich als seinen Kandidaten für die Vizepräsidentschaft nominieren zu dürfen. In der Presse hatte es bereits Spekulationen über ein solches Angebot gegeben – Stewart Alsop zum Beispiel hatte diese Möglichkeit bereits einmal erwähnt. Da ich jedoch Präsident Johnson recht gut kannte, wußte ich, daß er im Falle meiner Zustimmung später womöglich sein Angebot noch einmal überdenken und es zurückziehen würde. Jedenfalls lehnte ich ab.

Doch der Präsident hatte noch andere Pläne mit mir. Am 1. August erklärte er, er wolle mich in seiner nächsten Amtszeit zu seinem »ersten geschäftsführenden Vizepräsidenten, der für das Kabinett verantwortlich ist«, machen.* Johnson hat nie erläutert, was er damit meinte, aber er hat mich häufig mit Angelegenheiten betraut, die nichts mit Verteidigungsfragen zu tun hatten, und ich unternahm alles, um seine Aufträge auszuführen.

Ich habe das Angebot Johnsons, mich zum Kandidaten für die Vizepräsidentschaft zu ernennen, nicht deshalb abgelehnt, weil ich nicht viel von diesem Amt hielt – ganz im Gegenteil. Wenn ich, so meine ich rückblickend, mein Leben noch einmal

---

* Dieses und andere Zitate in späteren Kapiteln stammen aus Tonbändern und Abschriften von Aufzeichnungen des Präsidenten (im folgenden abgekürzt mit PR) aus der Lyndon B. Johnson Library (im folgenden abgekürzt mit LBJL). Die vordem gesperrten Bänder und Abschriften betreffen folgende Zeiträume: November 1963 bis August 1964, November 1964, Januar 1965, Juni bis Juli 1965, Dezember 1965 und Dezember 1966 bis Februar 1968. Ich danke dem Direktor der LBJ Library Harry J. Middleton, daß er mir Zugang zu diesen Materialien verschafft hat, und dem Nationalen Sicherheitsrat für die rasche Freigabe der Aufzeichnungen, die ich für dieses Buch verwendet habe. Es erscheint mir wichtig, darauf hinzuweisen, daß in den Bibliotheken von Kennedy und Johnson noch weitere Tonbänder aufbewahrt werden, zu denen bislang weder ich noch andere Autoren Zugang hatten. Wenn diese freigegeben werden, erscheint die Geschichte des Vietnamkriegs vielleicht in einem anderen Licht.

leben könnte, würde ich die Chance wohl ergreifen, mich auf ein Amt, in das man durch Wahl gelangt, vorzubereiten, und mich bewerben. In einer Demokratie gibt es keine wichtigere Aufgabe, als Differenzen zwischen den Menschen auszuräumen und nach Handlungsmöglichkeiten zu suchen, die von einer so ausreichenden Zahl von Menschen unterstützt werden, daß das Land ein besseres Leben für alle erreichen kann. Darin liegt sowohl die Herausforderung als auch die Verantwortung eines Politikers. Doch damals mangelte es mir an politischem Geschick, und ich war mir dessen bewußt.

Ungefähr zu dieser Zeit erhielten wir eine weitere Erklärung vom CIA-Büro für nationale Sicherheit. Sie bezog sich auf eine Anfrage des Präsidenten einige Tage zuvor: Er wollte wissen, wie hoch die Wahrscheinlichkeit eines »Domino-Effekts« sei, wenn Südvietnam und Laos fielen. Diese Gruppe der wichtigsten und erfahrensten Nachrichtenanalytiker der Regierung, die keine politische Verantwortung trug und auch keine früheren politischen Entscheidungen zu rechtfertigen hatte, kam zu dem Schluß:

> Sollten Südvietnam und Laos an die Kommunisten fallen, würde das der Position der Vereinigten Staaten in Fernost erheblichen Schaden zufügen, vor allem weil sich die Vereinigten Staaten wiederholt, nachdrücklich und öffentlich dazu verpflichtet haben, eine … Einnahme der beiden Länder zu verhindern. Ein Scheitern bei dieser Aufgabe würde das Ansehen der Vereinigten Staaten erheblich beeinträchtigen und den Glauben an die Bereitschaft und Fähigkeit der Vereinigten Staaten, die Ausbreitung des Kommunismus in anderen Teilen dieser Region einzudämmen, ernsthaft untergraben. Unsere Gegner würden sich ermutigt fühlen, und andere Staaten würden vermehrt dazu neigen, ein höheres Maß an Verständigung mit den Kommunisten zu suchen.

Und weiter hieß es:

> Abgesehen von der unmittelbaren Begeisterung in Nordvietnam über die Erlangung seiner nationalen Ziele würde die Hauptwir-

kung in Rotchina liegen, das sich in seinem bereits jetzt ausgepräg-
ten Selbstbewußtsein bestärkt fühlen und dessen Ansehen als
Anführer des Weltkommunismus noch steigen würde. Peiping
führt schon heute Südvietnam als Beweis für seine These an, daß
die unterentwickelte Welt reif sei für eine Revolution, daß die
Vereinigten Staaten ein Papiertiger seien und daß örtlich begrenzte Aufstände zum Sieg führen können, ohne dabei das unnö-
tige Risiko einzugehen, einen großen internationalen Krieg heraufzubeschwören. Das Ergebnis in Südvietnam und Laos würde
augenscheinlich der aggressiven Taktik Peipings im Gegensatz zu
der vorsichtigeren Position der UdSSR recht geben. Bis zu einem
gewissen Grad wird dies den mehr auf Aktionismus bedachten
revolutionären Bewegungen in verschiedenen Teilen der unterent-
wickelten Welt Auftrieb geben und sie stärken.[40]

Diese Analyse schien erneut meine und anderer Leute Befürchtungen zu bestätigen – die rückblickend überzogen wirken, damals aber sehr ausgeprägt waren –, daß in Vietnam die
Eindämmungspolitik des Westens auf dem Spiel stand. Und so
rutschten wir weiter den schlüpfrigen Abhang hinunter.

5.

DIE TONKING-RESOLUTION

30. JULI – 7. AUGUST 1964

Die Tonking-Resolution vom August 1964 kam einer Kriegserklärung der Vereinigten Staaten an Vietnam sehr nahe. Die Umstände, unter denen sie verabschiedet wurde, entzündeten Diskussionen, die bis heute nicht verstummt sind.

Bis zu jenem Zeitpunkt hatte die amerikanische Bevölkerung die Entwicklung in Vietnam nur beiläufig und mit mäßigem Interesse verfolgt: Der Krieg schien weit weg. Mit dem Zwischenfall im Golf von Tonking änderte sich das. Kurzfristig brachten die Angriffe auf amerikanische Kriegsschiffe im Golf und die darauffolgende Resolution des Kongresses die Verwicklung der Vereinigten Staaten in den Krieg ins Bewußtsein. Noch wichtiger aber – und von langfristiger Bedeutung – war, daß sich die Regierung Johnson auf diese Entschließung berief, um ihre militärischen Operationen in Vietnam von 1965 an als verfassungsmäßig zu rechtfertigen.

Der Kongreß erkannte die ungeheure Macht, die Johnson mit dieser Resolution in Händen hielt, betrachtete sie jedoch weder als Kriegserklärung noch als Ermächtigung zu einer gewaltigen Aufstockung der US-Streitkräfte in Vietnam – von 16 000 Militärberatern auf 550 000 Soldaten im Einsatz. Eine Kriegserklärung und die ausdrückliche Befugnis zur Entsendung von Kampftruppen in den nachfolgenden Jahren zu erwirken wäre wohl unmöglich gewesen; dies jedoch nicht anzustreben war gewiß falsch.

Die neun Tage zwischen dem 30. Juli und 7. August 1964 gelten weithin als die umstrittenste Phase des »25jährigen Krieges«. Kein Wunder. Drei Jahrzehnte lang drehten sich die Debatten um die tatsächlichen Ereignisse im Golf; darum, wie wir diesen Vorfall gegenüber Kongreß und Öffentlichkeit darstellten; um die Vollmacht, die wir vom Kongreß als Reaktion auf den Zwischenfall forderten; und schließlich darum, wie die Verantwortlichen zweier aufeinanderfolgender Regierungen mit dieser Vollmacht umgingen.

Hier meine Antworten auf die wichtigsten Fragen:

– Den Berichten zufolge gab es zwei verschiedene Angriffe nordvietnamesischer Patrouillenboote auf amerikanische Zerstörer, und zwar am 2. und 4. August 1964. Fanden diese Angriffe tatsächlich statt?
Antwort: Der erste Angriff ist unstrittig. Der zweite erscheint wahrscheinlich, ist jedoch nicht gesichert.

– Damals – und verstärkt in späteren Jahren – überwog bei Kongreßmitgliedern wie auch in der Bevölkerung die Meinung, die Regierung Johnson habe die Angriffe absichtlich provoziert, um eine Eskalation des Krieges zu rechtfertigen; sie habe einen Vorwand gesucht, um die Zustimmung des Kongresses für die Eskalation zu erzwingen. Ist diese Sichtweise begründet?
Antwort: In keiner Weise.

– Als Reaktion auf die Angriffe ordnete der Präsident die Bombardierung von vier Stützpunkten nordvietnamesischer Patrouillenboote und eines Öldepots durch amerikanische Marineflugzeuge an. War die Bombardierung gerechtfertigt?
Antwort: Wahrscheinlich.

– Wäre dem Kongreß auch dann eine Resolution vorgelegt worden, wenn sich der Zwischenfall im Golf von Tonking nicht ereignet hätte, und wäre sie unter diesen Umständen verabschiedet worden?
Antwort: Mit ziemlicher Wahrscheinlichkeit wäre dem Kongreß binnen weniger Wochen eine Resolution vorgelegt worden, die vermutlich auch verabschiedet worden wäre. Es wäre jedoch zu umfangreicheren Diskussionen gekommen, und man hätte versucht, die Befugnisse des Präsidenten zu beschränken.

– War die Regierung Johnson aufgrund der Tonking-Resolution

zu den nachfolgenden Militäraktionen in Vietnam – einschließlich einer massiven Verstärkung der Streitkräfte – berechtigt? Antwort: Ganz und gar nicht. Wenngleich die Resolution den Präsidenten in ausreichendem Maß zu der späteren Eskalation befugte, war es, wie ich bereits gesagt habe, nie die Absicht des Kongresses gewesen, dem Präsidenten eine Grundlage für ein derartiges Vorgehen zu verschaffen, und die Bevölkerung sah dies erst recht nicht so.

Bei dem Geschehen im Golf von Tonking sind zwei Operationen der Vereinigten Staaten zu unterscheiden: die Operationen nach Plan 34A und die sogenannten DESOTO-Patrouillen.

Wie bereits erwähnt, hatte der Nationale Sicherheitsrat im Januar 1964 die Unterstützung geheimer Aktionen Südvietnams gegen Nordvietnam durch die CIA unter dem Decknamen Plan 34A gebilligt. Plan 34A umfaßte zwei Operationen: Zum einen wurden südvietnamesische, mit Funkgeräten ausgerüstete Agenten per Boot oder Flugzeug in Nordvietnam abgesetzt, um Sabotage zu betreiben und Informationen zu sammeln; zum anderen führten Patrouillenschnellboote mit südvietnamesischer Besatzung oder ausländischen Söldnermannschaften sogenannte »hit and run«-Angriffe auf Anlagen an der nordvietnamesischen Küste und auf ihr vorgelagerten Inseln durch. Die CIA unterstützte die 34A-Operationen, während das MACV (militärisches Unterstützungskommando) sowie General Krulak, Vertreter der Vereinigten Stabschefs, in Washington engen Kontakt zu ihnen hielten.

Der Ausschuß 303, benannt nach dem ursprünglichen Besprechungsraum im Old Executive Office Building, überwachte die Ablaufpläne der verdeckten Operationen. Alle Geheimoperationen der CIA – weltweit – mußten von diesem Ausschuß genehmigt werden. Vorsitzender des Ausschusses war der Sicherheitsberater des Präsidenten (Mac Bundy); Mitglieder waren der Staatssekretär des Außenministeriums (George Ball), der stellvertretende Verteidigungsminister (Cyrus R. Vance, der Anfang 1964 Ros Gilpatric abgelöst hatte) und der stellvertretende Planungsdirektor der CIA (Richard Helms).

Die CIA ist von ihren Kritikern als ein »schurkischer Einzelgänger« bezeichnet worden, was ich für eine falsche Charakterisierung halte. In den sieben Jahren, die ich im Verteidigungsministerium zugebracht habe (und wie ich meine, auch bei früheren und nachfolgenden Regierungen), mußten alle Geheimoperationen der CIA, mit Ausnahme der Spionagetätigkeit, sowohl vom Präsidenten als auch vom Außen- und Verteidigungsminister oder deren Vertretern genehmigt werden. Ohne diese Genehmigung durfte die CIA nicht in Aktion treten. Meines Wissens hat sie sich immer daran gehalten.

Die DESOTO-Patrouillen unterschieden sich in Zweck und Vorgehensweise erheblich von den 34A-Operationen. Sie waren Bestandteil eines weltweiten elektronischen Aufklärungssystems und wurden von speziell dafür ausgerüsteten amerikanischen Marinekriegsschiffen ausgeführt. Von internationalen Gewässern aus fingen sie Radio- und Radarsignale von Küstenstationen auf, die sich an der Peripherie kommunistischer Länder wie der Sowjetunion, China, Nordkorea und, was hier von größerer Bedeutung ist, Nordvietnam befanden.*[1]

Diese Patrouillen ähnelten denen sowjetischer Trawler vor unseren Küsten. Die gesammelten Informationen waren abrufbar für den Fall, daß einmal amerikanische Militäroperationen gegen die genannten Länder notwendig werden sollten. Flottenkommandeure – hier Admiral Thomas Moorer, der Be-

---

* Die Sperrzone vor der Küste Nordvietnams wurde mit acht Meilen vor dem Festland und vier Meilen um die vorgelagerten Inseln herum festgelegt. Da den Vereinigten Staaten keine verläßlichen Unterlagen über die territorialen Gewässer Nordvietnams zur Verfügung standen, setzte Washington den Beginn der internationalen Gewässer mit drei Meilen vor der Küste fest – die Grenze, die Frankreich während seiner Herrschaft in Indochina gezogen hatte. Erst *nach* den Zwischenfällen im Golf von Tonking beanspruchte Hanoi die Zwölf-Meilen-Schutzzone. Im August 1964 haben amerikanische Kriegsschiffe sich nicht ein einziges Mal den vorgelagerten Inseln auf mehr als fünf Meilen genähert.

fehlsinhaber der Pazifikflotte – bestimmten die Anzahl der Einsätze sowie den Kurs der DESOTO-Patrouillenfahrten und überprüften sie zusammen mit den Vereinigten Stabschefs in Washington.

Wenngleich einige Personen sowohl über die 34A-Operationen als auch die DESOTO-Patrouillen Bescheid wußten, erfolgten die Genehmigungsprozeduren streng getrennt, und es gab – wenn überhaupt – nur wenige ranghohe Regierungsvertreter, die die Abläufe der Operationen im Detail planten oder verfolgten. Wir hätten uns darum kümmern sollen.

Bereits lange vor dem Zwischenfall im August war so mancher von denen, die von den 34A-Operationen wußten, von deren völliger Wirkungslosigkeit überzeugt. Die Mehrzahl der nach Nordvietnam entsandten südvietnamesischen Agenten war entweder in Gefangenschaft geraten oder getötet worden, und die Angriffe auf offener See kamen eher »Nadelstichen« gleich. Das gibt Anlaß zu der Frage: »Wenn dem so war, weshalb wurden die Operationen dann fortgesetzt?« Die Antwort lautet: Weil die Regierung Südvietnams sie als relativ billiges Mittel betrachtete, an Nordvietnam Vergeltung für dessen Unterstützung des Vietcong zu üben.

In der Nacht des 30. Juli 1964 wurden in einem 34A-Einsatz südvietnamesischer Patrouillenboote im Golf von Tonking zwei nordvietnamesische Inseln angegriffen, weil man den Verdacht hatte, daß von dort Infiltrationsaktionen gegen den Süden unterstützt wurden. Am folgenden Morgen lief der amerikanische Zerstörer *Maddox*, der sich auf einer DESOTO-Patrouille befand, in den Golf ein, blieb aber in angemessener Entfernung zu den Inseln. Nach zweieinhalb Tagen, am 2. August um 15.40 Uhr (3.40 Uhr Washingtoner Zeit), meldete die *Maddox*, es näherten sich ihr zwei Schnellboote. Nur wenige Minuten später wurde sie mit Torpedos und Bordfeuerwaffen angegriffen. Es gab weder Verletzte noch Beschädigungen am Schiff. Doch es bestand kein Zweifel daran, daß auf die

Maddox geschossen worden war. Besatzungsmitglieder bargen auf Deck ein Stück eines nordvietnamesischen Geschosses, und ich bestand darauf, daß es mir als Beweis für den Angriff in mein Büro geschickt wurde. Außerdem hat Nordvietnam in seiner offiziellen Darstellung des Krieges den Angriffsbefehl auf die *Maddox* bestätigt. Zur Zeit des Zwischenfalls befand sich die *Maddox* in internationalen Gewässern und mehr als 25 Meilen vor der Küste Nordvietnams.[2]

Am 2. August um 11.30 Uhr traf der Präsident mit seinen wichtigsten Beratern zusammen, um die jüngsten Berichte zu erörtern und über die Reaktion der Vereinigten Staaten zu sprechen. Als Vertreter meines Ministeriums war Cy Vance anwesend. Da die Runde die Meinung vertrat, daß möglicherweise ein nordvietnamesischer Kommandeur – und nicht ein Mitglied der Regierung – Initiator des Angriffs gewesen sein könnte, sah der Präsident von einem Vergeltungsschlag ab. Statt dessen ordnete er eine scharfe Protestnote an die Adresse Hanois und die Fortsetzung der Patrouille mit einem weiteren Zerstörer, der *C. Turner Joy*, an.[3]

Max Taylor, der damalige Botschafter in Südvietnam, kritisierte den Beschluß, von Vergeltungsmaßnahmen abzusehen. Spät in der Nacht zum 2. August gab er in einem Telegramm an das Außenministerium zu bedenken, unsere Entscheidung, einen von den USA nicht provozierten Angriff auf einen amerikanischen Zerstörer in internationalen Gewässern unbeantwortet zu lassen, könnte als Zeichen dafür gewertet werden, »daß die Vereinigten Staaten vor einer direkten Konfrontation mit den Nordvietnamesen zurückschrecken«[4].

Am nächsten Tag, 15 Uhr, unterrichteten Dean Rusk und ich in nicht-öffentlichen Sitzungen Mitglieder der Senatsausschüsse für auswärtige Beziehungen und für die Streitkräfte über die Ereignisse des 30. Juli und 2. August. Wir schilderten die 34A-Operationen sowie den Angriff auf die DESOTO-Patrouille und erklärten, warum der Präsident sich gegen einen Vergeltungsschlag entschieden hatte. Zwar habe ich keine Unterlagen zu den Gesprächen mehr finden können, aber ich meine mich zu erinnern, daß wir auch betonten, keinerlei Absicht zu haben, einen Angriff Nordvietnams auf die DESOTO-Patrouille zu provozieren. Wir informierten die Senatoren über die Fortführung der Patrouillen und der 34A-Operationen. Zu dieser Zeit erfolgte ein weiterer 34A-Überfall auf die Küste Nordvietnams (nach Saigoner Zeit in den frühen Morgenstunden des 4. August).

Am 4. August um 7.40 Uhr Washingtoner Zeit (19.40 Uhr in Saigon) meldete die *Maddox* über Funk, es scheine ein Angriff durch nicht identifizierte Schiffe unmittelbar bevorzustehen. Diese Information hatte der Zerstörer aus geheimen Mitteilungen der National Security Agency, des Nationalen Sicherheitsdienstes des Pentagons also, bezogen, nachdem man dort nordvietnamesische Befehle abgefangen hatte. Eine Stunde später meldete die *Maddox*, wieder über Funk, sie habe Radarkontakt mit drei nicht identifizierten Schiffen. Von der *Ticonderoga*, einem in der Nähe kreuzenden amerikanischen Flugzeugträger, stiegen Kampfmaschinen zur Unterstützung der *Maddox* und der *Turner Joy* auf.

In dieser mondlosen Nacht sorgten tiefhängende Wolken und Gewitter für extrem schwierige Sichtbedingungen. Im Golf aber herrschte während der folgenden Stunden Konfusion. Die beiden Zerstörer berichteten über mehr als zwanzig Torpedoangriffe, durch Torpedoabschüsse hervorgerufene Turbulenzen im Wasser, feindliche Cockpitlichter, Suchscheinwerfer, Maschinengewehrfeuer und Radar- und Echolotkontakte.

Als sich die Situation zuspitzte, setzten Cy und ich uns mit Mitgliedern des Vereinigten Stabs zusammen, um zu überlegen, wie wir reagieren sollten. Weil wir davon ausgingen, daß die Meldungen korrekt waren, stimmten wir dahingehend überein, daß eine Antwort auf diesen zweiten durch uns nicht provozierten Angriff nunmehr unumgänglich sei. Wir hatten uns Max Taylors Meinung, der Angriff vom 2. August bedürfe eines Vergeltungsschlags, nicht anschließen können. Nun aber, nach diesem erneuten und, wie wir glaubten, nicht provozierten Angriff auf unsere in internationalen Gewässern kreuzenden Schiffe hielten wir eine solche Reaktion für unvermeidlich. Daher entwickelten wir umgehend einen Plan: Vier Stützpunkte der nordvietnamesischen Patrouillenboote und zwei Öldepots zur Versorgung dieser Schiffe sollten von einem Flugzeugträger aus bombardiert werden.

Um 11.40 Uhr traf ich mit Dean, Mac und den Stabschefs zusammen, um unsere Optionen noch einmal zu durchdenken. Wir setzten unsere Überlegungen bei einer Besprechung des Nationalen Sicherheitsrats und danach bei einem Mittagessen mit dem Präsidenten, Cy und John McCone fort.

Die nordvietnamesischen Angriffe auf amerikanische Zerstörer auf hoher See erschienen so unsinnig (weil damit der Konflikt zwangsläufig verschärft wurde), daß wir Mutmaßungen über Hanois Motive anstellten. Die einen sahen in den 34A-Operationen den Auslöser für die Angriffe Nordvietnams auf die DESOTO-Patrouillenboote, wohingegen die anderen auf die mangelnde Wirkung von 34A hinwiesen und sich mit dieser Erklärung nur schwer abfinden konnten. Jedenfalls meinte auch der Präsident, daß ein zweiter Angriff, falls er bestätigt würde, einen raschen und entschiedenen Vergeltungsschlag notwendig mache.

Damit aber stellte sich die Frage: Hatte es tatsächlich einen zweiten Angriff gegeben?

Wie bereits gesagt, war die Sicht in jenem Gebiet zur angeblichen Angriffszeit sehr eingeschränkt. Da die Berichte über einen zweiten Angriff hauptsächlich auf Echolotsignalen – die häufig nicht zuverlässig sind – beruhten, herrschte auch weiterhin Unsicherheit darüber, ob es sich tatsächlich um einen Angriff gehandelt hatte. Also unternahm ich große Anstrengungen, um herauszufinden, was wirklich passiert war. Auf meine Bitte hin setzte sich David A. Burchinal, Generalleutnant der Luftwaffe und Direktor des Vereinigten Stabs, telephonisch mit Admiral Sharp in Honolulu in Verbindung, um Einzelheiten des Vorfalls zu klären.

Um 13.27 Uhr Washingtoner Zeit schickte Captain John J. Herrick, Kommandeur der DESOTO-Patrouille an Bord der *Maddox*, seine »Blitz«-Meldung nach Honolulu und Washington:

> Überprüfung des Vorfalls läßt viele der gemeldeten Feindberührungen und Torpedoangriffe zweifelhaft erscheinen. Die meisten der Meldungen beruhen vermutlich auf wetterbedingt verzerrten Radarbeobachtungen und Übereifer bei der Echolotauswertung. Von der *Maddox* sind keine Vorkommnisse gesichtet worden. Schlage gründliche Auswertung vor, bevor weitere Aktionen erfolgen.[5]

41 Minuten später rief Sharp Burchinal an und erklärte ihm, daß er entgegen Herricks Nachricht »keinerlei Zweifel« an einem zweiten Angriff habe. Daraufhin schickte Captain Herrick um 14.48 Uhr Washingtoner Zeit eine weitere Meldung, in der es hieß: »Bin sicher, daß Angriff aus dem Hinterhalt beabsichtigt war.«[6]

Ich führte selbst eine Reihe von Telephonaten, um soviel wie möglich in Erfahrung zu bringen. Da die Fakten mehr als dreißig Jahre danach immer noch umstritten sind, möchte ich einen Teil meiner Gespräche (die damals mitgeschnitten wurden) in allen Einzelheiten wiedergeben. Um 16.08 Uhr rief ich Admiral Sharp über die abhörsichere Leitung an und fragte ihn, was es Neues gebe.

»Nach neuesten Informationen, Sir, bestehen einige Zweifel, was genau geschehen ist«, antwortete Sharp. »... Offenbar hat alles mit einer Art Angriffsversuch der PTs [Patrouillenboote] aus dem Hinterhalt angefangen.« Dann fügte er hinzu: »Der erste Angriffsversuch ist sicher.« Doch dann sprach er von »verzerrten Radaraufzeichnungen« und »jungen Burschen« an den Sonargeräten, die dazu neigen, »jegliches Geräusch einem Torpedo zuzuordnen; das heißt, es hat zweifellos bei weitem nicht so viele Torpedos gegeben«, wie ursprünglich gemeldet worden waren. Sharp berichtete, die *Turner Joy* habe drei PT-Boote für getroffen und eines für gesunken erklärt, wohingegen man auf der *Maddox* von ein oder zwei gesunkenen Booten sprach.

»Ist es denn ausgeschlossen, daß überhaupt kein Angriff erfolgte?« fragte ich Sharp.

Er entgegnete: »Nein, das ist nicht völlig ausgeschlossen.«

Ich sagte: »Wir werden es jedenfalls nicht tun [den Vergeltungsschlag ausführen], bevor wir nicht absolut sicher wissen, was passiert ist.«

Sharp stimmte mir zu und sagte, er hoffe, in ein paar Stunden mehr Informationen zu haben.[7]

Um 16.47 Uhr setzten sich Cy und ich mit den Stabschefs zusammen, um die Hinweise auf den angeblichen zweiten Angriff zu prüfen. Es waren insbesondere fünf Faktoren, die uns zu der Überzeugung führten, daß sich der Zwischenfall tatsächlich ereignet hatte: Die *Turner Joy* war beleuchtet gewesen, als sie mit automatischen Waffen unter Beschuß genommen wurde; einer der Zerstörer hatte Cockpitlichter von PT-Booten wahrgenommen; zwei amerikanische Maschinen waren von Flugabwehrgeschützen beschossen worden, als sie das Gebiet überflogen; wir hatten eine nordvietnamesische Nachricht abgefangen und entschlüsselt, die darauf hindeutete, daß zwei ihrer Boote versenkt wurden; und Admiral Sharp hatte festgestellt, daß wahrscheinlich ein Angriff stattgefunden hatte. Um 17.23 Uhr rief Sharp Burchinal an und teilte ihm mit, es bestünde nun kein Zweifel mehr daran, daß ein Angriff auf die Zerstörer erfolgt sei.[8]

Um 18.15 Uhr trat im Weißen Haus der Nationale Sicherheitsrat zusammen. Ich erläuterte die Meldungen, die zu unserer Schlußfolgerung geführt hatten, und teilte unsere beabsichtigte Reaktion mit. Alle Mitglieder des Sicherheitsrates billigten die Maßnahme, und der Präsident bewilligte den Einsatz von Marineflugzeugen.[9]

Um 18.45 Uhr trafen sich der Präsident, Dean Rusk, der neue Vorsitzende der Vereinigten Stabschefs, General Earle G. »Bus«

Wheeler, und ich mit Führern des Kongresses, um sie über die Ereignisse des Tages und unsere geplante Antwort zu informieren. Nachdem Dean den Abgeordneten die Hintergründe unseres Vergeltungsschlags dargelegt hatte, erklärte er, daß Nordvietnam mit dem Angriff auf unsere Schiffe auf hoher See einen schwerwiegenden Schritt unternommen habe und wir diese Aktion nicht als ein Versehen deuten dürften. Wir müßten in Südostasien vielmehr unsere Entschlossenheit demonstrieren. Gleichzeitig würde unsere begrenzte Reaktion zeigen, daß wir keinen Krieg mit dem Norden wünschten. Der Präsident teilte der Runde mit, daß er dem Kongreß eine Resolution vorlegen wolle, um dessen Unterstützung für amerikanische Kampfhandlungen in Südostasien zu erhalten, falls diese erforderlich werden sollten. Einige Senatoren und Abgeordnete erklärten, sie würden diese Forderung unterstützen.[10]

Um 19.22 Uhr erhielt die *Ticonderoga* vom Präsidenten die Genehmigung zur Bombardierung, und wenig später auch der zweite Flugzeugträger, die *Constellation*. Um 22.43 Uhr Washingtoner Zeit starteten von den beiden Flugzeugträgern die ersten Maschinen. Insgesamt wurden 64 Einsätze gegen die Patrouillenbootstützpunkte und ein dazugehöriges Ölversorgungsdepot geflogen. Die Mission wurde als erfolgreich bewertet – als eine begrenzte, aber angemessene Antwort auf mindestens einen und höchstwahrscheinlich sogar zwei Angriffe auf amerikanische Schiffe.

Doch bald schon wurde der Vorfall zum Streitfall. Am 6. August äußerten einige Senatoren Zweifel an unserem Bericht über die Ereignisse. Es kam zu keiner Einigung, und etliche Jahre später (im Februar 1968) fand eine Senatsanhörung statt, um die Beweise erneut zu überprüfen. Hierbei wurde auch der Bericht der Regierung in Frage gestellt. 1972 kam Louis Tordella, der damalige stellvertretende Direktor der National Security Agency, zu dem Schluß, daß die abgefangene nordvietnamesische Nachricht, die als Befehl zum Angriff vom 4. August gedeutet worden war, sich in Wirklichkeit auf den Zwischenfall am 2. August bezogen hatte. Diese Folgerung wurde 1984 von Ray S. Cline, 1964 stellvertretender CIA-Direktor für Aufklärung, in einem Interview untermauert. Und James B. Stockdale – der 1964 als Pilot auf der *Ticonderoga* Dienst tat und später acht Jahre in einem Gefängnis in Hanoi inhaftiert war, wofür ihm der Kongreß die Medal of Honor verlieh – erklärte in seinen Memoiren, daß er, als er am 4. August die beiden Zerstörer überflog, keine nordvietnamesischen Schiffe gesichtet und von einem Angriff nichts bemerkt habe.[11]

Die Kontroverse dauert bis zum heutigen Tag an.

Am 6. August 1964, 9 Uhr, begann die gemeinsame Sitzung der Senatsausschüsse für auswärtige Beziehungen und für die Streitkräfte. Dean, Bus und ich nahmen daran teil, um zu den Vorfällen im Golf von Tonking vom 2. und 4. August Stellung zu nehmen und für die gemeinsame Resolution der beiden Häuser des Kongresses zu werben.

Dean eröffnete seine vorbereitete Erklärung mit dem Hinweis, »daß der unmittelbare Anlaß für diese Resolution natürlich die nordvietnamesischen Angriffe vom 2. und 4. August auf unsere Marineschiffe sind, die in internationalen Gewässern im Golf von Tonking operieren«. Er fuhrt fort: »Diese jüngsten Angriffe ... sind kein Einzelereignis. Sie sind Bestandteil des fortdauernden kommunistischen Bestrebens, Südvietnam zu erobern ... und schließlich auch andere freie Staaten in Südostasien zu unterwerfen.« Anschließend beschrieb ich die beiden Angriffe in allen Einzelheiten, und Bus bestätigte, daß die Stabschefs den amerikanischen Vergeltungsschlag einstimmig gebilligt und unter den gegebenen Umständen für angemessen erachtet hätten.

Die Befragung durch den Ausschuß konzentrierte sich auf zwei Punkte: Was hatte sich im Golf abgespielt? Und ermächtigte die Resolution den Präsidenten, in dieser Region mit militärischen Mitteln vorzugehen?

Senator Wayne Morse erhob gegen unsere Darstellung der

Vorfälle, unsere militärische Antwort und die Resolution selbst vehement Einspruch:

Ich lehne diese Vorgehensweise strikt ab, da sie die Vereinigten Staaten meiner Meinung nach auf einen aggressiven Kurs führt. Wir halten die Welt zum Narren, wenn Sie den Eindruck erwecken wollen, daß wir mit der Beschießung zweier unmittelbar vor der Küste Nordvietnams gelegener Inseln durch die südvietnamesische Marine nichts zu tun hatten.

Ich glaube, die ganze Art unserer Hilfe für Südvietnam verdeutlicht der Welt zur Genüge, daß diese Schiffe nicht im luftleeren Raum, unabhängig von den Vereinigten Staaten operierten. Wir wußten, daß diese Schiffe dorthin steuerten und es sich dabei um einen eindeutigen Angriff auf nordvietnamesisches Territorium handelte. Und unsere eigenen Schiffe kreuzten in der Bucht von Tonking, in internationalen Gewässern, aber nichtsdestotrotz in der Bucht von Tonking – und das kann man nur so verstehen, daß sie den südvietnamesischen Operationen zur See Rückendeckung gaben.

Meiner Meinung nach ist folgendes geschehen: Khanh hat uns bei einem offenen Angriff auf die territoriale Integrität Nordvietnams als »Kugelfang« benutzt. Ich habe unzählige Berichte darüber gehört, und in keinem findet sich auch nur der geringste Beweis dafür, daß Nordvietnam zu Land oder zur See irgendwelche Militäraktionen gegen Südvietnam unternommen hat.

Dieser letzte Satz widersprach den zahlreichen und stetig zunehmenden Belegen für eine Unterstützung des Vietcong durch Nordvietnam – zu Lande, zu Wasser, mit Truppen und militärischer Ausrüstung. Der Senator schloß seine Erklärungen mit der Behauptung: »Passenderweise standen amerikanische Kriegsschiffe als Schutzschild« für die südvietnamesischen 34A-Operationen »in Bereitschaft«.

Ich gab zur Antwort: »Unsere Marine hatte keinen Anteil an den südvietnamesischen Aktionen, sie stand damit nicht in Verbindung und hatte auch keine Kenntnis davon.« Wie bereits erwähnt, wurden weder die 34A-Operationen von der US-Marine ausgeführt, noch dienten die DESOTO-Patrouillenboote als

»Rückendeckung« oder als »Schutzschild« für 34A-Boote. Senator Morse kannte diese Fakten seit dem 3. August, als Dean, Bus und ich ihn und andere Senatoren über 34A und die DESOTO-Patrouillen unterrichtet hatten. Der erste Teil meiner Antwort war korrekt. Aber dann fügte ich hinzu, daß die *Maddox* »über mögliche südvietnamesische Aktionen im Zusammenhang mit den beiden von Senator Morse genannten Inseln nicht informiert war, sie nicht wahrnahm, keinerlei Hinweis auf sie hatte und, soviel ich heute sagen kann, keine Kenntnis davon besaß«. Dieser Teil meiner Antwort war, wie ich später erfahren sollte, absolut falsch. Captain Herrick, der Kommandeur der DESOTO-Patrouille, hatte tatsächlich von den 34A-Operationen gewußt. Meine Behauptung war aufrichtig, aber falsch.

Anschließend ging es in der Anhörung um die Resolution. Deren wichtigste Passagen lauteten:

> Da [nordvietnamesische] Marineeinheiten ... unter Verletzung ... internationalen Rechts vorsätzlich und wiederholt Schiffe der Vereinigten Staaten angegriffen haben, welche sich rechtmäßig in internationalen Gewässern aufhielten, ... und da diese Angriffe Teil einer gezielten und systematisch betriebenen Aggression ... gegenüber den Nachbarländern sind, ... sind die Vereinigten Staaten, gemäß dem Entschluß des Präsidenten bereit, alle notwendigen Maßnahmen einschließlich der Anwendung von Waffengewalt, zu ergreifen, um jedem Mitglieds- oder Signatarstaat des Southeast Asia Collective Defense Treaty beizustehen, der um Hilfe zur Verteidigung seiner Freiheit bittet.

Bei der Diskussion über die vorgeschlagenen Formulierungen der Resolution betonte Dean, es würden hier ähnliche Vollmachten eingeräumt wie in den Kongreß-Resolutionen von 1955 zu Formosa, 1957 zum Nahen Osten und 1962 zu Kuba. In Deans vorbereiteter Erklärung hieß es: »Wir wissen nicht, welche Schritte in Zukunft erforderlich sind.« Dann fügte er hinzu: »Da sich die Situation in Südostasien ständig verändert, wird es *für den Fall, daß diese Entwicklung eine jetzt nicht vorhersehbare Richtung nimmt, natürlich enge und ständige Konsultationen zwischen dem Präsidenten und dem Kongreß geben* [Hervorhebung des Autors].«

Der Vorsitzende des Senatsausschusses für auswärtige Beziehungen William Fulbright – der die Anhörung leitete, die Zustimmung des Senats für die Resolution erwirkte und später scharfe Kritik an dem Umgang der Regierung Johnson mit den Ereignissen im Golf von Tonking übte – machte uns an jenem Tag Komplimente: »Die Promptheit und Entschiedenheit, ... die Sie alle in dieser Angelegenheit gezeigt haben, ist lobenswert.«

Andere Anwesende wiesen auf die umfangreiche Machtübertragung auf den Präsidenten hin. Senator Clifford P. Case (Republikaner/New Jersey) beispielsweise fragte, ob die drei zuvor genannten Resolutionen auch die unscharfe Formulierung »gemäß dem Beschluß des Präsidenten« beinhalteten. »Es gab dort entsprechende Formulierungen«, entgegnete Senator Fulbright, worauf Senator Case seine entschiedene Zustimmung erklärte. Beide Ausschüsse empfahlen mit 31 Stimmen zu einer dem Senat die Annahme der Resolution. Die Gegenstimme stammte von Morse.[12]

In der Plenarsitzung am Nachmittag kam es zum folgenden Wortwechsel zwischen Senator John Sherman Cooper (Republikaner/Kentucky) und Senator Fulbright:

COOPER: Erteilen wir damit dem Präsidenten vorab die Befugnis, jegliche Maßnahmen zu ergreifen, die ihm hinsichtlich Südvietnams und dessen Verteidigung beziehungsweise der Verteidigung anderer SEATO-Staaten notwendig erscheinen?
FULBRIGHT: Ich denke, so ist es.
COOPER: Wenn nun der Präsident zu dem Schluß käme, daß Mittel notwendig sind, die zu einer Beteiligung am Krieg führen, haben wir dann dem Präsidenten mit dieser Resolution die Vollmacht hierzu erteilt?
FULBRIGHT: So würde ich es verstehen.[13]

Für mich steht außer Zweifel, daß der Kongreß begriffen hatte, welche weitreichende Machtübertragung auf den Präsidenten mit dieser Resolution verbunden war. Doch ebenso steht für mich außer Frage, daß der Kongreß davon ausging, der Präsident werde diese umfangreichen Befugnisse nicht ausüben, ohne ihn zuvor gründlich und eingehend konsultiert zu haben.

Am folgenden Tag, dem 7. August, stimmten Senat und Repräsentantenhaus ab. Der Senat billigte die Resolution mit 88 zu zwei Stimmen: Morse und Ernest W. Gruening (Demokrat/Alaska) votierten dagegen. Das Repräsentantenhaus nahm die Resolution einstimmig, mit 416 Stimmen, an.

Kritiker haben lange Zeit behauptet, die gesamte Tonking-Angelegenheit sei von Täuschung und Irreführung geprägt gewesen. Sie werfen der Regierung vor, sie habe sich die Zustimmung des Kongresses für die Kriegführung in Indochina erschleichen wollen, zu diesem Zweck eine Ermächtigungsresolution vorgelegt, einen entsprechenden Vorfall provoziert, um die Resolution zu rechtfertigen, und falsche Angaben gemacht, um sie durchzusetzen. Diese Vorwürfe entbehren jeglicher Grundlage.

Die Resolution erwuchs aus der Überzeugung des Präsidenten, daß zunächst die Zustimmung des Kongresses eingeholt werden müßte, sollten Umstände eintreten, die den Einsatz von Kampftruppen in Indochina erforderlich machten – wie einige der Vereinigten Stabschefs das seit Januar gefordert hatten. Zu diesem Zweck hatte das Außenministerium Ende Mai eine Resolution erarbeitet. Da jedoch Max Taylor als Vorsitzender der Stabschefs empfohlen hatte, mit amerikanischen Militäroperationen zumindest nicht vor Herbst zu beginnen – eine Empfehlung, mit der der Präsident, Dean, Mac und ich übereinstimmten –, war beschlossen worden, die Resolution erst dann dem Kongreß vorzulegen, wenn das Bürgerrechtsgesetz im September den Senat passiert hätte.

Diesen Zeitplan hatten wir vor Augen, bis uns die nordvietnamesischen Angriffe auf amerikanische Kriegsschiffe davon überzeugten, daß der Krieg eskalierte, und wir uns fragten, was als nächstes geschehen würde. Dies wiederum führte uns zu der Ansicht, daß eine Resolution wahrscheinlich früher als zuvor angenommen benötigt würde. Möglicherweise sah der Präsident in dem Zwischenfall auch eine gute Gelegenheit, die Resolution an einen feindlichen Akt Hanois zu knüpfen, und zwar auf eine Weise, die ihn entschlossen, aber moderat erscheinen ließ, vor allem im Gegensatz zu dem Präsidentschaftskandidaten der Republikaner Barry Goldwater und seinem kriegstreiberischen Gerede.

Der Vorwurf gewollter Provokation wird zum Teil auch deshalb immer noch erhoben, weil einige ehemalige Regierungsmitglieder ihn geteilt haben. In einem Rundfunk-Interview der BBC stellte George Ball im Jahr 1977 fest: »Viele von denen, die mit dem Krieg befaßt waren, ... haben nach einem Vorwand für die Bombardierungen gesucht. ... Die DESOTO-Patrouillen dienten in erster Linie der Provokation. ... Es machte sich die Ansicht breit, daß es genau der von uns gewünschten Provokation entspräche, wenn der Zerstörer in Schwierigkeiten geriete.«[14]

Dagegen erklärte Bill Bundy in derselben Radiosendung, daß die Vereinigten Staaten nicht beabsichtigt hätten, eine Krise zu entfachen und die Vorfälle auch nicht als Vorwand für Militäraktionen »konstruieren« wollten. In Wirklichkeit, so erklärte er, »haben die Vorkommnisse unsere Pläne durchkreuzt, um es geradeheraus zu sagen. Nach Lage der Dinge in Südvietnam glaubten wir nicht, die Situation habe sich so verschlimmert, daß wir härtere Maßnahmen in Erwägung ziehen müßten.« An anderer Stelle meinte Bundy: »Die Behauptung, die Regierung habe irgendwelche Absicht gehegt, diese Vorfälle zu provozieren, ist nicht bloß schwach, sondern hat keinerlei Berechtigung.«[15]

Dann gab er noch einen weiteren wesentlichen Punkt zu bedenken:

Rückblickend ist das Verhalten Hanois am besten mit einer Fehleinschätzung sowohl von seiten der Vereinigten Staaten als auch Nordvietnams zu erklären. Einfach ausgedrückt: Eine Regierung, die fest entschlossen war, ihre Risiken möglichst gering zu halten, beging einen Fehler, indem sie die 34A-Operationen und die Patrouillenfahrt des Zerstörers zum selben Zeitpunkt stattfinden ließ. Auch vernünftig denkende Leute hätten nicht ohne weiteres vorhersehen können, daß Hanoi da etwas durcheinanderbringen könnte ..., aber rationale Überlegungen hätten auch irrationales Vorgehen in Betracht ziehen müssen. ... Washington wollte keinen Zwischenfall, und es erscheint zweifelhaft, ob Hanoi einen beabsichtigt hatte. Doch sie haben einander mißverstanden, und so nahmen die Ereignisse ihren Lauf.[16]

Ich stimme mit beiden Kommentaren überein. Und ich vermute, auch Dean, Mac und Max würden diese Ansicht teilen.

Sicherlich wäre die Tonking-Resolution weniger umstritten, wenn sie nicht zu einem stärkeren militärischen Engagement in Vietnam geführt hätte. Tatsächlich aber öffneten sich damit die Schleusen. Dennoch ist die Überlegung, die Regierung Johnson habe den Kongreß absichtlich hinters Licht geführt, falsch. Das Problem war nicht, daß der Kongreß die Tragweite der Resolution nicht erfaßt hat, sondern daß er die Tragweite des Krieges nicht ermessen konnte und nicht einzuschätzen vermochte, wie die Regierung reagieren würde.

Ein Bericht des Senatsausschusses für auswärtige Beziehungen von 1967 kam zu dem Schluß, der Kongreß habe eine Resolution gebilligt, die unklare Formulierungen enthielt: »Der Kongreß beging den Fehler, eine *personenbezogene* Beurteilung zuzulassen – also sich zu fragen, wie Präsident Johnson die Resolution umsetzen würde –, anstatt seiner Verpflichtung nachzukommen und eine *institutionelle* Beurteilung zu gewährleisten, was bedeutet: erstens darüber zu debattieren, wie *ein beliebiger* Präsident mit einer solchen Machtbefugnis umgehen würde, und zweitens, ob die Verfassung dem Kongreß überhaupt das Recht einräumt, die besagte Befugnis zu erteilen oder zu billigen [Hervorhebung im Original].« Ich stimme mit beiden Punkten überein.[17]

Senator Fulbright kam schon bald zu Bewußtsein, daß er in die Irre geleitet worden war – was ja auch stimmte. Bei der Anhörung am 6. August 1964 hatte er von Dean (und ich glaube, später auch noch von Johnson persönlich) die definitive Zusage erhalten, daß der Präsident nicht ohne gründliche Beratung mit dem Kongreß von seiner weitreichenden Machtbefugnis Gebrauch machen würde. In der Anhörung vom 20. Februar 1968, bei der die Angelegenheit erneut geprüft wurde, sprach Senator Fulbright mich jedoch großherzig von der Beschuldigung frei, den Kongreß absichtlich getäuscht zu haben. »Ich wollte nie den Eindruck vermitteln, der Meinung zu sein, Sie hätten uns absichtlich zu täuschen versucht«, meinte er. Die Senatoren Mike Mansfield, Claiborne Pell und Stuart Symington äußerten sich ähnlich.[18]

Das grundsätzliche Problem beim Tonking-Zwischenfall liegt nicht darin, daß es sich um einen Täuschungsversuch gehandelt hat. Es geht vielmehr darum, daß durch die Resolution dem Machtmißbrauch Vorschub geleistet wurde: Ihr Wortlaut räumte dem Präsidenten weitgehende Vollmachten ein, die er später ausschöpfte, und der Kongreß war sich des Umfangs dieser Machtbefugnisse durchaus bewußt, als er am 7. August 1964 der Resolution mit überwältigender Mehrheit zustimmte. Aber zweifellos beabsichtigte der Kongreß *nicht*, ohne vorherige umfassende Beratungen der Aufstockung der amerikanischen Streitkräfte in Vietnam von 16 000 auf 550 000 Mann zuzustimmen – eine Aufstockung, die zu großangelegten Kampfhandlungen führte, das Risiko der Ausweitung des Krieges durch die Konfrontation mit China und der Sowjetunion barg und auf viele Jahre hinaus die Vereinigten Staaten immer stärker in den Vietnamkrieg verwickelte.

Die Frage, ob der Kongreß oder der Präsident über amerikanische Militäroperationen zu bestimmen habe, ist bis zum heutigen Tage heftig umstritten. Die Ursache hierfür liegt in der zweideutigen Formulierung unserer Verfassung, die den Präsidenten zum Oberbefehlshaber erklärt, dem Kongreß jedoch das Recht einräumt, Kriegserklärungen auszusprechen.

Im Dezember 1990, unmittelbar vor dem Golfkrieg, wurde ich vom Senatsausschuß für auswärtige Beziehungen zum möglichen Einsatz amerikanischer Streitkräfte im Persischen Golf befragt. Einige Tage zuvor hatte Verteidigungsminister Richard B. Cheney darauf hingewiesen, die Entscheidung über die Entsendung umfangreicher amerikanischer Truppenkontingente in den Golf (schließlich wurden dort 500 000 Männer und Frauen stationiert) liege bei Präsident Bush, dem Oberbefehlshaber der Streitkräfte. Senator Paul S. Sarbanes (Demokrat/Maryland) bat mich um eine Stellungnahme zu Cheneys Erklärung. Ich antwortete, ich sei kein Experte für Verfassungsrecht und könne deshalb keine Antwort geben. Da Senator Sarbanes sich jedoch sicher war, daß ich Cheneys Auffassung nicht teilte, ließ er nicht locker. Schließlich erklärte ich ihm, seine Frage sei falsch gestellt. Das Problem beschränke sich nicht auf die Rechtmäßigkeit, sondern grundsätzlich stecke darin eine politische Frage: Soll ein Präsident unser Land in einen Krieg führen dürfen (bei dem es sich nicht bloß um die Verteidigung unserer Küsten handelt), ohne die durch den Kongreß geäußerte Zustimmung der Bevölkerung? Ich sagte, kein Präsident dürfe so etwas tun, und ich sei mir sicher, daß sich auch Präsident Bush daran halten werde. Und das tat er. Bevor Präsident Bush Kampfhandlungen gegen den Irak anordnete, ersuchte er um die Unterstützung durch den Kongreß (und den UN-Sicherheitsrat) – und erhielt sie.

Präsident Bush tat das Richtige. Präsident Johnson und alle, die mit ihm zusammenarbeiteten, begingen einen Fehler.

6.

DIE WAHL VON 1964
UND DIE FOLGEN

8. AUGUST 1964 – 27. JANUAR 1965

Heute ist häufig die Meinung zu hören, Präsident Johnson habe im Hinblick auf Vietnam Entscheidungen beiseite geschoben, weil er sich auf die Präsidentschaftswahlen von 1964 konzentrieren wollte. Von anderer Seite wird sogar behauptet, er habe seine Absicht, den Krieg in großem Maßstab auszuweiten, aus politischen Gründen verheimlicht und den Kandidaten der Republikaner, Senator Barry M. Goldwater (Arizona), als Kriegstreiber, sich selbst dagegen als vernünftigen, friedliebenden Staatsmann hinstellen wollen.

Wenn Lyndon Johnson vorhatte, den Krieg eskalieren zu lassen, so hat er mir dies jedenfalls nie mitgeteilt. Und ich glaube auch, daß er niemals eine solche Absicht gehegt hat. Er gab weder mir noch den Vereinigten Stabschefs jemals zu verstehen, daß wir uns wegen der amerikanischen Wahlen in Vietnam zurückhalten sollten. Tatsache aber war, daß unter seinen Beratern kein Konsens darüber herrschte, was zu tun sei.

In dieser Zeit verschlechterten sich die militärischen und politischen Bedingungen in Südvietnam zusehends. Unser Dilemma, einerseits eine direkte militärische Einmischung vermeiden und andererseits den Verlust Südvietnams verhindern zu wollen, spitzte sich zu. Abgesehen von unserer Unsicherheit wuchsen auch die Meinungsverschiedenheiten darüber, wie man sich angesichts des sich beschleunigenden Niedergangs der Saigoner Regierung verhalten solle: Dies schlug sich in unserer Politik nieder. Wie ein roter Faden zog sich die wachsende Frustration und Verzweiflung über dieses schwierige und zunehmend gefährliche Problem durch unsere Debatten.

Barry Goldwater vertrat während des Wahlkampfs 1964 in der Vietnamfrage eine harte Linie. Anfang März hieß es, er habe laut darüber nachgedacht, ob die Vereinigten Staaten zehn Jahre zuvor, als Frankreichs Vietnamtruppen in Dien Bien Phu belagert wurden, nicht gut daran getan hätten, eine kleine Atombombe abzuwerfen, um die Bäume zu entlauben, die die Angreifer als Deckung benutzten. Einen Tag später führte er diese Äußerung weiter aus. Nun, da Amerika in den Krieg verwickelt sei, meinte er, sollten wir »den Krieg nach Nordvietnam hineintragen – schon vor zehn Jahren hätten wir Nordvietnam bombardieren sollen; damals bestand nicht die Gefahr eigener Verluste«. Überflüssig zu sagen, daß ein derartig kriegslüsternes Gerede bei vielen Wählern die Alarmglocken schrillen ließ.[1]

Präsident Johnson erschien im Gegensatz dazu als ein Vorbild an Mäßigung und Zurückhaltung. Eine seiner ersten – und in vielerlei Hinsicht am sorgsamsten durchdachten – Äußerungen zu Vietnam war Bestandteil einer Rede vor der American Bar Association am 12. August in New York City. Die Formulierungen zeugen von der Gewandtheit seines Redenschreibers (der in den Aufzeichnungen nicht genannt wird), aber der Inhalt stammte unzweifelhaft vom Präsidenten selbst:

Seit dem Ende des Zweiten Weltkriegs ... haben wir geduldig an der Errichtung einer neuen Weltordnung gearbeitet, in der sowohl Frieden als auch Freiheit gedeihen sollten.

Wir haben so lange mit Krisen und Gefahren gelebt, daß wir, nahezu ungeteilt, davon ausgehen, daß jegliche Bedrohung [dieser] Ordnung auch Amerika betrifft. ...

Wir haben dies getan, weil wir nach schmerzhaften Erfahrungen begriffen haben, daß wir nicht mehr abwarten dürfen, bis die Wogen eines Konflikts unsere Ufer erreichen. Aggression und Aufruhr, in welchem Teil der Welt auch immer, tragen die Saat der

Zerstörung auch in unser freies Land und vielleicht sogar in die zivilisierte Welt ganz allgemein.

Wir haben dies schließlich auch aus einem Grund getan, der für andere oft nur schwer verständlich ist. Wir haben es getan, weil es unsere Pflicht war.

Sowohl die Zyniker unter unseren Freunden als auch erbitterte Feinde unterschätzen oder übersehen gleichermaßen, daß die Geschichte Amerikas von moralischen Prinzipien durchzogen ist.

Natürlich stellen Sicherheit und Wohlfahrt die Grundpfeiler unserer Politik dar. Doch die Kraft für unsere Bemühungen erwuchs zum großen Teil aus moralischen Prinzipien.

Es ist richtig, daß die Starken den Schwachen bei der Verteidigung ihrer Freiheit helfen sollten. ...

Es ist richtig, daß Nationen frei sein sollten vom Zwang durch andere.[2]

Es hat heiße Debatten darüber gegeben, ob Präsident Johnsons Außenpolitik noch auf moralischen Prinzipien beruhte. Ich hege keinen Zweifel daran, daß er und viele seiner Berater – ich selbst eingeschlossen – sich von solchen Überlegungen haben leiten lassen. Ob das richtig war – oder ob auch heute Regierungen moralischen Kriterien folgen sollten –, bleibt höchst umstritten. Pragmatiker und politische Realisten verneinen dies. Ich hingegen befürworte es – zum Beispiel bei der Frage, ob eine unterschiedslose Bombardierung Nordvietnams hätte vermieden werden müssen oder man die Gefahr des Einsatzes von Atomwaffen in Kauf nehmen sollte. Dieses Thema steht auch gegenwärtig wieder zur Debatte, da Amerika um seine Positionsbestimmung in der Welt nach dem Kalten Krieg kämpft.

Jedenfalls fürchtete Präsident Johnson in diesen Monaten und auch noch lange nach der Wahl, daß uns die rechtsgerichteten Kräfte in Amerika noch tiefer in den Indochina-Konflikt stoßen könnten und sich damit das Risiko eines Krieges mit China und den Sowjets erhöhen würde. Als Reaktion auf diesen Druck von rechts sagte er manches, was später gegen ihn verwendet wurde. Im August erklärte er zum Beispiel – und dies war offensichtlich an Goldwater gerichtet: »Einige haben es darauf abgesehen, den Konflikt zu verschärfen. Sie fordern von uns, amerikanische Soldaten zu entsenden, um eine Aufgabe zu übernehmen, die eigentlich asiatischen Soldaten zufällt. ... Derartige Maßnahmen würden aber das eigentliche Vietnamproblem nicht lösen.« Und er fügte hinzu: »Die Südvietnamesen tragen die Hauptverantwortung für die Verteidigung ihrer Freiheit.«[3] Diesen Satz wiederholte er während des Wahlkampfs immer wieder – in New Hampshire und Oklahoma, in Kentucky und Ohio.

Verbarg er etwas? Für uns, die wir hinter den Kulissen standen, hatte Johnson das Ziel in Vietnam unmißverständlich formuliert: »Gewinnt den Krieg!« Er sagte dies zu Dean Rusk, Mac Bundy und mir bei seinem ersten Treffen mit uns als Präsident. Und von diesem Ziel ist er nie abgerückt. Wir aber konnten ihm nie einen Weg zeigen, *wie* der Sieg zu einem annehmbaren Preis oder unter annehmbaren Risiken zu erringen gewesen wäre.

Dem amerikanischen Volk hätte er allerdings mehr erklären können. Während wir uns auf keinen Plan zur Entsendung von Kampftruppen geeinigt hatten, stand über Monate hinweg ein Einsatz kleinster Kontingente der amerikanischen Luftwaffe zur Debatte; auch mehrten sich die Zweifel, ob sich Saigon noch über einen längeren Zeitraum selbst verteidigen könne. Der Präsident ließ davon in der Öffentlichkeit nichts verlauten. Hätte er es getan, hätte er wahrscheinlich etwas hinzufügen müssen wie: »Wir sind in höllischen Schwierigkeiten, und ich weiß nicht, was passieren wird.« Aber das tat er nicht.

Natürlich ist bei Politikern in derartigen Situationen eine uneingeschränkte Offenheit nicht üblich. Nicht bei Woodrow Wilson während des Präsidentschaftswahlkampfs von 1916, den er mit dem Slogan »Er hat uns aus dem Krieg herausgehalten« führte, um dann im folgenden Frühjahr dem deutschen Kaiserreich den Krieg zu erklären. Nicht bei Franklin Roosevelt im Wahlkampf von 1940, als er sagte, er werde keine amerikanischen Truppen nach Europa schicken – kurz bevor wir in den Zweiten Weltkrieg eintraten. Präsident Johnson glaubte fest daran, daß ein Sieg Goldwaters die Vereinigten Staaten gefährden und die Stabilität der Welt bedrohen würde. Er war außerdem davon überzeugt, daß der Zweck – Goldwaters Niederlage – die Mittel heiligte. Daher war das, was er während des Wahlkampfs öffentlich sagte, nur in einem sehr eingeschränkten Sinne richtig. Es war die Wahrheit, aber bei weitem nicht die ganze.

Trotzdem bedeutet dieser Mangel an Ehrlichkeit gegenüber der Öffentlichkeit nicht, daß er tatsächlich Pläne zur Eskalation des Krieges schmiedete. Obwohl ein Teil der Vereinigten Stabschefs seit Anfang 1964 ein stärkeres militärisches Engagement in Vietnam forderte, hatten William Westmoreland und Max Taylor sowie der südvietnamesische Staatschef Nguyen Khanh unbedingt dazu geraten, damit noch zu warten. Als Mac und ich Ende Januar 1965 Johnson empfahlen, den Kurs zu ändern, waren wir unsicher, was zu tun sei – Eskalation oder Abzug –, während Dean jeglichen Kurswechsel ablehnte.

Die Aufzeichnungen, die Präsident Johnson während seiner Amtszeit anfertigte, mögen manch einen zu der Ansicht verleiten, daß er vermutlich jeglichen Entschluß, in den Krieg einzutreten, wegen der noch nicht entschiedenen Wahl vor der Öffentlichkeit verheimlicht hätte. Das mag sein. Aber das heißt noch lange nicht, daß er 1964 schon eine Entscheidung getroffen hatte. Alles deutet auf das Gegenteil hin.

Während des Wahlkampfs wurde ich von Goldwater genauso angegriffen wie der Präsident. Goldwaters Lieblingsthema war die Bereitschaft Amerikas, einen – atomaren oder konventionellen – Krieg zu führen, und er unterstellte mir wiederholt, ich würde versuchen, die amerikanische Verteidigungsfähigkeit zu schwächen. Am 20. März erhob er den pauschalen Vorwurf, »daß Verteidigungsminister McNamara und das Außenministerium mit einer einseitigen Abrüstung beschäftigt sind«. Am 11. August verkündete er: »Unter den gegenwärtigen Verantwortlichen für die Verteidigung mit ihrem völligen Desinteresse an neuen Waffen werden unsere einsatzfähigen atomaren Kapazitäten im nächsten Jahrzehnt vielleicht um 90 Prozent reduziert.« Am 6. Oktober verschärfte er seine Unterstellungen und warf mir vor, »bewußt ... 90 Prozent unserer einsatzfähigen atomaren Kapazitäten stufenweise abzubauen«. In seinem autobiographischen Buch über den Wahlkampf, *Where I Stand*, aus dem in jenem Herbst Auszüge in der *Washington Post* veröffentlicht wurden, hieß es:

> Der gegenwärtige Verteidigungsminister ist zum obersten Fürsprecher – ja zum Architekten – einer sogenannten Verteidigungspolitik geworden, die Ende der sechziger und Anfang der siebziger Jahre den Schutzschild der Republik in einen Wall aus Schweizer Käse, voller Löcher, verwandelt haben wird: eine Politik, die ... Feinde dazu ermutigen wird, kühner zu werden und den letzten, fatalen Schritt zum Atomkrieg zu wagen. ...
>
> Ich wiederhole: Der Architekt dieser Politik ist der gegenwärtige Verteidigungsminister. Ganz einfach ausgedrückt, heißt das, daß die Verteidigungspolitik dieser Regierung auf eine *einseitige Abrüstung* hinausläuft.[4]

Und nun die Fakten.

Am 3. Februar 1964 teilte ich Goldwater und anderen Mitgliedern des Streitkräfteausschusses des Senats mit, daß sich die Zahl der strategischen Atomwaffen in unserer Armee in den nächsten fünf Jahren erhöhen und die Zahl der Sprengköpfe – zum Teil als Folge der von Präsident Eisenhower und meinem Vorgänger Tom Gates initiierten Programme – um 74 Prozent steigen würde, was eine Gesamtzunahme der Atomsprengkraft um 31 Prozent bedeute. Am 18. September erklärte ich öffentlich: »Ein voller atomarer Schlagabtausch zwischen den Vereinigten Staaten und der UdSSR würde in der ersten Stunde hundert Millionen Amerikaner töten. Doch obwohl die Zahl der getöteten Russen noch höher wäre, bezweifle ich, daß ein vernünftiger Mensch in diesem Fall von einem ›Sieg‹ sprechen würde.« Offenbar erzürnte Goldwater besonders, daß ich immer stärker die ernst zu nehmenden Grenzen und Gefahren unserer Atompolitik betonte – und zwar öffentlich. Seinen Äußerungen nach zu urteilen, sah er keinen echten Unterschied zwischen konventionellen und atomaren Waffen. Ja, er ging sogar so weit, dem Präsidenten vorzuschlagen, die Kommandeure in Vietnam zum Gebrauch aller uns zur Verfügung stehenden Waffen anzuhalten. Ich war damit ganz und gar nicht einverstanden und sagte dies auch.

Da Goldwater seine unbegründeten und rücksichtslosen Unterstellungen jedoch so lautstark und so häufig wiederholte, fürchtete Präsident Johnson, sie könnten den gewünschten politischen Effekt haben. Deshalb bat er Dean und mich, vor dem Programmkomitee beim Konvent der Demokraten in Atlantic City Stellung zu nehmen. Obwohl die Tradition – klugerweise – dem Außen- und Verteidigungsminister befiehlt, sich aus der Parteipolitik herauszuhalten, gaben Dean und ich dem Präsidenten zu meinem Bedauern nach und sprachen vor dem Konvent.

Manchmal hatte es den Anschein, als ob der Senator aus Arizona eher gegen mich als gegen Johnson anträte. Er warf mir die Entscheidung der Ford Motor Company vor, daß sie den Edsel einführte, ein kostspieliges Projekt, das im Jahre 1959 scheiterte und damit einer der größten finanziellen Flops der US-amerikanischen Wirtschaftsgeschichte war. Er behauptete, ich würde in gleicher Weise unser nationales Sicherheitsprogramm in den Bankrott führen. Goldwater wußte, daß ich keinerlei Verantwortung für die Entwicklung des Edsel trug. Aber er beharrte so sehr auf diesem Punkt, daß der ehemalige Vizepräsident der Ford Motor Company, Ernest R. Breech, der als einer der Hauptgeldgeber für Goldwaters Wahlkampf auftrat, schließlich an die Wahlkampfzentrale des Senators schrieb und erklärte, daß »Mr. McNamara ... nichts mit den Plänen für den Edsel oder auch nur einem Teil des Programms zu tun hatte«[5]. Doch der Senator ließ nicht von seinem Vorwurf ab, der schließlich in alle Zeitungsarchive der Welt gelangte. Die

Folge war, daß mir noch Jahre später die Reporter, die mich unter Beschuß nehmen wollten, den Beinamen »Vater des Edsel« gaben.*

Während des ganzen Wahlkampfs versuchte die Regierung in bezug auf Vietnam zwei Ziele in Einklang zu bringen: die Entsendung von Streitkräften zu umgehen und gleichzeitig Südvietnam vor der Übernahme durch die Kommunisten zu bewahren.

Beide Ziele zu verfolgen erwies sich zunehmend als schwierig. Inzwischen verschlechterten sich die Bedingungen in Südvietnam, vor allem im politischen Bereich, unaufhaltsam. Wir waren in der Frage, was angesichts des drohenden Zusammenbruchs der Regierung in Saigon zu tun sei, weiterhin tief gespalten – sowohl in Washington als auch in Saigon. Wir hielten eine Besprechung nach der anderen ab und tauschten zahllose Memos aus. Frustriert von den komplizierten Verhältnissen in Vietnam, den Differenzen in den eigenen Reihen und der Verwirrung, die unter uns herrschte, hingen wir in der Luft. Wir kamen weder zu einem Konsens, noch fanden wir eine Lösung.

Am 13. August schickte Mac dem Präsidenten ein Memorandum über die möglichen Vorgehensweisen in Südostasien. Es spiegelte seine, Deans und meine Sichtweise, aber auch die unserer Kollegen im Außen- und Verteidigungsministerium wider. Auf dieses Memo beziehungsweise die sich daraus ergebenden Äußerungen konzentrierten sich in den folgenden fünf Monaten unsere Aufmerksamkeit und unsere erbitterte Diskussion.

Das Memo begann mit dem Eingeständnis: »Die Lage in Südvietnam ist nicht gut.« Dann hieß es, daß Khanhs Chancen,

---

* Jahre später bat ich schließlich meinen bei der Weltbank zuständigen Mitarbeiter für Öffentlichkeitsarbeit, eine Kopie von Breechs Brief an die Presse zu verschicken, sobald dieser Vorwurf wieder auftauchte. Danach hörten die Angriffe endlich auf.

an der Macht zu bleiben, nur fünfzig zu fünfzig stünden und die Führung in Saigon Symptome von Defätismus zeige. Dies wiederum bewirke einen gewissen Druck, entweder den Krieg durch unmittelbaren Einsatz von US-Truppen auszuweiten oder ernsthaft eine Verhandlungslösung in Betracht zu ziehen, die unter den gegenwärtigen Umständen gleichbedeutend mit einer Kapitulation sei. Die einzige klare, uneingeschränkte Empfehlung lautete: »Wir müssen uns weiterhin einer Vietnam-[Verhandlungs-]Konferenz widersetzen«, weil wir mit »Verhandlungen ohne fortgesetzte Militäraktionen in der vorhersehbaren Zukunft unsere Ziele nicht erreichen werden«.

Mac hatte mögliche Militäraktionen von ausgedehnten verdeckten Operationen bis zu systematischen Luftschlägen der USA gegen den Norden und seine Nachschublinien im Süden aufgelistet. Er befürwortete einen Vorschlag von Max Taylor, den 1. Januar 1965 als Zieldatum für den Beginn jedweder bis dahin beschlossenen umfassenden militärischen Maßnahmen anzupeilen.[6]

Die Vereinigten Stabschefs kamen überein, daß wir Pläne für Luftangriffe auf nordvietnamesische Ziele und den Ho-Chi-Minh-Pfad vorbereiten sollten, um die Kampfbereitschaft Hanois zu brechen und den Nachschub für den Vietcong unmöglich zu machen. In Verbindung mit unserem späteren Einsatz von Bodentruppen wurde dies in den folgenden Jahren unsere Militärstrategie. Weder damals noch später gaben die Stabschefs eine umfassende Einschätzung darüber ab, wie wahrscheinlich die Erreichung dieser Ziele sei, wie lange wir dazu brauchen oder wie hoch die Verluste an Menschenleben, die Kosten der eingesetzten Mittel und die Risiken sein könnten.[7]

Was die Strategie des Luftkampfes betraf, formulierten die Stabschefs die später so genannte »Liste der 94 Angriffsziele«. Sie umfaßten die Flugplätze Nordvietnams, Kommunikationslinien, militärische und industrielle Einrichtungen und die Wege der bewaffneten Spähtrupps. Angriffe auf diese Ziele, so die Stabschefs, seien notwendig, wenn die USA ihre Stellung in

Südostasien nicht aufs Spiel setzen wollten. Die Studie erwähnte nicht, daß viele dieser Luftangriffe von Flugplätzen in Südvietnam aus erfolgen oder daß US-Kampftruppen notwendig sein würden, um die Flugplätze abzusichern.

Als ich die Empfehlungen las, bat ich die Vereinigten Stabschefs, die wirtschaftlichen und militärischen Folgen dieser Angriffe zu beurteilen. Ohne daß ich davon erfuhr, löste meine Forderung eine heiße Debatte unter den Stabschefs aus. Am 4. September äußerte der Stabschef der Armee, General Harold K. Johnson, in Gesprächen, die Zweckmäßigkeit von Luftangriffen stünde sehr in Frage. Die Stabschefs hatten bei ihrer Berichterstattung mehrmals versichert, daß »nach wie vor diejenigen Militäraktionen am erfolgversprechendsten sind, die den Willen und die Stärke Nordvietnams (DRV) [durch Luftangriffe] brechen und so die Demokratische Republik Vietnam dazu zwingen, den Aufständischen in Südvietnam (RVN) keinen Nachschub mehr zu liefern«. Aber General Johnson war anderer Meinung. Er betonte, es gebe immer mehr Hinweise darauf, daß »der Vietcong in der RVN noch lange Zeit in der gegenwärtigen oder in zunehmender Intensität weiteragieren kann, *selbst wenn* Nordvietnam *vollkommen* zerstört wird [Hervorhebung des Autors]«. Aus diesem Grund teilte General Johnson seinen Kollegen mit, daß eine Bombardierung Nordvietnams vielleicht die Operationen des Vietcong im Süden einschränken würde, daß aber »der Krieg gegen die Aufständischen in Südvietnam und entlang seiner Grenzen gewonnen« werde. Darüber hinaus schlug der General vor, die »Liste der 94 Angriffsziele« zurückzustellen, sofern die Nordvietnamesen oder Chinesen nicht in Südvietnam oder Laos einmarschierten. Seiner Überzeugung nach war diese Empfehlung eine unausweichliche Konsequenz aus der eigenen Voraussage der Stabschefs. Sie hatten prophezeit, falls alle 94 Ziele angegriffen würden, wäre ein großangelegter Gegenangriff der Nordvietnamesen oder Chinesen »mehr als wahrscheinlich«[8].

Aber in dem »Grundlagenpapier«, das die Stabschefs mit Max und mir am 8. September diskutierten, war weder hiervon noch von anderen Punkten, die General Johnson aufgeführt hatte, die Rede.

Diese von General Harold K. Johnson aufgeworfene Frage nach der Wirksamkeit einer Bombardierung wurde für die nächsten dreieinhalb Jahre zu einem wichtigen Thema der Gespräche sowohl zwischen dem Präsidenten und mir als auch zwischen den Stabschefs und den militärischen Befehlshabern in Vietnam. Überdies fanden dazu in den Jahren 1966/67 zwei höchst umstrittene Anhörungen im Kongreß statt, wobei die meisten Mitglieder des Streitkräfteausschusses und Militärexperten, die dabei aussagten, die von General Johnson 1964 geäußerte Ansicht bestätigten (die außerdem durch die späteren Entscheidungen von mir und dem Präsidenten gestützt wurde).

Diese Meinungsverschiedenheiten innerhalb des Generalstabs machten aber noch grundlegendere Probleme deutlich. Für die Befürworter von Luftangriffen in Luftwaffe und Marine stand die Effektivität der Bombardierungen außer Frage; daher wurde auch nicht überprüft, welche Folgen sie unter bestimmten Bedingungen haben könnten. Militär (mit Ausnahme der Special Forces) und Marine fanden es vergleichsweise schwierig, wirksame Operationen gegen die Guerilla zu planen und durchzuführen. Außerdem unterschätzten alle Waffengattungen – wie übrigens auch ich – weitgehend die Entschlossenheit, Ausdauer und Fähigkeit Hanois, die Kampfkraft des Vietcong im Süden zu stärken und auszuweiten.

Klaren Antworten am nächsten kam das, was auf meine Fragen zu den »94 Angriffszielen« in dem Bericht über ein Planspiel namens »Sigma II-64« vermerkt wurde, das die Joint War Games Agency der Vereinigten Stabschefs Mitte September 1964 durchführte. Die Schlußfolgerung lautete: »Eine Bombardierung industrieller und militärischer Einrichtungen« in Nordvietnam »würde nicht rasch zu einem Ende der

Rebellenkämpfe in Südvietnam führen« und hätte de facto »nur geringe Auswirkungen auf den (niedrigen) Lebensstandard« des Gegners.[9]

Die Regierung in Saigon zerfiel schneller, als wir unser mögliches Vorgehen mit dem Präsidenten absprechen konnten. Am 6. September telegraphierte Max aufgebracht, daß »nur das Auftauchen eines außergewöhnlich fähigen Führers die Lage verbessern könnte, aber ein George Washington ist nicht in Sicht«. Seit den Anfängen der Kennedy-Regierung hatten wir die politische Stabilität als grundlegende Vorbedingung für unsere Strategie in Vietnam betrachtet. Nun sagte Max quasi, daß diese unerreichbar erscheine. Kurz darauf bestätigte ein Sonderbericht der nationalen Sicherheitsbehörde (Special National Intelligence Estimate/SNIE) seine Beurteilung der Lage. Darin hieß es am Schluß: »Alles spricht dagegen, daß es eine stabile Regierung geben wird, die den Krieg in Südvietnam erfolgreich fortsetzen kann.«[10]

Diese beiden Einschätzungen hätten uns veranlassen müssen, unser grundlegendes Ziel und die Wahrscheinlichkeit, es jemals zu erreichen, erneut zu überdenken. Wir taten es zum großen Teil deshalb nicht, weil niemand bereit war, über einen Abzug zu diskutieren. Wir glaubten, dies würde eine Bresche in den Damm gegen die kommunistische Expansion in Südostasien schlagen, und das wollten wir nicht hinnehmen.

Da ich mich damals weitgehend auf SNIE-Berichte stützte und mich im folgenden häufig auf sie beziehen werde, möchte ich ein paar Erklärungen dazu geben. 1950 hatte die CIA ein unabhängiges Gremium geschaffen, das sich Board of National Estimates (BNE) nannte. Dessen Aufgabe bestand darin, Beurteilungen wichtiger politischer und militärischer Ereignisse, Entwicklungstendenzen und Vorhaben zusammenzustellen. Diese Einschätzungen beruhten auf Berichten der verschiedenen Nachrichtendienste – so auch des Bureau of Intelligence and Research (INR) des Außenministeriums – und der Streitkräfte. In der Regel verschickte das BNE Entwürfe seiner Einschätzungen an die anderen Nachrichtendienste, deren Kommentare anschließend vom BNE-Direktor nach eigenem Ermessen aufgenommen oder verworfen wurden. Dann wanderten die Einschätzungen an einen Revisionsausschuß auf höchster Ebene, das U.S. Intelligence Board (USIB), und schließlich zum Direktor der CIA. Dieser sandte die Schlußfassung direkt an die Staatsführung: den Präsidenten und seine wichtigsten Berater.

Fast meine ganze Amtszeit als Verteidigungsminister hindurch hatte Sherman Kent, ehemals Geschichtsprofessor in Yale, den Vorsitz des BNE inne. Sherman war ein ausgesprochen scharfer und strenger Denker, wenn es um geopolitische Fragen ging. Selbst wenn ich nicht einer Meinung mit ihm war – was selten vorkam –, hatte ich höchsten Respekt vor ihm. Die unter seiner Leitung angefertigten Berichte beeinflußten mich stark.

Als wir uns schließlich am 9. September mit dem Präsidenten trafen, um über mögliche Maßnahmen zu sprechen, trat die tiefe Kluft zwischen seinen Militärberatern offen zutage. Der Stabschef der Luftwaffe und der Kommandant des Marinekorps hielten es für erforderlich, unverzüglich mit Luftangriffen auf Nordvietnam zu beginnen. Der Vorsitzende der Vereinigten Stabschefs (Bus Wheeler), der Stabschef des Heeres, der Oberkommandeur der Marine, General Westmoreland und Botschafter Taylor hingegen meinten, wir sollten die momentan schwache Regierung in Saigon nicht durch drastische Maßnahmen gegen den Norden überstrapazieren.

Die politische Instabilität Südvietnams beunruhigte Präsident Johnson zutiefst, und er dachte laut darüber nach, ob sie all unsere Anstrengungen hinfällig mache. Max gab offen zu verstehen, daß wir einen Sieg Hanois nicht zulassen dürften. Bus stimmte dem nachdrücklich zu und betonte, die Stabschefs seien der einhelligen Überzeugung, daß ein Verlust Südvietnams den Verlust ganz Südostasiens bedeute. Dean Rusk und John McCone pflichteten ihm entschieden bei. Aber niemand fragte – auch ich nicht –, ob und wie sich dieser Verlust verhindern ließe! Am Ende unserer Unterredung beauftragte der Präsident Bus, all jenen Stabschefs, die den Norden sofort angreifen wollten, mitzuteilen, wir würden unseren Boxer nicht in einen Kampf über zehn Runden schicken, solange er nicht in der Verfassung sei, die erste Runde zu überstehen. »Wir sollten ihn so weit präparieren, daß er mindestens drei oder vier Runden durchsteht«, brummte er. Auffällig war, daß der Präsident mit keinem Wort erwähnte, wie sich eine Eskalation des Krieges auf die nunmehr nur noch zwei Monate entfernte Wahl auswirken würde.

Johnson machte sich zu Recht Sorgen über die Instabilität Südvietnams. Schon vier Tage später kam es erneut zu einem Putschversuch, diesmal von seiten katholischer Militärs, die meinten, General Khanh gehe zu sanft mit den Buddhisten um. Die Katholiken ließen Truppen in Saigon einmarschieren und hielten mehrere Einrichtungen der Regierung besetzt, bis jüngere, Khanh gegenüber loyale Offiziere sie verjagten.

Nach einem Gespräch mit dem Präsidenten über diesen Vorfall telegraphierte Dean an Max, daß »das Bild von den zerstrittenen [süd]vietnamesischen Führern im Ausland Entsetzen hervorgerufen« habe. Verbittert fragte er: »Welchen Sinn hat [unser] Engagement eigentlich noch, wenn nicht einmal die südvietnamesischen Befehlshaber in der Lage sind, ihre persönlichen Rivalitäten hintanzustellen?« Selbst Admiral Sharp begann Zweifel zu äußern. Am 25. September telegraphierte er an Bus Wheeler: »... die politische Lage in RVN [ist] inzwischen so instabil, daß sich ernsthafte Fragen über unseren zukünftigen Kurs stellen. ... Entscheidung für Abzug ist durchaus denkbar.« Und die CIA pflichtete ihm bei: »Alles spricht inzwischen dafür, daß in den kommenden Wochen die Kampfbereitschaft und Tauglichkeit der Südvietnamesen noch weiter abnehmen werden, und zwar so weit, daß die politische Grundlage der gegenwärtigen US-Politik und deren Ziele in Südvietnam gefährdet sind.«[11]

Mitten in dieser bedrückenden Lage schickte George Ball am 5. Oktober 1964 Dean, Mac und mir ein 62 Seiten starkes Memorandum, in dem die Voraussetzungen unserer Vietnampolitik in Frage gestellt wurden. Die Gründlichkeit, Ausführlichkeit und »Bilderstürmerei« dieses Memorandums waren ebenso bemerkenswert wie der Verfasser: eine bärenhafte Gestalt, aber ein feinsinniger Denker mit scharfem Verstand und großem schriftstellerischem Talent, überdies ein Anhänger des Atlantischen Bündnisses, der fest vom Primat amerikanisch-europäischer Beziehungen überzeugt war. George hatte Ende des Zweiten Weltkrieges im U. S. Strategy Bombing Survey in Deutschland gedient und war in den fünfziger Jahren als Berater der französischen Regierung tätig gewesen, als diese ihre Feuerprobe in Indochina zu bestehen hatte. Da seine starke Neigung zu Europa bekannt war, betrachteten Dean, Mac und ich seine Ansichten zu Vietnam mit Vorsicht.

Das Memorandum begann mit der Feststellung des Offensichtlichen: Die politischen Bedingungen in Saigon hätten sich merklich verschlechtert, und die Einsetzung einer Regierung, die stark genug wäre, die Aufständischen zu besiegen, sei höchst unwahrscheinlich. Dann nannte Ball die vier Optionen der amerikanischen Politik: (1) Fortsetzung des gegenwärtigen Kurses; (2) Beteiligung an den Kampfhandlungen; (3) eine Luftoffensive gegen den Norden; und (4) Bemühungen um eine politische Lösung. Danach analysierte er jede dieser Möglichkeiten. Der gegenwärtige Kurs führe zu einer Abwärtsspirale politischer und militärischer Schwäche. Eine Beteiligung an den Kampfhandlungen würde im Dschungel und auf den Reisfeldern auf seiten der Amerikaner schwere Verluste an Menschenleben fordern. Eine Bombardierung des Nordens würde weder dessen Willen brechen noch dessen Fähigkeit, den Vietcong zu unterstützen, entscheidend schwächen. (Außerdem würde seiner Auffassung nach ein Luftangriff nichts zur Verstärkung unserer Verhandlungsposition beitragen; dieses Urteil nahm er ein Jahr später jedoch wieder zurück.)

George stellte vor allem die Annahme in Frage, »daß wir in die Offensive gehen und gleichzeitig die Risiken unter Kontrolle haben können«. In scharfen – und prophetischen – Worten schrieb er: »Wenn wir einmal auf dem Rücken des Tigers sitzen, sind wir nicht mehr sicher, ob wir an der richtigen Stelle wieder abspringen können.«*

Damit blieb nur die vierte Option übrig. Nachdem er festgestellt hatte, daß wir »der Möglichkeit, mit politischen Mitteln einen Ausweg zu finden, fast keine Aufmerksamkeit« geschenkt hätten, schloß er: »... wir sollten unverzüglich eine Forschungsstudie zu dieser Frage durchführen.«

In beiden Punkten hatte er absolut recht. Aber sein Memo brachte uns dieser politischen Lösung nicht sehr viel näher. Es zählte nur auf, welche Bestandteile eine Verhandlungslösung haben müsse:

a) die gültige Zusage Nordvietnams, die Aufstände im Süden zu stoppen;

b) die Einsetzung einer unabhängigen Regierung in Saigon, die in der Lage ist, die verbleibenden Einheiten der Aufständischen zu beseitigen, sobald Hanoi seine direkte Unterstützung beendet hat;

c) die Einwilligung, daß es der Regierung in Saigon vorbehalten bleibt, die Vereinigten Staaten oder andere befreundete Mächte um Hilfe anzurufen, wenn sie erneut Unterstützung braucht; und

d) einklagbare Garantien anderer Signatarmächte für die fortgesetzte Unabhängigkeit der Regierung in Saigon.[12]

Dean, Mac und ich unterstützten diese Ziele sehr. Aber wir stimmten darin überein, daß die Befürwortung einer politischen Lösung bei gleichzeitigem Fehlen wirksamer Mittel, sie auch durchzusetzen, die Befürwortung eines bedingungslosen Abzugs bedeutete. Wir erwogen diese Möglichkeit unter Be-

---

* Aber George Ball versäumte es, darauf hinzuweisen, daß wir bereits genau dort saßen!

rücksichtigung der potentiellen Folgen für die Sicherheit Amerikas insgesamt. Wir sahen uns einer Welt gegenüber, in der die von Hanoi unterstützte Pathet Lao ihre Vorstöße in Laos fortsetzte, Sukarno Indonesien zunehmend an die kommunistische Sphäre heranrückte, Malaysia ungeheurem Druck durch von China unterstützte Aufständische ausgesetzt war, China soeben seine erste Atombombe gezündet hatte und weiterhin die gewaltsame Revolution verkündete und Chruschtschow und seine Nachfolger im Kreml sich nach wie vor der kriegerischen Rhetorik gegen den Westen bedienten. Angesichts all dieser Bedrohungen hielten wir einen bedingungslosen Rückzug eindeutig für nicht akzeptabel.

George teilte diese Ansicht. Dieser immanente Widerspruch aber ließ sein Memo brüchig erscheinen. Er hatte recht mit seiner Analyse unseres Problems. Er hatte recht, die in den von uns erwogenen Maßnahmen implizierten Risiken zu prüfen. Er hatte recht, darauf zu drängen, einer Verhandlungslösung mehr Aufmerksamkeit zu schenken. Und er hatte recht, die Verhandlungsziele zu benennen. Aber es war *nicht* klar, ob die von ihm vorgeschlagenen Maßnahmen zur Erreichung jener Ziele führen würden.

Am Samstag, dem 7. November, sprachen Dean, Mac und ich mit George über das Memo. Ich habe eine Reihe von Aufzeichnungen von diesem Treffen nicht mehr finden können, aber ich bin überzeugt, daß wir damals unsere Sicht der Dinge deutlich zu verstehen gegeben haben. George räumte ein, daß sein »sehr vorläufiges Papier« »verdächtige *Lücken*« aufwies, meinte aber, es solle dazu dienen, »Ansätze für Untersuchungen vorzuschlagen, die zu anderen Optionen führen könnten«[13].

Wir begingen einen schweren Irrtum, indem wir diese Untersuchungen nicht durchführten – ein Vorwurf, der allen vieren von uns gilt. Georges Memo stellte den ehrlichen Versuch dar, eine Reihe von Vorschlägen zu machen, die eine gründliche Auseinandersetzung auf höchster Ebene verdienten. Er genoß unsere Hochachtung – aber wir wären ihm mehr als das schuldig gewesen. Wir hätten unverzüglich mit dem Präsidenten über das Memo sprechen müssen; statt dessen beschäftigte sich Johnson erst am 24. Februar des folgenden Jahres damit, als George es ihm durch den Präsidentenberater Bill Moyers zukommen ließ. Und wir hätten George das Memo sofort zurückgeben und darauf bestehen müssen, es unverzüglich Fachleuten des Außenministeriums, der CIA, des Verteidigungsministeriums und des Nationalen Sicherheitsrats zur Auswertung und Analyse vorzulegen. Daß wir all das nicht taten, resultierte aus unserer Überzeugung, er habe keine Möglichkeit gefunden, die von uns allen angestrebten Ziele zu erreichen. Im Verlauf des Winters und im Frühjahr 1965 glich sich Georges Denkweise mehr und mehr meiner Position an, daß militärischer Druck auf den Norden zu Verhandlungen führen würde.

Während Dean und ich um eine Lösung für Vietnam rangen, machte Mac Bundy eine Beobachtung, die ich nie vergessen werde. Er wies darauf hin, daß der Außenminister eine Lösung mit militärischen Mitteln anstrebte, während ich, der Verteidigungsminister, auf Verhandlungen setzte. Dieses Paradox sagte viel über die Schwere des Problems aus.

Die Lage in Südvietnam geriet im Laufe des Oktobers noch mehr aus dem Gleis, als Khanh an Macht verlor und Rufe nach der Wiedereinsetzung einer Zivilregierung unüberhörbar wurden. Gegen Ende des Monats schickten mir die Vereinigten Stabschefs ein Memorandum, in dem sie ihrer tiefen Sorge Ausdruck gaben. Sie schlugen ein neues, intensiveres Programm militärischer Maßnahmen vor, zu denen auch Operationen der US-Luftwaffe über Nord- und Südvietnam gehörten. Ihre Empfehlungen beruhten auf der Überzeugung, daß ein Abzug der US-Truppen aus Südvietnam oder Südostasien nicht annehmbar wäre. Da die Stabschefs die Situation als so bedrohlich – und ein Eingreifen als so dringlich – empfanden, baten sie mich, ihr Memo zum frühestmöglichen Termin an den Präsidenten weiterzuleiten.[14]

Am 1. November 1964 traf ich mich mit Bus Wheeler, um mit ihm das Memo zu erörtern. Er meinte, die Stabschefs seien sehr aufgebracht, und für den Fall, daß sich der Präsident gegen zusätzliche militärische Maßnahmen entscheiden würde, hielten die meisten von ihnen einen Abzug der Vereinigten Staaten aus Südvietnam für sinnvoll. Max Taylor hingegen vertrat eine vollkommen andere Auffassung. Als ich ihn um eine Stellungnahme zu den Vorschlägen der Stabschefs bat, meinte er, sie liefen auf einen Abschied von dem lange Zeit gültigen Prinzip der Regierungen Kennedy und Johnson hinaus, »daß die Vietnamesen in Südvietnam ihren eigenen Krieg führen«. Ein paar Wochen vorher hatte Westy telegraphiert: »Solange in unmittelbarer Zukunft keine vernünftigen Aussichten auf eine einigermaßen handlungsfähige Regierung in Südvietnam bestehen, hat keine Offensive der USA, egal in welchem Umfang, sei es in Südvietnam oder außerhalb, eine Chance, den momentanen Niedergang aufzuhalten.«[15]

Mit derart einander widersprechenden Ratschlägen konfrontiert, berief der Präsident am 2. November eine Arbeitsgruppe unter der Leitung von Bill Bundy, die die politischen Alternativen noch einmal überprüfen sollte. Am folgenden Tag errang Lyndon B. Johnson den überwältigendsten Wahlsieg in der Geschichte Amerikas.

Die Arbeitsgruppe fing ganz von vorne an.* Sie nahm eine umfassende Überprüfung aller Annahmen, Prämissen und Optionen vor und begann mit einer Neubewertung unserer Position in Südvietnam sowie unserer Ziele in Südostasien. In den vier Wochen, die diese Aufgabe in Anspruch nahm, wurden beunruhigende Beobachtungen gemacht. Zur Vorbereitung einer Besprechung mit dem Präsidenten am 1. Dezember

---

* Außer dem Staatssekretär im Außenministerium William Bundy gehörten der Arbeitsgruppe an: Vizeadmiral Lloyd M. Mustin, der Führungsoffizier der Vereinigten Stabschefs; Harold Ford, höherer Offizier für China-Asien bei der CIA; und John T. McNaughton, Leiter der Abteilung für internationale Sicherheitsfragen im Verteidigungsministerium.

verfaßte das Team einen Entwurf, in dem es unter anderem hieß:

> Wir können nicht dafür garantieren, daß Südvietnam nichtkommunistisch bleibt, wenn wir keine militärischen Maßnahmen – in welchem Umfang auch immer – ergreifen, um Nordvietnam und wahrscheinlich auch das kommunistische China militärisch zu schlagen. Solche Maßnahmen würden aber das hohe Risiko eines schweren Konflikts in Asien in sich bergen, der nicht auf Luft- und Seekämpfe beschränkt wäre, sondern fast unausweichlich auch zu Bodenkämpfen wie in Korea und irgendwann möglicherweise sogar zum Einsatz von Atomwaffen führen würde.

Die Stabschefs spielten diese Risiken herunter und behaupteten, sie wären »eher hinnehmbar als die Fortsetzung des gegenwärtigen Kurses oder ein Rückzug aus Südostasien«. Aber Präsident Johnson und ich waren fest entschlossen, ebendiesen Risiken aus dem Weg zu gehen. Unsere entsprechenden Versuche prägten die umstrittene Art und Weise, in der wir in den folgenden Jahren den Luftkrieg gegen Nordvietnam führten.[16] Unser vorrangiges Ziel war es, die Gefahr eines Atomkriegs zu vermeiden.

Der Präsident und ich waren schockiert von der geradezu nonchalanten Art, in der die Stabschefs und ihre Mitarbeiter bei dieser und anderen Gelegenheiten* die mögliche Anwendung von Atomwaffen erwähnten und deren Risiken hinnahmen. Abgesehen von der moralischen Fragwürdigkeit sind atomare Angriffe auf einen Gegner, der ebenfalls im Besitz von Atomwaffen ist, geradezu Selbstmord. Ich will die Gefahren nicht überbewerten, die mit der Sicht der Stabschefs verbunden waren, aber ich meine, daß auch das kleinste Risiko einer Katastrophe ausgeschaltet werden muß. Doch diese Erkenntnis war 1964 noch nicht vorhanden. Und ich fürchte sogar, auch heute hat weder unser Land noch die Welt das begriffen. (Da

---

* Siehe zum Beispiel Kapitel 4, S. 154; Kapitel 9, S. 302; und Kapitel 10, S. 352.

dieses Thema von so entscheidender Bedeutung für unsere Sicherheit ist, werde ich im Anhang näher darauf eingehen.)

Am 19. November erhielt der Präsident einen weiteren Bericht. Dean erklärte ihm, die Arbeitsgruppe habe sich auf drei Optionen konzentriert: (1) eine Verhandlungslösung auf jeder nur erreichbaren Grundlage*; (2) eine deutliche Verstärkung des militärischen Drucks auf Nordvietnam; und (3) einen »Mittelweg« zwischen diesen beiden Möglichkeiten, das heißt erhöhter Druck auf Nordvietnam bei gleichzeitigen Bemühungen, die Kommunikationskanäle offenzuhalten, falls Hanoi eine friedliche Lösung wünsche. Dean versicherte dem Präsidenten, wir würden dafür sorgen, daß keine der drei Optionen bevorzugt werde. Er sei deshalb frei in seiner Entscheidung und könne tun, was er im Interesse des Landes für das Beste hielte.

Der 1. Dezember war ein sonniger, kalter Tag, und der erste Schnee hatte alles mit einer dünnen weißen Schicht bedeckt. Präsident Johnson war vom Thanksgiving-Fest auf seiner Ranch zurückgekehrt, um mit seinen engsten Beratern Beschlüsse zu den Empfehlungen der Vietnam-Arbeitsgruppe zu fassen. Die Gegenwart Max Taylors – der von Saigon gekommen war – und des Vizepräsidenten Hubert Humphrey wies auf die Bedeutung dieses Treffens hin. Der Präsident hörte sich noch einmal die Klagen über die unsichere politische Lage in Südvietnam und die Warnungen an, der Verlust des Landes würde unsere Eindämmungspolitik ernstlich untergraben.

Die Arbeitsgruppe legte drei Optionen vor (die Option einer Verhandlungslösung »auf jeder nur erreichbaren Grundlage« wurde nicht einmal erwähnt):

---

* Als der Sprecher der Vereinigten Stabschefs, der an dem Bericht mitgearbeitet hatte, gefragt wurde, wie stark der Verlust Südvietnams den Glauben und das Vertrauen anderer nichtkommunistischer Länder erschüttern würde, erwiderte er lakonisch: »Katastrophal oder noch schlimmer.« Und er fügte hinzu: »Südvietnam ist militärisch gesehen ein Grundpfeiler.«

A. Zeitlich unbegrenzte Fortsetzung des gegenwärtigen Kurses ohne große Hoffnung, eine Niederlage vermeiden zu können.

B. Durchführung massiver, intensiver Bombenangriffe auf nordvietnamesische Kommunikationsverbindungen mit dem Süden und die 94 von den Stabschefs vorgeschlagenen Ziele, um Hanoi zur Einstellung der Hilfe für den Vietcong und/oder zur Aufnahme von Verhandlungen zu zwingen.

C. Durchführung desselben Bombardierungsprogramms, aber in abgestufter Form; mit obengenanntem Ziel, jedoch mit geringerem Risiko eines größeren Krieges.

Selbst unter den Militärs herrschten tiefgreifende Differenzen: Die Stabschefs favorisierten Option B; Max zog Option A mit leichter Tendenz zu Option C vor; Westy wollte für sechs weitere Monate Option A verfolgen.

Die Angelegenheit wurde noch dadurch kompliziert, daß die CIA kurz vor dem Treffen ihre Beurteilung über die Effektivität von Bombardierungen vorgelegt hatte. Sie deckte sich weitgehend mit der Sicht der Stabschefs, daß das Transportsystem und die Industrieanlagen Nordvietnams durch Luftangriffe leicht zu zerstören seien. Aber die CIA betonte auch, daß die Wirtschaft Nordvietnams überwiegend agrarisch und weitgehend dezentral auf Tausende von Dörfern verteilt sei, die sich im wesentlichen selbst versorgten. Daher würde eine Bombardierung weder unüberwindbare wirtschaftliche Probleme für das Land nach sich ziehen, noch würde dadurch die Fähigkeit Hanois beeinträchtigt, den Süden mit Soldaten und Waffen zur Fortsetzung des Guerillakrieges zu beliefern. Die CIA stellte außerdem fest, daß die Führung Nordvietnams von einem unmittelbar bevorstehenden Zusammenbruch der Regierung in Saigon ausgehe. Daher würde sie eine schwere Bombardierung wahrscheinlich durchhalten, ohne ihren Kurs zu ändern.[17]

Im Rückblick steht außer Frage, daß unsere Darstellung gegenüber dem Präsidenten sehr lückenhaft war. Wir versäumten es, uns verschiedenen grundlegenden Fragen zu stellen:

- Wenn wir zur Zeit des Todes von Präsident Kennedy glaubten, nur die Südvietnamesen selbst könnten den Krieg gewinnen (und damit die erforderliche politische Stabilität erreichen), was hatte sich dann seitdem verändert?
- Worauf beruhte die Überzeugung, daß Bombardierungen – ob »intensiv« oder »abgestuft« – Hanoi zur Einstellung seiner Hilfe für den Vietcong und/oder zur Aufnahme von Verhandlungen zwingen würde?
- Angenommen, Nordvietnam ließe sich zu Verhandlungen zwingen, welche Ziele könnten die USA in solchen Verhandlungen erreichen?
- Welche Zahl an amerikanischen Bodentruppen könnten die Optionen B und C erforderlich machen, um die Luftwaffenstützpunkte im Süden zu schützen und den Zusammenbruch der südvietnamesischen Armee während der Bombardierungen zu verhindern?
- Welche Verluste auf seiten der USA würden die jeweiligen Optionen beinhalten?
- Wie würden der Kongreß und die amerikanische Öffentlichkeit auf den gewählten Kurs reagieren?

Kein Wunder, daß Präsident Johnson vollkommen frustriert war. Er stand einer verfahrenen Situation gegenüber. Seine Besorgnis und seine Verzweiflung kamen in einem Wasserfall von Fragen und Bemerkungen zum Ausbruch: »Was können wir tun?« – »Warum sagen wir nicht einfach: ›Das war's!‹?« – »Welche Mittel stehen uns zur Verfügung?« – »Wenn sie Dollars brauchen, gebt sie ihnen.« – »Der Tag der Abrechnung kommt.« – »Wenn ich 40 Grad Fieber habe, überlege ich es mir zweimal, ob ich meinen Nachbarn verprügle. Ich möchte erst gesund werden. ... Wenn wir also Wheeler sagen, er solle losschlagen, droht uns ein Gegenschlag.«

Auf diese letzte Äußerung erwiderte Max: »Ich bezweifle, daß Hanoi zurückschlagen wird.«

»Hat MacArthur nicht dasselbe gesagt, bevor die Chinesen in Korea einfielen?« fuhr Johnson ihn bissig an.

Am Ende entschied der Präsident: »Ich möchte Max eine letzte Chance geben, um politische Stabilität zu erreichen.

Wenn das nicht funktioniert, dann werde ich mit Ihnen, General Wheeler, [über eine Bombardierung des Nordens] sprechen.« Er billigte unter Vorbehalt einen Zwei-Phasen-Plan. Phase eins würde bewaffnete Aufklärungsflüge über den Infiltrationswegen in Laos sowie, als Reaktion auf jegliche Angriffe auf US-Ziele, Gegenschläge gegen die Nordvietnamesen beinhalten. In der Zwischenzeit würde Max der südvietnamesischen Führung Phase zwei – Luftangriffe auf Nordvietnam – in Aussicht stellen, um sie dazu anzuhalten, in den eigenen Reihen Ordnung zu schaffen.[18]

So kehrte Max mit einer Botschaft für die südvietnamesischen Generale nach Saigon zurück: Die weitere Unterstützung durch die USA erfordere politische Stabilität, was bedeute, daß die Generale aufhören müßten, gegeneinander und gegen die Regierung zu intrigieren. Doch diese nachdrückliche Empfehlung erwies sich als fruchtlos. Die Generale in Saigon blieben untereinander zerstritten wie eh und je. Kurz nach Taylors Rückkehr lösten sie einen wichtigen Teil der Regierung auf, das heißt, sie führten erneut einen Putsch durch, anscheinend mit dem Ziel, die Zivilregierung durch eine Militärherrschaft zu ersetzen.

Dieses Vorgehen machte Max wütend. Er sah darin einen persönlichen Affront und verlangte, daß sich die südvietnamesischen Befehlshaber mit ihm trafen. Dann schimpfte er sie aus wie ein Ausbilder seine neuen Rekruten. Vielleicht stimme etwas mit seinem Französisch nicht, meinte er sarkastisch (er beherrschte die Sprache fließend), denn die Offiziere hätten offensichtlich seine ausdrückliche Forderung nach Stabilität nicht verstanden. »Ihr habt eine Menge Porzellan zerschlagen, und nun müssen wir sehen, wie wir dieses Chaos wieder in Ordnung bringen.« Die Rüge rief verschämtes Grinsen hervor und beträchtliche Ressentiments gegenüber Max, führte aber zu keinen konkreten Ergebnissen.

Teils aus Enttäuschung, teils aus Verzweiflung schickte Max eine Bewertung zum Jahresende nach Washington, in der es unter anderem hieß: »Schlimmstenfalls ... könnten wir versuchen, uns aus den gegenwärtigen ... Beziehungen zur GVN [Regierung Südvietnams] zu lösen und einen Großteil unserer Berater abzuziehen. ... Auf diese Weise könnten wir ... uns von einem unzuverlässigen Verbündeten befreien und der GVN die Gelegenheit geben, auf eigenen Füßen zu stehen und für ihre Fehltritte selbst die Verantwortung zu übernehmen.«[19]

Diejenigen von uns, die Taylors Telegramm lasen, versäumten es, das Augenmerk auf diesen Absatz zu richten. Wir (und ich glaube, auch Max) wollten nichts tun, was zu einem Bruch im Damm gegen den Kommunismus hätte führen können, solange es eine Alternative zu geben schien. Im Rückblick wird schmerzlich klar, daß die Vereinigten Staaten weitaus weniger Verluste an Menschenleben und Hilfsmitteln hätten hinnehmen müssen und unsere Eindämmungspolitik weniger Schaden erlitten hätte, wenn wir eben jenen Kurs verfolgt hätten, den Max damals zur Sprache brachte – an unserem Vorgehen so lange festzuhalten, bis die Südvietnamesen uns aufforderten, das Land zu verlassen, oder bis eine chaotische Situation entstand, die uns zum Abzug unserer Berater zwang. Ohne Zweifel war Abzug die Option, die wir hätten wählen müssen.

Aber wir haben es nicht getan.

Statt dessen waren wir weiterhin mit der Frage beschäftigt, welchen Kurs wir auf militärischer Ebene verfolgen sollten. In einem persönlichen Telegramm an Max gab der Präsident am 30. Dezember seiner Verwirrung über die wiederholten Bitten der Vereinigten Stabschefs Ausdruck, ihnen die Erlaubnis zur Bombardierung Nordvietnams zu erteilen. »Jedesmal wenn ich eine militärische Empfehlung bekomme«, erinnerte er Max nachdrücklich, »lautet sie: umfassende Bombardierung. Ich habe nie den Eindruck gehabt, daß dieser Krieg aus der Luft gewonnen werden könnte. ... Viel notwendiger und auch effektiver wäre ... eine entsprechende militärische Stärke am Boden. ... Im Hinblick auf zusätzliche amerikanische Anstrengungen neige ich dazu, dieser Möglichkeit den Vorzug zu geben.« Dieser Vorschlag, große Kontingente an Bodentruppen zu entsenden, kam wie aus heiterem Himmel.[20]

Taylor antwortete mit einer der umfassendsten und durchdachtesten Analysen, die wir in den sieben Jahren, in denen ich mich mit Vietnam abmühte, aus Saigon bekamen:

> Wir sehen uns hier einer sich gravierend verschlechternden Situation gegenüber. Sie ist gekennzeichnet durch fortwährende politische Unruhen, mangelnde Verantwortung und Divergenzen innerhalb der Streitkräfte, eine Lethargie im Hinblick auf Friedensbemühungen, gewisse, möglicherweise noch wachsende antiamerikanische Gefühle, Hinweise auf zunehmende Terrorakte durch den VC [Vietcong], die unmittelbar gegen das US-Personal gerichtet sind, Entmutigung und Demoralisierung in ganz SVN [Südvietnam]. Sofern sich diese Bedingungen nicht ändern, ... erleben wir wahrscheinlich bald ... die Etablierung einer feindlich gesonnenen Regierung, die uns auffordern wird, das Land zu verlassen, und die eine Einigung mit der Nationalen Befreiungsfront [dem politischen Flügel des Vietcong] und Hanoi anstrebt. ... Die Sicherungen werden relativ schnell durchbrennen.

Dann wandte er sich der Frage von Bodenkämpfen zu und warnte den Präsidenten, daß nach gängigen militärischen Maßstäben für einen Sieg über den Vietcong ein massiver Truppeneinsatz erforderlich wäre:

> Daß die Bevölkerung nicht mehr sicher ist, läßt sich auf den fortwährenden Erfolg der subversiven Tätigkeit des VC zurückführen, der in der Zeit zwischen 1954 und 1955 gegründet wurde und seitdem auf die gegenwärtige Größe [von etwa 100000 gut ausgebildeten Guerillakämpfern] angewachsen ist. ... Er verfügt über einen geschützten logistischen Rückzugsraum in der DRV und in Laos, der von unschätzbarem Wert ist. Mir ist in der Geschichte kein erfolgreicher Kampf gegen eine Guerilla bekannt, bei dem die zahlenmäßige Überlegenheit über die Guerillas nicht mindestens zehn zu eins war und bei dem nicht auch die Unterstützung von außerhalb des Landes hätte ausgeschaltet werden müssen.

Max betonte, daß in Südvietnam das Verhältnis zwischen Regierungstruppen und Guerillas in den letzten beiden Jahren nie über fünf zu eins hinausgegangen wäre und sich auch in absehbarer Zukunft eine befriedigende Quote kaum erreichen ließe.

Dann stellte er die rhetorische Frage: Was sollen wir tun? Wir könnten nicht, zählte er auf, »die nationale Mentalität ändern, eine Führung aus dem Nichts zaubern, umfangreiche zusätzliche GVN-Truppen rekrutieren oder die durchlässigen Grenzen gegen Infiltration verschließen«. Um unsere Ziele zu erreichen, so seine Überzeugung, müßten wir ein neues Element einführen, und das »einzige, das in der verfügbaren Zeit Aussicht auf den notwendigen Erfolg bietet, ... ist das Konzept gemäßigter Luftangriffe, die die Kampfbereitschaft der DRV schwächen« und darauf abzielten, »eine Situation [zu schaffen], die Gespräche mit Hanoi begünstigt«. Er teile die Überzeugung des Präsidenten, daß ein Guerillakrieg nicht aus der Luft gewonnen werden könne. Aber das sei auch nicht sein Ziel. Es ginge vielmehr darum, »die Führung der DRV unter Druck zu setzen«. Am Ende seines langen Telegramms stand die Warnung, daß »wir uns augenblicklich auf der Verliererseite befinden und eine Veränderung riskieren müssen«, denn: »... gegenwärtig keine positiven Schritte zu unternehmen heißt, eine Niederlage in ziemlich naher Zukunft hinzunehmen.«[21]

Aber wir unternahmen nichts. Anfang Januar setzte der Vietcong zwei südvietnamesischen Eliteeinheiten in schweren Kämpfen übel zu. Zusammen mit Geheimdienstberichten, daß reguläre Truppen Nordvietnams in den Süden eingedrungen seien, verstärkten diese Niederlagen unsere Angst, Hanoi und der Vietcong bereiteten eine Großoffensive vor, der Saigon und die südvietnamesische Armee nicht gewachsen wären. Südvietnam schien einem totalen Zusammenbruch nahe.

Aus diesen Ereignissen zog ich – unter Qualen und nur widerwillig – den Schluß, daß die Zeit für einen Kurswechsel gekommen sei. Am 27. Januar 1965 – nur eine Woche nach der Amtseinführung des Präsidenten – überreichten Mac und ich Johnson ein Memorandum, das zwar sehr kurz war, aber reichlich Sprengstoff in sich barg. Im Verhandlungsraum des Executive Mansion, in dem Abraham Lincoln während des Bürgerkriegs sein Kabinett konsultiert hatte, sprachen wir an jenem Morgen ausführlich mit ihm und Dean darüber. Mac und ich meinten, die Ereignisse hätten sich gefährlich zugespitzt, und wir wollten den Präsidenten wissen lassen, in welcher Weise sich dies auf unser Denken auswirkte.

Wir teilten Lyndon B. Johnson mit*, wir seien

beide inzwischen stark davon überzeugt, daß unsere gegenwärtige Politik nur zu einer katastrophalen Niederlage führen kann. Was wir im Moment tun, ist im wesentlichen, zu warten und auf eine stabile Regierung zu hoffen. Unsere Direktiven vom Dezember machen sehr deutlich, daß umfassendere Maßnahmen gegen die Kommunisten erst dann ergriffen werden, wenn es eine solche Regierung gibt. In den letzten sechs Wochen sind diesbezügliche Bemühungen ohne Erfolg geblieben, und Bob und ich sind überzeugt, daß keine wirkliche Hoffnung auf Erfolg in diesem Bereich besteht, sofern und solange sich unsere Politik und unsere Prioritäten nicht ändern.

Die grundlegenden Schwierigkeiten in Saigon beruhen auf der sich dort breitmachenden Überzeugung, daß es für Antikommunisten in Zukunft keine Hoffnung gibt. Mehr und mehr ziehen sich die fähigen Köpfe zurück und drücken sich davor, Verantwortung für eine entschieden antikommunistische Politik zu übernehmen. Unsere besten Freunde sind entmutigt, weil wir trotz der schweren Angriffe auf unsere eigenen Einrichtungen keine Initiative zeigen. Die Vietnamesen wissen genauso gut wie wir, daß der Vietcong auf dem Land gewinnt. Mittlerweile haben sie erkannt, daß die Vereinigten Staaten von ihrer ungeheuren Macht keinen Gebrauch machen; auch vermitteln wir kaum den Eindruck einer entschiedenen und aktiven US-Politik. Sie spüren unseren Widerwillen, ernste Risiken einzugehen. Einesteils ist all das empörend, vor

---

* Das Memorandum war von McGeorge Bundy diktiert, aber von McNamara mit verfaßt. (Anm. d. Übers.)

allem angesichts dessen, was wir getan haben und noch zu tun bereit sind, wenn sie sich nur am Riemen reißen würden. Andererseits ist es schlichtweg ein Faktum – zumindest ist dies inzwischen McNamaras und meine Überzeugung.

Unsicherheit und Orientierungslosigkeit, die die vietnamesische Führung ergriffen haben, zeigen sich auch zunehmend bei unseren eigenen Leuten, selbst bei den zuverlässigsten und entschlossensten. Ein wenig davon schwingt in unseren Telegrammen aus Saigon mit, und man spürt es auch bei den loyalsten Stabsoffizieren hier in Washington. Prinzipiell lautet die Direktive, daß wir keinen Schritt weitergehen, bevor es eine stabile Regierung gibt, und niemand hegt große Hoffnung, daß es eine stabile Regierung geben wird, solange wir tatenlos zusehen. Folglich sind wir festgenagelt, sind auf eine Politik der Ersten Hilfe für streitende Politiker und der passiven Reaktion auf Ereignisse beschränkt, die wir nicht unter Kontrolle zu bekommen versuchen. Jedenfalls scheint es so.

In dieser im wesentlichen passiven Rolle zu verharren halten Bob und ich für die schlimmste Alternative. Sie kann am Ende nur zu einer Niederlage und zu der Aufforderung führen, das Land unter demütigenden Umständen zu verlassen.

Für uns gibt es zwei Möglichkeiten: Die *erste* lautet, unsere Streitkräfte im Fernen Osten einzusetzen und eine Änderung der kommunistischen Politik zu erzwingen. Die *zweite* wäre, alles auf Verhandlungen zu setzen mit dem Ziel, ohne größere Ausweitung unserer gegenwärtigen militärischen Risiken das Wenige zu retten, was zu retten ist. Bob und ich neigen dazu, den erstgenannten Kurs zu favorisieren, aber wir glauben, daß beide sorgfältig geprüft und alternative Möglichkeiten mit Ihnen diskutiert werden sollten.

Wir sehen beide, daß sich mit jeder derartigen Entscheidung sehr tiefgehende Fragen stellen. Wir wissen beide, daß die Verantwortung letztlich nicht bei uns liegt. Wir beide haben Sie in den letzten Monaten in Ihrem Festhalten an einem Mittelweg voll und ganz unterstützt. Wir sind beide der Ansicht, daß nach wie vor jede Anstrengung unternommen werden sollte, unsere Operationen am Boden zu verbessern und die Führung in Südvietnam zu stützen, so gut wir können. Aber wir sind auch beide überzeugt, daß all das nicht ausreicht und die Zeit für härtere Maßnahmen gekommen ist.

Wir wollen Sie nicht in Unkenntnis darüber lassen, daß Dean Rusk nicht mit uns übereinstimmt. Er hat zwar nichts auszusetzen an unserer Einschätzung, daß die Dinge sehr schlecht stehen und die Lage unkontrollierbar wird. Er nimmt auch nicht an, daß der Niedergang aufgehalten werden kann. Er hält jedoch die Folgen sowohl einer Eskalation als auch eines Abzugs für so schwerwiegend, daß wir einfach einen Weg finden müßten, damit unsere gegenwärtige Politik funktioniert. Das wäre gut, wenn es denn möglich wäre. Das aber glauben Bob und ich nicht.[22]

Nach Monaten der Unsicherheit und Unentschlossenheit waren wir am Scheideweg angelangt.

7.

DIE ENTSCHEIDUNG
ZUR ESKALATION

28. JANUAR – 28. JULI 1965

Die sechs Monate, die unserem richtungweisenden Memorandum folgten, gelten als entscheidende Phase in der dreißig Jahre währenden Verstrickung der USA in Indochina. Zwischen dem 28. Januar und dem 28. Juli 1965 setzte sich Präsident Johnson mit den Fragen auseinander, die in unserem Memorandum dargelegt waren, und traf jene schicksalhaften Entscheidungen, die die Vereinigten Staaten in eine massive militärische Intervention in Vietnam zwangen – eine Intervention, die schließlich zu Johnsons Verlust der Präsidentschaft führte und Amerika in zwei Lager spaltete wie seit dem Bürgerkrieg nichts mehr.

In jenen schicksalhaften Monaten befahl Johnson die Bombardierung Nordvietnams und setzte in Südvietnam Bodentruppen ein. Dadurch erhöhte sich die Truppenstärke der Vereinigten Staaten von 23 000 auf 175 000 Mann, die 1966 voraussichtlich um 100 000 Soldaten und in späteren Jahren noch weiter aufgestockt werden sollte. Alle diese Entscheidungen wurden getroffen, ohne die Öffentlichkeit entsprechend zu informieren und ohne Diskussion, was schließlich zu dem Verlust an Glaubwürdigkeit führte, der uns schwächte.

Wie konnte das geschehen? Weshalb hatte Präsident Johnson es versäumt, das amerikanische Volk ins Vertrauen zu ziehen? Weshalb wurde General Westmorelands Militärstrategie nicht hinlänglich diskutiert? Warum neigten wir eher zur Eskalation, anstatt uns aus einer sich rapide verschlechternden

Situation zurückzuziehen? Wieso sahen wir die Folgen unseres Handelns nicht voraus? Auf welche Weise beeinflußten womöglich innenpolitische Zwänge – insbesondere die Bestrebungen des Präsidenten, eine »Great Society« zu schaffen, und der Druck ultrakonservativer Kräfte in beiden Parteien – die Vietnampolitik? Welche Hoffnungen, Ängste, Auffassungen und Ansichten – ob sie nun zutrafen oder nicht – führten zu unserer Denkweise und unseren Entscheidungen?

Noch an dem Tag, an dem Präsident Johnson unser Memo erhalten hatte, entsandte er Mac Bundy nach Saigon, um die Aussichten für eine stabile Regierung zu prüfen und herauszufinden, ob US-Militäraktionen gegen Nordvietnam eingeleitet werden sollten. Die Befürworter solcher Maßnahmen – einschließlich Mac, Max Taylor und mir – waren davon überzeugt, daß damit Südvietnams Vertrauen in die Bereitschaft der Vereinigten Staaten, für dieses Land zu kämpfen, gestärkt und auf diese Weise seine Moral und politische Struktur gefestigt würden.

Die Lage in Saigon bestätigte Macs größte Befürchtungen: Die südvietnamesischen Generale bekämpften einander nach wie vor und gingen gegen die Buddhisten vor; die Politiker bewirkten immer noch rein gar nichts; religiöse Fanatiker veranstalteten unbeirrt Straßendemonstrationen und Protestaktionen. Mac telegraphierte dem Präsidenten: »Die augenblickliche Situation unter den nichtkommunistischen Kräften ähnelt einem Bürgerkrieg innerhalb eines Bürgerkriegs.«[1]

Am dritten Tag seines Besuchs griff der Vietcong mit Sprengladungen und Granatwerfern ein Hauptquartier der südvietnamesischen Armee an und einen US-Luftwaffenstützpunkt in der Nähe von Pleiku, ungefähr 240 Meilen nördlich von Saigon. Acht US-Militärangehörige starben, mehr als hundert wurden verletzt. Mit Unterstützung von Max und General Westmoreland sprach Mac sich umgehend dafür aus, einen Vergeltungsschlag gegen Nordvietnam in der Art zu führen, wie man es bereits seit Monaten in Washington erwogen hatte.

Der Angriff auf Pleiku und unsere Reaktion trugen erheblich zu der nachfolgenden Eskalation bei.

Nachdem der Präsident Macs Empfehlung erhalten hatte, berief er eine gemeinsame Sitzung des Nationalen Sicherheitsrats mit den Führern des Kongresses im Kabinettsraum ein. Obwohl ein Angriff gegen den Norden ein zusätzliches Risiko barg, da sich der sowjetische Premierminister Alexej Kossygin gerade in Hanoi aufhielt, drängten fast alle Anwesenden, darunter der Sowjetexperte Tommy Thompson und George Ball, auf einen Vergeltungsschlag. Nur Senator Mike Mansfield sprach sich entschieden dagegen aus. Den Blick auf den Präsidenten auf der anderen Seite des Kabinettstischs gerichtet, meinte er belehrend, daß dieser Angriff »vielen die Augen geöffnet haben sollte«, selbst wenn Hanoi der Anstifter war. »Die örtliche Bevölkerung Südvietnams steht nicht hinter uns«, erklärte Mansfield, »sonst hätte der Vietcong seinen Überraschungsangriff nicht ausführen können.« Er beschwor Johnson, diesen Umstand gründlich abzuwägen, weil ein Vergeltungsschlag bedeuten würde, daß Amerika nicht mehr »mit kleinen Einsätzen spielt«. Der Präsident hörte Mansfield bis zum Ende an und befahl anschließend den Angriff. Er rechtfertigte seine Entscheidung mit der Befugnis, die ihm durch die Tonking-Resolution gegeben war.[2]

Am Abend darauf kehrte Mac mit folgendem Bericht nach Washington zurück:

Die Lage in Vietnam verschlechtert sich, und ohne das Eingreifen der USA scheint eine Niederlage unvermeidlich. ... In Vietnam steht äußerst viel auf dem Spiel. ... Das internationale Ansehen der Vereinigten Staaten und ein erheblicher Teil unseres Einflusses sind in Vietnam unmittelbar gefährdet. Es gibt keinerlei Möglichkeit, die Aufgabe den Vietnamesen zu übertragen, ebensowenig bestehen gegenwärtig ernst zu nehmende Aussichten, uns auf dem Verhandlungswege aus Vietnam zurückziehen zu können. Jeder Rückzug aufgrund von Verhandlungen würde zur Zeit bedeuten, schrittweise zu kapitulieren.

Mac empfahl daher eine Politik der stufenweisen und fortgesetzten Bombardierung Nordvietnams. Er nannte zwei Ziele: Auf lange Sicht, so hoffe er, könne man damit auf Nordvietnam Druck ausüben und es dazu bewegen, die Unterstützung des Vietcong zu vermindern und/oder Verhandlungen aufzunehmen; auf kurze Sicht, war er überzeugt, werde dies »im Süden den Optimismus schlagartig beträchtlich steigern«.

Werde die vorgeschlagene Vorgehensweise Auswirkungen auf die Langzeitprognose haben? Mac ließ sich nicht festlegen. Er betonte, die »Aussichten für Vietnam sind trostlos«, und man könnte »eine Unzahl von Dingen aufzählen, die die Vietnamesen verbessern müßten«. Aber »es gibt einen ernsten Schwachpunkt in unserer Stellung in Vietnam, den wir selbst beheben können«, fuhr er fort, »und zwar die weitverbreitete Ansicht, es mangle uns an Willen, Macht, Geduld und Entschlossenheit, die notwendigen Schritte einzuleiten und den Kurs beizubehalten«.

Im letzten Abschnitt seiner Ausführungen wies er auf einen wesentlichen Punkt hin: »Im günstigsten Fall wird der Vietnamkrieg nur von langer Dauer sein. Es erscheint uns wichtig, diese grundlegende Tatsache klarzustellen und unsere Einstellung hierzu auch unserem Volk darzulegen.«[3] Wie ich noch berichten werde, war dies nicht der Fall.

Bei einer Sitzung des Nationalen Sicherheitsrates am 8. Februar 1965 legte Mac seinen Bericht den führenden Kongreßmitgliedern vor. Der Präsident befürwortete das vorgeschlagene Bombardierungsprogramm und bezeichnete es als einen Schritt zur Eindämmung von Aggression, »der den Krieg nicht eskalieren läßt«. Das war bestenfalls eine Untertreibung, die die gewaltige Veränderung der amerikanischen Militäraktionen – die das Programm bewirkte – vollkommen außer acht ließ. Johnson war sich dessen bewußt, bediente sich jedoch dieses gestelzten Wortlauts, da er die Reaktion der Öffentlichkeit befürchtete, und er wollte auch die Kommentare der anderen schönfärben: Als Senator Everett Dirksen ihn fragte, was er der Presse sagen könne, bedrängte ihn Johnson, nicht den Eindruck zu erwecken, die USA beabsichtigten, den »Krieg auszuweiten«[4].

Auf der einen Seite enthielt der Präsident der Öffentlichkeit den Kurswechsel seiner Politik vor, andererseits suchte er den Rat erfahrener Leute außerhalb der Regierung, im besonderen den des Ex-Präsidenten Eisenhower. Er bat Generalleutnant Andrew Goodpaster, Ikes ehemaligen Militärberater und einst Mitglied der Vereinigten Stabschefs, den Ex-Präsidenten darüber zu informieren. Außerdem lud er Eisenhower ein, sich mit ihm und seinen wichtigsten Beratern im Weißen Haus zu treffen.

Ich wohnte der Unterredung, die am 17. Februar stattfand, bei. Der Präsident, Mac, Bus Wheeler, Andy Goodpaster und ich – wir alle waren im Zweiten Weltkrieg Offiziere niederen Dienstgrads gewesen – versammelten uns an jenem Nachmittag für zweieinhalb Stunden um den Kabinettstisch und lauschten den Ansichten des Generals zu unseren geplanten Bombardierungen und zu Vietnam im allgemeinen. Ike begann mit den Worten, die vordringlichste Aufgabe Johnsons sei die Eindämmung des Kommunismus in Südostasien. Dann erklärte er, daß sich dieses Ziel mit Hilfe von Bombardierungen erreichen ließe. Es würde zwar nicht die Infiltration beenden, jedoch Hanois Bereitschaft mindern, den Krieg fortzuführen. Er glaubte, für den Präsidenten sei es daher an der Zeit, sich von Vergeltungsschlägen darauf zu verlegen, »Druck zu erzeugen«. Als einer der Anwesenden – ich weiß nicht mehr, wer – einwandte, eine Übernahme Südvietnams durch die Kommunisten ließe sich nur mit Hilfe einer riesigen Streitmacht – acht US-Divisionen – verhindern, entgegnete Eisenhower, das hoffe er nicht; doch wenn es so sein sollte, dann »ist es eben so«. Falls die Chinesen oder Russen zu intervenieren drohten, »sollten wir sie warnen, damit ihnen nichts Schreckliches [das heißt Atomangriffe] widerfährt«[5].

Dean Rusk nahm in einem persönlichen Memorandum an den Präsidenten auf Ikes deutliche Worte eindringlich Bezug:

»Zuzulassen, daß Südostasien vom kommunistischen Norden überrollt wird, hätte meiner Überzeugung nach für die Vereinigten Staaten und die übrige freie Welt verheerende Folgen.« Er fügte hinzu: »Außerdem bin ich der Auffassung, daß alles, was möglich ist, unternommen werden sollte, um der Aggression Hanois und des Vietcong Einhalt zu gebieten – selbst auf das Risiko einer schwerwiegenden Eskalation hin.« Zu einem Rückzug meinte Dean: »Verhandlungen als Deckmantel für eine Preisgabe Südostasiens an den kommunistischen Norden können nicht akzeptiert werden.«[6]

Am 19. Februar schließlich entschied Präsident Johnson, daß regelmäßig Angriffe auf Nordvietnam beginnen sollten. Macs Rat, dies öffentlich bekanntzugeben, wies er jedoch erneut zurück. Es sollte ihn teuer zu stehen kommen. Laut Meinungsumfragen vom Februar 1965 stieß seine Vietnampolitik bei der amerikanischen Bevölkerung auf breite Unterstützung. Auf die Frage: »Sollen die Vereinigten Staaten ihre derzeitigen Bemühungen in Südvietnam fortsetzen oder ihre Streitkräfte abziehen?«, antworteten 64 Prozent mit »fortsetzen« gegenüber 18 Prozent, die sich für »abziehen« aussprachen. Im Laufe der folgenden drei Jahre änderten sich diese Zahlen dramatisch, da Johnsons anhaltender Mangel an Offenheit das Vertrauen der Bevölkerung in seine Glaubwürdigkeit und Führungskraft zunehmend schmälerte.[7]

Weshalb weigerte sich Präsident Johnson, das amerikanische Volk ins Vertrauen zu ziehen? Manche meinen, es habe an seiner angeborenen Verschlossenheit gelegen, doch die Antwort darauf ist viel komplizierter. Im besonderen waren zwei Faktoren ausschlaggebend. Zum einen sein Bestreben, die Zustimmung des Kongresses zu seinem Plan einer »Great Society« und dessen Finanzierung zu erwirken; nichts sollte die Aufmerksamkeit von seinen favorisierten innenpolitischen Reformen ablenken und deren Verwirklichung gefährden. Und zum andern hegte er die Befürchtung, daß die konservativen Flügel beider Parteien auf umfangreichere und weitaus risikoreichere Militäraktionen drängen könnten, was möglicherweise zu Reaktionen (insbesondere nuklearer Art) seitens Chinas und/oder der Sowjetunion hätte führen können. Der Präsident begegnete diesen Schwierigkeiten, indem er sie verheimlichte – ein unkluges Verhalten, mit dem er letztlich nur das Gegenteil bewirkte.

Präsident Johnsons Angst vor einem Versagen in Vietnam verleitete ihn dazu, den Bombardierungen zuzustimmen und sich über seine Unsicherheit bezüglich Südvietnams Instabilität hinwegzusetzen.[8]* So begann am 2. März die massive Bombardierung Nordvietnams, ohne daß die amerikanische Öffentlichkeit davon etwas erfuhr. Über hundert Flugzeuge starteten von den Flugzeugträgern im Südchinesischen Meer und von Stützpunkten in Südvietnam zum Angriff auf ein Munitionsdepot in Nordvietnam. Die Operation »Rolling Thunder« – unter diesem Namen sollte das Bombardierungsprogramm bekannt werden – dauerte drei Jahre, und es wurden dabei mehr Bomben auf Vietnam abgeworfen als während des gesamten Zweiten Weltkriegs auf Europa.

Kriege entwickeln ihre Eigendynamik und folgen dem Gesetz unvorhersehbarer Konsequenzen. Vietnam bildete keine Ausnahme. Präsident Johnsons Genehmigung zu der Operation Rolling Thunder stellte nicht nur den Beginn des Luftkriegs dar, sondern führte auch zum unerwarteten Einsatz von US-Bodentruppen.

---

* Diese Befürchtungen ließen sich durch nichts ausräumen, nicht einmal durch George Balls Memorandum vom 5. Oktober 1964, das der Präsident, wie bereits gesagt, erst am 24. Februar 1965 über Bill Moyers zugeleitet bekam und das am 26. Februar auf Johnsons Wunsch erörtert werden sollte. In der Zwischenzeit hatte George am 13. Februar ein zweites Memo vorgelegt (das Mac, Tommy Thompson und ich unterstützten), in dem wir für Bombardierungen plädierten, weil dies ein Mittel sei, um »die Verhandlungsposition der Vereinigten Staaten so weit zu stärken ..., daß eine befriedigende politische Lösung« möglich werden könnte. Angesichts der Ausführungen von Ike, Deans Memorandum und Georges Meinungsumschwung war die Entscheidung bereits vor der Unterredung am 26. Februar präjudiziert.

Als die Vorbereitungen zu den US-Luftangriffen auf Hoch-touren liefen, verlangte Westy Bodentruppen zum Schutz der Flugplätze, von denen aus die Angriffe erfolgen sollten. Zu-nächst forderte er für Da Nang zwei Bataillone der Marines an, was Max ebenso verblüffte wie beunruhigte. Zwar hatte er einen Luftangriff vehement befürwortet, sich jedoch entschie-den gegen den Einsatz von Bodentruppen ausgesprochen. Un-verzüglich telegraphierte er nach Washington und verlangte die Ablehnung von Westys Forderung. Max erklärte das später so: »Wenn man einen Soldaten an Land absetzt, weiß man nie, wie viele ihm noch folgen werden.«[9] Aber die Notwendigkeit schien zwingend und das Engagement gering, und wie konnte außerdem ein Präsident die Forderung eines Befehlshabers an der Front nach Bodentruppen zum Schutz von Angehörigen der US-Luftwaffe ablehnen? Johnson entsprach Westys Bitte.

Einige haben behauptet, Westy und die Stabschefs hätten bei ihrem ersten Ersuchen um US-Marines zum Schutz süd-vietnamesischer Flugplätze, von denen aus die Aktion Rolling Thunder durchgeführt wurde, weitaus größere Einsätze im Sinn gehabt – was ein Experte einmal als Strategie des »Fuß-in-der-Tür-Haltens« bezeichnete. Damit unterstellten sie Westy und den Stabschefs, sie hätten dem Präsidenten und mir ihre unleugbare Absicht verheimlicht, zunächst mit geringen Trup-peneinsätzen anzufangen, die sich – wie sie wußten – später zwangsläufig ausweiten würden.[10]

Diese Argumentation überzeugt mich nicht. Jedem von uns hätte klar sein müssen, daß die Bereitstellung amerikanischer Bodentruppen unumgänglich sein würde, nachdem das erste Kampfflugzeug nach Südvietnam gestartet war – aber wir ha-ben nicht damit gerechnet. Das Problem entstand nicht durch irgendeinen Täuschungsversuch, sondern durch unser ekla-tantes und schwerwiegendes Versäumnis, die Konsequenzen unserer Vorgehensweise vorauszusehen. Wenn uns dies gelun-gen wäre, hätten wir vielleicht anders gehandelt.

Es muß zudem angemerkt werden, daß sich die Vereinigten

Stabschefs damals nach wie vor auf keinen Konsens einigen konnten, welche Strategie in Vietnam verfolgt werden sollte. Obwohl sie in einem an mich gerichteten Memo vom 11. Februar die Luftangriffe einstimmig billigten, bemerkte General Bruce Palmer jun., stellvertretender Stabschef der US-Armee, später, daß

> die Armee nicht die Ansicht teilte, eine Bombardierung Nordvietnams werde die gewünschten Erfolge erzielen. Auch die Marine hegte Zweifel. Luftwaffe und Marinekorps waren die hartnäckigen Befürworter von Luftangriffen. Es war General Wheeler, der die anderen Stabschefs zu einer einstimmigen Erklärung überredete und dabei von der Annahme ausging, daß eine nicht einstimmige Erklärung dem Verteidigungsminister eine grundlegende militärische Entscheidung abverlange, die ihn – und den Präsidenten nicht minder – überfordert hätte.

»Was ich uns vorwerfen muß«, fügte Palmer mit Bezug auf die Verantwortlichen in der Armee hinzu, »ist, daß wir uns mit einer Entscheidung der Vereinigten Stabschefs darauf eingelassen haben, anzufangen und es einfach mal auszuprobieren ... um zu ›sehen‹, ob es klappen könnte.«[11]

Später erklärte Westy, vor dem Einsatz von US-Bodentruppen habe auch er eine fortgesetzte Bombardierung abgelehnt. »Ehrlich gesagt, habe ich die Bombenangriffe eigentlich zunächst nicht unterstützt, sondern erst 1966, ... als mir genügend Truppen zum Schutz unserer Männer zur Verfügung standen.« Die Operation Rolling Thunder fand seine Zustimmung nicht etwa, weil er meinte, sie würde die Entschlossenheit des Nordens oder den Nachschub für den Süden beeinflussen, sondern vielmehr wegen der zu erwartenden Aufmunterung der Südvietnamesen.[12]

Es erwies sich, daß erfahrene Armeeoffiziere und Befehlshaber an der Front die Wirksamkeit der Luftangriffe auf Vietnam weitaus realistischer eingeschätzt hatten als die langgedienten Luftwaffenkommandeure. Und auch die erfahrenen Luftwaffengenerale und Marineadmirale beurteilten die begrenzte

Wirksamkeit der Bodentruppen völlig richtig. Jeder erkannte die Schwächen des anderen klar und deutlich, zeigte sich jedoch blind gegenüber den eigenen Grenzen. Ich teilte den Skeptizismus beider Seiten, spürte jedoch die folgenreichen und erkennbaren Differenzen zwischen ihnen nicht – man hatte mich auch nicht auf sie hingewiesen. Daher wurden sie auf höchster Ebene nie umfassend erörtert, was erforderlich gewesen wäre.

Der Präsident hatte die Wirksamkeit von Bombardierungen schon immer skeptisch beurteilt. Er wollte Erfolge der Bodentruppen in Vietnam sehen. Am 2. März rief er den Stabschef der US-Armee, General Harold K. Johnson, nach Saigon, damit er sich einen Überblick über die Situation verschaffte und ihn über zusätzliche erforderliche Maßnahmen informierte.

Der Präsident hatte den besten Mann dafür ausgewählt. »HK« Johnson hatte den Todesmarsch von Bataan überlebt und in dreijähriger japanischer Kriegsgefangenschaft nach dem Zweiten Weltkrieg Entbehrungen und Leid ertragen. Diese Erlebnisse ließen ihn zu einem Mann mit eisernem Willen, außergewöhnlicher geistiger und seelischer Zähigkeit und unbeugsamer Integrität werden.*

---

* Über solche Qualitäten verfügten viele erfahrene US-Militärs, mit denen ich gedient hatte und die ich zutiefst bewunderte: Max Taylor, Bus Wheeler, Westy Westmoreland, George Brown, Larry Norstad, Dave Shoup, Arleigh Burke, Dave McDonald, Andy Goodpaster und viele andere mehr. Die Charakterisierung dieser Männer – und ihrer heutigen Nachfolger – als schießwütige Kriegshetzer entspricht ihnen in keiner Weise; sie stammt von Leuten, die vom Militär schlichtweg keine Ahnung haben. In Oliver Stones unrealistischem Film JFK gibt es zum Beispiel tatsächlich eine Szene, in der Präsident Johnson während des Wahlkampfs 1964 der Satz in den Mund gelegt wird: »Meine Herren, Sie schenken mir den Wahlsieg, und ich schenke Ihnen den Krieg.«

Eine derartige Szene ist entwürdigend. Diese Männer setzten ihr Leben und das der Menschen, für die sie die Verantwortung trugen und die sie in den Krieg geschickt hatten, für uns alle aufs Spiel. Zu behaupten, die Militärverantwortlichen hätten den Krieg gewollt, bedeutet ein Mißverständnis der Beweggründe dieser Leute. Wie ich in diesem Buch klar herausstelle, habe

Als General Johnson in Saigon eintraf, bekam er eine trostlose Lagebeurteilung zu hören. Max erklärte ihm, die unzureichende Sicherheit der südvietnamesischen Bevölkerung stelle nach wie vor das »entscheidende ungelöste Problem« dar. Das liege vor allem an unserer Unfähigkeit, eine numerische Überlegenheit gegenüber dem Vietcong in einem Verhältnis von fünf zu eins herzustellen, wohingegen die unlängst erfolgreichen Operationen gegen Aufständische – wie zum Beispiel auf den Philippinen und in Malaysia – sogar für ein Verhältnis von zehn oder zwanzig zu eins sprächen. Westy legte den Vereinigten Staaten nahe, »alle erdenklichen Maßnahmen zu ergreifen, ... um den Tag des Zusammenbruchs in weite Ferne zu rücken«.

Es war also nicht verwunderlich, daß General Johnsons Bericht eine Empfehlung zur Aufstockung der Bodentruppen enthielt. Unter anderem schlug er – neben einer Ausweitung der Luftangriffe gegen Nordvietnam – die Aufstellung einer multinationalen Einheit entlang der entmilitarisierten Zone (DMZ) vor, um die Infiltration zu unterbinden; diesem Zweck sollte ferner die Bereitstellung einer US-Armeedivision, ungefähr 16 000 Mann, in der Nähe von Saigon oder im zentralen Hochland bis zur Nordgrenze der Stadt dienen.

Am 15. März trafen der Präsident und ich mit General Johnson und den anderen Stabschefs im Weißen Haus zur Erörterung des Berichts zusammen. General Johnsons Schätzungen zufolge konnte der Krieg bei einem Einsatz von 500 000 Mann in fünf Jahren gewonnen werden.[13] Seine Worte schockierten nicht nur den Präsidenten und mich, sondern auch die anderen Stabschefs. Keiner von uns hatte in solchen Dimensionen gedacht.

---

ich niemals gezögert, den Vereinigten Stabschefs meine Meinung kundzutun, wenn ich ihre Sichtweise für engstirnig und ihre Beurteilung für falsch ansah; aber ich habe niemals außer acht gelassen, daß dahinter ihr großer und nobler Wunsch stand – und bei ihren Soldaten, Matrosen und Piloten sämtlicher Dienstgrade gleichermaßen –, ihrem Land zu dienen; das schloß auch die Bereitschaft ein, falls notwendig ihr Leben dafür zu opfern.

Um diese Zeit etwa ereignete sich ein anderer Vorfall, der zwar mit dem Krieg nichts zu tun hatte, jedoch veranschaulicht, daß jeder von uns, der mit der Vietnamproblematik befaßt war, täglich noch hundert andere schwierige Fragen zu bewältigen hatte – allen voran der Präsident. Am 17. März erwirkten Reverend Martin Luther King jun. und seine Anhänger einen Beschluß des Bundesgerichtshofs, wonach sie – ungehindert und unbelästigt – ihren Demonstrationsmarsch von Selma nach Montgomery, Alabama, antreten konnten, um gegen die Rassendiskriminierung in den Südstaaten zu protestieren. Nun wußten wir aus Geheimdienstberichten, daß sich ihnen Banden gewalttätiger weißer Rassisten in den Weg stellen würden. George Wallace, der Gouverneur von Alabama, dem diese Berichte ebenso vorlagen, verweigerte den Marschierenden jedoch staatlichen Schutz.

Ich erklärte Präsident Johnson also, er müsse im Rahmen seiner Befugnisse als Oberbefehlshaber die Nationalgarde von Alabama der Kontrolle des Bundes unterstellen und sie der Führung von Gouverneur Wallace und seiner Politik der »Untätigkeit« entziehen. Der Präsident lehnte dies rundweg ab. Auf meinen heftigen Protest erwiderte er: »Genau das stimmt nicht mit Ihnen, Bob, Ihnen mangelt es einfach an Politikverständnis. Die meisten Alabamer werden über die Tatenlosigkeit von Wallace so entrüstet sein, daß sie ihn bei der nächsten Wahl fallenlassen. Und genau das möchte ich.«

»Ich möchte genau dasselbe«, erklärte ich ihm, »aber ich will nicht riskieren, daß es Verwundete oder Tote gibt – vielleicht sogar Hunderte ...«

Widerstrebend gab Johnson nach.

Der historische Marsch von Selma nach Montgomery fand vom 21. bis zum 24. März 1965 statt. Der Bundesregierung unterstellte Truppen und die Bundespolizei schritten bei Übergriffen am Straßenrand ein. Trotzdem starb eine Teilnehmerin, Viola Liuzzo, durch Gewehrschüsse, die auf ihr Auto abgegeben worden waren.

Am Abend nach dem Marsch kam ich müde und hungrig gegen 21 Uhr nach Hause, wo mich Margy, unsere Älteste, erwartete. Sie war vom College gekommen, um die Ferien mit uns zu verbringen. Ich freute mich sehr, sie zu sehen, und fragte sie, ob sie eine gute Fahrt gehabt habe.

»O Daddy, es war fürchterlich!« entgegnete sie. »Ich habe 33 Stunden im Bus gesessen.«

»Warum denn das, um Gottes willen?« wollte ich wissen.

»Ich bin bei dem Marsch von Martin Luther King von Selma nach Montgomery dabeigewesen.«

Unverzüglich wählte ich Johnsons Nummer und sagte: »Mr. President, ich weiß, wie sehr Sie sich den Kopf über die Entscheidung zerbrochen haben, die Alabama National Guard dem Bund zu unterstellen. Aber da ich weiß, wie gern Sie Margy mögen, werden Sie jetzt gewiß einsehen, daß Sie recht daran getan haben. Margy war bei dem Marsch dabei.«

Die massiven Meinungsverschiedenheiten über Vietnam ließen sich nicht ausräumen. Es gab gegensätzliche Positionen: Einige befürworteten nach wie vor die Bombardierung Nordvietnams. Andere vertraten die Ansicht, der Konflikt ließe sich nur durch einen Sieg im Süden lösen. Wieder andere waren der Überzeugung, der Krieg könne nicht gewonnen werden und die Vereinigten Staaten müßten Verhandlungen aufnehmen. Es wäre irreführend, die Sache so zu vereinfachen, daß man einzelne Personen, die im Laufe der Zeit ihre Meinung änderten, Kategorien zuordne; aber es wäre nicht falsch, einfach zuzugeben, daß wir uns als Regierung nicht in der Lage sähen, die grundlegenden Streitfragen zu klären oder das Problem zu lösen.

Dies zeigt sich deutlich an unserem Verhalten im Frühjahr und Sommer 1965, als wir mit wiederholten Bitten um zusätzliche Truppen konfrontiert wurden. Am 17. März verlangte Westy ein weiteres Bataillon Marines zur Sicherung des Stützpunktes Da Nang, am 19. März forderte auch Oley Sharp ein Bataillon an. Tags darauf legten die Vereinigten Stabschefs ihren

Plan vor. Aus Angst, den Krieg zu verlieren, drängten sie auf den Einsatz einer Division des Marinekorps in den nördlichen Provinzen und einer Armeedivision im zentralen Hochland für offensive Operationen. Eine Entscheidung über neue umfangreiche Stationierungen stand an.[14]

Am 1. April trafen wir uns im Weißen Haus. Dean, Mac und ich stellten die Zweckmäßigkeit der Vorschläge der Stabschefs in Frage. Antiamerikanische Regungen schwelten in Südvietnam nur knapp unter der Oberfläche und konnten sich durch die Entsendung weiterer US-Truppen leicht entzünden. Der Präsident teilte unsere Einschätzung der Lage. Er lehnte den Vorschlag der Stabschefs ab, erklärte sich jedoch statt dessen mit Westys und Oleys Forderung nach zwei Bataillonen einverstanden und gab – was noch wichtiger war – seine Einwilligung, das Marinekorps nicht mehr nur zur Sicherung von Stützpunkten, sondern auch in aktiven Kampfhandlungen einzusetzen. So verringerten wir zwar die Truppenstationierung, erweiterten jedoch ihren Aufgabenbereich erheblich: Fortan griffen amerikanische Bodentruppen direkt in den Krieg ein.[15]

Der Beschluß des Präsidenten, zusätzliche US-Truppen im Süden einzusetzen und ihren Auftrag abzuändern, ohne gleichzeitig die Luftangriffe auf Nordvietnam zu verstärken, beunruhigte John McCone. Bei einer Besprechung (und in einem Memorandum an Dean, Mac, Max und mich) am folgenden Tag drängte er auf eine massive Erweiterung des Bombardierungsprogramms; als Begründung gab er an, daß die gegenwärtige Vorgehensweise Hanoi nicht zu einer Änderung seiner Politik zwinge.

Ich stimmte mit ihm insoweit überein, daß wir allein durch unser derzeitiges Bombardierungsprogramm weder den Vietcong noch die Nordvietnamesen zu einem Kurswechsel zwingen konnten. Abgesehen von ein oder zwei Gegenstimmen teilten auch die Vereinigten Stabschefs diese Meinung. Bombenangriffe waren nur dann sinnvoll, wenn sie von Aktionen im Süden begleitet wurden, die den Vietcong und Nordvietnam davon überzeugten, daß sie den Krieg nicht gewinnen konnten. Doch um die nachlassenden Anstrengungen der südvietnamesischen Armee aufzufangen, wären noch mehr US-Bodentruppen nötig gewesen.

Dies ließ McCone nicht gelten; er vertrat die Ansicht, Bombardierungen könnten sehr wohl einen Kurswechsel erzwingen. Das hielt ich nicht für möglich – es sei denn, wir wollten einen Genozid heraufbeschwören, was weder er noch andere empfehlen konnten.[16] Die Direktive, die Mac über die Entscheidungen des Präsidenten vom 1. April ausarbeitete und an die betroffenen Regierungsabteilungen schickte, sollte auf Anweisung Johnsons den Zusatz enthalten, daß »eine vorzeitige Veröffentlichung unter sämtlichen möglichen Sicherheitsvorkehrungen vermieden werden [soll]. Die Maßnahmen selbst sollen so erfolgen, daß jeglicher Hinweis auf einen politischen Kurswechsel unserer Politik auf ein Minimum reduziert wird. ... Es ist der Wunsch des Präsidenten, daß diese Schritte und Kursänderungen als stufenweise Entwicklung und in völliger Übereinstimmung mit der gegenwärtigen Politik verstanden werden.«[17]

Dean, George, Max und ich sagten in den Tagen danach vor Kongreßausschüssen aus. Jeder von uns versicherte den Zuhörern, daß Präsident Johnson, mit Georges Worten, »die ernste Absicht hatte, jeden Schritt dieser Art in engster Zusammenarbeit mit dem Kongreß zu beschließen«. Aber Behauptungen wie diese führten natürlich nur dazu, daß das Vertrauen in die Regierung noch weiter schwand.

Während sich die US-Militäraktionen intensivierten, stellten wir nach wie vor Überlegungen hinsichtlich einer politischen Lösung des Vietnamkriegs an. Am 6. März berichtete Mac dem Präsidenten von einer Unterredung mit Dean und mir am Abend zuvor:

> Zwei von uns dreien [nämlich Mac und ich] glauben, daß eine Kehrtwendung wenig wahrscheinlich ist. ... Wir beschäftigen uns immer noch mit der Frage, inwieweit wir Bereitschaft zu »Gesprä-

chen« signalisieren sollen. Ein Punkt, der Dean und insbesondere Bob großes Kopfzerbrechen bereitet. Beide halten es aus unterschiedlichen Gründen für wichtig, zu zeigen, daß wir bereit sind, auf allen internationalen Kanälen über Vietnam zu sprechen – allerdings zu unseren Bedingungen.... Aber Bob geht noch erheblich weiter. Seiner Auffassung nach sollten wir einen Weg suchen, um auf internationaler Ebene richtige Friedensgespräche einzuleiten. (Vermutlich hält er Verhandlungen für erforderlich, falls sich die Lage verschlimmert, was er erwartet.)[18]

Mac hatte meine Befürchtungen gut dargestellt. Zu jenem Zeitpunkt im Jahr 1965 hätten wir meiner Meinung nach alle Anstrengungen unternehmen sollen, um Verhandlungen in die Wege zu leiten, die zu einer Beendigung des Konflikts führen konnten. Diesen Standpunkt behielt ich bis zu meinem Abschied aus dem Pentagon drei Jahre später bei.

Anfang April lagen zwei Verhandlungsentwürfe vor. Der Generalsekretär der Vereinten Nationen, U Thant, rief zu einer dreimonatigen Feuerpause entlang der Grenze zwischen Nord- und Südvietnam auf, und siebzehn blockfreie Staaten forderten Verhandlungen »ohne Vorbedingungen«. Präsident Johnson lehnte den ersten Vorschlag ab, reagierte jedoch auf den zweiten mit einer großen Rede an der Johns Hopkins University am 7. April. In dieser Rede erklärte er seine Bereitschaft zu Gesprächen ohne Vorbedingungen. Gleichzeitig betonte er: »Wir werden nicht besiegt werden. Wir werden nicht müde werden. Wir werden uns nicht zurückziehen, weder öffentlich noch unter dem Deckmantel eines bedeutungslosen Abkommens. ... Und wir müssen uns auf einen langwierigen Konflikt gefaßt machen.« Um den Vietcong und die Nordvietnamesen zu einer Friedensregelung zu bewegen, skizzierte er für Südostasien einen Entwicklungsplan in Höhe von einer Milliarde Dollar, der, wie er sagte, »durch gemeinsame und entschiedene Bemühungen erreichbar« sei.[19]

Hanoi verurteilte die Rede umgehend und gab seine eigene »Vier-Punkte«-Friedensformel bekannt, die den Nordvietnamesen für die Dauer des ganzen Konflikts als Basis dienen sollte. Sie forderten die Anerkennung der grundlegenden nationalen Rechte des vietnamesischen Volks, einschließlich des Rechts, keine ausländischen Truppen zu dulden; Vietnams zwei »Zonen« sollten bis zur Wiedervereinigung keinem ausländischen Militärbündnis beitreten; und die Wiedervereinigung sollte von dem vietnamesischen Volk beider Zonen geregelt werden. All das konnten wir akzeptieren. Der Haken an der Sache war der letzte Punkt: daß »das südvietnamesische Volk seine innenpolitischen Angelegenheiten selbst regeln muß, und zwar *in Übereinstimmung mit* dem Programm der Nationalen Befreiungsfront Südvietnams [Hervorhebung des Autors]«. Dies zu akzeptieren hätte bedeutet, die kommunistische Vorherrschaft in Südvietnam hinzunehmen.

Währenddessen reagierten die Vereinigten Stabschefs, der Oberbefehlshaber der Pazifikflotte (CINCPAC), Westy und ich von einem Tag zum anderen auf die Flut der Ereignisse, anstatt – das galt insbesondere für mich als Verteidigungsminister – mit größter Entschlossenheit an der Entwicklung einer Militärstrategie und einem langfristigen Plan über die dafür erforderliche Zusammensetzung der Streitkräfte zu arbeiten.

Am 6. April teilte die CIA Präsident Johnson mit, Hanoi habe ein nordvietnamesisches Armeebataillon in das zentrale Hochland und andere reguläre Einheiten in die Nähe von Da Nang eingeschleust. Die Befehlshaber reagierten darauf mit der Forderung nach Stationierung zweier weiterer Brigaden (etwa 8000 Mann). Westy unterstützte ihr Ansinnen, Max jedoch nicht. Da er erst davon erfahren hatte, nachdem das Ersuchen bereits gestellt worden war, schickte er ein wütendes Telegramm an das Weiße Haus: »Dies zeigt eine weitaus größere Bereitschaft, einen Bodenkrieg zu führen, als ich bei meiner kürzlichen Reise nach Washington hatte erkennen können.«[20]

Da der Präsident angesichts der sich verschlechternden Situation das Gefühl hatte, daß etwas unternommen werden müsse, neigte er dazu, auf Forderungen der Stabschefs einzugehen. Max' Besorgnis veranlaßte ihn jedoch, mich zu bitten, mich mit Max und anderen hochrangigen Regierungsvertretern in Honolulu zu treffen und die Vorschläge zu prüfen.

Wir kamen am 20. April 1965 zusammen. An einem großen Konferenztisch im Pacific Command Headquarters – über uns eine Reihe von Uhren mit den »Weltzeiten« – begannen wir mit der Erörterung des Bombardierungsprogramms. Wenige Tage zuvor hatte Max in einem Telegramm an Dean seine Ansicht dargelegt: »Bombenangriffe, ganz gleich in welchem Umfang, ... werden Hanoi nicht von seinem Vorhaben abbringen ... solange in Südvietnam keine durchschlagenden Erfolge gegen den Vietcong erzielt werden. Hanoi muß davon überzeugt werden, daß der Vietcong hier nicht siegen kann.«

Bombardierungen allein, so meinte er schlicht und einfach, genügten nicht. Ich habe diese Ansicht damals und während meiner restlichen Amtszeit als Verteidigungsminister geteilt und habe – darauf werde ich noch eingehen – auch in den folgenden Jahren nichts gesehen, gelesen oder gehört, was eine Änderung hätte bewirken können. Obwohl ein oder zwei Stabschefs nicht mit mir übereinstimmten (und meine Haltung später noch zu erheblichen Kontroversen führte), waren sich bei diesem Treffen alle Gesprächsteilnehmer – Max, Westy, Bus, Oley, Bill Bundy und John McNaughton – einig, daß Bombardierungen allein nicht die Lösung des Problems seien.

Daher konzentrierten wir uns auf Südvietnam und die dort erforderlichen Maßnahmen. Es erhob sich kein Zweifel an der Notwendigkeit zusätzlicher US-Streitkräfte, um einen Zusammenbruch Saigons zu verhindern. Doch wie viele? Und welche Strategie sollten wir verfolgen? Welche Wirkung würden wir erzielen? An diesem Punkt prallten die gegensätzlichen Meinungen aufeinander. Bus, Oley und Westy forderten erneut zwei Divisionen plus zwei Brigaden, die Max abgelehnt hatte, und darüber hinaus Einheiten für die logistische Unterstützung. Die Gesamttruppenstärke hätte sich somit auf rund 60 000

Mann belaufen. Sekundiert von Max lehnte ich die zwei Divisionen ab – es war nicht klar, wie sie eingesetzt werden sollten –, sprach mich aber für die beiden anderen Anträge aus. Das bedeutete eine Erweiterung der Truppenstärke von 33 000 auf 82 000 Mann und eine erheblich erhöhte Schlagkraft der Vereinigten Staaten in Vietnam.[21]

Bei einer Besprechung im Kabinettsaal am 21. April legte ich dem Präsidenten meine Empfehlungen vor. Ich drängte ihn zur umgehenden Genehmigung der Stationierungen, um Südvietnam bei einem zu erwartenden kommunistischen Angriff den Rücken zu stärken und gleichzeitig »eine massive Niederlage der Streitkräfte Südvietnams oder der Vereinigten Staaten zu verhindern«. Mir war klar, daß diese umfangreicheren Stationierungen, in Verbindung mit dem geänderten Auftrag der Truppen, unweigerlich eine höhere Anzahl von Opfern und vermehrte Aufmerksamkeit der Öffentlichkeit gegenüber dem Krieg zur Folge haben würden. Daher drängte ich Präsident Johnson, die Führer des Kongresses sowohl über die »in Betracht gezogenen Stationierungen« als auch über den kürzlich »geänderten Auftrag der US-Streitkräfte in Vietnam« zu unterrichten.[22] Aber der Präsident lehnte dies ab und erklärte in seinem Telegramm an Max, in welchem er die Honolulu-Empfehlungen billigte: »Wir beabsichtigen nicht, das gesamte Programm sofort bekanntzugeben, sondern wollen die individuellen Einsätze vielmehr zum jeweiligen Zeitpunkt ankündigen.« Kurz darauf, Anfang Mai, legte er dem Kongreß einen Antrag um Bewilligung zusätzlicher Mittel vor und erklärte dazu: »Das ist kein Antrag der üblichen Art. ... Jedes Kongreßmitglied, das diesen Antrag unterstützt, stimmt auch dafür, daß wir in unseren Bemühungen fortfahren, der kommunistischen Aggression in Südvietnam Einhalt zu gebieten.« Der Antrag wurde im Haus mit 408 gegen sieben und im Senat mit 88 gegen drei Stimmen angenommen.[23]

George Ball, der ebenfalls an der Besprechung am 21. April teilgenommen hatte, reagierte auf die Honolulu-Empfehlungen mit der flehentlichen Bitte, »einen derart riskanten Sprung in den luftleeren Raum nicht zu wagen, ohne vorher die Möglichkeiten einer Einigung zu prüfen«. Der Präsident erwiderte: »In Ordnung, George, ich gebe Ihnen bis morgen Zeit, um mir einen Einigungsplan vorzulegen. Wenn Sie ein Kaninchen aus dem Zylinder zaubern können, steht dem nichts mehr Wege.«[24]

Ball legte dem Präsidenten noch am selben Abend einen Plan vor. Er begann mit den Worten: »Wir müssen uns auf eine Einigung vorbereiten, bei der die von uns in der Öffentlichkeit genannten Ziele nicht erreicht werden, die aber mit unseren grundlegenden Zielen [das heißt, ein unabhängiges Südvietnam, das nicht unter kommunistischer Herrschaft steht] übereinstimmt.« Wir alle – der Präsident, Dean, Mac oder ich – teilten diese Meinung. Aber wiederum erklärte George nicht, auf welchem Weg diese von uns allen angestrebten Ziele erreicht werden sollten.

George führte aus, wir dürften keinesfalls eine Koalitionsregierung wie in Laos zulassen, sollten aber Mitgliedern des Vietcong die Möglichkeit einer Beteiligung an freien Wahlen einräumen. Einschränkend fügte er hinzu: »Natürlich können wir keiner auf diesen Bedingungen basierenden Vereinbarung zustimmen, ohne auf der Auflösung der Einheiten des Vietcong im Süden und der Eingliederung des Vietcong in das öffentliche Leben des Landes zu bestehen.« Auch dieser Satz fand die Zustimmung von Präsident Johnson, Dean, Mac und mir. Aber George legte nicht dar, wie sich »freie Wahlen« erreichen ließen, sollte Nordvietnam weiterhin darauf bestehen, daß eine Einigung »mit dem Programm der Nationalen Befreiungsfront Südvietnams übereinstimmen muß«. Auch sagte er nicht, wie die anderen von ihm empfohlenen Ziele erlangt werden konnten.[25]

Indes riet George – und darauf angemessen einzugehen haben wir vielleicht versäumt –, Hanoi über Vermittler (zum Beispiel Schweden, die Sowjets, die blockfreien Staaten) verstehen zu geben, daß wir die von ihm dargelegte Position akzeptieren würden. Ein paar Wochen später nahmen wir Kontakt zu einem Vertreter Nordvietnams in Paris auf. In den folgenden drei Jahren bemühten wir uns um zusätzliche Verbindungen. Aber es gelang uns nicht, alle denkbaren Kanäle zu nutzen und unseren Standpunkt unmißverständlich darzustellen.

Einige Tage später bat ich John McNaughton, ein Angebot zu einer einwöchigen Unterbrechung der Bombardements auszuarbeiten. Ich hoffte, dies würde eine Reihe von Schritten auslösen, die Hanoi entweder zur Aufnahme von Verhandlungen oder zu verminderter Unterstützung der Aufständischen brächten, während wir gleichzeitig im In- und Ausland Rückhalt für unsere Politik gewinnen könnten. Wie alle meine nachfolgenden Vorschläge zur Aussetzung der Bombardierungen löste auch dieser erhebliche Kontroversen aus. In der militärischen Führung stellten sich viele dagegen, da sie Angst hatten, Nordvietnam würde dies zum Anlaß nehmen, die Infiltration zu verstärken. Einige der Berater des Präsidenten vermuteten eine Falle, in die uns Hanoi mit einem Verhandlungsangebot locken wolle, vorausgesetzt wir verlängerten die Bombardierungspause, was es Nordvietnam erlaubt hätte, im Schutz einer Feuerpause den Vietcong weiterhin und vielleicht sogar noch massiver zu unterstützen. Andere wiederum fürchteten, daß rechtsgerichtete Amerikaner eine Unterbrechung, die keine unmittelbaren Ergebnisse zeitigte, als Akt der Schwäche betrachten und heftigere Bombenangriffe fordern würden.

In den Wochen zuvor war jedoch die Kritik an Präsident Johnsons Vietnampolitik in den Reihen liberaler Intellektueller und unter Kongreßmitgliedern lauter geworden. Darüber verärgert, versuchte der Präsident Rede und Antwort zu stehen und seine Kritiker nach Möglichkeit zum Schweigen zu bringen. Das war der Grund – und nicht seine persönliche Überzeugung, eine Bombenpause würde zu jenem Zeitpunkt zu Verhandlungen führen –, daß er meinen Vorschlag schließlich akzeptierte.

Auf jeden Fall begann am 13. Mai eine nicht öffentlich bekanntgegebene Unterbrechung der Bombenangriffe. An jenem Tag erhielt unser Botschafter in Moskau, Foy Kohler, die Anweisung, seinem nordvietnamesischen Kollegen eine Nachricht zu überbringen. Ihr Inhalt lautete: »Die Regierung der Vereinigten Staaten hat den wiederholten Vorschlägen ... der Vertreter Hanois Rechnung getragen, wonach es keine Annäherung an eine friedliche Lösung geben kann, solange Nordvietnam Luftangriffen ausgesetzt ist. ... Die Vereinigten Staaten werden sehr aufmerksam beobachten, ob die gegenwärtige Unterbrechung eine merkliche Verringerung bewaffneter Angriffe der Streitkräfte [des Vietcong und Nordvietnams] zur Folge hat.«[26] Doch Hanois Botschafter weigerte sich, Kohler zu empfangen. Daraufhin gab ein amerikanischer Diplomat niedrigeren Ranges die Nachricht am selben Abend persönlich in der nordvietnamesischen Botschaft ab. Am folgenden Morgen wurde sie in einem neutralen Umschlag mit der Aufschrift »Botschaft der Vereinigten Staaten« kommentarlos zurückgesandt.

Angesichts dieser Abfuhr und der nach wie vor befürchteten Kritik aus dem rechten Parteiflügel deutete der Präsident in einer Besprechung im Weißen Haus am 16. Mai seine Absicht an, die Bombardierungen wieder aufzunehmen. Ich bat ihn eindringlich um einen Aufschub, da ich der Ansicht war, wir sollten die ursprünglich geplante siebentägige Pause einhalten, um Hanoi mehr Zeit für eine Antwort einzuräumen. Aber der Präsident meinte, daß die Regierung in Hanoi, falls sie interessiert wäre, mittlerweile geantwortet haben könnte. Schließlich einigten wir uns auf sechs Tage. Die Bombardierungen wurden am 18. Mai wiederaufgenommen.

In den folgenden drei Wochen wuchsen die Sorge und die Enttäuschung des Präsidenten wie seines Beraterstabs. Die politische Lage in Südvietnam wurde immer instabiler – soweit dies überhaupt möglich war. Katholiken und Buddhisten inner- und außerhalb des Militärs verschworen sich gegen die Zivilregierung von Phan Huy Quat. Kaum war ein Staatsstreich fehlgeschlagen, folgte der nächste, angezettelt von jungen südvietnamesischen Offizieren. Sie setzten schließlich Armeegeneral Nguyen Van Thieu – er war 42 Jahre alt – als Staatsoberhaupt ein und Luftwaffengeneral Nguyen Cao Ky – 35 Jahre – als Premierminister. Der stellvertretende Botschafter, Alex Johnson, beschrieb Ky als »ungelenkte Rakete«. Damit hatte er recht. Ky trank, spielte und war ein ausgemachter Schürzenjäger. Er kleidete sich auffällig; oft lief er in einem schwarzen Pilotenoverall herum, und an seinem Gürtel prangten zwei identische Revolver mit perlenbesetzten Griffen. Auch gab er unglaubliche Äußerungen von sich: Als er einmal von einem Journalisten gefragt wurde, wen er am meisten bewunderte, antwortete er: »Hitler. … Wir brauchen vier oder fünf Hitlers in Vietnam.« Rückblickend charakterisierte Bill Bundy Ky und Thieu als »absoluten Abschaum.«[27]

Da sich allmählich die Erkenntnis durchsetzte, daß die Bombardierungen ohne Wirkung blieben, wurde mit Nachdruck eine Ausweitung des Bodenkrieges gefordert. Am 3. Juni telegraphierte Max nach Washington: »Wir sollten … eindeutig klarstellen, daß wir nicht daran glauben, Bombardierungen allein, gleich welcher Stärke, könnten Nordvietnam veranlassen, seine Aktionen im Süden einzustellen. Ein solcher Wandel in der Haltung der Nordvietnamesen läßt sich wohl nur dann erreichen, wenn … sie zu der Überzeugung gelangen, daß die Stimmung im Süden umgeschlagen ist beziehungsweise sich bald gegen sie wenden wird.«[28]

Zwei Tage später schickte er ein weiteres Telegramm mit der Feststellung, die Armee Südvietnams leide unter ihrer schlechten Führung, unter Fahnenflucht und dem sich anbahnenden Zusammenbruch. Nachdem er sich über Monate hinweg gegen US-Kampfhandlungen im Süden gesträubt hatte, schrieb Max nun in bitterer Resignation: »Allem Anschein nach ist der Einsatz von US-Bodentruppen unumgänglich.«[29]

Am Sonntagnachmittag, dem 5. Juni, versammelten sich Dean, Mac, Bill, George, Tommy Thompson und ich in Deans Büro, um Max' Nachricht zu erörtern. Plötzlich und unerwartet kam der Präsident herein. Offensichtlich fühlte er sich einsam. Lady Bird sei nicht zu Hause, meinte er, und er sei herübergekommen, um ein wenig in Gesellschaft zu sein. Aber er bekam eine kalte Dusche.

Er las Max' Telegramm mit wachsender Besorgnis. Dean versuchte hoffnungsfroh zu wirken, aber ich sagte: »Das einzige, was wir im Süden erreichen wollen, ist ein Patt. Schaffen wir das? Ich weiß es nicht. Die Kommunisten glauben immer noch an ihren Sieg.«

Bekümmert und nachdenklich hörte der Präsident zu. »Die große Gefahr ist«, sagte er schließlich finster, »daß wir irgendwann mit einem gewaltigen Problem konfrontiert sein werden.«[30]

Wie recht er hatte!

Die Bombe explodierte am 7. Juni. An jenem Tag schickte Westy ein Telegramm folgenden Inhalts an das Pentagon:

Der Konflikt in Südostasien spitzt sich immer mehr zu. Eine Anzahl nordvietnamesischer Streitkräfte [PAVN] ist in Südvietnam [SVN] eingedrungen, weitere befinden sich möglicherweise auf dem Vormarsch. ... Bisher hat der Vietcong in diesem Feldzug noch nicht seine gesamten Kapazitäten ausgespielt. ... Andererseits fällt es den Streitkräften der südvietnamesischen Armee [ARVN] bereits schwer, mit dieser Stärke des Vietcong fertig zu werden. Die Desertionsraten sind außergewöhnlich hoch und die Kampfverluste beträchtlicher als erwartet. ... Daher zeigen die ARVN-Truppen Anzeichen von Unwillen, die Offensive zu ergreifen, und unter Beschuß ist ihre Standfestigkeit in einigen Fällen zweifelhaft. ... Die Kräfteverhältnisse verlagern sich weiterhin zugunsten des Vietcong. ... Die GVN kann diesem Druck ohne Verstärkung nicht die Stirn bieten. ... Ich sehe keinen anderen Weg, als unsere Anstrengungen in Südvietnam durch eine möglichst rasche Bereitstellung zusätzlicher Streitkräfte aus dem eigenen Land oder aus Drittländern in den kommenden kritischen Wochen zu verstärken. ... Diese Empfehlungen dienen dem Zweck ... wirksame und schlagkräftige Offensiven führen zu können, um den Vietcong davon zu überzeugen, daß er nicht siegen kann.

Westy sagte, er benötige 41 000 Mann sofort und weitere 52 000 später. Damit erhöhte sich die Truppengesamtstärke von 82 000 auf 175 000 Mann. Der letzte Absatz seines Telegramms lautete: »Die Überlegungen müssen fortgeführt und Pläne entwickelt werden, damit wir nötigenfalls noch mehr Streitkräfte einsetzen können.« Seine Forderung verhieß eine dramatische und nicht absehbare Ausweitung des Militärengagements der USA.[31]

Von den unzähligen Telegrammen, die ich während meiner sieben Jahre im Verteidigungsministerium bekommen habe, bereitete mir dieses die größten Sorgen. Wir waren zu einer Entscheidung gezwungen. Wir mußten uns endlich auf einen Weg einigen. Das Problem hing in den folgenden sieben Wochen wie eine drohende Wolke über uns allen.

Wir nahmen unsere Beratungen im Oval Office am folgenden Morgen auf. Offenbar ließ sich der Zusammenbruch Südvietnams nur noch durch eine massive Entsendung von US-Truppen verhindern. »Wir stecken in einem ungeheuren Schlamassel«, erklärte ich den anderen, hatte jedoch ebensowenig wie sie eine Lösung parat.[32]

Wir setzten unsere Unterredung am 10. Juni fort. Einer – ich erinnere mich nicht mehr, wer – begann mit den Worten: »Die amerikanische Bevölkerung hat das Gefühl, daß wir Informationen zurückhalten.« Ich teilte diese Ansicht. Unsere Entscheidungen waren in den Augen der Bevölkerung seit langem nicht mehr nachvollziehbar.

Der Präsident bombardierte uns mit den unterschiedlichsten Fragen, wie:

F. Werden unter Umständen mehr als 175 000 Mann benötigt?
A. Anscheinend ist es die höchste Anzahl, die wirksam eingesetzt werden kann, um die ARVN aufzuhalten.
F. Wie können wir da wieder rauskommen?

A. Auf eine Einigung läßt sich nur hoffen, wenn man den Vietcong in Schach hält und Nordvietnam unter Druck setzt.

F. Welches Ziel sollten wir uns setzen?

A. Einigen geht es darum, den Gegner matt zu setzen. Für andere ist es die Selbstbestimmung Südvietnams.

F. Gibt es etwas auf Verhandlungsebene, was wir noch nicht versucht haben?

A. Einen Kontakt zum Vietcong herzustellen. Das wäre jedoch ein schwerer Schlag für die Moral in Saigon und wenig erfolgversprechend. Dean meinte, mit dem Vietcong zu verhandeln bedeute eine Absicherung für den Fall einer Niederlage.

F. Hatte die Einstellung der Bombardierungen im Mai negative Auswirkungen?

A. In Saigon nur geringe. Zwar wurde damit einer der Kritikpunkte außer Kraft gesetzt, sie hat jedoch weder in den USA noch im Ausland die Frage zum Verstummen gebracht: Welches Ziel streben wir an? Mac und ich empfahlen, die Dinge ausführlicher zu erklären und den Präsidenten zu drängen, in einer großen Rede klarzustellen, was er zu tun beabsichtigte.

Während der Unterredung ordnete der Präsident an, Westy zu fragen, welche militärische Strategie und Taktik zu verfolgen sei; wie der Vietcong und die Nordvietnamesen darauf reagieren würden; welche Verluste die Vereinigten Staaten zu beklagen hätten; welche Reaktionen auf die Schritte der USA zu erwarten seien und wann mit ihnen zu rechnen sei. Das Ausbleiben einer Antwort auf unsere Fragen behinderte in den folgenden Monaten unsere Entscheidungsfindung.[33]

Angesichts des Ansturms der Ereignisse, die sich täglich beschleunigten, machte ich mir große Sorgen über das künftige Ausmaß unseres Engagements. In einem Telephongespräch mit dem Präsidenten erklärte ich an jenem Abend: »Ich habe eine klar definierte Vorstellung von der Eingrenzung unseres Engagements. Die Stabschefs scheinen eine solche nicht zu haben. Im Gegenteil, ich weiß, daß sie keine haben.«

»Glauben Sie, daß [Westys Ersuchen] nur eine Stufe der Leiter darstellt, die er hinaufsteigen will?« wollte er wissen.

»Ja«, antwortete ich. »Sie hoffen, nicht weitergehen zu müssen. Aber in seinem Telegramm skizziert Westmoreland diesen einen Schritt, der darüber hinausgeht. Und er sagt nicht, es sei der letzte.«[34]

Inmitten dieser Ungewißheit und Verwirrung gab es am 16. Juni eine Pressekonferenz. Auf die Frage: »Ist für Sie eine weitere Aufstockung über die 70 000 bis 75 000 Mann hinaus absehbar?«, entgegnete ich: »Der Präsident, der Außenminister und ich haben wiederholt erklärt, daß wir alles Notwendige unternehmen werden, um unser Ziel in Südvietnam zu erreichen. ... Anders kann ich Ihre Frage nicht beantworten.«

Auf die Frage: »Wie sieht die Gesamtstrategie der Vereinigten Staaten aus?«, erwiderte ich: »Unser Ziel und unsere Strategie ist, die Nordvietnamesen davon zu überzeugen, daß sich der Sturz der bestehenden Regierung im Süden nicht durch kommunistisch inspirierte, gelenkte und unterstützte Guerillatätigkeit erreichen läßt. Dann wollen wir über den zukünftigen Frieden und die Sicherheit des Landes verhandeln.«[35]

Am selben Tag begab sich Andy Goodpaster auf Weisung von Johnson zu Eisenhowers Farm in Gettysburg und informierte den früheren Präsidenten über Westys Ersuchen um weitere Truppen. Ikes Ratschlag war einfach und direkt: Die Vereinigten Staaten hatten jetzt in Vietnam »auf Waffengewalt zurückgegriffen«, und daher »müssen wir einfach gewinnen«. Westys Forderung sollte bewilligt werden.

Am Nachmittag des folgenden Tages entnahm Präsident Johnson Meinungsumfragen, daß die Öffentlichkeit auf weitere Maßnahmen vorbereitet war. 65 Prozent stimmten seiner Vorgehensweise zu; 47 Prozent sprachen sich für die Entsendung zusätzlicher Truppen aus. Das übertraf die Stimmen, die »nicht sicher« angekreuzt hatten, um das Doppelte, und die, die »eine Veränderung der Truppenstärke ablehnten« (19 Prozent), um das Zweieinhalbfache; die Befürworter eines »Truppenabzugs« (11 Prozent) sogar um das Vierfache.[36]

Aber der Präsident wußte, wie schnell sich die öffentliche Meinung ändern konnte. Am 21. Juni erklärte er mir:

> Gewiß wird es mit der Zeit … schwierig werden, einen Krieg auf lange Sicht und so weit entfernt von der Heimat erfolgreich zu führen, während im eigenen Land Uneinigkeit herrscht, die sich womöglich noch verstärken wird. Seit einem Monat mache ich mir große Sorgen und bin sehr deprimiert, da keines der Programme des Außen- oder des Verteidigungsministeriums mir Mut macht; wahrscheinlich können wir nicht viel mehr tun als beten, [die Zeit] des Monsuns durchstehen und darauf hoffen, daß sie aufgeben. Aber ich glaube nicht daran, daß sie jemals aufgeben werden. Ich sehe auch keinen Plan, der uns auf militärischem oder diplomatischem Weg den Erfolg sichert. … Russell* meint, wir sollten uns einen [Regime]Wechsel zunutze machen, um dort rauszukommen. Ich glaube, aufgrund unseres Vertrags und nach all dem, was wir gesagt haben, wird uns das kaum gelingen. Außerdem würden wir gewiß vor der ganzen Welt unser Gesicht verlieren, und ich kann nur mit Schaudern daran denken, wie man von uns sprechen wird.[37]

Mir und den anderen entging nicht, wie sehr der Präsident unter dem Konflikt litt. Henry Graff, ein Historiker der Columbia University, der Johnson damals interviewte, schrieb später, der Präsident habe ihm erzählt, in unzähligen schlaflosen Nächten denke er darüber nach, wie er sich wohl fühlen würde, »wenn mein Präsident mir mitteilte, daß meine Kinder mit einer Kompanie des Marinekorps nach Südvietnam gehen müßten … um dort vielleicht zu sterben«[38].

Lyndon Johnson gab sich häufig theatralisch, und Zyniker werden auch diese Aussage so verstehen. Aber dem war nicht so. Ich habe keinen Präsidenten gekannt, der nicht so empfand, wenn er in der Ausübung seines Amtes Amerikanern gefahrvolle Aufgaben übertragen mußte. Ich teilte die Gefühle des Präsidenten.

---

* Richard B. Russell (Demokrat/Georgia), Johnsons langjähriger Ratgeber und einflußreicher Vorsitzender des Streitkräfteausschusses des Senats.

Während wir nach dem passabelsten Weg suchten, wurden Entscheidungen hinausgeschoben. In dieser Zeit stürmischer Debatten fragten Reporter Johnson nach der kürzlich vom Senat gestellten Forderung, der Kongreß solle eine Entscheidung treffen – die noch über die Tonking-Resolution hinausging – bevor er weitere US-Truppen entsandte. Er wimmelte die Journalisten mit den Worten ab: »Jeder, [der] die Resolution gelesen hat«, weiß, daß dem Präsidenten damit die Ermächtigung übertragen wurde, »alle – wirklich alle – notwendigen Maßnahmen zu ergreifen«, die ihm in der jeweiligen Situation erforderlich erscheinen.[39]

Mit dieser Bemerkung folgte der Präsident dem Rat von Senator Mansfield (der zusätzliche Truppen ablehnte) und Senator Dirksen (der eine Truppenverstärkung befürwortete). Beide hatten ihm nahegelegt, die Frage nicht erneut im Kongreß zu erörtern, da sie befürchteten, die Diskussion könnte die Nation spalten; unabhängig vom Ergebnis der Abstimmung, würden die Kriegsbemühungen darunter leiden. Das war die Antwort, die Johnson hören wollte, aber es war die falsche. Es gibt keinen »richtigen« Augenblick, um über eine Abstimmung im Kongreß die Zustimmung der Bevölkerung für Militäraktionen zu erlangen. Immer werden sich Debatten entzünden über das Wie und Wann. Tatsache ist, es *muß* geschehen – selbst wenn die Gefahr besteht, daß ein nicht einstimmiges Votum als Unterstützung und Stärkung unseres Gegners gesehen wird. Wir holten die Zustimmung nicht ein und mußten aus bitterer Erfahrung lernen, daß eine Regierung das Risiko der Öffentlichkeit auf sich nehmen muß, um eine geeinte Nation in den Krieg führen zu können, auf deren Unterstützung sie bauen kann. Anstatt auf Einigkeit hinzuarbeiten, entschieden wir uns, die Diskussion unter den Teppich des Oval Office zu kehren. Sind wir heute klüger?

Von Mitte Juni bis Mitte Juli hielt uns Vietnam ständig in Atem. Alle paar Tage sahen wir uns mit Nachrichten von Max oder von Westy konfrontiert, in denen von der sich stetig verschlechternden Situation Saigons die Rede war oder zusätzliche Argumente für weitere Truppenentsendungen vorgebracht wurden. Eine Besprechung folgte der anderen. Stunden um Stunden erörterte ich mit den Stabschefs in »The Tank« Westys Pläne und Forderungen, die sich ständig änderten. Unentwegt prüften Bill Bundy und seine Mitarbeiter diplomatische Alternativen. Und der Präsident und seine engsten Berater – in jeweils unterschiedlicher Zusammensetzung – trafen sich fast täglich, um alle Seiten dieses komplexen und schwierigen Problems zu überdenken.

Am 18. Juni sandte George Ball dem Präsidenten ein weiteres wortreiches Memorandum. Wie in seinem Memo vom Oktober 1964 war auch dieses nicht von ranghohen Mitarbeitern des Außen- oder Verteidigungsministeriums analysiert oder diskutiert worden. Zunächst war es nur an den Präsidenten und Dean gegangen; außer dem Minister selbst erhielt kein Mitarbeiter des Außenministeriums eine Kopie, nicht einmal Bill Bundy. George drängte den Präsidenten, zusätzliche Stationierungen auf »höchstens« 100 000 zu begrenzen, eine Zahl, die der Gesamttruppenstärke von 95 000, die ich am 10. Juni vorgeschlagen hatte, sehr nahe kam. Die wachsenden Verluste auf südvietnamesischer Seite sowie Westys Empfehlungen zwangen Dean und uns jedoch schon bald, über die 100 000 Mann hinauszugehen. Auch bei einem Treffen am 23. Juni schlug George vor, bei 100 000 Mann zu bleiben; sollten wir dadurch gezwungen werden, Südvietnam zu verlassen, regte er an, die US-Truppen nach Thailand zurückzuziehen und dort abzuwarten. Dean und ich lehnten diesen Vorschlag vehement ab. Wir zweifelten daran, daß Thailand zu halten wäre, wenn Südvietnam fiel. Ich drängte darauf, Westys Forderung zu bewilligen, gleichzeitig jedoch auch umfangreichere Verhandlungsbemühungen als bisher in Gang zu setzen.

Angesichts dieser Uneinigkeit bat der Präsident George und mich um eine detaillierte Ausarbeitung unserer jeweiligen Vorschläge. Dafür gab er uns eine Woche Zeit.[40]

Wir machten uns sofort an die Arbeit. Bei George kam es unterdessen zu einem Meinungsumschwung: Bis dahin hatte er zusätzliche Truppeneinsätze nicht abgelehnt, sich jedoch für deren Begrenzung ausgesprochen; und er hatte einen Rückzug in Betracht gezogen, aber nicht darauf gedrängt. Das war alles. Doch nun kam er zu dem Schluß, anstatt in Südvietnam durchzuhalten, sollten wir die Sache möglichst rasch »abschreiben«, indem wir mit Nordvietnam ein Abkommen trafen, welcher Art auch immer. Das konnte Bill Bundy nicht akzeptieren und arbeitete daher ein drittes Papier aus, einen »Mittelweg«, der an der gegenwärtigen Truppenanzahl von ungefähr 85000 Mann festhielt.

Während ich an meinem Vorschlag saß, erhielt ich ein weiteres beunruhigendes Telegramm von Westy, dem ich entnahm, daß wir mit einem langwierigen, kostspieligen Krieg rechnen mußten, der eine wechselnde Zahl amerikanischer Truppen erforderte und schon 1966 mehr Streitkräfte notwendig machte, als er angenommen hatte. Nachdem ich mit den Stabschefs darüber gesprochen hatte, setzte ich am 26. Juni einen Entwurf auf, der Westys Ansichten berücksichtigte, und leitete ihn mit der Bitte um Stellungnahme an Dean, Mac, George und Bill weiter.

Mein Memo empfahl, die militärische Stärke der Vereinigten Staaten und Südvietnams »in ausreichendem Maß« zu erhöhen, um »dem Vietcong zu beweisen, daß er nicht gewinnen könne, und so eine Wende im Kriegsverlauf herbeizuführen«. Westys Schätzungen zufolge waren dafür im Jahr 1965 insgesamt 175000 Mann erforderlich (und eine unbestimmbare zusätzliche Anzahl im Jahr 1966). Daher nannte auch ich diese Zahl. Ich schlug zudem massivere militärische Aktionen gegen Nordvietnam vor und verstärkte diplomatische Initiativen zur Aufnahme eines Dialogs mit Hanoi, Peking und dem Vietcong.

Ich schloß mit folgender »Erfolgseinschätzung«:

Aus militärischer Sicht hängt der Erfolg dieses Programms davon ab, ob der Lauf der Ereignisse durch vermehrte Anstrengungen im Süden aufzuhalten ist, was wiederum mit zwei Dingen zu tun hat: zum einen, ob sich die Südvietnamesen zahlenmäßig und von ihrem Kampfgeist her behaupten können, zum anderen, ob sich die US-Streitkräfte in der Rolle einer schnellen Eingreifreserve als schlagkräftig erweisen, einer Rolle, mit der sie noch nicht vertraut sind. Die amerikanischen Truppen reichen nicht aus, um das traditionelle Verhältnis von zehn zu eins zwischen Regierungstruppen und Partisanen herbeizuführen.* Sie sind zahlenmäßig jedoch durchaus in der Lage, um in einen Krieg, wie er sich in Vietnam zu entwickeln scheint, entscheidend einzugreifen – einen ... konventionellen Krieg, in dem sich der Feind leichter identifizieren, lokalisieren und attackieren läßt.[41]

Mac war über meinen Entwurf entsetzt und reagierte mit einem Memo, das darauf »abzielte, Fragen aufzuwerfen, anstatt sie zu beantworten«. Und das tat es wirklich. »Im ersten Augenblick«, schrieb er, »empfinde ich dieses Programm [Verdoppelung der gegenwärtig geplanten US-Stärke in Südvietnam, Verdreifachung der Luftangriffe auf Nordvietnam sowie ein neues und überaus wichtiges Programm zur Seeblockade] als unbesonnen bis an den Rand des Wahnsinns.« Damit nahm er eine Frage vorweg, deren große Bedeutung erst später klarwerden sollte: »Besteht tatsächlich eine Aussicht, daß reguläre US-Streitkräfte Antiguerillaoperationen durchführen können, die wahrscheinlich in Südvietnam weiterhin das zentrale Problem darstellen werden?« Sodann verwies Mac auf die Erklärung des früheren Präsidenten Eisenhower, nach der ein drohender Nuklearangriff zum Waffenstillstand in Korea geführt hatte, und schlug vor, wir sollten zumindest erwägen, »welch realistische Drohung uns im Umgang mit Hanoi zur Verfügung steht«. Das

---

* McNamara bezieht sich damit auf die Faustregel der Guerillaspezialisten: die Unterdrückung eines Partisanenkriegs setzt ein Verhältnis von mindestens zehn zu eins zwischen Regierungstruppen und Partisanen voraus. (Anm. d. Übers.)

Memo endete mit der Frage: »Wollen wir 200 000 Mann einsetzen, um einen möglichen Rückzug zu decken? Können wir das nicht auch mit der augenblicklich verfügbaren Truppenstärke?«[42]

Abgesehen von Macs Verweis auf Atomwaffen und seiner Folgerung, die Androhung ihres Einsatzes ernsthaft zu überlegen, teilte ich seine Ansichten und Bedenken. Aber Antworten waren gefordert – nicht allein Fragen. Unsere drei Memos (Georges, Bills und meines) gingen in der Nacht des 1. Juli an das Weiße Haus. Aber beigefügt war noch ein weiteres – von dem weder ich noch, soviel mir bekannt ist, George und Bill wußten.

Wie ich bereits angedeutet habe, schrieb Dean nur selten an den Präsidenten, und wenn es dabei um militärische Angelegenheiten ging, informierte er mich darüber. In diesem Fall schickte er dem Präsidenten einen Brief, um ihm seine tiefsten Überzeugungen und größten Ängste darzulegen, die seiner Meinung nach in Georges Memo nicht angesprochen wurden. Ich will Dean wörtlich zitieren, da seine Ansicht – daß wir im Fall einer Niederlage in Südvietnam das Risiko eines dritten Weltkriegs vergrößerten – in unterschiedlichem Maße auch andere von uns beeinflußte. Er schrieb:

Die Integrität, mit der die Vereinigten Staaten eingegangenen Verpflichtungen nachkommen, ist ein Grundpfeiler für den Weltfrieden. Sollten sie sich in diesen Verpflichtungen als zuverlässig erweisen, würden die kommunistischen Länder daraus Schlußfolgerungen ziehen, die zu unserem Ruin und *mit größter Wahrscheinlichkeit zu einem katastrophalen Krieg* führen würden. Solange die Südvietnamesen gewillt sind, in eigener Sache zu kämpfen, dürfen wir sie nicht im Stich lassen, um nicht den Frieden und unsere Interessen in der ganzen Welt zu gefährden [Hervorhebung des Autors].[43]

Dem Leser mögen Deans schreckliche Vorhersagen für den Fall einer Niederlage in Südvietnam unverständlich erscheinen. Aber ich kann gar nicht genug hervorheben, wie stark die

Erfahrungen unserer Generation ihn (und mehr oder weniger uns alle) geprägt hatten: die Beschwichtigungspolitik des Münchner Abkommens; jahrelanger Militärdienst während des Zweiten Weltkriegs, um die Aggression in Europa und Asien zu bekämpfen; die sowjetische Einverleibung Osteuropas; die wiederholte Bedrohung Berlins, einschließlich der Ereignisse vom August 1961; die Kubakrise 1962; und in jüngster Vergangenheit Behauptungen der Rotchinesen, daß der Konflikt in Südvietnam ein typisches Beispiel für die »Befreiungskriege« sei, die weltweit aufflammten. George Balls Memorandum hatte es verabsäumt, diese unterschwelligen Befürchtungen anzusprechen, und Präsident Johnson schenkte ihnen keine Beachtung.

Mac leitete die vier Memos zusammen mit einem eigenen Begleitschreiben an den Präsidenten weiter. Darin rückte er von den Überlegungen ab, die er mir gegenüber am Tag zuvor geäußert hatte. »Ich hege die Vermutung«, schrieb er, »daß Sie George Ball aufmerksam zuhören werden und anschließend seinen Vorschlag zurückweisen. In die engere Wahl kommen damit die Vorschläge meines Bruders und McNamaras, die wir ausführlich erörtern sollten.«[44]

Tags darauf trafen wir mit dem Präsidenten zusammen. Die anstehende Entscheidung belastete ihn schwer. Gegen Ende der langen Unterredung bat er mich, Saigon erneut zu besuchen, um mit Max und Westy alle weiteren militärischen Erfordernisse umfassend zu erörtern. Averell Harriman sandte er nach Moskau, um die Möglichkeiten für ein erneutes Zusammentreten der Genfer Konferenz zu prüfen (eine Mission, die ich lebhaft unterstützte). Und George sollte Wege finden, um mit dem nordvietnamesischen Vertreter in Paris direkten Kontakt aufzunehmen (ein weiterer Schritt in Richtung Verhandlungen, den ich ebenfalls begrüßte).[45]

Dieser Kontakt mit dem Decknamen XYZ kam im August zustande und umfaßte Geheimgespräche in Paris zwischen dem ehemaligen US-Beamten im Auswärtigen Dienst

Edmund Gullion und Mai Van Bo von Nordvietnam. Gullion sondierte die Bedeutung der öffentlichen und vertraulichen Erklärungen Hanois, um festzustellen, ob überhaupt eine Chance für ernste Verhandlungen bestand. Nach ermutigenden Anfangsgesprächen brach Nordvietnam im September den Kontakt jedoch wieder ab.

Während der Debatten im Juli stellte der Präsident in Washington ein Zweiparteiengremium erfahrener Politiker vor, das unter dem Namen »Wise Men« bekannt wurde. Er bat die Runde, die jeweils in unterschiedlicher Zusammensetzung tagte, mehrmals um Unterstützung. Zunächst sollte sie den Kriegsverlauf prüfen und dann den Präsidenten über die weitere Vorgehensweise beraten.

Die »Wise Men« stellten ein eindrucksvolles Gremium dar, das über Wissen, Erfahrung und Prestige verfügte. Folgende Persönlichkeiten zählten dazu: Dean Acheson, als Außenminister unter Präsident Truman einer der wichtigsten Architekten amerikanischer Außenpolitik zu Beginn des Kalten Kriegs; Omar Bradley, pensionierter Fünf-Sterne-General mit der kühlen und professionellen Ausstrahlung des US-Militär-Establishments; John Cowles, der als liberaler republikanischer Herausgeber der Zeitschriften *Minneapolis Star and Tribune* und *Look* die weltoffene Haltung führender US-Zeitungen und Zeitschriften vertrat; Arthur Dean, Anwalt und Diplomat, der bei den Waffenstillstandsgesprächen mit Korea als Unterhändler Eisenhowers fungierte und Cowles liberale republikanische Gesinnung und Vorliebe für eine weltoffene Haltung auf Zweiparteienebene teilte; Ros Gilpatric, ein Symbol für die Kontinuität von Kennedys und Johnsons Führungsstil in Fragen der nationalen Sicherheit; Paul Hoffman, Industriemillionär, maßgeblich an der Ausarbeitung des Marshallplans beteiligt und als amerikanischer Vollblutgeschäftsmann in der US-Außenpolitik versiert; George Kistiakowsky, angesehener Chemiker aus Harvard, als Verbindungsmann zwischen Wissenschaft und Politik im Atomzeitalter; Arthur Lawson, Geschichtspro-

1 Auf dem Gipfel
des Mount Whitney (4418 Meter),
vom Gewitter überrascht, 1937.

2 Marg und Margy,
meine beiden in der Heimat
Zurückgelassenen.

3 Beim U. S. Army Air Corps
in England, 1943.

4 Verleihung der Auszeichnung »Legion of Merit«
durch General Hap Arnold, 1946.

5 Die »Whiz Kids« der Ford Motor Company.

6 Als Chefmanager bei Ford.

7 Henry Ford II verkündet meine Wahl zum Präsidenten der
Ford Motor Company.

8 Amtsübergabe von Präsident Dwight D. Eisenhower
an Präsident John F. Kennedy, 19. Januar 1961.

9 Vereidigung des Kabinetts Kennedy, 20. Januar 1961.

10 Beratungen des »Executive Committee« während
der Kubakrise, Oktober 1962.

11 Besprechung mit Präsident Kennedy und Vizepräsident Johnson,
März 1961.

12 Mit Robert Kennedy im Weißen Haus.

13–15 Dean Rusk, Max Taylor und ich waren häufige Besucher im Weißen Haus.

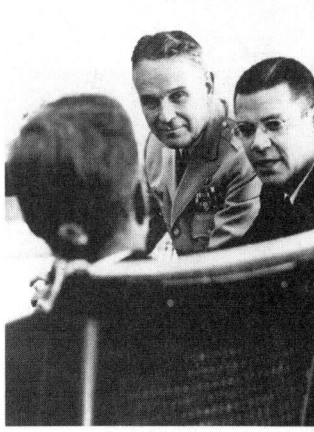

16 Erste Sitzung mit Präsident Lyndon B. Johnson im
Old Executive Office, 24. November 1963.

17 Vor unlösbaren Problemen.

18 Von Präsident Johnson gefordertes Pressephoto mit General Taylor und Nguyen Khanh in Vietnam, März 1964.

19 Präsident Ngo Dinh Diem vor seinem Palast in Saigon.

20 Nguyen Van Thieu, ab 1967 Staatspräsident Südvietnams.

21 Mit Cyrus Vance in einer der zahlreichen Kabinettssitzungen zu Vietnam, Mai 1965.

22 Entscheidung über den Einsatz amerikanischer Bodentruppen in Vietnam, 27. Juli 1965.

23 Mit Max Taylor in Vietnam.

24 Besuch bei Botschafter Henry Cabot Lodge, 1966.

25 Unterrichtung der Kongreßführer im Kabinettssaal.

26 Vor einer Ansprache im East Room des Weißen Hauses.

27 Pressekonferenz im Pentagon.

28 Gespräche mit dem britischen
Premierminister Harold Wilson im Weißen Haus, Mai 1967.

29 Beratungen im Lageraum über eine Botschaft des
sowjetischen Ministerpräsidenten Alexej Kossygin, 6. Juni 1967.

30 Zähes Gespräch mit Ministerpräsident Kossygin in Glassboro
über die Stationierung von Raketenabwehrsystemen, 23. Juni 1967.

31 Abschied vom Pentagon, 29. Februar 1968.

32 Marg bei einer Ansprache in der University of California, Los Angeles, 1966.

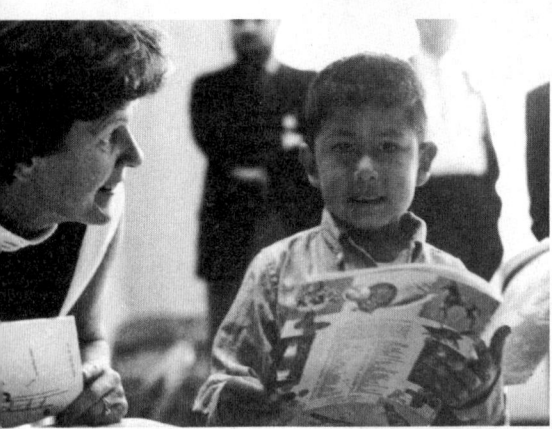

33 Unermüdlich setzte sich Marg für ihr Programm zur Leseförderung ein.

34 Auszeichnung einer Preisträgerin im Lesewettbewerb durch Ted Kennedy.

35 Zu Gesprächen mit Deng Xiaoping in Peking, April 1980.

36 Als Präsident der Weltbank bei Papst Johannes Paul II.

37 Konferenz für globale Entwicklung, Tokyo 1991.

38 Mit Craig auf dem Weg zum Snowmass Peak, Margs Lieblingsplatz, wo wir 1981 die Urne mit ihrer Asche deponiert haben.

39 Mit Dr. Ben Eiseman auf dem Homestake Peak, 1994.

fessor der Duke University, der seit 1933 etliche Präsidenten beraten hatte und für die Allianz der akademischen Welt und der Regierung stand, die im Zweiten Weltkrieg geschmiedet worden war; Robert Lovett hatte der Regierung Truman als Staatssekretär und Verteidigungsminister hervorragende Dienste geleistet; John McCloy, während des Zweiten Weltkriegs Lovetts Kollege und ehemaliger amerikanischer Prokonsul im besetzten Deutschland, vervollständigte die eindrucksvolle Namensliste. All diese Männer strahlten die Entschiedenheit, das Selbstvertrauen und die Sicherheit einer Generation aus, die auf die Erfolge des Zweiten Weltkriegs und die Erfahrungen mit den Anfängen des Kalten Krieges verweisen konnte.

Einige Mitglieder des Gremiums – Bradley, Gilpatric, Kistiakowsky, Larson und McCloy – trafen am Morgen des 8. Juli mit Dean, Tommy, Bill und mir zusammen. Wir informierten sie umfassend, beantworteten ihre Fragen und drängten sie, ihre Meinung gegenüber dem gesamten Gremium offen zu äußern. Alle außer Larson sprachen sich für den Einsatz »jeglicher« Streitkräfte aus, die nötig seien, um Südvietnam nicht in kommunistische Hände fallen zu lassen. Einige kritisierten sogar unsere bisherige Vorgehensweise als »zu zurückhaltend«.

Noch am selben Tag legten sie dem Gesamtgremium ihre Einschätzung dar. Alle außer Hoffman stimmten ihr zu. Insbesondere Acheson und Arthur Dean wiesen Hoffmans Forderung nach Verhandlungen vehement zurück; Arthur Dean fand, es sei jetzt nicht der rechte Zeitpunkt, »unsere Fernostpolitik den Vereinten Nationen« oder sonst jemandem zu überlassen. Im Namen des Gremiums meinte McCloy zu Dean Rusk und mir: »Man wird uns die Nasen blutig schlagen, aber ihr müßt es tun. Ihr müßt diesen Schritt wagen.«

An jenem Abend trafen Acheson, Bradley, Cowles, Arthur Dean, Lovett und McCloy mit dem Präsidenten im Kabinettssaal zusammen. Einige Tage später berichtete Acheson dem ehemaligen Präsidenten Truman von seinem Gespräch mit Johnson und dessen Klage über seine Probleme: »Ich faßte mir ein Herz und sagte zu ihm ... er hätte keine andere Wahl als weiterzumachen. ... Nach diesem Auftakt stürmten meine Kollegen auf ihn ein wie die Scots Greys in der Schlacht bei Waterloo*. ... Bob Lovett, der normalerweise recht zurückhaltend ist, geriet vollkommen außer sich, und Bradley ließ natürlich keinerlei Zweifel daran, daß er die ganze Zeit über auf meiner Seite gewesen war. Ich glaube ..., wir haben es geschafft.« Aber sie haben nicht »geschafft«, ihre Überzeugung deutlich zu machen, daß die Regierung der amerikanischen Bevölkerung die militärische Lage und die Notwendigkeit zusätzlicher Truppen erklären sollte, wie man Dean und mir gegenüber betont hatte. Cowles und Lovett warfen dem Präsidenten vor, vom Krieg ein »zu rosiges Bild gemalt zu haben«[46].

Ungefähr zu jener Zeit forderten konservative Kongreßabgeordnete zur Finanzierung der laufenden zusätzlichen Programme und der zukünftigen weiteren Anstrengungen eine Aufstockung des Verteidigungshaushalts. Die Abgeordneten Gerald Ford und Melvin Laird drängten darauf, für den Verteidigungshaushalt ein bis zwei Milliarden Dollar zusätzlich zu bewilligen und mindestens 200 000 Reservisten einzuberufen. Auch Senator Dirksen verlangte vom Präsidenten, »weitergehende Befugnisse und mehr – viel mehr – Geld« zu erwirken.[47]

Unterdessen hatte die »Great Society« eine kritische Phase erreicht: Der Senat hatte das Medicare-Programm** schließlich genehmigt, und es sollten bald entsprechende Verhandlungen zwischen den Ausschüssen stattfinden; über andere wichtige Gesetzentwürfe im Rahmen der »Great Society« – unter anderem die Reform der Einwanderungsbestimmungen, das Programm zur Bekämpfung der Armut, die Hilfe für die

---

* Diese Bemerkung bezieht sich auf einen heldenmütigen Angriff des 2. Schottischen Dragonerregiments, genannt »Scots Greys«, in der Schlacht bei Waterloo. (Anm. d. Übers.)
** Gesetzentwurf zur Krankenversicherung für Menschen über 65 Jahre. (Anm. d. Übers.)

Appalachen und das Gesetz zur Reinhaltung der Luft – mußte noch entschieden werden. Präsident Johnson fürchtete, höhere Zuteilungen für den Verteidigungshaushalt würden seine Vorschläge für die umfangreichsten sozialen Reformen seit dem New Deal* zunichte machen. Heute betrachten wir seine Vorschläge als Vorwand – als das, was man gemeinhin listige Täuschung nennt –, aber im Eifer des Gefechts übersehen wir zuweilen, daß er von dem Wunsch beseelt war, sich der Mißstände unserer Gesellschaft anzunehmen.

Während ich mich am 14. Juli 1965 auf meine Abreise nach Saigon vorbereitete, traf Johnson mit James Cannon zusammen, einem Redakteur der *Newsweek*. Cannon befragte ihn nach seinem vorrangigen Ziel als Präsident. Allen Menschen in unserem Land »ein lebenswerteres, erfreulicheres und sinnvolleres Leben zu ermöglichen«, lautete seine Antwort. Als Cannon von ihm wissen wollte, wie das mit seiner eher konservativen Laufbahn in Einklang zu bringen sei, meinte er: »Ich bin mir der Probleme einer Vielzahl von Menschen bewußter als früher. Ich bin zum Beispiel sensibler geworden gegenüber den Ungerechtigkeiten, die wir den Schwarzen angetan haben, weil ich nun mehr mit ihnen in Kontakt komme. Ich bin weniger eigennützig, etwas selbstloser. ... Ich kann nicht mehr höher hinaus, als ich jetzt stehe, und so möchte ich jetzt nur eines: das tun, was richtig ist.«[48]

Vielen, die diese Worte lesen, mögen sie als Propaganda in eigener Sache und als Bemühung eines unübertrefflichen Schauspielers erscheinen, seinem Publikum ein Bild von sich vorzugaukeln, das nicht der Wahrheit entspricht. Ich glaube nicht, daß dem so war. Schade, daß Johnsons häufige Täuschungsmanöver ihn seines guten Rufs beraubt haben, dessen er sich einst aufgrund seines großen Verantwortungsgefühls

---

* New Deal-Programm von 1933; Programm der Regierung Franklin D. Roosevelts zum Wiederaufbau der Wirtschaft auf der Grundlage der Wirtschaftstheorie von Keynes. (Anm. d. Übers.)

für die Ungerechtigkeiten, die so vielen in unserem Volk wider-
fahren waren und die er nun wiedergutmachen wollte, erfreut
hatte.

Der Präsident widmete nahezu jede Minute der Weiterent-
wicklung seiner Programme, ob es nun die Bürgerrechte, die
»Great Society« oder der Krieg in Vietnam waren. Während
der Kongreßdebatte über das Wahlrechtsgesetz aßen Marg und
ich einmal mit dem Präsidenten und Lady Bird im Privattrakt
des Weißen Hauses zu Abend. Wir saßen zu viert um einen
kleinen Tisch und unterhielten uns, als der Präsident plötzlich
nach dem Telephon neben seinem Gedeck griff und der Ver-
mittlung auftrug: »Verbinden Sie mich mit Ev Dirksen.« Wenig
später war der Führer der Minderheitsfraktion des Senats am
Apparat.

Ich bekam nur die Hälfte der Unterhaltung mit, aber sie
verlief ungefähr so: »Ev«, sagte er und machte eine Pause, um
seinen Worten Nachruck zu verleihen. »Sie haben heute diese
verdammte Abstimmung verloren.« Es ging um eine wichtige
verfahrensrechtliche Abstimmung, die möglicherweise für den
Erfolg oder Mißerfolg des Gesetzes maßgeblich war. Ich hörte,
wie Dirksen sich ereiferte: »Was meinen Sie damit, ich hätte
verloren? Ihre verdammten Südstaatendemokraten haben Sie
im Stich gelassen!« Der Präsident hörte geduldig zu und sagte
dann milde: »Ev, mir war klar, daß mich die Südstaatendemokraten im Stich lassen würden. Ich hatte darauf vertraut, daß
Sie genügend Republikaner beibringen könnten, um das auszugleichen.« In dieser Weise ging das Geplänkel noch eine
Weile weiter, bis Johnson schließlich meinte: »Also, Ev, da
gibt's doch was, was Sie wollen. Was ist es? Ich will Ihnen
sagen, was ich will: das Wahlrechtsgesetz!« Dann trafen sie am
Telephon eine Abmachung.

So war Präsident Johnson: Unentwegt beschäftigte er sich
mit seinen Reformzielen. In diesem Fall wollte er einen der
wichtigsten Schritte zur Beilegung der Rassenkonflikte in den
Vereinigten Staaten unternehmen.

Ein andermal bat er mich zu einer Besprechung mit führenden Geschäftsleuten und Gewerkschaftern in den Kabinettssaal. Dabei ging es nicht etwa um Verteidigungsfragen, sondern um Unterstützung für das Bürgerrechtsgesetz; wie bereits erwähnt, band er mich häufig in Angelegenheiten ein, die mit meinem eigentlichen Aufgabenbereich nichts zu tun hatten. Eine Stunde lang bat er seine Gäste inständig, ihre Freunde im Kongreß zu drängen, für das Gesetz zu stimmen. Allem Anschein nach mit geringem Erfolg. Schließlich meinte er völlig frustriert: »Meine Herren, Sie alle kennen Zephyr« – wahrscheinlich wußte außer mir keiner der Anwesenden, daß es sich um die Köchin der Johnsons handelte. »Als sie, Bird und ich im vergangenen Sommer auf unserer Heimreise von der Ranch nach Washington durch Mississippi fuhren, bat Bird: ›Lyndon, kannst du bitte an der nächsten Tankstelle anhalten? Ich muß mal.‹ Ich antwortete: ›Sicher.‹ Wir hielten an, stiegen dann wieder ins Auto und fuhren weiter, bis Zephyr fragte: ›Mr. President, macht es Ihnen was aus, am Straßenrand anzuhalten?‹ – ›Warum möchten Sie denn, daß ich anhalte?‹ fragte ich sie. ›Ich muß mal.‹ – ›Warum, in Gottes Namen, haben Sie das denn nicht an der Tankstelle getan, so wie Bird und ich?‹ – ›Weil man mich nicht gelassen hat‹, antwortete sie.« Bei diesen Worten pochte Johnson auf den Tisch und rief erbittert: »Meine Herren, ist *das* das Land, das Sie wollen? Es ist nicht *das*, das ich will.« Einige werden sagen, es war Theater, aber ich weiß, es war ehrlich gemeint.

Bis heute wurde Johnsons Präsidentschaft vor allem an Vietnam gemessen. Zukünftige Historiker, die weniger von der Auseinandersetzung über den Krieg geprägt sind, werden sicherlich zu einer ausgewogeneren Einschätzung kommen und ihm zwei entscheidende gesetzgeberische Maßnahmen zugute halten: das Bürgerrechtsgesetz von 1964 und das Wahlrechtsgesetz von 1965. Ohne diese beiden Gesetze würde unser Land heute zweifellos in Flammen stehen, sowohl im wörtlichen als auch im übertragenen Sinn. Ich denke, die Geschichte wird sie unter die wichtigsten politischen Leistungen unseres Jahrhunderts einreihen. Und Lyndon Johnsons expansive Zukunftsvision – die »Great Society« – bleibt als Aufgabe bestehen, die tragischerweise selbst dreißig Jahre nachdem sie in Angriff genommen wurde, noch nicht vollendet ist.

Bevor ich in der Nacht zum 14. Juli Washington verließ, rief ich Präsident Johnson an, um meine Mission in Saigon und in Vietnam im allgemeinen mit ihm zu erörtern. Wir sprachen darüber, wie sich die Dinge bisher entwickelt hatten und was in den kommenden kritischen Tagen zu tun sei:

PRÄSIDENT: Wir wissen selber, wenn wir unser Gewissen befragen, daß wir keineswegs die Absicht hatten, in diesem Umfang ... Bodentruppen einzusetzen, als wir die Tonking-Resolution forderten.

MCNAMARA: Richtig.

PRÄSIDENT: Und jetzt setzen wir sie ein, und wir wissen, daß es schrecklich werden wird. Die Frage [ist]: Wollen wir es ganz allein verantworten, einfach so?

MCNAMARA: ... Wenn wir so weit gehen, wie ich in meinem Memo vorgeschlagen habe – eine große Anzahl Männer dorthin zu entsenden –, sollten wir Reservisten einberufen. ... Wahrscheinlich möchten Sie vorher die Zustimmung des Kongresses einholen. Dies wäre ein Weg, um uns Unterstützung zu sichern. Nun sagen Sie wohl: »Ja sicher, aber es kann ebenso zu ausgedehnten Debatten und Meinungsverschiedenheiten führen.« Ich denke, das läßt sich vermeiden. Ich bin überzeugt, wenn wir einfach hingehen ... und ihnen erklären: »So sieht unsere Situation aus, unser derzeitiges Truppenkontingent reicht für einen Sieg nicht aus. Wir müssen es verstärken, wenn wir den Sieg erringen wollen, wobei wir den ›Sieg‹ eingeschränkt definieren. Dafür benötigen wir zusätzliche Truppen. Neben diesen Maßnahmen ... führen wir unsere politische Initiative fort und sondieren die Bereitschaft, hier eine vernünftige Einigung auszuhandeln. Und unter diesen Voraussetzungen erbitten wir Ihre Unterstützung.« Ich bin sicher, daß man sie Ihnen unter den Umständen gewährt. Und auf diese Weise erhalten Sie die Befugnis für die Einberufungen, um sie in das gesamte Programm mit einzubinden.

PRÄSIDENT: Ja, das erscheint mir sinnvoll.

MCNAMARA: Ich weiß nicht, ob Sie so weit gehen wollen, und ich dränge Sie nicht dazu. Aber meiner Meinung nach sollten Sie so weit gehen. Vielleicht irre ich mich aber auch.

PRÄSIDENT: ... Ist Rusk im großen und ganzen Ihrer Meinung?

MCNAMARA: Ja. ... Ja, kein Zweifel. Er ist ein Hardliner in dem Sinne, daß er Südvietnam unter keinen Umständen fallenlassen möchte – selbst wenn wir in einen regelrechten Krieg eintreten müssen. Er meint zwar nicht, daß wir einen umfassenden Krieg ansteuern, sondern ihn vermeiden sollten; aber sollte es, um Südvietnam zu halten, unumgänglich sein, würde er diesen Schritt tun.[49]

Am 16. und 17. Juli 1965 traf ich mich in Saigon mit Westy. Unsere Unterredungen bestätigten meine schlimmsten Befürchtungen und Zweifel. Westy erklärte, er benötige bis Jahresende 175 000 Mann und 1966 weitere 100 000. In Anbetracht meiner Zweifel, ob Luftangriffe den Zustrom von Soldaten und Material von Nord nach Süd so weit reduzieren konnten, daß ein Sieg über die Streitkräfte Südvietnams und der USA auszuschließen sei, befragte ich Westy und seinen Stab, wie sie die Wirksamkeit der Bombardierungen beurteilten. Was ich zu hören bekam, minderte meine Skepsis nicht im geringsten. Und so sagte ich nach einer ausführlichen Diskussion:

Ich nenne Ihnen meine Schlußfolgerungen, möchte Sie aber bitten, sie zu widerlegen:

1. Der Vietcong [und Nordvietnam] ist in der Lage, wesentlich mehr Leute zu rekrutieren, als gegenwärtig im Einsatz sind. Wir sollten uns darauf vorbereiten, daß wir unsere Truppenstärke entsprechend vergrößern müssen.

2. In der Vergangenheit wurde für die Versorgung des Vietcong nicht viel benötigt. Daran hat sich auch kaum etwas geändert. Und ich rechne nicht damit, daß der Bedarf in Zukunft groß sein wird.

3. Daher werden Luftangriffe die Logistik des Vietcong nur unwesentlich beeinträchtigen. Ich fordere nicht, daß wir unsere Luftangriffe einstellen sollten. Ich sage jedoch, daß wir weitaus mehr Männer im Süden benötigen, um den Angriffen am Boden wirksam begegnen zu können.[50]

Anschließend befragte ich sie über die künftige Rolle der US-Streitkräfte im Süden. Zwei Wochen zuvor hatte ich die Vereinigten Stabschefs angewiesen, sich mit dem Problem der militärischen Strategie und Taktik auseinanderzusetzen und zu beurteilen, »ob die Vereinigten Staaten mit einem Sieg rechnen können, wenn wir alle Kräfte aufbieten«. Ich bestand darauf, in dieser Studie zu klären, welche Strategie wir verfolgen sollten. Bus Wheeler beauftragte Andy Goodpaster mit der Untersuchung. Unter Mitarbeit einer kurzfristig zusammengestellten Gruppe fertigte er einen 128seitigen Bericht an, der mir an meinem Abreisetag nach Saigon übergeben wurde.

Auf die Frage »Können wir siegen, wenn wir alle Kräfte aufbieten?« hieß es: »Geht man von vernünftigen Voraussetzungen aus ... scheint einem Sieg nichts im Wege zu stehen, wenn es unser Wille ist – und dieser Wille in unserer Strategie und unserem taktischen Verhalten manifest wird.« Der Bericht vermerkte jedoch einschränkend, daß jedes »Urteil darüber, inwieweit die USA mit einem Sieg in Südvietnam rechnen dürfen, selbst wenn wir ›alle Kräfte aufbieten‹, gegenwärtig aus vielerlei Gründen bloß spekulativ sein kann, zumal bisher in Südvietnam nur begrenzte Erfahrungen mit Offensivoperationen gesammelt wurden, die zahlenmäßig an die beabsichtigten heranreichten«[51].

Das war die große Unbekannte. Westy und die Vereinigten Stabschefs waren der Meinung, der Vietcong und die Nordvietnamesen würden zu dem übergehen, was Hanois Verteidigungsminister Vo Nguyen Giap als das »dritte Stadium« bezeichnete: großangelegte Operationen. Ihnen konnten wir mit herkömmlicher Militärtaktik begegnen (Taktik des »Aufspürens und Vernichtens«). Und es existierte eine unausgesprochene Annahme: Sollten der Vietcong und Nordvietnam nicht in das »dritte Stadium« eintreten, konnten die USA und die Südvietnamesen wirksame Antiguerillaoperationen durchführen.

Wenngleich ich bei den Unterredungen mit Westy und seinem Stab diese Annahmen in Frage stellte, blieb die Diskussion oberflächlich. Rückblickend betrachtet, habe ich einen Fehler gemacht, indem ich es versäumte – damals oder später, in Saigon oder in Washington –, eine offene, ausführliche Debatte über die vagen Vermutungen, nichtgestellten Fragen und die vordergründigen Analysen durchzusetzen, auf die sich unsere Militärstrategie gründete. Zwanzig Jahre lang hatte ich bei meiner Arbeit als Manager Probleme erkannt und Unternehmen dazu gezwungen – oftmals gegen ihren Willen –, gründlich und realistisch über alternative Vorgehensweisen und deren Konsequenzen nachzudenken. Ich bezweifle, ob ich jemals ganz dahinterkommen werde, weshalb ich es in diesem Fall nicht getan habe.

Am 21. Juli kehrte ich nach Washington zurück und legte dem Präsidenten den Bericht vor, den ich unterwegs verfaßt hatte. Er begann mit einer ehrlichen, aber beunruhigenden Einschätzung:

Die Lage in Vietnam stellt sich schlimmer dar als noch vor einem Jahr (und damals war sie schlimmer als im Jahr zuvor). Nach etlichen Monaten eines Patts hat sich das Tempo der Kriegshandlungen beschleunigt. Ein massiver Vorstoß des Vietcong spaltet die Nation und richtet die Armee übel zu. ... Ohne zusätzliche Unterstützung von außen ist die ARVN von einer Aufeinanderfolge taktischer Rückschläge bedroht, dem Verlust von wichtigen Kommunikationszentren und Siedlungsgebieten, insbesondere im Hochland, der allmählichen Zerstörung ihrer Einheiten ... und verliert das Vertrauen der Bevölkerung.

Ich fuhr dann fort:

Es gibt keine Anzeichen dafür, daß wir die Nachschubversorgung des Vietcong unterbunden haben oder unterbinden können, zumal sein Materialbedarf so gering ist wie seit jeher ... Auch haben unsere Luftangriffe auf Nordvietnam keine sichtbare Wirkung auf Hanois Bereitschaft gezeigt, sich mit einer vernünftigen Einstellung an den Verhandlungstisch zu setzen. DRV/VC [Nordvietnam/Vietcong] scheinen der Ansicht zu sein, Südvietnam sei auf dem Rückzug und dem Zusammenbruch nahe. Sie lassen in keiner Weise erkennen, daß sie sich mit weniger zufriedengeben als der Vereinnahmung des gesamten Landes.

Dann überdachte ich erneut die Alternativen, die wir schon so oft geprüft hatten: (1) Rückzug unter den bestmöglichen Bedingungen – aller Wahrscheinlichkeit nach fast gleichbedeutend mit der bedingungslosen Kapitulation; (2) Fortsetzung der Kriegshandlungen im selben Umfang wie bisher – was später ziemlich sicher auf Option eins hinauslaufen mußte; oder (3) Erweiterung unserer Streitkräfte gemäß Westys Forderung und gleichzeitige energische Anstrengungen, um in Verhandlungen einzutreten – womit eine Niederlage in naher Zukunft mit ziemlicher Sicherheit abgewehrt werden konnte, sich jedoch andererseits die Schwierigkeiten und die Kosten eines späteren Rückzugs erhöhten.

Ich neigte zu Option drei, die in meinen Augen eine »Grundvoraussetzung war, um zu einer annehmbaren Einigung zu gelangen«. Zuletzt gab ich meiner Meinung Ausdruck, daß »die im vorliegenden Memorandum empfohlene Vorgehensweise gute Chancen hat, innerhalb einer vernünftigen Zeitspanne zu einem akzeptablen Ergebnis zu führen – vorausgesetzt, die militärischen und politischen Schritte sind aufeinander abgestimmt und werden mit unverminderter Energie und sichtbarer Entschiedenheit durchgeführt«. Die nachfolgenden Ereignisse haben gezeigt, daß meine Einschätzung falsch war.[52]

Während meines Aufenthalts in Saigon hatte Cy Vance mir telegraphiert, der Präsident habe »im Augenblick die Absicht«, die Truppenstärke zu akzeptieren, die ich seiner Annahme nach empfehlen würde. In der Woche nach meiner Rückkehr trafen wir uns mindestens einmal täglich zu gemeinsamen Überlegungen, bis er eine Entscheidung fällte. An den Unterredungen, die zu den unterschiedlichsten Zeiten stattfanden, nahmen alle wichtigen Vertreter für nationale Sicherheit teil – insbesondere die Stabschefs und die Staatssekretäre für die diversen Streitkräfte (Paul Nitze, Eugene Zuckert und Stanley Resor). Alle außer George Ball stimmten den Empfehlungen zu.

Am 27. Juli genehmigte der Präsident die Ausweitung des Militärprogramms. Der amerikanischen Öffentlichkeit teilte er seine Entscheidung in einer Mittagsansprache am 28. Juli mit. Er billigte indes nicht den dafür erforderlichen Finanzierungsplan. Meinen Schätzungen nach belief sich das erweiterte Programm ungefähr auf zehn Milliarden Dollar Mehrkosten im Haushaltsjahr 1966. Im Einvernehmen mit ein paar einflußreichen Kongreßmitgliedern entschied der Präsident, seinen ersten Antrag auf Bewilligung von Geldern weit unter meinen Schätzungen anzusiedeln, und versprach einen weiteren Vorstoß im Januar, »wenn zuverlässige Zahlen vorliegen«. Auch lehnte er meinen Rat, zur Finanzierung des Kriegs Steuererhöhungen vorzunehmen, um damit der Inflation entgegenzuwirken, rundheraus ab. Ich hielt meine Ausgabenschätzung sowie meinen Vorschlag zur Steuererhöhung in einem streng vertraulichen Entwurf fest, den nur eine Handvoll Leute kannten. Nicht einmal der Finanzminister und der Vorsitzende des Council of Economic Advisers hatten Kenntnis davon.

Nachdem der Präsident den Entwurf mit den Finanzierungsvorschlägen gelesen hatte, fragte er: »Wie schätzen Sie das Abstimmungsverhältnis ein?« (Mir war klar, was er damit meinte: Er war davon überzeugt, daß ein Steuergesetz im Kongreß abgeschmettert würde.)

»Ich weiß es nicht«, antwortete ich, »ich weiß, daß es schwierig sein wird, aber dafür haben Sie doch Ihre Verbindungsleute in der Legislative.«

»Sie bewegen Ihren Hintern zum Capitol und kommen nicht früher wieder zu mir, bevor Sie die Abstimmungszahlen haben.«

Ich gehorchte, und natürlich bekamen wir die nötigen Stimmen nicht zusammen. Ich sagte es dem Präsidenten und meinte: »Lieber würde ich für das kämpfen, was richtig ist, und dann auf die Nase fallen, als es nicht zu versuchen.«

Entsetzt sah er mich an. »Verdammt noch mal, Bob, das ist genau das, was mit Ihnen nicht stimmt – Sie sind kein Politiker. Wie oft muß ich Sie noch daran erinnern, daß Roosevelt, nachdem es ihm nicht gelungen war, den Obersten Gerichtshof mit seinen Leuten zu besetzen, kein einziges Gesetz mehr durch den Kongreß brachte.«

Er übertrieb, aber ich verstand, was er damit sagen wollte: Er wollte seine »Great Society«-Programme schützen. Hätte er nicht gleichzeitig erheblich an Glaubwürdigkeit eingebüßt – wodurch seine Fähigkeit zur Schaffung einer »Great Society« tatsächlich beeinträchtigt wurde –, hätte ich ihm zustimmen können.

Mittlerweile hatte Bill Bundy eine Liste von Maßnahmen zusammengestellt, die alle Aspekte einer Verlautbarung durch den Präsidenten abdeckte, angefangen mit der Benachrichtigung des Kongresses bis zur Mitteilung an das amerikanische Volk. Es war ein ausgezeichnetes Programm. Und wie die beiden Berater des Präsidenten Douglas Cater und John Gardner – beides engagierte Liberale – betonten, war immer noch ausreichend Zeit, die Öffentlichkeit über die Probleme, denen er sich gegenübersah, und die Maßnahmen, die er vorschlug, aufzuklären und ihre Unterstützung zu erlangen. Cater berichtete, daß »die gegenwärtige Kritik allein aus den Reihen einer kleinen Anzahl von Rebellen kommt. Gardner ist davon überzeugt, daß eine Meinungsumfrage in Intellektuellenkreisen eine ebenso hohe Zustimmung ergeben würde wie in anderen Bereichen der Gesellschaft.«[53]

Aber der Rat von Bundy, Cater und Gardner wurde nicht befolgt. Statt dessen wurde der Nation verheimlicht, daß man einen Kurs eingeschlagen hatte, der sie einem großen Krieg entgegentrieb.

Warum?

Der Präsident war sich der Tragweite seiner Entscheidung bewußt; und er wußte, welchen Preis er für die Art und Weise, wie er sie »verkaufte«, wahrscheinlich bezahlen mußte. Aber er fühlte sich wie in einer Falle gefangen, die ihm nur eine bittere Alternative ließ: Täuschung angesichts der doppelten Gefahr wachsenden Drucks einerseits oder Scheitern seiner sozialen Programme andererseits.

Wir versanken in Treibsand.

8.

BOMBARDIERUNGSPAUSE ZU WEIHNACHTEN – EIN ERFOLGLOSER VERSUCH, VERHANDLUNGEN IN GANG ZU BRINGEN

29. JULI 1965 – 30. JANUAR 1966

Der Unterschied zwischen Ergebnissen und Folgen besteht darin, so heißt es, daß Ergebnisse das sind, was wir erwarten, Folgen hingegen das, was tatsächlich eintritt. Zweifelsfrei gilt dies auch für unsere Annahmen im Hinblick auf Vietnam im Sommer und Herbst des Jahres 1965. Die Wirklichkeit stand im Widerspruch zu den Erwartungen. Den Plan, die US-Streitkräfte in Vietnam massiv zu verstärken, verwirklichten wir erst dann, als wir bereits gute Gründe gehabt hätten, die diesem Vorhaben zugrundeliegende Strategie in Frage zu stellen. Denn allmählich – und ebenso ernüchternd wie enttäuschend – wurden die Grenzen der militärischen Operationen in Vietnam schmerzlich deutlich. Ich hatte immer darauf vertraut, daß es für alles eine Lösung gibt, aber jetzt war die Situation vollkommen verfahren, und dabei standen der Nationalstolz und Menschenleben auf dem Spiel.

Aus meiner Besorgnis über den Vietnamkrieg wurde allmählich Skepsis, Enttäuschung und schließlich Wut. Der Grund hierfür war nicht eine zunehmende Erschöpfung, wie manchmal behauptet wurde, sondern meine wachsende Angst, daß wir den Tod von immer mehr Menschen riskierten, aber trotzdem ganz einfach unsere Ziele nicht erreichten.

270

In den Tagen nach der Rede Präsident Johnsons am 28. Juli 1965 äußerten die meisten Amerikaner – Intellektuelle, Kongreßmitglieder, die Presse, die Menschen auf der Straße – ihre Zustimmung zu seiner Entscheidung. Als Ende August das Gallup-Institut eine Meinungsumfrage durchführte, antworteten auf die Frage: »Billigen Sie die Art und Weise, wie die Regierung Johnson auf die Lage in Vietnam reagiert?«, 57 Prozent mit Ja und 25 Prozent mit Nein. Zwei Monate zuvor war das Verhältnis noch 48 zu 28 gewesen. Im September zeigte eine statistische Erhebung des Harris Institute, daß »nahezu 70 Prozent der Amerikaner die Ansicht vertreten, die Vereinigten Staaten sollten den Kommunismus in Asien auf vietnamesischem Boden bekämpfen«. Außerdem, hieß es in dem Bericht, »rechnet die Mehrheit des Volkes damit, daß sich der Kampf in Vietnam über mehrere Jahre hinziehen wird«[1].

Doch gerade in dieser Zeit, als die Unterstützung der Öffentlichkeit für den Krieg klarer war als je zuvor, mehrten sich die Anzeichen für neue Schwierigkeiten. Bei einer Besprechung des Nationalen Sicherheitsrats am 5. August erklärte Max Taylor – der inzwischen Berater des Präsidenten war, nachdem man Henry Cabot Lodge jun. zum zweitenmal als Botschafter nach Saigon entsandt hatte –, er sei fest davon überzeugt, daß die kommunistische Offensive bis zum Jahresende niedergeschlagen und 1966 zu einem »entscheidenden Jahr« für die Vereinigten Staaten werden könne.[2]

Am selben Tag jedoch hatten die Vereinigten Stabschefs ein weiteres Planspiel, Sigma II-65, durchgeführt, das schwere Zweifel an Taylors Vorhersagen und an den Prämissen unserer militärischen Strategie aufkommen ließ. Im Gegensatz zu unserer Überzeugung, daß wir Bodenoperationen größeren Umfangs erzwingen und siegreich daraus hervorgehen könnten, stellte der Sigma-II-65-Bericht fest: »... die Teilnehmer [haben] den starken Eindruck, daß der Vietcong die Strategie verfolgt, größere Auseinandersetzungen mit den US-Streitkräften zu vermeiden, und es daher extrem schwierig ist, feindliche Einheiten aufzuspüren und zu orten. ... Die Erfahrung des Vietcong im Dschungel- [und] Guerillakrieg ... stellt selbst gut ausgerüstete und ausgesprochen bewegliche US-Truppen vor schwere Probleme.« Zur Frage der Bombardierung hieß es in dem Bericht: »Ein Großteil vertrat die Ansicht ..., daß die Führung in Hanoi [dies] in Kauf nehmen könnte und würde ..., und zwar aufgrund der Tatsache, daß das Land im wesentlichen auf Subsistenzwirtschaft beruht, deren Kern das sich selbst versorgende Dorf ist. ... Die Industrie stellt einen so begrenzten Teil der Gesamtwirtschaft dar, daß sogar [ihre] völlige Zerstörung als Preis nicht zu hoch erscheinen würde.«[3]

Die Schlußfolgerungen des Berichts beunruhigten mich zutiefst, schienen aber auf andere Mitarbeiter des Pentagons und der Regierung wenig Eindruck zu machen. Das mochte darauf zurückzuführen sein, daß im August ermutigende Nachrichten aus Vietnam eingetroffen waren. Die US-Streitkräfte hatten in ihrer ersten großen Auseinandersetzung mit Truppen des Vietcong einen bedeutenden Sieg errungen. Diese Schlacht hatte zwischen dem 18. und 21. August auf der Halbinsel Batangan südlich des Marinestützpunktes Chu Lai stattgefunden. Neben dieser Operation hatte Bernard Fall mit seinen Äußerungen in *Newsweek* im Herbst 1965 viele davon überzeugt, daß die Anstrengungen der USA gar nicht scheitern konnten: Bernard Fall, ein bekannter Indochina-Experte und klarsichtiger Beobachter, betonte in seinen Statements, daß die zunehmende Präsenz Amerikas in Vietnam von entscheidender Bedeutung sei.*[4]

Als große Truppenkontingente der USA in Vietnam eintrafen, legte General Westmoreland ein Geheimpapier vor, in

---

* Wachsende Zweifel am Erfolg der militärischen Operationen der USA brachten Fall mit der Zeit dazu, seine Überzeugung aufzugeben, daß sich die Vereinigten Staaten mit Hilfe ihrer Technologie und Stärke durchsetzen würden. Vor seinem Tod im Jahre 1967 revidierte er seinen 1965 in der *Newsweek* vertretenen Standpunkt.

dem das Ziel der USA in Südvietnam und die militärische Strategie, es zu erreichen, festgehalten waren. Das Papier, das den Titel »Operationsplan für die Republik Vietnam« trug und auf den 1. September 1965 datiert war, definierte unser Ziel so: ».. den Krieg in der Republik Vietnam beenden, indem wir den Vietcong und die DRV [Demokratische Republik (Nord) Vietnam] davon überzeugen, daß ein militärischer Sieg unmöglich ist, und auf diese Weise eine für die RVN [Republik (Süd)Vietnam] und die Vereinigten Staaten günstige Vereinbarung erzwingen.« Der Bodenkrieg sollte in drei Phasen stattfinden, wobei jede Phase einem bestimmten Zeitplan unterworfen war. Phase I bestand darin, den Vormarsch der Kommunisten aufzuhalten – »aufhören, den Krieg zu verlieren« –, und würde bis zum 31. Dezember 1965 dauern. In Phase II sollte eine Offensive gegen die kommunistischen Truppen durchgeführt und das Befriedungsprogramm ausgedehnt werden, um »Herz und Verstand« der südvietnamesischen Bauern zu gewinnen. Diese Phase war für die Zeit vom 1. Januar bis zum 30. Juni 1966 geplant. Sollten die Kommunisten bis dahin nicht aufgegeben haben, würde Phase III eintreten, »um die verbleibenden organisierten VC-Einheiten und ihre Stützpunkte zu zerstören oder militärisch unschädlich zu machen«. Diese Phase sollte am 1. Juli 1966 beginnen und bis zum 31. Dezember 1967 dauern. In dem Papier wurde betont, daß »der Konflikt aus politischen und psychologischen Gründen in dem gesamten Zeitraum vorwiegend vietnamesischen Charakter behalten sollte«. Diese Bedingung wurde eindeutig nicht eingehalten.[5]

Westy skizzierte auch, wie er sich seine Aufgaben bei der zweigleisigen Strategie vorstellte, die der Präsident, die Vereinigten Stabschefs und ranghohe Regierungsbeamte, einschließlich mir, als Voraussetzung zur Beendigung des Krieges akzeptiert hatten. Die Hauptschiene – der Bodenkrieg – sollte Hanoi und dem Vietcong demonstrieren, daß sie den Süden nicht mit Gewalt erobern konnten. Die Nebenschiene – die Bombardierung des Nordens – sollte einerseits den Willen und die Fähigkeit Hanois zur Unterstützung des Vietcong schwächen und gleichzeitig bewirken, daß die Kosten entsprechender Versuche für Hanoi zu hoch wurden. Wir glaubten, daß wir mit diesen beiden Maßnahmen eine friedliche Einigung erzwingen konnten.

Kritiker haben behauptet, daß die Vereinigten Staaten in Vietnam keine militärische Strategie verfolgten. Aber wir hatten tatsächlich eine – nur waren die ihr zugrundeliegenden Annahmen äußerst fragwürdig. Westys Strategie beruhte auf der unausgesprochenen Voraussetzung, daß Befriedung und Bombardierung die Kommunisten davon abhalten würden, die durch die US-amerikanischen und südvietnamesischen Truppen beigebrachten Verluste durch Rekrutierungen im Süden und Verstärkung aus dem Norden auszugleichen. Mit dieser Annahme aber wurde die Fähigkeit der Kommunisten, auch mitten im Krieg Kämpfer zu rekrutieren und trotz unserer Luftangriffe vom Norden aus Verstärkung zu schicken, grob unterschätzt.

Ferner gingen die Militärbefehlshaber und politisch Verantwortlichen der USA davon aus, daß die südvietnamesischen und US-amerikanischen Truppen den Vietcong und die nordvietnamesischen Regierungstruppen dazu zwingen könnten, ihren Krieg mit mehr oder weniger konventionellen Mitteln auszutragen. Auf diese Weise würden die hohe Beweglichkeit und Feuerkraft der US-Truppen sowie die Bombardierung, die auf die Unterbrechung der Nachschublinien von Nord- nach Südvietnam zielte, eine friedliche Lösung erzwingen. Sollten der Vietcong und die nordvietnamesische Armee sich weigern, nach den von uns vorgegebenen Bedingungen zu kämpfen, und zu »hit-and-run«-Taktiken übergehen – wovon einige überzeugt waren –, konnten, so unsere Annahme, die Streitkräfte der USA und Südvietnams, unterstützt durch ein striktes Befriedungsprogramm, ihnen mit einem Antiguerillakrieg zu Leibe rücken. Und schließlich glaubten wir, daß das Befriedungsprogramm in Südvietnam unserer politischen Absicherung dienen und die Aufständischen ebenfalls daran hindern würde, sich dort Nachschub zu besorgen und Rekruten auszuheben. Westy hatte diese Strategie bei unserer Besprechung am 17. Juli in Saigon skizziert, und ich hatte in meinem Memo an den Präsidenten vom 20. Juli darauf Bezug genommen.

Doch alle diese Annahmen erwiesen sich als falsch. Wir konnten den Vietcong und die nordvietnamesische Armee nicht dazu zwingen, nach unseren Bedingungen zu kämpfen. Wir konnten ihnen nicht mit einem Antiguerillakrieg zu Leibe rücken. Und die Bombardierungen verminderten die Infiltration des Südens mit Soldaten und Waffen nicht im erforderlichen Maß und schwächten auch nicht den Willen des Nordens, den Konflikt fortzusetzen.

Mit dem stillschweigenden Einverständnis Washingtons führte Westy einen Zermürbungskrieg, dessen Hauptziel es war, die Einheiten des Vietcong und der nordvietnamesischen Armee zu orten und zu eliminieren. Eine Alternative zu dieser Strategie des »Aufspürens und Vernichtens« war nicht in Sicht. Denn es war ja die Entscheidung gefallen, nicht in Nordvietnam einzumarschieren, um das damit drohende Risiko eines Krieges mit China und/oder der Sowjetunion zu vermeiden (ein Risiko, das wir unbedingt so gering wie möglich halten wollten). Außerdem waren wir entschlossen, unsere Bodenoperationen nicht übermäßig nach Laos und Kambodscha auszuweiten. Westy kam zu dem Schluß, daß die Vernichtung von Vietcong- und nordvietnamesischen Regierungstruppen zur politischen Stabilisierung Saigons beitragen würde. Dann sollte die südvietnamesische Regierung auch in der Lage sein, das Vertrauen der Bevölkerung zu gewinnen und so den Gegner zum Rückzug oder zu Verhandlungen zu zwingen, die für Südvietnam günstig ausgehen würden.

Der Militärhistoriker und ehemalige Berufsoffizier Andrew F. Krepinevich hat Westmoreland Selbsttäuschung vorgeworfen. Er behauptet, der General habe »einfach eine Strategie entwickelt, die zu dem von der Armee favorisierten Modus operandi, zu ihrer Struktur und ihrer Doktrin paßte«. Des weiteren erklärt er: »Da die Möglichkeit, eine entscheidende Vernichtungsschlacht durch eine Invasion in Nordvietnam zu gewinnen, ausgeschlossen wurde, blieb [für die Armee] nur die Zermürbungsstrategie. Denn sie harmonierte am besten mit jener Kriegführung, auf die die Armee vorbereitet war. ... Diese Strategie war nichts anderes als eine natürliche Folge ihres organisatorischen Erfolgsrezepts – sie entsprach der guten Ausbildung, der ausgezeichneten Ausstattung und der technischen Überlegenheit der US-Armee sowie der tiefsitzenden Angst der Amerikaner vor Verlusten.« Krepinevich schreibt sodann:

> Indem die Armee eine Strategie für Vietnam entwickelte, die auf die Anwendung der in früheren Kriegen erprobten Kampfmethoden zugeschnitten war, gefährdete sie die erfolgreiche Bekämpfung ... der Aufstände zu einem halbwegs annehmbaren Preis. Das MACV [Military Assistance Command, Vietnam] konzentrierte sich auf die Zermürbung der feindlichen Streitkräfte, anstatt den Kontakt des Feindes mit der Bevölkerung zu unterbinden und ihn auf diese Weise zu besiegen. So verspielte das MACV jegliche Chance, den Aufständischen einen entscheidenden Schlag zu versetzen. ... Da die Armee zudem versuchte, den Kommunisten möglichst hohe Verluste im Kampf zuzufügen, verlor sie die Zustimmung des wichtigsten Elements in jeder Aufstandsbekämpfungsstrategie – der Bevölkerung.[6]

General William E. DePuy, Westmorelands rechte Hand und wichtigster Planer in der Zeit zwischen 1965 und 1968, vertrat 1988 in einem Interview zwar einen etwas anderen, aber ebenso aufschlußreichen Standpunkt: »[Wir] begriffen schließlich, daß wir [den Vietcong und die Nordvietnamesen] nicht dazu bringen konnten, so häufig zu kämpfen, daß wir einen Zermürbungskrieg hätten gewinnen können. ... Wir waren hochmütig. Als Amerikaner, als Soldaten oder Marines, so glaubten wir, würden wir es schaffen; doch wie sich herausstellte, war das Konzept falsch, und zwar wegen der Rückzugsmöglichkeiten und weil wir den Ho-Chi-Minh-Pfad zu keinem Zeitpunkt blockieren konnten. Unser militärisches Konzept war von vornherein zum Scheitern verurteilt.«[7]

Wie kam es zu diesem Scheitern? General Bruce Palmer jun., dessen Haltung zum Luftkrieg ich an früherer Stelle bereits zitiert habe, bot eine unmittelbar einleuchtende Erklärung. Die Stabschefs, schreibt Palmer, »waren von der Überzeugung beseelt, ›es schaffen zu können‹, und wollten keine negative Einschätzung abgeben oder als Abtrünnige erscheinen«[8].

Das erklärt unseren Mißerfolg partiell. Aber letztlich müssen sich der Präsident, ich und andere nichtmilitärische Berater die Bürde der Verantwortung teilen: Wir haben zugestimmt, daß ein Guerillakrieg mit konventionellen militärischen Methoden geführt wurde, obwohl der Feind bereit war, gewaltige Verluste in Kauf zu nehmen; noch dazu in einem Land, in dem die für effektive militärische Operationen und Befriedungsmaßnahmen notwendige politische Stabilität nicht gegeben war. Das ging nicht, und wir taten es doch.

In jenem Herbst reagierten die Kommunisten auf unsere militärische Eskalation, indem sie noch mehr Truppen in Südvietnam rekrutierten, ihre Luftverteidigung im Norden verstärkten und die Infiltration mit Soldaten und Material über den Ho-Chi-Minh-Pfad forcierten. Sie paßten sich ganz einfach der stärkeren US-Präsenz an. Daraufhin forderte Westy Anfang September weitere 35 000 Mann an, so daß wir statt 175 000 zum Jahresende 210 000 Soldaten in Vietnam stationiert hatten. Zudem nahm der Druck, die Zahl noch weiter zu erhöhen, mit jedem Tag zu. Mitte Oktober schickte uns Westy eine Revision seiner Bedarfsschätzungen für 1966. Statt der 275 000 Mann, die er nach seinen früheren Aussagen bis Juli 1966 brauchte, wollte er nun 325 000, wobei er sich die Möglichkeit offenhielt, später noch mehr anzufordern, und gleichzeitig keine Garantien geben konnte, daß die Vereinigten Staaten ihre Ziele erreichen würden.[9]

Westys Forderungen brachten uns alle in Schwierigkeiten. Wir fürchteten, dies könnte der Beginn eines Engagements sein, dessen Ende nicht absehbar war. Die Eigendynamik des Krieges und die Unvorhersehbarkeit der Ereignisse warfen die Berechnungen der Vereinigten Stabschefs von Ende Juli und Westmorelands Vorhersagen von Anfang September über den Haufen. Ich gewann den Eindruck, daß die Dinge unserer Kontrolle entglitten.

Meine Befürchtungen wurden noch stärker, als die Stabschefs darauf drängten, die Angriffe der USA gegen Nordvietnam auf Hanoi, Haiphong und andere Gebiete in unmittelbarer Nähe zur chinesischen Grenze auszuweiten. Der Präsident und ich wiesen ihre Forderung zurück, denn wir bezweifelten, daß derartige Angriffe den Vormarsch des Vietcong im Süden bremsen oder Hanoi von seinem Vorhaben abbringen konnten. Zudem befürchteten wir, daß derartige Schritte eine Konfrontation mit China heraufbeschwören könnten – wie es erst fünfzehn Jahre zuvor in Korea der Fall gewesen war.[10]

Da hinsichtlich der Luftangriffe Uneinigkeit in der Regierung bestand, bat ich den Präsidenten, eine Sonderkommission einzuberufen, die untersuchen sollte, wie sich die Bombardierungen auf Hanois Bereitschaft und Fähigkeit zur Fortsetzung des Krieges auswirkten. Präsident Johnson war einverstanden und betraute Tommy Thompson, Max Taylor, John McNaughton und Bill Bundy mit dieser Aufgabe. Die Thompson-Gruppe, wie sie dann hieß, legte ihren Bericht am 11. Oktober vor. Darin kam sie zu einer ähnlichen Einschätzung wie der Präsident und ich, die im übrigen mit vergleichbaren Annahmen begründet wurde. Es bestand die Gefahr, daß eine Eskalation des Luftkrieges eine heftige militärische Reaktion der Chinesen und/oder Sowjets auslöste. Im Falle einer Verminung Haiphongs und anderer Häfen könnten sowjetische Schiffe versenkt werden, so daß Nordvietnam verstärkt auf chinesische Transporte über Land angewiesen wäre. Als Folge davon war zu befürchten, daß Pekings radikaler Einfluß auf Hanoi zunehmen würde. Außerdem schienen Angriffe auf Nordvietnam dessen Verhandlungsbereitschaft eher zu vermindern. Die Thompson-Gruppe empfahl eine ausgedehnte Unterbrechung der Bombardierungen, um Hanois Interesse an Gesprächen zu prüfen.[11]

Im Herbst 1965 traten in Asien Ereignisse ein, die, im Rückblick betrachtet, die Machtverhältnisse in der Region verschoben, so daß die Notwendigkeit eines amerikanischen Engagements in Vietnam verringert wurde – was wir damals jedoch noch nicht erkannten.

China erlitt mehrere schwere Rückschläge. Anfang August brach ein Streit zwischen Indien, einem Verbündeten der Sowjetunion, und Pakistan, einem Verbündeten Chinas, um Kaschmir aus. China machte sich die Tatsache, daß New Delhi mit der Krise beschäftigt war, zunutze, um Streitkräfte bis an seine Grenze zu Indien vorrücken zu lassen und territoriale Zugeständnisse zu verlangen. Doch Indien ging aus dem Streit mit Pakistan als Sieger hervor, so daß die chinesischen Truppen in eine prekäre Lage gerieten und sich rasch zurückzogen. Geopolitisch gesehen bedeutete dies letztlich einen Sieg für die Sowjets und eine Niederlage für die Chinesen.

Auch in Indonesien, das im Oktober durch eine politische Neuorientierung erschüttert wurde, verlor China an Boden. Bis dahin hatte Djakarta allem Anschein nach zum chinesischen Einflußbereich tendiert. Am 17. August zum Beispiel zog der indonesische Staatschef Sukarno gegen Washington zu Felde und sprach von einer Achse »Peking–Djakarta–Hanoi–Phnom-Penh«. Doch kurze Zeit später versuchte die von China unterstützte Kommunistische Partei Indonesiens (PKI) einen Staatsstreich, der allerdings kläglich scheiterte. Daraufhin wurde das Land von einer Welle antikommunistischer Gefühle und primitiver Fremdenfeindlichkeit erfaßt; in der folgenden gewaltsamen Auseinandersetzung wurde Sukarno gestürzt; über 300 000 Mitglieder der PKI wurden getötet. Das größte und bevölkerungsreichste Land Südostasiens hatte den Kurs gewechselt und befand sich nun in den Händen unabhängiger

Nationalisten unter der Führung Suhartos (der bis heute die Macht innehat). China, das mit einem überwältigenden Sieg gerechnet hatte, mußte statt dessen einen nicht wieder aufzuholenden Rückschlag hinnehmen.

George F. Kennan, dessen Strategie der Eindämmung unser Engagement zur Verteidigung Südvietnams entscheidend beeinflußt hatte, machte bei einer Senatsanhörung am 10. Februar 1966 deutlich, daß die Chinesen »eine Riesenschlappe in Indonesien erlitten [hatten], ... die von großer Bedeutung ist und jegliche realistische Hoffnung auf Ausdehnung ihrer Macht, die sie vielleicht gehegt haben, dämpft«. Dies habe bewirkt, daß in Vietnam für die USA viel weniger auf dem Spiel stünde. Er betonte, daß sich die Zahl der Dominosteine verringert habe, und diese würden wahrscheinlich auch nicht so leicht fallen.*[12]

Doch Kennans Hinweis fand nicht unsere Aufmerksamkeit und nahm daher keinen Einfluß auf unser Handeln. Sehr im Gegensatz zu den Äußerungen des chinesischen Verteidigungsministers!

Marschall Lin Biao erläuterte am 2. September 1965 das Konzept des »Volkskriegs« und rief die »agrarischen Gebiete der Welt« (Entwicklungsländer) dazu auf, »die Städte« (Industrieländer) durch militante regionale Revolutionen zu erobern. Er machte sich über die amerikanischen Streitkräfte in Vietnam lustig und sagte, die Vereinigten Staaten hätten sich übernommen; der »mustergültige Kampf« des vietnamesischen Volkes würde ihnen zwangsläufig eine schändliche Niederlage bereiten.

Die Regierung Johnson – vor allem auch ich persönlich – hielt die Rede für kriegstreiberisch und aggressiv. Wir deuteten

---

* Ich bin mir sicher, daß George den Gedanken unerträglich fände, daß ein ranghoher Regierungsbeamter unsere Intervention in Vietnam als logische Folge unserer »Eindämmungspolitik« betrachtete. Es ist unwahrscheinlich, daß er jemals daran dachte, die Strategie weltweit in diesem Maße auszuweiten.

sie als Signal für die Bereitschaft eines expansionslüsternen China, »regionale« Kräfte in der ganzen Welt zu unterstützen und ihnen zum rechten Zeitpunkt die entscheidende Hilfe zukommen zu lassen. Lins Äußerungen waren für uns eine klare Bestätigung der Domino-Theorie.

Im Rückblick kann man die Ereignisse vom Herbst 1965 eindeutig als Rückschläge für China erkennen, die dort zu einer Konzentration auf die Innenpolitik und zur Kulturrevolution des folgenden Jahres beitrugen. Die aus chinesischer Sicht negative Kette von Ereignissen führte dazu, daß das Land für mehr als zehn Jahre von jeder aktiven Einmischung in internationale Angelegenheiten absah. Doch geblendet von unseren Vorurteilen und mit einem rasch eskalierenden Krieg beschäftigt, betrachteten wir – wie die meisten anderen westlichen Regierungen auch – China weiterhin als ernsthafte Bedrohung für Südostasien und den Rest der Welt.

Während China seine Wende nach innen vollzog, verstärkten die Vereinigten Staaten ihre Präsenz in Vietnam. Der Krieg erhielt mehr und mehr den Anschein und Beigeschmack eines amerikanischen Unternehmens. Daher wurden in den Vereinigten Staaten kritische Stimmen laut, doch Meinungsumfragen zeigten weiterhin, daß die breite Öffentlichkeit die Politik Johnsons befürwortete. Im Kongreß konnte man etwa zehn Senatoren und siebzig Mitglieder des Repräsentantenhauses zu den vehementen Kritikern zählen – darunter so einflußreiche Persönlichkeiten wie William Fulbright, Mike Mansfield und Wayne Morse –, aber im ganzen gesehen stand die Legislative weiterhin hinter uns. Und mit Ausnahme von einigen wenigen bekannten Kolumnisten unterstützte auch die Presse den Präsidenten.

Bis zu diesem Zeitpunkt hatte es nur sporadisch und begrenzt Antikriegsproteste gegeben, die wenig Aufmerksamkeit erregten. Doch dann kam der Nachmittag des 2. November 1965. Im Dämmerlicht jenes Tages verbrannte sich ein junger

Quäker namens Norman R. Morrison, Vater von drei Kindern und Vorstandsmitglied des Stoney Run Friends Meeting in Baltimore, öffentlich, nur wenige Meter vor meinem Fenster im Pentagon. Er übergoß sich mit Benzin aus einem Vier-Liter-Kanister und zündete sich – seine einjährige Tochter in den Armen – an. Als Umstehende schrien: »Rettet das Kind!«, schleuderte er es von sich. Es überlebte ohne Verletzungen.

Nach Morrisons Tod gab seine Frau eine Stellungnahme ab:

> Norman Morrison [opferte] sein Leben, um seine Betroffenheit über den großen Verlust an Menschenleben und das menschliche Leid zum Ausdruck zu bringen, das durch den Krieg in Vietnam verursacht wird. Er protestierte gegen die tiefe militärische Verstrickung unserer Regierung in diesen Krieg. Er meinte, alle Bürger müßten ihre Haltung zu dem Vorgehen unseres Landes äußern.[13]

Der Tod Morrisons war nicht nur für seine Familie eine Tragödie, sondern auch für mich und das Land. Es war ein Aufschrei gegen das Morden, das das Leben so vieler junger Vietnamesen und Amerikaner zerstörte.

Ich reagierte auf diese schreckliche Tat, indem ich meine Gefühle unter Verschluß hielt und es vermied, mit jemandem darüber zu reden – selbst mit meiner Familie nicht. Ich wußte, daß Marg und unsere drei Kinder und auch die Frauen und Kinder verschiedener Kabinettskollegen, was den Krieg betraf, zum Teil dieselben Gefühle hegten wie Morrison. Und ich glaubte, teilweise zu verstehen und nachempfinden zu können, was ihn bewegte. Marg, ich und die Kinder hätten über vieles reden müssen, doch in sehr ernsten Momenten neige ich oft dazu, mich zu verschließen – eine große Schwäche. Der Vorfall führte zu Spannungen in meiner Familie, die um so schlimmer wurden, als die Kritik und der Widerstand gegen den Krieg weiterhin zunahmen.

Drei Wochen später, am 27. November, zogen etwa 20 000 bis 35 000 Antikriegsdemonstranten vor das Weiße Haus. Der Marsch, der von SANE (Committee for a Sane Nuclear Policy/

Komitee für eine vernünftige Atompolitik) gesponsert und von Sanford Gottlieb, einem überaus aktiven und verantwortungsbewußten Organisator der Antikriegsbewegung, angeführt wurde, verlief friedlich und geordnet. Wenige Tage später schickten Dr. Benjamin Spock, ein landesweit bekannter Kinderarzt, und Professor H. Stuart Hughes aus Harvard, der zweite Vorsitzende von SANE, Ho Chi Minh ein Telegramm, in dem man ihm mitteilte, SANE habe den Marsch finanziell unterstützt, und ihn drängte, das Verhandlungsangebot der USA anzunehmen. Und sie fügten noch hinzu: »Die Demonstrationen werden weitergehen, aber nicht zu einem Abzug der USA führen.«[14]

Es sollten noch viele weitere Demonstrationen folgen. Auch wenn es manch einen vielleicht überrascht, aber ich empfand große Sympathie für die Anliegen der Teilnehmer. Mary McGrory, eine Kolumnistin des *Washington Star*, die für mehrere Zeitungen schrieb, charakterisierte in einem Artikel vom 3. Dezember 1965 meine Haltung zutreffend:

Verteidigungsminister Robert S. McNamara reagiert weder panisch noch entsetzt auf die jüngsten Friedensdemonstrationen.

Auch wenn er damit im Pentagon zweifellos zu einer Minderheit gehört, ist der zivile Chef des Militärs ein Befürworter der Redefreiheit.

»In diesem Land haben der Schutz der Redefreiheit und das Recht auf Widerspruch Tradition«, erklärt er. »Unsere Politik wird um so stärker, je mehr sie das Ergebnis von Auseinandersetzungen ist.«

Der Minister ist ein Bewunderer von Norman Thomas, jenem aufrechten Sozialistenführer, der bei der Demonstration am letzten Samstag in dieser Stadt eine so überzeugende Rede hielt. Aber mit Thomas' Aussage, er »würde es lieber sehen, daß Amerika in Südostasien seine Seele rettet, anstatt zu versuchen, das Gesicht zu wahren«, ist der Minister nicht einverstanden.

»Wie rettet man denn seine Seele?« fragt McNamara. »Rettet man seine Seele, indem man sich aus dem Staub macht, oder rettet man sie, indem man seine Pflicht erfüllt?«[15]

Während es überall in den Vereinigten Staaten zu Protestdemonstrationen kam, veranlaßten erweiterte Militäroperationen der Nordvietnamesen und des Vietcong Westy erneut dazu, seine Bedarfsschätzungen für US-Truppen zu revidieren und beträchtlich zu erhöhen. Zur gleichen Zeit unternahmen in Washington einige von uns noch einmal Anstrengungen, Möglichkeiten zur Anbahnung von Verhandlungen zu suchen. Diese beiden Punkte beherrschten im November, Dezember und Januar die Auseinandersetzungen in der Regierung.

Am 7. November 1965 schickte ich dem Präsidenten ein Memo, welches neben zwei weiteren vom 30. November beziehungsweise vom 7. Dezember die Grundlage für die Gespräche der folgenden Wochen bildete. Das Memo begann mit der Feststellung:

Die Entscheidung vom Februar, Nordvietnam zu bombardieren, und die Genehmigung zum Einsatz der Phase I machen nur dann Sinn, wenn sie einer langfristigen Politik der Vereinigten Staaten dienen, das kommunistische China in seine Schranken zu verweisen. China ragt – wie Deutschland im Jahre 1917, wie Deutschland im Westen und Japan im Osten Ende der dreißiger Jahre und wie die UdSSR im Jahre 1947 – als Großmacht auf, die unsere Stellung und unseren Erfolg weltweit zu unterminieren und, zwar nur indirekt, aber um so gefährlicher, ganz Asien gegen uns aufzubringen droht.

... Bei langfristigen Bemühungen, China in Schach zu halten, gibt es drei Fronten (wenn man davon ausgeht, daß die UdSSR China im Norden und Nordwesten »bindet«): (a) die Front zwischen Japan und Korea; (b) die Front zwischen Indien und Pakistan; und (c) die Front in Südostasien. Entscheidungen, jetzt in Südvietnam Soldaten, viel Geld und unsere nationale Ehre aufs Spiel zu setzen, machen nur dann Sinn, wenn sie mit unablässigen und gleichermaßen wirksamen Bemühungen im übrigen Südostasien und an den anderen beiden Hauptfronten verbunden werden. Die Entwicklung in Asien läuft in beide Richtungen – zugunsten ebenso wie zuungunsten unserer Interessen; es gibt keinen Grund, unsere Fähigkeit, China in den nächsten zwanzig Jahren vom Erreichen seiner Ziele abzuhalten, bis sein Eifer nachläßt, übermäßig pessimistisch zu beurteilen. Diese Aufgabe aber wird – selbst wenn wir einen Teil der Verantwortung an asiatische Länder abgeben können – weiterhin die Aufmerksamkeit der Vereinigten Staaten erfordern und Geld sowie von Zeit zu Zeit leider auch Menschenleben kosten.

Jede Entscheidung, das Programm der Bombardierung Nordvietnams fortzusetzen, sowie jede Entscheidung zum Einsatz der Streitkräfte in Phase II – die wesentliche Verluste an Menschenleben auf amerikanischer Seite und Risiken weiterer Eskalation mit sich bringt und bei der für das Prestige der Vereinigten Staaten mehr auf dem Spiel steht – muß auf diesen Prämissen unserer langfristigen Interessen in Asien beruhen.

Ich habe diese Passagen deshalb so ausführlich zitiert, weil sie im Rückblick beispielhaft zeigen, wie vollkommen falsch die Einschätzung der »chinesischen Bedrohung« unserer Sicherheit war, die unser Denken beherrschte. Abgesehen von anderen Mängeln wurden darin weder die jahrhundertealte Feindschaft zwischen China und Vietnam berücksichtigt (die erneut aufflammte, sobald sich die Vereinigten Staaten aus der Region zurückzogen) noch die Rückschläge für die politische Vormachtstellung Chinas, verursacht von den jüngsten Ereignissen in Indien, Pakistan und Indonesien, wie ich sie oben beschrieben habe. Und doch entsprach dieses Memo, soweit ich mich erinnern kann und soweit es aus den Berichten hervorgeht, der Sichtweise aller oder fast aller ranghohen US-Politiker. Auch hier beeinträchtigte der Mangel an Fachwissen und historischen Kenntnissen die US-Politik in schwerwiegender Weise.

Mein Memorandum fuhr fort mit einer düsteren Einschätzung der Lage in Südvietnam. Ich stellte fest, daß der Guerillakrieg mit hoher Intensität weitergeführt werde, es keine Hinweise auf ein Nachlassen der Angriffe, Sabotage- und Terrorakte des Vietcong gebe, die Regierung Thieu/Ky sich zwar gehalten, aber wenig erreicht habe und, das schlimmste von allem, daß Saigon auf dem Land – wo die meisten Südvietnamesen lebten – weiter an Einfluß verloren hätte.

Nachdem ich unser gegenwärtiges politisches Ziel in Südvietnam – die Eigenständigkeit eines nichtkommunistischen Staats – noch einmal genannt hatte, schrieb ich: »Wir müssen uns vielleicht bald der Frage stellen, ob wir letzten Endes bereit sein sollten, uns mit einer ›Kompromißlösung‹ abzufinden …« Ich analysierte die Alternativen, die uns offenstanden, und empfahl dann: (1) die Aufstockung der US-Truppen auf 350 000 Soldaten bis Ende 1966 statt der 275 000, die Westy im Juli geschätzt hatte; (2) eine einmonatige Unterbrechung der Bombardierung, wie ich sie im Juli und die Thompson-Gruppe im Oktober nahegelegt hatte; und (3) umfassende Bemühungen zur Aufnahme von Verhandlungen. Ich wußte, daß die Aussichten auf erfolgreiche Verhandlungen zu diesem Zeitpunkt sehr gering waren, meinte jedoch, daß eine Unterbrechung der Bombenangriffe »die Voraussetzungen für eine weitere Pause, vielleicht Ende 1966, schaffen würde, die zu einer Einigung führen könnte«. Für den Fall, daß sich eine Pause als fruchtlos erwies, empfahl ich die Intensivierung der Operation Rolling Thunder gegen Nordvietnam – nicht, um den Krieg zu gewinnen (was ich für unmöglich hielt, außer man hätte sich für einen Völkermord entschieden), sondern als eine Schiene unserer zweigleisigen Strategie, einerseits dem Vietcong und den Nordvietnamesen zu beweisen, daß sie im Süden nicht gewinnen konnten, und andererseits Hanoi für seine fortgesetzte Unterstützung des Krieges zu bestrafen.

Das Memo war wenig ermutigend. Ich sagte dem Präsidenten sogar, »daß keine dieser Maßnahmen den Erfolg garantiert. Es gibt ein geringes, aber ernst zu nehmendes Risiko, daß der von mir empfohlene Kurs … die Chinesen oder Russen zur Eskalation des Krieges veranlassen wird. Man muß damit rechnen, daß die Zahl der Gefallenen auf seiten der Vereinigten Staaten auf 500 bis 800 pro Monat ansteigen wird. Es spricht sogar vieles dafür, daß die DRV und der Vietcong hart bleiben und es Mann für Mann mit uns aufnehmen werden … beziehungsweise daß wir trotz unserer Bemühungen Anfang 1967 eine Stagnation auf höherer Stufe erleben werden.«

Aber ich sah keinen anderen Weg. Ich konnte nur die Schlußfolgerung ziehen, daß »die größte Chance für das Erreichen unserer Ziele und die Vermeidung einer kostspieligen politischen Niederlage unseres Landes in der Kombination politischer, wirtschaftlicher und militärischer Schritte liegt, wie sie in diesem Memorandum beschrieben sind. Wenn diese Schritte mit der entsprechenden Energie unternommen werden, bieten sie die beste Chance für das Erreichen einer akzeptablen Lösung des Problems in einem vernünftigen Zeitraum.«[16]

Anfänglich begegnete der Präsident meinen Empfehlungen mit großer Skepsis. In seinen Memoiren erklärte er:»Die Pause vom Mai war folgenlos geblieben, und ich dachte, Hanoi würde eine neuerliche Unterbrechung der Bombardierungen als Zeichen der Schwäche betrachten.« Es gab aber auch noch andere ernst zu nehmende Stimmen und gute Argumente gegen eine Pause: Dean Rusk bezweifelte, daß Hanoi positiv reagieren würde; Bus Wheeler und die Vereinigten Stabschefs vermuteten, Nordvietnam würde eine Unterbrechung militärisch nutzen und unseren Schritt als Schwäche interpretieren; Henry Cabot Lodge glaubte, sie würde Südvietnam demoralisieren und einen Keil zwischen Saigon und Washington treiben; Clark Clifford, ein nicht der Regierung angehörender Berater des Präsidenten, fürchtete, eine Aussetzung der Luftangriffe würde einen Mangel an Entschlossenheit der Vereinigten Staaten signalisieren und sie dazu zwingen, Nordvietnam noch härtere Schläge zu versetzen. Ich wußte, daß ich vor einer mühseligen Auseinandersetzung stand.[17]

So lagen die Dinge für mehrere Wochen, während der Präsident auf seine Ranch in Texas fuhr, um sich von einer Gallenblasenoperation zu erholen, und Dean eine Südamerikareise unternahm. Doch während dieser Zeit verschob sich innerhalb der Regierung das Gewicht allmählich zugunsten einer Unterbrechung der Bombenangriffe, da wir ernüchternde Nachrichten über die militärische Lage erhielten, aufgrund unserer Verhandlungsposition heftige Kritik ernteten und einen Hinweis von den Sowjets bekamen, sie würden dazu beitragen, Gespräche in Gang zu bringen, wenn wir die Bombardierungen unterbrächen.

Die erste große Schlacht zwischen Streitkräften der USA und Nordvietnam fand vom 14. bis 19. November 1965 im Ia-Drang-Tal, im Westen Zentralsüdvietnams nahe der kambodschanischen Grenze, statt. Zwei nordvietnamesische Regimenter verwickelten die First Cavalry Division und das First Battalion der Seventh Cavalry inmitten von Elefantengras und mannshohen Ameisenhaufen in heftige Kämpfe. Als die Schlacht vorbei war, ließen die Nordvietnamesen über 1300 Tote zurück. Die Vereinigten Staaten hatten 300 Gefallene zu beklagen. Auf den ersten Blick erschien Ia Drang als ein klarer militärischer Sieg der USA. Aber die Nordvietnamesen hatten entschieden, wo und wann der Kampf stattfand und wie lang er dauerte. Wie sich herausstellen sollte, war dies im weiteren Verlauf des Krieges allzu häufig der Fall.

Die Ia-Drang-Schlacht bestätigte Spionageberichte des MACV, daß die feindliche Infiltration des Südens viel umfangreicher war als angenommen. Offenbar befanden sich nun in Südvietnam neun nordvietnamesische Regimenter und nicht, wie vorher berichtet, drei. Der Vietcong verfügte inzwischen über zwölf statt vorher fünf Regimenter. Die Infiltrationsrate hatte sich seit Ende 1964 in etwa verdreifacht – und all das während intensiver Bombenangriffe der Vereinigten Staaten mit dem Ziel der Abriegelung.[18]

Westy nahm diese Entwicklung zur Kenntnis und schloß daraus, daß das Niveau der feindlichen Streitkräfte in Zukunft viel höher sein würde, als er geschätzt hatte. Daher telegraphierte er am 23. November nach Washington und forderte weitere 200 000 US-Soldaten für 1966 an – zweimal soviel, wie er im Juli 1965 prognostiziert hatte. Das bedeutete, daß sich die Gesamtzahl der US-Streitkräfte in Vietnam Ende 1966 auf

410 000 – statt 275 000, wie ursprünglich von ihm geschätzt – belaufen hätte.[19]

Diese Botschaft war ein vernichtender Schlag für uns. Sie bedeutete eine drastische – und vermutlich nicht absehbare – Verstärkung der US-Streitkräfte, so daß mit viel höheren Verlusten zu rechnen war. Die Forderung und alles, was damit verbunden war, erschien mir so gigantisch, daß ich beschloß, mit Bus Wheeler nach Saigon zu fliegen, um mir selbst ein Bild von der Lage zu machen.

Meine Unterredungen mit Lodge, Westy, Bus und Oley Sharp am 28. und 29. November bestätigten meine schlimmsten Befürchtungen. Die Tapferkeit und der Mut der US-Truppen beeindruckten mich immens, doch ich sah große Probleme und hörte von vielen Schwierigkeiten. Die US-Präsenz war auf Sand gebaut: Die politische Situation war noch instabiler geworden; die Befriedung stagnierte; immer mehr Soldaten der südvietnamesischen Armee desertierten. Westy sprach von 400 000 US-Soldaten zum Ende des Jahres 1966, wobei möglicherweise 1967 noch mindestens weitere 200 000 entsandt werden sollten; dazu kam die offensichtliche Tatsache, daß Nordvietnam trotz der Bombardierungen täglich 200 Tonnen Kriegsmaterial über den Ho-Chi-Minh-Pfad transportieren konnte – mehr als genug, um das Niveau der kommunistischen Operationen zu halten, wenn man berücksichtigte, daß der Vietcong auch aus dem Süden Nachschub bezog. All das erschütterte mich und veränderte meine Haltung grundsätzlich. Als ich Saigon verließ, brachte ich dies auch in meinen Äußerungen gegenüber der Presse zum Ausdruck:

Wir konnten die militärische Niederlage abwenden. ... Doch ungeachtet dieses Erfolgs ... haben sie [der Vietcong und die Nordvietnamesen] die sehr schweren Verluste, die sie erlitten haben, mehr als ausgleichen können. Die Infiltration hat zugenommen, und ich denke, dies bedeutet eine klare Entscheidung seitens Hanois ..., den Konflikt zu verschärfen. ... Der Wille des Vietcong [und der nordvietnamesischen Armee], sich im vollen Bewußtsein der Kampfkraft, die wir gegen sie aufbringen können, [in der jüngsten Schlacht von Ia Drang] zu behaupten und zu stellen, beweist ihre Entschlossenheit, die Auseinandersetzung fortzuführen. Dies läßt nur eine einzige Schlußfolgerung zu: Es wird ein langer Krieg werden.[20]

Als ich nach Washington zurückkehrte, konnte ich dem Präsidenten nur zwei windige Alternativen anbieten: entweder eine Kompromißlösung zu finden (die den Verzicht auf unser Ziel eines unabhängigen, nichtkommunistischen Südvietnam bedeutete), oder Westys Forderungen nachzukommen und die Bombardierung Nordvietnams zu intensivieren. Ich betonte einmal mehr, daß die letztgenannte Maßnahme keineswegs den Erfolg garantierte, daß die Zahl der Gefallenen auf seiten der Vereinigten Staaten auf tausend pro Monat ansteigen könne und wir Anfang 1967 auf einer höheren Stufe von Gewalt, Zerstörung und Tod vor »einem Patt« stehen könnten.

Ich gab zwar keiner der beiden gleichermaßen unglücklichen Optionen den Vorzug, sagte aber, daß wir im Falle einer Verstärkung der US-Truppen und einer Intensivierung der Luftangriffe vorher eine drei- bis vierwöchige Bombenpause einlegen sollten. Mein Gedankengang war einfach, wie ich dem Präsidenten erklärte: »Ich habe ernstliche Bedenken, eine bedeutend höhere Stufe des Krieges in Vietnam einzuleiten, ohne den Versuch unternommen zu haben, den Krieg durch eine Pause zu beenden, oder zumindest unseren Landsleuten gezeigt zu haben, daß wir unser Bestes getan haben, ihn zu beenden.«[21]

Die erste Option, die ich anbot – sich militärisch bereitzuhalten und eine politische Kompromißlösung zu akzeptieren –, erregte keine große Aufmerksamkeit. Andere sprachen das Thema gar nicht erst an, und ich forcierte es auch nicht. Ich hätte es tun sollen, obwohl es aufgrund der Bedingungen in Südvietnam unwahrscheinlich war, daß die Regierung in Saigon eine entscheidende Kraftprobe mit den Kommunisten überstanden hätte.

Die zweite Option – eine Unterbrechung der Bombardierungen – war in der Regierung zunächst mit Distanz aufgenommen worden, weckte aber mehr Interesse, nachdem sich im November zwei Entwicklungen abgezeichnet hatten. In einem Artikel von Eric Sevareid in der Zeitschrift *Look* erfuhr die Öffentlichkeit von Gesprächen zwischen dem kürzlich verstorbenen US-Botschafter bei den Vereinten Nationen Adlai Stevenson und UN-Generalsekretär U Thant. Darin kam zum Ausdruck, daß Washington nicht zu Verhandlungen bereit sei.[22] Und bei einem Mittagessen unter vier Augen mit Mac Bundy am 24. November sagte der sowjetische Botschafter in Washington, Anatolij Dobrynin, der zweifellos unter Anweisung handelte, falls die Vereinigten Staaten die Bombenangriffe für zwei oder drei Wochen einstellten, würde Moskau seinen Einfluß geltend machen, um Hanoi an den Verhandlungstisch zu bringen.[23] Dies bereitete den Boden für die nun folgenden Auseinandersetzungen.

Sie begannen am Nachmittag des 2. Dezember, als ich Präsident Johnson auf seiner Ranch anrief. Ich sagte ihm, seit meiner Rückkehr aus Saigon sei ich »mehr und mehr davon überzeugt, daß wir ernstlich an andere Maßnahmen denken und nicht nur ein rein militärisches Programm verfolgen sollten. ... Ich persönlich glaube, wir sollten unseren Etat und unsere Schlagkraft erhöhen [und] unsere Stationierungen dort steigern, um allmählich Westmorelands Forderungen nachzukommen. Aber ich denke, wenn wir es dabei bewenden lassen, ist das Selbstmord, und wir sollten gleichzeitig – oder vielleicht sogar vorher – andere Maßnahmen ergreifen.« Meine Überlegung war: »300 000, 400 000 Amerikaner dort hinzuschicken, ohne daß wir mit Sicherheit sagen können, wohin das führen wird, ist ein großes Risiko und ausgesprochen problematisch.« Ich drängte Johnson, zusätzliche Bodeneinsätze durch »ein politisches Programm – eine Pause, oder was Sie sonst für richtig halten –« zu ergänzen. Er hörte kommentarlos zu.[24] Ich teilte dem Präsidenten mit, daß Dean, Mac Bundy und ich die Alternativen prüfen und ihn dann auf seiner Ranch aufsuchen würden.

In den nächsten Tagen führten wir in Washington intensive Gespräche. Danach favorisierten die meisten Berater des Präsidenten eine Unterbrechung der Bombardierungen. Ich bereitete ein weiteres Memorandum vor, empfahl jetzt aber, Westys Forderung nach weiteren Truppen nachzukommen und sich Schritt für Schritt einer ausgedehnten Bombenpause zu nähern, die, wie ich hoffte, eine Kettenreaktion auslösen und schließlich zu einer Einigung führen würde. Dean, Mac und ich flogen am 7. Dezember nach Texas, um dem Präsidenten unseren Plan zu unterbreiten.

Der Präsident hörte aufmerksam zu, blieb aber skeptisch. Er sah dieselben Gefahren, die auch die Vereinigten Stabschefs fürchteten – zunehmende Infiltration, Mißdeutung als Zeichen der Schwäche, ein potentielles Hindernis bei der Wiederaufnahme der Bombardierungen. Aus seinen Äußerungen ging hervor, wie desillusioniert und irritiert er war: »Welcher Weg ist der beste?« – »Wir geraten immer tiefer in die Sache hinein. Der Karren ist im Dreck, aber ich möchte nicht, daß ein Bulldozer kommt und ihn wieder herauszieht.« – »Wo wir waren, als ich das Ruder übernahm – ich würde gern wieder dort anfangen, wo wir damals waren.«[25]

Der Präsident erbat sich Bedenkzeit und berief uns dann für den 17. Dezember 1965 in den Kabinettssaal, um zwei Tage lang über die Frage zu debattieren. Als er die Sitzung eröffnete, beugte er sich so weit vor, daß seine Brust gegen die Platte des großen ovalen Tischs gepreßt war. Er sei, sagte er, bereit, »jedes Wagnis auf mich zu nehmen«, das zu Ergebnissen führen könne.

An diesem und am nächsten Tag verfocht ich meinen Standpunkt mit Nachdruck, wobei ich meine schlimmsten Befürchtungen und zugleich meine vorsichtigen Hoffnungen zum Ausdruck brachte:

McNamara: Es ist ungewiß, ob das Problem militärisch gelöst werden kann – die Chancen stehen eins zu drei oder zwei. Letztlich müssen wir ... eine diplomatische Lösung finden.

Präsident: Dann ist also der Sieg, egal, was wir auf militärischen Gebiet unternehmen, nicht gewiß?

McNamara: So ist es. Wir sind zu optimistisch gewesen. ...

Rusk: Ich bin da optimistischer, aber ich kann es nicht beweisen.

McNamara: Ich sage: Vielleicht finden wir keine militärische Lösung. Wir müssen andere Mittel und Wege ausfindig machen. ... Unsere militärischen Maßnahmen allein sind kein gangbarer Weg zu einer erfolgreichen Lösung. ... Das, was ich nun sage, mag widersprüchlich erscheinen, aber ich plädiere für eine massive Verstärkung in Vietnam – 400 000 Soldaten. Das kann jedoch zu einer Eskalation mit unerwünschten Folgen führen. Ich schlage vor, sofort nach Alternativen Ausschau zu halten.[26]

Ich hatte den Eindruck, daß Johnson am Ende der Gespräche zwar dazu tendierte, es zumindest mit einer kurzen Bombardierungspause zu versuchen, aber immer noch unentschlossen war. Am 22. Dezember verkündeten das Weiße Haus und Saigon von Heiligabend an einen dreißigstündigen Waffenstillstand, bei dem auch die Bombardierung Nordvietnams unterbrochen werden sollte. Als der Präsident kurz vor Weihnachten nach Texas zurückkehrte, hoffte ich weiterhin, er würde, verbunden mit Bemühungen um Verhandlungen, einer längeren Pause zustimmen. So standen die Dinge, als ich mit meiner Familie nach Aspen in Colorado in die Ferien fuhr.

Am Weihnachtsmorgen beschloß der Präsident, die »Feiertagspause« um ein oder zwei Tage zu verlängern. Als ich die Nachricht erhielt, tat ich etwas, was ich noch nie zuvor gemacht hatte: Ich nutzte meinen persönlichen Kontakt zum Präsidenten, um meine Kollegen zu umgehen.

Vom Mountain Chalet, einem bescheidenen, aber beliebten Ferienhotel im Stadtzentrum von Aspen – ich weiß noch, daß wir für jedes unserer Kinder vier Dollar pro Nacht im Schlafsaal bezahlten –, rief ich am Abend des 26. Dezember auf der Ranch an. Die Verbindung wurde über die Telephonzentrale des Hotels hergestellt, eine nicht gerade ideale Situation für ein vertrauliches Gespräch des Verteidigungsministers mit dem Präsidenten der Vereinigten Staaten. Doch die stets zuverlässig arbeitende Telephonzentrale des Weißen Hauses verband mich rasch mit dem Präsidenten, der sich bei einem Freund in Round Mountain in Texas aufhielt.

Als ich ihn fragte, ob ich auf die Ranch kommen und mit ihm über Vietnam sprechen könne, willigte er sofort ein. Ich rief im Pentagon an und arrangierte, daß ich am nächsten Tag mit einem Flugzeug der Luftwaffe abgeholt wurde. Am 27. Dezember fuhr mich ein Freund nach Grand Junction, wo das Flugzeug bereits auf mich wartete. Um 18.30 Uhr traf ich auf der Ranch Lyndon B. Johnsons bei Austin ein.

Nachdem der Präsident und Lady Bird mich auf ihrem Privatflughafen begrüßt hatten, fuhren wir zu ihrem Haus und aßen mit ihrer jüngsten Tochter Luci zu Abend. Anschließend zog sich der Präsident mit mir ins Wohnzimmer zurück, und wir sprachen drei Stunden lang vor dem Kaminfeuer über die Bombardierungspause. Ich betonte, daß die Einleitung von Gesprächen, die letztlich zum Frieden führen könnten, die militärischen Nachteile einer hinausgeschobenen Wiederaufnahme der Bombenangriffe aufwiegen würde.

Der Präsident hörte aufmerksam zu und wog das Für und Wider ab. Am Ende stimmte er einer Verlängerung der Pause auf unbestimmte Zeit zu und erklärte sich bereit, massive diplomatische Anstrengungen zu unternehmen, um Hanoi zu Verhandlungen zu bewegen. Wir kamen überein, daß ich Dean Rusk und andere Mitarbeiter der Regierung in Washington anrufen und ihnen erklären sollte, welche Maßnahmen der Präsident wünschte. Obwohl Dean gegen eine Verlängerung der Pause war, zog er mit, weil er erkannte, daß ich den Präsidenten bereits überredet hatte.

Am nächsten Morgen führten wir im kleinen Büro des Präsidenten auf der Ranch weitere Telephongespräche. Ich rief

Averell Harriman an, der sich sofort bereit erklärte, auf Wunsch des Präsidenten in Osteuropa auf Unterstützung für Verhandlungen zu drängen. Wir telephonierten mit George Ball, dem der Präsident die Verantwortung für die Koordination des diplomatischen Vorstoßes übertrug, und mit Arthur Goldberg, Adlai Stevensons Nachfolger als Botschafter bei den Vereinten Nationen –, den er aufforderte, U Thant und den Papst aufzusuchen.

Als ich kurz nach Mittag von der Ranch aufbrach und nach Aspen zurückkehrte, war ich sehr zufrieden mit dem Lauf der Ereignisse. Doch ich hatte auch starke Schuldgefühle, weil ich meine Kollegen umgangen hatte, um meine Vorstellungen durchzusetzen. Es war das einzige Mal in meiner siebenjährigen Amtszeit als Verteidigungsminister.*

Über die Unterbrechung der Bombardierung Nordvietnams wurde täglich neu entschieden, und sie dauerte über einen Monat – bis Ende Januar 1966 – an. Doch die ganze Zeit über tobte ein Streit sowohl über die politischen Schritte als auch über die militärischen Maßnahmen.

Die Regierung startete eine offene und massive diplomatische Offensive. Abgesehen von den Missionen, die Harriman und Goldberg übernahmen, wurde Vizepräsident Humphrey auf die Philippinen sowie nach Indien geschickt. Die Staatssekretäre des Außenministeriums G. Mennen »Soapy« Williams und Thomas Mann brachen nach Afrika und Lateinamerika auf. Alle warben für das Anliegen Washingtons, Friedensverhandlungen aufzunehmen. Außerdem verbreitete Dean ein Vier-

---

* Da mein Besuch auf der Ranch Lyndon B. Johnsons in der Literatur über die Hintergründe der Bombardierungspause nicht erwähnt wird, mußte ich auf meine Erinnerungen zurückgreifen. Als ich dieses Kapitel schrieb, bat ich deshalb die Johnson Library, die »Tagesaufzeichnungen« des Präsidenten durchzusehen, um meine Schilderung zu bestätigen. Sie entdeckten einen detaillierten Bericht der Ereignisse, in dem auch festgehalten wurde, daß wir »Wachteln, Reis, Erbsen und zum Dessert Kokosnußpudding« aßen.

zehn-Punkte-Programm, in dem Nordvietnam aufgefordert wurde, in »Verhandlungen ohne Vorbedingungen« einzutreten.

Während der ganzen Bombardierungspause drängten die Vereinigten Stabschefs darauf, die Operationen gegen Nordvietnam sofort wiederaufzunehmen, wobei sie betonten, daß die Unterbrechung der Bombardierungen den US-Streitkräften »schwerwiegende und ständig zunehmende militärische Nachteile« einbrächten. Ich entgegnete, ich würde dem Präsidenten zur Fortsetzung der Bombardierungen raten, wenn sie mir zeigen könnten, inwiefern uns die Pause im Süden schade.[27] Sie blieben mir eine Antwort schuldig.

Unterdessen intensivierten die Vereinigten Staaten ihre Luftschläge gegen den Ho-Chi-Minh-Pfad in Laos. In Südvietnam verstärkten die amerikanischen Befehlshaber die Bodenoperationen: Anfang Januar führten sie den bis dahin größten Angriff gegen den Vietcong in der Nähe Saigons durch und wenige Wochen später bei Quang Ngai, oberhalb des 15. Breitengrades, die umfangreichste amphibische Operation seit der Landung im koreanischen Intschhòn. Außerdem trafen weitere US-Truppen im Land ein.

Der Streit im Weißen Haus flammte am 10. Januar wieder auf. Da Johnson meinte, die Unterbrechung habe zu nichts geführt, neigte er dazu, die Bombardierungen in wenigen Tagen wiederaufzunehmen. Ich drängte ihn, die Pause zu verlängern – und damit mehr Zeit für die Aufnahme von Verhandlungen zu gewinnen –, da ich keinen militärischen Nachteil für uns sah, wenn wir bis Ende des Monats warteten. Bus war anderer Meinung. »Jeder Tag ist entscheidend«, erklärte er in Übereinstimmung mit den Stabschefs.[28]

Am 12. Januar drängte Oley Sharp darauf, die Bombardierungen fortzusetzen – und zu intensivieren –, wobei auch Verbindungswege mit China miteinbezogen werden sollten. Zur Begründung brachte er vor, daß die Angriffe »den Feind an den Konferenztisch bringen oder die Aufstandsbewegung aus Mangel an Nachschub austrocknen [würden]«. Die Stabschefs vertraten in einem sechs Tage später folgenden Memo denselben Standpunkt.[29]

Noch am selben Tag, also am 18. Januar 1966, erhielt ich eine Analyse, derzufolge die Nordvietnamesen – trotz unserer Abriegelungsbemühungen – 4500 Soldaten pro Monat sowie ausreichend Nachschub für größere Kampfeinsätze nach Südvietnam einschleusen konnten. Und dies ungeachtet der schweren Bombenangriffe, deren Ausmaß in der Tatsache sichtbar wurde, daß wir im Dezember 1965 mindestens anderthalbmal soviel abgeworfen hatten wie in einem Vergleichsmonat auf dem Höhepunkt des Koreakrieges.[30]

Die CIA bestätigte diese Ergebnisse in einer unabhängigen Untersuchung. Ihre Abteilung für Nationale Sicherheit kam zu dem Schluß, daß die von Oley Sharp und den Stabschefs vorgeschlagene Verminung von Häfen und die Bombardierung zusätzlicher Ziele – Flughäfen, Erdöllager, Kraftwerke – keinen »entscheidenden Einfluß auf die Kampfaktivitäten der kommunistischen Streitkräfte in Südvietnam« haben würden. Der stellvertretende Direktor für Planung bei der CIA, Dick Helms, erklärte bei einer Besprechung am 22. Januar gegenüber Präsident Johnson ganz offen: »Auch verstärkte Bombardements im Norden könnten den Transport von Nachschub nach Süden nicht unterbinden.«[31]

Diese Kontroverse um das, was mit einer Bombardierung zu erreichen sei oder auch nicht, war eine neue Runde der Luftwaffendiskussion, wie sie sowohl nach dem Zweiten Weltkrieg als auch nach dem Koreakrieg stattgefunden hatte. Die Debatte wurde in den nächsten beiden Jahren noch heftiger geführt und ist bis heute nicht abgeschlossen.

Der Präsident hatte eine schwere Entscheidung zu treffen. In einem Artikel, der Mitte Januar erschien, umriß der Kolumnist Walter Lippmann dessen prekäre Lage sehr genau. »Unterm Strich«, schrieb Lippmann, »muß der Präsident zwischen einem noch größeren Krieg und einem unattraktiven Frieden wählen.« Ähnlich äußerte sich Richard Russell im Senat: »Ich glaube, wir müssen uns entscheiden, ob wir bereit sind, die notwendigen Maßnahmen zu ergreifen, um den Krieg in Vietnam zu gewinnen oder unser Engagement zu beenden. Die einzige Alternative, die ich sehe, ist der Abzug – und dazu ist die überwältigende Mehrheit der Amerikaner nicht bereit.«[32]

Am Morgen des 17. Januar legte ich Präsident Johnson meine Überlegungen dar: »Mein persönlicher Eindruck ist, daß wir gut beraten sind, die Pause bis Ende Januar fortzusetzen, um den Nordvietnamesen Zeit zu geben, auf einen unserer Kontaktversuche zu reagieren, und auch, um im Bewußtsein der in- und ausländischen Öffentlichkeit fest zu verankern, daß wir ihnen eine vernünftige Bedenkzeit gelassen haben.«

»Ich denke, Sie wissen, wozu ich tendiere und wie ich dazu stehe«, erwiderte Johnson. »Ich bezweifle, daß wir es so gemacht hätten, wären Sie nicht gewesen, und ich bedaure das nicht im geringsten: Ich bin bereit, Geduld, Verständnis und Vernunft aufzubringen. Andererseits kennen Sie auch meine wirkliche Neigung.«[33]

Was Johnson damit sagen wollte, war klar: Er meinte, daß die Pause ein Fehler gewesen sei und die Bombardements wiederaufgenommen werden müßten. Obwohl ich nach wie vor der Überzeugung war, daß die Vereinigten Stabschefs die Wirksamkeit der Abriegelung überschätzt hatten, erkannte ich jetzt, daß die Wiederaufnahme unumgänglich war. Wir mußten wieder mit den Bombardements beginnen, um jegliche Kritik, die Pause führe nur zu intensiverer Infiltration, abzuwehren und zu vermeiden, daß Hanoi, Peking und unsere eigene Bevölkerung die Pause als falsches Signal deuteten. Doch Dean und ich fürchteten, daß die rechtsgerichteten Kräfte im Land darauf drängen würden, Ziele nahe der chinesischen Grenze anzugreifen – wie damals im Koreakrieg, kurz bevor Peking intervenierte. Um das Risiko einer Einmischung Chinas so gering wie möglich zu halten, bestanden wir darauf, die Bombenangriffe streng zu kontrollieren – und stärker zu begrenzen, als die Stabschefs dies wünschten.

Der Präsident bemühte sich um einen breiten Konsens für die Entscheidung, die er nun zu treffen hatte, und berief am 28. Januar vier der »Weisen« zu sich (Clark Clifford, Arthur Dean, Allen Dulles und John McCloy). Sie befürworteten die Wiederaufnahme von Luftangriffen auf Nordvietnam und die Verstärkung der US-Truppen im Süden. Bei einem Treffen des Nationalen Sicherheitsrats zwei Tage später beschloß der Präsident, den Bombardierungsstopp zu beenden. Eine Umfrage des Harris Institute, die am selben Tag veröffentlicht wurde, zeigte, daß »die überwiegende Mehrheit der Amerikaner eine sofortige Eskalation des Krieges – einschließlich umfassender Bombardierungen Nordvietnams und der Verstärkung der US-Truppen auf 500 000 Soldaten – befürworten würde«[34].

Welche Auswirkungen hatte die Unterbrechung der Bombardierungen zu Weihnachten nun tatsächlich? Einige Kritiker meinten, durch die verstärkten Luftangriffe der USA auf den Ho-Chi-Minh-Pfad in Laos und die Bodenoperationen in Südvietnam während der Pause sei die Botschaft, die wir hätten übermitteln wollen, in Frage gestellt worden. Auf jeden Fall hätte sie zu keinem diplomatischen Ergebnis geführt, und daher habe Präsident Johnson das Interesse an längeren Bombardierungspausen verloren.

Viele Beobachter kritisierten unsere in aller Öffentlichkeit unternommenen diplomatischen Anstrengungen als im besten Falle naiv. Chester Cooper zum Beispiel äußerte sich wie folgt:

Wo ein feines Instrumentarium erforderlich war, nahmen wir einen Vorschlaghammer. Wo ein geheimes und vorsichtiges Vorgehen notwendig war, machten wir uns mit einem Feingefühl ans Werk, als gelte es, eine Parade zum 4. Juli vorzubereiten. Wo ein aufrüttelnder, überraschender Vorschlag vielleicht Hanois Interesse geweckt hätte, geriet uns jeder melodramatische Schritt zu einem öffentlichen Spektakel. Anstatt mit unserem Vierzehn-Punkte-Programm für den Frieden die größtmögliche Wirkung zu erzielen, ließen wir es im Rummel unüberlegter, aufsehenerregender und pompöser Reisen wichtiger Persönlichkeiten untergehen.

Kurz gesagt, der Präsident handelte eher wie der Direktor eines Affenzirkus denn als zentrale Figur in sorgfältig ausgearbeiteten diplomatischen Bemühungen.[35]

Wenn Cooper recht hat, dann tragen wir alle, die wir den Präsidenten beraten haben, eine Mitschuld daran.

Allerdings hatte die Regierung zumindest einen Versuch in Geheimdiplomatie unternommen. Am 29. Dezember beauftragte sie den US-Botschafter in Birma, Henry A. Byroade, seinen nordvietnamesischen Kollegen, Konsul General Vu Huu Binh, darüber in Kenntnis zu setzen, daß die Bombardierungspause verlängert werden könnte, wenn Hanoi »einen ernsthaften Beitrag zur Erreichung des Friedens« leiste. Ein paar Tage später brandmarkte ein Radiosender in Hanoi die Pause als »Trick« und beharrte auf dem »dritten Punkt«, daß »die inneren Angelegenheiten Südvietnams ... in Übereinstimmung mit dem Programm der ... Nationalen Befreiungsfront [dem politischen Arm des Vietcong] geregelt werden müssen«. Und kurz nach dem Ende der Bombardierungspause kam Vu auf Byroade zu, nur um ihm als Antwort auf dessen Angebot noch einmal Hanois harten Kurs darzulegen.[36]

Krieg die Unterbrechung der Bombardierungen erfolgreich? Natürlich zog sie nicht unmittelbar Verhandlungen nach sich. Doch auch damals glaubten nur wenige ihrer Befürworter, daß dies der Fall sein würde. Wir betrachteten die Bombardierungspause vielmehr als Teil eines Prozesses, der letztlich vielleicht zu einer Verhandlungslösung und somit zu einer Beendigung des Krieges führen könnte.

War sie ein Schritt in diese Richtung? Und wenn dem nicht so war, lag das dann an unserer Ungeschicklichkeit oder an der kompromißlosen Haltung Hanois – oder an einer Mischung aus beidem? Die Antwort auf diese Fragen werden wir erst erfahren, wenn Hanoi seine Archive öffnet.

9.

DIE SCHWIERIGKEITEN
NEHMEN ZU

31. JANUAR 1966 – 19. MAI 1967

Als ich mit diesem Kapitel begann, erschien ein Buch von George C. Herring, einem Historiker, der sich über ein Jahrzehnt mit dem Vietnamkrieg beschäftigt hat. Er schreibt in *America's Longest War*:

> Nach der Unterbrechung der Bombardierungen im Dezember 1965 begann McNamaras Einfluß zu schwinden. Der Verteidigungsminister hatte sich für die Pause und die damit verbundene Friedensinitiative stark gemacht, und Johnson hatte sie widerstrebend und gegen besseres Wissen genehmigt. Als sie scheiterte, wie Johnson vorhergesagt hatte, war McNamaras Unfehlbarkeit in Frage gestellt, und der Präsident warf ihm vor, einen schweren politischen Fehler begangen zu haben. Zudem zweifelte der einst so unbeugsame Verteidigungsminister nach dem Dezember 1965 mehr und mehr daran, ob der Krieg überhaupt mit militärischen Mitteln zu gewinnen war. Als sich seine wachsende Skepsis auch in seinen politischen Empfehlungen niederschlug, verminderte sich sein Einfluß noch mehr. Später wurden ihm wegen seines wachsenden Widerstands gegen den Krieg und seiner angeblichen Kontakte zu dem auf Frieden drängenden Senator Robert Kennedy sogar bestimmte Informationen vorenthalten.[1]

Ich wünschte, Herring hätte recht. Mein Einfluß – und somit auch meine Verantwortung für maßgebliche Entscheidungen im Hinblick auf Vietnam – blieb bestehen, bis ich Ende Februar 1968 das Pentagon verließ. Ich hatte zwar die Aussichten, unsere politischen Ziele in Vietnam mit militärischen Mitteln durchzusetzen, schon zuvor skeptisch beurteilt, und es stimmt auch, daß meine Zweifel wuchsen, aber ungeachtet dessen gestaltete ich die Vietnampolitik weiterhin mit.

Während der fünfzehn Monate, die auf die weihnachtliche Bombardierungspause folgten, nahmen der Krieg und die Verluste immer bedrohlichere Ausmaße an. Die Debatten über Bodenstrategie, Befriedungsmaßnahmen und insbesondere über die Bombenangriffe wurden mit wachsender Vehemenz geführt; die Regierung Johnson, aber auch meine Familie und ich persönlich gerieten wegen Vietnam zunehmend unter Druck. Die kritischen Stimmen wurden lauter, obwohl die Öffentlichkeit im großen und ganzen nach wie vor hinter unserer Kriegspolitik stand.

Drei weitere inkonsequente, dilettantische Versuche, Verhandlungen aufzunehmen, schlugen fehl, und gegen Ende des genannten Zeitraums forderte General Westmoreland wieder einmal Verstärkung an. Diesmal verlangte er weitere 200 000 Soldaten und drängte darauf, den Krieg auch geographisch auszuweiten. Sowohl Westy als auch die Vereinigten Stabschefs waren der Ansicht, daß dieses Programm eine Mobilisierung der Reserven und die vollständige Ausschöpfung der militärischen Schlagkraft des Landes, bis hin zum Einsatz von Atomwaffen, erforderte. Obwohl ihnen allen klar war, daß solche Maßnahmen zu einer Konfrontation mit China und/oder der Sowjetunion in Südostasien oder anderswo führen konnten, hielten sie diese Schritte für notwendig, um den Krieg zu verkürzen. Andernfalls, so prophezeiten sie, werde er sich noch über fünf Jahre hinziehen.

All das war ein Hinweis darauf, daß unsere Politik dabei war, zu scheitern: Weder die Bombardierungen noch die Bodenoperationen zeigten die gewünschte Wirkung, und wie die Dinge lagen, waren unsere diplomatischen Bemühungen ungeschickt und erfolglos. Aufgrund dieser nüchternen Tatsachen kam ich in einem hochkontroversen Memorandum an Präsident Johnson vom 19. Mai 1967 zu dem Schluß, es sei an der Zeit, unsere Ziele in Vietnam und die Mittel, mit denen wir sie zu erreichen suchten, zu ändern. Dieses Memo war ein Vorbote des Zerwürfnisses über die Vietnamfrage, das letztlich zu meinem Abschied führen sollte.

Das Jahr 1966 begann mit einem Ereignis, das mich zutiefst bedrückte: McGeorge Bundy schied aus der Regierung aus. Im November 1965 hatten ihm John McCloy und Henry Ford II den vakanten Posten des Präsidenten für die Ford Foundation angeboten. Die Position war überaus attraktiv: Die Ford Foundation war die größte Stiftung des Landes und verfügte über einen Jahresetat von etwa 200 Millionen Dollar, der weltweit für humanitäre Ziele aufgewendet wurde.*

Auch mit mir hatte McCloy ein Gespräch über diesen Posten geführt, aber ich bezweifle, daß er mich für ebenso qualifiziert hielt wie Bundy. Jedenfalls hielt ich mich selbst nicht für sonderlich kompetent und sagte ihm das auch offen. Außerdem wollte ich mich zu diesem Zeitpunkt nicht aus meiner Verantwortung in der Regierung stehlen, obwohl mich die Arbeit der Ford-Stiftung gereizt hätte.

Mac Bundys Abschied war ein schwerer Verlust. Mac und ich waren nicht immer einer Meinung gewesen, aber ich schätzte sein diszipliniertes Denken, seine überragende Intelligenz und die Beharrlichkeit, mit der er von uns die Konzentration auf die entscheidenden außenpolitischen Probleme forderte, so

---

* Mit dieser Summe konnte man beispielsweise 2000 der fähigsten Wissenschaftler und Politologen der Erde mobilisieren (bei 100000 Dollar an Entgelt, Spesen und Gemeinkosten für jeden), um an den dringendsten wirtschaftlichen, politischen, sozialen und sicherheitspolitischen Problemen der Menschheit zu arbeiten. Später, während meiner siebzehnjährigen Tätigkeit im Kuratorium der Stiftung, konnte ich feststellen, daß die Ford Foundation unter Mac Bundys Führung genau das tat. Als ich Präsident der Weltbank wurde, borgte oder »klaute« ich viele der dort entwickelten Ideen zu Fragen der Bevölkerungsplanung, der Bekämpfung der Armut, der Agrarforschung und des Umweltschutzes – Ideen, die für die Weltbank und mich bei der Lösung von Problemen der Entwicklungsländer überaus hilfreich waren.

schwierig diese auch sein mochten. Vielleicht hat er die Regierung nur wegen der Attraktivität seiner neuen Position bei der Ford-Stiftung verlassen, aber das bezweifle ich; meiner Meinung nach war seine tiefe Enttäuschung über den Krieg das ausschlaggebende Motiv. Ich glaube, daß er nicht nur vom Verhalten des Präsidenten enttäuscht war, sondern auch von der Art der Entscheidungsfindung in den höchsten Gremien Washingtons wie Saigons, und zwar aus gutem Grund.

Walt Rostow wurde Macs Nachfolger als Nationaler Sicherheitsberater. Er war außerordentlich intelligent, besaß ein offenes Wesen und verstand es, auf seine Kollegen zuzugehen. Aber Walt sah unser Engagement in Vietnam, die Durchführung unserer Operationen und die Erfolgsaussichten für unsere politischen und militärischen Vorhaben sehr unkritisch. Noch Jahre später, auf einer Konferenz der Lyndon B. Johnson Library im März 1991, vertrat er den Standpunkt, die Entscheidung Amerikas für die Intervention in Vietnam und unsere Kriegführung hätten sich segensreich für unsere Nation und die Region ausgewirkt.[2]

Da die weihnachtliche Bombardierungspause Ende Januar 1966 nicht mehr verlängert wurde, wollte Präsident Johnson meine Meinung über unsere militärischen Erfolgsaussichten in Vietnam erfahren. In einem Memorandum vom 24. Januar 1966 gab ich meiner Überzeugung Ausdruck, die Kommunisten seien entschlossen, den Krieg im Süden energisch weiterzuführen. Offenbar glaubten sie, der Krieg werde lange dauern und die Zeit arbeite für sie, da sie größeres Durchhaltevermögen besaßen als wir. Für sie war klar, daß die große US-Intervention von 1965 unsere Entschlossenheit signalisierte, eine Niederlage zu vermeiden, und daß die Stationierung weiterer US-Einheiten zu erwarten war. Daraus folgerte ich, auch die Kommunisten würden ihre Streitkräfte durch verstärkte Rekrutierung im Süden und Infiltration aus dem Norden aufstokken. Die Vereinigten Stabschefs und ich schätzten, daß sie ihre

Kampfbataillone im Jahr 1966 um 50 Prozent verstärken und diese größere Streitmacht mit eingeschleustem Nachschub von nur 140 Tonnen täglich unterhalten konnten. Um dies zu erreichen, brauchten sie nur 70 Prozent der Kapazität des Ho-Chi-Minh-Pfads zu nutzen.

Um diesen erwarteten Zuwachs auszugleichen, empfahl ich eine Verstärkung der US-Truppenstärke um 200 000 (wie Westy es zuvor gefordert hatte), also die Erhöhung der Gesamtzahl von 179 000 auf 368 000 bis zum Jahresende, und die bereits geplante Ausweitung der Luftoperationen. Aber ich gab zu bedenken, daß dieser verstärkte Einsatz die feindlichen Operationen in Südvietnam nicht vollkommen eindämmen könne, da die Bombardierung den Versorgungsfluß aus dem Norden zwar vermindern, aber nicht ganz aufhalten werde. Daher gelangte ich zu einer nüchternen Einschätzung der Lage:

Obwohl die Kommunisten weiterhin durch unsere Boden- und Luftangriffe schwere Verluste erleiden werden, rechnen wir mit einer Verstärkung ihres Engagements, sobald sie Kenntnis von unserer Absicht erhalten, die US-Streitkräfte aufzustocken. Außerdem werden sie das Können und das Durchhaltevermögen der Amerikaner auf einer höheren Stufe des Konflikts und angesichts höherer Verluste auf die Probe stellen (nach der empfohlenen Stationierung ist damit zu rechnen, daß auf seiten der USA die Zahl der Gefallenen auf eintausend pro Monat ansteigt) ... Daraus folgt, daß aller Wahrscheinlichkeit nach, selbst nach den empfohlenen Stationierungen, Anfang 1967 mit einem strategischen Gleichgewicht auf einem wesentlich höheren Niveau zu rechnen ist, während die Befriedung kaum vorankommt und darüber hinaus die Stationierung weiterer US-Streitkräfte notwendig wird.

Diese Prognose bestärkte mich in meiner Überzeugung, daß die Vereinigten Staaten durch Verhandlungen zu einer diplomatischen Lösung des Konflikts finden sollten. Ich hoffte, durch unsere erhöhten Anstrengungen Hanoi entsprechend zu beeinflussen, um »Verhandlungen und ein Ende des Krieges zu annehmbaren Bedingungen«[3] zu ermöglichen.

Von 1965 bis 1967 verfolgte Westy eine unnachgiebige Zermürbungstaktik, die darauf abzielte, dem Vietcong und den Nordvietnamesen höhere Verluste zuzufügen, als sie sie ersetzen konnten. Doch die Wirklichkeit sah anders aus. Sosehr Westy, ich und viele andere das Gegenteil wünschten, war nicht zu übersehen, daß unsere Gegner – durch Rekrutierung im Süden und durch Infiltration aus dem Norden – ihre Schlagkraft erheblich erhöhten. Zahlenmäßig nahmen die Streitkräfte des Vietcong und Nordvietnams während der Jahre 1966 und 1967 sogar noch zu.

Seit Beginn unseres Engagements in Vietnam hatten uns die südvietnamesischen Streitkräfte nur unzureichend informiert und häufig unrichtige Berichte geliefert. Bei diesen fehlerhaften Darstellungen handelte es sich teilweise um bewußte Irreführung, teilweise waren sie auf übertriebenen Optimismus zurückzuführen. Und manchmal zeigte sich darin nur, wie schwierig es war, den Kriegsverlauf korrekt zu beurteilen.

Ich bestand jedoch darauf, unseren Fortschritt zu messen. In Harvard hatte ich gelernt, daß es nicht ausreicht, sich ein Ziel zu setzen und entsprechende Maßnahmen zu planen; man muß die Durchführung überwachen, um feststellen zu können, ob man mit diesem Plan das gesteckte Ziel auch tatsächlich erreicht. Wenn das nicht der Fall ist, muß man entweder den Plan überdenken oder sich ein anderes Ziel setzen. Möglich, daß sich so etwas wie eine Front nicht eindeutig festlegen ließ, aber ich war überzeugt, daß wir Variablen finden würden, die über Erfolg und Mißerfolg Aufschluß geben konnten. Also registrierten wir die im Norden zerstörten militärischen Ziele, den Verkehr auf dem Ho-Chi-Minh-Pfad, die Zahl der Gefangenen, die erbeuteten Waffen und so weiter. Auch der »body count« gehörte dazu, das rein numerische Erfassen der Gefallenen auf der gegnerischen Seite. Der Grund für diese Art Zählung war, daß Westy unter anderem das Ziel verfolgte, den sogenannten »crossover point« zu erreichen, jenen Punkt also, an dem der Vietcong und die Nordvietnamesen ihre Verluste nicht mehr ausgleichen konnten. Um diesen Punkt zu erreichen, mußten wir eine Vorstellung davon haben, wieviel die Kommunisten ersetzen konnten und wie hoch ihre Verluste waren.

Kritiker haben mir vorgehalten, das »Leichenzählen« sei ein Beispiel für meine Zahlenbesessenheit. »Dieser McNamara«, so hieß es, »versucht alles zu quantifizieren.« Zwar gibt es Phänomene, die man nicht quantifizieren kann: Ehre und Schönheit zum Beispiel. Aber Dinge, die man zählen kann, sollte man auch zählen. In einem Zermürbungskrieg ist die Zahl der Gefallenen erfaßbar. Aus Größen, wie sie sich aus der Zählung der Gefallenen ergeben, und anderen Daten haben wir abzuleiten versucht, welche Maßnahmen in Vietnam zum Sieg führen würden, ohne unsere Soldaten einem zu hohen Risiko auszusetzen. Während meiner Amtszeit als Verteidigungsminister dienten alle Bemühungen, unseren Fortschritt in Vietnam zu messen, diesen Zielen; aber die Berichte, auf die wir uns stützten, waren oft irreführend.

Im Frühjahr 1967 kam Westy zu dem Schluß, der Wendepunkt sei nun endlich erreicht; die Zahl der Feinde sei stabil und vielleicht sogar rückläufig. Die CIA konnte hingegen nie eine Verminderung der feindlichen Truppen beobachten. In einem Bericht vom 23. Mai 1967 hieß es: »Trotz der wachsenden Erfolge unserer Strategie des Aufspürens und Vernichtens ... haben die vietnamesischen Kommunisten die Zahl ihrer Streitkräfte sowohl durch Infiltration als auch durch Rekrutierung vor Ort *vergrößert*. ... Allem Anschein nach können die Kommunisten ihre Gesamtstärke im Laufe des kommenden Jahres aufrechterhalten [Hervorhebung des Autors].«[4]

Unabhängig davon, ob Westys Einschätzung oder die der CIA korrekt war, wuchs mein Unbehagen, weil der Vietcong und die Nordvietnamesen in diesem Guerilla- und Dschungelkrieg ihre Verluste gering halten konnten, indem sie selbst entschieden, wo, wann und wie lange sie kämpften. Und darüber hinaus verfügten sie im Frühjahr 1967 über eine Streitmacht, mit der sie eine Ausweitung des Befriedungsprogramms verhindern konnten – vor allem in den ländlichen Gebieten, in denen die meisten Südvietnamesen lebten.

Die Unstimmigkeiten zwischen Westmoreland und der CIA waren frustrierend, überraschten mich aber nicht. Obwohl wir versucht hatten, den Verlauf des Krieges realistisch einzuschätzen, blieb es schwierig, an exakte Daten heranzukommen. Die Zahlen, über die wir verfügten, erlaubten in der Analyse einen großen Spielraum. Und dafür ist dieser Disput ein gutes Beispiel. Die CIA schrieb den Nordvietnamesen ein viel größeres Durchhaltevermögen zu als unsere Regierung (und Westy). Es sollte sich herausstellen, daß die CIA recht hatte.

An welcher Interpretation sollten wir uns orientieren? Diese Entscheidung war teuflisch schwer, da wir sogar die Zuverlässigkeit der Berichte anzweifeln mußten, auf denen die beiden Interpretationen beruhten. Ohne Frage erhielten wir manchmal fehlerhafte Berichte. Jahre später führte dies zu einer peinlichen Folge von Ereignissen, als der Fernsehsender CBS fälschlicherweise berichtete, Westy habe den Präsidenten und mich belogen. Es ging dabei um seine Darstellung der sogenannten »Order of Battle« des Feindes, das heißt die Truppenstärke und -gliederung des Vietcong und der Nordvietnamesen im Feld.

In einem Dokumentarbericht von *CBS Reports* aus dem Jahre 1982, »The Uncounted Enemy: A Vietnam Deception«, wurde behauptet, Westy habe seine höchsten Nachrichtenoffiziere bewußt angewiesen, die Stärke des Feindes niedriger anzugeben, um militärische Erfolge vorweisen zu können. CBS unterstellte Westy, er habe die Stärke des Vietcong und Nordvietnams absichtlich heruntergespielt, um seiner Zermürbungstaktik größere Erfolge zuschreiben zu können, als tatsächlich erzielt worden waren. Ich spreche diese Frage hier an, weil ich ein für allemal klarstellen will, daß ungeachtet der tiefgreifenden Differenzen zwischen Westy und mir hinsichtlich der Kriegsfortschritte im Süden (wie auch zwischen den Stabschefs und mir hinsichtlich des Luftkriegs im Norden) weder persönliche Feindseligkeit noch mangelndes Vertrauen unter uns herrschte.

Von dem CBS-Film hörte ich zum erstenmal am 6. Juni 1981, kurz bevor ich mein Amt als Präsident der Weltbank niederlegte. An diesem Tag rief mich der Produzent von *CBS Reports* George Crile in meinem Büro an. Crile, den ich privat kannte – er war der Schwiegersohn unserer Freunde Joe und Susan Mary Alsop – sagte, CBS bereite eine Sendung über Vietnam vor, bei der ich bestimmt gern mitwirken würde. CBS könne durch eindeutige Beweise sowie Zeugenaussagen des Military Assistance Command, Vietnam, und von CIA-Mitarbeitern belegen, daß General Westmoreland den Präsidenten und mich hinsichtlich der Order of Battle bewußt getäuscht habe. Ich erklärte Crile, daß ich dies nicht glaubte. Er entgegnete, die Beweise seien hieb- und stichfest, woraufhin ich wiederholte, das sei nicht möglich. Schließlich fragte Crile, ob er die Vorwürfe in einem Gespräch unter vier Augen darlegen und untermauern dürfe. Obwohl meine Meinung feststand, stimmte ich aufgrund unserer früheren Freundschaft einem Treffen zu.

Wir trafen uns am Abend des 16. Juni. Während einer dreißigminütigen Unterredung in meinem Büro in der Weltbank und auf dem Nachhauseweg in meinem Dienstwagen erläuterte Crile seine Beweise. Kurz gesagt, brachte er folgendes vor: Westy hatte die Stärke des Feindes mit x angegeben, während einige seiner Nachrichtenoffiziere, gestützt auf CIA-Analysen, die Stärke auf x plus y schätzten. Der Fernsehsender behauptete nun, Westy habe seine Untergebenen angewiesen, in die MACV-Berichte an Washington die niedrigere Zahl einzufügen.

Es handelte sich um ein überaus theoretisches, undurchsichtiges und schwer faßbares Problem, denn die Kontroverse drehte sich darum, wie »der Feind« zu definieren sei. In Vietnam waren die Vereinigten Staaten mit einer außerordentlich vielgestaltigen Feindesmacht konfrontiert; dazu zählten reguläre Einheiten der nordvietnamesischen Armee, einzelne nordvietnamesische Soldaten, die als Ersatzleute in den Süden eingeschleust wurden, Vietcong-Guerillas, die im Süden rekrutiert und zu militärischen Einheiten zusammengestellt wurden, sowie eine Vielzahl paramilitärischer Helfer. Zu den paramilitärischen Kämpfern gehörten mit Gewehren ausgerüstete Bauern, die zu lockeren militärischen Verbänden zusammengefaßt wurden, aber auch Dorfbewohner in der schwarzen Einheitstracht, die als Saboteure und Informanten fungierten. Es stellte sich die Frage, wo man die Grenze ziehen sollte, um die »Stärke des Feindes« richtig einzuschätzen. Westy neigte im Gegensatz zu einigen seiner Nachrichtenoffiziere und manchen CIA-Analytikern dazu, die nicht-regulären Kräfte unberücksichtigt zu lassen.

Die Auseinandersetzung – sowohl innerhalb des MACV wie auch unter den Washingtoner Nachrichtendienstexperten – wurde erbittert geführt. Sie erstreckte sich über einen langen Zeitraum und war dem CIA-Chef Dick Helms, dem Präsidenten, mir und anderen führenden Vertretern der Regierung bestens bekannt. Im Laufe der Kontroverse wurden heftige Emotionen entfacht, die den Krieg überdauerten. Mehrere Personen, die Westys Einschätzung nicht teilten, waren bereit, für CBS Interviews zu geben, in denen sie – direkt oder indirekt – erklärten, der General habe Präsident Johnson und mich bewußt und grob getäuscht. Zu ihnen zählte auch der bezahlte »Informant« und Hauptzeuge der Sendung, der ehemalige CIA-Analytiker Sam Adams.

Bei meinem Treffen mit Crile erklärte ich ihm, warum diese Anschuldigungen meiner Ansicht nach aus der Luft gegriffen seien, doch er wollte mir nicht glauben. Die Dokumentarsendung wurde am Abend des 23. Januar 1982 ausgestrahlt. Westy verlangte eine Entschuldigung von der Fernsehanstalt, und als diese sich weigerte, verklagte er sie im folgenden Herbst wegen Verleumdung auf 120 Millionen Dollar.

Obwohl ich wußte, daß es in dem Verleumdungsprozeß zu einer unangenehmen, »schmutzigen« Konfrontation kommen würde, erklärte ich mich im Sommer 1983 bereit, für Westmoreland auszusagen, denn ich empfand großen Respekt für die Hingabe, mit der der General über die Jahrzehnte hinweg unserem Land gedient hatte.

Westys Anwalt Dan Burt von der Capital Legal Foundation brachte in Erfahrung, daß Crile heimlich – und ohne meine Zustimmung – seine Telephongespräche mit mir aufgezeichnet hatte. Da Burt glaubte, die Tonbänder würden Westys Behauptung untermauern, Crile habe bereits vor der Ausstrahlung der Sendung gewußt, daß die Anschuldigungen gegen Westy wahrscheinlich unbegründet waren, versuchte der Anwalt, der Tonbänder habhaft zu werden. Ihm zufolge leugnete der Rechtsbeistand von CBS anfangs, daß solche Tonbänder existierten. Ein CBS-Nachrichtenredakteur, der die Sendung mitgestaltet hatte, teilte Burt mit, Criles Sekretär habe gesagt, die Tonbänder befänden sich in seiner oberen linken Schreibtischschublade. Das war nicht der Fall. Später tauchten sie in einem Koffer in Criles Haus auf – aber die Stellen, an denen ich die Vorwürfe gegen Westy zurückgewiesen hatte, waren gelöscht.[5]

Als CBS zu gegebener Zeit verlangte, mich unter Eid aussagen zu lassen, willigte ich ein. Bei meiner Vernehmung am 26. und 27. März 1984 erklärte der Anwalt der Fernsehanstalt David Boies zunächst, er gehe davon aus, ich hätte nichts dagegen, wenn meine Vernehmung auf Video aufgezeichnet werde. Als ich wissen wollte, wie der Videofilm verwendet werden könne, erwiderte er: »In jeder Weise, die wir wünschen.« Meine Frage, ob damit auch die Ausstrahlung über kommerzielle Fernsehsender gemeint sei, bejahte er. Mein Anwalt hatte mir geraten, auf Detailfragen nach Ereignissen von vor sechzehn Jahren, an die ich mich nicht entsinnen könne, einfach zu antworten: »Ich erinnere mich nicht.« Ich konnte mir lebhaft vorstellen, welche Wirkung zwanzig bis dreißig solcher Wiederholungen bei der Ausstrahlung zu den *CBS Evening News* zeitigen würden. Deshalb weigerte ich mich, meine Aussage auf Video aufzeichnen zu lassen. Boies behauptete mit drohender Stimme, CBS sei juristisch befugt, eine Videoaufnahme zu verlangen. Daraufhin erklärte ich, in diesem Fall sei ich bereit, ins Gefängnis zu gehen. Boies beschloß am Ende, auf eine Aufzeichnung der Vernehmung zu verzichten, behielt sich aber vor, noch einmal auf die Frage zurückzukommen. Er tat es nicht. Später hörte ich, daß auch Dick Helms, der in diesem Prozeß ebenfalls vernommen wurde, sich eine Videoaufnahme verbat. Seinen Fall brachte die Fernsehanstalt vor Gericht. Doch nach mehreren Monaten und erheblichen Kosten bekam Dick recht.

In meiner Aussage unter Eid und bei meiner Vernehmung vor Gericht am 6. Dezember 1984 erklärte ich, der Präsident und ich hätten von den unterschiedlichen Einschätzungen der feindlichen Streitmacht gewußt, die innerhalb des MACV und der CIA in den Jahren 1966 bis 1967 existierten. Ferner sagte ich, ich selbst hätte zu der umfassenderen (und höheren) Schätzung tendiert. Westy habe nicht versucht, uns zu täuschen, und selbst wenn er es versucht hätte – was nicht vorstellbar sei –, wären seine Bemühungen gescheitert, da uns noch andere Informationskanäle zur Verfügung standen. Boies versuchte, meine Aussage als unglaubwürdig hinzustellen, indem er behauptete, ich hätte den Kriegsverlauf in Vietnam durchgängig falsch dargestellt. Der Prozeß endete im Februar 1985 mit einem außergerichtlichen Vergleich, den beide Seiten als Sieg auslegten. Doch leider trugen sowohl die Sendung als auch das Echo, das der Verleumdungsprozeß in der Presse fand, dazu bei, daß das Vertrauen des amerikanischen Volks in die Integrität der Regierung und der militärischen und politischen Führung des Landes noch weiter schwand.

Trotz unserer unterschiedlichen Einschätzung taten Westmoreland und ich alles in unserer Macht Stehende, um die US-Soldaten im Feld so gut wie möglich zu versorgen und zu schützen. Als der Krieg an Härte zunahm und die Emotionen in Wallung gerieten, behaupteten Kritiker der Regierung Johnson, Versorgungsmängel hätten die Sicherheit unserer Soldaten gefährdet. Das war nicht der Fall. Bus Wheeler schrieb mir am 23. April 1966: »Für die Soldaten in Vietnam hat es keine Versorgungsengpässe gegeben, die sich auf die

Kampfhandlungen oder die Gesundheit und das Wohlergehen der Truppe ungünstig ausgewirkt hätten. Kein einziger erforderlicher Feindflug [Einzeleinsatz von Kampfflugzeugen] wurde abgesagt. Tatsächlich war die Luftunterstützung, die unsere Streitkräfte erhalten haben, historisch ohne Beispiel.«[6]

Die amerikanischen Soldaten in Vietnam waren mit vielen Hindernissen und erbärmlichen Bedingungen konfrontiert: einem schwer faßbaren Feind, ständiger Todesgefahr, Minen und Überfällen aus dem Hinterhalt, Giftameisen und Blutegeln, dichtem Dschungel, tiefen Sümpfen und drückender Hitze. Bei Kämpfen zwischen größeren Einheiten behielten die US-Truppen in der Regel die Oberhand. Sie kämpften tapfer. Sie waren dem Ruf ihrer Nation gefolgt und litten große Not – »im Feindesland« und leider auch nach ihrer Heimkehr.

Zur Debatte stand nicht etwa die Einsatzbereitschaft amerikanischer Soldaten in Vietnam, sondern die Frage, wie sie im Feld operieren sollten. Dieses Problem führte in jener Zeit zu schweren Mißstimmigkeiten zwischen Westy und der Marine (sowie Teilen der Armee). In der Überzeugung, daß der Vietcong und die Nordvietnamesen von der Strategie des »Aufspürens und Vernichtens« nur profitierten, befürworteten Kritiker, insbesondere in der Marine, eine Strategie der Aufstandsbekämpfung, die den Schutz der Bevölkerung mit einer schrittweisen Befreiung der vom Vietcong kontrollierten Dörfer verband. Ungeachtet ihrer tiefgreifenden Differenzen haben die Oberbefehlshaber die Strategiefrage jedoch weder untereinander noch mit mir eingehend diskutiert. Als Verteidigungsminister hätte ich sie jedoch zu beidem zwingen sollen.

Westys Zermürbungsstrategie verließ sich im wesentlichen auf die Feuerkraft: Auf den Vietcong und von ihm kontrollierte Gebiete Südvietnams regnete es geradezu Granaten und Napalm. Oft war es schwierig, Frontkämpfer von am Kampf nicht Beteiligten zu unterscheiden. Von 1965 bis 1967 warf die Luftwaffe der Vereinigten Staaten und Südvietnams über eine Million Tonnen Bomben auf den Süden ab, mehr als das Doppelte der auf den Norden niedergegangenen Menge.[7] Die Kämpfe forderten immer höhere Opfer unter der Bevölkerung, und es entstanden Flüchtlingslager, in denen erbärmliche Zustände herrschten.

Daß wir über ein Land, dem wir angeblich halfen, soviel Zerstörung und Elend brachten, bedrückte mich schwer. Unbeabsichtigt, aber nachhaltig untergruben diese Bombardements auch das Befriedungsprogramm, mit dem die Sicherheit ländlicher Gebiete gewährleistet und »Herz und Verstand« des südvietnamesischen Volkes gewonnen werden sollten. Zudem wurden dadurch alle Anstrengungen, eine breite Unterstützung für die Regierung in Saigon zu gewinnen, zunichte gemacht. Eine der Grundvoraussetzungen für einen Sieg über den Vietcong war dahin.

Auch die in der Saigoner Bürokratie herrschende Korruption und die mangelnde Koordination zwischen Südvietnamesen und Amerikanern (sowie bei den Amerikanern selbst) wirkten sich nachteilig aus. Verschiedenen Projekten zugedachte Mittel erreichten ihren Bestimmungsort nie, und viele in der Verwaltung beschäftigte Vietnamesen sahen in der Befriedung eine Bedrohung für ihre Nebeneinkünfte und ihre Machtstellung. Durch den Krieg traumatisierte Dörfler begegneten den Befriedungsbemühungen häufig mit Gleichgültigkeit oder Vorsicht. Wir hatten uns nie hinlänglich klargemacht, wie und von wem ein solches Programm umgesetzt werden sollte, vor allem angesichts der wenig leistungsfähigen, wenig verantwortungsbewußten Regierung Südvietnams. Sobald wir versuchten, die Befriedung rascher voranzutreiben, stellten sich nur um so schneller Rückschläge ein.

Im Herbst 1966 riet ich dem Präsidenten, das Befriedungsprogramm – das damals von unserem Botschafter geleitet wurde – neu zu organisieren. Ich drängte darauf, sowohl die militärischen Operationen als auch die Befriedungsprogramme direkt dem Kommando des MACV zu unterstellen. Da dieser Vorschlag jedoch auf den erbitterten Widerstand der Bürokraten in

Saigon wie auch in Washington stieß, versuchte ich einen anderen Weg. Ich empfahl, die Kommandostrukturen zu zentralisieren und die Zuständigkeiten zu klären, wobei die Militäroperationen weiterhin Westmoreland und das Befriedungsprogramm dem stellvertretenden Botschafter William Porter unterstellt bleiben sollten. Waren dadurch nach einer angemessenen Anlaufzeit keine positiven Ergebnisse zu verzeichnen, sollte Westy die Verantwortung für beide Operationsbereiche übernehmen. Dies ist nie erfolgt, was sich als schwerer Fehler erwies.[8]

Unterdessen wurde der Luftkrieg mit wachsender Intensität geführt. Wurden 1965 25 000 Einsätze gegen Nordvietnam geflogen, so waren es 1966 79 000 und 1967 bereits 108 000; die Tonnage der abgeworfenen Bomben stieg von 63 000 im Jahre 1965 auf 136 000 im Jahre 1966 und 226 000 im Jahre 1967.[9] Die Bombenangriffe fügten dem Norden schweren Schaden zu; sie zogen Arbeitskräfte und Ressourcen ab, die andernfalls militärisch genutzt worden wären; außerdem behinderten sie die Verlegung von Kämpfern und Material in den Süden. Aber die Kosten dafür waren hoch: Amerikanische Piloten wurden abgeschossen; gefangengenommene Flieger der US-Luftwaffe dienten der Regierung in Hanoi als Geiseln; die Zahl der zivilen Opfer wuchs beständig. Außerdem lieferte der Dauerbeschuß einer kleinen Nation durch eine Supermacht den Nordvietnamesen eindrucksvolles Propagandamaterial. Und letztlich wurden mit dem Bombenkrieg die entscheidenden Ziele nicht erreicht: Als das »Rolling Thunder«-Programm intensiviert wurde, *steigerte* sich die Infiltration nach Schätzungen des US-Nachrichtendiensts von 35 000 Mann im Jahre 1965 auf 90 000 im Jahre 1967, während Hanois Wille, den Kampf fortzusetzen, ungebrochen blieb.[10]

Ich bezweifelte den Erfolg strategischer Bombardierungen, solange sie nicht auf wichtige Produktionsstätten abzielten, die Versorgung mit Gütern des täglichen Bedarfs abschnitten oder die Nutzung von Ersatzprodukten und -produktionsmitteln verhinderten. Aber die Produktionsstätten, die Nordvietnam und den Vietcong versorgten, lagen in der Sowjetunion und in China. Auf diese Lieferanten konnten die Vereinigten Staaten nur mit politischen (und nicht mit militärischen) Mitteln zielen. Auch war ich überzeugt, daß die Bombardierung nur unter bestimmten Umständen den Zustrom von Soldaten und Nachschub unterbrechen konnte: Es war unwahrscheinlich, daß wir in Nordvietnam und Laos die gewünschte Wirkung erzielen würden, und zwar aufgrund der Beschaffenheit des Landes, aber auch weil Güter nur in geringen Mengen benötigt wurden und eine rasche Umstellung auf andere Verteilungsrouten und -mittel jederzeit möglich war – zumal im Norden genügend Menschen Hand anlegen konnten. Diese Überlegungen führten mich zu dem Schluß, daß der Krieg auch durch noch so heftige Bombenangriffe gegen den Norden nicht zu beenden war – es sei denn, man hätte, wie gesagt, einen regelrechten Völkermord geplant, was niemand in Betracht zog.

Die Stabschefs waren anderer Meinung und drängten im Frühjahr 1966 auf eine Ausweitung des Bombenkriegs. Sie befürworteten Angriffe auf Erdöllager bei Hanoi und Haiphong und behaupteten, daß man Nordvietnam damit einen tödlichen Schlag versetzen könne. Der Präsident und ich zögerten aus mehreren Gründen, gegen diese Anlagen Einsätze fliegen zu lassen, nicht zuletzt wegen der Gefahr, versehentlich ein sowjetisches Schiff zu treffen, was unter Umständen eine Konfrontation zwischen den Atommächten heraufbeschworen hätte.*

Ende Juni 1966 genehmigten wir schließlich die Angriffe. Die Erdöllager wurden zerstört, was aber die Nordvietnamesen

---

* Daß unsere Furcht vor einer drohenden Konfrontation mit den Sowjets nicht unbegründet war, zeigte sich im folgenden Sommer, als ich an einem Sonntagvormittag ins Pentagon gerufen wurde. Moskau protestierte, weil ein US-Kampfflugzeug ein sowjetisches Handelsschiff beschossen hatte, das im Hafen von Cam Pha nordöstlich von Haiphong lag. Aufgrund einer Untersuchung durch Admiral Oley Sharp ging ich davon aus, daß die Klage jeder Grundlage entbehrte, und instruierte mein Pressebüro, den Tatbe-

nur für kurze Zeit behinderte. Rasch paßten sie sich der neuen Situation an und lagerten Treibstoff über das ganze Land verteilt in unterirdischen Tanks und getarnten 200-Liter-Fässern ein. Der durch die Luftangriffe verursachte Verlust wurde durch chinesische Öllieferungen per Bahn und durch sowjetische Tanker ausgeglichen, die ihre Ladung in einiger Entfernung von der Küste an Barken abgaben; diese transportierten das Öl zu kleineren Umschlagplätzen an den zahlreichen Kanälen des Songkoi-Deltas.

Da die Luftangriffe im Juni 1966 die Entschlossenheit Nordvietnams, den Krieg im Süden weiterhin zu unterstützen, kaum zu beeinträchtigen vermochten, zog ich Alternativen in Betracht. Im Sommer 1966 bat ich einige namhafte Wissenschaftler, sich des Problems anzunehmen. Die Expertengruppe war für die JASON-Abteilung des Institute for Defense Analyses des Pentagons tätig; unter anderem gehörten ihr Präsident Eisenhowers ehemaliger Wissenschaftsberater George Kistiakowsky und Jerome Wiesner, der Präsident des Massachusetts Institute of Technology, an. Sie empfahlen den Aufbau einer »Barriere«, um die Infiltration einzudämmen. Von einem derartigen Plan hatte ich erstmals im Frühjahr 1966 gehört. Er sah vor, einen komplexen Gürtel aus Minen und Sensoren quer durch die entmilitarisierte Zone und westlich davon durch laotisches Staatsgebiet zu legen. (Die Sensoren sollten die An-

---

stand zu verneinen. Einige Wochen später stellte der Befehlshaber der US-Luftwaffe im Pazifik, General John D. Ryan, auf einer Thailandreise fest, daß vier US-Kampfflugzeuge, die einen Angriff auf nahegelegene Flakgeschütze flogen, das sowjetische Schiff tatsächlich beschossen hatten. Bei ihrer Rückkehr zu ihrer Basis in Thailand hatten zwei der vier Piloten ihrem Kommodore, einem Oberst, den Vorfall gemeldet; doch dieser ordnete an, den Photo-MG-Film zu zerstören und die Einsatzberichte zu ändern. Der Oberst wurde später vor ein Militärgericht gestellt und zu einer Geldstrafe verurteilt. Während meiner siebenjährigen Amtszeit als Verteidigungsminister war dies meines Wissens das einzige Mal, daß ein Offizier durch eine regelrechte Lüge meine Stellungnahme zu einem Zwischenfall beeinflußt hat.

griffe unserer Kampfflugzeuge auf marschierende feindliche Truppen lenken.) Die Barriere würde viel Geld kosten, aber da unsere Bombenangriffe keinen Erfolg zeigten, genehmigte ich den Vorschlag und beauftragte Generalleutnant Alfred D. Starbird damit, die Planung zu überwachen. Die Stabschefs nahmen die Idee kühl auf, leisteten aber keinen Widerstand. Sobald die Barriere errichtet war, sollte sie der Infiltration schwere Verluste zufügen. Und das war auch der Fall.*

Doch im Herbst 1966 und Anfang 1967 drängten die Stabschefs erneut auf eine Verstärkung der Luftangriffe gegen den Norden. Unsere Differenzen kamen auch in öffentlichen Anhörungen vor dem Senat zur Sprache. Als Bus Wheeler und ich im Januar vor dem Verteidigungsausschuß des Senats aussagten, ergab sich folgender Wortwechsel:

MINISTER MCNAMARA: Ich glaube nicht, daß die bisherigen Bombenangriffe den Zustrom von Menschen und Material in den Süden spürbar reduziert haben, und das dürfte auch bei Bombardements, wie ich sie künftig in Erwägung ziehen könnte, der Fall sein.

SENATOR CANNON: Stimmen Ihnen die Militärberater in dieser Frage zu?

MINISTER MCNAMARA: Ich denke, General Wheeler sollte diese Frage selbst beantworten.

GENERAL WHEELER: Wie ich bereits gesagt habe, meine ich, daß unsere Bombenangriffe gegen den Norden den Zustrom reduziert haben. Ich sehe ihre Wirkung mit weniger Vorbehalten, als andere dies tun.[11]

In diesen Äußerungen zeigten sich die tiefer werdende Kluft zwischen den Stabschefs und mir und die zwangsläufig damit einhergehenden Spannungen.

---

* Mein Bericht über die Anti-Infiltrationsbarriere (auch McNamara-Linie genannt) beruht hauptsächlich auf Erinnerungen und nicht auf Quellenmaterial, da die JASON-Studie vom August 1966 noch der Geheimhaltung unterliegt.

Während der langen Monate der Debatte um Bodenstrategie, Befriedung und Bombenkrieg bemühte man sich weiterhin um die Aufnahme von Verhandlungen, aber die Anstrengungen blieben sporadisch, dilettantisch und ineffektiv.

Der Regierung Johnson ist vorgeworfen worden, sie habe die heikle Aufgabe nicht bewältigt, einen begrenzten Krieg zu führen und gleichzeitig den Frieden voranzubringen. Drei diplomatische Vorstöße, die in diesem Zeitraum unternommen wurden, beweisen, daß dieser Vorwurf nicht ganz unberechtigt ist: Die Ronning-Mission im Frühjahr 1966 und zwei Unternehmungen mit Codenamen – »Marigold« in der zweiten Hälfte desselben Jahres und »Sunflower« Anfang 1967. Diese drei Kontakte zeigen, mit welchen Mitteln wir im Jahr 1966 und Anfang 1967 eine politische Lösung der Vietnamfrage suchten – und warum wir scheiterten.

Die fruchtlose weihnachtliche Unterbrechung der Bombardierungen hatte, wie Kritiker beklagten, zu einem Anstieg der US-amerikanischen Verluste geführt, so daß danach die Forderungen nach einer Intensivierung des Bombenkriegs um so lauter wurden und der Präsident zögerte, weitere Verhandlungsinitiativen zu ergreifen. Doch zu seiner Verärgerung wurde er bereits zwei Monate später mit einem neuerlichen Versuch konfrontiert, der diesmal allerdings nicht von mir ausging, sondern vom kanadischen Premierminister Lester Pearson. Im März reiste der kanadische Fernostexperte und Diplomat a. D. Chester A. Ronning nach Hanoi und brachte eine Botschaft des nordvietnamesischen Premiers Pham Van Dong mit nach Hause: Wenn die Amerikaner die Bombenangriffe »endgültig und bedingungslos« einstellen, »sind wir zu Gesprächen bereit«[12].

Die Kanadier faßten Phams Botschaft als ehrliches Friedensangebot auf; in ihren Augen war dies ein Fortschritt gegenüber dem früheren Beharren Hanois auf den Vier Punkten als Vorbedingung für Verhandlungen. In Washington wurde das weithin anders gesehen. Man mißtraute Pearson und Ronning wegen ihrer offenen Kritik an der amerikanischen Vietnampolitik und hielt Phams Worte für bewußt doppeldeutig. So schien die Wahl des Wortes *Gespräche* statt *Verhandlungen* anzudeuten, man sei nur zu einleitender Kontaktaufnahme, nicht aber zu substantiellen Debatten bereit. Überdies zögerte der Präsident, die Bombenangriffe ohne entsprechende Zugeständnisse von Hanoi erneut einzustellen. Daher weigerte sich die Regierung Johnson, eine weitere Pause zu genehmigen. Im Rückblick war es ein Fehler, daß wir Ronning nicht wenigstens gebeten haben, die Ernsthaftigkeit von Phams Worten zu prüfen.

Einige Monate später, im Juni 1966, kehrte der polnische Vertreter der Internationalen Kontrollkommission (ICC*), Januscz Lewandowski, von einer Hanoi-Reise nach Saigon zurück und brachte ein, wie er sagte, »ganz besonderes Friedensangebot« mit. Er berichtete, die Nordvietnamesen seien zu einem »politischen Kompromiß« bereit, um den Krieg zu beenden, und stellten »weitgehende Zugeständnisse« in Aussicht. Lewandowski übermittelte seine Informationen dem Doyen des diplomatischen Korps in Saigon, dem italienischen Botschafter Giovanni D'Orlandi; dieser sprach mit Botschafter Henry Cabot Lodge; und Lodge leitete das Angebot nach Washington weiter. Dieser Kontakt wurde als »Marigold« bekannt.[13] Den ganzen Sommer über trafen sich Lodge und Lewandowski zu geheimen Gesprächen; um dabei nicht entdeckt zu werden, zwängte sich der schlaksige Lodge häufig auf die Rückbank eines Privatwagens, der dann zu D'Orlandis Büro oder Wohnung fuhr.

Im September beauftragte der Präsident Arthur Goldberg, eine wichtige Rede vor der UN-Vollversammlung zu halten. Die Vereinigten Staaten würden »sämtliche Bombenangriffe auf

---

* Die Kommission, der Vertreter Kanadas, Indiens und Polens angehörten, war 1954 gegründet worden, um die Einhaltung der Genfer Konvention zu überwachen.

Nordvietnam« einstellen, kündigte Goldberg an, »sobald man uns, auf vertraulichem Wege oder anders, versichert, daß dieser Schritt von der Gegenseite prompt durch eine entsprechende, angemessene Deeskalation beantwortet wird«[14].

Seit der weihnachtlichen Bombenpause von 1965 hatten wir darauf bestanden, Hanoi sollte seine Bodenoperationen sofort reduzieren, sobald wir die Bombardements einstellten. Offenbar hatten die Nordvietnamesen dies jedoch als Versuch aufgefaßt, sie unter Androhung fortgesetzter Luftangriffe zur Deeskalation zu zwingen; und unter einem derartigen Druck wollten sie nicht von ihrer Haltung abrücken. Um die Kluft zu überbrücken, machten wir nun praktisch folgendes Angebot: »Gebt uns auf vertraulichem Weg die Zusicherung, daß nicht nur ›Gespräche‹ stattfinden werden, dann werden wir die Bombenangriffe sofort einstellen; im Gegenzug erwarten wir eine Reduzierung der Infiltration und der Militäroperationen im Süden.« Damit wollten wir Hanoi ermöglichen, das Gesicht zu wahren und gleichzeitig die militärischen Maßnahmen zu vermindern; das Angebot wurde als Phase-A-Phase-B-Formel bekannt.

Gestützt auf diese neue Formel, behauptete Lewandowski im November, er habe die Zusage Nordvietnams für ein Treffen mit einem Vertreter der USA, das nach dem 5. Dezember 1966 in Warschau stattfinden könne. Am 2. und 4. Dezember bombardierten amerikanische Kampfflugzeuge erneut Ziele bei Hanoi; die Angriffe waren ursprünglich für den 10. November geplant gewesen, aber wegen schlechten Wetters verschoben worden. Auf dieses unglückliche Timing reagierten die Polen verärgert, waren aber bereit, wie geplant vorzugehen. Am 6. Dezember traf der amerikanische Botschafter John Gronouski mit dem polnischen Außenminister Adam Rapacki zusammen. Die Nordvietnamesen blieben dem Gespräch fern. Dennoch versuchten die Polen weiterhin, beide Seiten an einen Tisch zu bringen. Gronouski und Rapacki trafen sich erneut am 13. Dezember. Am selben Tag (wie auch am darauffolgenden) bombardierten die Vereinigten Staaten jedoch wieder Ziele rund um Hanoi – diesmal doppelt so stark wie Anfang Dezember.

Wie konnte so etwas geschehen? Tatsächlich hatten führende Vertreter der Vereinigten Staaten befürchtet, Hanoi werde für Angriffe am Vorabend von Gesprächen wenig Verständnis aufbringen. Lodge, Gronouski, der Staatssekretär im Außenministerium Nicholas Katzenbach, Tommy Thompson und ich, wir alle hatten verzweifelt versucht, beim Präsidenten einen Aufschub der Bombardements zu erreichen. Doch Johnson, der immer noch unter dem Eindruck der Nachwirkungen der Bombardierungspause zu Weihnachten stand, glaubte, ein Aufschub würde ihm als Schwäche ausgelegt werden. Er lehnte unseren Vorschlag ab.

Die Reaktion erfolgte prompt. Am 15. Dezember teilte Rapacki Gronouski mit, die Bombenangriffe bedeuteten das Aus für die Gespräche. Ein Vertreter der russischen Botschaft in Washington sagte später zu John McNaughton, Moskau habe die Atmosphäre für Gespräche als günstig erachtet, aber die Angriffe hätten »sie zerstört«. Er fügte hinzu, in Hanoi gebe es Kräfte, die an einem Kompromiß interessiert seien, aber sie könnten »in einer Situation, in der Bomben ... auf Hanoi fallen, nicht aktiv werden«[15].

Haben die Bombenangriffe im Dezember ernsthafte Friedensbemühungen untergraben? Nach Meinung von Chet Cooper, einem US-Beamten, der die Entwicklung genau verfolgte, hatten die Nordvietnamesen »Lewandowski bestenfalls einen Jagdschein gegeben, nicht aber eine definitive Zusage«. Nick Katzenbach bezeichnete Marigold später als bloßes Gerücht. Wer von ihnen recht hat oder ob beide irren, läßt sich nun nicht mehr feststellen.

Einige Wochen später führte eine dritte Friedensinitiative (»Sunflower«) zu einem noch größeren Fiasko, das zeitweilig sogar die amerikanisch-britischen Beziehungen beeinträchtigte. Die Initiative umfaßte drei unterschiedliche Kontakte: eine direkte Kontaktaufnahme mit der nordvietnamesischen Botschaft in Moskau; einen persönlichen Brief Präsident Johnsons an Ho Chi Minh sowie Kontaktversuche des britischen Premierministers Harold Wilson, die über den sowjetischen Ministerpräsidenten Alexej Kossygin vermittelt wurden.

Anfang Januar 1967 teilten die Russen unserer Moskauer Botschaft mit, sofern wir den vietnamesischen Geschäftsträger zu sehen wünschten, seien vorbereitende Kontakte denkbar, die vielleicht zu ernsthaften Gesprächen führen würden. Am 10. Januar traf John Guthrie als Beauftragter der US-Regierung mit seinem vietnamesischen Gesprächspartner Le Chang zusammen. Guthrie berichtete, Chang habe nervös gewirkt, still zugehört und nichts erwidert. Dennoch lud er Guthrie zu einem zweiten Treffen ein. Bei diesem Anlaß entwarf Guthrie ein Szenario, wie der Krieg enden könnte: ein Waffenstillstand, gefolgt von einem Rückzug der Truppen, Wahlen, politischer Beteiligung der Nationalen Befreiungsfront und schließlich der Wiedervereinigung von Nord- und Südvietnam. Wieder lauschte Chang schweigend. Eine Woche später, am 27. Januar, lud er Guthrie zu einem weiteren Gespräch ein. Diesmal begrüßte er den Amerikaner mit beleidigender Polemik.

Am 6. Februar empfing Premierminister Wilson Alexej Kossygin zu einem Staatsbesuch in London. Anläßlich des vietnamesischen Tet-Festes hatte soeben eine kurze Unterbrechung der Bombardierung begonnen. Wilson besprach mit Kossygin die jüngste Äußerung des nordvietnamesischen Außenministers Nguyen Duy Trinh, Gespräche »könnten beginnen«, sofern die Bombenangriffe bedingungslos eingestellt würden. Als Kossygin nicht garantieren konnte oder wollte, daß die Gespräche nach dem Ende der Bombardierung aufgenommen würden, stellte Wilson die Phase-A-Phase-B-Formel zur Debatte. Aber der Präsident sah sich durch Hinweise auf eine vermehrte nordvietnamesische Infiltration veranlaßt, in einem Brief an Ho Chi Minh eine härtere Position zur Frage der beidseitigen Deeskalation zu beziehen. Die Vereinigten Staa-

ten baten Wilson, den Phase-A-Phase-B-Vorschlag zurückzuziehen und durch eine neue Formel mit härteren Forderungen
zu ersetzen: Washington würde den Bombenkrieg einstellen,
wenn Hanoi die Infiltration stoppte. Wilson reagierte verärgert,
leitete den Vorschlag aber an Kossygin weiter.

Widerstrebend willigten die Vereinigten Staaten in letzter
Minute ein, Wilsons Anregung zu folgen und die Tet-Bomben-
pause um mehrere Stunden zu verlängern, so daß Kossygin
Zeit hatte, der Regierung in Hanoi die neue Formel vorzulegen.
Unser erfahrener Londoner Botschafter, David K. E. Bruce,
mit dem ich seit langem befreundet war (später war ich Sargträ-
ger bei seiner Beerdigung), bat um 48 Stunden. Der Präsident
gewährte nur sechs. Kossygin versprach, sein Möglichstes zu
tun, war aber äußerst verstimmt. Bruce rief Dean Rusk an und
erklärte, dieser Aufschub sei lächerlich; Kossygin könne in so
kurzer Zeit keinesfalls Hanoi kontaktieren und eine Rückmel-
dung geben. Er drängte Dean, den Präsidenten aufzusuchen
und um einige weitere Tage zu bitten.

Dean weigerte sich, und er wußte sehr gut, warum. Während
der Kabinettssitzung hatte der Präsident wütend festgestellt,
daß wir die Pause bereits zweimal verlängert hätten, und einen
weiteren Aufschub gebe es nicht. Ich war damals anwesend und
konnte ihm nur recht geben. Seine Entscheidung beruhte auf
der Tatsache, daß Nordvietnam bei jeder Unterbrechung die Infiltration angekurbelt hatte, sowie auf dem Vorwurf der Stabschefs, dies habe jeweils zu erhöhten amerikanischen Verlusten
im Süden geführt. In diesem Fall lagen uns zudem Meldungen
über umfangreiche nordvietnamesische Truppenbewegungen
vor. Noch bevor Wilson eine Antwort der Russen erhalten
konnte, wurden die Bombenangriffe wiederaufgenommen.

Zwei Jahre später sagte Wilson vor Fernsehzuschauern: »Ich
glaube, wir waren [einer Lösung] sehr nahe gekommen ..., und
plötzlich wurden unsere Hoffnungen mit einem Schlag zunichte.« Ein Aufschub um 48 Stunden hätte seiner Meinung
nach vielleicht schon genügt.

Zur selben Zeit etwa berichtete Tommy Thompson, der als Botschafter nach Moskau zurückgekehrt war, der sowjetische Botschafter in Washington, Anatolij Dobrynin, habe gesagt: »Kossygins Äußerungen in London ... waren nicht aus der Luft gegriffen.« Mit anderen Worten, die Russen hatten Grund zu der Annahme, daß die Nordvietnamesen zur Aufnahme von Verhandlungen bereit gewesen seien.[16]

Hatten Wilson und Kossygin recht? Auch das werden wir niemals erfahren. Aber eines steht für mich fest: Bei unseren Friedensbemühungen ist der Versuch, unsere diplomatischen und militärischen Aktivitäten zu koordinieren, kläglich gescheitert.

Von Anfang 1966 bis Mitte 1967 fand die Vietnampolitik der Regierung weiterhin eine überraschend breite Zustimmung in der Öffentlichkeit – trotz wachsender Verluste auf amerikanischer Seite und zunehmender Kritik seitens der Medien. Nach der weihnachtlichen Bombardierungspause zeigten Umfragen, daß etwa zwei Drittel aller Amerikaner den eingeschlagenen Weg zu Ende gehen wollten. Zum Beispiel schrieb Louis Harris am 28. Februar 1966: »Was den Vietnamkrieg betrifft, herrscht heute allgemein in einem Punkt Konsens: Das amerikanische Volk ersehnt ein ehrenhaftes Ende der Feindseligkeiten, aber zwei Drittel glauben, daß wir bleiben und durchhalten müssen.« Harris berichtete jedoch auch: »Das amerikanische Volk teilt sich zusehends in zwei Lager; die einen favorisieren eine militärische Großoffensive, um den Krieg zu verkürzen, die anderen würden Verhandlungen dem Risiko einer Eskalation vorziehen.« Seine Folgerung: »Wenn es eine Tendenz in der öffentlichen Meinung gibt, dann die, eine militärische Lösung für eine allgemein als frustrierend empfundene Pattsituation zu befürworten.«[17] Die Verfechter der Forderung von Senator Richard Russell: »Macht ein Ende oder steigt aus!«, schienen an Popularität zu gewinnen.

Der Druck von links – das heißt die Forderung nach verringertem Einsatz oder nach Rückzug – erreichte Anfang 1968 einen Höhepunkt, und dieser massive Widerstand gegen die Politik Präsident Johnsons trug zu seiner Entscheidung bei, nicht mehr zu kandidieren. Aber diese Protestwelle war 1966 und 1967 noch nicht unsere Hauptsorge. Weitaus mehr Kopfzerbrechen bereiteten dem Präsidenten, Dean und mir der Druck von rechts. Die Falken warfen uns vor, wir zwängen unsere Soldaten, mit einer Hand auf dem Rücken zu kämpfen, und forderten, die gesamte Schlagkraft der Militärmacht Amerikas zu entfesseln.

Wir waren jedoch überzeugt, daß angesichts der Existenz von Atomwaffen ein unbegrenzter Krieg um Vietnam ein untragbares Risiko für unser Land, ja für die ganze Welt darstellte. Daher versuchten wir – um mit Deans Worten zu sprechen – »kühlen Blutes zu tun, was man vielleicht nur heißblütig zu tun vermag«. Auch Lady Bird umriß unser Dilemma treffend, als sie in ihr Tagebuch schrieb: »Alles scheint mit Schwierigkeiten behaftet. Das Temperament unseres Volkes scheint zu fordern: ›Entweder wir kämpfen begeistert und leidenschaftlich und stehen die Sache durch, oder wir müssen abziehen.‹ Es ist unglaublich schwer, einen begrenzten Krieg zu führen.«[18]

Dennoch wuchs der Protest unter den Linken, vor allem an den Universitäten – und er kam nicht nur in Worten, sondern oft auch in gewalttätigen Aktionen zum Ausdruck. Nicht selten war dabei ich als Symbolfigur der amerikanischen »Kriegsmaschinerie« Ziel der Angriffe. Im Frühjahr 1966 erlebte ich es innerhalb einer Woche gleich zweimal – zuerst am Amherst College und dann an der Universität von New York –, daß Dozenten und Studenten demonstrativ den Hörsaal verließen, als mir die Ehrendoktorwürde verliehen wurde. Kurze Zeit später wurde ich ausgebuht, als ich vor der Abschlußklasse meiner jüngeren Tochter Kathy am Chatham College eine Rede hielt.

Ich respektierte das Recht dieser Studenten, eine andere Meinung zu vertreten, ebenso wie den Geist, der sie beseelte. »Der Protest unter den heutigen Studenten hat durchaus ernst zu nehmende Dimensionen«, sagte ich in Chatham und fügte hinzu: »Auch wenn ein solch extremer Protest vielleicht unserem Feind in die Hände spielt ..., sollten wir unsere Prinzipien und unsere Prioritäten vollkommen klar äußern. Dies ist ein Land, in dem die Freiheit der Andersdenkenden von grundlegender Bedeutung ist.« Bei einer anderen Gelegenheit sagte ich: »Ich glaube nicht, daß eine Demokratie ohne Meinungsfreiheit möglich ist.« Davon war ich damals ebenso überzeugt, wie ich es heute bin.[19]

Was mich bei Campus-Besuchen am meisten beunruhigte, war, daß der Widerstand gegen die Vietnampolitik der Regierung mit dem Prestige der jeweiligen Universität und dem Bildungsniveau der Studenten wuchs. In Amherst beispielsweise trugen bei der Abschlußfeier alle, die gegen meine Anwesenheit protestierten, Armbinden. Ich zählte die Betreffenden und versuchte ihren Prozentanteil in den vier Gruppen – normale Hochschulabgänger, Cum-laude-Absolventen, Magna-cum-laude-Absolventen und Summa-cum-laude-Absolventen – zu überschlagen. Zu meiner Bestürzung stieg der Anteil der Kritiker mit dem Grad ihrer akademischen Leistungen. Einige der größten und heftigsten Studentendemonstrationen fanden an führenden Universitäten wie Berkeley und Stanford statt.

Zu einer der ersten und häßlichsten Demonstrationen kam es im Herbst 1966 an der Harvard University. Professor Richard Neustadt von der Harvard Kennedy School hatte mich eingeladen, vor einer Gruppe von Studenten zu sprechen. Etwa um dieselbe Zeit bat mich Henry Kissinger, der damals in Harvard ein Oberseminar zum Thema internationale Beziehungen hielt, mit seinen Studenten zu diskutieren. Ich nahm beide Einladungen an und beschloß, bei dieser Gelegenheit auch meine Alma mater, die Harvard Business School, zu besuchen.

Auf Reisen in den Vereinigten Staaten kam ich während meiner siebenjährigen Amtszeit stets ohne Sicherheitspersonal aus. Und als ich am 7. November nach Cambridge fuhr, hielt ich es nicht anders.* Mein Chauffeur – der bereits Franklin D. Roosevelt gefahren hatte, als dieser unter Präsident Wilson Staatssekretär und für Marinefragen zuständig war – trug gelegentlich eine Pistole bei sich. Außerdem gab es im Fond des Wagens noch eine Tränengaspatrone in Form eines Füllfederhalters.

Nach einem Treffen mit der Familie Kennedy, bei dem es um die Gestaltung des Grabes des ermordeten Präsidenten ging, bot ich Eunice Shriver, der Schwester Präsident Kennedys, an, sie in meinem Wagen mitzunehmen. Als wir die Connecticut Avenue passierten, wollte ich ihr vorführen, wie eine solche Tränengaspatrone funktioniert. Ich drehte das Fenster einen Spalt herunter, hielt den Füller hoch und drückte ab. Da wir mit hohem Tempo fuhren, entstand ein Vakuum, das die Dämpfe in den Wagen zog. Eunice – die im Wardman Park Hotel eine Rede halten wollte – rang mit tränenden Augen nach Luft. Als wir den Bestimmungsort erreichten, hatte ich sie völlig außer Gefecht gesetzt.

Mein Besuch in der Harvard Business School verlief völlig ruhig, während es mit den Studenten in Quincey House auf der anderen Seite des Charles River zu einer sehr lebendigen, ja kontroversen Diskussion kam, die ich jedoch als äußerst anregend empfand. Schwierigkeiten gab es erst, als ich Quincey House verließ, um zu Henrys Seminar einige Blocks weiter zu gelangen. Quincey House liegt an der Mill Street, einem Sträßchen, das kaum breit genug für ein Auto ist. Die Universität hatte für meine Weiterfahrt zur Langdell Hall einen Kombiwagen und einen Campus-Polizisten als Chauffeur zur Verfügung gestellt. Als ich einstieg, sammelte sich sofort eine Horde Studenten um den Wagen. Und dann brach die Hölle los. Die

---

* In den letzten dreißig Jahren hat sich die Welt stark verändert. Wenn ich heute in Washington Tennis spiele, sehe ich häufig auf den angrenzenden Plätzen Minister oder ihre Gattinnen, die selbst bei Freizeitaktivitäten von Sicherheitsbeamten bewacht werden müssen.

Studenten drängten sich um den Wagen und begannen, ihn zu schaukeln. Der Fahrer, der sich und mich vor Schaden bewahren wollte, legte den Gang ein und fuhr an – mitten in die vor dem Auto stehenden Stundenten hinein.

»Anhalten!« rief ich. »Sie bringen noch jemanden um!«

Prompt legte er den Rückwärtsgang ein und stieß zurück. Doch inzwischen hatten sich auch hinter uns Studenten versammelt.

»Ich steige aus«, erklärte ich.

»Das können Sie nicht tun«, protestierte er. »Die fallen über Sie her.«

Inzwischen war die Menge auf mehrere hundert zornige junge Menschen angewachsen. Wer schon einmal eine solche Situation erlebt hat, weiß, wie furchteinflößend eine unkontrollierbare Menschenmasse wirkt. Ich drückte die Tür auf, stieg aus und verkündete mit lauter Stimme: »Okay, Leute, ich werde ein, zwei Fragen beantworten. Aber denkt an eines: Wir befinden uns hier in einer großen Menschenansammlung, und es könnte jemand verletzt werden. Das will ich auf jeden Fall vermeiden. Außerdem habe ich in fünf Minuten einen Termin.«

Ich fragte, wer der Verantwortliche sei, und ein junger Mann namens Michael Ansara, der Vorsitzende von Harvard's Students for a Democratic Society (einer radikalen Oppositionsgruppierung), zog ein Mikrophon heraus. Ich schlug vor, auf das Autodach zu klettern, damit wir sehen und gesehen werden konnten.

»Bevor Sie Ihre Fragen stellen«, begann ich, »möchte ich Ihnen sagen, daß ich vier der glücklichsten Jahre meines Lebens an der Universität von Kalifornien verbracht habe, wo ich einige der Dinge getan habe, die Sie heute auch tun.«

Für diese Erklärung erntete ich Buhrufe und verstärktes Gedränge und Geschubse. Da ich hoffte, weitere Ausschreitungen vermeiden zu können, indem ich klarstellte, daß ich mich durch Drohungen nicht einschüchtern ließ, fügte ich hinzu:

»Ich war damals zäher als Sie, und ich bin heute noch zäher. Und ich war höflicher, und hoffe, daß ich auch heute höflicher bin.«

Nach einigen Fragen wurde klar, daß die Gefahr nur größer wurde. Also beendete ich meine Ausführungen, sprang vom Wagen und eilte durch eine Tür, die mir der Polizist aufhielt, zurück ins Quincey House. Von dort gelangte ich in einen unterirdischen Gang, der sich über mehrere Blocks erstreckte und verschiedene Universitätsgebäude verband. Mein Führer durch dieses Labyrinth war Barney Frank, ein Harvard-Student, der später für Massachusetts in den Kongreß einzog. Frank und ich rannten durch den Irrgarten, hängten die Studenten ab und gelangten am Harvard Yard wieder ans Tageslicht. Nervlich etwas angeschlagen, hielt ich meine Verabredung mit Kissingers Studenten ein. Anschließend entspannte ich mich bei einem halbstündigen Bummel durch einen der wunderbaren Buchläden am Harvard Square.

Später traf ich mich noch mit Dick Neustadt und anderen Studienfreunden zum Dinner. Bei diesem offenen Gespräch nahm niemand ein Blatt vor den Mund. Ich glaube, daß ich damals zum erstenmal den Gedanken äußerte, künftige Gelehrte würden wissen wollen, warum der Krieg nicht wie gewünscht verlief und wie sich in Zukunft ähnliche Fehler vermeiden ließen. Diese Überlegung führte letztlich zu den »Pentagon Papers«.

Als ich kurze Zeit später nach Washington zurückkehrte, erhielt ich einen Brief vom Dekan des Harvard College John U. Munro, in dem er sich wie folgt zu dem Zwischenfall äußerte:

Ich hoffe, Sie nehmen unser zutiefst empfundenes Bedauern für die unhöfliche und ungestüme Konfrontation an, die Ihnen gestern von Mitgliedern des Harvard College aufgezwungen wurde. Wir haben uns sehr gefreut, daß Sie sich während Ihres Besuchs die Zeit genommen haben, mit Studenten zu sprechen, und sind zutiefst beunruhigt über die unangenehme Schlußszene auf der Straße. Solche rüden Auftritte verbunden mit körperlicher Gewalt haben in der Welt der Universität keinen Platz. Wir sind entsetzt, daß dergleichen hier in Harvard passieren konnte.

Ich dankte Dekan Munro am folgenden Tag für sein Schreiben und fügte hinzu:

Es war jedoch keine Entschuldigung notwendig. Nachdem ich selbst vier aktive Jahre in Berkeley verbracht habe, erscheint mir das lebhafte Interesse der Studenten an den entscheidenden Fragen unserer Zeit begreiflich, und ich habe auch Verständnis dafür, daß sie ihr Interesse in einer Weise ausdrücken möchten, die ihnen die Aufmerksamkeit der Öffentlichkeit garantiert. Gelegentlich gewinnt bei uns allen der Eifer die Oberhand über die Vernunft; aber wir sollten uns hüten, aufgrund solcher Verhaltensfehler abweichende Meinungen zu unterdrücken – Meinungsfreiheit ist sowohl das Vorrecht wie auch der Schutz der freien Menschen in aller Welt.[20]

Zu den Kriegsgegnern, mit denen ich mich auseinandersetzen mußte, zählten auch Menschen, die mir sehr nahestanden. Marg und ich pflegten engen Kontakt mit Jackie und Bobby Kennedy, mit denen wir oft telephonierten und die wir trafen, wann immer es mein Terminkalender zuließ. Bobby war einer meiner besten Freunde geworden. Als ich ihn kennenlernte, kam er mir rücksichtslos und hart vor, ein Politiker, der zu glauben schien, daß der Zweck jedes Mittel heilige. Aber während der acht Jahre unserer Bekanntschaft reiften seine Wertvorstellungen und seine Weltkenntnis wie bei anderen Menschen in dreißig Jahren.

Innerhalb und außerhalb der Regierung zeigten sich einige Leute überrascht, daß ich den Kennedys weiterhin so nahestand, obwohl Präsident Johnson ihnen mißtraute. Die Spannungen zwischen Johnson und Bobby waren bekannt und beruhten auf Gegenseitigkeit. Doch ebenso wie Henry Ford II sich nicht darum geschert hatte, ob ich in Ann Arbor wohnte oder für die Republikaner spendete, solange ich Gewinne einfuhr, so akzeptierte auch Lyndon Johnson meine Beziehung zu den Kennedys, weil er von meiner politischen und persönlichen Loyalität überzeugt war. Dies traf auch dann noch zu, als es wegen der Vietnamfrage zum endgültigen Zerwürfnis zwischen uns kam.

Anders als Bobby stellte Jackie natürlich keine politische Bedrohung für den Präsidenten dar, aber sie machte sich ebenso Gedanken über die Fragen der Zeit wie ihr Schwager. In dem langen Prozeß meiner wachsenden Zweifel an der Richtigkeit unseres Vorgehens erlebte ich es einmal, daß Jackie – die ich überaus schätzte und zutiefst bewunderte – ihren Emotionen freien Lauf ließ und unter Tränen ihren ganzen Zorn auf mich ablud. Ich war so überwältigt von ihren Gefühlen, daß ich mich noch heute in allen Einzelheiten an diese Begegnung erinnere.

Marg war auf Reisen, und so war ich nach New York gefahren, um mit Jackie zu essen. Nach dem Dinner saßen wir auf einem Sofa in der kleinen Bibliothek ihrer Wohnung in Manhattan und sprachen über das Werk der chilenischen Dichterin und Nobelpreisträgerin Gabriela Mistral. Ihr Gedicht »Gebet« schätzten wir beide sehr. Darin bittet sie Gott um Vergebung für ihren Geliebten, der Selbstmord begangen hatte. Sie schreibt: »Du sagst, er war grausam? Du vergißt, daß ich ihn immer liebte … Zu lieben ist (wie Du weißt) eine bittere Fron.«

Jackie war wirklich eine bezaubernde Frau. Aber sie war auch überaus sensibel. Ob ihre Gefühle durch das Gedicht oder durch eine meiner Äußerungen zum Überschäumen gebracht wurden, weiß ich nicht. Sie war zutiefst deprimiert über den Krieg, den sie scharf verurteilte. Sie schien so angespannt, daß sie kaum mehr sprechen konnte. Doch plötzlich explodierte sie. Sie drehte sich zu mir, fing buchstäblich an, mir auf die Brust zu trommeln, und forderte, ich sollte »etwas unternehmen, um dieses Blutbad zu beenden«.

Meine Begegnungen mit anderen Kriegsgegnern wurden immer lauter und unschöner. Ein beunruhigender Zwischenfall ereignete sich im August 1966. Meine Familie und ich warteten am Flughafen von Seattle auf den Abflug unserer Maschine, nachdem wir mit Jim und Lou Whittaker den Mount

Rainier bestiegen hatten (Jim war der erste Amerikaner, der den Mount Everest bezwang). Ein Mann kam auf mich zu, schrie »Mörder!« und spuckte mich an. Und als ich in den darauffolgenden Weihnachtsferien mit Marg in einem Restaurant am Aspen Mountain aß, kam eine Frau an unseren Tisch und beschimpfte mich so laut, daß es im ganzen Lokal zu hören war. »Kindermörder!« rief sie. »Sie haben Blut an den Händen!«

Diese Zwischenfälle machten mir natürlich zu schaffen. Doch noch bedrückender war es, daß auch meine Familie unter den Spannungen zu leiden hatte. Marg bekam ein Magengeschwür, das im folgenden Sommer operiert werden mußte. Und mein Sohn Craig, der damals noch ein Teenager war, litt wenig später ebenfalls unter Magenbeschwerden.

Doch es gab auch lichtere Augenblicke, in denen die Spannung von mir abfiel. Im November 1966 besuchte Jewgenij Jewtuschenko, einer der bekanntesten Dichter der Sowjetunion, die Vereinigten Staaten. In einer für die Kennedys typischen weltoffenen Geste lud Bobby den Dichter zu einer großen Abendgesellschaft in sein Haus in Hickory Hill ein. Gegen halb drei Uhr morgens, nachdem Jewtuschenko und ich stundenlang über Lyrik, den Kalten Krieg, Vietnam und andere Themen gesprochen hatten – er war nicht mehr ganz nüchtern –, fragte ich ihn, wo er wohne und ob wir ihn nach Hause bringen könnten. Er nahm das Angebot freudig an, und so fuhr mein Chauffeur ihn, Marg und mich zum Statler Hotel. Als Jewtuschenko unsicher wankend ausgestiegen war, drehte er sich noch einmal um und sagte: »Man sagt, Sie wären ein Untier. Aber ich glaube, Sie sind ein Mensch.«

In dieser Zeit etwa fand ein Abend mit Sam Brown einen bemerkenswert amüsanten Ausklang. Sam, der mit einem meiner Kinder befreundet war, hatte Großdemonstrationen gegen die Vietnampolitik der Regierung organisiert und angeführt. Im Anschluß an einen Marsch vor das Weiße Haus besuchte uns Sam zum Abendessen. Nach Tisch zogen wir uns einige Stunden in die Bibliothek zurück und unterhielten uns. Als

Sam schließlich aufbrach, verabschiedete er sich mit den Worten: »Ich glaube, jemand, der die Berge so liebt wie Sie, kann kein durch und durch schlechter Mensch sein.«*

Im Herbst 1966 wuchs die Besorgnis und Unzufriedenheit in der Öffentlichkeit und unter den Kongreßabgeordneten noch weiter an. Liberale wie Gemäßigte traten für Verhandlungen ein, während die Konservativen verstärkte Militäraktionen forderten. Gleichzeitig wurde der Kriegsverlauf in den Medien immer skeptischer beurteilt. Neil Sheehan schrieb in der *New York Times* vom 9. Oktober 1966 unter der Überschrift »Not a Dove, but No Longer a Hawk«**, während seines ersten Vietnam-Aufenthalts als Reporter für United Press International 1962 bis 1964 habe er noch an die grundsätzlichen Ziele der Vereinigten Staaten geglaubt; doch nach seinem zweiten Aufenthalt als *Times*-Reporter von 1965 bis 1966 sei ihm klargeworden, daß es »naiv war zu glauben, die nichtkommunistischen Vietnamesen könnten die kommunistische Rebellion niederschlagen und eine ordentliche, fortschrittliche Gesellschaftsordnung schaffen«.

Als Folge eines unglücklichen Zwischenfalls, in den Bobby Kennedy verwickelt war, kühlten die Beziehungen zwischen der Regierung und dem Kongreß noch weiter ab. Bobby war damals Senator für New York und vertrat in der Vietnamfrage einen gemäßigten Standpunkt. Anfang Februar 1967 brachte er aus Paris ein nach seinem Eindruck ernstes Friedensangebot der Nordvietnamesen mit. Die Neuigkeit sickerte zu *Newsweek* durch, und am 5. Februar erschien dort ein Bericht darüber.

---

* Fast dreißig Jahre später nominierte Präsident Clinton Sam Brown als Botschafter bei der Konferenz über Sicherheit und Zusammenarbeit in Europa (KSZE), was bei den Konservativen im Senat wegen Sams Kritik am Vietnamkrieg auf heftigen Widerstand stieß. Auf Sams Bitte hin verwendete ich mich in einem Brief an den Senatsausschuß für auswärtige Beziehungen für ihn. Dennoch wurde seine Nominierung nicht bestätigt, und er übernahm den Posten bei der KSZE ohne den Rang eines Botschafters.
** Keine Taube, aber auch kein Falke mehr.

Präsident Johnson explodierte förmlich, weil er glaubte, Bobby hätte das Nachrichtenmagazin um persönlicher Vorteile willen informiert, was aber nicht der Fall war. Als der Präsident am 6. Februar mit Bobby zusammentraf, soll er erklärt haben: »Der Krieg wird noch dieses Jahr zu Ende sein, und dann werde ich Sie und alle Ihre gemäßigten Freunde vernichten. In sechs Monaten sind Sie politisch ein toter Mann.«[21]

Präsident Johnson übertrug den Zorn und das Mißtrauen, das er Bobby entgegenbrachte, nie auf mich. Aber die Feindschaft der beiden brachte mich in eine schwierige Situation. Johnson wußte, daß Bobby und ich oft miteinander sprachen, nicht selten auch über Vietnam. Mir war es sehr wichtig, das Vertrauen Johnsons nicht zu mißbrauchen, und so erwähnte ich nichts, was Bobby politisch gegen den Präsidenten verwenden konnte. Doch ich verhehlte Johnson nie, was ich dachte, und auch Bobby gegenüber zeigte ich meine Gefühle im Hinblick auf Vietnam völlig offen.

Der wachsende Druck und die zunehmenden Spannungen forderten von den Entscheidungsträgern unter uns ihren Tribut, und ich machte da keine Ausnahme. Im Jahr 1967 gab es Nächte, in denen ich nur mit Hilfe einer Tablette schlafen konnte. Mein Freund David Lilienthal, der frühere Vorsitzende der Atomenergiekommission, vertraute in jener Zeit seinem Tagebuch an, der »längst nicht mehr so muntere« Verteidigungsminister mache einen »zermürbten, verwirrten« Eindruck. Und die *Washington Post* vom 21. Mai 1967 meldete, sowohl Dean als auch ich sähen ziemlich mitgenommen aus. Dean schrieb in seinen Memoiren, im folgenden Jahr sei er »vollkommen ausgelaugt« gewesen und habe nur dank einer täglichen Ration »Aspirin, Scotch und vier Päckchen Larks« überlebt. 1967 war er bereits auf dem besten Weg dahin.[22]

Zum Teil aufgrund der Zeitungsberichte, aber auch weil ich dachte, der Präsident könnte politisch davon profitieren, wenn er Dean und mich entließ, teilte ich ihm im Frühjahr 1967 mit: »Wir sollten nicht ... ausschließen ..., Angehörige der US-Regierung in Schlüsselpositionen auszutauschen, um den Vorwürfen zu begegnen, ›Washington ist müde‹ und ›Washington ist verbraucht‹.«[23]

Da eine diplomatische Initiative nach der anderen im Sande verlief, wuchsen meine Enttäuschung, Ernüchterung und Angst. Ich sah keine brauchbare Lösung, um diesen kostspieligen und destruktiven Krieg zu gewinnen oder zu beenden.

Meine Besorgnis wuchs noch mehr, als es im Frühjahr 1966 unter den Buddhisten Südvietnams erneut zu Unruhen kam. Diese internen Auseinandersetzungen unterstrichen die Schwäche und mangelnde Popularität der Saigoner Regierung. Es beunruhigte mich, daß sich die Südvietnamesen, während der Feind an den Toren rüttelte, gegenseitig bekämpften. Anfang April, auf dem Höhepunkt der Krise, bereiteten John McNaughton und ich einen »Möglichen Rückzugsplan« vor; er beruhte auf folgenden Überlegungen: »Die militärische Situation ist zwar nicht schlecht, die politische Situation leidet aber an einer ›tödlichen Krankheit‹, und selbst die militärische Prognose deutet trotz Eskalation auf ein Patt.« Daraus schlossen wir, es sei in Betracht zu ziehen, die Unruhen zum Anlaß für einen Rückzug der Vereinigten Staaten zu nehmen.[24]

Bei einer Besprechung am 2. April 1966 deutete der Präsident an, er sei »bereit, eine schreckliche Entscheidung zu treffen und vielleicht in Thailand Stellung zu beziehen«; daraus entnahm ich, daß er ähnlich dachte wie ich.[25] Doch er, ich und andere fürchteten nach wie vor die außen- und innenpolitischen »Kosten«, die ein Rückzug bedeutet hätte. Und als die südvietnamesische Regierung die Unruhen kurze Zeit später gewaltsam erstickte, war die unmittelbare Krise beendet.

Im Rückblick bereue ich es zutiefst, daß ich nicht eine eingehende Debatte darüber erzwungen habe, ob es je möglich sein würde, auf politischem Treibsand einen militärischen Sieg zu erringen. Damals wurde klar, und heute ist es, wie ich meine, erwiesen, daß es schlichtweg unmöglich ist, mit militärischer

Gewalt – vor allem wenn sie von außen kommt – Ordnung in ein Land zu bringen, das sich nicht selbst regieren kann.

Die meisten meiner Kollegen beurteilten die Situation völlig anders. Sie sahen stetige politische und militärische Fortschritte (oder wollten sie sehen). Im Sommer 1966 erklärte Dean, »die Situation hat den Punkt erreicht, an dem Nordvietnam nicht mehr siegen kann«. Walt schrieb: »Mister President, es liegt in der Luft: Das von den Rotchinesen gestützte Vorgehen Hanois wird nicht länger als Zukunftstrend betrachtet ... Wir sind zwar noch nicht zu Hause, aber wir bewegen uns [in diese Richtung].« Lodge telegraphierte, »militärisch gesehen sind in diesem Krieg Erfolge zu verzeichnen ... Das heißt, die tatsächliche Gefahr – die einzige echte Gefahr – besteht darin, daß das amerikanische Volk den Mut verliert und sich entscheidet, ›die Jungs heimzuholen‹. Das wäre in der Tat der erste Dominostein, der umfiele.« Und Robert W. Komer, Vietnamberater des Weißen Hauses, berichtete nach einer Reise durch Südvietnam, er sei »sowohl Optimist als auch Realist«. Bei den wichtigsten Beratern des Präsidenten fand ich daher wenig Zustimmung, als ich am 23. Juni 1966 gegenüber Averell Harriman den Standpunkt vertrat, eine annehmbare militärische Lösung sei nicht möglich, und deshalb sollten wir mit den Nordvietnamesen und dem Vietcong »direkt in Verbindung treten«, um die bestmögliche Regelung zu finden.[26]

Die Meinungsunterschiede zwischen mir und den anderen wichtigen Beratern des Präsidenten verschärften sich im Laufe der nächsten Monate, und die Unstimmigkeiten traten nun auch offen zutage. Bei einer Besprechung im Herbst 1966 erklärte Lodge, die Vereinigten Staaten hätten in dem »Militärkrieg« Erfolge erzielt und bis zum nächsten Frühjahr erwarte er »sogar eine vollkommen veränderte militärische Situation«. Westy stimmte dem zu.[27] Ich vermochte das nach einem weiteren Besuch Vietnams Mitte Oktober nicht.

In einem ausführlichen Bericht erklärte ich dem Präsidenten, ich sähe »keinen vernünftigen Weg, den Krieg bald zu beenden«. Meine Ansicht war von vielen Faktoren geprägt, die ich ihm in allen Einzelheiten darlegte:

> Die Moral des Feindes ist ungebrochen. Anscheinend hat er sich daran gewöhnt, daß wir seine Versuche, zu einem militärischen Sieg zu kommen, bremsen, und verfolgt statt dessen die Strategie, uns zu beschäftigen und hinzuhalten (um auf diese Weise die Entschlossenheit unserer Nation zu zermürben). Er weiß, daß wir bisher nicht in der Lage waren und es vermutlich auch in Zukunft nicht schaffen werden, unsere militärischen Erfolge in »Endprodukte« umzumünzen [die zählen] – die Moral des Feindes zu brechen und politische Leistungen der GVN [Regierung von (Süd-)Vietnam] zu gewährleisten.
>
> Das einzige, was in Vietnam im vergangenen Jahr nachweislich uns zugute kommt, ist die hohe Zahl der feindlichen Gefallenen, als Folge großangelegter Militäroperationen. Eventuelle Übertreibungen in den Berichten abgerechnet, muß der Feind Verluste ... in Höhe von 60 000 Mann oder mehr pro Jahr hinnehmen. Die Infiltrationswege dürften den Nordvietnamesen daher als Einbahnstraße in den Tod erscheinen. Dennoch gibt es keine Anzeichen dafür, daß die Moral des Feindes in absehbarer Zeit nachläßt; und allem Anschein nach kann er seine Verluste durch Infiltration aus Nordvietnam und Rekrutierung in Südvietnam mehr als ausgleichen.
>
> ... Die Befriedung ist allenfalls rückläufig. Im Vergleich zur Lage von vor zwei oder vier Jahren sind die regulären regionalen Streitkräfte des Feindes und die Guerillatruppen angewachsen; Angriffe, Terroranschläge und Sabotage haben an Umfang und Heftigkeit zugenommen; ... einen Großteil der Bevölkerung haben wir kaum noch unter Kontrolle; die politische Infrastruktur des VC [Vietcong] kann in weiten Teilen des Landes ausgebaut werden, so daß der Feind auch weiterhin einen gewaltigen Informationsvorsprung besitzt; völlige Sicherheit gibt es nirgends, nicht einmal hinter den Linien der US-Marines oder in Saigon; auf dem Lande beherrscht der Feind die Nacht.
>
> Auch vermochte die Bombardierung des Nordens im Rahmen von Rolling Thunder weder die Infiltration spürbar zu hemmen noch die Moral Hanois zu schwächen. Über diese Tatsachen sind sich alle Nachrichtendienste einig.
>
> Im Grunde stehen wir – unter dem Gesichtspunkt des entschei-

denden Krieges (um [Herz und Verstand] des Volkes) – nicht besser, vielleicht sogar schlechter da. Dieser wichtige Krieg muß von den Vietnamesen selbst geführt und gewonnen werden. Das haben wir von Anfang an gewußt. Aber die entmutigende Wahrheit ist, daß wir ebensowenig wie 1961, 1963 und 1965 das Rezept oder den Katalysator gefunden haben, um den Vietnamesen ein erfolgreiches Handeln beizubringen.

Wie sollten wir diese unglückselige Situation ändern? Ich wußte keine »gute« Antwort und bot daher gar keine an. Dem Präsidenten konnte ich nur raten, das militärische Engagement der Vereinigten Staaten langfristig auf dem bestehenden Niveau zu halten und gleichzeitig auf Gespräche zu drängen. Es stand zu hoffen, daß diese Strategie eine Hinhaltetaktik der anderen Seite verhindern und eine grenzenlose Eskalation der Stationierung amerikanischer Truppen umgehen würde. Zudem glaubte ich, daß sich so die Gefahr eines größeren Krieges abwenden und die Erfolgsaussichten einer Verhandlungslösung durch fortgesetzten Druck verbessern ließen.

Ungeachtet meiner Hoffnungen räumte ich ein: »Die Aussichten, daß der Krieg innerhalb der nächsten zwei Jahre zu einem befriedigenden Abschluß gebracht werden kann, sind schlecht. Großangelegte Operationen allein reichen dazu wahrscheinlich nicht aus; auch Verhandlungen allein dürften nicht zum Ziel führen. *Wir sollten zwar bei der Suche nach kurzfristigen Lösungen beide Wege im Auge behalten, aber wir müssen uns auch klarmachen, daß sie keine Garantien für einen Erfolg bieten.*« [Hervorhebung im Original]*[28]

Das war ein ernüchterndes, wenn nicht gar angsteinflößendes Szenario. Aber damals sah ich keine bessere Lösung.

---

* Um diese Ziele zu erreichen, empfahl ich vielschichtige Maßnahmen: die Bodentruppen im Süden auf dem Niveau von 470 000 zu halten; die Errichtung einer Infiltrationsbarriere entlang des Ho-Chi-Minh-Pfads; die Abschwächung von Rolling-Thunder-Schlägen gegen den Norden; und nachdrückliche Befriedungsversuche.

Der Staatssekretär im Außenministerium, Nick Katzenbach, teilte grundsätzlich meine Ansichten. Nick war Justizminister gewesen, jedoch ins Außenministerium versetzt worden, weil der Präsident mit Deans Verwaltung des Ressorts nicht zufrieden gewesen war. Die CIA erklärte, meine Einschätzung der Lage sei »vernünftig, scharfsichtig und stimmt mit unserer Sicht weitgehend überein«.

Die Vereinigten Stabschefs waren anderer Meinung. In den *Pentagon Papers* wird ihre Reaktion als »vorhersehbar überstürzt – und heftig« bezeichnet, was die Gefühle der Oberbefehlshaber auf den Punkt brachte. Sie kritisierten meine Beurteilung der militärischen Situation aufs schärfste; sie widersprachen meiner Empfehlung, keine zusätzlichen US-Truppen zu stationieren, wie auch meinem Rat, verstärkt auf Verhandlungen zu drängen und dabei der Befriedung und der politischen Selbständigkeit Südvietnams Vorrang einzuräumen. Die Stabschefs waren so betroffen, daß sie mich baten, eine Darstellung ihrer Ansichten an den Präsidenten weiterzuleiten, was ich auch tat.[29]

Die Differenzen zwischen mir und den Stabschefs wurden nicht verhehlt, allerdings wurden sie auch nicht bereinigt. Warum? Die meisten Menschen sind konfliktscheu. Sie ziehen es vor, sich um Meinungsverschiedenheiten herumzumogeln, statt sie offen anzusprechen. Außerdem vermute ich, daß Lyndon B. Johnson – wie jeder andere Präsident – einen offenen Bruch zwischen seinen wichtigsten Beratern, insbesondere zu Kriegszeiten, vermeiden wollte. Also kehrte er die Unstimmigkeiten unter den Teppich. Diese Reaktion war nur allzu menschlich. Doch ich bedaure, daß er, Dean und ich es versäumt haben, uns den Differenzen zwischen uns und den Stabschefs zu stellen und sie offen und ausführlich zu erörtern.

Die Differenzen und Widersprüche setzten sich sogar im Denken einzelner fort. Im Dezember erklärte Lodge dem Präsidenten, er erwarte »für 1967 glänzende militärische Erfolge« und ebensolche politische Verbesserungen, fügte aber hinzu:

»Es könnte fünf Jahre dauern, bis unsere Aufgabe erfüllt ist.« Nach einem Besuch in Saigon Anfang Februar 1967 berichtete Bus: »Der VC/NVA [Vietcong/nordvietnamesische Armee] kann nicht mehr hoffen, in Südvietnam einen militärischen Sieg zu erringen.«

Doch kaum sechs Wochen später, am 18. März 1967, forderte Westy weitere 200000 Mann (eine Erhöhung der Gesamtzahl von 470000 auf 670000); er drängte darauf, die Bodenoperationen auf Laos und Kambodscha auszudehnen, trat für eine verstärkte Bombardierung und Verminung Nordvietnams ein und erwog ein Landungsunternehmen nördlich der entmilitarisierten Zone. Das bedeutete eine Mobilisierung der Reserven, eine Aufstockung der aktiven Streitkräfte um 500000 Mann und zusätzliche Aufwendungen von zehn Milliarden Dollar jährlich für den Krieg – vom Gesamthaushalt des Pentagons in Höhe von etwa 71 Milliarden Dollar gingen damals bereits 25 Milliarden nach Südostasien.[30]

Diese Empfehlungen wurden am 27. April im Weißen Haus diskutiert. In seinen Memoiren erinnert sich Westy, ich hätte ihm eine Schätzung »abgerungen«, wie lange es dauern würde, »unser Engagement herunterzukurbeln«, wenn wir die US-Streitkräfte entweder um 200000 Mann verstärken, nur um 100000 aufstocken oder auf dem Stand von 470000 halten würden. Schließlich erklärte er, es werde zwei Jahre, drei Jahre beziehungsweise fünf Jahre dauern. Bei dieser Besprechung fragte ihn Präsident Johnson: »Wenn wir noch mehr Divisionen schicken, kann der Feind das nicht auch tun? Und wenn er es tut, wo wird das alles enden?«[31]

Schließlich merkte Bus an: »Die Bombardierungen erreichen allmählich den Punkt, an dem wir alle wichtigen festen Ziele getroffen haben außer Häfen.«

Angesichts dieser Tatsache riet ich dem Präsidenten bei unserem Dienstags-Lunch am 2. Mai 1967, nicht nur die Forderung der Stabschefs nach einer Ausweitung der Bombenangriffe abzulehnen (mit Ausnahme der Zerstörung von verbliebenen Kraftwerken), sondern die Angriffe auf das Gebiet unterhalb des 20. Breitengrads zu beschränken (auf jenen schmalen Streifen südlich von Hanoi und Haiphong, durch den ein Großteil der Truppen und des Nachschubs nach Süden gelangte).

Für die Sorge des Militärs, damit käme der Feind ungeschoren davon, hatte ich Verständnis. Aber meiner Empfehlung lagen mehrere Faktoren zugrunde: Bus' Kommentar vom 27. April; meine Überzeugung, daß die Sperrung von Häfen durch Bombardierung und Verminung das untragbare Risiko einer Konfrontation mit der UdSSR barg; Beobachtungen der US-Generalkonsuln Edmund Rice in Hongkong und Sir Robert Thompson in Malaysia, daß Rolling Thunder die Entschlossenheit Hanois eher gestärkt als geschwächt hatte; die Tatsache, daß die Verluste an US-Piloten pro Einsatz nördlich des 20. Breitengrades um ein Sechsfaches höher waren als südlich davon; sowie meine Einschätzung, daß der durch Luftangriffe nördlich dieser Linie angerichtete Schaden die höheren Verluste auf amerikanischer Seite nicht rechtfertigte.

Cy Vance, Nick Katzenbach, Dick Helms, Walt Rostow und Bill Bundy bekräftigten meine Empfehlung ebenso wie Mac Bundy – der zwar nicht mehr der Regierung angehörte, aber noch Kontakt zum Präsidenten hielt – in einem eigenen Memorandum vom 3. Mai. Einschätzungen der CIA untermauerten diese Position.[32]

Die Situation spitzte sich zu, als ich meine Sorge und Skepsis am 19. Mai 1967 in einem langen, kontroversen Memorandum an den Präsidenten darlegte. Ich machte darin Positionen geltend, die in den *Pentagon Papers* später als »radikal« bezeichnet wurden. Das Memo brachte meine wachsenden Zweifel angesichts des Kriegsverlaufs zum Ausdruck und schuf die Voraussetzungen für die anschließende, mit zunehmender Schärfe geführte Debatte.

Aufgrund seiner besonderen Bedeutung möchte ich ausführlich aus diesem Dokument zitieren. Ich begann:

Dieses Memorandum entsteht zu einer Zeit, in der sich kein attraktiver Kurs anbietet. Viel spricht dafür, daß Hanoi beschlossen hat, nicht zu verhandeln, bis die amerikanischen Wähler im November 1968 zur Urne gegangen sind. Die Fortsetzung unserer gegenwärtigen gemäßigten Politik unter Vermeidung eines größeren Krieges dürfte in Hanoi keinen Sinneswandel hervorrufen und daher auch das amerikanische Volk nicht zufriedenstellen; eine Anhebung der Truppenstärke und verstärkte Maßnahmen gegen den Norden würden die Haltung Hanois vermutlich auch nicht ändern, uns aber wahrscheinlich noch tiefer in die Probleme Südostasiens hineinziehen und uns in eine ernste Konfrontation, wenn nicht sogar in einen Krieg, mit China und Rußland manövrieren; und nachgeben wollen wir auch nicht. Also müssen wir zwischen unbefriedigenden Alternativen wählen.

Sodann erörterte ich die Situation in den Vereinigten Staaten:

Der Vietnamkrieg ist hierzulande unpopulär. Und er wird immer unpopulärer, je mehr er eskaliert – denn er führt zu immer höheren Verlusten auf amerikanischer Seite, schürt die Furcht vor dem Ausbruch eines größeren Krieges, verlangt immer mehr Entbehrungen im Inlandssektor und läßt den Kummer über das Leid wachsen, das den nicht am Kampf Beteiligten in Nord- und Südvietnam zugefügt wird. Die meisten Amerikaner wissen nicht, wie wir in diese Lage geraten sind, und gelangen, ohne den nötigen Durchblick zu haben, nachträglich zu der Überzeugung, daß wir uns nicht so tief hätten hineinziehen lassen dürfen. Alle wollen den Krieg beenden und erwarten von ihrem Präsidenten, daß er es tut. Erfolgreich. Oder auch nicht.

Diese Haltung der Bevölkerung ruft bei den Politikern der Vereinigten Staaten Ungeduld hervor. Umgekehrt erzeugt sie in Hanoi leider Geduld. (Man geht allgemein davon aus, daß Hanoi den Ausgang der amerikanischen Wahlen im November 1968 abwartet und bis dahin keine Zugeständnisse machen wird.)

Zu Südvietnam schrieb ich:

[In Vietnam] verläuft der »große Krieg« im Süden zwischen US-amerikanischen und nordvietnamesischen Militäreinheiten (NVA) zufriedenstellend. 1965 haben wir die militärische Niederlage abgewendet; 1966 haben wir die militärische Initiative ergriffen; und seitdem haben wir dem Feind schwere Verluste zugefügt und seine Schlagkraft teilweise vernichtet. ... [Aber] in ganz Südvietnam fließt der Nachschub fast ungehindert. ... Der Feind ist nach wie vor zu großangelegten und kleineren Angriffen imstande. ...

Bedauerlicherweise sind im »anderen Krieg«, dem gegen den Vietcong, keine Fortschritte zu verzeichnen. Die Korruption ist weit verbreitet. Die Macht der Regierung erstreckt sich nur noch auf Enklaven. Das System ist durch und durch faul. ... Die Bevölkerung verharrt nach wie vor in Apathie. ... Die Nationale Befreiungsfront (NLF) kontrolliert weiterhin große Teile Südvietnams, und es gibt kaum Anzeichen dafür, daß das [Befriedungs]Programm greift. Die Armee von Südvietnam (ARVN) ist müde, passiv und bequem; und mit der Befriedungsarbeit kommt sie nur langsam, wenn überhaupt, voran.

Zu Nordvietnam:

Hanois Einstellung zu Verhandlungen war niemals entgegenkommend und offen. ... An einer politischen Lösung sind sie [die Nordvietnamesen] offenbar nicht interessiert; sie zeigen sich vielmehr entschlossen, sich der militärischen Ausweitung des Konflikts durch die Vereinigten Staaten zu stellen. ... Auch weiterhin gibt es keine Anzeichen dafür, daß die Bombenangriffe den Widerstandswillen Hanois oder seine Fähigkeit, den notwendigen Nachschub in den Süden zu befördern, geschmälert haben. Hanoi zeigt keine Bereitschaft, den großen Krieg zu beenden und den Vietcong anzuweisen, sich in den Dschungel zurückzuziehen. Die Nordvietnamesen glauben, im Recht zu sein; sie halten das Ky-Regime für eine Marionettenregierung; und sie meinen, daß die Welt auf ihrer Seite steht und die amerikanische Öffentlichkeit im Kampf gegen Nordvietnam nicht über das nötige Durchhaltevermögen verfügt. Auch wenn es in ihrer Regierung Splittergruppen geben mag, die andere Lösungswege favorisieren, sind die maßgeblichen Nordvietnamesen überzeugt, daß sie in dieser Frage langfristig stärker sind als wir.

Und zum kommunistischen Lager:

Das wichtigste Ziel der Sowjets besteht offenbar weiterhin darin, eine direkte Verwicklung in den militärischen Konflikt zu vermeiden und zu verhindern, daß Vietnam andere Aspekte der sowjetisch-amerikanischen Beziehungen beeinträchtigt. Gleichzeitig unterstützt die Sowjetunion Hanoi hinreichend, um ihr Prestige im Internationalen Kommunismus zu wahren.

China ist weiterhin mit der Kulturrevolution beschäftigt. Die Regierung in Peking rät Hanoi wie bisher von Verhandlungen ab und widersetzt sich den Anstrengungen der Sowjetunion, eine gemeinsame Verteidigungsfront für Nordvietnam zu schmieden. Es besteht kein Grund, daran zu zweifeln, daß China zu seinem Wort stehen und auf Hanois Ersuchen hin intervenieren würde. Auch spricht viel dafür, daß Peking von sich aus die Initiative ergreifen würde, wenn man dort die Existenz des Regimes in Hanoi gefährdet sähe.

Dann wandte ich mich vorsichtig und ausführlich den Motiven zu, die hinter dem von Westy vorgeschlagenen Kurs steckten:

Die Befürworter weiterer Stationierungen im Süden sind davon überzeugt, daß man dadurch das Ende des Krieges beschleunigen könne. Keiner von ihnen meint, daß zusätzliche Truppen gebraucht werden, um eine Niederlage abzuwenden; einige vertreten hingegen den Standpunkt, weitere Streitkräfte seien notwendig, um unsere Aufgabe zur rechten Zeit zu bewältigen; und alle Befürworter glauben, sie würden benötigt, um diese Aufgabe rascher hinter uns zu bringen. Als Argument wird angeführt, daß wir 1965 die militärische Niederlage abgewendet haben, daß wir 1966 die militärische Initiative ergreifen konnten und seither dem Feind schwere Verluste zugefügt haben; damit sei seine Schlagkraft stark geschwächt und sein Einfluß auf die Bevölkerung verringert worden. Ferner wird erklärt, daß dem Feind durch eine energischere militärische Initiative gegen seine Hauptverbände sowie gegen Lande- und Flugplätze noch schwerere Verluste zugefügt werden könnten und sich sein Einfluß weiter vermindern ließe, als dies mit der gegenwärtig genehmigten Zahl der entsandten Truppen der Fall wäre. Dadurch, so heißt es weiter, werde in Südvietnam eine Situation geschaffen, in der unsere Befriedungsanstrengungen Wurzeln schlagen und gedeihen können; gleichzeitig werde – aufgrund unserer Fortschritte im Süden und der umfangreichen feindlichen Verluste – in Hanoi rascher eine Situation entstehen, die einer Beendigung des Krieges zu vernünftigen Bedingungen förderlich ist.

Doch dieser Kurs barg auch ernste Risiken und Nachwirkungen in sich, die ebenfalls genannt werden mußten:

Die Verstärkung um 200 000 Mann, die praktisch eine Einberufung von Reservisten und eine Erhöhung der Truppenstärke auf über 500 000 Amerikaner bedeuten würde, dürfte ... mit großer Wahrscheinlichkeit nicht nur eine erbitterte Debatte im Kongreß heraufbeschwören, sondern auch zwangsläufig die Forderung nach einem stärkeren Engagement über Vietnam hinaus. Noch lauter als bisher würden sich diejenigen zu Wort melden, die verlangen, »den Männern im Feld die Fesseln zu lösen«. Die vorgeschlagenen Maßnahmen bedeuten intensivere Bombardements: das heißt nicht nur ununterbrochene Angriffe auf bereits genehmigte Ziele, sondern auch Bombenangriffe auf strategische [zivile] Ziele wie Schleusen und Deiche sowie die Verminung von Häfen gegen sowjetische und andere Schiffe. Damit verbunden wären weitere, von der Situation erzwungene Maßnahmen wie großangelegte Bodenoperationen in Laos, in Kambodscha und wahrscheinlich auch in Nordvietnam. Sollten die Chinesen in Vietnam oder Korea in den Krieg eingreifen, könnte irgendwann sogar der Einsatz taktischer Nuklearwaffen und von ABC-Waffen zur Unbrauchbarmachung des Geländes ins Gespräch kommen; dasselbe wäre zu erwarten, wenn die US-amerikanischen Verluste stark anstiegen, während die konventionelle Kriegführung nicht mehr die gewünschten Ergebnisse erbrächte.

Schlicht gesagt, der Krieg drohte aufgrund der Eskalation außer Kontrolle zu geraten. Meiner Meinung nach mußte diese Gefahr gebannt werden. Ich erklärte dem Präsidenten:

Es mag eine Grenze geben, die die Vereinigten Staaten nach Meinung vieler Amerikaner und zahlreicher Staaten der Welt nicht überschreiten dürfen. Das Bild von der größten Supermacht der Erde, die wöchentlich eintausend Zivilisten tötet oder schwer verletzt, und zwar bei dem Versuch, eine winzige, rückständige Nation zur Unterwerfung zu zwingen – und das wegen einer Frage, deren Bedeutung heiß umstritten ist –, ist alles andere als schön. Es könnte das Nationalbewußtsein Amerikas und das Ansehen der Vereinigten Staaten in der Welt spürbar und schwer beeinträchtigen – vor allem wenn der Schaden für Nordvietnam so gravierend ist, daß man von einem »Erfolg« sprechen kann.

All das bewog mich, Westys Forderung entschieden abzulehnen. Ich betonte, Vietnam müsse im asiatischen Kontext gesehen werden. Inzwischen vertrat ich eine Meinung, die sich wesentlich von meinem Standpunkt in früheren Jahren unterschied; insbesondere verwies ich auf die Niederlage der Kommunisten in Indonesien und die Kulturrevolution, die China erschütterte. Meiner Ansicht nach zeigten diese Ereignisse, daß der Trend in Asien zu unseren Gunsten verlief und damit die Bedeutung Südvietnams gemindert wurde. Ich drängte darauf, die »Zweideutigkeit unserer Minimalziele zu beseitigen« und unsere Politik auf zwei Prinzipien aufzubauen:

1. Wir verpflichten uns lediglich, dafür zu sorgen, daß das Volk von Südvietnam seine Zukunft selbst bestimmen kann.
2. Diese Verpflichtung wird gegenstandslos, sobald das Land aufhört, sich selbst zu helfen.

Deshalb schlug ich eine politisch-militärische Strategie vor, die einen Kompromiß ermöglichte: begrenzte Bombenangriffe, um den Infiltrations-»Trichter« südlich des 20. Breitengrades zu blockieren; eine begrenzte zusätzliche Stationierung von 30 000 Mann und danach eine definitive Beschränkung der Truppenstärke; sowie eine flexiblere Verhandlungsposition, die die aktive Suche nach einer politischen Lösung ermöglichte. Welche Schwierigkeiten dieser Ansatz barg, gab ich offen zu:

Manche werden betonen, Druck, ausreichender Druck, gegen den Norden zahle sich aus; andernfalls hätten wir einen hohen Einsatz verspielt, ohne eine Gegenleistung für unsere Bemühungen um eine Abriegelung zu erhalten. Viele werden behaupten, daß man durch die Verweigerung zusätzlicher Truppen den Krieg verlängere und eine Niederlage riskiere, während mit steigenden Verlusten unter den bereits dort stationierten Amerikanern zu rechnen sei. Manche werden sagen ... Hanoi könne [mit] vermehrten Forderungen und Grausamkeiten reagieren; ... und wieder andere werden darauf hinweisen, daß der veränderte Tonfall der Vereinigten Staaten in Thailand, in Laos und vor allem in Südvietnam einen Ansturm auf die Grenzen auslösen könnte, wodurch die

Stabilität der Regierung, die Moral der Armee und die Unterstützung durch die Bevölkerung gefährdet würden. Nicht zuletzt sind die angeblich möglichen Folgen für den Ruf der Vereinigten Staaten und ihres Präsidenten zu nennen.

Dennoch sah ich hier weniger Schwierigkeiten und geringere Risiken als in jeder anderen Lösung. Nach gründlicher Überlegung, ausführlichen Nachforschungen und innerem Ringen kam ich zu dem Schluß – was ich Präsident Johnson unverblümt mitteilte –, daß »der Krieg in Vietnam eine Eigendynamik entwickelt, die gebremst werden muß«, und daß Westys Vorschlag »zu einer größeren nationalen Katastrophe führen könnte«. Der von mir empfohlene Kurs bot hingegen

in mehrfacher Hinsicht Vorteile, denn er eignet sich als Druckmittel, um die Aufnahme von Verhandlungen und ein befriedigendes Ende des Kriegs herbeizuführen, er verbessert allgemein unsere Position gegenüber der Sowjetunion, er poliert unser Ansehen in den Augen der Weltöffentlichkeit auf, er verringert die Gefahr einer Konfrontation mit China und mit der Sowjetunion, und er sorgt für eine Reduzierung US-amerikanischer Verluste.[33]

Walt Rostow sagte, als er die Reaktionen auf mein Memorandum schilderte, es habe innerhalb der Regierung »gefährlich starke Gefühle« ausgelöst, was noch eine Untertreibung darstellt.[34]

Hätte ich mit den Problemen, vor denen wir standen, in einer Weise umgehen können, die dem Präsidenten weniger Kummer bereitete? Und vor allem, hätte ich tatsächlich etwas zur Verkürzung des Krieges beitragen können? Heute glaube ich, daß ich dazu nicht nur in der Lage, sondern auch verpflichtet gewesen wäre. Aber damals wußte ich nicht, wie. Heute ist mir klar, daß mein Memorandum unmittelbar zu der Folgerung führte, daß wir entweder auf dem Verhandlungsweg oder durch direkte Schritte unseren Abzug aus Südvietnam hätten einleiten sollen. Es sprach viel dafür, daß wir dies zu Bedingungen hätten tun können, die nicht weniger vorteilhaft gewesen wären als jene, die fast sechs Jahre später akzeptiert wurden – ohne daß die nationale Sicherheit der Vereinigten Staaten stärker beeinträchtigt worden wäre und unter wesentlich geringeren menschlichen, politischen und sozialen Opfern für Amerika und Vietnam.

10.

ENTFREMDUNG UND ABSCHIED

20. MAI 1967 – 29. FEBRUAR 1968

Mein Memorandum vom 19. Mai 1967 an den Präsidenten löste lebhafte Kontroversen aus und verschärfte die ohnehin schon heftige Debatte innerhalb der Regierung. Außerdem führte es zu spannungsgeladenen, erbitterten Anhörungen vor dem Senat, bei denen ich gegen die Vereinigten Stabschefs ausgespielt wurde, so daß Gerüchte entstanden, sie beabsichtigten, geschlossen zurückzutreten. Und das Memorandum beschleunigte den Prozeß, der letztlich zu meiner Trennung von Präsident Johnson und zu meinem Ausscheiden aus dem Amt führte.

In jenem Sommer und Herbst überstürzten sich die Ereignisse, so daß es dem Präsidenten, den führenden Vertretern des Außen- und Verteidigungsministeriums und dem Nationalen Sicherheitsrat immer schwerer fiel, sich auf Vietnam zu konzentrieren. Wir standen vor einer Flut anderer Krisen und Probleme: einem Nahostkrieg, der zum erstenmal die Benutzung des heißen Drahts zwischen Moskau und Washington erforderlich machte; der Schaffung eines sowjetischen Raketenabwehrsystems, das das atomare Gleichgewicht zwischen Ost und West gefährdete; einem bedrohlichen Konflikt zwischen Griechenland und der Türkei um Zypern, der die NATO-Ostflanke bedrohte; Rassenunruhen in unseren Großstädten; und natürlich vor aufflammenden Protesten gegen den Krieg, die in dem Versuch gipfelten, das Pentagon zu blockieren. Die Presse berichtete über Streßsymptome bei einflußreichen Politikern, unter anderem bei mir. Und Präsident Johnson deutete an, er wolle sich 1968 nicht mehr zur Wahl stellen.

In den zwei Wochen nach meinem Memo verfaßten die Vereinigten Stabschefs nicht weniger als sieben Memoranden an den Präsidenten und mich. Wie in den *Pentagon Papers* später vermerkt wurde, »dürfte die Washingtoner Papierfabrik alle bisherigen Rekorde gebrochen haben«[1].

Die Stabschefs nahmen vor allem an meiner Empfehlung Anstoß, wir sollten die »Zweideutigkeit unserer Minimalziele [in Vietnam] beseitigen«. Wie gesagt, drängte ich darauf, unsere Politik auf zwei Prinzipien aufzubauen: »(1) Wir verpflichten uns lediglich, dafür zu sorgen, daß das Volk von Südvietnam seine Zukunft selbst bestimmen kann. (2) Diese Verpflichtung wird gegenstandslos, sobald das Land aufhört, sich selbst zu helfen.« Diese Formulierung, argumentierten sie, stehe »nicht im Einklang mit der Politik der Vereinigten Staaten und deren Zielen in Vietnam und sollte nicht weiter in Betracht gezogen werden«. Meine Erklärung, so wurde mir vorgeworfen, widerspreche der augenblicklichen Politik und den Zielen der Vereinigten Staaten, wie sie im NSA-Memorandum 288 dargelegt seien, ein Dokument, das, wie die Stabschefs betonten, nach wie vor für die Kriegspolitik der Regierung verbindlich sei.

Tatsächlich war das NSAM 288 ein kurzer Brief vom 17. März 1964 von Mac Bundy an Dean Rusk, mich, den Vorsitzenden der Vereinigten Stabschefs und andere. Es besagte, der Präsident habe beschlossen, dem Rat zu folgen, den ich ihm in einem am Vortag vorgelegten Bericht gegeben hatte. In dem Dokument hieß es: »Ich empfehle, den Behörden der Regierung mitzuteilen, daß wir bereit sind, Südvietnam so lange Hilfe und Unterstützung zu gewähren, bis die Aufstände unter Kontrolle sind.« Aber der Bericht enthielt folgende entscheidende Einschränkung: »Es gab und gibt vernünftige Gründe für die Grenzen, die unsere gegenwärtige Politik uns auferlegt – *die Südvietnamesen müssen ihren Kampf selbst gewinnen* [Hervorhebung des Autors].«[2]

Die Stabschefs irrten sich: Unsere politische Linie war unverändert. Aber sie hatten auch recht: In den vergangenen Jahren hatte man sich nicht an diese Linie gehalten.

Nach wie vor stellte sich die Kardinalfrage: Wenn die südvietnamesische Regierung nach Stand der Dinge nicht in der Lage war, sich die Unterstützung des Volkes zu sichern und die Aufständischen zu besiegen, konnten wir das für sie erledigen?

Die Stabschefs forderten zudem massivere Boden-, See- und Luftangriffe gegen den Norden. Dieser Punkt war ihnen so wichtig, daß sie mich baten, ihre Empfehlungen dem Präsidenten vorzulegen, was ich natürlich tat. Am 20. Mai schickten sie mir ein weiteres Memo, in dem sie erneut erklärten, es könnte eine Invasion in Nordvietnam, Laos und Kambodscha und damit eine Stationierung von US-Streitkräften in Thailand erforderlich werden; auch der Einsatz von Atomwaffen in Südchina wurde in Betracht gezogen. All das, so die Stabschefs, unterstreiche die Notwendigkeit, US-Reserven zu mobilisieren.[3] Diese immer noch vorhandene Bereitschaft, einen Atomkrieg zu riskieren, fand ich schockierend.

Um meine Meinungsverschiedenheiten mit den Stabschefs hinsichtlich der Bombardierung beilegen zu können, hatte ich von CIA-Direktor Dick Helms eine Einschätzung der Alternativen durch seine Experten erbeten. In dem daraufhin angefertigten Bericht hieß es kategorisch: »Wir glauben nicht, daß eines der Programme ... in der Lage ist, den Zustrom von militärischen und anderen wichtigen Gütern so weit zu reduzieren, daß der Krieg im Süden beeinflußt oder Hanois Entschlossenheit, den Krieg weiterzuführen, erschüttert wird.« Diese Schlußfolgerung, so die CIA, basierte auf harten Fakten: »Die Überkapazität im Straßennetz ... liefert ein so dickes Polster, daß höchstwahrscheinlich kein Abriegelungsprogramm imstande sein dürfte, das System der logistischen Ziele so weit lahmzulegen, daß der Zustrom an Menschen und Material nach Südvietnam unter das gegenwärtige Niveau sinkt.«[4] Doch die Stabschefs verwarfen diese Analyse kurzerhand und forderten weiterhin verstärkte Bombenangriffe.

Krasse Differenzen existierten nicht nur zwischen führenden Politikern und militärischen Befehlshabern, sondern auch innerhalb des Militärs. Zum Beispiel erhielten der Marineminister Paul Nitze und ich um diese Zeit einen kurzen Bericht von der sogenannten Navy Vietnam Appraisal Group – eine Episode, auf die ich erst kürzlich wieder gestoßen bin, als ich von Eugene Carroll, einem ehemaligen Konteradmiral, die Erinnerungen von Konteradmiral Gene R. La Rocque erhielt, der als Leiter der Gruppe fungiert hatte. Darin heißt es unter anderem:

Irgendwann im Jahre 1967 ließ mich Paul Nitze [...] in sein Büro rufen und ordnete nach einem Gespräch mit Verteidigungsminister McNamara an, ich solle eine Gruppe, bestehend aus zehn Admiralen und einem Marinegeneral, zusammenstellen, um die Situation in Vietnam einzuschätzen und mögliche militärische Optionen für die Vereinigten Staaten vorzuschlagen.

Nitze stellte klar, er und Mr. McNamara seien nicht an Ereignissen interessiert, die bereits durchgesickert seien, da sie über diese Ereignisse bereits im Bilde wären. Vielmehr solle die Gruppe sich auf eine Einschätzung der Lage, wie sie sich 1967 darstellte, und die den Vereinigten Staaten offenstehenden Optionen konzentrieren.

Gemäß den Anweisungen des Marineministers tat ich mich mit zehn Admiralen und einem Brigadegeneral der Marine zusammen und machte mich an die Arbeit. Während unseres Besuchs in Vietnam führten wir Gespräche mit den Generalen Westmoreland, Momyer und Cushman sowie mit Admiralen und ihrem Stab zur See. Wir befragten Offiziere aller Dienstgrade, Soldaten im Feld, aber auch Offiziere und Männer an Bord der Schiffe vor der Küste Vietnams und in den Flußhäfen.

Etwa sechs Monate lang beschäftigte sich die Gruppe mit der Bewertung von Optionen wie dem Bau einer Mauer an der Nord- und Westgrenze Südvietnams, der Verminung von Häfen, massiven Luftangriffen und der Zerstörung des Verkehrsbetriebs auf dem Roten Fluß. Nach unserer Einschätzung war weder mit diesen noch mit anderen untersuchten Optionen ein militärischer Sieg zu erringen.

Eine weitere Option, die die Entsendung von US-Truppen nach Nordvietnam vorsah, hätte nach Meinung des Marinekorps den

Einsatz von weiteren 500 000 US-Soldaten in dem Gebiet erfordert. Unsere Gruppe kam zu dem Schluß, daß damit eine Intervention Chinas in Nordvietnam provoziert werden könnte. ...

Die Einschätzung, die meine Gruppe vorlegte, machte deutlich, daß ein militärischer Sieg in Vietnam höchst unwahrscheinlich war, und wir beabsichtigten, in aller Form dem Marineminister, dem Verteidigungsminister und anderen leitenden Vertretern des Pentagons Bericht zu erstatten. Der inoffizielle Charakter unserer Gruppe und die damalige politische Situation auch im Weißen Haus verhinderten jedoch die Verbreitung der Ergebnisse, zu denen die Gruppe gekommen war. Der stellvertretende Oberbefehlshaber der Marineoperationen, Admiral Horatio Rivero, stellte in einem persönlichen Gespräch mit mir unmißverständlich klar, daß die Verbreitung des Berichts der Kriegführung der Vereinigten Staaten schaden und meine Zukunft bei der Marine nachteilig beeinflussen würde. Sein eiserner Widerstand verhinderte in der Folge die Verbreitung des Berichts.

In seinem Begleitbrief teilte mir Admiral Carroll mit: »Gene La Rocques unabhängiges Denken und seine Entschlossenheit, über Tatsachen und politisch nicht genehme Positionen, die Lage in Vietnam betreffend, zu berichten, bewogen ihn trotz einer rasanten Karriere zu seinem vorzeitigen Abschied [von der Marine].« Carroll und La Rocque wurden später als Zivilisten überzeugende Kritiker des militärischen Denkens in den Vereinigten Staaten.[5]

Auch wenn mich die Stabschefs mit Memos eindeckten, konnten sie mich nicht überzeugen. Am 12. Juni rieten Cy Vance und ich dem Präsidenten erneut, ihren Plan abzulehnen. Wir zitierten die CIA-Analyse und bekräftigten unsere Überzeugung, daß eine größere Eskalation zur Katastrophe führen könne: »Nichts außer dem Sturz des Regimes in Hanoi wird die Nordvietnamesen zur Ruhe bringen, solange sie glauben, sie hätten eine Chance, den ›Zermürbungskrieg‹ im Süden zu gewinnen. ... Maßnahmen zum Umsturz des Regimes in Hanoi würden jedoch einen Krieg mit der Sowjetunion und China heraufbeschwören.« Außerdem führten wir an, der Plan der

Stabschefs werde viele amerikanische Menschenleben kosten: Zahlreiche von den Generalen empfohlene Ziele wurden massiv verteidigt; sie anzugreifen würde um ein Mehrfaches höhere Verluste pro Feindflug fordern als das Programm, das wir vorschlugen. Der Präsident akzeptierte unsere Empfehlungen am 13. Juni.[6]

Leser und Leserinnen dürften sich inzwischen fragen – wenn sie nicht längst darüber gerätselt haben –, warum mutmaßlich intelligente, hart arbeitende und erfahrene Regierungsvertreter – Zivilisten und Militärs gleichermaßen – es versäumt haben, jene Fragen systematisch und gründlich zu bearbeiten, deren Lösung das Leben unserer Bürger und das Wohlergehen unseres Landes so nachhaltig beeinflußt haben. Kurz gesagt, ein geordnetes, rationales Vorgehen wurde durch die Tatsache verhindert, daß Vietnam nur eines einer Vielzahl von Problemen war, vor denen wir standen und von denen Vietnam gleichsam verdrängt wurde.

Jede der Fragen, mit denen sich Washington in den sechziger Jahren auseinandersetzte, verdiente die volle Aufmerksamkeit des Präsidenten und seiner Mitarbeiter. So erhielten wir Ende Mai 1967 CIA-Berichte über eine bevorstehende ägyptische Invasion Israels. Es war anzunehmen, daß Ägypten auf die Unterstützung anderer arabischer Staaten wie Jordanien und Syrien zählen konnte. Und wir befürchteten, daß sich die Sowjetunion bereithielt für den Fall, daß die Araber zur Erreichung ihres Ziels – der Zerstörung des jüdischen Staats – noch weitere Hilfe benötigten. Israel verfügte natürlich über ähnliche Informationen.

Für den 2. Juni war seit langem ein Treffen zwischen Präsident Johnson und dem britischen Premierminister Harold Wilson anberaumt, auf dem über gemeinsame weltpolitische Interessen beider Staaten beraten werden sollte. Doch als dieser Tag kam, hatte der drohende arabisch-israelische Krieg alle anderen Themen von der Tagesordnung verdrängt. Wir verglichen die Einschätzungen unserer Geheimdienste und unsere

Ansichten über den Ausgang des Konflikts. Es herrschte Übereinstimmung in allen Punkten, auch darüber, wer als Sieger hervorgehen würde: Israel – das stand zweifelsfrei fest. Soweit ich mich erinnere, erwarteten die einen den Sieg Israels innerhalb von zehn Tagen, die anderen rechneten mit nur sieben Tagen. Aber wir waren uns auch einig, daß die Folgen eines solchen Kriegs schwer vorhersehbar und kontrollierbar sein würden und wir deshalb alles Erdenkliche unternehmen sollten, um ihn zu verhindern.

Der CIA-Bericht war hervorragend, aber beunruhigend. Er besagte, Israel plane, dem ägyptischen Angriff zuvorzukommen. Einerseits schien das vernünftig; ein Präventivschlag konnte die israelischen Verluste zweifellos geringer halten. Doch von unserem Standpunkt aus gesehen, riskierte Israel, falls es zuerst angriff, die Gunst der öffentlichen Meinung in den Vereinigten Staaten, sofern eine amerikanische Intervention notwendig sein sollte, um den Staat vor der Sowjetunion zu schützen.

Ende Mai hatte der israelische Außenminister Abba Eban Washington besucht, und Präsident Johnson hatte ihn in seine Privaträume im Weißen Haus eingeladen. Auch Dean und mich hatte er zu der Unterredung gebeten, bei der wir auf Eban einwirkten, er solle das israelische Kabinett überreden, auf einen Präventivschlag zu verzichten. Wir glaubten, das sei uns gelungen. Doch statt dessen griff Israel am 5. Juni Ägypten an. Der Krieg dauerte sechs Tage; in diesem Zeitraum fügte Israel seinen Gegnern Ägypten, Jordanien und Syrien eine vernichtende Niederlage zu und eroberte die Halbinsel Sinai, den Gazastreifen, das Westufer des Jordan und die Golanhöhen.

Am 5. Juni traf ich wie gewöhnlich um sieben Uhr morgens im Pentagon ein. Kaum eine Stunde später klingelte das Telephon, und eine Stimme meldete sich: »Hier spricht General ›Smith‹ im War Room.« (Im War Room tat entweder ein General oder ein Admiral rund um die Uhr und sieben Tage die Woche Dienst.) Der General sagte: »Premierminister Kossygin ist am ›heißen Draht‹ und möchte den Präsidenten sprechen. Was soll ich ihm sagen?«

»Warum rufen Sie mich an?« wollte ich wissen.

»Weil der ›heiße Draht‹ im Pentagon endet«, erwiderte er.

Als Erbe der Kubakrise hatte man den »heißen Draht« im August 1963 eingerichtet, aber er war nie benutzt worden, außer um seine Funktionstüchtigkeit zu testen. Ich wußte nicht einmal, daß die dazugehörigen Fernschreiberleitungen unter meinem Büro endeten. Dem General beschied ich: »Stellen Sie das Gespräch in den Lageraum im Weißen Haus durch, und ich rufe den Präsidenten an.«

Ich wußte, daß Präsident Johnson um diese Zeit schlief, aber ich rief trotzdem an. Wie zu erwarten, meldete sich ein vor dem Schlafzimmer des Präsidenten postierter Adjutant, dem ich mitteilte, ich wolle den Präsidenten sprechen.

»Der Präsident schläft und will nicht geweckt werden«, entgegnete er.

»Ich weiß, wecken Sie ihn trotzdem.«

Wie ich später erfuhr, hatte Johnson wegen der Krise seit vier Uhr nicht weniger als dreißig Anrufe von Dean und Walt Rostow erhalten. Als er sich meldete, brummte er verschlafen: »Warum zum Teufel rufen Sie mich zu dieser frühen Stunde an?«

»Mr. President, der ›heiße Draht‹ ist in Betrieb, und Kossygin möchte mit Ihnen sprechen. Was sollen wir ihm sagen?«

»Mein Gott, was sollen wir ihm sagen?« wiederholte er.

»Ich schlage vor, ich sage ihm, daß Sie in fünfzehn Minuten im Lageraum sein werden. Inzwischen rufe ich Dean an, und wir treffen Sie dort.«

Im Verlauf der nächsten Tage verständigten wir uns über den heißen Draht mit Kossygin. Am 10. Juni, als die Israelis militärische Erfolge gegenüber Syrien verzeichneten, war die Lage besonders gespannt. Einmal sagte Kossygin sinngemäß: »Wenn Sie Krieg wollen, sollen Sie Krieg bekommen.« Das lag uns natürlich vollkommen fern.

Wie konnte der sowjetische Premierminister zu diesem Schluß kommen? Das war nur möglich, weil Israel nach dem klaren Sieg über Ägypten und Jordanien Truppenbewegungen einzuleiten schien, die Damaskus bedrohten. In dieser Situation teilte Johnson Kossygin mit, Israel werde einem Waffenstillstand zustimmen, sobald die Golanhöhen erobert seien. Gleichzeitig billigte der Präsident, daß die Sechste Flotte Kurs in Richtung syrische Küste nahm, um den Sowjets klarzumachen, daß wir auf jegliche Aktion der Sowjetunion in dieser Region reagieren würden. Als Israel und Syrien wenige Stunden später einen Waffenstillstand schlossen, wurde die Sechste Flotte auf dem Weg nach Osten gestoppt.

Der Meinungsaustausch der Staatschefs hatte die Lage geklärt. Doch diese Episode illustriert, wie gespannt die amerikanisch-sowjetischen Beziehungen in aller Welt während des Kalten Kriegs waren. Teilweise erklärt sie auch die Ansicht der Stabschefs, man müsse sich in Indochina »durchsetzen«. Und sie ist auch ein Beispiel für die zahlreichen drängenden Probleme, die uns davon abhielten, unsere volle Aufmerksamkeit der Vietnamfrage zuzuwenden.

Inzwischen war mir klargeworden, daß unsere Politik und unsere Programme in Indochina eine Entwicklung genommen hatten, die weder vorhergesehen noch beabsichtigt war, und daß die Kosten – an Menschenleben sowie in politischer, gesellschaftlicher und wirtschaftlicher Hinsicht – viel höher ausfielen, als man sich das vorgestellt hatte. Wir waren gescheitert. Aber warum? Hätte sich diese Entwicklung abwenden lassen? Welche Lehren ließen sich aus unseren Erfahrungen ziehen, um ähnliche Fehler in Zukunft zu vermeiden? Der Gedanke, daß Fachleute diesen Fragen würden nachgehen wollen, sobald der Krieg beendet war, beschäftigte mich immer mehr.

Im Juni 1967 beauftragte ich John McNaughton, meinen Abteilungsleiter für internationale Sicherheitsfragen, Dokumente für künftige Forschungsarbeiten zu sammeln. Ich bat ihn, sein

Netz möglichst weit auszuwerfen und relevante Papiere nicht nur aus unserem Ministerium, sondern auch vom Außenministerium, von der CIA und dem Weißen Haus mit aufzunehmen. Da ich ein möglichst objektives Vorgehen anstrebte, beschloß ich, mich persönlich aus dem Unternehmen herauszuhalten. »Sagen Sie Ihren Mitarbeitern, daß sie freie Hand haben«, wies ich John an. »Ich will die Auswahl nicht beeinflussen.«

Vielleicht war der Impuls, der mich zu dieser Äußerung bewegte, dafür verantwortlich, daß ich dieses Projekt weder dem Präsidenten noch dem Außenminister gegenüber erwähnte. Allerdings sollte und konnte es kaum geheimgehalten werden, da letztlich 36 Forscher und Analytiker daran mitarbeiteten.

Mit dem Sammeln der Dokumente wurde am 17. Juni 1967 begonnen – einen Monat bevor McNaughton bei einem Flugzeugabsturz ums Leben kam. Die Leitung des Projekts übernahm Leslie H. Gelb, ein Mitarbeiter aus McNaughtons Abteilung, der heute Präsident des Rats für Auswärtige Beziehungen ist. Er und sein Team sammelten Memos, Lage- und Kampfberichte und Telegramme aus einem Zeitraum von über zwei Jahrzehnten. Les erzählte einige Jahre später einem Forscher: »Ich brauchte nur anzurufen und zu sagen: ›McNamara hat darum gebeten.‹ ... Ich suchte die Leute auf, erklärte Sinn und Zweck der Studie und welche Materialien ich wollte. ... Alle Leute sagten: ›Aber sicher.‹ ... Niemand hat uns etwas vorenthalten.«[7]

Anfang 1969 war man längst darüber hinaus, nur Quellenmaterial für Forschungsarbeiten zu sammeln; die Gruppe hatte eine 7000-Seiten-Studie der amerikanischen Vietnampolitik seit dem Zweiten Weltkrieg erstellt. Sie wies gewisse Mängel auf, teilweise weil es nicht einfach ist, die Geschichte unmittelbar zurückliegender Ereignisse zu schreiben, und teilweise weil Les und sein Team keinen Zugang zu den Akten des Weißen Hauses und den Dokumenten des Außenministers hatten. Aber insgesamt hatte die Gruppe hervorragende Arbeit geleistet, mit der mein Ziel erreicht wurde: Fast jede wissenschaftliche Arbeit über Vietnam hat seither auf dieses Material zurückgegriffen.

Aber wie so oft im Zusammenhang mit Vietnam, zeitigte auch diese Arbeit zugunsten der Forschung unerwünschte Nebenwirkung. 1971 spielte Daniel Ellsberg, der für Gelb gearbeitet hatte, das Material der *New York Times* zu. Die Herausgeber nannten die Studie *Pentagon Papers* und begannen, Auszüge daraus zu veröffentlichen, was bei Mitgliedern der Regierung Johnson und Nixon höchstes Unbehagen auslöste. Als am Sonntag, dem 13. Juni, die erste Dokumentation erschien, reagierte Präsident Nixons Justizministerium prompt und versuchte mit allen legalen Mitteln, die ihm zur Verfügung standen, weitere Veröffentlichungen zu verhindern.

Obwohl ich zu diesem Zeitpunkt längst aus dem Verteidigungsministerium ausgeschieden war, wurde auch ich hinter den Kulissen von der Angelegenheit noch tangiert. Am Montag, dem 14. Juni, waren James B. »Scotty« Reston, der Chef des Washingtoner *Times*-Büros, und seine Frau Sally zum Abendessen bei uns. Das Telephon klingelte, ein Anruf für Scotty, den er in der Bibliothek entgegennahm. Nach ein paar Minuten kehrte er mit einem Blatt Papier in der Hand an den Tisch zurück. Wie er berichtete, hatten die Herausgeber und Anwälte der *Times* eine Erklärung entworfen, mit der sie Justizminister John Mitchells Bitte, von der weiteren Veröffentlichung der Papiere abzusehen, »höflich ablehnten«. Dann las er uns den Entwurf vor und fragte mich nach meiner Meinung. Ich sagte, die *Times* sollte mit dem Abdruck fortfahren, sich aber durch die Erklärung absichern, man werde sich einer Verfügung des Obersten Gerichtshofes beugen. Letztendlich legte das Gericht der *Times* natürlich keine Steine in den Weg.

Aufgrund der Dokumente gerieten jene, die an den Entscheidungsprozessen im Vietnamkrieg beteiligt waren, mehr denn je ins Kreuzfeuer der Kritik. Wilde Gerüchte kursierten, warum ich das Projekt in die Wege geleitet hatte. In einem Bericht wurde sogar behauptet, ich hätte auf Geheiß Robert

Kennedys gehandelt, um Lyndon B. Johnson zu schaden und Bobbys Präsidentschaftskampagne von 1968 zu unterstützen. Das war Unsinn. Aber als mich Dean später fragte, warum ich ihm und dem Präsidenten nichts von dem Projekt erzählt hatte, ärgerte ich mich über mich selbst. Ich hätte es tun sollen.

Selten bin ich einem Politiker begegnet, der seinem Land mit solcher Hingabe gedient hat wie Dean Rusk. Seine menschliche und politische Loyalität gegenüber dem Präsidenten zeigte sich in vieler Hinsicht, nicht zuletzt aber in einer Episode, die sich im Sommer 1967 ereignete.

An einem heißen Nachmittag rief mich Dean an und fragte, ob er mich in meinem Büro aufsuchen könnte. Ich erklärte ihm, der Außenminister hätte nicht im Büro des Verteidigungsministers zu erscheinen, sondern umgekehrt. »Nein, nein«, entgegnete er. »Es ist eine persönliche Angelegenheit.« Mir war es gleich, ob persönlich oder offiziell, und so versprach ich, in fünfzehn Minuten bei ihm zu sein.

Als ich eintrat, zog er eine Flasche Whiskey aus seinem Schreibtisch, schenkte sich ein Glas ein und verkündete: »Ich muß zurücktreten.«

»Sie sind ja verrückt«, entgegnete ich. »Was reden Sie da?«

Dean erzählte mir, seine Tochter habe vor, einen schwarzen Kommilitonen von der Universität Stanford zu heiraten, und diese politische Belastung könne er dem Präsidenten nicht zumuten. Vielleicht fällt es heutigen Lesern schwer nachzuvollziehen, was in seinem Kopf vorging. Aber mir war es damals vollkommen klar: Er glaubte, da er als Südstaatler für einen Präsidenten aus den Südstaaten arbeitete, würde eine solche Heirat sowohl ihn als auch den Präsidenten heftiger Kritik aussetzen – es sei denn, er trat zurück oder verhinderte die Verbindung.

Meine Frage, ob er darüber schon mit Johnson gesprochen habe, verneinte Dean; er wolle ihn nicht mit dem Problem belasten.

»Belasten, verdammt!« rief ich. »Sie belasten ihn vor allem, wenn Sie zurücktreten. Und ich weiß, daß er es nicht zulassen wird. Wenn Sie nicht mit dem Präsidenten sprechen wollen, dann werde ich es tun.«

Dean stellte sich dem Gespräch, und der Präsident reagierte, wie ich es erwartet hatte – er gratulierte dem Außenminister zu der bevorstehenden Hochzeit. Soweit ich weiß, hatte die Heirat keinerlei persönliche oder politische Folgen für Dean oder den Präsidenten.

Anfang Juli 1967 bat mich der Präsident, nach Vietnam zu fliegen, um mir ein Bild von der Situation zu machen. Ich nahm Nick Katzenbach und Bus Wheeler mit. In Saigon hörten wir optimistische Lageberichte von General Westmoreland und Ellsworth Bunker, einem hervorragenden Diplomaten, der im April Lodge als Botschafter abgelöst hatte. »Wir befinden uns nicht in einer Pattsituation«, erklärte Westy. »Wir gewinnen langsam, aber kontinuierlich, und wir könnten das Tempo beschleunigen, wenn wir Verstärkung bekämen.« Bunker stimmte dieser Einschätzung grundsätzlich zu, machte aber eine entscheidende Einschränkung (die der Kern von Präsident Kennedys Position gewesen war): »Letztendlich müssen sie [die Südvietnamesen] selbst siegen.« Offenbar teilte Westy diese Ansicht nicht, denn er forderte erneut weitere 200 000 Soldaten. Aus dem von Bunker genannten Grund lehnte ich dies weiterhin ab.[8]

Die Zähigkeit des Kriegsverlaufs, die steigenden Verluste und die zunehmende Polarisierung, die der Krieg in der Heimat hervorrief, enttäuschten und beunruhigten den Präsidenten. Als Nick, Bus und ich am 12. Juli Bericht erstatteten, fragte er: »Können wir diesen gottverdammten Krieg überhaupt noch gewinnen?«

Die optimistischen Lageberichte, die ich in Saigon erhielt, beschwichtigten für kurze Zeit meine seit langem schwelenden Zweifel hinsichtlich des Kriegsverlaufs im Süden. Dem Präsidenten sagte ich: »Es gibt kein militärisches Patt.« Wenn wir an unserem Programm festhielten, könnten wir gewinnen – vorausgesetzt natürlich, »die südvietnamesische Regierung zieht mit«. Doch die Wirksamkeit der Bombenangriffe beurteilte ich weiterhin skeptisch, und ich erklärte dem Präsidenten, daß ich Forderungen des Militärs nach einer Ausweitung der Bombardierungen nach wie vor ablehnte.[9] Spätere Ereignisse bestätigten auch meine Skepsis gegenüber den Bodenoperationen.

Inzwischen war meine Haltung zur Bombardierung in der Öffentlichkeit bekannt geworden und wurde heftigst diskutiert. Während Liberale und Gemäßigte Präsident Johnson kritisierten, weil er nicht für eine Deeskalation des Krieges sorgte, forderten die Falken beider Parteien – mit voller Unterstützung der Vereinigten Stabschefs – eine Ausweitung des Krieges. Gerade letztere bereiteten Johnson, Dean und mir die größte Sorge. Umfragen zeigten, daß die öffentliche Meinung in ihre Richtung tendierte. Eine Harris-Studie ergab Mitte Mai, daß ein etwas größerer Anteil der Bevölkerung eine Verstärkung des militärischen Drucks befürwortete, ein geringerer den Rückzug (45 beziehungsweise 41 Prozent).[10]

Die wachsende Kriegsbegeisterung manifestierte sich im Ausschuß zur Untersuchung der Einsatzbereitschaft (einem Unterausschuß des Senatsausschusses für die Streitkräfte) unter Vorsitz von John Stennis (Demokrat/Mississippi). Stennis und seine Kollegen – Stuart Symington (Demokrat/Montana), Henry Jackson (Demokrat/Washington), Howard Cannon (Demokrat/Nevada), Robert Byrd (Demokrat/West Virginia), Margaret Chase Smith (Republikanerin/Maine), Strom Thurmond (Republikaner/South Carolina) und Jack Miller (Republikaner/Iowa) – verfolgten bezüglich der Luftangriffe schon seit Monaten eine harte Linie und kritisierten das Bombardierungsprogramm der Regierung heftig. Als die Ausschußmitglieder im Juni von den Stabschefs erfuhren, daß der Präsident meiner Empfehlung gefolgt war, die Bombenangriffe auch weiterhin zu begrenzen, schlugen sie los: Sie wollten die oberste militärische Führung – und mich – in den Zeugenstand rufen.

Durch die Anhörungen, die im August stattfanden, sollte

das Weiße Haus unter Druck gesetzt werden, die Beschränkung der Bombardierung aufzuheben. Das wurde zwar nicht erreicht, aber nach Meinung Präsident Johnsons war das Ganze ein politisches Desaster. Später sagte er zu Bus: »Ihre Generale haben uns mit ihrer Zeugenaussage vor dem Stennis-Ausschuß nahezu vernichtet. In den Anhörungen hat man uns regelrecht hingerichtet.«[11]

Am Tag vor dem Beginn der Anhörungen warnte mich der Präsident vor der Stimmung, die mir entgegenschlagen würde. »Die Erregung macht mir keine Sorgen, solange ich weiß, daß wir das Richtige tun«, erwiderte ich. Er sah mich wortlos an. Die politischen Antennen des Präsidenten waren wohl feiner als die meinen.[12]

Die Anhörungen, die sich zwischen dem 9. und dem 29. August als Geheimsitzungen über sieben lange Tage hinzogen, zählen zu den anstrengendsten Episoden meine Lebens. Senator Stennis machte in seiner Eröffnungsrede aus seiner Haltung keinen Hehl: »Im Kongreß wird immer häufiger die Frage gestellt, ob es klug ist, mehr Truppen zu entsenden, wenn wir sie einfach einem Guerillakrieg ausliefern, ohne den Versuch zu unternehmen, die Nachschubwege des Feindes wirksam abzuriegeln ... Ich persönlich vertrete den Standpunkt, daß es ein tragischer, ja vielleicht verhängnisvoller Fehler wäre, die Bombardierungen zeitweise einzustellen oder zu begrenzen.«

Anschließend sagte eine ganze Parade von führenden Marine-, Luftwaffen- und Heeresoffizieren aus – unter anderem alle fünf Stabschefs und fünf hochrangige Befehlshaber, die mit dem Bombenkrieg zu tun hatten. Jeder von ihnen bekräftigte Stennis' Ansichten. Im wesentlichen teilten sie den Senatoren mit:

– Der Luftkrieg im Norden sei ein wichtiger und unverzichtbarer Bestandteil der amerikanischen Strategie für die Kriegführung im Süden.
– Die Bombardierung habe in Nordvietnam erheblichen Schaden und große Zerstörungen bewirkt, die Infiltration von Soldaten

und Nachschub gebremst, die Zahl der Streitkräfte begrenzt, die im Süden unterhalten werden konnten, und diese Streitkräfte an der Durchführung großer Gefechte gehindert, was zu geringeren Verlusten auf amerikanischer Seite führte.

- Ohne die Bombardierung hätte Nordvietnam seine Streitkräfte im Süden verdoppeln können, was auf unserer Seite die Entsendung von weiteren 800 000 Soldaten erforderlich gemacht und Mehrkosten in Höhe von 75 Milliarden Dollar nur für den Unterhalt unserer Truppen verursacht hätte.

- Die Reparatur der Bombenschäden beschäftigte 500 000 Nordvietnamesen, die sonst aktiv zur Unterstützung des Aufstands im Süden hätten beitragen können.

- Eine Einstellung der Bombardierung zum jetzigen Zeitpunkt würde eine »Katastrophe« bedeuten, die erhöhte amerikanische Verluste und eine unbegrenzte Verlängerung des Krieges zur Folge hätte.

- Die Bombenangriffe hätten wesentlich geringere Wirkung gezeitigt, als möglich gewesen wäre – und immer noch möglich sei –, wenn die zivile Führung den Rat des Militärs befolgen und die übertrieben restriktiven Kontrollen aufheben würde, die sie der Kampagne auferlegt hätte ... Das geringe Tempo der Bombardierung, die Konzentration auf den Bereich südlich der entscheidenden Ziele bei Hanoi und Haiphong, die Tolerierung des Zufluchtsorts Kambodscha, der Verzicht auf eine Blockade oder Schließung des Hafens Haiphong – diese und andere Regelungen verhinderten, daß durch die Bombenangriffe das gewünschte Ergebnis erzielt werde.

- Die »Doktrin des schrittweisen Vorgehens« und das lange Hinauszögern der Genehmigung, wirklich bedeutende Ziele anzugreifen, ließen Nordvietnam Zeit, eine ernst zu nehmende Flugabwehr aufzubauen, die zu wachsenden Verlusten an US-Flugzeugen und -Piloten beitragen werde; außerdem könne sich Nordvietnam unterdessen auf die vorhersehbare Zerstörung seiner Industrieanlagen (zum Beispiel zur Herstellung und Verarbeitung von POL [Erdöl, Öl, Schmiermittel] vorbereiten, indem über das Land verteilt Reservelager geschaffen würden.[13]

Die Generale und Admirale ritten auf dem, wie sie meinten, zentralen Problem unserer Kriegführung herum: der Einmischung der Zivilisten in Washington. Nach ihrer Vorstellung stand diese dem Sieg im Wege und brachte US-Soldaten den Tod. Ich war hingegen der Überzeugung, daß wir das Leben von Amerikanern retteten, ohne den Kriegsverlauf zu behindern.

Am 25. August erhielt ich endlich Gelegenheit, mich vor dem Unterausschuß zu äußern. Ich stand vor der Aufgabe, all diese Argumente widerlegen zu müssen. Zu Beginn meiner Aussage erinnerte ich die Senatoren daran, daß wir mit unseren Bombenangriffen drei Ziele verfolgten:

1. den Zustrom von Nord nach Süd zu vermindern und/oder die Kosten der fortgesetzten Infiltration von Soldaten und Nachschub zu erhöhen;
2. die Moral der Südvietnamesen zu heben, die zu Beginn der Bombardierung unter starkem militärischem Druck standen;
3. der nordvietnamesischen Führung klarzumachen, daß sie den Preis dafür bezahlen mußte, solange sie ihre Aggression gegen den Süden fortsetzte.

Diese Ziele hatten wir uns gesetzt, als wir im Februar 1965 mit der Bombardierung begannen, und sie waren auch im August 1967 noch verbindlich. Ich verbrachte den ganzen Tag damit, sie den Senatoren geduldig und systematisch darzulegen und ihnen die inhärenten Grenzen des Bombenkriegs zu erklären. Wie ich meinen Zuhörern erläuterte, hatten wir inzwischen festgestellt, daß durch Bombenangriffe, ganz gleich welchen Umfangs – außer man würde die Auslöschung des Nordens und seiner Bevölkerung in Kauf nehmen, was kein verantwortungsbewußter Mensch vorschlagen könne –, der Zustrom von Soldaten und Nachschub in den Süden nicht unter das Maß gedrückt werden konnte, das zur Aufrechterhaltung der feindlichen Operationen benötigt wurde. Auch konnten Bombenangriffe, ganz gleich welchen Umfangs – abgesehen von der völligen Vernichtung – nicht den Willen Hanois brechen, den Konflikt fortzuführen. Ich betonte, daß der Luftkrieg im Norden kein Ersatz für den Bodenkrieg im Süden sei und uns der Sieg auch mit Hilfe von Bombenangriffen nicht in den Schoß fallen würde.

Wie ich den Senatoren erklärte, war mit der Bombardierung von Nachschubwegen deshalb kein entscheidender Erfolg zu erzielen, weil Nordvietnam über ein hochdiversifiziertes, nahezu unverwüstliches Transportsystem verfügte, das aus einem Eisenbahn- und Straßennetz, Wasserwegen und Trampelpfaden bestand. Ihre Transporte bewerkstelligten die Nordvietnamesen mit Hilfe von Eisenbahn, Lastwagen, Schleppkähnen, Sampans, Lastenträgern und Fahrrädern (von denen jedes, wie ich anmerkte, bis zu 250 Kilogramm befördern könne). Dieses Transportsystem stellte geringe technische Anforderungen, war leicht zu unterhalten und bot eine Kapazität, die um ein Vielfaches höher war als der zu befördernde Bedarf für die Militäroperationen im Süden. Das war der entscheidende Punkt. Unser Nachrichtendienst schätzte, daß die feindlichen Truppen im Süden täglich nur 15 Tonnen Nachschub (außer Verpflegung) benötigten. Das Logistiksystem zwischen Norden und Süden verfügte selbst unter schweren Luftangriffen über eine Kapazität von 200 Tonnen täglich. Ich unterstrich, daß wir bisher 173 000 Feindflüge gegen Nordvietnam unternommen hatten – eine gewaltige Zahl, selbst im Vergleich zu den Angriffen der Alliierten auf Deutschland während des Zweiten Weltkriegs. 90 Prozent der Bombardements hatten sich auf Nachschubwege konzentriert.

Dann wandte ich mich der Frage der festen Ziele im Norden zu – Fabriken, Kraftwerke, Depots und dergleichen. Gegen diese Ziele richteten sich nur zehn Prozent unserer Einsätze. Ich erklärte, daß die Entscheidung über jedes einzelne dieser Ziele anhand einer Punkt-für-Punkt-Analyse getroffen werde, bei der die militärische Bedeutung des Ziels gegen die Gefährdung von US-Soldaten und Vietnamesen und das Risiko einer Ausweitung des Krieges abgewogen werde. Die Stabschefs hatten dem Präsidenten und mir 359 Ziele empfohlen, von denen 302 oder 85 Prozent genehmigt wurden. Von den 57 nicht genehmigten waren, wie die Stabschefs selbst einräumten, sieben von geringer Bedeutung; neun waren kleinere Erdöldepots, die kaum sechs Prozent der verbleibenden Lagerkapazität Nordvietnams ausmachten; 25 waren verhältnismäßig unwichtige Ziele ohne Erdölverarbeitung oder -lagerung in stark verteidigten Gebieten. Sie waren es meiner Meinung nach nicht wert, daß Amerikaner bei Angriffen ihr Leben riskierten. Fünf weitere lagen zu nah an der chinesischen Grenze, und die verbleibenden elf standen noch zur Debatte.

Wie ich betonte, kam in der Bedeutung, die den festen Zielen zugemessen wurde, zum Ausdruck, daß man sich ein völlig falsches Bild von den schlichten wirtschaftlichen Bedürfnissen der Nordvietnamesen machte – zumal ihnen die Kriegführung vor allem durch ausländische Lieferungen ermöglicht wurde. Wir hatten zwar bereits 85 Prozent der nordvietnamesischen Elektrizitätswerke zerstört, doch die gesamte Stromerzeugungskapazität des Landes entsprach nicht einmal einem Fünftel der Energie, die in dem Kraftwerk der Potomac Electric Power Company in Alexandria, Virginia, produziert wurde. Zudem wurde ein Großteil der militärischen Güter nicht in einheimischen Fabriken und Raffinerien erzeugt, sondern in der Sowjetunion und in China.

Ich unterstrich, daß der monatliche Bericht »Zur Einschätzung der Bombardierung Nordvietnams«, der von der CIA und dem militärischen Geheimdienst gemeinsam erstellt und an alle zivilen und militärischen Entscheidungsträger bis hinauf zum Präsidenten verteilt wurde, stets mit folgenden Worten schloß: »Die verstärkten Luftangriffe haben zu einer weitreichenden Änderung beim Luftabwehrsystem geführt und die wirtschaftliche Tätigkeit in Nordvietnam schwer beeinträchtigt. Dennoch sind die Nordvietnamesen nach wie vor in der Lage, ihre Kampfeinsätze in Südvietnam und Laos auf gleichbleibendem oder höherem Niveau fortzusetzen.«[14]

Außerdem sagte ich, falls wir den Krieg dennoch ausweiten wollten, gäbe es ein weiteres Angriffsziel, das von manchen Leuten vorgeschlagen werde: »die Bombardierung und Verminung der Häfen, insbesondere bei Haiphong, um zu verhindern, daß der für den Kampf im Süden benötigte Nachschub nach Vietnam gelangt«. Aber ich erklärte den Senatoren in allen Einzelheiten, warum dieses Vorhaben nicht gelingen konnte. Zwar stand außer Frage, daß solche Bombenangriffe den Import von militärischen Hilfsgütern nach Nordvietnam schwer beeinträchtigen würden,

aber auch ein weit geringeres als das gegenwärtige Importvolumen würde ausreichen, um die nordvietnamesischen Militäroperationen gegen den Süden fortzusetzen. Wie gesagt, werden Schätzungen zufolge täglich mindestens 15 Tonnen Nachschub, außer Lebensmitteln, benötigt. Auch wenn man diese Menge verfünffacht, ist sie immer noch lächerlich gering im Vergleich zu den 5800 Tonnen, die Nordvietnam pro Tag tatsächlich importiert. Und die Importkapazität des Landes ist noch erheblich größer. Die Häfen haben zusammen mit Straßen und Eisenbahnverbindungen nach China schätzungsweise eine Gesamtkapazität von über 14 000 Tonnen täglich.

Der Großteil der nordvietnamesischen Importe gelangt heute über Haiphong ins Land. ... Darunter auch militärische Hilfsgüter wie Lastwagen, Generatoren und Baumaschinen; aber diese Kategorie von Lieferungen macht nur einen geringen Anteil der gesamten Importe auf dem Seeweg aus. Und die eingeführte Militärausrüstung – nachrichtendienstlichen Quellen zufolge insgesamt 550 Tonnen pro Tag – kommt nur zu einem geringen Anteil auf dem Seeweg. Zudem beruht die gegenwärtige intensive Nutzung von Haiphong eher auf Bequemlichkeit als auf Notwendigkeit. Über Haiphong zu importieren, ist am einfachsten und am billigsten. Wenn dieser und andere Häfen geschlossen werden sollten, könnte Nordvietnam, unter der unrealistischen Annahme, daß eine Abriegelung der Häfen sämtliche Importe auf dem Seeweg unterbinden würde, immer noch über 8400 Tonnen täglich über die Schiene, die Straße und das Kanalnetz einführen. Und selbst wenn wir durch Luftangriffe 50 Prozent der Straßen, des Eisenbahn- und des Kanalsystems am Roten Fluß vernichten würden, könnte Nordvietnam immer noch 70 Prozent seiner gegenwärtigen Importe ins Land bringen. Da die täglich eingeführten Waffen und militärischen Hilfsgüter einen erheblich geringeren Anteil des Gesamtimports darstellen, scheint es offensichtlich, daß die Unterbindung des Imports auf dem Seeweg Nordvietnam nicht davon abhalten würde, seine militärischen Operationen im Süden auf dem gegenwärtigen Niveau weiterzuführen. ...

Die nordvietnamesische Küste erstreckt sich über 400 Meilen. Viele Orte eignen sich als Anlegestellen. Die Verminung von Haiphong oder die völlige Zerstörung der dortigen Hafenanlagen könnte nicht verhindern, daß die Ladung ausländischer Schiffe vor der Küste gelöscht wird. Eine wirksame Unterbindung solcher Leichtertransporte würde, selbst wenn man die unvermeidliche Schädigung ausländischer Schiffe in Kauf nähme, nur dazu führen, daß eine völlige Abhängigkeit von Importen auf dem Landweg über Rotchina entstünde. Die gemeinsame Grenze beider Länder ist in der Luftlinie etwa 500 Meilen lang.[15]

Die Argumente gegen eine Ausweitung des Luftkriegs lagen auf der Hand. Man mußte sich nur die Zahlen ansehen. Dennoch löste meine Aussage erhebliche Kontroversen aus.

Senator Cannon interessierte sich nicht für eine Erörterung unserer Ziele. Statt dessen versteifte er sich darauf, daß ich nicht bereit sei, beim Einsatz der Streitkräfte in Vietnam stets dem Rat der militärischen Führung zu folgen. »Schon im Oktober 1965«, sagte er, »wurden diese Ziele von den Vereinigten Stabschefs einhellig empfohlen. Ich frage mich, ob Sie überhaupt Vertrauen in die militärische Führung haben ... und aus welchem Grund deren Empfehlungen zu militärischen Angelegenheiten und militärischen Zielen nicht befolgt werden.«

Ich erwiderte, daß »die Verfassung die Verantwortung des Oberbefehlshabers einem Zivilisten überträgt, nämlich dem Präsidenten, und ich bin überzeugt, damit wurde nicht beabsichtigt, daß er den Empfehlungen seiner militärischen Berater blind folgen sollte. Also müssen Sie davon ausgehen, daß sich der Präsident, wie in der Verfassung vorgesehen, gelegentlich seinen Beratern widersetzt.«

»Die Verfassung«, fuhr ich fort, »berücksichtigt, daß der Oberbefehlshaber auch andere als rein militärische Faktoren in Betracht zieht, wenn er auf diesem Gebiet Entscheidungen fällt. Und genau das ist natürlich geschehen. Es geht überhaupt nicht um die Frage, ob wir Vertrauen in die Stabschefs haben.

Wenn wir ihnen kein Vertrauen entgegenbrächten, hätten sie ihr Amt nicht inne.«[16]

Von da an ging es bergab. Ein Wortwechsel zwischen Senator Thurmond und mir illustriert die wachsenden Spannungen im Saal:

»Herr Minister, ich bin schrecklich enttäuscht von Ihrer Aussage. Mit dieser Erklärung geben Sie gegenüber den Kommunisten klein bei. Sie betreiben eine Beschwichtigungspolitik gegenüber den Kommunisten, und Sie nehmen eine Niederlage in Kauf.«

Ich entgegnete scharf: »Kein einziger Zeuge vor diesem Ausschuß ... hat gesagt, die Freigabe der 57 Ziele ... würde irgendwie dazu beitragen, den Krieg deutlich zu verkürzen.«[17]

Am Ende eines langen, nervenaufreibenden Tages gab ich eine Abschlußerklärung ab. Es war ein Appell an die Vernunft:

Der tragische Verlauf und die lange Dauer des Konflikts im Süden [Vietnams] lassen die Aussicht verlockend erscheinen, auf eine neue Form des Luftkriegs gegen den Norden auszuweichen. Aber wie verlockend dies auch sein mag, eine solche Alternative erscheint mir vollkommen illusionär. Dieses Ziel zu verfolgen wäre nicht nur sinnlos, sondern würde auch Risiken für unsere Streitkräfte und für unsere Nation mit sich bringen, die ich nicht in Kauf nehmen kann.[18]

Der Unterausschuß verabschiedete einstimmig einen Bericht, in dem ich wegen meiner mangelnden Bereitschaft zur Kriegführung scharf kritisiert wurde. Ausgehend von der Behauptung, daß »genaue Kontrollen und restriktive Regeln dazu geführt haben, daß unsere Luftwaffe nur mit begrenzter Wirksamkeit eingesetzt wurde«, kamen die Senatoren zu dem Schluß: »Wir können unsere Bodentruppen nicht guten Gewissens auffordern, ihren Kampf in Südvietnam fortzusetzen, solange wir nicht bereit sind, den Luftkrieg im Norden mit der größtmöglichen Effektivität zu führen. ... Logik und Klugheit gebieten, daß die Entscheidung der einstimmigen Empfehlung der militärischen Experten folgt.«[19]

Kurz nach den Anhörungen kursierte das Gerücht, meine Aussage hätte fast eine Revolte unter den Stabschefs ausgelöst. Einige Jahre später schrieb der Journalist Mark Perry, nach meinem Auftritt vor dem Ausschuß habe Bus ein Treffen der Stabschefs einberufen, auf dem sie ihren gemeinsamen Rücktritt beschlossen hätten. Der Befehlshaber des Marinekorps General Wallace Green und der Befehlshaber der Marine-Operation Admiral Thomas Moorer bestritten diese Darstellung jedoch, und auch ich bezweifle sie.[20]

Doch unsere abweichenden Einschätzungen führten tatsächlich zu heftigen Meinungsverschiedenheiten. Und die daraus entstandenen Reibereien führten zu Streß, der seinen Tribut forderte. Bus erlitt Anfang September einen schweren Herzinfarkt, den ersten von vielen, die ihn schließlich das Leben kosteten. Aber noch vor Jahresende nahm Bus seine Tätigkeit für die Regierung wieder auf, indem er bei privaten Unterredungen und vor der Öffentlichkeit direkt, aber weder aufrührerisch noch konfrontativ seine Empfehlungen abgab, ebenso wie er es während der Stennis-Anhörungen getan hatte. Und alle anderen militärischen Befehlshaber, mit denen ich im Lauf der sieben Jahre zusammenarbeitete, blieben stets ergebene, loyale Diener ihres Oberbefehlshabers und ihres Landes.

Die wachsenden Differenzen zwischen den Beratern des Präsidenten in der Vietnamfrage zeigten sich deutlich in zwei Mitteilungen von CIA-Direktor Richard Helms an Präsident Johnson aus dieser Zeit. Am 29. August schickte ihm Helms eine persönliche Einschätzung zu den Auswirkungen der Bombardements auf den Norden. Er wies darauf hin, daß wir seit März 1967 pro Monat über 10 000 Einsätze gegen Nordvietnam geflogen hätten – eine Steigerung um 55 Prozent gegenüber demselben Zeitraum 1966. Trotz dieser Eskalation und »ungeachtet der wachsenden Härten, wirtschaftlichen Verluste und zunehmenden Probleme für Planung und Logistik, die der Luftkrieg verursachte«, so schloß Helms, »kann

Hanoi auch weiterhin seinen Bedarf decken und seine Aggression gegen Südvietnam fortsetzen. *Der entscheidende militärische und wirtschaftliche Verkehr fließt weiter* [Hervorhebung des Autors].«[21]

Zwei Wochen später, am 12. September, schickte er dem Präsidenten ein außergewöhnliches zweites Memo, dem ein 33seitiger Bericht beigefügt war. Die Dokumente wurden erst kürzlich freigegeben. In dem Memo wurde der Präsident gewarnt: »Der beigefügte Bericht ist sensibel, insbesondere wenn seine Existenz bekannt werden sollte. Er wird Ihnen in einem versiegelten Umschlag überreicht.« Weiter hieß es:

Da es zu meinem Aufgabenbereich gehört, Eventualitäten zu prüfen, und da bei unserem Engagement in Vietnam viele Aspekte zu berücksichtigen sind, habe ich unlängst einen meiner erfahrensten Nachrichtenanalytiker im Büro für Nationale Sicherheit gebeten, auszuarbeiten, was für die Vereinigten Staaten bei diesem Kampf auf dem Spiel steht. Zu diesem Zweck erstellte er eine Studie über die »Folgen eines ungünstigen Ergebnisses in Vietnam«. Ich denke, sie wird Sie interessieren. *Anderen Mitgliedern der Regierung wurde und wird sie nicht vorgelegt* [Hervorhebung im Original].

Ohne seine Gründe anzugeben, zog der Verfasser mehr als dreißig Mitarbeiter der CIA zu Rate. In bezug auf Einzelheiten und Schwerpunkte wichen die Meinungen stark voneinander ab. Dennoch zeigt sich in dem Papier größere Einigkeit unter den Befragten, als bei einem so schwierigen Thema zu erwarten wäre.

Ich möchte betonen, daß nicht beabsichtigt ist, mit dem Papier ein Argument für die sofortige Beendigung des Krieges zu liefern. Wir sind keine Defätisten. Es befaßt sich lediglich eingehend mit der hypothetischen Frage, die sich der Autor gestellt hat, nämlich, welche Folgen hätte ein ungünstiges Ergebnis für die amerikanische Politik und für die amerikanischen Interessen insgesamt.[22]

Helms erkannte vollkommen richtig, daß der Bericht politischen Zündstoff enthielt. Nach zwei Dutzend Seiten komplizierter Darstellungen und Analysen kam der Verfasser zu dem Schluß:

Bei der vorstehenden Erörterung sind weite Bereiche und vielfältige Möglichkeiten zur Sprache gekommen. Sehr präzise oder vertrauliche Schlußfolgerungen würden das Gesagte falsch darstellen oder die Grenzen einer nüchternen Beurteilung überschreiten. Die folgenden Punkte stellen allgemeine und wesentliche Eindrücke dar, die dieses Papier zu vermitteln beabsichtigt:

a) Ein ungünstiges Ergebnis in Vietnam würde das Vertrauen in unsere Stärke erheblich mindern und damit auch den Einfluß der Vereinigten Staaten beeinträchtigen sowie unsere übrigen Interessen in einem nicht genau vorhersehbaren Maße beeinflussen.

b) Vermutlich würden die tatsächlichen Auswirkungen unserem Land keinen so dauerhaften Schaden zufügen, daß es seine Rolle als Weltmacht, die in vielen Regionen für Ordnung und Sicherheit eintritt, nicht weiter wahrnehmen könnte.

c) Der schlimmste potentielle Schaden wäre der, den wir uns selbst zufügen würden: interne Meinungsverschiedenheiten, die in Zukunft den überlegten und wirksamen Einsatz unserer Macht und unserer Mittel beeinträchtigen würden, so daß andere das Vertrauen in die Führungsfähigkeiten der Vereinigten Staaten verlieren könnten.

d) Die destabilisierenden Auswirkungen wären in der angrenzenden Region Südostasiens am deutlichsten spürbar, wo einige Staaten wahrscheinlich inneren Unruhen und verstärktem äußerem Druck ausgesetzt wären, so daß es zu einer Neuordnung kommen könnte; ähnliche Auswirkungen an anderen Orten sind unwahrscheinlich und ließen sich leichter eindämmen.

Der Bericht endete mit den Worten:

Jede ehrliche und sachliche Analyse muß zu dem Schluß kommen, daß die Vereinigten Staaten, falls sie ein Scheitern in Vietnam hinnehmen, einen *gewissen* Preis dafür bezahlen müssen – in Form neuer Risiken, die sich durch einen Erfolg in Vietnam vermeiden ließen. Der Rückschlag für eine Weltmacht, nachdem gewaltige Mittel und viel Prestige in ein militärisches Unternehmen investiert wurden, hat bis zu einem bestimmten Grad schädliche Auswirkungen auf das gesamte Sicherheitssystem, das sie aufrechterhält. Im Falle von Vietnam gibt es offenbar keinen gemeinsamen Nenner, der es erlaubt, solche möglichen Risiken zuverlässig gegen die offensichtlichen und unmittelbaren Kosten einer Fortsetzung des Krieges abzuwägen. Vermutlich sind sich jene, die diese schmerzlichen Entscheidungen treffen müssen, dessen bereits bewußt. Wenn die vorliegende Analyse überhaupt etwas zur Diskussion beitragen kann, dann durch den Hinweis, daß *die Risiken wahrscheinlich begrenzter und kontrollierbarer sind, als die bisherige Debatte deutlich gemacht hat* [Hervorhebung des Autors].[23]

Dieses Memo bekam ich erst zu Gesicht, als ich bereits an diesem Buch arbeitete. Meines Wissens hat Präsident Johnson es nie jemandem gezeigt.

Manche Leute werden sagen, daß diese Tatsache an sich nur die für den Präsidenten typische Geheimnistuerei beweist, die in der Vietnamfrage unausweichlich zu Fehlentscheidungen führen mußte. Einer seiner engsten Berater bemerkte zur ersten Fassung des vorliegenden Buches, ich hätte die Schwächen der Entscheidungsfindung Johnsons nicht ausreichend berücksichtigt: »Er erarbeitete Entscheidungen nicht gern gemeinschaftlich – denn er war ein Einzelkämpfer. Er ließ sich von niemandem in die Karten schauen, ganz gleich, worum es ging. So war wegen seiner mangelnden Bereitschaft, annehmbare ›Friedensbedingungen‹ zu prüfen, die Bombenpause zum Scheitern verurteilt. Insgesamt trug seine Vorgehensweise wesentlich zu den Unzulänglichkeiten bei, die die Kriegführung der Regierung beeinträchtigten und die in diesem Bericht immer wieder sichtbar werden.«

Lyndon Johnson hat sich, wie jeder von uns, gelegentlich selbst Probleme geschaffen. Sich von einem ranghohen Berater ein Memo vorlegen zu lassen, das die Grundvoraussetzungen unserer Beteiligung an einem Krieg in Frage stellte, und dem Berater zu verbieten, es mit seinen Kollegen zu erörtern, ist gewiß kein guter Stil für einen Regierungschef. Man könnte auch noch andere Beispiele für Johnsons sogenannte autokratische Neigungen nennen. Aber ich meine, man macht es sich zu einfach, wenn man das Scheitern eines Präsidenten auf solche Faktoren zurückführt. Die Mitarbeiter hätten eben Mittel und Wege finden sollen, um die Besonderheiten in der Vorgehensweise ihres Chefs auszugleichen. Es wäre unsere Pflicht gewesen, die Widersprüche in der politischen Linie aufzudecken, deutlich zu machen und zu debattieren. Hätten wir das getan, so hätten wir die politische Linie vielleicht ändern können.

Dick Helms geheimes Memorandum zeigt, daß die führenden Analytiker der CIA im Herbst 1967 glaubten, wir hätten uns ohne weitreichende Nachteile für die Sicherheit der Vereinigten Staaten und des Westens aus Vietnam zurückziehen können. Zu dieser Zeit vertrat ich vor dem Stennis-Unterausschuß – gestützt auf Analysen der CIA und des militärischen Geheimdienstes – den Standpunkt, daß der Krieg durch die Bombardierung des Nordens nicht zu gewinnen sei. Und in meinem Memorandum vom 19. Mai stand, daß wir auch in Südvietnam weiterhin schwere Verluste erleiden würden, wobei ungewiß bleibe, ob wir dort siegen könnten.

Doch wie ist angesichts solcher Faktoren zu erklären, daß die Regierung es versäumte, härter auf Verhandlungen zu drängen und den Rückzug zu erwägen? Die Antwort lautet, daß die Vereinigten Stabschefs und viele Regierungsmitglieder eine völlig andere Sicht des Kriegsverlaufs hatten, daß einflußreiche Kongreßabgeordnete und die Öffentlichkeit diese Sicht teilten und sich der Präsident davon stark beeinflussen ließ.

Besonders erbittert äußerte sich dieser gegensätzliche Standpunkt in einer Kolumne, die am 7. September in mehreren Zeitungen erschien. In dem Artikel, in dem ich heftig angegriffen wurde, hieß es:

Allem Anschein nach hat die Regierung die Nase voll von der Unehrlichkeit, den falschen Entscheidungen und der diktatorischen Arroganz des Robert Strange McNamara, des Mannes, der weder Vietnam noch irgendwelche anderen militärischen Fragen jemals richtig beurteilt hat. Das deutlichste Zeichen für McNamaras Prestigeverlust am Hof von LBJ ist die Tatsache, daß es Militärs zum erstenmal wagen, den schon immer vorhandenen Widerstand gegen McNamara zu artikulieren. ... Die Tatsache, daß die Stabschefs ihn nun offen bekämpfen, kann, wie mir scheint, nur bedeuten, daß das Weiße Haus ihn nicht mehr voll und ganz unterstützt.[24]

Der Verfasser war kein anderer als Barry Goldwater.

In Wahrheit bemühte sich die Regierung Johnson während und nach den Stennis-Anhörungen so intensiv wie nie zuvor um eine diplomatische Kontaktaufnahme mit Hanoi. Diese Geheiminitiative, die den Codenamen Pennsylvania trug, begann im Juli, dauerte drei Monate und ebnete den Weg für das Pariser Treffen der US-amerikanischen und nordvietnamesischen Unterhändler am 10. Mai 1968.

Als ich an einem Montagmorgen Mitte Juni nach mehrtägiger Abwesenheit in mein Büro im Pentagon zurückkehrte, fand ich auf meinem Schreibtisch einen Stapel Telegramme aus aller Welt. Darunter war auch eines von Henry Kissinger, der sich gerade in Paris aufhielt: adressiert an Dean Rusk, mit Kopie an mich. Henry, der an einem Pugwash-Treffen – einer internationalen Konferenz von Wissenschaftlern und Intellektuellen – teilnahm, berichtete, er habe eine Verbindung geknüpft, die uns interessieren könnte. Er hatte einen Franzosen namens Herbert Marcovich kennengelernt, der anbot, einen direkten Kontakt zwischen den Vereinigten Staaten und Nordvietnam herzustellen, um die Bedingungen für einen Frieden zu prüfen. Es war noch ein zweiter Franzose, Raymond Aubrac, ins Spiel gekommen, als Henry sich bereit erklärte, die Sache nach Washington weiterzuleiten. Nun wollte Henry wissen, was er ihnen mitteilen sollte.

Ich erkundigte mich bei John McNaughton, ob schon jemand auf das Telegramm reagiert habe, was er verneinte. Daraufhin fragte ich ihn, welche Maßnahmen er empfehle.

»An welche denken Sie denn?« erwiderte er vorsichtig.

»Ich habe zuerst gefragt«, entgegnete ich.

»Wir haben eine Menge fruchtloser Versuche unternommen, Verhandlungen aufzunehmen, nichts ist dabei herausgekommen, und auch das könnte sich wieder als Sackgasse erweisen«, meinte er. »Aber warum sollten wir die Sache nicht unter die Lupe nehmen, und zwar so, daß weder Kosten noch Risiken damit verbunden sind?«

Ich stimmte ihm voll und ganz zu und versprach, das Telegramm beim Dienstags-Lunch mit Dean und dem Präsidenten zu erörtern.

Als ich bei dem Essen am nächsten Tag das Thema anschnitt, meinten Dean und der Präsident: »Oh, Bob, das ist wieder so eine Sackgasse, die zu nichts führt. Das haben wir alles schon mal versucht. Vergessen Sie's.« Für ihren Standpunkt hatten sie gute Gründe. Doch obwohl die Angelegenheit eindeutig in das Ressort des Außenministers fiel, überredete ich die beiden schließlich, mich damit zu betrauen. Ich versprach, die Sache so zu handhaben, daß den Vereinigten Staaten keine Unannehmlichkeiten daraus entstünden.

In der Folgezeit hielt ich engen Kontakt mit Henry. Mein erster Schritt bestand darin, den Hintergrund Aubracs und Marcovichs zu prüfen. Aubrac gehörte zum linken Flügel der Sozialisten, und Marcovich war Wissenschaftler. Während der nächsten Wochen zeigte sich, daß Aubrac politisch gewandter war als Marcovich. Mit Ho Chi Minh verband ihn eine langjährige Freundschaft; dieser war 1946 während der Verhandlungen mit der französischen Regierung in Aubracs Pariser Haus zu Gast gewesen, und zudem war er der Pate von Aubracs Tochter.

Auch hinsichtlich der weiteren Vorgehensweise holte ich Henrys Rat ein. Er leistete hervorragende Dienste und gab mir unschätzbare Hinweise, wie wir mit den Nordvietnamesen Kontakt aufnehmen und auf ihre Vorschläge reagieren sollten. Außerdem erfüllte er seine Aufgabe als Übermittler von Botschaften zwischen uns und Nordvietnam außerordentlich pflichtbewußt und genau.

Anfang Juli hatten wir den Punkt erreicht, an dem ich es für sinnvoll hielt, Aubrac und Marcovich zu bitten, nach Hanoi zu reisen. Sie waren beauftragt, noch einmal die Phase-A-Phase-B-Formel vorzulegen; das heißt, die Vereinigten Staaten boten an, die Bombenangriffe zu unterbrechen oder zu beenden, sofern sich Nordvietnam verpflichtete, darauf mit entsprechenden Maßnahmen zu antworten.

Aubrac und Marcovich trafen am 21. Juli in Hanoi ein. Obwohl Ho krank war, empfing er seinen alten Freund Aubrac. Anschließend führten Aubrac und Marcovich ausführliche Gespräche mit Premierminister Pham Vang Dong. Auf die von ihnen unterbreiteten Vorschläge erwiderte der Premierminister: »Wir wollen eine bedingungslose Einstellung der Bombenangriffe, und wenn das geschieht, wird weiteren Verhandlungen nichts im Wege stehen.« Er schien gewillt zu sein, diesen Kontakt aufrechtzuerhalten, und schlug Aubrac und Marcovich vor, künftig über den nordvietnamesischen Generalkonsul in Paris, Mai Van Bo, mit ihm in Verbindung zu treten.[25]

Während Aubrac und Marcovich in Hanoi waren, nahm ich mir ein paar Tage frei, um mich um Marg zu kümmern. Ihr Magengeschwür war inzwischen so schlimm geworden, daß es operiert werden mußte. Der Eingriff wurde Anfang Juli in der Johns-Hopkins-Universitätsklinik vorgenommen. Anschließend war Marg sehr schwach und litt unter starken Schmerzen. Also beschlossen wir, in Wyoming Urlaub zu machen. Marg, Craig und ich flogen nach Jackson Hole, am Fuße des Teton Range in den Rocky Mountains. In dieser majestätischen Berglandschaft erholte sich Marg in einem Gasthaus, während Craig und ich den Grand Teton bestiegen. Die Tour unternahmen wir gemeinsam mit zwei weiteren aus Vater und Sohn bestehenden Teams, eines unter Leitung meines Staatssekretärs für das Heer, Stan Resor, das andere unter Glen Exum, der unsere Route dreißig Jahre zuvor erkundet hatte. Diese Pause tat ungeheuer gut, da wir uns nicht nur körperlich verausgabten, sondern auch die machtvolle Schönheit der Gipfel, die Zufriedenheit über die Bewältigung eines schwierigen, oft gefährlichen Aufstiegs und das starke Gemeinschaftsgefühl erlebten, das Menschen unter solchen Umständen verbindet.

Nach der Bergtour mieteten Craig und ich ein Auto, richteten für Marg auf dem Rücksitz ein Bett ein und fuhren hinunter nach Aspen, Colorado. Wir freuten uns darauf, nach dem Ferienhaus zu sehen, das wir uns unweit von Aspen in Snowmass Village hatten bauen lassen, und wollten den Schaden begutachten, den Antikriegsdemonstranten beim zweimaligen Versuch, es niederzubrennen, angerichtet hatten. Es war zwar nicht viel passiert, aber wir fühlten uns keineswegs sicher: Die Möchtegernbrandstifter hatten sich alle Mühe gegeben, das Anwesen zu zerstören. Das FBI berichtete von weiteren solchen Versuchen in späteren Jahren. Nach Patty Hearsts Festnahme wegen ihrer Mitgliedschaft in der »Symbiotischen Befreiungsarmee« in den siebziger Jahren fanden FBI-Agenten in einer Garage der Gruppe in Berkeley genaue Pläne unseres Ferienhauses. Jedes Schlafzimmer war mit dem Namen des Bewohners versehen. Als Craig und ich eines Nachmittags von einer Tour in den Bergen in der Umgebung von Aspen zurückkehrten, war das Haus, das wir für unseren Aufenthalt gemietet hatten, von Demonstranten umzingelt, die in Sprechchören ihren Protest kundtaten. Wir stahlen uns davon. Kurz nach diesem Zwischenfall brachen wir unseren Urlaub ab und flogen wieder nach Washington.

Aubrac und Marcovich kehrten am 26. Juli 1967 aus Hanoi nach Paris zurück. Henry traf die beiden eine Stunde nach ihrer Ankunft und informierte uns anschließend. Bei unserem Dienstags-Lunch am 8. August besprach ich sein Telegramm mit Dean und dem Präsidenten und erklärte, es sei »die interessanteste Mitteilung in bezug auf Verhandlungen, die wir je erhalten haben«[26]. Mit Zustimmung des Präsidenten und des Außenministers entwarf ich neue Instruktionen für Henry, die ich am folgenden Tag diktierte:

Sie sind befugt, Ihren Kontaktleuten folgende Botschaft zu übermitteln mit der Bitte, diese an Pham Van Dong weiterzuleiten:

Die Vereinigten Staaten sind bereit, die Luft- und Seeangriffe gegen Nordvietnam einzustellen, wenn dieser Schritt unmittelbar zu produktiven Gesprächen zwischen Vertretern der Vereinigten Staaten und der DRV [Demokratischen Republik (Nord)Vietnam] führt, die auf eine Beilegung der Streitfragen zwischen beiden Staaten abzielen. Wir gehen davon aus, daß sich die DRV, während die Gespräche entweder mit Wissen der Öffentlichkeit oder geheim stattfinden, die Einstellung oder Begrenzung der Bombardierung nicht zunutze macht. Jeder derartige Schritt ihrerseits wäre mit einer Beilegung der Streitfragen zwischen den Vereinigten Staaten und der DRV, die durch die Verhandlungen erreicht werden soll, unvereinbar. ...

Die Vereinigten Staaten sind bereit, sofort private Kontakte zur DRV aufzunehmen, um den obigen Lösungsweg oder etwaige Vorschläge der DRV zu prüfen, die in dieselbe Richtung gehen.

Der Präsident billigte das Memorandum am 11. August, und Henry kehrte nach Paris zurück, wo er und Chester Cooper am 17. August Gespräche mit Aubrac und Marcovich aufnahmen. Chet zufolge bedrängten ihn die Franzosen immer wieder mit der Frage, »wie sie Nordvietnam davon überzeugen könnten, daß die Vereinigten Staaten ernsthaft an Verhandlungen interessiert seien, während gleichzeitig unsere Bombenangriffe ein Rekordniveau erreichten«. Sie fragten, ob Washington bereit sei, während ihrer nächsten Reise nach Nordvietnam die Bombardierung zu vermindern – »als Signal für Hanoi, daß ihre Mission von den Vereinigten Staaten ernstgenommen wird«. Henry und Chet versprachen, sich dafür einzusetzen, und am 19. August stimmte der Präsident für die Zeit vom 24. August bis zum 4. September einer vorübergehenden Einstellung der Luftangriffe in einem Umkreis von zehn Meilen um Hanoi zu, um Aubracs und Marcovichs Sicherheit zu gewährleisten und Henry in seiner Rolle als Vermittler zu bestätigen.[27]

Was wir nicht vorausgesehen hatten und daher nicht verhindern konnten, war eine Reihe schwerer Angriffe auf Nordvietnam unmittelbar vor der geplanten Pause. Wegen schlechten Wetters über Nordvietnam hatten Luftwaffe und Marine einen Rückstand aufzuholen. Als es am 20. August aufklarte, flogen sie mehr als 200 wegen des Wetters aufgeschobene Einsätze – mehr als an jedem anderen Tag des Krieges. An den nächsten beiden Tagen folgten weitere schwere Bombenangriffe auf Ziele in Hanoi und Haiphong und an der chinesischen Grenze.

Aubrac und Marcovich reisten nicht nach Hanoi. Am 21. August lehnte Nordvietnam ihren Visumantrag mit der Begründung ab, wegen der Bombardements sei es zu gefährlich, die Hauptstadt zu besuchen. Unmißverständlich fügten die Nordvietnamesen hinzu, eine Einreisegenehmigung zu diesem Zeitpunkt würde, wie Aubrac es formulierte, »unsere Glaubwürdigkeit und letztlich auch die Ihre in Frage stellen«. Wieder waren wir kläglich daran gescheitert, unsere diplomatischen und militärischen Maßnahmen zu koordinieren.[28]

Dennoch ließen beide Seiten die Verbindung nicht abreißen. Am 8. September teilte Marcovich Bo mit, Henry werde am 9. September für etwa zehn Tage nach Paris fliegen. Bo erklärte, wenn während dieser Zeit die Luftangriffe auf Hanoi eingestellt würden, »könnte etwas in Gang kommen«. Wir sorgten dafür, daß Hanoi verschont blieb, doch die Bombardierung anderer Regionen wurde fortgesetzt, unter anderem erfolgte am 11. September ein schwerer Angriff auf Haiphong. Noch am selben Tag wies Nordvietnam unsere Vorschläge vom 9. August äußerst verärgert zurück. In der Erklärung hieß es: »Die Botschaft Amerikas wurde nach einer Eskalation der Angriffe [auf Haiphong] und unter Androhung weiterer Angriffe [auf Hanoi] übermittelt. Es liegt auf der Hand, daß dies ein Ultimatum an das vietnamesische Volk darstellt. … Erst nach der bedingungslosen Einstellung der Bombardements durch die Vereinigten Staaten und aller anderen Kriegshandlungen gegen die Demokratische Republik Vietnam wäre es möglich, Gespräche aufzunehmen.«[29]

Am selben Tag kommentierte Henry den Gang der Dinge in einem Telegramm an Washington; seiner Meinung nach stand den Vereinigten Staaten folgende Alternative offen: »(a) die Botschaft für bare Münze zu nehmen und den A-M-Kontakt zu beenden; oder (b) die Botschaft als ersten Schritt in einem komplizierten Verhandlungsprozeß aufzufassen. Alles in allem«, schrieb er weiter, »würde ich dafür plädieren, noch ein wenig weiter zu gehen.« Wir alle stimmten zu, hatten aber kaum Vorschläge parat, um Hanoi an den Verhandlungstisch zu bringen.[30]

Wie wenig wir über dieses Problem nachgedacht hatten, zeigte sich in einem Gespräch, das ich zwei Wochen zuvor mit Averell Harriman führte, der inzwischen als Beamter im Außenministerium mit der Vorbereitung möglicher Vietnam-Verhandlungen betraut war. Nach Averells Meinung mußten wir, wenn wir ernsthaft an Verhandlungen interessiert waren, unsere Ziele neu definieren. Er betonte, daß sich die Nordvietnamesen niemals bedingungslos ergeben würden. Ich stimmte ihm zu und räumte ein, aus diesem Grund sollten wir »einsehen, daß die einzige Möglichkeit zur Lösung des Konflikts die Bildung einer Koalitionsregierung ist. Darum kommen wir nicht herum.« Averell pflichtete mir bei. Doch leider erzwang keiner von uns eine Debatte dieser grundlegenden Frage innerhalb der Regierung, und Hanoi wurde kein solcher Vorschlag unterbreitet.[31]

Der Präsident, Dean und ich trafen uns am 12. September, um über Henrys Telegramm zu beraten. Der Präsident meinte, wir sollten die Bombardements einstellen, wenn das zur Aufnahme produktiver Gespräche führen würde. Ich war derselben Meinung. Doch Dean gab zu bedenken:»Sind wir denn für den Fall vorbereitet, daß sich diese Gespräche als Fehlschlag erweisen?« Wir schlossen einen Kompromiß und schickten Henry eine Botschaft, die er durch Marcovich an Bo weiterleiten sollte. Am 13. September bombardierten US-Kampfflugzeuge erneut Ziele in Hanoi und Haiphong. Henry berichtete, er habe an diesem Tag Marcovich getroffen: »M. erwiderte, jedesmal, wenn ich ihm eine Botschaft übergäbe, hätten wir gerade das Zentrum einer nordvietnamesischen Stadt bombardiert. Wenn dies noch einmal vorkäme, sei er nicht mehr bereit, als Kontaktmann zu dienen.«[32]

Wir diskutierten das Thema erneut bei unserem Dienstags-Lunch am 26. September. Nick Katzenbach trat entschieden dafür ein, die Verbindung aufrechtzuerhalten, da nun zum erstenmal seit Februar ein Dialog in Gang gekommen sei und der »Ton der Mitteilungen weniger scharf ist als zuvor«. Er fügte hinzu: »Es ist wichtig, sie zu Gesprächen zu bewegen, selbst um den Preis des Verzichts auf weitere Schläge gegen Hanoi.«

Walt Rostow protestierte: »Ich sehe keinerlei Zusammenhang zwischen Bombardements und Verhandlungen.«

»Ich glaube nicht, daß wir durch Bombenangriffe Verhandlungen erzwingen können«, entgegnete Nick scharf. Obwohl er, Dean und ich übereinstimmend meinten, daß die unsystematische Bombardierung fester Ziele im Norden kaum Auswirkungen auf den Krieg zeigte, konnten wir uns nicht auf eine Formel einigen, die Hanoi an den Verhandlungstisch bringen würde. Und so ging die Debatte weiter.[33]

Noch am selben Tag schickte Nick dem Präsidenten ein Memo, in dem er sich dafür einsetzte, den Pennsylvania-Kontakt aufrechtzuerhalten. Er schrieb, es handle sich um seine persönliche Meinung; ob Dean einverstanden sei, wisse er nicht. Das Memo begann mit den Worten: »Die Bedeutung der Paris-Kissinger-Verbindung besteht in der Tatsache, daß wir der Aufnahme eines Dialogs mit Nordvietnam noch nie so nahe gekommen sind.« Weil Nordvietnam wiederholt darauf hingewiesen habe, daß eskalierende Bombenangriffe Gesprächen im Wege stünden, empfahl Nick dem Präsidenten, »jeden eventuellen Zweifel« an der Ernsthaftigkeit unserer diplomatischen Bemühungen auszuräumen. Er erklärte:

Ich halte es nicht für wahrscheinlich, daß Hanoi derzeit bereit ist, ernsthafte Gespräche aufzunehmen. Doch meiner Meinung nach ist es angesichts der Umstände und der Wirkung nach außen wichtig, diese Möglichkeit genauestens zu prüfen. Ich glaube nicht, daß wir einen hohen Preis bezahlen, indem wir Schläge gegen einen sehr geringen Prozentsatz von Zielen in Nordvietnam aufschieben. Wie wir wissen, hat es keinerlei Einfluß auf die Kriegführung insgesamt, ob wir diese Ziele in dieser oder erst in der nächsten Woche zerstören. Es besteht jedoch eine kleine Chance, daß es einen gewissen Einfluß auf die Friedensbemühungen hat. Und diese Chance würde ich zu nutzen versuchen – auch wenn ich einräume, daß sie sehr gering ist –, weil die Folgen von so großer Tragweite sind.[34]

Widerstrebend folgte der Präsident Nicks Rat. Am 29. September hielt er in San Antonio, Texas, eine wichtige Rede, die auf der Pennsylvania-Initiative beruhte; später wurde sie als die San-Antonio-Formel bekannt. Sie ging über alle bisherigen öffentlichen Erklärungen der Vereinigten Staaten hinaus, denn sie besagte, daß wir die Bombardements unter zwei Voraussetzungen einstellen würden: Erstens, wenn wir die Zusage erhielten, daß dies unmittelbar zu produktiven Gesprächen führen werde, und zweitens, wenn sich Nordvietnam die Unterbrechung militärisch nicht zunutze machte, etwa durch die vermehrte Einschleusung von Soldaten und Nachschub in den Süden.

Die Worte des Präsidenten zeigten keine Wirkung auf die Haltung Hanois. Als Marcovich am 2. Oktober mit Bo zusammentraf, bezeichnete der nordvietnamesische Generalkonsul die Rede als »beleidigend«[35].

Hanoi kritisierte nach wie vor, daß unser Angebot mit Bedingungen verknüpft sei – nämlich der »unmittelbaren Aufnahme von produktiven Gesprächen«. Wir weigerten uns, den Wortlaut zu ändern, obwohl ich persönlich der Formulierung keine große Bedeutung beimaß. Wenn wir die Bombardierung einstellten, konnten wir sie, sofern Nordvietnam nicht redlich mit uns verhandelte, jederzeit wiederaufnehmen, ganz gleich, wie wir es formulierten. Die Debatte wurde innerhalb der Regierung fortgeführt, ohne daß es zu einer Einigung kam.

Am 18. Oktober trafen wir uns, um zu erörtern, ob die Pennsylvania-Verbindung abgebrochen werden sollte. Mit unterschiedlichem Nachdruck empfahlen Dean, Nick, Walt, Max Taylor und Henry, sie aufrechtzuerhalten. Die Berater des Präsidenten Abe Fortas und Clark Clifford drängten darauf, den Kontakt zu beenden. Ich widersprach ihnen heftig, denn ich war überzeugt, daß nach der Einstellung der Bombenangriffe rasch Gespräche folgen und diese möglicherweise zu einer Einigung führen würden. Außerdem meinte ich, daß wir innerhalb der nächsten zwölf Monate zu einer Einigung kommen mußten, und sei es nur, weil wir mit der Zeit unseren Rückhalt in der Öffentlichkeit verloren. Der Präsident instruierte Henry, Nordvietnam mitzuteilen, wir seien weiterhin gesprächsbereit, aber mit den bisherigen Ergebnissen unzufrieden.[36]

Am 20. Oktober weigerte sich Bo, Aubrac und Marcovich zu empfangen. Seine Begründung: »Es gibt nichts Neues zu sagen. Die Situation verschlimmert sich zusehends. Es besteht kein Anlaß, noch einmal miteinander zu sprechen.«

Damit war der Pennsylvania-Kontakt beendet. Doch immerhin war eine Basis für die Verhandlungen des Jahres 1968 geschaffen.[37]

Am nächsten Tag, am Samstag, dem 21. Oktober 1967, marschierten 20000 erzürnte Demonstranten zum Pentagon: fest entschlossen, das Ministerium zu blockieren.

Von derlei Plänen hatten wir schon einige Zeit vorher Kenntnis erhalten. Am 20. September traf sich der Präsident mit mir und anderen, um unsere Vorgehensweise zu besprechen. Ich erklärte ihm, wir stünden vor einem schwierigen Problem – schwierig deshalb, weil das Pentagon von seiner Lage her Angriffen schutzlos preisgegeben ist. Das riesige Gebäude – bei der Erbauung während des Zweiten Weltkriegs war es das größte der Welt – ist von einer asphaltierten Ringstraße und ausgedehnten Wiesen umgeben. Man kann sich dem Ministerium also von allen fünf Seiten her nähern.

Wir beschlossen, das Gebäude von mit Gewehren bewaffneten Soldaten schützen zu lassen, die Schulter an Schulter auf der Ringstraße postiert wurden; zwischen die Soldaten und die Demonstranten stellten wir Beamte der Bundespolizei. Uns war bewußt, daß eine einzige Reihe von Uniformierten eine große Menschenmenge nicht davon abhalten konnte, das Ministerium zu stürmen – sofern sie nicht von ihren Waffen Gebrauch machten, was wir keinesfalls erlauben wollten. Deshalb kamen Bus und ich mit den Truppenführern überein, Verstärkung zu stationieren, und zwar im grasbewachsenen Innenhof des Pentagons, wo die Mitarbeiter an sonnigen Tagen gern ihre Mittagspause verbringen. Wenn es der Menge gelingen sollte, die Linie der Verteidiger zu durchbrechen, sollten Soldaten aus dem Gebäude stürmen und die Lücke schließen. Um die Spannungen nicht zu verschlimmern, beschlossen wir, die Verstärkung nachts mit Hilfe von Hubschraubern im Innenhof abzusetzen.

Ich erklärte dem Präsidenten, ohne meine Genehmigung werde niemand sein Gewehr laden, und ich beabsichtigte nicht, sie zu erteilen. Ich fügte hinzu, Bus, der stellvertretende Justizminister Warren Christopher und ich würden die Operation persönlich von meinem Büro beziehungsweise dem Dach des Pentagons aus überwachen.

Am Tag vor dem Protestmarsch gab der Staatssekretär für das Heer, David E. McGiffert, ein Memo heraus, das durch den Stabschef der Armee an alle beteiligten Soldaten, Polizeibeamten und Angehörigen der Militärpolizei verteilt wurde. Es legte die Richtlinien ihres Einsatzes dar:

In Unterstützung der Staatsregierung stehen wir vor dem sehr delikaten und schwierigen Problem, das verfassungsmäßige Recht auf Versammlungs- und Meinungsfreiheit zu gewährleisten und gleichzeitig die Handlungsfähigkeit und das Eigentum der Regierung zu schützen. Gesetzesverstöße können wir nicht zulassen;

doch ebensowenig können wir es zulassen, daß der legitime Gebrauch von verfassungsmäßigen Rechten behindert wird. ...

Wir müssen es gleichermaßen vermeiden, zu heftig oder zu schwach zu reagieren. Wir müssen Würde und Standhaftigkeit zeigen. Wir müssen darauf achten, das Risiko von Blutvergießen und Körperverletzungen möglichst gering zu halten, auf Festnahmen weitgehend verzichten, zwischen Gesetzesbrechern und allen anderen deutlich unterscheiden und dürfen nur das Mindestmaß an Gewalt anwenden, das erforderlich ist, um die militärischen und zivilen Beschäftigten, die Handlungsfähigkeit und das Eigentum der Regierung zu schützen.[38]

Wenn ich heute, nach fast drei Jahrzehnten, Daves Worte noch einmal lese, erfüllen mich die Professionalität und das Verantwortungsbewußtsein, mit denen die US-Armee und die Bundespolizei eine nahezu unlösbare Aufgabe bewältigt haben, immer noch mit großem Stolz.

»Die Kundgebung zerfiel in zwei Teile«, berichtete die *Washington Post*:

Die erste Demonstration versammelte sich am Reflecting Pool, zwischen dem Washington Monument und dem Lincoln Memorial. Bei dieser Kundgebung waren guter Geschmack und Anstand spürbar. In geordneter Weise kamen hier über 50 000 Menschen, vorwiegend College-Studenten, zusammen. Die zweite Versammlung fand vor dem Pentagon statt. Sie war kleiner, nach Angaben des Pentagons handelte es sich um 20 000 Demonstranten. Die vordersten Reihen, etwa 3000, bestanden aus Randalierern, die der Antikriegsbewegung schweren Schaden zufügten.[39]

In den vordersten Reihen fanden sich tatsächlich viele Randalierer, die mit allen Mitteln versuchten, die Schutztruppe zur Gewalt zu provozieren. Junge Frauen rieben ihre Brüste an Soldaten, die mit dem Gewehr an der Seite stillstanden, und öffneten ihnen sogar den Hosenschlitz; doch die Soldaten rührten sich nicht. Demonstranten bewarfen die Soldaten mit Erdklumpen, Pflöcken, Flugblättern, Stöcken und Steinen; doch die Soldaten blieben an dem ihnen zugewiesenen Platz. Eine große Menschenmenge versuchte, die Linie zu durchbrechen, doch die Verteidiger wichen bis an die Eingangstore des Pentagons zurück, und aus dem Innenhof kam ihnen die Verstärkung zu Hilfe, um die Menge zurückzuhalten. Einigen Demonstranten gelang es, in das Gebäude vorzudringen, doch sie wurden rasch wieder vor die Tür gesetzt. Schließlich löste sich die Versammlung allmählich auf. Aber Tausende blieben bis in die Nacht und entzündeten Lagerfeuer. Die letzten Demonstranten zogen erst am folgenden Nachmittag ab.

Im Bericht der *Washington Post* über die Demonstration heißt es: »Obwohl das Gewaltpotential während des ganzen Nachmittags bis in die Nacht hoch war, wurde kein einziger Schuß abgefeuert, und es kam zu keinen ernsthaften Verletzungen.«[40]

Ich verfolgte die ganze Veranstaltung vom Dach des Pentagons und anderen Aussichtspunkten aus. Jahre später fragte ein Reporter, ob ich Angst gehabt hätte. Natürlich hatte ich Angst: Ein unkontrollierter Pöbel ist etwas Erschreckendes. In diesem Fall erschreckend, aber glücklicherweise wirkungslos. Gleichzeitig drängte sich mir der Gedanke auf, daß die Demonstranten, wären sie nur diszipliniert genug gewesen – so wie Gandhi –, ihr Ziel hätten erreichen können. Um das Verteidigungsministerium zu blockieren, hätten sie sich nur rund um das Gebäude auf den Boden zu legen brauchen. Es wäre unmöglich gewesen, sie alle so rasch wegzutragen, daß der Zugang zum Pentagon freigeblieben wäre.

Präsident Johnson holte weiterhin Ratschläge ein. Um zu entscheiden, ob wir unsere Kriegführung ändern sollten, und wenn ja, wie, bat er Mac Bundy um eine Einschätzung, und er berief für den 2. November eine zweite Versammlung der »Wise Men« ein.*

Mac legte seine Position in einem Memo vom 17. Oktober dar, in dem es zusammenfassend hieß: »Ich glaube, daß Sie

---

* Zur ersten Versammlung der »Wise Men« im Juli 1965 siehe Kapitel 7.

nach wie vor die richtige Politik verfolgen und daß die Meldungen aus den Kampfgebieten ermutigend sind.« Darin stimmte er mit dem einhelligen Urteil der »Wise Men« überein, zu dem sie später gelangten.

Es hatte etwas von Ironie an sich, daß Mac dem Präsidenten in demselben Memorandum riet:»Ich würde den Worten von Außenstehenden, die sich nur einen Tag lang mit der Materie befassen können, nicht zuviel Gehör schenken.«[41] Er hätte noch hinzufügen können:»Insbesondere sollten Sie den Worten einer Gruppe nicht zuviel Gehör schenken, die zwar hochangesehen, mit der Materie aber nur teilweise vertraut ist.«

Die Gruppe, die sich am Morgen des 2. November um den großen Tisch im Kabinettssaal versammelte, setzte sich ein wenig anders zusammen als jene Gruppe des Jahres 1965, als die »Wise Men« den Präsidenten aufgefordert hatten, mit allen Kräften zu verhindern, daß sich die Kommunisten in Vietnam durchsetzten. Paul Hoffman, George Kistiakowsky und Arthur Larson fehlten – man hatte sie nicht eingeladen, weil sie bekanntermaßen Johnsons Vietnampolitik ablehnten. Bob Lovett und Jack McCloy konnten der Einladung nicht folgen, weil sie verhindert waren. Die elf Experten, die am Tisch saßen, waren Dean Acheson, George Ball, Omar Bradley, Mac Bundy, Clark Clifford, Art Dean, Doug Dillon, Abe Fortas, Cabot Lodge, der ehemalige Mitarbeiter im Außenministerium Bob Murphy sowie Max Taylor.

Als der Präsident die Sitzung eröffnete, legte er den Anwesenden fünf Fragen vor:

1. Welche zusätzlichen, bisher nicht durchgeführten Maßnahmen können wir in Südvietnam ergreifen?
2. Was den Norden betrifft, sollen wir unsere bisherige Strategie weiterverfolgen? Sollen wir die Häfen verminen und die Deiche zerstören? Oder sollen wir die Bombardierung des Nordens völlig einstellen?
3. Sollen wir eine passive Politik der Verhandlungsbereitschaft

verfolgen? Sollen wir uns aggressiv um Verhandlungen bemühen? Oder sollen wir aussteigen?

4. Sollen wir uns aus Vietnam zurückziehen?
5. Welche Schritte sollte die Regierung unternehmen, um die Nation zu einen und sich dem Volk besser verständlich zu machen?

Johnson stellte die richtigen Fragen. Aber in seiner undurchschaubaren Art hatte er entscheidende Informationen zurückgehalten, die die »Wise Men« benötigt hätten, um unter Berücksichtigung aller Aspekte antworten zu können. Sie hatten am Vorabend Lageberichte von Bus Wheeler und George Carver gehört, dem Vietnam-Spezialisten der CIA, der den Kriegsverlauf wie immer optimistisch beurteilte. Aber sie hatten keine schriftlichen Unterlagen erhalten. Insbesondere wurde ihnen Konteradmiral La Rocques verheerender Bericht vorenthalten, der einen militärischen Sieg in Vietnam für höchst unwahrscheinlich hielt. Und auch Dick Helms Analyse, in der die Risiken eines amerikanischen Rückzugs als begrenzt und kontrollierbar beurteilt wurden, lag ihnen nicht vor.

Zu meiner Enttäuschung bekamen sie auch das Memorandum, das ich dem Präsidenten am Vortag geschickt hatte, nicht zu Gesicht. Es enthielt meine Einschätzung des Dilemmas, in das wir unser Land manövriert hatten, und meine nach bestem Wissen erarbeiteten Vorschläge, wie wir das Problem handhaben sollten. In meinem Begleitschreiben hatte ich auf die bitteren Tatsachen hingewiesen, denen wir uns stellen mußten: »Die Fortsetzung unseres gegenwärtigen Kurses in Südostasien wäre gefährlich, würde hohe Verluste fordern und wäre unbefriedigend für das amerikanische Volk.« Indirekt deutete ich an, daß ich verstand, wie schwer es dem Präsidenten fallen würde, sich in der Vietnamfrage von der herrschenden Meinung loszusagen und einen neuen Kurs einzuschlagen. Aber genau das empfahl ich ihm: »Das beiliegende Memorandum skizziert eine Alternative [zu dem Programm, das wir gegenwärtig verfolgen].«

Ich versicherte dem Präsidenten, daß »das Memo meine persönlichen Ansichten darstellt«, und schrieb weiter: »Weil sich diese vielleicht nicht mit den Ihren decken, habe ich das Papier weder Dean Rusk noch Walt Rostow noch Bus Wheeler gezeigt. Wenn Sie es gelesen haben und wünschen, daß ich meine Vorschläge mit ihnen diskutiere und ihnen unsere gemeinsamen Empfehlungen unterbreite, werde ich das tun.« Ich hoffte, der Präsident würde mir nach der Lektüre erlauben, mein Memorandum an die Verantwortlichen im zivilen und militärischen Bereich zu verteilen, um ausführlich darüber zu diskutieren und zu beraten. Mir war klar, daß meine Empfehlungen höchst kontrovers, vielleicht sogar unklug waren, aber sie brachten grundlegende Fragen zur Sprache, die nach einer Antwort verlangten.

Wie wir sehen werden, kam es nicht dazu.

Mein Memorandum begann mit einem Ausblick auf das kommende Jahr. Ich äußerte meine felsenfeste Überzeugung, daß »bei Fortsetzung unseres gegenwärtigen Kurses bis Ende 1968 in den Augen der amerikanischen Öffentlichkeit der Erfolg noch zu weit entfernt liegen wird, um verhindern zu können, daß die Unterstützung für unser Engagement in Vietnam weiter abbröckelt«. Doch während dieser Zeit würden wir uns »mit der Forderung nach zusätzlichen Bodentruppen beschäftigen müssen, die eine vermehrte Einberufung und/oder Mobilisierung von Reserven erfordern würde«. Dies würde wiederum zu einer Verdoppelung der amerikanischen Verluste im Jahr 1968 führen. Ich zitierte die günstigsten Prognosen, die uns vorlagen: »Zusätzlich 10 900 bis 15 000 amerikanische Gefallene und 30 000 bis 45 000 Verwundete, die stationär behandelt werden müssen.«

Schließlich wiederholte ich, was ich schon so oft über die Bombenangriffe gesagt hatte: Sie würden weder die Kämpfe im Süden deutlich reduzieren noch den Kampfeswillen des Nordens brechen. »Es ist zu erwarten«, so betonte ich, daß dieser Wille durch nichts gebrochen werden kann außer durch die Überzeugung, daß ein Erfolg ausgeschlossen ist. Diese Überzeugung wird sich aber erst dann durchsetzen, wenn [die Nordvietnamesen] zu dem Schluß kommen, daß die Vereinigten Staaten bereit sind, in Vietnam zu bleiben, ganz gleich, wie lange es dauern mag, um eine freie Entscheidung des südvietnamesischen Volkes zu gewährleisten. Es ist nicht zu erwarten, daß der Feind eher zu diesem Schluß gelangt als die amerikanische Öffentlichkeit. Und da die Amerikaner über die allzu langsam erzielten Fortschritte enttäuscht sind, eine fortgesetzte Eskalation fürchten und bezweifeln, daß alle Ansätze zu einer friedlichen Lösung ernsthaft geprüft wurden, ist die amerikanische Öffentlichkeit allem Anschein nach nicht entschlossen, durchzuhalten. Im Laufe der nächsten Monate wird man einerseits mit wachsendem Nachdruck eine Ausweitung des Krieges fordern, während andererseits die Unterstützung für die amerikanische Beteiligung an dem Kampf schwinden wird. Immer öfter wird der Ruf nach einem Rückzug Amerikas zu hören sein.

Meiner Meinung nach stellt sich tatsächlich die Frage, ob es unter diesen Umständen möglich ist, unsere Anstrengungen in Südvietnam so lange fortzusetzen, wie es zur Erreichung unserer Ziele nötig wäre.

Ich betonte, daß die Empfehlung der Vereinigten Stabschefs zur raschen Beendigung des Konflikts – geographische Ausweitung des Bodenkriegs und Intensivierung der Luftangriffe – keinerlei Anlaß zur Hoffnung gäbe, dieses Ziel auch tatsächlich zu erreichen, sondern vielmehr das immense Risiko einer Expansion des Krieges barg. Daraus folgerte ich, der einzig vernünftige Kurs bestehe in »der Stabilisierung unserer Militäroperationen im Süden, ... außerdem müssen wir unter Beweis stellen, daß unsere Luftangriffe gegen den Norden nicht die Verhandlungen blockieren, die zu einer friedlichen Lösung führen«. Im einzelnen empfahl ich:

- eine Politik der Stabilisierung anzukündigen;
- die Bombardierung Nordvietnams noch vor Jahresende einzustellen, um Verhandlungen herbeizuführen;
- die Bodenoperationen im Süden zu überdenken, um die ameri-

kanischen Verluste zu reduzieren, den Südvietnamesen größere Verantwortung für ihre Sicherheit zu übertragen und den Schaden zu mindern, den der Krieg in Südvietnam anrichtet.[42]

Alle diese Überlegungen wurden den »Wise Men« vorenthalten. Es überrascht nicht, daß ihre Antworten – in Ermangelung neuer Informationen – den vorgefaßten Meinungen über die militärische und politische Situation in Südvietnam entsprachen. Beim Bodenkrieg im Süden glaubten sie, große Verbesserungen und Fortschritte zu sehen, und drängten den Präsidenten, das gegenwärtige Programm weiterzuverfolgen. Alle, mit Ausnahme von George Ball, sprachen sich für eine Fortsetzung der Bombardierung des Nordens aus. Zur Frage von Verhandlungen meinten acht von elf, die Kommunisten würden niemals verhandeln: Sobald der Feind einsehe, daß er nicht gewinnen könne, würde er seine Feindseligkeiten einfach reduzieren und schließlich aufgeben. Die Frage, ob wir uns zurückziehen sollten, wurde einhellig verneint. Und zum fünften Punkt, wie das amerikanische Volk zu einen sei, rieten die »Wise Men«, »das Licht am Ende des Tunnels« in den Vordergrund zu stellen anstatt Schlachten, Tod und Gefahr.[43]

Das war der höchste Ratschluß der außenpolitischen Elite, der erfahrensten und besten Köpfe auf ihrem Gebiet, der Männer, die seit zwei Jahrzehnten – erfolgreich – die Probleme und Gefahren des Kalten Krieges meisterten. Wenn sie aber zu einer solchen Haltung gelangt waren und wenn Ellsworth Bunker und Westy weiterhin Erfolgsmeldungen aus den Kampfgebieten lieferten, wie konnte man da von Präsident Johnson erwarten, aus seinem festgefügten Gedankengebäude auszubrechen und sich den unbequemen Wahrheiten und unangenehmen Entscheidungen zu stellen, die ich ihm am Vortag präsentiert hatte?

Vom Präsidenten erhielt ich keine Antwort auf mein Memorandum.* Wesentlich später erfuhr ich, daß er eine Kopie an Dean Rusk geschickt hatte, der sich dazu äußern, es aber niemandem zeigen sollte. Außerdem bat er Walt Rostow, den Inhalt des Memos ohne Angabe des Autors an Nick Katzenbach, Max Taylor, William Westmoreland, Ellsworth Bunker, Clark Clifford und Abe Fortas zur Beurteilung weiterzuleiten.

Erst bei den Recherchen für dieses Buch entdeckte ich diesen Sachverhalt und erfuhr von ihren Reaktionen. Das eine Extrem war Nicks Haltung, der mir beinahe rückhaltlos zustimmte. Das andere war der Kommentar von Abe Fortas, der meinte, der Autor habe vermutlich zu viele Demonstrationszüge gesehen. »Die Analyse und die Empfehlungen«, schrieb er,

> basieren *fast ausschließlich* auf einer Einschätzung der öffentlichen Meinung in Amerika und einer *unausgesprochenen Annahme*, welche Bedeutung man ihr zumessen sollte. Ich bin *vollkommen anderer Ansicht.* ... Ich kann mir nichts *Schlimmeres* vorstellen als das vorgeschlagene Programm. ... Es *wird tatsächlich dazu führen*, daß in diesem *Land die Forderung nach dem Rückzug laut wird* – ja, es muß in der Tat als das gesehen werden, was es ist: *ein Schritt im Prozeß des Rückzugs.* Und meiner Meinung nach würde es innenpolitisch gerade *nicht* beschwichtigend wirken, sondern (zu Recht) auf Ablehnung stoßen; gleichzeitig würde es den Einfluß Rotchinas stärken und von den asiatischen Domino-Staaten als Rückzugssignal gedeutet werden [Hervorhebungen im Original].[44]

Clark Clifford behagte mein Memo ebenfalls nicht. Er schrieb: »Ich stimme den in dem Memorandum vorgelegten Empfehlungen nicht zu. ... Ich glaube, daß die darin vorgeschlagenen Maßnahmen eine mögliche Lösung des Konflikts eher verzögern als beschleunigen würden.« Zu dem Vorschlag, die Bombardierung einzustellen, meinte er: »Es fällt mir schwer, die Logik zu begreifen.« Er fand, Stabilisierung würde »als das

---

* In der Johnson Library befindet sich ein Memorandum von Walt Rostow an den Präsidenten vom 4. Dezember 1967; darin heißt es: »Anbei ein Briefentwurf von Ihnen an Minister MacNamara, der die Zustimmung zu allen Ihnen vorgelegten Ratschlägen gibt.« Doch Präsident Johnson hat mir den Brief nie geschickt.

aufgefaßt werden, was sie ist: ein resignierter und mutloser Versuch, einen Ausweg aus dem Konflikt zu finden, für den uns der Wille und die Entschlossenheit fehlen.« Und abschließend bemerkte er: »Der Präsident und alle seine Mitarbeiter möchten den Krieg beenden. Doch die Zukunft unserer Kinder und Enkelkinder verlangt, daß wir ihn beenden, nachdem wir unser Ziel erreicht, das heißt, die Aggression Nordvietnams, unterstützt durch China und Rußland, abgewehrt haben.«[45]

Mac Bundy, dem Johnson mein Memo nicht zugeleitet hatte, schickte dem Präsidenten einen zusammenfassenden Kommentar zum Treffen der »Wise Men«. Er drängte darauf, auf Regierungsebene eine Überprüfung anzuordnen, die »ein System der schrittweisen Kostensenkung ausarbeiten könnte, das über die nächsten fünf bis zehn Jahre tragbar wäre, einen Zeitraum, der, wie ich meine, von vorausschauenden Regierungsvertretern in Vietnam angenommen wird«. »Wenn eines feststeht«, so schrieb er, »dann, daß wir über einen so langen Zeitraum nicht im gegenwärtigen Tempo weitermachen können.«[46]

Warum konnte sich Präsident Johnson nicht zu einer ausführlichen und offenen Debatte über Fragen durchringen, die offensichtlich scharfe Kontroversen zwischen seinen wichtigsten Beratern auslösten? Vielleicht hatte dieses Versäumnis seine Wurzeln in der Erkenntnis, welch ein hartnäckiges Problem Vietnam darstellte; es gab keine befriedigende Lösung dafür – und keine Möglichkeit, daß sich seine Berater auf eine Linie einigten. Vielleicht sah er ganz klar, daß die Entscheidung über eine Änderung der Kriegführung bei ihm lag – und es war eine Entscheidung, die zu treffen er nicht über sich brachte.

Mein Memorandum vom 1. November bewirkte immerhin eines: Es verstärkte die Spannungen zwischen zwei Männern, die sich gegenseitig schätzten und respektierten – Lyndon Johnson und mir – bis zum Bruch. Vier Wochen später verkündete

Präsident Johnson meine Wahl zum Präsidenten der Weltbank und meinen Abschied aus dem Verteidigungsministerium zu einem nicht näher benannten Zeitpunkt.

Bis zum heutigen Tage weiß ich nicht, ob ich von mir aus gegangen bin oder gefeuert wurde. Vielleicht war es beides.

Ich hatte mich schon lange für Entwicklungsländer interessiert. Vor der Amerikanischen Vereinigung der Zeitungsverleger hatte ich dazu am 18. Mai 1966 in Montreal eine höchst umstrittene Rede gehalten. Ich sagte: »Bei uns besteht ... die Neigung, unsere Sicherheitsfrage ausschließlich als militärisches Problem zu sehen.« Diesem Standpunkt widersprach ich. »Ein Land kann den Punkt erreichen, an dem es nicht einfach durch den Kauf von immer mehr Rüstungsgütern ein Mehr an Sicherheit erwirbt, und wir befinden uns an diesem Punkt.« Ich glaube, daß die Beziehung zwischen Verteidigungsausgaben und Sicherheit in einer Kurve darstellbar ist, bei der bis zu einem gewissen Punkt die Sicherheit mit dem Wachstum der Verteidigungsausgaben zunimmt, dann aber wird die Kurve flacher und kann schließlich sogar abfallen. Meiner Meinung nach hatten die Vereinigten Staaten 1966 den flachen Bereich der Kurve erreicht. Und auch heute befinden wir uns in derselben Lage.

Statt die Militärausgaben zu steigern, so erklärte ich den Verlegern, sollten wir »jene Entwicklungsländer unterstützen, die unsere Hilfe wirklich benötigen, die uns darum ersuchen und die – eine entscheidende Voraussetzung – den Willen und die Fähigkeit mitbringen, sich selbst zu helfen«. Ich bemerkte, daß die ohnehin schon gefährliche Kluft zwischen reichen und armen Ländern immer breiter werde und daß die Armut in einem Land zu sozialen und politischen Spannungen führe, die sich oft in einem Konflikt zwischen verschiedenen Nationen entlade. Kurzum, ich war überzeugt, daß wir durch den Transfer eines Teils der Verteidigungsausgaben auf die Auslandshilfe größere Sicherheit erreichen würden.

Niemand erwartete zu Kriegszeiten eine solche Rede von einem Verteidigungsminister. Sie brachte mir scharfe Kritik von den Falken im Kongreß ein und bereitete dem Präsidenten (mit dem ich sie nicht abgesprochen hatte) große Unannehmlichkeiten. Aber sie spiegelte meine Überzeugung wider. Und diese Überzeugung war auch für meine Antwort auf George Woods Anfrage vom Frühjahr 1967 ausschlaggebend gewesen, der mir bei einem Essen erklärt hatte, seine fünfjährige Amtszeit als Präsident der Weltbank ende am 31. Dezember, und er sähe mich gern als seinen Nachfolger. Ich zeigte mich sehr interessiert, fügte aber hinzu, ich hätte allen, die mir attraktive Angebote unterbreitet hätten – unter anderem einen mit 2,5 Millionen Dollar (nach damaligem Wert) dotierten Wall-Street-Posten –, erklärt, daß ich solche Angebote nicht in Betracht ziehen würde, solange mich der Präsident in meinem jetzigen Amt haben wolle.

Ich hatte dem Präsidenten damals von dem Gespräch berichtet; wir hatten es aber nie mehr erwähnt, bis er mich im September oder Oktober aus heiterem Himmel fragte, ob sich in dieser Sache etwas ergeben habe. Daraufhin erklärte ich, ungeachtet meines Interesses an Georges Angebot würde ich im Verteidigungsministerium bleiben, solange der Präsident es wünsche.

»Sie haben sich von dieser Regierung jede Auszeichnung verdient, die Sie wollen«, sagte er. »Ich bin verpflichtet, Ihnen zu helfen, und Sie können alles bekommen, was ich zu vergeben habe.«

»Wir sind dem Präsidenten verpflichtet, nicht umgekehrt«, erwiderte ich. Und dabei beließen wir es.

Am 8. November besuchte mich George in meinem Büro, und wir fuhren zusammen zum Weißen Haus, wo ich an einem Essen teilnehmen sollte. Er sagte, die Neuwahl des Präsidenten der Weltbank stehe bevor, und er beabsichtige, Joe Fowler – dem es als Finanzminister und für die Weltbank zuständigen Gouverneur oblag, die Nominierungen vorzulegen – mitzuteilen, daß ich sein Kandidat sei. Erst Jahre später erzählte mir George, was Joe und der Präsident getan hatten. Joe suchte, ehe er meinen Namen an das Direktorium weitergab, den Präsidenten auf, um die Nominierung abzuklären. Wie George berichtete, hatte Joe, der selbst auf das Amt des Weltbankpräsidenten hoffte, Lyndon B. Johnson erklärt, es sei üblich, drei Namen vorzulegen. In seiner typischen Art erwiderte der Präsident: »Okay, dann schreiben Sie McNamara, McNamara, McNamara.«

Am 27. November konnte man das Gerücht über meine Nominierung in der Londoner *Financial Times* nachlesen. Zwei Tage später erschienen George und fünf Weltbankdirektoren in meinem Büro und boten mir das Amt an. Ich sagte zu. Am nächsten Tag gab Präsident Johnson bekannt, ich würde das Pentagon verlassen, um zur Weltbank zu gehen.

Es entbehrt nicht einer gewissen Ironie, daß ich nicht weiß, ob dem Präsidenten selbst klar war, wie und warum es zu meinem Abschied kam. Er wußte, daß ich politisch und persönlich loyal zu ihm stand. Und ich spürte, daß er mir, wie gesagt, ähnliche Gefühle entgegenbrachte, ungeachtet unserer schwerwiegenden Meinungsverschiedenheiten über Vietnam. Er muß vermutet haben, daß ich an Rücktritt gedacht hatte, und meiner Meinung nach war er darüber erleichtert, daß ich diesen Schritt nicht getan hatte.

Warum bin ich also gegangen? Ich war nicht krank, auch wenn die Zeitungen dergleichen berichteten und der Präsident Mitarbeitern anvertraut hatte, er befürchte, ich könnte Selbstmord verüben, so wie Trumans erster Verteidigungsminister James V. Forrestal. Seither wurde gemunkelt, ich sei einem seelischen und körperlichen Zusammenbruch nahe gewesen. Das war nicht der Fall. Natürlich stand ich unter Streß. Ich hatte Streit mit dem Präsidenten der Vereinigten Staaten; ich bekam keine Antworten auf meine Fragen, und meine Nerven waren bis zum Zerreißen angespannt. Aber ich befand mich nicht in medizinischer Behandlung, nahm keine Medikamente

– außer hin und wieder eine Schlaftablette – und hegte keine Selbstmordgedanken.

Tatsache ist: Ich war zu dem Schluß gekommen und hatte dies dem Präsidenten auch klipp und klar gesagt, daß unser Ziel in Vietnam durch vernünftige militärische Mittel nicht zu erreichen sei; und deshalb schlug ich vor, ein weniger hoch gegriffenes politisches Ziel durch Verhandlungen anzupeilen. Präsident Johnson war nicht bereit, das zu akzeptieren. Mit der Zeit wurde uns beiden klar, daß ich meine Meinung ebensowenig ändern würde wie er die seine. Etwas mußte geschehen.

Damals und auch später haben mir viele meiner Freunde vorgehalten, es sei ein Fehler gewesen, daß ich nicht aus Protest gegen die Politik des Präsidenten zurückgetreten sei. Ich möchte hier erklären, warum ich das nicht getan habe. Der Präsident ist (mit Ausnahme des Vizepräsidenten) der einzige gewählte Vertreter der politischen Exekutive. Er ernennt sämtliche Mitglieder seines Kabinetts, und diese sind niemandem verpflichtet außer ihm. Nur so sind Minister dem Volk rechenschaftspflichtig: Die Autorität und Legitimität eines Ministers leiten sich vom Präsidenten her. Es ist jedoch nicht zu leugnen, daß einige Minister, wenn sie häufig im Scheinwerferlicht der Öffentlichkeit stehen, eine vom Präsidenten unabhängige Macht entwickeln.

Bis zu einem gewissen Grad traf das auch auf mich zu. Und manche sagten, ich hätte meine Macht nutzen und zurücktreten sollen, um die Vietnampolitik des Präsidenten zu kritisieren und mich an die Spitze jener zu stellen, die einen Kurswechsel erzwingen wollten. Aber damit hätte ich meine Verantwortung gegenüber dem Präsidenten und meinen Eid auf die Verfassung verletzt.

Ich werde nie vergessen, was mir Dean Acheson erzählte. Anfang der dreißiger Jahre war er unter Franklin Roosevelt als Staatssekretär im Finanzministerium tätig gewesen und hatte festgestellt, daß er die Geld- und Kreditpolitik des Präsidenten nicht mittragen konnte. Also war er zurückgetreten – in aller Stille. Roosevelt hatte ihm daraufhin gesagt, er sei seines Wissens das einzige Regierungsmitglied, das so zurückgetreten sei, wie die Verfassung es vorsah. Diese Lehre ist mir noch deutlich in Erinnerung.*

Schlicht gesagt, stand ich ungeachtet meiner tiefen Differenzen mit Lyndon Johnson hinsichtlich Vietnams loyal zu ihm, und ich spürte, daß er sich mir gegenüber ähnlich verhielt. Überdies glaubte ich bis zu dem Tage, an dem ich ging, seine Entscheidungen beeinflussen zu können. Deshalb empfand ich es als meine Pflicht, auf meinem Posten zu bleiben.

In den drei Monaten zwischen dem 29. November und meinem Abschied aus dem Pentagon folgte eine Krise auf die andere: Nordvietnamesische Truppen begannen mit der Belagerung des Marinestützpunkts Khe Sanh im Nordwesten Südvietnams; am 23. Januar kaperte Nordkorea das amerikanische Nachrichtendienstschiff *Pueblo* in internationalen Gewässern vor der koreanischen Halbinsel; eine Woche später schoß sich der Vietcong den Weg in die amerikanische Botschaft in Saigon frei, ein Auftakt zur blutigen Tet-Offensive.

Meine letzte Amtshandlung in Sachen Vietnam am 27. Februar 1968 bestand in der Ablehnung von Westys erneuter Forderung nach weiteren 200 000 Mann, was ich mit wirtschaftlichen, politischen und moralischen Argumenten begründete. Mein Nachfolger Clark Clifford nahm später dieselbe Haltung ein.

Als der Tag meines Abschieds heranrückte, schrieb ich folgenden Brief an Lyndon B. Johnson[47]:

---

* Außenminister Cy Vance folgte im Frühjahr 1980 diesem Grundsatz. Da er Präsident Carters Versuch, die Geiseln in der iranischen US-Botschaft zu befreien, nicht billigte und das Gefühl hatte, die Entscheidungen des Präsidenten nicht mehr beeinflussen zu können, teilte er Carter mit, er wolle zurücktreten – nach dem Rettungsversuch und unabhängig davon, ob er gelinge oder scheitere.

February 23, 1918

Dear Mr. President

I cannot find words to express to you the feelings that lie in my heart.

Fifty-one months ago you asked me to serve in your cabinet. No other period in my life has brought so much struggle -- or so much satisfaction. The struggle would have been infinitely greater and the satisfaction immeasurably less if I had not received your full support every step of the way.

No man could fail to be proud of service in an administration which has recorded the progress yours has in the fields of civil rights, health and education. One hundred years of neglect can not be overcome overnight. That you have pushed, dragged and cajoled the nation into a better life from which my children and my childrens' children will benefit for decades to come. I know the price you have paid, both personally and politically. Every citizen of our land is in your debt.

I will not say goodbye — you know you have but if called and I will respond.

Sincerely

FM.

403

23. Februar 1968

Verehrter Mr. President,
ich finde keine Worte für die Gefühle, die mich bewegen. Vor einundfünfzig Monaten baten Sie mich, in Ihrem Kabinett mitzuarbeiten. Kein anderer Zeitraum meines Lebens hat mir so große Anstrengungen – und soviel Befriedigung gebracht. Die Anstrengungen wären noch gewaltiger und die Befriedigung unvergleichlich geringer gewesen, wenn ich nicht bei jedem Schritt auf diesem Weg Ihre volle Unterstützung erhalten hätte.

Jeder muß stolz darauf sein, in einer Regierung mitgearbeitet zu haben, die im Bereich der Bürgerrechte, der Gesundheit und der Erziehung soviel geleistet hat. Hundertjährige Versäumnisse können nicht über Nacht ausgeglichen werden. Aber Sie haben der Nation wichtige Reformen abgerungen, von denen meine Kinder und meine Kindeskinder in den kommenden Jahrzehnten profitieren werden. Ich kenne den Preis, den Sie dafür bezahlt haben, sowohl persönlich als auch politisch. Jeder Bürger unseres Landes steht in Ihrer Schuld.

Ich will mich nicht verabschieden – Sie wissen, daß Sie sich nur zu melden brauchen, und ich bin für Sie da.

Herzlichst
Bob

Marg hatte dem Präsidenten und Lady Bird bereits geschrieben und erhielt eine rührende Antwort von Johnson, in der es unter anderem hieß[48]:

Uns beiden ist trostlos zumute angesichts dieses Abschieds. Sie wissen, wenn ich den »passenden Zeitpunkt« für die Trennung von Bob abwarten wollte, dann wäre es vierundzwanzig Stunden, bevor ich selbst mein Amt niederlege. Ich habe nie jemanden mehr bewundert und geschätzt als Ihren Mann. Für die Tage, die vor uns liegen, sehe ich einen Lichtblick in einer Zeile Ihres Briefes. Auch wenn sich unser Leben ändern wird, schreiben Sie, bleiben wir doch dieselben. Die Gefühle, die Lady Bird und ich Ihnen beiden entgegenbringen, werden sich niemals ändern. Sie überdauern in Bewunderung und Dankbarkeit.

Mit herzlichen Grüßen
L. B. J.

Als der Präsident zu meiner Abschiedsfeier am 29. Februar ins Pentagon kam, stiegen wir gemeinsam in den Aufzug, um in mein Büro zu fahren – und blieben zwischen zwei Stockwerken stecken. Der Sergeant, der den Fahrstuhl bediente, verständigte über das Nottelephon das Wartungspersonal. Ein Monteur fragte: »Sind Sie voll beladen?« – »Das kann man wohl sagen«, erwiderte der Sergeant. Wir steckten zehn oder fünfzehn Minuten fest; ich brauche nicht zu betonen, daß der Secret Service geradezu verzweifelte Anstrengungen unternahm, um uns zu befreien. Schließlich kletterte ein Beamter durch das Kabinendach und holte uns heraus.

Dann begaben wir uns auf das Paradegelände zwischen Fluß und Pentagon. Obwohl wegen des Krieges niemand in Feststimmung war, mußte dem Protokoll Genüge getan werden. Das Militär hatte eine Abschiedszeremonie nach allen Regeln der Tradition auf die Beine gestellt – mit Reden, einer Musikkapelle, einer Ehrenwache, einem Artilleriesalut und dem Vorbeiflug von Marine- und Luftwaffenjets. Es erschien mir fast passend, daß die Feierlichkeiten bei Sturm und Schneeregen stattfanden, so daß die Luftparade abgesagt und die Reden abgekürzt werden mußten. Alle Teilnehmer waren am Ende durchgefroren und durchnäßt.

Am Tag zuvor hatte mir Präsident Johnson im East Room des Weißen Hauses in Anwesenheit von Angehörigen, Freunden und Regierungsvertretern die Freiheitsmedaille verliehen. Sieben Jahre zuvor hatte ich in diesem Raum gestanden und voller Stolz meinen Amtseid abgelegt. Für jemanden, dessen Image von Sachlichkeit und Leistung bestimmt ist, bin ich manchmal ziemlich emotional, und so war es auch an diesem Tag. Als ich das Wort ergreifen sollte, sah ich den Präsidenten an und begann: »Ich finde keine Worte für das, was ich heute empfinde ...« Dann brachte ich nichts mehr heraus, denn ich kämpfte mit widersprüchlichen Gefühlen des Stolzes, der Dankbarkeit, der Enttäuschung, der Trauer und des Scheiterns. Wenn ich hätte sprechen können, vielleicht hätte ich etwa folgendes gesagt:

Heute endet nach 1558 Tagen die überaus enge Zusammenarbeit mit dem kompliziertesten Menschen, den ich je gekannt habe. Viele der Anwesenden halten Lyndon Johnson für grob, unangenehm, nachtragend, intrigant, unehrlich. Vielleicht hat er hin und wieder alle diese Eigenschaften an den Tag gelegt. Aber er ist dennoch viel, viel mehr. Ich glaube, daß in den kommenden Jahrzehnten die Geschichte seine Leistungen würdigen wird – zum Beispiel durch die Gesetzgebung zu den Bürgerrechten, zum Stimmrecht und zur »Great Society«. Damit hat er uns alle stärker als jeder andere politische Führer unserer Zeit auf unsere Verantwortung aufmerksam gemacht, unsere Verantwortung gegenüber den Armen, den Benachteiligten und den Opfern rassistischer Vorurteile. Aber wäre Vietnam nicht gewesen, ein Krieg, den er geerbt hat – und den zugegebenermaßen weder er noch wir klug geführt haben –, dann hätten wir mit der Lösung dieser Probleme noch viel weiter vorankommen können.

Dreizehn Jahre später, am 16. Januar 1981, kehrte ich mit Marg noch einmal in den East Room zurück. Diesmal wurde sie geehrt, und ich befand mich unter den Zuschauern. Präsident Carter verlieh ihr die Freiheitsmedaille für die Gründung von »Reading Is Fundamental«, einem Programm, das sozial benachteiligte Jugendliche zum Lesen ermutigt. Marg stand am Ende eines langen Kampfes gegen den Krebs. Als sie, 17 Tage nach der Zeremonie, starb, arbeiteten im ganzen Land 70 000 ehrenamtliche Helfer in ihrer Organisation.

11.

DIE LEHREN AUS VIETNAM

Mein Engagement in Vietnam endete einen Tag nachdem ich den East Room verlassen hatte. Der Krieg hingegen sollte noch weitere sieben Jahre andauern. Als die Vereinigten Staaten 1973 schließlich aus Südvietnam abzogen, hatten wir den Verlust von mehr als 58 000 Menschenleben zu beklagen. Die Kriegsausgaben – jahrelang übermäßig hoch und unsachgemäß finanziert – hatten unserer Wirtschaft erheblichen Schaden zugefügt. Und der politische Konsens unserer Gesellschaft war zu Bruch gegangen; erst Jahrzehnte später gelang es, ihn wieder herzustellen.

War dieser hohe Preis gerechtfertigt?

Dean Rusk, Walt Rostow, Lee Kwan Yew und viele andere Geopolitiker aus aller Welt bejahen diese Frage. Sie sind zu dem Schluß gekommen, daß ohne die Intervention der Vereinigten Staaten die Sowjetunion und China die kommunistische Herrschaft in Süd- und Ostasien weiter ausgedehnt hätten, mit dem Ziel einer Hegemonie über Indonesien, Thailand und gegebenenfalls Indien. Manche Politiker meinen sogar, ohne das Eingreifen der USA hätte sich die UdSSR ermutigt gefühlt, noch weitere Regionen, insbesondere den Nahen Osten, unter ihren Einfluß zu bringen, um dort womöglich die ölproduzierenden Länder kontrollieren zu können. Sie mögen recht haben, doch ich hege starke Zweifel an einer solchen Beurteilung.

Erst wenn die Wissenschaftler Zugang zu den Archiven der ehemaligen Sowjetunion, Chinas und Vietnams erhalten, werden wir mehr darüber erfahren, was diese Länder beabsichtigten. Aber unabhängig davon wissen wir, daß während des vierzigjährigen Kalten Krieges die Gefahr einer kommunistischen

Aggression bestanden hat und nicht zu unterschätzen war. Wenngleich der Westen zwischen 1950 und 1990 die Macht der kommunistischen Staaten und ihre Fähigkeit, sie einzusetzen, häufig falsch beurteilt und daher überbewertet hat, wäre es tollkühn und unverantwortlich gewesen, uns gegen die Bedrohung nicht zu wehren.

Allerdings bezweifle ich heute, daß sich die Sowjetunion und China in den siebziger und achtziger Jahren wesentlich anders verhalten und mehr Einfluß gewonnen hätten, wenn die Vereinigten Staaten nicht in den Indochinakrieg eingetreten wären beziehungsweise wenn wir uns Anfang oder Mitte der sechziger Jahre aus Vietnam zurückgezogen hätten. Bereits zu jenem Zeitpunkt hätte jedem klar sein müssen, daß die beiden Bedingungen, die Präsident Kennedys Entscheidung zur Entsendung von Militärberatern nach Südvietnam zugrunde lagen, nicht erfüllt waren und auch gar nicht erfüllt werden konnten: Zum einen fehlte es an politischer Stabilität, und es war auch unwahrscheinlich, daß sie jemals hergestellt werden konnte; und zum anderen waren die Südvietnamesen trotz unserer Hilfe bei der militärischen Ausbildung und unserer logistischen Unterstützung nicht in der Lage, sich selbst zu verteidigen.

In Anbetracht dieser Tatsachen – und um solche handelt es sich eben – glaube ich, daß wir uns entweder Ende 1963 während der Unruhen nach Diems Ermordung oder Ende 1964/Anfang 1965 angesichts der zunehmenden politischen und militärischen Schwäche Südvietnams hätten zurückziehen können und müssen. Wie die nachfolgende Tabelle zeigt, gab es mindestens noch drei weitere Gelegenheiten, die einen Rückzug gerechtfertigt hätten.

Ich glaube nicht, daß ein Rückzug der USA zu einem der genannten Zeitpunkte – vorausgesetzt, man hätte der amerikanischen Bevölkerung und der übrigen Welt eine angemessene Erklärung hierfür gegeben – Westeuropa veranlaßt hätte, unsere Unterstützung der NATO und damit unsere Sicherheitsgarantien anzuzweifeln. Auch Japan hätte das Vertrauen in unsere

Rückzugs-datum	Stärke der US-Streit-kräfte in Südvietnam	US-Ver-luste (Tote) bei Kampf-einsätzen	Begründung für einen Rückzug
Nov. 1963	16 300 Militär-berater[a]	78	Zusammenbruch des Diem-Regimes und mangelnde politische Stabilität
Ende 1964 oder Anfang 1965	23 300 Militär-berater	225	Deutliche Anzeichen für Südvietnams Unvermögen zur Selbstverteidigung, auch nach US-Hilfe bei militärischer Ausbildung und logistischer Unterstützung
Juli 1965	81 400 Mann reguläre Truppen	509	Weitere Bestätigung der obengenannten Gründe
Dezember 1965	184 300 Mann reguläre Truppen	1 594	Militärische Taktik und Aus-bildung der US-Streitkräfte erweisen sich als unge-eignet für Guerillakrieg
Dezember 1967	485 600 Mann reguläre Truppen	15 979	Aus CIA-Berichten geht her-vor, daß Nordvietnam auch durch eine Bombardierung nicht zur Aufgabe gezwun-gen werden könnte, da wir nicht in der Lage sind, die feindlichen Kräfte aus Süd-vietnam zu vertreiben.
Januar 1973	543 400 Mann reguläre Truppen (April 1969)	58 191[b]	Unterzeichnung des Pariser Vietnam-Abkommens als Markstein der Beendigung des militärischen Engage-ments der USA

[a] Diese und alle folgenden Zahlen stammen aus dem U. S. Center of Military History, Washington, D. C.

[b] Am 31. Dezember 1968 belief sich die Anzahl der bei Kampfeinsätzen in Vietnam getöteten US-Soldaten auf 30 568.

Sicherheitsverträge wohl nicht verloren. Im Gegenteil, möglicherweise hätten wir an Glaubwürdigkeit gewonnen, wenn wir aus Vietnam abgezogen wären und unsere Kräfte für andere Positionen aufgespart hätten, die leichter zu verteidigen waren.

Hin und wieder ist die Meinung zu hören, nach dem Ende des Kalten Krieges habe sich die Welt so sehr verändert, daß die aus Vietnam gezogenen Lehren überholt und für das 21. Jahrhundert bedeutungslos seien. Diese Ansicht teile ich nicht; ich vertrete vielmehr die Auffassung, daß wir unsere Fehler analysieren müssen, wenn wir aus unseren Erfahrungen lernen wollen. Für unser Scheitern in Vietnam waren vor allem elf Gründe verantwortlich:

1. Wir haben die geopolitischen Absichten unserer Gegner (das heißt Nordvietnams und des Vietcong, unterstützt von China und der Sowjetunion) falsch eingeschätzt und die Gefahren, die den Vereinigten Staaten aus ihrem Vorgehen drohten, überbewertet.

2. Wir haben die Bevölkerung und die führenden Politiker Südvietnams nach unseren Maßstäben beurteilt: Wir meinten, sie hätten einen übermächtigen Wunsch nach Freiheit und Demokratie und seien entschlossen, dafür zu kämpfen. Wir haben die politischen Kräfte dieses Landes ganz und gar falsch eingeschätzt.

3. Wir haben unterschätzt, welche Kraft das Nationalbewußtsein einem Volk (hier den Nordvietnamesen und dem Vietcong) verleiht, für seine Überzeugungen und Werte zu kämpfen und zu sterben. Und noch nicht einmal heute tragen wir dieser Tatsache in vielen Teilen der Welt Rechnung.

4. Unsere Fehleinschätzung von Freund und Feind hat unsere völlige Unkenntnis bewiesen, was Geschichte, Kultur und Politik der Völker Indochinas sowie die Persönlichkeit und Haltung der führenden Politiker dieser Länder angeht. Und hätten uns nicht Tommy Thompson, Chip Bohlen und George Kennan mit Rat und Tat zur Seite gestanden, so wären uns bei den wiederholten Konfrontationen mit den Sowjets – man denke an

Berlin, Kuba und den Nahen Osten – ähnliche Fehler unterlaufen. Diese erfahrenen Diplomaten hatten Jahrzehnte darauf verwandt, die Sowjetunion, seine Bevölkerung und seine Politiker zu beobachten, zu analysieren und herauszufinden, weshalb diese Menschen sich so verhielten und nicht anders und wie sie auf unsere Aktionen möglicherweise reagieren würden. Bei Beurteilungen und Entscheidungen erwies sich ihr Rat als unbezahlbar. Solche Experten, auf die sich die Verantwortlichen bei Entscheidungen über Vietnam hätten stützen können, standen uns für den südostasiatischen Raum nicht zur Verfügung.

5. Zudem haben wir nicht erkannt – und das gilt bis heute –, daß den modernen, hochtechnologisch ausgerüsteten Streitkräften und den für sie entwickelten Strategien Grenzen gesetzt sind, wenn es zur Konfrontation mit einem unkonventionell kämpfenden und hochmotivierten Volk kommt. Auch ist es uns nicht gelungen, unsere militärische Taktik so auszurichten, daß wir die Herzen und den Verstand der Menschen eines vollkommen andersgearteten Kulturkreises hätten gewinnen können.

6. Wir haben es versäumt, den Kongreß und die amerikanische Bevölkerung vorab in eine Diskussion über das Pro und Contra eines großangelegten militärischen Engagements der USA in Südostasien einzubeziehen.

7. Nachdem das Unternehmen bereits in Gang gekommen war und aufgrund unerwarteter Ereignisse einen anderen Verlauf nahm als geplant, ist es uns nicht gelungen, in der Bevölkerung dafür einen Rückhalt zu finden. Das lag zum Teil daran, daß wir nicht umfassend über die Geschehnisse und unsere Vorgehensweise Auskunft gaben. Wir hatten die Öffentlichkeit nicht darauf vorbereitet, die komplizierten Ereignisse zu verstehen, mit denen wir es zu tun hatten. Und wir hatten der Nation nicht erklärt, wie man konstruktiv reagiert, wenn man in unbekannten Gewässern einen neuen Kurs einschlagen muß. Die größte Stärke eines Landes liegt nicht in seinem militärischen Können, sondern in der Einigkeit seines Volkes. Es ist uns nicht gelungen, diese zu bewahren.

8. Wir haben nicht erkannt, daß weder unser Volk noch die führenden Politiker allwissend sind. Sofern unsere eigene Sicherheit nicht unmittelbar gefährdet ist, sollte unsere Meinung darüber, was für ein anderes Volk oder Land von größtem

Nutzen ist, auf internationalen Foren in öffentlicher Diskussion einer Prüfung unterzogen werden. Wir haben keinerlei von Gott verliehenes Recht, jede beliebige Nation nach unseren Vorstellungen zu formen.

9. Wir haben nicht den Grundsatz befolgt, daß militärische Aktionen der USA, sofern sie nicht als Erwiderung auf eine direkte Bedrohung unserer eigenen Sicherheit erfolgen, nur in Übereinkunft mit multinationalen Streitkräften und bei umfassender Unterstützung (nicht nur pro forma) durch die internationale Staatengemeinschaft erfolgen dürfen.

10. Wir haben nicht erkannt, daß ebenso wie im täglichen Leben auch auf internationaler Ebene Schwierigkeiten auftauchen können, für die es keine unmittelbaren Antworten gibt. Für jemanden, der sich zum Lösen von Problemen berufen fühlt, ist das eine besonders betrübliche Erkenntnis. Aber zuweilen bleibt uns nichts anderes übrig, als uns mit einer unvollkommenen und unordentlichen Welt abzufinden.

11. Viele dieser Fehler resultierten aus unserem Unvermögen, die ranghöchsten Verantwortlichen in der Regierung anzuleiten, wie man mit solch außergewöhnlich komplizierten politischen und militärischen Fragen effizient umgeht, auch im Hinblick auf die hohen Risiken und Kosten, die entstehen – vor allem der Verlust von Menschen –, wenn einem über einen langen Zeitraum hinweg die Anwendung militärischer Gewalt aufgezwungen wird. Eine solche Schwäche wäre zu verschmerzen gewesen, hätten der Präsident und seine Berater nur mit dieser einzigen Aufgabe zu tun gehabt.

Selbstverständlich war dem nicht so. Daneben gab es gleichzeitig noch eine Vielzahl innenpolitischer und internationaler Probleme, mit denen wir uns beschäftigen mußten. Daher haben wir versäumt, unser Vorgehen in Südostasien – unsere Ziele, die Risiken und Kosten alternativer Handlungsweisen und die Notwendigkeit eines Kurswechsels bei einem absehbaren Scheitern –, ebenso intensiv und gründlich zu analysieren und zu erörtern, wie dies in den Debatten des Exekutivkomitees während der Kubakrise geschehen war.

Das waren im wesentlichen unsere Fehler. Wenn auch einzeln aufgeführt, sind sie in gewisser Weise doch alle miteinander verknüpft: Das Versagen auf der einen Ebene bewirkte oder verstärkte das Versagen auf einer anderen, bis sich alles zu einem unentwirrbaren Knoten verdichtete. Erst wenn wir uns diese Fehler klarmachen, können wir die Lehren aus Vietnam ziehen und sie auf die Weltlage nach dem Kalten Krieg übertragen.

Obgleich seit Mitte der achtziger Jahre die Zeichen für ein nahendes Ende des Kalten Krieges nicht mehr zu übersehen waren, änderten die Staaten weltweit ihre Außen- und Verteidigungspolitik nur zögerlich – zum Teil wohl deshalb, weil nicht absehbar war, was sie erwartete.

Wie die irakische Invasion in Kuwait, der Bürgerkrieg im ehemaligen Jugoslawien, die Unruhen in Tschetschenien, Somalia, auf Haiti, im Sudan, in Burundi, in Armenien und Tadschikistan erkennen lassen, wird auch in Zukunft die Welt nicht frei sein von Konflikten zwischen gegnerischen Gruppen innerhalb eines Landes und möglicherweise über Landesgrenzen hinaus. Spannungen aufgrund von Rassenunterschieden, von verschiedener Religionszugehörigkeit und ethnischer Herkunft wird es weiterhin geben. Auf dem gesamten Globus wird der nationalistische Gedanke eine starke Antriebskraft darstellen. Aus gesellschaftlichen Entwicklungen werden politische Umwälzungen entstehen. Der altbekannte Disput über politische Grenzziehungen wird fortdauern. Und das wirtschaftliche Ungleichgewicht zwischen den Nationen wird entsprechend der geographisch ungleich verlaufenden Entwicklung in Technologie und Bildung zunehmen. Die möglichen Ursachen für einen dritten Weltkrieg, die bereits lange vor dem Kalten Krieg existierten, sind mit dessen Ende nicht beseitigt. Sie liegen in potentiellen Auseinandersetzungen zwischen den Staaten der ehemaligen UdSSR und in anhaltenden Spannungen im Nahen Osten. Derartige Unruhen haben in den vergangenen 45 Jahren in der Dritten Welt zu 125 Kriegen mit vierzig Millionen Toten geführt.[1]

Somit wird sich die Welt von morgen nicht von der von gestern unterscheiden: Innerstaatliche und internationale Konflikte werden nach wie vor ausbrechen. Doch die Beziehungen der Staaten zueinander werden sich dramatisch verändern.

413

In den Nachkriegsjahren hatten die Vereinigten Staaten die Macht – und sie machten auch kräftig Gebrauch davon –, um den Globus nach ihren Vorstellungen zu gestalten. Das wird im kommenden Jahrhundert nicht mehr möglich sein.

Japan wird innerhalb des Weltgefüges eine immer wichtigere Rolle spielen, indem es stärkere wirtschaftliche und politische Macht ausübt und hoffentlich auch größere wirtschaftliche und politische Verantwortung trägt. Das gilt gleichermaßen für Westeuropa, das 1993 einen wesentlichen Schritt in Richtung wirtschaftliche Integration vollzogen hat. Trotz bestehender Widerstände gegen den Vertrag von Maastricht wird dies zu größerer politischer Einheit führen und Europas Einfluß auf die Weltpolitik stärken.

Bis zur Mitte des kommenden Jahrhunderts werden in manchen Staaten, die wir bisher als Dritte-Welt-Länder bezeichnet haben, Bevölkerungszahl und Wirtschaftskraft dramatisch anwachsen und diesen Ländern im internationalen Gefüge eine beträchtliche Macht verleihen. Indien wird voraussichtlich 1,6 Milliarden Einwohner zählen, Nigeria 400 Millionen und Brasilien 300 Millionen. Sollte China seine hochgesteckten wirtschaftlichen Ziele für das Jahr 2000 erreichen und in den kommenden fünfzig Jahren angemessene, wenn auch nicht aufsehenerregende Zuwachsraten beibehalten, wird seine Bevölkerung von 1,6 Milliarden Menschen über ein Einkommen und einen Lebensstandard verfügen, der mit jenem der Westeuropäer Mitte unseres Jahrhunderts vergleichbar ist. Chinas Bruttosozialprodukt wird das der Vereinigten Staaten, Westeuropas, Japans und auch Rußlands übersteigen. Mit dieser Macht muß zweifellos gerechnet werden. Die genannten Zahlen sind natürlich höchst spekulativ, aber ich nenne sie, um das Ausmaß der zu erwartenden Veränderungen zu verdeutlichen.

Zwar werden die Vereinigten Staaten weiterhin die stärkste Nation bleiben, doch sie werden Teil einer multipolaren Welt sein und ihre Außenpolitik wie auch ihre Verteidigungsprogramme dem sich abzeichnenden Wandel angleichen müssen. Eine solche Welt erfordert neue Beziehungen zwischen den Großmächten, deren es dann mindestens fünf geben wird – China, Europa, Japan, Rußland und die USA –, genauso wie zwischen den Großmächten und anderen Nationen.

Viele Polittheoretiker und darunter insbesondere diejenigen, die sich als »Realisten« bezeichnen, prophezeien eine Rückkehr zur traditionellen Machtpolitik. Sie meinen, das Ende des ideologischen Wettstreits zwischen Ost und West bewirke eine Wende zu traditionellen, auf territorialen und wirtschaftlichen Notwendigkeiten beruhenden Beziehungen. Die Vereinigten Staaten, Rußland, Westeuropa, China, Japan und Indien werden sich in ihren Regionen zu behaupten suchen und gleichzeitig um die Dominanz in anderen Teilen der Welt, in denen manches noch in Entwicklung begriffen ist, konkurrieren.

Diese Ansicht vertritt zum Beispiel Michael Sandel, Professor in Harvard:

> Das Ende des Kalten Krieges bedeutet keineswegs das Ende des globalen Wettbewerbs zwischen den Supermächten. Sobald die ideologische Dimension entfällt, sieht man sich nicht Frieden und Harmonie gegenüber, sondern althergebrachter Weltpolitik, betrieben von dominierenden Mächten, die um Einfluß kämpfen und ihre eigenen Interessen verfolgen.[2]

Henry Kissinger, ebenfalls Vertreter dieser realistischen Denkweise, ist zu einem ähnlichen Schluß gelangt:

> Der Sieg im Kalten Krieg hat Amerika mit einer Welt konfrontiert, die zahlreiche Ähnlichkeiten mit dem europäischen Staatensystem des 18. und 19. Jahrhunderts aufweist. ... Das Nichtvorhandensein einer eminenten ideologischen oder strategischen Bedrohung ermöglicht es den Staaten, ihre Außenpolitik zunehmend nach Maßgabe ihrer unmittelbaren nationalen Interessen zu gestalten. In einem internationalen System, das sich aus etwa fünf oder sechs Großmächten und einer Vielzahl kleinerer Staaten zusammensetzt, kann - ähnlich wie in vergangenen Jahrhunder-

ten – Ordnung nur dann entstehen, wenn Ausgleich und Balance zwischen den miteinander konkurrierenden nationalen Interessen hergestellt wird.[3]

Kissingers und Sandels Überlegungen zu zwischenstaatlichen Beziehungen in einer Welt nach Beendigung des Kalten Kriegs sind historisch wohlbegründet. Dennoch möchte ich ihnen entgegenhalten, daß sie im Widerspruch zu einer Welt zunehmend wechselseitiger Abhängigkeit stehen. Kein Land – nicht einmal die USA – kann für sich allein in einer Welt existieren, in der die Staaten in bezug auf Wirtschaft, Umwelt und Sicherheit untrennbar aufeinander angewiesen sind. In einer derart beschaffenen Welt bietet die UN-Charta einen weitaus angemesseneren Rahmen für die internationalen Beziehungen als eine Doktrin der Machtpolitik.

Mit dieser Ansicht stehe ich nicht allein. Carl Kaysen, ehemals Direktor des Institute for Advanced Study in Princeton, vertritt folgende Meinung:

> Das internationale System, das in der nationalen Anwendung von Militärgewalt die oberste Sicherheitsgarantie sieht und die Androhung von Gewalt für die Grundlage ihrer Ordnung hält, ist nicht das einzig mögliche System. Die Suche nach einem neuen System [basierend auf kollektiver Sicherheit] ... ist kein Hirngespinst, sondern ein notwendiges Bemühen auf ein notwendiges Ziel hin.[4]

George F. Kennan stellte bei einer Feier anläßlich seines 90. Geburtstags im Council of Foreign Relations am 15. Februar 1994 fest, daß der Weltfrieden zum erstenmal seit Jahrhunderten nicht durch mögliche Konflikte zwischen den Großmächten bedroht sei. Dieser zumindest bis auf weiteres andauernde Frieden zwischen den Großmächten eröffnet die Chance, einerseits die mir vorschwebende Vision einer Welt nach dem Kalten Krieg weiterzuverfolgen und sich andererseits zugleich gegen ein Scheitern dieser Vision abzusichern, indem wir uns die Fähigkeit bewahren, uns und unsere Interessen zu schützen, sollte die Welt zu Großmachtrivalität zurückkehren.

Sich diese Fähigkeit zu bewahren bedeutet nicht, an den gegenwärtig exorbitant hohen Verteidigungsausgaben festzuhalten. Im Haushaltsjahr 1993 beispielsweise belief sich der Verteidigungsetat der Vereinigten Staaten auf 291 Milliarden Dollar – inflationsbereinigt heißt das 25 Prozent mehr als im Jahr 1980. Darüber hinaus ist in Präsident Clintons Fünfjahresentwurf für Verteidigung, der für die Jahre 1995 bis 1999 gilt, gegenüber 1993 nur eine unwesentliche Ausgabensenkung vorgesehen. Inflationsbereinigt gerechnet, werden im Jahr 1999 die Verteidigungsausgaben schätzungsweise nur drei Prozent weniger betragen als während der Zeit Präsident Nixons, als der Kalte Krieg voll im Gange war.[5] Die Vereinigten Staaten wenden annähernd ebensoviel für nationale Sicherheit auf wie die übrige Welt insgesamt.

Ein solches Verteidigungsbudget – oder auch der Etat für innenpolitische Schutzmaßnahmen – ist mit meiner Vision der Welt nach dem Kalten Krieg unvereinbar. Denn es geht von der Annahme aus, daß wir bei Konflikten außerhalb des NATO-Bereichs, zum Beispiel im Irak, im Iran oder in Korea, einseitig und ohne militärische Unterstützung anderer Großmächte einschreiten müssen. Und es unterstellt, daß wir darauf vorbereitet sein müssen, zwei Konfrontationen gleichzeitig zu bewältigen. Solche Annahmen halte ich, gelinde gesagt, für fragwürdig.

Bevor sich die Nationen optimal auf das Ende des Kalten Krieges einstellen können, brauchen sie eine Vision – den konzeptionellen Rahmen – einer neuen Welt, in der nicht mehr wie in den vergangenen mehr als vierzig Jahren der Ost-West-Konflikt herrscht und global die Außen- und Verteidigungspolitik bestimmt. In dieser neuen Welt sollten meiner Meinung nach die zwischenstaatlichen Beziehungen auf folgende fünf Ziele gerichtet sein:

1. Die Garantie für sämtliche Staaten, gegen Aggression von außen geschützt zu sein: Grenzen dürfen nicht durch Gewalt verändert werden.

2. Kodifizierung der Rechte von Minderheiten und ethnischen

Gruppen eines Landes (zum Beispiel der Kurden im Iran, im Irak und in der Türkei) und Bereitstellung von Mitteln, beim Verstoß gegen diese Rechte Abhilfe zu schaffen, ohne Gewalt anzuwenden.

3. Schaffung eines Instrumentariums zur Lösung von regionalen und innerstaatlichen Konflikten ohne einseitiges Eingreifen der Großmächte.

4. Verstärkung der technischen und finanziellen Unterstützung von Entwicklungsländern zur Beschleunigung ihres sozialen und wirtschaftlichen Fortschritts.

5. Sicherstellung eines globalen Umweltschutzes als Grundlage einer nachhaltigen Entwicklung für alle.

Insgesamt müssen wir uns darum bemühen, eine Welt zu schaffen, in der die Beziehungen zwischen den Nationen auf gesetzlichen Regeln basieren und in der die nationale Sicherheit auf einem System kollektiver Sicherheit beruht. Die Aufgabe der Konfliktprävention und der Konfliktlösung sowie friedenserhaltende Maßnahmen, die zur Erreichung dieser Ziele erforderlich sind, sollten multilateralen Institutionen übertragen werden – einer reorganisierten und gestärkten UN sowie neuzuschaffenden und erweiterten regionalen Organisationen.

So sieht meine Vision einer Welt nach dem Ende des Kalten Krieges aus.* Freilich ist sie leichter in Worten darzustellen als zu verwirklichen. Das Ziel liegt im Gegensatz zum Weg klar vor Augen. Ich verfüge weder über eine Zauberformel noch über eine Wegbeschreibung dorthin und bin mir bewußt, daß eine solche Vision nicht innerhalb eines Monats, eines Jahres, ja nicht einmal innerhalb eines Jahrzehnts zu realisieren ist. Nur langsame, kleine Schritte und überzeugte und unbeirrbare Politiker können zu diesem Ziel führen. Deshalb mein Drängen, daß wir uns unverzüglich auf diesen Weg begeben.

---

* Die Brookings Institution veröffentlichte 1994 eine Studie – Janne E. Nolan (ed.), *Global Engagement: Cooperation and Security in the Twenty-first Century* –, in der zwanzig Politiker und Fachleute ein geopolitisches System entwerfen, das meinen Vorschlägen weitgehend entspricht.

Wenn die Welt nach dem Kalten Krieg die Konflikte, die zwangsläufig inner- wie zwischenstaatlich auftreten werden, in den Griff bekommen und gleichzeitig das Risiko der Anwendung von Militärgewalt und daraus resultierende Opfer auf ein Minimum beschränken will, wird Führung benötigt. Je nach Konfliktfall sollten sich die Nationen in dieser Führungsrolle abwechseln. Oft könnten die Vereinigten Staaten sie übernehmen. Aber in einem System kollektiver Sicherheit müssen die USA kollektive Entscheidungsfindung akzeptieren – was uns sehr schwerfallen dürfte. Und wenn dieses System Bestand haben soll, müssen auch die anderen Nationen (insbesondere Deutschland und Japan) ihren Anteil an den Risiken und Kosten – politischen Risiken, finanziellen Kosten und am Risiko von Opfern und Blutvergießen – akzeptieren, was ihnen ebenso schwerfallen wird.

Hätten die Vereinigten Staaten und andere führende Mächte ihr Bekenntnis zu einem solchen System kollektiver Sicherheit klar zum Ausdruck gebracht und erklärt, daß sie jede andere Nation vor Angriffen schützen würden, hätte sich 1990 der Einmarsch der Irakis in Kuwait sicher verhindern lassen. Ebenso wäre vielleicht das Massaker an Zehntausenden unschuldiger Opfer abgewendet worden, wenn die UN oder die NATO bei Kriegsausbruch im ehemaligen Jugoslawien Anfang der neunziger Jahre eingegriffen hätte. Heute befürchte ich jedoch, daß Bosnien zu den Problemen gehört, für die es keine erkennbare Lösung, zumindest keine militärische Lösung, gibt.

In dieser Welt nach Ende des Kalten Kriegs müssen sich die Vereinigten Staaten darüber klarwerden, wo und in welcher Form sie militärische Gewalt anwenden würden. Dazu bedarf es einer genauen Darlegung der außenpolitischen Ziele. Über vierzig Jahre hinweg waren sie vorgegeben: Es galt, eine expansionistische Sowjetunion in Schach zu halten. Aber das kann nicht mehr das Ziel unserer Anstrengungen sein; dieses Feindbild ist uns abhanden gekommen.

Was tritt an dessen Stelle?

Am 27. September 1993 erklärte Präsident Clinton vor der UN-Vollversammlung: »Unsere vorrangige Aufgabe muß die Ausweitung und Stärkung marktwirtschaftlich orientierter Demokratien der Weltgemeinschaft sein.« Und Anthony Lake, Mitglied des Nationalen Sicherheitsrats, wiederholte noch in derselben Woche Clintons Äußerung: »Auf die Doktrin der Eindämmung muß eine Strategie der Erweiterung folgen: der Erweiterung freier Gemeinwesen und marktwirtschaftlich orientierter Demokratien.«[6] Doch eine derart allgemeine Formulierung unserer Ziele genügt nicht.

Die Vereinigten Staaten können und dürfen nicht in Konflikte eingreifen, die sich entzünden, wenn Nationen versuchen, einen Schritt hin zu einer kapitalistischen Demokratie zu wagen. Daher war es zweifellos richtig, Eduard Schewardnadses Anstrengung, in Georgien demokratische Verhältnisse zu schaffen, nicht mit Waffengewalt zu unterstützen. Auch kann nicht von uns erwartet werden, daß wir jedes Gemetzel an unschuldigen Zivilisten mit Militärgewalt zu verhindern suchen. Mehr als ein Dutzend Kriege toben derzeit in der Welt: in Bosnien, Burundi, Georgien, im Irak, in Kaschmir, Ruanda, im Sudan, im Jemen – um nur ein paar zu nennen. Ernste Auseinandersetzungen können schon bald im Kosowo, in Lesotho, Mazedonien und in Zaire ausbrechen.

Wo, wenn überhaupt, ist unser Engagement gefordert?

Weder die Vereinigten Staaten noch eine andere Großmacht können diese Frage eindeutig beantworten. Lösungen lassen sich nur durch eingehende, jahrelange Diskussionen entwickeln, die sowohl in unserem eigenen Land als auch zwischen den Großmächten und den Gremien der internationalen Organisationen stattfinden müssen.

Wir müssen klar umrissene Kriterien für die Anwendung militärischer Gewalt durch uns oder andere Länder festlegen. Wann auf grenzüberschreitende Aggressionen zu antworten sei, kann relativ einfach und eindeutig bestimmt werden. Ganz anders sieht es jedoch aus, wenn das Ziel der Intervention darin besteht, in einem Land die politische Ordnung wiederherzustellen oder – wie zum Beispiel 1994 in Ruanda – einen Völkermord zu verhindern.

Im Zusammenhang damit muß man sich mehreren entscheidenden Fragen stellen: Wie groß hat das Ausmaß menschlichen Leids zu sein, daß wir zum Eingreifen aufgerufen sind? Gemäß einer UN-Konvention, die weltweit vertraglich festgelegt und 1989 in den USA als Gesetz ratifiziert wurde, haben sich die Vereinigten Staaten verpflichtet, sich Maßnahmen zur Beendigung von Völkermord anzuschließen. Wann aber liegt ein Genozid vor? Obwohl die Vereinigten Staaten im Juni 1994 die Tötung von mehr als 200 000 Einwohnern Ruandas als »Akte von Völkermord« bezeichneten, weigerten sie sich anzuerkennen, daß dieses Massaker unter die Vertragsklauseln fällt.[7] Und sind nicht auch noch andere Fälle denkbar, die einem Völkermord gleichkommen und eine Intervention rechtfertigen würden? An welchem Punkt ist eine Intervention angemessen? Wenn die Präventivdiplomatie versagt und es wahrscheinlich zu Tötungen kommt? Oder erst dann, wenn das Massaker immer größer wird? Wie sollen wir reagieren, wenn in solche Konflikte verwickelte Nationen – wie zum Beispiel im ehemaligen Jugoslawien – eine Intervention von außen als eindeutige Einmischung in ihre Souveränität betrachten? Wir haben schon wiederholt erlebt, daß die Organisation Afrikanischer Einheit (OAU) und die Organisation Amerikanischer Staaten (OAS) ihre Unterstützung für solche Interventionen verweigerten.

Doch bei den Kriterien für eine Intervention ist vor allem zu berücksichtigen, daß – wie wir aus Vietnam gelernt haben – militärische Mittel nur begrenzt dazu geeignet sind, den Prozeß einer Staatsbildung zu fördern. Militärgewalt allein kann eine »gescheiterte Nation« nicht wiederherstellen.

Der amerikanischen Bevölkerung muß klar sein, daß sich diese Fragen, wenn überhaupt, erst nach Jahren beantworten lassen. Aber wir müssen die Debatte darüber in unserem eigenen Land und auf internationalen Foren erzwingen. Es gibt vielleicht Punkte, über die es niemals zu einer Einigkeit kommt, und es mag Zeiten geben, in denen wir erkennen müssen, daß nicht alle Fehler wiedergutzumachen sind. Unsere Entscheidungskriterien darüber, ob zur Wahrung der Ordnung in unserer unvollkommenen Welt Gewaltanwendung das angemessene Instrument ist, werden niemals absolut richtig sein. Deshalb müssen sie sich daran orientieren, ob auch andere Nationen mit ähnlich gelagerten Interessen bereit sind, sie mitzutragen, an ihrer Durchführung mitzuarbeiten und sich an den Kosten zu beteiligen – eine weitere Lehre aus Vietnam.

Überdies kann der Fall eintreten, daß eine militärische Intervention der USA auch dann gerechtfertigt ist, wenn keine humanitären oder friedenserhaltenden Gründe vorliegen, sondern die nationale Sicherheit auf dem Spiel steht. Selbstverständlich müssen und werden wir bei einer direkten Bedrohung unseres Landes einseitig handeln – nach angemessener Beratung mit dem Kongreß und der amerikanischen Bevölkerung. Wenn aber keine direkte, sondern eine potentiell schwerwiegende Bedrohung entsteht – zum Beispiel Kämpfe im Kosowo oder in Mazedonien, die eine weitreichende Balkankrise unter Einbeziehung von Griechenland, der Türkei und möglicherweise Italien auslösen könnte –, wie sollen wir dann reagieren? Ich empfehle eindringlich, in einem solchen Fall Entscheidungen ausschließlich auf multilateraler Basis zu fällen und unter der Voraussetzung, daß alle daran Beteiligten die Lasten gemeinsam tragen. Auch eine Lehre aus Vietnam!

Die Kriege, die wir nach dem Ende des Kalten Kriegs erleben werden, dürften in der Regel keine »begrenzten Kriege« sein wie Vietnam. Auf einer Konferenz der LBJ Library im März 1991 sagte General Westmoreland etwas in diesem Zusammenhang höchst Bemerkenswertes. Im Hinblick auf die ihm auferlegten Beschränkungen, die den Vietnamkrieg einen »begrenzten Krieg« bleiben ließen, meinte er: »Damals hatte ich den Eindruck, als seien uns die Hände gebunden«, aber »wir müssen es Präsident Johnson hoch anrechnen, daß er eine geographische Ausweitung des Krieges *nicht* zugelassen hat [Hervorhebung im Original].«[8]

Zweifellos hat Vietnam uns gelehrt, wie ungeheuer schwierig es ist, einen begrenzten Krieg zu führen und dadurch über lange Zeit hinweg Verluste an eigenen Soldaten hinzunehmen. Aber es mögen Umstände eintreten, unter denen ein begrenzter Krieg einem unbegrenzten vorzuziehen ist. Vor einem Eingreifen in solche Konflikte müssen der Bevölkerung die zu erwartenden Probleme deutlich gemacht werden; das Militär muß die Beschränkungen, die ihm auferlegt werden, kennen und akzeptieren; und schließlich müssen die führenden Politiker – und die Bevölkerung – dazu bereit sein, die Sache aufzugeben und den Rückzug anzutreten, wenn sich herausstellen sollte, daß begrenzte Ziele nicht im Rahmen annehmbarer Risiken oder Kosten zu erreichen sind.

Wir müssen aus Vietnam lernen, wie begrenzte Kriege wirksam zu führen sind. Eine der Hauptursachen unseres Debakels war, daß wir es verabsäumten, erstklassige zivile und militärische Fachleute an der Durchführung dieser Aufgabe zu beteiligen. Wie in meinen Ausführungen über den Prozeß der Entscheidungsfindung erschreckend klar zum Ausdruck kommt, haben wir es nicht vermocht, Grundlegendes zu thematisieren. Wir haben wichtige Probleme nicht einmal erkannt – ein Versagen, das unbemerkt blieb. Und schließlich wurden tiefgreifende Unstimmigkeiten zwischen den Beratern des Präsidenten über die Vorgehensweise weder zur Sprache gebracht noch gelöst.

Dies alles lag, wie ich bereits angedeutet habe, zum Teil an unserem organisatorischen Unvermögen. Es gab in Washington nicht *einen* hochrangigen Experten, der sich *ausschließlich* um Vietnam kümmerte. Der Präsident, sein Außen- und sein Verteidigungsminister, der Nationale Sicherheitsberater, der Vorsitzende der Vereinigten Stabschefs und ihre jeweiligen Mitarbeiter waren so sehr damit beschäftigt, einen ganzen Berg komplizierter und drängender Fragen zu bewältigen, daß manche unserer Versäumnisse – insbesondere unser Unvermögen, die grundlegendsten Fragen systematisch zu diskutieren – geradezu vorhersehbar waren. Um dies zu verhindern, hätten wir ein hauptamtliches Gremium auf höchster Ebene einrichten sollen – vergleichbar dem, was Churchill Kriegskabinett nannte –, ein Team, das sich ganz auf Vietnam konzentrierte und auf sonst nichts. Diesem Team hätten zumindest die Stellvertreter des Verteidigungs- und des Außenministers, der Nationale Sicherheitsberater, der Vorsitzende der Vereinigten Stabschefs und der Direktor der CIA angehören müssen. Sie hätten sich wöchentlich zu festgelegten Zeiten mit dem Präsidenten zu ausführlichen, ungestörten Gesprächen treffen sollen. Einmal im Monat hätten an diesen Treffen auch der US-Botschafter und der Oberkommandierende der US-Streitkräfte in Vietnam teilnehmen sollen. Die Diskussionen hätten in ebensolcher Offenheit und Ehrlichkeit geführt werden müssen wie die Gespräche des Exekutivausschusses zur Zeit der Kubakrise. Diese Gespräche trugen damals dazu bei, eine Katastrophe abzuwenden. Zumindest für künftige Militäroperationen sollten ähnliche organisatorische Vorkehrungen getroffen werden.

Schließlich dürfen wir nicht außer acht lassen, daß die Konsequenzen großangelegter Militäroperationen von Natur aus schwierig vorherzusagen und zu kontrollieren sind, insbesondere in unserem Zeitalter hochentwickelter und hochdestruktiver Waffen. Daher müssen solche Militäroperationen vermieden werden, es sei denn, die Sicherheit unseres Landes ist eindeutig und unmittelbar bedroht. Das sind die Lehren aus Vietnam. Gebe Gott, daß wir aus ihnen gelernt haben!

Abschließend möchte ich noch etwas zu Vietnam sagen. Lassen Sie es mich einfach und direkt formulieren, denn ich möchte nicht mißverstanden werden: Die Vereinigten Staaten von Amerika kämpften in Vietnam acht Jahre lang aus meiner Ansicht nach guten und ehrenhaften Gründen. Mit diesem Krieg verfolgte die Regierung der Vereinigten Staaten – unter der demokratischen Präsidentschaft ebenso wie unter der republikanischen – das Ziel, unsere Sicherheit zu schützen, die Ausbreitung des totalitären Kommunismus zu verhindern und die Freiheit des einzelnen und die politische Demokratie zu fördern. Die Regierungen Kennedy, Johnson und Nixon fällten ihre Entscheidungen und verlangten damit Opfer, ja, verursachten im Streben nach diesen Zielen und Werten unaussprechliches Leid.

Im nachhinein ist man immer klüger. Dieser Gemeinplatz gilt für alle Zeiten und für viele Menschen, viele Situationen und Lebensalter. Menschen können sich irren. Ich gebe mit schmerzhafter Offenheit und schweren Herzens zu, daß dieser Gemeinplatz, bezogen auf Vietnam, auch auf mich und die amerikanische Führungselite meiner Generation zutrifft. Obgleich wir versuchten – und überzeugt waren, das Richtige zu tun –, hat es sich meiner Ansicht nach in der Rückschau als falsch erwiesen. Wir überschätzten, welche Auswirkung der Verlust Südvietnams auf die Sicherheit des Westens gehabt hätte, und hielten nicht an dem Grundsatz fest, daß Südvietnam nur hätte gerettet werden können, wenn es den Krieg aus eigener Kraft gewonnen hätte. Unter Mißachtung dieser wichtigen Erkenntnis griffen wir auf einer ihrem Wesen nach unsicheren Grundlage zu immer massiveren Mitteln. Militärgewalt von außen kann nicht die politische Ordnung und Stabilität ersetzen, die ein Volk *für sich* erkämpfen muß.

Schließlich müssen wir an das Schicksal jener Amerikaner denken, die in Vietnam dienten und nicht mehr zurückgekehrt sind. Macht die Torheit unserer Intervention ihren Einsatz und ihren Tod zu einem sinnlosen Opfer? Ich glaube nicht. Nicht sie trafen die Entscheidungen. Sie taten, was die Nation von ihnen verlangte. In ihrem Namen begaben sie sich auf den gefährlichen Weg. Und sie gaben ihr Leben für ihr Land und seine Ideale. Daß sich unser Einsatz in Vietnam als töricht erwies, wertet ihr Opfer nicht ab. Das gilt es zu begreifen. Wir sollten aus ihrem Opfer lernen und ihm dadurch Wertschätzung und Ehrerbietung erweisen.

Nun, da ich ans Ende meines Buches gelange, fällt mir Rudyard Kiplings Gedicht »The Palace« ein:

When I was a King and a Mason – a Master proven and skilled –
I cleared me ground for a Palace such as a King should build.
I decreed and dug down to my levels. Presently, under the silt,
I came on the wreck of a Palace such as a King had built.

There was no worth in the fashion – there was no wit in the plan –
Hither and thither, aimless, the ruined footings ran –
Masonry, brute, mishandled, but carven on every stone:
»After me cometh a Builder. Tell him, I too have known.«

Swift to my use in my trenches, where my well-planned
    groundworks grew,
I tumbled his quoins and his ashlars, and cut and reset them anew.
Lime I milled of his marbles; burned it, slacked it, and spread;
Taking and leaving at pleasure the gifts of the humble dead.

Yet I despised not nor gloried; yet, as we wrenched them apart,
I read in the razed foundations the heart of that builder's heart.
As he had risen and pleaded, so did I understand
The form of the dream he had followed in the face of the thing
    he had planned.

* * *

When I was a King and a Mason – in the open noon of my pride,
They sent me a Word from the Darkness. They whispered
    and called me aside.
The said – »The end is forbidden.« They said – »Thy use is fulfilled.
»Thy Palace shall stand as that other's – the spoil of a King who
    shall build.«

I called my men from my trenches, my quarries, my wharves,
    and my sheers.
All I had wrought I abandoned to the faith of the faithless years.
Only I cut on the timber – only I carved on the stone:
»After me cometh a Builder. Tell him, I too have known!«

Vor fast sechzig Jahren habe ich diese Verse zum erstenmal gelesen. Sie haben im Laufe meines Lebens zunehmend an Bedeutung für mich gewonnen. Heute verfolgen sie mich.

Der Palast*

Als ich König war und Maurer – ein Meister, erprobt und geschickt –,
schuf ich Raum für einen Palast, wie ein König ihn bauen sollte.
Ich befahl und grub bis zum Grunde. Da fand ich unter dem Schlamm
die Trümmer eines Palastes, von einem König erbaut.

Es war kein Wert in der Weise – es war kein Witz im Entwurf –,
zerfallenes Grundgemäuer lief ziellos nach hier und nach dort –
Mauerwerk, grob und kunstlos, doch gemeißelt in jeden Stein:
»Nach mir kommt ein Erbauer. Sagt ihm, auch ich hab gewußt!«

Schnell schleppte ich zu den Gräben, wo gemessen mein
    Unterbau wuchs,
seine Keile und Quader, schnitt und setzte sie neu,
mahlte zu Kalk seinen Marmor, brannte und löschte und strich,
nahm oder ließ nach Belieben die Gaben des schlichten Toten.

Doch ohne Schmähen und Preisen: weil ich, als wir sie schleiften,
das innerste Herz des Erbauers in seinen Grundmauern las.
Wie er einst sich erhob, wie er rang, so begriff ich in dem,
was er geplant hatte, nun die Form des Traums, dem er folgte.

* * *

Als ich König war und Maurer – in meinem lichten Zenith
kam mir ein Wort aus dem Dunkel. Sie nahmen mich flüsternd
    beiseite.
Sie sagten: »Das Ziel ist verwehrt.« Sie sagten: »Du hast deinen
    Zweck erfüllt.
Dein Palast sei, wie der andre, nur Stein einem König, der baut.«

Ich rief meine Männer aus Gräben, Steinbruch, Bauhütte und
    Winden.
Alles Geschaffne vertraute ich den treulosen Jahren an.
Ich allein schnitt in die Hölzer, meißelte in jeden Stein:
»Nach mir kommt ein Erbauer. Sagt ihm, auch ich hab gewußt!«

---

* Aus dem Englischen von Gisbert Haefs.[9]

Jeder Mensch lebt mit unerfüllten Träumen und unerreichten Zielen. Auch ich. Aber nun, da ein Jahrhundert blutiger Konflikte zu Ende geht, eröffnet sich uns die Möglichkeit, mit neuen Hoffnungen in die Zukunft zu blicken: Der Kalte Krieg ist beendet. Die Lehren aus Vietnam sind gezogen – wir können sie beherzigen und anwenden. Wir sollten deutlicher erkennen, welche Gefahren in einer Welt lauern, in der Tausende nuklearer Waffen lagern; und wir können Maßnahmen ergreifen, um eine nukleare Katastrophe zu verhindern. Wir können heute besser einschätzen, welche Macht – und welche Grenzen – multilaterale Institutionen haben, wenn es darum geht, Konflikte innenpolitischer und internationaler Natur einzudämmen und zu lösen. Sollten wir daher nicht hoffen, daß das 21. Jahrhundert wenn nicht ein friedliches, so doch ein Jahrhundert wird, in dem nicht erneut 160 Millionen Menschen durch Krieg umkommen? Das darf nicht bloß unsere Hoffnung und unser Traum bleiben, sondern es muß zu unserem unumstößlichen Ziel werden. Manch einer wird eine solche Äußerung für naiv, vereinfachend und idealistisch, ja für versponnen halten. Doch können wir als menschliche Wesen und als Bürger einer großen Nation, die die Macht besitzt, den Lauf der Dinge in dieser Welt zu beeinflussen, mit uns selbst zufrieden sein, wenn wir nach Geringerem strebten?

ANHANG

CHINA

Mekong

Roter Fluß

Dien
Bien Phu

Hanoi

Cam Pha

Haiphong

*Golf
von Tonking*

LAOS

Luang
Prabang

Ebene der Tonkrüge

NORD

HAINAN

Vientiane

Mekong

Vinh

VIETNAM

Mu Gai
Paß

*Entmilitarisierte
Zone*

17er Breitengrad

THAILAND

Sepone

Quang Tri

Khe Sanh

Hue

1. Korps

Mun

Da Nang

Chu Lai

Batangan

*Provinz
Quang Ngai*

Dak To

Cong Tum

Pleiku

Bin Dinh

Ia-Drang-Tal

Quy Nhon

KAMBODSCHA

Mekong

*Zentrales
Hochland*

SÜD

2. Korps

Buon Ma
Thuot

*Golf
von Thailand*

Phnom
Penh

Tay Ninh

Tan
Son Nhut
Flughafen

Da Lat

Nha Trang

*Cam Ranh
Bucht*

VIETNAM

Sihanoukville

My
Tho

Bien Hoa

Saigon

Vung Tau

3. Korps

Ca Mau

*Mekong
Delta*

4. Korps

Ho-Chi-Minh-Pfad

— · — Staatsgrenzen

— — — Zuständigkeitsbereiche
der Korps

0   200 km

SÜDCHINESISCHES MEER

Karte: A. Skowronski

431

ÜBER DIE GEFAHR EINES
ATOMKRIEGS IN DEN SECHZIGER JAHREN
UND DIE LEHREN DARAUS FÜR DAS
21. JAHRHUNDERT

Wir alle leben weiterhin mit der Gefahr der atomaren Vernichtung. Die Kriegspläne der Vereinigten Staaten gehen heute noch genauso wie in den sechziger Jahren von der Möglichkeit eines Kernwaffeneinsatzes aus.[1] Doch der Durchschnittsbürger in den USA ist sich dessen nicht bewußt.

Natürlich war die Öffentlichkeit überrascht und erfreut, als die beiden Präsidenten Bush und Jelzin im Juni 1992 ankündigten, die Kernwaffenbestände der USA und Rußlands deutlich abbauen zu wollen. Es gibt heute 40 000 bis 50 000 Atomsprengköpfe auf der Erde, deren Vernichtungskraft mehr als eine Million mal größer ist als diejenige der Bombe, die Hiroshima in Schutt und Asche legte. Sollten die im SALT-1-Vertrag ausgehandelten Bestandsreduzierungen tatsächlich erreicht werden, würde sich die Gesamtzahl der Waffen auf etwa 20 000 verringern. Bush und Jelzin vereinbarten einen weiteren Abbau, so daß den fünf offiziellen Atommächten im Jahr 2003 noch insgesamt etwa 12 000 Sprengköpfe blieben. Dieser Schritt war zwar äußerst wünschenswert, aber auch wenn der US-Senat und das russische Parlament das Abkommen ratifizieren sollten – was keineswegs als sicher gilt –, wäre die Gefahr der Vernichtung ganzer Völker nur ein wenig geringer und noch lange nicht gebannt. Ich glaube nicht, daß ein Überlebender eines Atomkriegs – sofern es überhaupt einen geben würde – feststellen könnte, ob die Welt nun von 12 000 Nuklearsprengköpfen zerstört wurde oder von 40 000. Können wir nicht noch einen Schritt weitergehen? Die Antwort muß eindeutig *ja* lauten.

Der Kalte Krieg ist beendet, und die Erkenntnis, daß der Einsatz von Atomwaffen sinnlos ist und ihr Fortbestand immense Gefahren birgt, wächst immer mehr. Deshalb ist es nicht nur möglich, sondern dringend notwendig, daß die fünf offiziellen Atommächte – die Vereinigten Staaten, Rußland, Frankreich, Großbritannien und China – ihre langfristigen Kernwaffenprogramme überdenken. Wir sollten eine breite öffentliche Diskussion über die drei alternativen Nuklearstrategien in Gang setzen, die ich im folgenden kurz skizzieren möchte. Meiner Überzeugung nach würde eine solche Diskussion zu dem Schluß führen, daß wir soweit wie möglich – und ich betone diese Einschränkung – zu einer atomwaffenfreien Welt zurückkehren sollten.

Meiner Haltung liegen im wesentlichen drei Argumente zugrunde:

1. Die Erfahrungen aus der Kubakrise von 1962 – und insbesondere die jüngsten Erkenntnisse darüber – machen eindeutig klar: Solange die Großmächte über riesige Atomwaffenarsenale verfügen, müssen wir mit der Gefahr ihres Einsatzes rechnen.
2. Diese Gefahr ist heute nicht mehr – falls sie es je war – militärisch zu rechtfertigen.
3. In den letzten Jahren gab es unter den führenden westlichen Sicherheitsexperten einen gewaltigen Umdenkungsprozeß, was den militärischen Nutzen von Atomwaffen angeht. Immer mehr Fachleute – wenngleich noch nicht die Mehrheit – vertreten ähnliche Ansichten wie ich.

Beschäftigen wir uns zunächst einmal mit der Kubakrise. Heute ist allgemein bekannt, daß die UdSSR, Kuba und die USA im Oktober 1962 durch ihr Vorgehen fast einen Krieg herbeigeführt hätten. Damals wußte man jedoch nicht – und auch heute ist diese Erkenntnis nicht sonderlich weit verbreitet –, wie nah die Welt am Abgrund einer atomaren Katastrophe stand. Dabei hatte keiner der drei beteiligten Staaten die Absicht gehabt, eine solche Gefahr heraufzubeschwören.

Die Krise begann, als die Sowjets im Sommer und Frühherbst 1962 Atomraketen und Bomber auf Kuba stationierten – heimlich und mit klarer Täuschungsabsicht. Angriffsziele dieser Raketen und Bomber sollten Städte an der Ostküste der Vereinigten Staaten sein. Durch Aufnahmen eines U-2-Aufklärungsflugzeugs vom Sonntag, dem 14. Oktober, erfuhr Präsident Kennedy von der Stationierung. Zusammen mit seinen militärischen und zivilen Sicherheitsberatern kam Kennedy zu dem Schluß, daß das Vorgehen der Sowjets eine Bedrohung für den Westen darstellte. Deshalb ordnete er die Seeblockade Kubas an, die am Mittwoch, dem 24. Oktober, in Kraft treten sollte. Gleichzeitig wurden Vorbereitungen für Luftangriffe auf Kuba und eine Invasion der Insel getroffen. Die Einsatzpläne sahen für den ersten Tag der Kampfhandlungen 1080 Luftangriffe vor. In den Häfen im Südosten der USA wurde eine Invasionsstreitmacht von 180 000 Mann zusammengezogen. Am Wochenende des 27. und 28. Oktober erreichte die Krise ihren Höhepunkt. Hätte Chruschtschow am Sonntag, dem 28. Oktober, nicht öffentlich den Abzug der Raketen angekündigt, wäre am Tag darauf von der Mehrheit der militärischen und zivilen Berater Kennedys die Empfehlung ergangen, mit dem Angriff zu beginnen.

Zwischen 1987 und 1992 fanden fünf Konferenzen statt, auf denen hochrangige sowjetische, kubanische und amerikanische Teilnehmer, die an den Entscheidungen von damals mitgewirkt haben, über die Ursachen der Kubakrise diskutierten und über Wege berieten, wie sich solche Konflikte künftig vermeiden ließen. Das letzte Treffen wurde im Januar 1992 unter dem Vorsitz von Fidel Castro in der kubanischen Hauptstadt Havanna abgehalten. Schon während der dritten Konferenz, im Januar 1989 in Moskau, wurde klar, daß die Entscheidungen, die jeder der drei Staaten vor und während der Krise traf, auf falschen Informationen, Fehlurteilen und unzutreffenden Berechnungen beruhten. Ich möchte hier nur vier Beispiele von vielen herausgreifen:

1. Die sowjetischen Raketen wurden im Sommer 1962 auf Kuba stationiert, weil die Sowjetunion und Kuba glaubten, die Vereinigten Staaten beabsichtigten eine Invasion der Insel mit dem Ziel, Castro zu stürzen und seine Regierung abzulösen. Wir hatten keinerlei solche Absicht.

2. Die Vereinigten Staaten glaubten, die Sowjets würden niemals Atomsprengköpfe außerhalb der Sowjetunion stationieren – aber sie taten es doch. In Moskau erfuhren wir, daß im Oktober 1962 sowjetische Atomsprengköpfe nach Kuba gebracht wurden, die auf amerikanische Städte zielten. Doch damals hatte uns die CIA versichert, daß sich keine Nuklearwaffen auf der Insel befänden.

3. Die Sowjets glaubten, die Atomwaffen heimlich und unentdeckt nach Kuba bringen zu können. Zudem meinten sie, daß die Vereinigten Staaten nicht reagieren würden, falls die Stationierung doch aufgedeckt würde. Auch in diesem Punkt irrten sie.

4. Ebenfalls im Irrtum befanden sich jene Berater Präsident Kennedys, die die Raketen durch Luftangriffe zerstören wollten – worauf aller Wahrscheinlichkeit nach eine Invasion zur See erfolgt wäre –, wenn sie glaubten, die Sowjets hätten nicht militärisch zurückgeschlagen. Zu dieser Zeit befanden sich nach CIA-Angaben 10000 sowjetische Soldaten auf Kuba. Auf der Moskauer Konferenz erfuhren wir, daß es in Wirklichkeit 43000 Mann waren, hinzu kamen noch 270000 Mann gut ausgerüsteter kubanischer Truppen. Beide Streitkräfte waren nach den Worten ihrer Befehlshaber entschlossen, »bis zum Tod zu kämpfen«. Die kubanischen Verantwortlichen rechneten mit einem Verlust von 100000 Soldaten. Die sowjetischen Konferenzteilnehmer – unter ihnen der langjährige Außenminister Andrej Gromyko und der frühere Botschafter in den Vereinigten Staaten Anatolij Dobrynin – äußerten großes Erstaunen darüber, daß wir geglaubt hatten, sie würden angesichts einer solch katastrophalen Bilanz nicht anderswo in der Welt militärisch darauf antworten. Höchstwahrscheinlich wäre es zu einer unkontrollierbaren Eskalation gekommen.

Am Ende unseres Treffens in Moskau waren wir uns einig, zwei Lehren aus unseren Diskussionen ziehen zu können: (1) In unserem Zeitalter hochtechnologischer Waffensysteme ist Krisenmanagement von Natur aus gefährlich, schwierig und unsicher. (2) Aufgrund von Fehleinschätzungen, falschen Informationen und unzutreffenden Berechnungen der von mir geschilderten Art ist es unmöglich, die Folgen militärischer Konflikte zwischen Großmächten zuverlässig vorherzusagen. Aus diesem Grund müssen wir unsere Aufmerksamkeit und Energie auf die Krisenverhinderung lenken.

Während der Kubakrise glaubten einige von uns – vor allem Präsident Kennedy und ich –, daß die Vereinigten Staaten einer großen Gefahr ausgesetzt seien. Die Moskauer Konferenz hat das bestätigt. Aber auf dem Treffen in Havanna erfuhren wir, daß wir beide – und sicher auch andere – diese Gefahr beträchtlich unterschätzt hatten: Der ehemalige Stabschef des Warschauer Pakts, General Anatolij Gribkow, teilte uns mit, daß die sowjetischen Streitkräfte auf Kuba nicht nur über Atomsprengköpfe für Mittelstreckenraketen verfügten, sondern auch über Atombomben und taktische Atomsprengköpfe. Diese sollten gegen US-Invasionsstreitkräfte eingesetzt werden. Wie bereits erwähnt, berichtete hingegen die CIA damals, daß es keine Sprengköpfe auf der Insel gebe.

Im November 1992 erfuhren wir noch mehr. In der russischen Presse erschien ein Artikel, in dem es hieß, auf dem Höhepunkt der Krise hätten die sowjetischen Streitkräfte auf Kuba über 162 Atomsprengköpfe gebunkert, darunter mindestens 90 taktische Sprengköpfe. Außerdem seien in Erwartung einer US-Invasion am 26. Oktober 1962 – in einer Phase großer Spannung – Sprengköpfe aus ihren Depots zu Stellungen transportiert worden, die sich näher bei den Trägersystemen befanden.* Am nächsten Tag wurde der damalige sowjetische Vertei-

---

* Bei einem Treffen am 5. April 1994 im Wilson Center in Washington, an dem ich teilnahm, erläuterte General Gribkow diese Punkte noch näher.

digungsminister Rodion Malinowski von General Issa Plijew, dem sowjetischen Oberbefehlshaber auf Kuba, telegraphisch über diese Maßnahme informiert. Malinowski leitete dieses Telegramm an Chruschtschow weiter, der es mit dem handschriftlichen Vermerk »Genehmigt« an Malinowski zurücksandte. Die Gefahr, daß die sowjetischen Streitkräfte auf Kuba bei einem US-Angriff – zu dem, wie gesagt, viele Mitglieder der US-Regierung, und zwar sowohl Militärs als auch Zivilisten, Präsident Kennedy raten wollten – ihre Atomwaffen eingesetzt hätten, anstatt sie zu verlieren, war sehr groß.[2] Wir brauchen nicht darüber zu spekulieren, was in einem solchen Fall geschehen wäre – die Folgen lassen sich mit Bestimmtheit beschreiben.

Die US-Interventionsstreitkräfte wären zwar nicht mit taktischen Kernsprengköpfen ausgerüstet gewesen – Präsident Kennedy und ich hatten das ausdrücklich untersagt –, doch niemand soll glauben, daß die Vereinigten Staaten bei einem atomaren Angriff auf ihre Truppen auf einen atomaren Gegenschlag verzichtet hätten. Und wohin hätte das geführt? In die fürchterlichste Katastrophe. Wir hätten auf Kuba verheerende Verluste erlitten, und die Insel wäre verwüstet worden. Aber nicht nur das: Es hätte die große Gefahr bestanden, daß es auch außerhalb Kubas zu einem atomaren Schlagabtausch gekommen wäre.

Was ich zeigen möchte, ist folgendes: Der Mensch ist nicht unfehlbar. Wir alle machen Fehler. Im Alltag bezahlen wir sie teuer, aber wir versuchen, aus ihnen zu lernen. Im konventionellen Krieg kosten sie Menschenleben, manchmal Tausende von Menschenleben. Wenn jedoch bei der Entscheidung über den Einsatz von Atomwaffen Fehler begangen würden, hätten sie die Vernichtung ganzer Gesellschaften zur Folge. Daher birgt die Kombination von menschlicher Fehlbarkeit und Atomwaffen das hohe Risiko einer potentiellen Katastrophe.

Ist es militärisch zu rechtfertigen, weiterhin dieses Risiko auf sich zu nehmen? Die Antwort kann nur *nein* lauten.

In »Nuclear Weapons After the Cold War« haben Carl Kaysen, George W. Rathjens und ich darauf hingewiesen, daß die Befürworter von Atomwaffen »nur ein einziges plausibles Szenario für ihren Einsatz entworfen haben: eine Situation, in der ein Vergeltungsschlag nicht zu befürchten ist, also entweder gegen einen Staat, der nicht über Atomwaffen verfügt, oder gegen einen, der so schwach bewaffnet ist, daß die Atomwaffen einsetzende Seite aufgrund der Stärke ihres nuklearen Arsenals sicher sein kann, einen völlig vernichtenden Erstschlag durchzuführen«. Wir fügten hinzu, daß »selbst solche Umstände bisher noch keine ausreichende Basis für den Einsatz von Atomwaffen im Kriegsfall gewesen sind. Als zum Beispiel die amerikanischen Truppen während des Koreakriegs zweimal in verzweifelte Situationen gerieten – zum einen unmittelbar nach dem nordkoreanischen Angriff im Jahre 1950 und zum anderen, als die Chinesen den Jalu überschritten –, setzten die USA dennoch keine Atomwaffen ein. Und zu dieser Zeit besaßen Nordkorea und China noch keine Nuklearwaffen, und die Schlagkraft der sowjetischen Waffen war unbedeutend«. Die Argumentation von Kaysen, Rathjens und mir führt zu der Schlußfolgerung, daß der militärische Nutzen von Atomwaffen nur darin besteht, den Gegner von ihrem Einsatz abzuhalten. Wenn unser Gegner keine Atomwaffen besitzt, ist es folglich auch nicht notwendig, daß wir über solche Waffen verfügen.[3]

Sowohl die Erkenntnis, wie nahe wir während der Kubakrise vor der Katastrophe standen, als auch das zunehmende Bewußtsein von der militärischen Nutzlosigkeit von Atomwaffen haben vor allem in den letzten drei Jahren das Denken über deren Rolle grundlegend verändert. Zahlreiche führende Militärs in den USA – darunter zwei ehemalige Vorsitzende der Vereinigten Stabschefs, ein früherer Oberbefehlshaber der Alliierten Streitkräfte in Europa und ein hochrangiger Offizier der US-Luftwaffe, der noch Dienst tut – sind mittlerweile bereit, weit über das Bush-Jelzin-Abkommen hinauszugehen.

Einige teilen sogar mit mir das Fernziel einer – soweit praktikabel – atomwaffenfreien Welt.

Das ist jedoch auch ein äußerst umstrittener Vorschlag. In ihrer Mehrzahl glauben die militärischen und zivilen Sicherheitsexperten des Westens nach wie vor, daß die Drohung mit Atomwaffen Kriege verhindert. Zbigniew Brzezinski, Nationaler Sicherheitsberater unter Präsident Carter, ist der Ansicht, die Beseitigung von Atomwaffen würde »konventionelle Kriege kalkulierbarer machen. Deshalb bin ich darüber nicht begeistert.« Auch im Bericht eines vom ehemaligen Verteidigungsminister Richard Cheney einberufenen Beratergremiums unter dem Vorsitz des früheren Luftwaffenministers Thomas Reed wird im wesentlichen dieser Standpunkt vertreten. Und die gegenwärtige US-Regierung scheint ebenfalls dieser Position zuzuneigen.[4] Aber selbst wenn man diese Sichtweise teilt, muß man anerkennen, daß die abschreckende Wirkung auf konventionelle Kriegführung, langfristig gesehen, sehr teuer bezahlt wird: mit dem Risiko eines atomaren Schlagabtauschs.

Nur wenigen Menschen ist bekannt, daß John Foster Dulles, Außenminister unter Präsident Eisenhower, dieses Problem bereits Mitte der fünfziger Jahre erkannt hatte. In einem streng geheimen Memorandum, das erst vor wenigen Jahren freigegeben wurde, stellte Dulles fest: »Die Atomkraft ist zu gewaltig, um sie allein einem Land zu militärischen Zwecken zu überlassen.« Er schlug deshalb vor, »das Potential atomar-thermonuklearer Waffen zur Abschreckung von Aggressionen der Allgemeinheit zu unterstellen«. Dies sollte durch die Übertragung der Kontrolle über die Atomwaffen an einen vetofreien UN-Sicherheitsrat erfolgen.[5]

Dulles' Bedenken wurden in den letzten Jahren von anderen führenden Sicherheitsexperten aufgegriffen, doch ich bezweifle, daß die Öffentlichkeit deren Ansichten kennt. Sie wurden seit 1991 in drei Berichten und zahlreichen Dokumenten veröffentlicht, die keiner Geheimhaltung unterliegen, aber dennoch keine weite Verbreitung erfahren haben:

1. 1991 stellte eine Kommission der US-amerikanischen Nationalen Akademie der Wissenschaften in einem Bericht, der vom ehemaligen Vorsitzenden der Vereinigten Stabschefs General David C. Jones unterzeichnet wurde, fest: »Kernwaffen sollten ausschließlich der Abschreckung ... nuklearer Angriffe durch andere dienen.« Die Kommission kam zu der Ansicht, daß die atomaren Arsenale der USA und Rußlands auf 1000 bis 2000 Sprengköpfe reduziert werden könnten.[6]

2. In der Frühjahrsausgabe von *Foreign Affairs* erschien 1993 ein Artikel, für den ein weiterer ehemaliger Vorsitzender der Vereinigten Stabschefs, Admiral William J. Crowe jun., als Koautor verantwortlich zeichnete. Die Schlußfolgerung des Artikels lautet, daß die USA und Rußland bis zum Jahr 2000 ihre strategischen Kernwaffen auf jeweils 1000 bis 1500 Sprengköpfe reduzieren könnten. Auf der Grundlage dieses Artikels entstand ein Buch, in dem es heißt: »Allerdings ist die Zahl 1000 bis 1500 nicht das niedrigste Niveau, das bis zu Beginn des 21. Jahrhunderts erreicht werden kann.«[7]

3. Und im August 1993 veröffentlichte General Andrew J. Goodpaster, früherer Oberbefehlshaber der NATO-Streitkräfte in Europa, einen Bericht, in dem er schrieb, daß die fünf bestehenden Atommächte in der Lage sein sollten, ihre Kernwaffenarsenale »auf nicht mehr als jeweils 200« abzubauen, wobei jedoch eine »*Null-Lösung*« anzustreben sei [Hervorhebung im Original]«[8].

Diese drei Berichte sollten niemanden überraschen. Seit fast zwanzig Jahren haben immer mehr militärische und zivile Sicherheitsexperten des Westens Zweifel am militärischen Nutzen von Atomwaffen geäußert. Hier einige Beispiele:

– Bis 1982 hatten fünf der sieben ehemaligen Chefs des britischen Verteidigungsstabes die Ansicht bekundet, daß der Ersteinsatz von Atomwaffen – entsprechend der NATO-Politik – zur Katastrophe führen würde. Lord Louis Mountbatten, Stabschef von 1959 bis 1965, erklärte kurz vor seiner Ermordung im Jahre 1979: »Als Vertreter des Militärs kann ich mir keine Verwendung für irgendwelche Atomwaffen vorstellen.« Und Feldmarschall Lord Carver, Stabschef von 1973 bis 1976, schrieb 1982, er sei vollkommen gegen jeglichen Ersteinsatz von Atomwaffen durch die NATO.[9]

- In einer Rede in Brüssel 1979 machte Henry Kissinger, ehemals Nationaler Sicherheitsberater und Außenminister Präsident Nixons, kein Hehl aus seiner Ansicht, daß die USA niemals einen nuklearen Erstschlag gegen die Sowjetunion führen würden, wie groß die Provokation auch sei. »Unsere europäischen Verbündeten«, sagte er, »sollten aufhören, von uns immer mehr strategische Zusicherungen zu verlangen, zu denen wir nicht stehen können. Oder wenn wir doch dazu stehen, können wir sie nicht ausführen, weil wir sonst die Vernichtung der Zivilisation riskieren.«[10]
- Admiral Noel Gayler, ehemaliger Oberkommandierender der US-Luft-, Land- und Seestreitkräfte im Pazifik, sagte 1981: »Für unsere Kernwaffen gibt es keinerlei denkbare militärische Einsatzmöglichkeit. Ihr einziger vernünftiger Zweck ist, Gegner davon abzuhalten, ihrerseits Kernwaffen einzusetzen.«[11]
- Der frühere Bundeskanzler Helmut Schmidt meinte 1987 in einem Interview der BBC: »Die ›flexible response‹ [das heißt, die NATO-Strategie, die den Einsatz von Atomwaffen als Reaktion auf einen nicht-atomaren Angriff des Warschauer Pakts vorsah] ist Unsinn. Nicht veraltet, sondern unsinnig. ... Das in den fünfziger Jahren entstandene Konzept des Westens, daß wir bereit sein müßten, als erste Atomwaffen einzusetzen, um unsere sogenannte konventionelle Unterlegenheit auszugleichen, hat mich nie überzeugt.«[12]
- Melvin Laird, Präsident Nixons erster Verteidigungsminister, wurde in der *Washington Post* vom 12. April 1982 mit den Worten zitiert: »Eine weltweite nukleare Null-Lösung mit entsprechender Kontrolle sollte nunmehr unser Ziel sein. ... Diese Waffen ... sind für militärische Zwecke untauglich.«[13]
- General Larry Welch, ehemaliger Stabschef der US-Luftwaffe und zuvor Befehlshaber des Strategic Air Command, kleidete kürzlich den gleichen Gedanken in folgende Worte: »Die nukleare Abschreckung beruhte auf der Annahme, daß man eine Handlung vollziehen würde, die vollkommen irrational ist.«[14]
- Und im Juli 1994 stellte General Charles A. Horner, Chef des U. S. Space Command, fest: »Atomwaffen sind überholt. Ich möchte sie alle loswerden.«[15]

Anfang der sechziger Jahre war ich zu Schlußfolgerungen gelangt, die den soeben zitierten ähnlich sind. In ausführlichen persönlichen Gesprächen hatte ich zunächst Präsident Kennedy, später dann Präsident Johnson eindringlich geraten, niemals und unter keinen Umständen den Ersteinsatz von Atomwaffen anzuordnen. Ich glaube, sie haben sich meinen Rat zu eigen gemacht.[16] Doch weder sie noch ich konnten unsere Position öffentlich zur Diskussion stellen, weil sie der offiziellen NATO-Politik widersprach.

Heute stehen wir vollkommen konträren Auffassungen über die Rolle der Kernwaffen gegenüber – die der US-Regierung, Brzezinskis und Reeds auf der einen Seite, die von Goodpaster, Laird und Schmidt auf der anderen Seite. Einig sind sich alle nur darin, daß der Ersteinsatz von Atomwaffen gegen einen nuklear aufgerüsteten Gegner in die Katastrophe führen würde. Sollten wir angesichts dieser Situation also nicht sofort damit beginnen, die Vorzüge alternativer langfristiger Ziele für die fünf Atommächte zu diskutieren?

Es stehen drei Optionen zur Wahl:

1. Die Fortführung der gegenwärtigen Strategie der »erweiterten Abschreckung«. Dies würde bedeuten, daß die USA und Rußland ihre strategischen Sprengköpfe auf jeweils ungefähr 3500 Stück begrenzen – die Zahl, auf die sich Präsident Bush und Präsident Jelzin geeinigt haben.
2. Die Minimierung des Abschreckungsarsenals, wie es von der Kommission der US-amerikanischen Nationalen Akademie der Wissenschaften empfohlen und von General Jones und Admiral Crowe befürwortet wird. Die beiden bedeutendsten Atommächte würden demnach jeweils 1000 bis 2000 Sprengköpfe behalten.
3. Der von General Goodpaster und mir mit Nachdruck vertretene Vorschlag, daß alle fünf Atommächte – soweit praktizierbar – vollkommen auf Atomwaffen verzichten.*

---

* »Soweit praktizierbar« bezieht sich auf die Notwendigkeit, einen Schutz aufrechtzuerhalten, falls Terroristen sich solche Waffen aneignen sollten. Die Beseitigung der Atomwaffen könnte sich in mehreren Etappen vollziehen, so wie es General Goodpaster und ich vorgeschlagen haben.

Wenn wir es endlich wagen, aus den Denkschemata auszubrechen, die die Nuklearstrategie der Atommächte seit über vier Jahrzehnten bestimmen, kann es meiner Ansicht nach gelingen, den »Geist in die Flasche zurückzuverbannen«. Tun wir es jedoch nicht, besteht die immense Gefahr, daß das 21. Jahrhundert eine atomare Tragödie erleben wird.

Andrej Sacharow sagte: »Die Verminderung des Risikos, daß die Menschheit in einem Atomkrieg ausgelöscht wird, hat absoluten Vorrang vor allen sonstigen Überlegungen.«[17] Er hatte recht.

DANKSAGUNG

Einer großen Anzahl von Personen und Institutionen, die mich bei der Fertigstellung dieses Buches unterstützt haben, bin ich zu tiefstem Dank verpflichtet. Allen voran Brian VanDeMark.

Während meiner siebenjährigen Tätigkeit als Verteidigungsminister habe ich kein Tagebuch geführt. Und auch bei meinem Abschied aus dem Pentagon habe ich keine Unterlagen mitgenommen außer drei Ringbüchern, die streng vertrauliche Memoranden an Präsident Kennedy und Präsident Johnson enthielten. Hätte mir nicht Brian, ein junger Geschichtsprofessor von der U.S. Naval Academy, Annapolis – selbst Autor eines Buches über Vietnam mit dem Titel *Into the Quagmire* und Mitarbeiter von Richard Holbrooke, dem Verfasser der Biographie über Clark Clifford – seine Hilfe angeboten, so hätte ich mich niemals an die Aufgabe gewagt, das vorliegende Buch zu schreiben. Sein Beitrag bestand im wesentlichen darin, im Rahmen des Möglichen sicherzustellen, daß ich mich an die zeitgenössischen schriftlichen und auf Band festgehaltenen Quellen hielt – vor allem, wenn sie im Widerspruch zu meiner Erinnerung standen. Brian wurde dieser Aufgabe in hervorragender Weise gerecht.

Aber seine Unterstützung ging weit darüber hinaus. Zunächst unterteilten wir die sieben Jahre, in denen ich mich mit Vietnam beschäftigte, in Zeitabschnitte. Für jede Periode recherchierte Brian in den Präsidialbibliotheken Kennedys und Johnsons, im Archiv des Verteidigungsministeriums, im Nationalarchiv und in anderen öffentlichen Stellen und sammelte Dokumente. Diese wurden ergänzt durch persönliche Interviews, mündliche Berichte, Antworten auf schriftliche Fragen,

Artikel und Bücher. Aus diesem Material stellte Brian mir für jeden Zeitabschnitt einen Stapel – buchstäblich Hunderte – von Unterlagen zusammen. Auf der Grundlage dieser Schriftstücke fertigte ich für jedes Kapitel einen ersten Entwurf an. Anschließend prüfte Brian meinen Text auf historische Korrektheit. Dabei überarbeitete er ihn auch nach sprachlichen Gesichtspunkten. Es stimmt tatsächlich, wenn ich sage, daß ich dieses Buch ohne seine Mithilfe nicht hätte schreiben können.

Aber auch andere standen mir bei der Erstellung dieses Textes großmütig und entgegenkommend zur Seite. Ich danke vor allem jenen, die mir ihre eigenen Unterlagen zur Verfügung gestellt haben, insbesondere Raymond Aubrac, McGeorge Bundy, William Bundy, Roswell Gilpatric, Nicholas Katzenbach, Konteradmiral Eugene Carroll und Gene R. LaRocque von der US-Marine (im Ruhestand), Paul Warnke und Adam Yarmolinsky.

Es erwies sich als äußerst nutzbringend, daß etliche Mitarbeiter und Kollegen mein Manuskript vollständig oder in Auszügen sorgfältig und kritisch gegengelesen haben: McGeorge Bundy, William Bundy, Douglass Cater, Chester Cooper, Ben Eisman, Clayton Fritchey, David Ginsburg, Marion und Vernon Goodin, Phil Goulding, David Hamburg, Nicholas Katzenbach, Ernest May, Blanche Moore, Richard Neustadt, Robert Pastor, Walter Pincus, Robert Pursley, Elliot Richardson, Generalleutnant der US-Luftwaffe (im Ruhestand), Thomas Schelling, Arthur Schlesinger jun., Paul Warnke, Thomas Winship und Adam Yarmolinsky. Zwar habe ich nicht alle Vorschläge übernommen – einige empfahlen eine andere Betrachtungsweise oder teilten meine Ansichten nicht –, aber ich habe mir jede Anregung durch den Kopf gehen lassen (und zu schätzen vermocht).

Darüber hinaus habe ich noch anderweitige Unterstützung erfahren. William Gibbons und George Herring, zwei namhafte Vietnamexperten, haben mir vor der Veröffentlichung großzügig Einblick in die Manuskripte ihrer jüngsten Monographien gewährt. Nicole Ball recherchierte die Zahl der Opfer, die die Kriege des 20. Jahrhunderts gefordert haben. Martin Kaplan ging mit mir meinen Briefwechsel mit Raymond Aubrac durch. Blanche Moore half mir bei Übersetzungen und der Beschaffung von Photos. John Newman machte mich auf geheimdienstliche Dokumente aufmerksam.

Vier Verlage haben sich für das Buch interessiert. Daß meine Wahl auf Random House fiel, lag an Peter Osnos, Leiter der Abteilung TIMES Books. Peter erwies sich als hervorragender Verleger, und ging von Beginn an klug und engagiert vor. Er trieb mich zur rechten Zeit an – und spendete mir Trost, wenn ich alles hinwerfen wollte. Gemeinsam mit seinem Mitarbeiter Geoffrey Shandler gab er meinen Schilderungen Struktur und Linie. Und auch die anderen Mitarbeiter von Random House, die an der Veröffentlichung des Buches beteiligt waren – Lektorin Susan M. S. Brown, Graphikerin Naomi Osnos, die Mitarbeiter in der Herstellung und Werbung –, arbeiteten enthusiastisch und tatkräftig mit.

Bei jedem Schritt konnte ich mich auf den Rat und die sichere Urteilskraft meines literarischen Agenten Sterling Lord verlassen, der vom Konzept bis zur Fertigstellung begeistert hinter dem Projekt stand.

Erheblich erleichtert wurde meine Arbeit durch das Entgegenkommen des Verteidigungsministeriums. Alfred Goldberg, ein Historiker des Ministeriums, und seine Mitarbeiter Stuart Rochester, Lawrence Kaplan, Ronald Landa und Steen Rearden lasen das Manuskript auf sachliche Fehler und hinterfragten mehrdeutige Aussagen. Sie machten viele nützliche Vorschläge. »Doc« Cooke, der langjährige Direktor der Abteilung für Verwaltung und Management im Pentagon, besorgte mir die Ermächtigung zum Zugang zu Verschlußsachen. Harold Neeley, Archivar im Verteidigungsministerium, stand mir gemeinsam mit Brian Kinney und Sandra Meagher von der Abteilung für historische Studien und Freigabe von Verschlußsachen (Declassification and Historical Research Branch) stets hilfreich zur Seite. Alle Geheimdokumente wurden von den Vereinigten Stabschefs prompt an mich weitergeleitet.

Vier Regierungsvertreter nahmen sich die Zeit, um mir den Zugang zu den Dokumenten aus meiner Amtszeit, die in ihren Zuständigkeitsbereich fielen, im Pentagon und im National-archiv zu erleichtern: der frühere Verteidigungsminister Lee Aspin, Außenminister Warren Christopher, Sicherheitsberater Anthony Lake und der frühere CIA-Direktor James Wolsey. Ihnen allen möchte ich danken.

Aufzeichnungen, die bis dahin nur für den internen Ge-brauch bestimmt beziehungsweise nicht verfügbar waren – und auf die in diesem Buch erstmalig Bezug genommen wird –, erwiesen sich bei der Erstellung meines Textes als besonders hilfreich: so die der Geheimhaltung unterliegende *History of the JCS and the War in Vietnam* der Vereinigten Stabschefs, Präsident Kennedys Aufzeichnungen über Vietnamgespräche im Weißen Haus vom Herbst 1963 sowie Präsident Johnsons aufgezeichnete Telephongespräche zwischen 1963 und 1968. Ich danke General John Shalikashvili, Burke Marshall und Harry Middleton dafür, daß sie mir den Zugriff auf diese Unter-lagen ermöglicht haben.

Verschiedene Institutionen steuerten rasche und kostbare Hilfe bei, und auch ihnen möchte ich an dieser Stelle dan-ken: John Fitzgerald Kennedy Library, Boston, Massachusetts: Charles Daly, Bradley Gerratt, Suzanne Forbes, Mary Boluch, Stuart Culy, Allan Goodrich, William Johnson, June Payne, Maura Porter und Ron Whealan; Lyndon Baines Johnson Li-brary, Austin, Texas: Harry Middleton, Regina Greenwell, John Wilson, Claudia Anderson, Jacquie Demsky, Jeremy Duval, Ted Gittinger, Linda Hanson, Tina Houston, Mary Knill, Irena Parra, Philip Scott und Jennifer Warner; State Department Historical Office: William Zlany, David Humphrey und Glenn LaFantasie; Army Center of Military History: Vincent Demma; Office of Air Force History: Wayne Thompson; National Secu-rity Council Information Management and Disclosure Office:

Nancy Menan und David Van Tassel; National Archives' Office of Presidential Libraries: John Fawcett und Edie Price.

Ohne zu klagen, kämpfte sich Miss Jeanne Moore, meine Sekretärin, nächtelang und über Wochenenden hinweg durch unzählige Entwürfe und Änderungen bis zur Endfassung des Buches.

KURZBIOGRAPHIEN

ACHESON, DEAN: 1949–1953 Außenminister in der Regierung Truman; anschließend bis zu seinem Tod im Jahre 1969 einflußreiches Mitglied der außenpolitischen Elite der USA. 1965–1968 gehörte er als einer der »Wise Men« dem Beraterstab Präsident Johnsons in der Vietnamfrage an.

AUBRAC, RAYMOND: Französischer Sozialist des linken Flügels; ehemals Mitglied der Résistance und langjähriger Freund Ho Chi Minhs. Während der Pennsylvania-Friedensinitiative (Juli–Oktober 1967) zusammen mit Herbert Marcovich als Vermittler für Nordvietnam tätig.

BALL, GEORGE W.: 1961–1966 unter Kennedy und Johnson Staatssekretär im Außenministerium. Zuvor Rechtsberater der französischen Regierung. Seiner Meinung nach galt das Interesse der Vereinigten Staaten in allererster Linie Europa und nicht Asien.

BREECH, EARNEST R.: 1946–1960 Vizepräsident der Ford Motor Company.

BRUCE, DAVID K. E.: In den sechziger Jahren einer der erfahrensten Vertreter der US-Außenpolitik. Unter Kennedy und Johnson Botschafter in Großbritannien.

BUNDY, MCGEORGE: Professor und Dekan in Harvard. Diente 1961 bis 1966 unter Kennedy und Johnson als Nationaler Sicherheitsberater, 1966–1968 als Mitglied der »Wise Men« Berater Johnsons.

BUNDY, WILLIAM P.: Älterer Bruder von McGeorge Bundy. Als Leiter der Abteilung für internationale Sicherheitsfragen im Verteidigungsministerium unter Kennedy und Leiter der Fernostabteilung im Außenministerium unter Johnson maßgeblich mit der Vietnamfrage befaßt.

BUNKER, ELLSWORTH: Amerikanischer Geschäftsmann und Diplomat. 1967–1973 unter Johnson und Nixon US-Botschafter in Südvietnam.

450

CARVER JUN., GEORGE A.: Während der sechziger Jahre als CIA-Mitarbeiter zuständig für die Analyse geheimdienstlicher Nachrichten aus Südostasien. Informierte den engen Beraterstab und die »Wise Men« regelmäßig über die Situation in Vietnam.

CLIFFORD, CLARK M.: Anwalt in Washington und seit der Regierung Truman Berater der demokratischen Präsidenten. 1965 bis 1967 Mitglied der »Wise Men« und Berater Johnsons in Vietnamfragen. Wurde im März 1968 zum Verteidigungsminister ernannt.

CHRUSCHTSCHOW, NIKITA S.: 1958–1964 Staatschef der Sowjetunion. Unterstützte die »nationalen Befreiungskriege« in den Ländern der Dritten Welt. Löste im Oktober 1962 mit der Stationierung von Raketen auf Kuba eine internationale Krise aus.

COLBY, WILLIAM E.: 1959–1962 Leiter der CIA in Saigon. Wurde führender CIA-Experte für Vietnam und leitete das Anti-Guerilla-Programm in Südvietnam. Unter Nixon und Ford Direktor der CIA.

CONNALLY JUN., JOHN B.: Politischer Weggefährte Lyndon B. Johnsons. 1961–1962 unter Kennedy Marineminister. Später unter Nixon Gouverneur von Texas und Finanzminister.

DIRKSEN, EVERETT M.: Republikanischer Senator aus Illinois und Führer der Minderheitsfraktion des Senats in den sechziger Jahren. Unterstützte die Vietnampolitik der Regierung Johnson.

FALL, BERNARD B.: Hochangesehener Indochina-Experte und Journalist französischer Abstammung. Unterstützte zunächst die Vietnampolitik der USA. Seine Skepsis und Kritik wuchsen jedoch zunehmend. 1967 als Reporter in Südvietnam getötet.

FORD II, HENRY: Enkel des Automobilpioniers Henry Ford. 1945 bis 1987 Vorsitzender der Ford Motor Company. Engagierte nach dem Zweiten Weltkrieg McNamara und die übrigen »Whiz Kids«.

FORRESTAL, MICHAEL V.: Sohn des früheren Verteidigungsministers James V. Forrestal, Berater von W. Averell Harriman und 1962 bis 1965 Mitglied des Nationalen Sicherheitsrats. Sprach sich für die Absetzung der Brüder Ngo in Südvietnam aus.

FORTAS, ABE: Anwalt in Washington, 1965–1969 Richter am Obersten Gerichtshof und Mitglied von Johnsons Küchenkabinett. Beriet Johnson in der Vietnamfrage und anderen Angelegenheiten.

FULBRIGHT, J. WILLIAM: 1945–1975 demokratischer Senator aus Arkansas und Vorsitzender des außenpolitischen Ausschusses des Senats. Überzeugte 1964 die Kongreßmitglieder von der Tonking-

Resolution. Sprach sich später gegen den Krieg aus und veranstaltete kritische Anhörungen.

GAULLE, CHARLES DE: Im Zweiten Weltkrieg Befehlshaber der Freien Französischen Streitkräfte, danach Staatschef Frankreichs. Befürwortete die Neutralisierung Vietnams und kritisierte Amerikas wachsendes Militärengagement in Indochina während der sechziger Jahre.

GILPATRIC, ROSWELL L.: Wall-Street-Anwalt, zuvor Mitglied der Regierung Truman. 1961–1964 stellvertretender Verteidigungsminister. Vorsitzender einer interdisziplinären Untersuchung der Vietnampolitik im Frühjahr 1961.

GOLDBERG, ARTHUR J.: 1961–1962 Arbeitsminister; 1962–1965 Richter am Obersten Gerichtshof; 1965–1968 US-Botschafter bei den Vereinten Nationen. Drängte auf Verhandlungen mit Nordvietnam.

GOLDWATER, BARRY: Konservativer Senator aus Arizona und 1964 Präsidentschaftskandidat der Republikaner, dessen Wahlkampagne von antikommunistischen Parolen geprägt war. Wurde von Lyndon Johnson vernichtend geschlagen. Kritisierte heftig den beschränkten Umfang der US-Militäroperationen in Vietnam.

GOODPASTER, ANDREW J.: Militärberater Eisenhowers. Unter Johnson Mitglied der Vereinigten Stabschefs; später Oberkommandierender der Alliierten NATO-Streitkräfte in Europa. Leitete im Sommer 1965 eine Studie über US-Militäroperationen in Vietnam.

GREENE JUN., WALLACE M.: 1964–1968 Befehlshaber des US-Marinekorps.

HARKINS, PAUL D.: 1962–1964 Befehlshaber des militärischen Hilfskommandos der USA in Vietnam. Lehnte einen Putsch gegen Diem entschieden ab. War durchweg zuversichtlich, was die militärischen Fortschritte gegen den Vietcong anging.

HARRIMAN, W. AVERELL: Unter Präsident Kennedy Leiter der Abteilung für Fernostfragen, danach Staatssekretär für politische Angelegenheiten im Außenministerium. Unter Präsident Johnson Sonderbotschafter. Führer der US-Delegationen bei der Genfer Laos-Konferenz (1962) und den Pariser Friedensgesprächen (1968). War für den Sturz Diems.

HELMS, RICHARD: 1962–1965 stellvertretender Leiter der Planungsabteilung der CIA. 1966–1973 Direktor der CIA. Unterrichtete den Präsidenten über die politische und militärische Situation in Vietnam und die Wirksamkeit der Bombenangriffe gegen Nordvietnam.

HILSMAN JUN., ROGER: 1963–1964 Harrimans Nachfolger als Leiter der Abteilung für Fernostfragen im Außenministerium. Spielte eine Schlüsselrolle beim Putsch gegen Diem.

HO CHI MINH: Kommunistischer Führer der vietnamesischen Unabhängigkeitsbewegung. 1946–1954 Chef der Vietminh im Krieg gegen Frankreich. Von 1954 bis zu seinem Tod 1969 nordvietnamesischer Staatschef und Chef der Vietcong im Krieg gegen Südvietnam und die Vereinigten Staaten.

JOHNSON, HAROLD K.: 1964–1968 Stabschef der US-Armee. Zweifelte an der Wirksamkeit von Bombardierungen. Sprach sich für eine rasche Ausweitung des Bodenkriegs aus.

JOHNSON, LYNDON BAINES: 1963–1969 36. Präsident der Vereinigten Staaten. Lehnte als Vizepräsident unter Kennedy den Sturz Diems ab. Verstärkte in seiner Amtszeit als Präsident das US-Engagement in Vietnam. Legte großes Gewicht auf innenpolitische Reformen. Der Krieg machte sein politisches Ansehen zunichte.

JOHNSON, U. ALEXIS: Karrierediplomat; 1964–1965 unter Maxwell Taylor stellvertretender Botschafter in Südvietnam.

KATZENBACH, NICHOLAS DEB: 1964–1965 amtierender Justizminister und 1966–1969 Staatssekretär im Außenministerium. Verteidigte Präsident Johnsons Recht, entsprechend der Tonking-Resolution US-Streitkräfte nach Vietnam zu entsenden. Befürworter einer Verhandlungslösung mit Vietnam.

KENNAN, GEORGE F.: Ende der vierziger Jahre Direktor des politischen Planungsstabs im Außenministerium. Schuf die Strategie der Eindämmung zur Verhinderung der Expansionsbestrebungen der Sowjetunion. Diese Strategie bildete während des Kalten Krieges die Grundlage der westlichen Sicherheitspolitik. 1952 Botschafter in der Sowjetunion, 1961–1963 in Jugoslawien.

KENNEDY, JOHN F.: Geboren 1917. Von 1961 an 35. Präsident der Vereinigten Staaten von Amerika. Leitete die US-Politik während der Ära zunehmender Guerillatätigkeit in Südvietnam und des Zerfalls der Regierung Diem. Wurde am 22. November 1963, drei Wochen nach Diems Tod, ermordet.

KENNEDY, ROBERT F.: Geboren 1925. 1961–1964 Justizminister und 1965–1968 demokratischer Senator des Bundesstaats New York. John F. Kennedys engster Berater. Äußerte zunehmend Kritik am

Vorgehen der USA in Vietnam. Kam im Juni 1968, während er sich um die Nominierung zum demokratischen Präsidentschaftskandidaten bewarb, bei einem Attentat ums Leben.

KISSINGER, HENRY A.: Harvard-Professor. Fungierte 1967 als US-Vermittler in der Friedensinitiative von Pennsylvania. Von Präsident Nixon zum Nationalen Sicherheitsberater ernannt. Handelte 1973 in dieser Funktion die Pariser Verträge aus und beendete dadurch das US-Engagement in Vietnam. Unter Nixon und Ford Außenminister.

KOMER, ROBERT W.: 1960–1965 Mitglied des Nationalen Sicherheitsrats. 1965–1966 Sonderberater Präsident Johnsons und 1967 bis 1968 Vorsitzender des US-Befriedungsprogramms in Südvietnam.

KOSSYGIN, ALEXEJ: 1964–1980 Ministerpräsident der Sowjetunion. Fungierte 1967 zusammen mit dem britischen Premier Harold Wilson als Vermittler zwischen den Vereinigten Staaten und Nordvietnam. Traf im Juni 1967 mit Vertretern der USA in Glasboro, New Jersey, zusammen, um eine Beschränkung des nuklearen Rüstungswettlaufs zu erörtern.

LEE KWAN YEW: 1965–1990 Premierminister von Singapur. Unterstützte die US-Intervention in Vietnam, die er als Gegenmaßnahme zur kommunistischen Expansion in Süd- und Südostasien betrachtete.

LEMAY, CURTIS E.: 1961–1965 Oberbefehlshaber der US-Luftwaffe. Kandidierte 1968 an der Seite von George Wallace als Vizepräsident. Drängte auf uneingeschränkte Luftangriffe gegen Nordvietnam.

LIN BIAO: Während des Vietnamkriegs chinesischer Verteidigungsminister. Hielt im September 1965 eine wichtige Rede, in der er für Guerillakriege in der gesamten Dritten Welt plädierte. Fand 1971 bei einem mysteriösen Flugzeugabsturz den Tod.

LODGE JUN., HENRY CABOT: Ehemaliger Senator der republikanischen Partei und Kandidat für die Vizepräsidentschaft. Wurde 1963–1964 und 1965–1967 als US-Botschafter nach Südvietnam entsandt. Spielte eine Schlüsselrolle beim Sturz des Diem-Regimes.

LOVETT, ROBERT A.: Im Zweiten Weltkrieg Abteilungsleiter für die Luftwaffe im Kriegsministerium (auch zuständig für die Einheit, der McNamara angehörte). 1947–1949 Staatssekretär im Außenministerium, 1951–1953 während des Koreakriegs Verteidigungsminister. Gehörte zum Beraterstab der Präsidenten Kennedy und Johnson in nationalen Sicherheitsfragen, einschließlich Vietnam. 1965–1968 Mitglied der »Wise Men«.

MAI VAN BO: In den sechziger Jahren diplomatischer Vertreter Nordvietnams in Paris. Fungierte als Kontaktmann Hanois in zahlreichen Verhandlungsgesprächen, einschließlich jener im Jahr 1967 mit Henry Kissinger.

MANSFIELD, MIKE: 1945–1977 demokratischer Senator aus Montana, 1961–1977 Fraktionschef der Mehrheitspartei im Senat. Unterstützte früh schon Diem. Wandte sich später gegen den Krieg.

MAO ZEDONG: 1949–1976 Staatschef der Volksrepublik China. Gewährleistete während des Vietnamkriegs die politische und logistische Unterstützung Nordvietnams. Stürzte China in die Kulturrevolution (1966–1976).

MARCOVICH, HERBERT: Französischer Wissenschaftler und Mitglied der Pugwash-Bewegung. Fungierte 1967 bei der Pennsylvania-Initiative zusammen mit Raymond Aubrac als Vermittler zwischen den USA und Nordvietnam.

MCCLOY, JOHN C.: Unter Franklin D. Roosevelt Abteilungsleiter im Kriegsministerium. Danach Präsident der Weltbank und unter Truman im besetzten Deutschland amerikanischer Hochkommissar. Gehörte in der Vietnamfrage als einer der »Wise Men« zu Johnsons Beraterstab.

MCCONE, JOHN A.: Kalifornischer Unternehmer. Vertreter der Regierung Eisenhower in der Atomenergiekommission. Unter den Präsidenten Kennedy und Johnson 1961–1965 CIA-Direktor.

MCDONALD, DAVID L.: Befehligte 1963–1967 die Einsätze der US-Streitkräfte zur See. Plädierte 1964 für Luftangriffe gegen Nordvietnam, begrüßte das Eingreifen der USA in den Bodenkrieg.

MCNAUGHTON, JOHN T.: 1962–1964 Syndikus des Pentagons, 1964 bis 1967 Abteilungsleiter im Verteidigungsministerium für Sicherheitsfragen. War maßgeblich an der Entwicklung der Vietnampolitik beteiligt. Zweifelte immer mehr am Sinn dieses Krieges.

MOORER, THOMAS H.: 1964–1965 Kommandeur der US-Pazifikflotte, später Befehlshaber der Marine-Operationen in diesem Raum. Entwarf die Einsatzpläne für die DESOTO-Patrouillen im Golf von Tonking.

MORSE, WAYNE: Senator aus Oregon (1943–1969). Kritisierte als führendes Kongreßmitglied das Eingreifen der Vereinigten Staaten in den Vietnamkrieg. Er war einer der beiden Senatoren, die 1964 gegen die Tonking-Resolution stimmten.

Moyers, Bill: Langjähriger politischer Mitarbeiter Johnsons. Diente unter Kennedy als Vertreter des Friedenskorps und war 1965–1966 Präsident Johnsons Pressesekretär.

Ngo Dinh Diem. 1954–1963 südvietnamesischer Staatschef. Wurde im November 1963 gestürzt und ermordet. Der Putsch gegen ihn führte in Südvietnam zu einer langen Periode politischer Instabilität.

Ngo Dinh Nhu: Bruder von Ngo Dinh Diem und Chef der südvietnamesischen Sicherheitskräfte. Sein repressives Vorgehen gegen die buddhistische Opposition führte im November 1963 zum Putsch, bei dem er ebenfalls getötet wurde.

Nguyen Cao Ky: Geboren 1930. 1964–1965 Befehlshaber der Luftwaffe, 1965–1967 Premierminister, 1967–1971 Vizepräsident Südvietnams. Mitglied des Korps junger Offiziere (der »Jungtürken«), die nach Diems Tod an die Macht kamen.

Nguyen Khanh: Geboren 1927. Schlüsselfigur im Putsch gegen Diem. 1964–1965 Staatschef Südvietnams. Lehnte ursprünglich US-Militäraktionen gegen Nordvietnam ab, befürwortete sie jedoch später.

Nguyen van Thieu: Geboren 1929. Wurde 1965 im Rang eines Generals Staatschef Südvietnams. Kam im Gefolge des Putsches gegen Diem an die Macht. War bis zur Niederlage Südvietnams im Frühjahr 1975 Staatspräsident.

Nhu, Madame: Ehefrau von Ngo Dinh Nhu. Neigte zu unbesonnenen Äußerungen. Ihre provokativen Erklärungen im Sommer und Herbst 1963 empörten die südvietnamesischen Buddhisten und trugen zur Entfremdung zwischen den Vereinigten Staaten und der Regierung Diem bei.

Nitze, Paul H.: 1961–1963 Abteilungsleiter im Verteidigungsministerium, 1963–1969 Marineminister, 1967–1969 stellvertretender Verteidigungsminister. Befürwortete 1965 die Ausweitung der Militäraktionen, stellte später jedoch den strategischen Sinn des amerikanischen Engagements in Vietnam in Frage.

Nolting jun., Frederick E.: Karrierediplomat im Auswärtigen Dienst, 1961–1963 Botschafter der USA in Südvietnam. Wandte sich gegen den Sturz der Regierung Diem.

Palmer jun., Bruce B.: 1967 stellvertretender kommandierender General der US-Armee in Vietnam, 1968–1973 Vize-Stabschef der US-Armee. Kritisierte später die Zermürbungsstrategie, die in Vietnam verfolgt wurde.

PHAM VAN DONG: Gründete zusammen mit Ho Chi Minh die Vietminh-Bewegung; 1950–1986 nordvietnamesischer Premierminister. Während des Vietnamkriegs häufig diplomatischer Sprecher Hanois.

RESOR, STANLEY: 1964–1969 Heeresminister.

ROSTOW, WALT W.: 1961 Mitglied des Nationalen Sicherheitsrats, 1961–1966 politischer Planungsdirektor des Außenministeriums, 1966–1969 nationaler Sicherheitsberater Präsident Johnsons. Plädierte entschieden für Militäraktionen gegen Nordvietnam.

RUSK, DEAN: 1961–1969 in den Regierungen Kennedy und Johnson Außenminister. Plädierte aufgrund seiner Überzeugung, daß der kommunistischen Aggression überall Einhalt geboten werden müsse, für ein starkes Engagement der Vereinigten Staaten in Vietnam.

RUSSELL JUN., RICHARD B.: 1933–1971 demokratischer Senator aus Georgia, während der fünfziger und sechziger Jahre Vorsitzender des Streitkräfteausschusses des Senats. Verfügte bei Entscheidungen zu militärischen Fragen über großen Einfluß. Zweifelte am Sinn einer militärischen Intervention der Vereinigten Staaten in Vietnam. Unterstützte jedoch, als die Entscheidung dafür gefällt war, die Kriegsanstrengungen.

SHARP JUN., U. S. GRANT: 1964–1968 Oberbefehlshaber im Pazifik. Verantwortlich für die Einsätze der US-Luftwaffe im Vietnamkrieg. Verlangte wiederholt intensivere Bombardierungen Nordvietnams.

SHOUP, DAVID M.: Im Zweiten Weltkrieg mit der Medal of Honor ausgezeichnet. 1959–1963 Kommandeur des US-Marinekorps. Nach seinem Ausscheiden aus dem Militärdienst führender Kritiker des Vietnamkriegs.

STENNIS, JOHN C.: Demokratischer Senator aus Mississippi und während des Vietnamkriegs einflußreiches Mitglied des Streitkräfteausschusses des Senats. Kritisierte während der Regierungszeit Johnsons entschieden die Beschränkungen der US-Militäraktionen in Vietnam.

STEVENSON III., ADLAI E.: 1952 und 1956 Präsidentschaftskandidat der Demokratischen Partei, 1961–1965 Botschafter der Vereinigten Staaten bei den Vereinten Nationen. Trat kurz vor seinem Tod 1965 für Verhandlungen mit Nordvietnam ein.

SUKARNO: 1949–1965 indonesischer Staatschef. Seine Annäherung an China führte im Herbst 1965 zu einem Militärputsch, durch den er gestürzt wurde.

TAYLOR, MAXWELL D.: 1961–1962 militärischer Sonderberater Präsident Kennedys, 1962–1964 Vorsitzender der Vereinigten Stabschefs, 1964–1965 US-Botschafter in Südvietnam, 1965–1968 Sonderberater Präsident Johnsons für Vietnamfragen.

THOMPSON, LLEWELLYN: Karrierediplomat, während der sechziger Jahre führender Sowjetexperte. Beriet Kennedy und Johnson während der kubanischen Raketenkrise und des Vietnamkriegs über die russische Denk- und Vorgehensweise.

THOMPSON, SIR ROBERT: Britischer Offizier, leitete während der fünfziger Jahre die Aufstandsbekämpfung in Malaya; seit 1961 Berater der US-Regierung und des militärischen Unterstützungskommandos in Vietnam.

THORNTON, CHARLES B. »TEX«: Während des Zweiten Weltkriegs Chef des statistischen Kontrollprogramms des Army Air Corps und Organisator der »Whiz Kids«. Führte im November 1945 mit der Ford Motor Company die Verhandlungen über den Eintritt der »Whiz Kids« in das Unternehmen.

THURMOND, STROM: Seit 1954 Senator (aus South Carolina). Gehörte ursprünglich den »Dixicrats« an, einer Splittergruppe der Demokratischen Partei im Süden der USA, trat aber später den Republikanern bei. Kritisierte als Vertreter des rechten Flügels heftig die Vietnampolitik der Regierung Johnson. Befürwortete den uneingeschränkten Einsatz der US-Militärstreitkräfte.

U THANT, SITHU: Birmesischer Diplomat, 1961–1971 Generalsekretär der Vereinten Nationen. Drängte auf eine Verhandlungslösung im Vietnamkonflikt und betätigte sich dabei als Vermittler.

VANCE, CYRUS R.: 1961–1962 Syndikus des Pentagons, 1962–1964 Heeresminister, 1964–1967 stellvertretender Verteidigungsminister, 1968 Chefunterhändler bei den Pariser Friedensgesprächen. Später in der Regierung Carter Außenminister.

VO NGUYEN GIAP: War während des Kriegs gegen Frankreich Oberbefehlshaber der Vietminh-Streitkräfte, im Krieg gegen Südvietnam und die USA nordvietnamesischer Verteidigungsminister. Legte Nachdruck auf die politische und diplomatische Dimension des Guerillakriegs.

WARNKE, PAUL C.: Anwalt aus Washington, seit 1966 Syndikus des Verteidigungsministeriums, 1967–1969 Leiter der Abteilung für internationale Sicherheitsfragen im Verteidigungsministerium.

WESTMORELAND, WILLIAM C.: 1964–1968 Oberbefehlshaber des militärischen Unterstützungskommandos in Vietnam, 1968–1972 Stabschef der US-Armee. Kommandierte während der ersten Phase des Vietnamkriegs die Bodentruppen der USA. Verfolgte die Zermürbungsstrategie des »Aufspürens und Vernichtens«.

WHEELER, EARLE G. »BUS«: 1964–1970 Vorsitzender der Vereinigten Stabschefs. Wichtigster Vertreter des Militärs in Washington mit genauer Kenntnis der militärischen Operationen in Vietnam.

WILSON, HAROLD: 1964–1970 britischer Premierminister der Labour Party. Unternahm im Frühjahr 1967 zusammen mit dem sowjetischen Premier Aleksej Kossygin den Versuch, zwischen den Vereinigten Staaten und Nordvietnam Verhandlungen herbeizuführen, der jedoch scheiterte.

ZUCKERT, EUGENE: 1961–1965 Luftwaffenminister.

ANMERKUNGEN

DIE WICHTIGSTEN ABKÜRZUNGEN

CAP	Cable Access Point
CF	Country File
CINCPAC	Commander in Chief Pacific
COMUSMACV	Commander of the Military Assistance Command, Vietnam
CRS	Congressional Research Service
Deptel	State Department Telegram
Embtel	Embassy Telegram
FRUS	Foreign Relations of the United States
HJCS	History of the Joint Chiefs of Staff
JCS	Joint Chiefs of Staff
JFKL	John Fitzgerald Kennedy Library
LBJL	Lyndon B. Johnson Library
MNF	Meeting Notes File
NSC	National Security Council
NSCH	National Security Council History
NSCMF	National Security Council Meeting File
NSF	National Security File
PNO	Programm-Nummer
PP	Pentagon Papers
PPW	Papers of Paul Warnke
PR	Presidential Recordings
PSRSM	Public Statements of Robert S. McNamara
RSMP	Robert S. McNamara Papers
SNIE	Special National Intelligence Estimate
Tab(s)	Table(s)
VN	Vietnam
VNMS	Vietnam Manuscript
WB	William Bundy

1. MEIN WEG NACH WASHINGTON

1. Byrne, John A.: *The Whiz Kids*. New York 1993, S. 98.

2. DIE FRÜHEN JAHRE

1. Öffentlich zugängliche Papiere des Präsidenten der Vereinigten Staaten von Amerika: *Public Papers of the President of the United States* (im folgenden zitiert als: *Public Papers*), *John F. Kennedy, 1961*. Washington 1962, S. 1–3.
2. *Bulletin des Außenministeriums* vom 13. Februar 1950, S. 244.
3. *Public Papers, Dwight D. Eisenhower, 1954*. Washington 1960, S. 382–384.
4. Kennedy, John F.: »America's Stake in Vietnam«. *Vital Speeches*, 1. August 1956, S. 617–619.
5. Clark Clifford an Präsident Kennedy: Memorandum über die Konferenz zwischen Präsident Eisenhower und dem designierten Präsidenten Kennedy und ihren Chefberatern am 19. und 24. Januar 1961. Zit. nach: »Dwight D. Eisenhower: January 17–December 9, 1961«. President's Office Files, John F. Kennedy Papers, John Fitzgerald Kennedy Library (im folgenden: JFKL).
6. Siehe: Dean Rusk in seiner Mitteilung an Richard Rusk. In: Rusk, Dean: *As I Saw It*. New York 1990, S. 428.
7. Memorandum an den Präsidenten vom 24. Januar 1961. Abgedruckt in: *Journal of American History*, Juni 1993, S. 363.
8. Zitiert in: Greenstein, Fred I./Immerman, Richard H.: »What Did Eisenhower Tell Kennedy About Indochina? The Politics of Misperception«. *Journal of American History*, September 1992, S. 583.
9. John S. D. Eisenhowers Memorandum einer Konferenz mit dem Präsidenten am 31. Dezember 1960. In: *Staff Notes*, December 1960. Eisenhower Diary Series, Whitman File, Dwight D. Eisenhower Library.
10. Siehe das Memorandum einer Unterredung im Kabinettssaal am 29. August 1961 zur Südostasien-Frage. In: »Meetings with the President, General, 7/61–8/61«. Akte zur Nationalen Sicherheit (National Security File, im folgenden zitiert als: NSF), Box 317, JFKL.
11. Bericht der Taylor-Mission, 3. November 1961. In: U. S. Department of State: *Foreign Relations of the United States* (im folgenden

zitiert als: *FRUS*), *1961–1963*. Bd. 1: *Vietnam, 1961*. Washington 1988, S. 477–532.

12. Memorandum an den Präsidenten, 8. November 1961. *Ebd.*, S. 559–561.

13. Streitkräfteausschuß des Repräsentantenhauses: *United States – Vietnam Relations, 1945–1967*. Washington 1971, Buch 11, S. 359 bis 366.

14. Siehe: Notizen über eine Besprechung im Weißen Haus am 11. November 1961, 12.10 Uhr. In: *FRUS, 1961–1963*, Bd. 1, S. 577 f.

15. Siehe: Notizen über eine Besprechung des Nationalen Sicherheitsrats (National Security Council, im folgenden: NSC) am 15. November 1961, 0.10 Uhr, in Washington. *Ebd.*, S. 607–610.

16. Siehe: Telegramm an den Oberbefehlshaber im Pazifik (Felt) und den Vorsitzenden der Military Assistance Advisory Group, Vietnam (McGarr), 28. November 1961. *Ebd.*, S. 679 f.; Major General T. W. Parker an General Lyman L. Lemnitzer, 18. Dezember 1961. *Ebd.*, S. 740 f.; sowie: Edwin W. Martin an Sterling J. Cottrell, 18. Dezember 1961. *Ebd.*, S. 742–744.

17. Vereinigte Stabschefs (Joint Chiefs of Staff; im folgenden: JCS): Memorandum Nr. 33–62 an den Verteidigungsminister, 13. Januar 1962. In: *The Pentagon Papers: The Defense Department History of United States Decisionmaking on Vietnam* (im folgenden zitiert als: *PP*). Hrsg. von Senator Gravel. Boston 1971, Bd. 2, S. 663–666; sowie: Memorandum an den Präsidenten, 27. Januar 1962. *Ebd.*, S. 662.

18. Siehe: General Tran Van Dons Einsichten, Bericht im CIA-Telegramm 0265, Station Saigon an die Zentrale, 24. August 1963. In: *FRUS, 1961–1963*. Bd. 3: *Vietnam, January–August 1963*. Washington 1991, S. 615.

19. Lindley, Ernest K.: »An Ally Worth Having«. *Newsweek*, 29. Juni 1959, S. 31; sowie: Anhörungen zu den Ausgaben für Auslandshilfen für 1964. Haushaltsausschuß des Repräsentantenhauses, 88. Kongreß, 1. Sitzung, 15. Mai 1963. Washington 1963, S. 90.

20. Pressekonferenz des Pentagons am 5. Februar 1962. In: *Public Statements of Robert S. McNamara, Secretary of Defense* (im folgenden zitiert als: PSRSM), *1962*, Bd. 2, S. 735 f.

21. Presseerklärung in Camp H. M. Smith, Hawaii, am 23. Juli 1962. *Ebd.*, Bd. 4, S. 1589.

22. Äußerungen vor der Presse auf der Andrews Air Force Base, Maryland, 9. Oktober 1962. *Ebd.*, S. 182.

23. Protokoll der sechsten Konferenz des Verteidigungsministers in Camp H. M. Smith auf Hawaii, 23. Juli 1962. In: *FRUS, 1961–1963*. Bd. 2: *Vietnam, 1962*. Washington 1990, S. 546–556.
24. John McCone an Dean Rusk, 7. Januar 1964. In: *FRUS, 1964–1968*. Bd. 1: *Vietnam, 1964*. Washington 1992, S. 5.
25. Siehe Anmerkung 23.
26. Siehe: Memorandum einer Unterredung im Außenministerium, Washington, 1. April 1963. In: *FRUS, 1961–1963*, Bd. 3, S. 193–195.
27. Siehe: Memorandum für das Protokoll der Konferenz des Verteidigungsministers, Honolulu, 6. Mai 1963. *Ebd.*, S. 265–270.
28. Siehe: JCS Memorandum 629–630 an den Verteidigungsminister, 20. August 1963. *Ebd.*, S. 590 f.

3. DER SCHICKSALHAFTE HERBST 1963

1. Siehe: *FRUS, 1961–1963*. Bd. 4: *Vietnam, August–Dezember 1963*. Washington 1991, S. 89 f. und S. 55, Anm. 7; sowie: Hammer, Ellen J.: *A Death in November. America in Vietnam, 1963*. New York 1987, S. 224–230.
2. Telegramm des Außenministeriums (State Department Telegram, im folgenden zitiert als: Deptel) 243, 24. August 1963: Ball an Lodge. In: *FRUS, 1961–1963*, Bd. 3, S. 628 f.
3. CAP 63460, Michael Forrestal an den Präsidenten, am 24. August 1963. *Ebd.*, S. 627.
4. Taylor, Maxwell D.: *Swords and Plowshares*. New York 1972, S. 292.
5. Kennedy, Robert F.: *Oral History*, 29. Februar 1964, S. 122. JFKL.
6. Siehe: Charlton, Michael/Moncrieff, Anthony: *Many Reasons Why. The American Involvement in Vietnam*. New York 1978, S. 95 f.; sowie: Telegramm der Botschaft in Saigon (Saigon Embassy Telegram, im folgenden zitiert als: Embtel) 375, 29. August 1963: Lodge an Rusk. In: *FRUS, 1961–1963*. Bd. 4: *Vietnam, August–December 1963*, S. 21.
7. Siehe: CIA-Büro Saigon an die Zentrale, 26. August 1963. In: *FRUS, 1961–1963*, Bd. 3, S. 642.
8. Diese Zitate stammen aus den »Aufzeichnungen des Präsidenten« in der Kennedy-Bibliothek (Presidential Recordings in the Kennedy Library, im folgenden zitiert als: PR, JFKL). Da es keine Abschriften gibt, ersuchte ich um Einsicht in die Aufzeichnungen, machte mir wörtliche Notizen und erhielt die Zustimmung des Nationalen Sicherheitsrats, sie in diesem Buch zu zitieren.

9. Aufzeichnungen für die Akten über ein Treffen im Weißen Haus am 26. August 1963. In: *FRUS, 1961-1963*, Bd. 3, S. 638-641; sowie: PR, JFKL.

10. Siehe: Memorandum einer Konferenz mit dem Präsidenten am 27. August 1963. In: *FRUS, 1961-1963*, Bd. 3, S. 659-665.

11. Siehe: Memorandum einer Konferenz mit dem Präsidenten am 28. August 1963. In: *FRUS, 1961-1963*, Bd. 4, S. 1-6.

12. Siehe: Memorandum einer Unterredung am 28. August 1963, 18.00 Uhr. *Ebd.*, S. 12-14.

13. PR, JFKL.

14. Memorandum einer Konferenz mit dem Präsidenten am 29. August 1963. In: *FRUS, 1961-1963*, Bd. 4, S. 26-31; sowie: CAP 63465, vom 29. August 1963: Präsident an Lodge. *Ebd.*, S. 35 f.

15. Siehe: Memorandum einer Unterredung im Außenministerium am 31. August 1963. *Ebd.*, S. 69-74.

16. *Public Papers, John F. Kennedy, 1963*, S. 652.

17. Siehe: Memorandum einer Konferenz mit dem Präsidenten am 3. September 1963. In: *FRUS, 1961-1963*, Bd. 4, S. 100-103.

18. Siehe: Memorandum einer Konferenz mit dem Präsidenten am 6. September 1963. *Ebd.*, S. 117-120.

19. *Public Papers, John F. Kennedy, 1963*, S. 659.

20. Memorandum einer Unterredung im Außenministerium am 10. September 1963. In: *FRUS, 1961-1963*, Bd. 4, S. 169-171.

21. Embtel 478, 11. September 1963: Lodge an Rusk. *Ebd.*, S. 171-174; sowie: Memorandum eines Telephongesprächs zwischen dem Außenminister und dem Sonderbeauftragten des Präsidenten für Nationale Sicherheitsfragen am 11. September 1963. *Ebd.*, S. 176.

22. Siehe: Aufzeichnungen für die Akten über ein Treffen im Außenministerium am 13. September 1963. *Ebd.*, S. 217-220.

23. CAP 63516, Präsident an Lodge am 17. September 1963. *Ebd.*, S. 252-254.

24. Memorandum eines Telephongesprächs zwischen Harriman und Forrestal am 17. September 1963. *Ebd.*, S. 251.

25. Siehe: Embtel 536, Lodge an den Präsidenten, 18. September 1963. *Ebd.*, S. 255.

26. Telephongespräch zwischen McGregor Bundy und Rusk. *Ebd.*, Anm. 3; sowie: Deptel 431, Präsident an Lodge, 18. September 1963. *Ebd.*, S. 256 f.

27. Memorandum des Präsidenten an den Verteidigungsminister,

21. September 1963. *Ebd.*, S. 278 f.; sowie Aufzeichnungen für die Akten über ein Treffen am 23. September 1963. *Ebd.*, S. 280–282.
28. Brief von Hilsman an Lodge, vom 23. September 1963. *Ebd.*, S. 282 f.
29. Halberstam, David: *The Making of a Quagmire.* New York 1965, S. 315; dt.: *Vietnam oder Wird der Dschungel entlaubt?* Reinbek 1974, S. 198.
30. *CBX Reports*, »McNamara and the Pentagon«, 25. September 1963. In: *PSRSM, 1963*, Bd. 5, S. 2315 f.
31. Siehe: Aufzeichnungen für die Akten, 23. September 1963. In: *FRUS, 1961–1963*, Bd. 4, S. 284–287.
32. Siehe: Bericht des Verteidigungsministers vom 26. September 1963. *Ebd.*, S. 293–295.
33. Siehe: Memorandum einer Unterredung, erstellt vom Verteidigungsminister. Saigon, 30. September 1963. *Ebd.*, S. 323–325.
34. Bericht des Verteidigungsministers. *Ebd.*, S. 301–303.
35. Brief des Generalstabschefs an Präsident Diem vom 1. Oktober 1963. *Ebd.*, S. 328–330.
36. Memorandum einer Unterredung im Gia-Long-Palast am 29. September 1963. *Ebd.*, S. 310–321.
37. Siehe: Memorandum des Vorsitzenden der Vereinigten Stabschefs und des Verteidigungsministers für den Präsidenten, 2. Oktober 1963. *Ebd.*, S. 336–364.
38. PR, JFKL.
39. *Ebd.*
40. Zusammenfassung des 519. Treffens des Nationalen Sicherheitsrats vom 2. Oktober 1963. *Ebd.*, S. 350–352; sowie: Presseerklärung des Weißen Hauses vom 2. Oktober 1963, 18.52 Uhr. In: *NSC Meetings, 1963.* NSF, Box 314, JFKL; sowie: PR, JFKL.
41. Siehe: Memorandum für die Akten über eine Konferenz mit dem Präsidenten am 5. Oktober 1963. In: *FRUS, 1961–1963*, Bd. 4, S. 368–370.
42. Lodge an McGeorge Bundy, 25. Oktober 1963. *Ebd.*, S. 434–436; sowie: McGeorge Bundy an Lodge, 25. Oktober 1963. *Ebd.*, S. 437.
43. Siehe: Memorandum einer Konferenz mit dem Präsidenten am 29. Oktober 1963, 16.20 Uhr. *Ebd.*, S. 468–471. Das McCone-Zitat ist aus: Senate Select Committee to Study Governmental Operations: *Alleged Assassination Plots Involving Foreign Leaders.* Washington 1975, S. 221.
44. Siehe: Memorandum einer Konferenz mit dem Präsidenten am

29. Oktober 1963, 18.00 Uhr. In: *FRUS, 1961–1963*, Bd. 4, S. 472 f.; sowie: McGeorge Bundy an Lodge, 29. Oktober 1963. *Ebd.*, S. 473 bis 475.

45. MACV 2028, Harkins an Taylor, 30. Oktober 1963, 18.00 Uhr. *Ebd.*, S. 479–482; sowie Telegramm 2063 des CIA-Büros, Lodge an Rusk, 30. Oktober 1963. *Ebd.*, S. 484–488; sowie McGeorge Bundy an Lodge, 30. Oktober 1963. *Ebd.*, S. 500–502.

46. Embtel 841, Lodge an Rusk, 1. November 1963. *Ebd.*, S. 516 f.

47. Telegramm 22 des CIA-Büros, DTG 020410Z, 2. November 1963. *Ebd.*, S. 527, Anm. 2.

48. Zitiert aus: Tran Van Don: *Our Endless War.* San Rafael 1978, S. 111; sowie: Higgins, Marguerite: *Our Vietnam Nightmare.* New York 1965, S. 215.

49. Interview mit Forrestal, in: *NBC White Paper:* »Death of Diem«, 22. Dezember 1971; sowie: Schlesinger Jr., Arthur M.: *A Thousand Days. John F. Kennedy in the White House.* Boston 1965, S. 997 f.; dt.: *Die tausend Tage Kennedys.* Bern/München/Wien 1966, S. 865.

50. Siehe: Memorandum einer Konferenz mit dem Präsidenten am 2. November 1963. NSF, JFKL.

51. Siehe: *Sunday Times*, 14. Februar 1965.

52. Embtel 917, Lodge an Rusk, 4. November 1963. In: *FRUS, 1961–1963*, Bd. 4, S. 560–562.

53. Siehe: Aufzeichnungen für die Akten über Unterredungen vom 13. und 22. November 1963. Tägliches Treffen des Stabs des Weißen Hauses. *Ebd.*, S. 593 f. und S. 625 f.

54. *Public Papers, John F. Kennedy*, 1963, S. 846 und S. 848.

55. *Ebd.*, S. 652 und S. 660.

4. EINE ZEIT DES ÜBERGANGS

1. Siehe: Memorandum an General Maxwell Taylor, 26. April 1961: »Cuba-Subjects, Paramilitary Study Group, Taylor Report Part III, Annex 18«, Box 61A. NSF, JFKL.

2. Siehe: Nachschrift des Treffens zur Kuba-Krise (Cuban Missile Crisis Meeting) am 27. Oktober 1962, passim. In: Papers of John F. Kennedy, Presidential Papers, President's Office Files, JFKL.

3. Moyers, Bill: »Flashbacks«. In: *Newsweek*, 10. Februar 1975, S. 76.

4. Siehe: Aufzeichnungen für die Akten über ein Treffen im Executive Office Building am 24. November 1963. In: *FRUS, 1961–1963*, Bd. 4, S. 635–637.

5. NSAM 273, 26. November 1963. *Ebd.*, S. 637–640. Einzelheiten zu Plan 34A siehe Kapitel 5.

6. Siehe: Memorandum eines Telephongesprächs zwischen Außenminister und Verteidigungsminister, 7. Dezember 1963, 12.40 Uhr. *Ebd.*, S. 690; sowie: DIASO-34783-63, Telegramm des Verteidigungsministers an den Botschafter in Vietnam, 12. Dezember 1963. *Ebd.*, S. 702 f.

7. Siehe: Memorandum vom Direktor des Geheimdienstes des Verteidigungsministeriums an den Verteidigungsminister, 13. Dezember 1963. *Ebd.*, S. 707–710.

8. Siehe: Brief John McCones an den Präsidenten, 23. Dezember 1963. *Ebd.*, S. 737.

9. Siehe: Aufzeichnungen für die Akten durch den Staatssekretär für Politische Angelegenheiten, Sonderberater, 21. Dezember 1963. *Ebd.*, S. 728–731; sowie: Memorandum vom Sonderberater des Präsidenten für Nationale Sicherheitsfragen an den Präsidenten, 7. Januar 1964. In: *FRUS, 1964–1968*, Bd. 1, S. 4 f.

10. Bemerkungen im Weißen Haus, 21. Dezember 1963. In: *PSRSM, 1963*, Bd. 6, S. 2792.

11. Memorandum an den Präsidenten, 21. Dezember 1963. In: *FRUS, 1961–1963*, Bd. 4, S. 732–735.

12. Siehe: Memorandum von Senator Mike Mansfield an den Präsidenten, 6. Januar 1964. In: *FRUS, 1964–1968*, Bd. 1, S. 2 f.; sowie: Memorandum vom Sonderberater des Präsidenten für Nationale Sicherheitsfragen an den Präsidenten, 9. Januar 1964. *Ebd.*, S. 8 f.

13. Memorandum an den Präsidenten, 7. Januar 1964. *Ebd.*, S. 12 f.

14. JCS Memorandum 46-64 für den Verteidigungsminister, 22. Januar 1964. In: *PP*, Bd. 3, S. 496–499.

15. Palmer Jr., Bruce: *The Twenty-five-year War. America's Military Role in Vietnam*. Lexington 1984, S. 46.

16. Siehe Anmerkung 14.

17. JCS Memorandum 174-64 an den Verteidigungsminister, 2. März 1964. In: *FRUS, 1964–1968*, Bd. 1, S. 112–118.

18. Anhörungen vor dem Unterausschuß des Repräsentantenhauses für Verteidigungsausgaben am 17. Februar 1964. In: *PSRSM, 1964*, Bd. 2, S. 698; sowie: Anhörungen vor dem Bewilligungsausschuß des Senats am 22. Juli 1964. *Ebd.*, Bd. 3, S. 1423.

19. Deptel 1281, Präsident an Lodge, 21. Februar 1964. In: *FRUS, 1964–1968*, Bd. 1, S. 96.

20. Memorandum für den Vorsitzenden der Vereinigten Stabschefs, 21. Februar 1964. *Ebd.*, S. 97–99.

21. Siehe Anmerkung 17.

22. Bemerkungen für die Presse auf der Hickham Air Force Base, Hawaii, am 9. März 1964. In: *PSRSM, 1964*, Bd. 3, S. 970.

23. Siehe: Abschlußprotokoll des 528. Treffens des Nationalen Sicherheitsrats, 22. April 1964. In: *FRUS, 1964–1968*, Bd. 1, S. 258.

24. Memorandum für den Präsidenten, 16. März 1964. *Ebd.*, S. 153 bis 167.

25. General Green, in: JCS 2342/346-1, 17. März 1964. General Le May, in: CSAFM-263-64 an JCS, 14. März 1964. Zitiert nach: Historische Abteilung des Sekretariats des Vereinigten Generalstabs: *History of the Joint Chiefs of Staff. The Joint Chiefs of Staff and the War in Vietnam, 1960–1968* (im folgenden zitiert als: *HJCS*), 1970, Teil 1, Kap. 9, S. 18 f. Ich danke dem Büro der Historischen Abteilung des Verteidigungsministeriums, daß es mir diese für mein Vorhaben unentbehrliche Studie zur Verfügung gestellt hat, und der Historischen Abteilung des JCS für die Freigabe der für dieses Buch relevanten Passagen.

26. Siehe: Memorandum von Michael V. Forrestal an den Sonderbeauftragten des Präsidenten für Nationale Sicherheitsfragen, 18. März 1964. In: *FRUS, 1964–1968*, Bd. 1, S. 174 f.

27. Congressional Record, Bd. 110, S. 6227–6232.

28. Tischrede zur Verleihung des James Forrestal Memorial Award der National Security Industrial Association im Sheraton Park Hotel, Washington, D. C., am 26. März 1964.

29. Interview mit Peter Hackes, NBC-TV *Sunday Show*, 29. März 1964.

30. Siehe: Embtel 2203, Lodge an Rusk, vom 14. Mai 1964. In: *FRUS, 1964–1968*, Bd. 1, S. 315–331.

31. Notizen für einen Bericht an den Präsidenten vom 14. Mai 1964. *Ebd.*, S. 322–327.

32. Pressekonferenz des Pentagons vom 24. April 1964. In: *PSRSM, 1964*, Bd. 3, S. 1210.

33. Memorandum, vorbereitet vom Direktorat des Geheimdienstes. CIA, 15. Mai 1964. In: *FRUS, 1964–1968*, Bd. 1, S. 336.

34. JCS Memorandum 426-64 an den Verteidigungsminister, 19. Mai 1964. *Ebd.*, S. 338–340.

35. Siehe: Protokoll des Treffens des Exekutivkomitees des Nationalen Sicherheitsrats am 24. Mai 1964. *Ebd.*, S. 369–374.

36. Sonderbericht der nationalen Sicherheitsbehörde 50-2-64. 25. Mai 1964. *Ebd.*, S. 378–380.
37. Siehe: Protokoll des Treffens in Honolulu am 1. Juni 1964, 8.30 bis 12.30 Uhr. *Ebd.*, S. 412–422; sowie: Protokoll des Treffens in Honolulu am 1. Juni 1964, 14.15 bis 16.15 Uhr. *Ebd.*, S. 422–428; sowie: Bundy, William: Vietnam Manuscript (im folgenden zitiert als: WB, VNMS), Kap. 13, S. 19.
38. JCS Memorandum 471-64 an den Verteidigungsminister, 2. Juni 1964. In: *FRUS, 1964–1968*, Bd. 1, S. 437–440.
39. Taylor-Memorandum an den Verteidigungsminister, CM.1451-64, 5. Juni 1964. *Ebd.*, S. 457 f.
40. Memorandum des Amtes für nationale Sicherheit an den CIA-Direktor McCone, 9. Juni 1964. *Ebd.*, S. 484–487.

5. DIE TONKING-RESOLUTION

1. Siehe Marolda, Edward J./Fitzgerald, Oscar P.: *The United States Navy and the Vietnam Conflict*. Bd. 2: *From Military Assistance to Combat, 1959–1965*. Washington 1986, S. 396 und S. 411.
2. Siehe: Sozialistische Republik Vietnam: *Vietnam: The Anti-U. S. Resistance War*, S. 60; sowie: Marolda/Fitzgerald: *op. cit.*, S. 415.
3. Gibbons, William Conrad: *The U. S. Government and the Vietnam War. Executive and Legislative Roles and Relationships*. Teil 3: *January–July 1965*. Princeton 1989, S. 10.
4. Embtel 282, Taylor an Rusk, 3. August 1964. In: *FRUS, 1964–1968*, Bd. 1, S. 593 f.
5. 041727Z, Außenministerium: Central Files POL 27 VIET S. Zitiert in: *Ebd.*, S. 609.
6. Aufzeichnung eines Telephongesprächs zwischen Admiral Sharp und General Burchinal vom 4. August 1964, 14.08 Uhr EDT. Transkript von Telephongesprächen vom 4. und 5. August, S. 31; sowie: 041848Z. Beides in: Country File, Vietnam (im folgenden zitiert als: CF, VN): »Gulf of Tonkin (Miscellaneous)«. NSF, Box 228, LBJL.
7. Telephongespräch zwischen Minister McNamara und Admiral Sharp, 16.08 Uhr. *Ebd.*
8. Aufzeichnung eines Telephongesprächs zwischen Admiral Sharp und General Burchinal am 4. August, 17.23 Uhr. *Ebd.*
9. Siehe: Zusammenfassende Notizen des 538. Treffens des Nationalen Sicherheitsrates am 4. August 1964. In: *FRUS, 1964–1968*, Bd. 1, S. 611 f.

10. Siehe: Notizen über das Führungstreffen am 4. August 1964. *Ebd.*. S. 615–621.

11. Siehe: *U. S. News & World Report*, 23. Juli 1984, S. 63 f.; sowie: Stockdale, James Bond/Stockdale, Sybil B.: In: *Love and War.* New York 1984, S. 21 und S. 23.

12. 88. Kongreß, 2. Sitzung am 6. August 1964: *Joint Hearing on Southeast Asia Resolution before the Senate Foreign Relations and Armed Services Committees.* Washington 1966; sowie: 88. Kongreß, 2. Sitzung am 6. August 1964: Executive Sessions of the Senate Foreign Relations and Armed Services Committees (Historical Series). Washington 1988, S. 291–299.

13. Die Debatte des Senats findet sich in: *Congressional Record*, Bd. 110, S. 18399–471.

14. Charlton/Moncrieff: *Many Reasons Why*, a.a.O., S. 108.

15. *Ebd.*, S. 117; sowie WB, VNMS, S. 14A–36.

16. WB, VNMS, S. 14A–38 und S. 14A–40.

17. Bericht des Senats 90-797 (1967), S. 21 f.

18. Ausschuß des Senats für auswärtige Beziehungen: *The Gulf of Tonkin. The 1964 Incidents.* Anhörung am 20. Februar 1968. 90. Kongreß, 2. Sitzung. Washington 1968, S. 82–87 und S. 106.

6. DIE WAHL VON 1964 UND DIE FOLGEN

1. White, Theodore H.: *The Making of the President, 1964.* New York 1965, S. 132 f.; dt.: *Der Präsident wird gemacht.* Köln/Berlin 1963.

2. Äußerungen vor der Amerikanischen Anwaltsvereinigung in New York am 2. August 1964. In: *Public Papers, Lyndon B. Johnson, 1963-1964*, S. 952.

3. *Ebd.*, S. 953.

4. Goldwater, Barry: *Where I Stand.* New York 1964, S. 67.

5. Ernest R. Breech an Frank Middleton, Finanzchef. Wahlkampfzentrale Goldwaters, 5. April 1964. In: Robert S. McNamara Papers (im folgenden zitiert als: RSMP).

6. McGeorge Bundy an den Präsidenten, 13. August 1964. In: *FRUS, 1964-1968*, Bd. 1, S. 672–679.

7. Siehe: JCSM-701-64, Vereinigte Stabschefs an den Verteidigungsminister, 14. August 1964. *Ebd.*, S. 681 f.

8. CSAM-472-64 an JCS, 4. September 1964. JMF 9155.3. Zitiert in: *History of the Joint Chiefs*, Teil 1, Kap. 12, S. 14–16.

9. Sigma II-64 Abschlußbericht, LBJL, S. D-14, D-15.

10. Embtel 768 (Saigon), Taylor an Rusk, 6. September 1964. In: *FRUS, 1964–1968*, Bd. 1, S. 733–736; sowie: SNIE 53–64: »Chances for a Stable Government in South Vietnam«, 8. September 1964. *Ebd.*, S. 742–746.

11. Deptel 654, Rusk an Taylor, 6. September 1964. *Ebd.*, S. 766 f.; CINCPAC 25, Sharp an Wheeler, 25. September 1964. In: *PP*, Bd. 3, S. 569 f.; sowie: CIA-Paper: »Deterioration in South Vietnam«, 28. September 1964. In: *FRUS, 1964–1968*, Bd. 1, S. 801, Anm. 6; siehe auch: SNIE 53-2-64, 1. Oktober 1964. *Ebd.*, S. 806–811.

12. Ball, George W.: »Top Secret: The Prophecy the President Rejected.« *Atlantic Monthly*, Juli 1972, S. 45.

13. *Ebd.*, S. 49.

14. JCSM-902-64, Wheeler an McNamara, 27. Oktober 1964. In: *FRUS, 1964–1968*, Bd. 1, S. 847–857.

15. Notizen der Besprechung mit General Wheeler, 1. November 1964. Robert S. McNamara Papers, Department of Defense; Embtel 251 (Saigon), Taylor an McNamara, 3. November 1964. In: *FRUS, 1964–1968*, Bd. 1, S. 882–884; sowie: MACV 5532, Westmoreland an Wheeler, 17. Oktober 1964. *Ebd.*, S. 838 f.

16. Vizeadmiral Mustin an William Bundy, 10. November 1964. In: *PP*, Bd. 3, S. 621–628; sowie: JCSM-955-64, Wheeler an McNamara, 14. November 1964. In: *FRUS, 1964–1968*, Bd. 1, S. 1057–1059.

17. CIA-Nachrichtendienst: The Situation in Vietnam, 24. November 1964. In: *PP*, Bd. 3, S. 651–656.

18. Die Zitate stammen aus den handschriftlichen Notizen John McNaughtons und McGeorge Bundys. In: Meeting Notes File (im folgenden zitiert als: MNF), Box 1, LBJL; sowie: Papers of McGeorge Bundy, *ebd.*.

19. Embtel 2010 (Saigon), Taylor an Rusk, 31. Dezember 1964. NSF, LBJL.

20. CAP-64375, Präsident Johnson an Taylor, 30. Dezember 1964. In: *FRUS, 1964–1968*, Bd. 1, S. 1057–1059.

21. Embtels 2052–2058 (Saigon), Taylor an Präsident Johnson, 6. Januar 1965: »Deployment of Major U. S. Forces to Vietnam, July 1965« (im folgenden zitiert als: »Deployment«). In: National Security Council History (im folgenden zitiert als: NSCH), Bd. 1, Tab 1–10. NSF, Box 40, LBJL.

22. McGeorge Bundy an Präsident Johnson, 27. Januar 1965: »Memos to the President«. Aides Files, Bd. 8, 1/1–2/28/65: McGeorge Bundy, Box 40, NSF, LBJL.

7. ENTSCHEIDUNG ZUR ESKALATION

1. Bundys Kommentare finden sich in: Bromley Smith an den Präsidenten, 4. Februar 1965: »Trip, McGeorge Bundy – Saigon, Vol. 1, 2/4/65«. International Meetings and Travel File, Box 28/29, NSF, LBJL.

2. Zusammenfassende Notizen des 545. NSC-Treffens (von Bromley Smith), 6. Februar 1965. MNF, Box 1, LBJL.

3. McGeorge Bundy an den Präsidenten am 7. Februar 1965: »Vol. 3, Tab 29, 2/8/65, Situation in Vietnam, Tab B«. NSC Meetings File (im folgenden zitiert als: NSCMF), Box 1, NSF, LBJL; sowie: Anhang A: »A Policy of Sustained Reprisal« (von McNaughton für Bundy entworfen). In: »McGeorge Bundy-Memos to the President, Vol. 8, 1/1–2/28/65«. Aides Files, McGeorge Bundy, Box 2, *ebd.*

4. Zusammenfassende Notizen des 547. NSC-Treffens am 8. Februar 1965: »Vol. 3, Tab 29, 2/8/65, Situation in Vietnam«. NSCMF, Box 1, *ebd.*

5. Memorandum eines Treffens mit dem Präsidenten am 17. Februar 1965 (von Goodpaster): »February 17, 1965–10 A. M. Meeting with General Eisenhower and Others«. MNF, Box 1, *ebd.*

6. Dean Rusk an den Präsidenten am 23. Februar 1965. In: »Deployment«, Bd. 2, Tab 61–87. NSCH, Box 40, NSF, LBJL.

7. Siehe Gallup, George: »Viet-Nam Air Strikes Get 67 % U. S. Approval«. *Washington Post*, 16. Februar 1965.

8. Siehe: George Ball an den Präsidenten am 13. Februar 1965. In: »Deployment«, Bd. 1, Tab 42–60. NSCH, Box 40, NSF, LBJL.

9. Zitiert aus: Kalb, Marvin/Abel, Elie: *Roots of Involvement. The United States in Asia.* New York 1971, S. 184.

10. George C. Herring erörterte diesen Punkt in einem Papier, das in dem Vietnam-Symposion der LBJ Library im Oktober 1993 verteilt wurde.

11. Siehe: Schlight, John (ed.): *The Second Indochina War.* Washington 1986, S. 154; sowie Interview mit General Bruce Palmer jun. von 1975. In: Senior Officer Oral History Program, U. S. Army Military History Institute, Carlisle Barracks, Pa.

12. Congressional Research Service (im folgenden zitiert als: CRS): Interview mit General William C. Westmoreland am 15. November 1978.

13. CRS-Interview mit General Andrew Goodpaster vom 16. November 1978.

14. Siehe: CINCPAC 192207Z; sowie: JCS-Memorandum 204-65. Zitiert in: *PP*, Bd. 3, S. 406.

15. Siehe McGeorge Bundys Notizen zu diesem 1. April 1965. In: Papers of McGeorge Bundy, LBJL.

16. Siehe:»Summary of NSC Meeting on April 2, 1965«, Entwurf von Chester Cooper am 5. April: »Vol. 3, Tab 33, 4/2/65, Situation in South Vietnam«. NSCMF, Box 1, NSF, LBJL; sowie: McCone an Rusk u. a. am 2. April 1965: »Deployment«, Bd. 2, Tabs 120-140. NSCH, Box 40, LBJL.

17. Siehe: NSAM 328 vom 6. April 1965. Neuabdruck in: *PP*, Bd. 3, S. 702 f.

18. McGeorge Bundy an den Präsidenten, 6. März 1965. In: »Memos to the President, Vol. 9, Mar.–Apr. 1965«. Aides Files, McGeorge Bundy, Box 3, NSF, LBJL.

19. Ansprache am 7. April 1965 in der Johns Hopkins University: »Peace Without Conquest«. In: *Public Papers: Lyndon B. Johnson, 1965*, Buch 1, S. 394-399.

20. Embtel 3248 (Saigon), Taylor an Rusk am 7. April 1965: »Vol. 32«. CF, VN, Box 16, NSF, LBJL.

21. Siehe: McNaughton, John: »Minutes of April 20, 1965, Honolulu Meeting«. In: »McNaughton XV - Miscellaneous, 1964-66«. John McNaughton Files, Papers of Paul Warnke (im folgenden zitiert als: PPW), Box 7, LBJL.

22. Memorandum an den Präsidenten, 21. April 1965: »Vietnam 2EE, 1965-67«. CF, VN, Box 74/75, NSF, LBJL.

23. Siehe den Entwurf von Rusk an Taylor vom 22. April 1965: »Vol 32«. CF, VN, Box 16, NSF, LBJL; ferner die letzte, ergänzte Version: Deptel 2397, Rusk an Taylor, 22. April 1965: »NODIS-LOR, Vol. 2(B)«. CF, VN, Box 45/46, NSF, LBJL; sowie: Pressekonferenz des Präsidenten am 27. April 1965. In: *Public Papers: Lyndon B. Johnson, 1965*, Buch 1, S. 448-456.

24. Johnsons Zitat findet sich in: Ball, W.: *The Past Has Another Pattern. Memoirs.* New York 1982, S. 393.

25. Ball an Johnson am 21. April 1965: »Political Track Papers, 4/65«. CF, VN, Box 213, NSF, LBJL.

26. Siehe: Herring, George C. (ed.): *The Secret Diplomacy of the Vietnam War. The Negotiating Volumes of the Pentagon Papers.* Austin 1983, S. 57 f.

27. Ky-Interview mit Brian Moynahan. Veröffentlicht in: *Sunday Mirror* (London), 4. Juli 1969; sowie Transkript von Paige E. Mulholland, Tonband 2, S. 30, LBJL.

28. Embtel 4035 (Saigon), Taylor an Rusk, 3. Juni 1965: »Vol. 2(A), 3/65–9/65«. CF, VN, Box 45/46, NSF, LBJL.

29. Embtel 4074 (Saigon), Taylor an Rusk, 5. Juni 1965. In: »Deployment«, Bd. 4, Tabs 258–280, NSCH, Box 41, NSF, LBJL.

30. Siehe: Papers of McGeorge Bundy, LBJL; sowie: WB, VNMS, Kap. 26, S. 3–6.

31. MACV 19118, Westmoreland an Sharp und Wheeler, 7. Juni 1965. In: »Deployment«, Bd. 4, Tabs 258–280, NSCH, Box 41, NSF, LBJL.

32. Papers of McGeorge Bundy, LBJL.

33. *Ebd.*

34. 10. Juni 1964, 18.40 Uhr. Tonband 6506.02, Programm-Nummer (im folgenden zitiert als: PNO) 8, PR, LBJL.

35. Pressekonferenz des Pentagons am 6. Juni 1965. In: *PSRSM, 1965*, Bd. 5, S. 1794 und S. 1800.

36. Siehe Goodpaster, A. J.: »Memorandum of Meeting with General Eisenhower, June, 16, 1965, President Eisenhower«. Name File, Box 3, NSF, LBJL; sowie: Confidential Louis Harris surveys in Hayes Redmon to the President, June 17, 1965: »ND 19/CO 312 VIETNAM (Situation in 1964–1965)«. Confidential File, Box 80, NSF, LBJL.

37. 21. Juni 1965, 12.15 Uhr. Tonband 6506.04, PNO 18, PR, LBJL.

38. Zitiert aus Graff, Henry F.: »How Johnson Makes Foreign Policy«. *New York Times Magazine*, 4. Juli 1965, S. 18–20; sowie ders.: *The Tuesday Cabinet. Deliberation and Decision on Peace and War Under Lyndon B. Johnson*. Englewood Cliffs 1970, S. 53–55.

39. Pressekonferenz des Präsidenten am 17. Juni 1965. In: *Public Papers, Lyndon B. Johnson, 1965*, Buch 2, S. 669–685.

40. Siehe: WB, VNMS, Kap. 26, S. 22 f.

41. Entwurf Memorandum an den Präsidenten, 26. Juni 1965: »Vol. 3, Tab 35, 7/27/65, Deployment of Additional U. S. Troops in Vietnam«. NSCMF, Box 1, NSF, LBJL.

42. McGeorge Bundy an McNamara am 30. Juni 1965. In: »Deployment«, Bd. 6, Tabs 341–356, NSCH, Box 43, NSF, LBJL.

43. Rusk an den Präsidenten am 1. Juli 1965. *Ebd.*, Tab. 357–383.

44. McGeorge Bundy an Johnson am 1. Juli 1965. *Ebd.*
45. Siehe: WB, VNMS, Kap. 27, S. 13.
46. Siehe Bundy, William: »Vietnam Panel« (Entwurf vom 10. Juli 1965), und »Deployment«, Bd. 7, Tabs 401–420, NSCH, Box 43, NSF, LBJL; ferner: WB, VNMS, Kap. 27, S. 15–21; sowie: Acheson an Truman am 10. Juli 1965. In: »Acheson Correspondence (1964–1971)«. Post Presidential Name File, Harry S. Truman Library; sowie: Isaacson, Walter/Thomas, Evan: *The Wise Men. Six Men and the World They Made.* New York 1986, S. 650–652.
47. Zitiert in: *U. S. News & World Report*, 26. Juli 1965, S. 45.
48. Interview von James Cannon und Charles Roberts mit dem Präsidenten am 14. Juli 1965. Abgedruckt in: *Newsweek*, 2. August 1965, S. 20 f.
49. 14. Juli 1965, 18.15 Uhr. Tonband 6507.02, PNO 22, PR, LBJL.
50. »Record of Questions and Answers at Meeting Between Secretary McNamara and His Party, Ambassador Taylor and His Staff, and COMUSMACV and His Staff, 16 [and 17] July 1965«. Westmoreland-CBS Papers, National Archives.
51. »Intensification of the Military Operations in Vietnam, Concept and Appraisal«, S. II; sowie: J-1, CF, VN, LBJL.
52. Memorandum an den Präsidenten, 20. Juli 1965 (vorgelegt am 21. Juli): »Vietnam 2EE, 1965–67«. CF, VN, Box 74/75, NSF, LBJL.
53. Cater an den Präsidenten am 10. Juli 1965. In: White House Aides Files, Office Files of Douglass Cater, LBJL.

8. BOMBARDIERUNGSPAUSE ZU
   WEIHNACHTEN – EIN ERFOLGLOSER
   VERSUCH, VERHANDLUNGEN IN GANG
   ZU BRINGEN

1. Siehe: *Washington Post*, 27. August und 12. September 1965.
2. Siehe: Zusammenfassende Notizen der 554. NSC-Sitzung, 5. August 1965, 18 Uhr. NSF, LBJL.
3. Sigma II-65 Abschlußbericht, S. D-4 und D-5, LBJL.
4. Siehe: »Periscope«. *Newsweek*, 27. September 1965; sowie: »The Realist«. *Newsweek*, 11. Oktober 1965, S. 2. Siehe auch: Fall, Bernard: »Vietnam Blitz«. *New Republic*, 9. Oktober 1965, S. 17–21, und 13. November 1965, S. 33 f.

5. USMACV: »Concept of Operations in the Republic of Vietnam«, 1. September 1965. Papers of the Capital Legal Foundation, Box 58F, LBJL.

6. Krepinevich, Andrew F.: *The Army and Vietnam*. Baltimore 1986, S. 164, 196 und 259.

7. CRS-Interview mit General William E. DePuy am 1. August 1988. Zitiert in: Gibbons, William Conrad: *U. S. Government*. Teil 4: *July 1966–January 1968*. Washington 1994, S. 50.

8. Palmer: *Twenty-five-Year War*, S. 45 f.

9. Siehe: WB, VNMS, Kap. 31, S. 31 f.

10. JCSM-670-65, Wheeler an McNamara, 2. September 1965. Beschrieben in: *PP*, Bd. 4, S. 29; sowie McNamara an Wheeler: »Air Strikes Against North Vietnam«, 15. September 1965. Record Group 330, National Archives.

11. Siehe: Thompson-Bericht. Department of State, Lot File 85, D 240 (William Bundy Papers).

12. Zitiert in: *The Vietnam Hearings*. New York 1966, S. 120.

13. *New York Times*, 3. November 1965, S. 1.

14. Siehe: *New York Times*, 29. November 1965.

15. *PSRSM, 1965.*

16. »Courses of Action in Vietnam«. Erster Rohentwurf vom 3. November 1965, abgegangen an den Präsidenten am 7. November. RSMP.

17. Siehe: Johnson, Lyndon B.: *The Vantage Point. Perspectives on the Presidency, 1963–1969*. New York 1971, S. 234; dt.: *Meine Jahre im Weißen Haus*. München 1972, S. 199 f.

18. Westmoreland, William C.: *A Soldier Reports*. Garden City 1976/ New York 1989, S. 154; sowie: Memorandum für den Präsidenten, 30. November 1965. RSMP.

19. MACV 41485, Westmoreland an CINCPAC, 23. November 1965. LBJL.

20. Äußerungen vor der Presse vor dem Verlassen Saigons, 29. November 1965.

21. Memorandum für den Präsidenten, 30. November 1965. RSMP.

22. Siehe: Sevareid, Eric: »The Final Troubled Hours of Adlai Stevenson«. *Look*, November 1965, S. 81–86.

23. Siehe: WB, VNMS, Kap. 33, S. 18.

24. 2. Dezember 1965, 12.15 Uhr. Tonband 6512.01, PNO 5, PR, LBJL.

25. Siehe: Notizen McGeorge Bundys von den Besprechungen am 7. Dezember 1965. In: Papers of McGeorge Bundy, LBJL.

26. Siehe: Notizen Jack Valentis von den Besprechungen am 17. und 18. Dezember 1965. MNF, LBJL.
27. Siehe: JCSM 16-66, Wheeler an McNamara, 8. Januar 1966; sowie: Notiz Jack Valentis von der Besprechung im Weißen Haus am 3. Januar 1966. MNF, LBJL.
28. Siehe: Notizen Jack Valentis von der Besprechung im Kabinettssaal am 10. Januar 1966, 13.10 Uhr. *Ebd.*
29. CINCPAC 120205Z, Sharp an die Vereinigten Stabschefs, 12. Januar 1966; sowie: CSM-41-66, Wheeler an McNamara, 18. Januar 1966. LBJL.
30. Office of Air Force History, Bolling Air Force Base, Washington.
31. Siehe dazu: McNaughton, John T.: »Some Observations about Bombing North Vietnam«, 18. Januar 1966. In: PPW, LBJL. BNE-Sondermemorandum, zitiert in: Gibbons: *U. S. Government*, Teil 4, S. 153; sowie: Notizen Jack Valentis der Besprechung im Weißen Haus am 22. Januar 1966. MNF, LBJL.
32. *Newsweek*, 17. Januar 1966; sowie: *Congressional Record*, 24. Januar 1966, Bd. 112, S. 965 f.
33. 17. Januar 1966, 9.15 Uhr. Tonband M6601.01, PNO 1, PR, LBJL.
34. Siehe: Jack Valentis Notizen vom 28. Januar 1966, Besprechung der »Weisen Männer«. MNF, LBJL; Notizen Bromley Smiths über das 556. NSC-Treffen am 30. Januar 1966. NSCMF, NSF, LBJL; sowie: *Washington Post*, 31. Januar 1966.
35. Cooper, Chester L.: *The Lost Crusade: America in Vietnam*. New York 1970, S. 296.
36. Siehe: Hanoi VNA International Service in English, 4. Januar 1966. Abgedruckt in: Herring, *op. cit.*, S. 133; sowie: Embtel 394 (Rangoon), Byroade an Rusk, 31. Januar 1966. Abgedruckt in: *Ebd.*, S. 141 f.

9. DIE SCHWIERIGKEITEN NEHMEN ZU

1. Herring, George C.: *LBJ and Vietnam: A Different Kind of War*. Austin 1994, S. 11.
2. Siehe: Gittinger, Ted (ed.): *The Johnson Years: A Vietnam Roundtable*. Austin 1993, S. 126–128 sowie S. 163–176.
3. Memorandum an den Präsidenten zum Thema: Die militärischen Aussichten in Vietnam, 24. Januar 1966. RSMP.
4. CIA-Memorandum SC Nr. 01399/67 vom 23. Mai 1967: »The Situation in Vietnam: An Analysis and Estimate«, S. 1 f.; sowie:

»CIA 80–82 (Vietcong Order of Battle Documents, Mai 1967)«. In: Papers of the Capital Legal Foundation, Box 3, LBJL.

5. Siehe Kowet, Don: A Matter of Honor. New York 1984, S. 100 f. und S. 276–282.

6. Handgeschriebene Notiz von General Wheeler vom 23. April 1966. Robert S. McNamara Papers, Department of Defense.

7. Herring, George C.: *America's Longest War. The United States and Vietnam, 1950–1975.* 2. Aufl. New York 1986, S. 151.

8. Siehe: R. W. Komers Memorandum an den Präsidenten, 13. September 1966. NSF, LBJL; sowie: Memorandum an den Präsidenten über das Thema: Empfohlene Aktionen für Vietnam, 14. Oktober 1966. RSMP.

9. Herring, *America's Longest War*, S. 146.

10. *Ebd.*, S. 149.

11. Anhörungen vor den Senatsausschüssen für die Streitkräfte über ergänzende Verteidigungsausgaben und Bewilligungen für das Fiskaljahr 1967, am 23. Januar 1967, S. 70.

12. Siehe: Herring: *Secret Diplomacy*, S. 160.

13. Embtel 5840 (Saigon), Lodge an Rusk, 29. Juni 1966. Auszug in: *Ebd.*, S. 231–239.

14. Siehe Goldbergs Ansprache vom 22. September. *New York Times*, 23. September 1966.

15. Memorandum einer Unterredung zwischen McNaughton und Minister Zinchuk am 3. Januar 1967. Memos to the President – Walt Rostow. NSF, LBJL.

16. Siehe das Wilson-Zitat in der *Washington Post* vom 26. Juli 1969; sowie Embtel 5015 (Moskau), Thompson an Rusk, 19. Mai 1967. NSF, LBJL.

17. *Washington Post*, 28. Februar 1966.

18. Charlton/Moncrieff: *Many Reasons Why*, S. 115; sowie die Tagebucheintragung vom 5. Januar 1967, in: Lady Bird Johnson: *A White House Diary*. New York 1970, S. 469.

19. Ansprache zum Studienbeginn am Chatham-College am 22. Mai 1966. In: *PSRSM, 1966*, Bd. 7, S. 2333.

20. Umschlag »M«, Personal Correspondence Files.

21. Robert Kennedy berichtete mir diese Episode. Siehe auch: Schlesinger Jr., Arthur M.: *Robert Kennedy and His Times*. Boston 1978, S. 768 f.

22. *Journals of David Lilienthal*. New York 1964–1983, Bd. 6, S. 418; sowie Rusk: *As I Saw It*, S. 417.

23. Memorandums-Entwurf an den Präsidenten, 19. Mai 1967, S. 19. RSMP.
24. Anhang zu: »Some Thoughts About Vietnam«, vom 4. April 1966 (datiert 5. April 1966). State Department, Lot File 70 D 207.
25. Siehe: Jack Valentis Notizen über das Treffen vom 2. April 1966. MNF, LBJL.
26. Rusk: Memorandum einer Unterredung mit dem Südvietnamesischen Außenminister Tran Van Do vom 28. Juni 1966. State Department, Central File, Pol 27 Viet S; Rostows Memorandum an den Präsidenten vom 25. Juni 1966. In: Memos to the President. NSF, LBJL; Embtel 5830 (Saigon), Lodge an Rusk, vom 29. Juni 1966. State Department, Central File, Pol 27 Viet S; Komers Memorandum an den Präsidenten vom 1. Juli 1966. PPW, LBJL; sowie: Nachtrag von Harriman zum Memorandum einer Unterredung mit Minister McNamara vom 23. Juni 1966. In: W. Averell Harriman Papers, Manuscript Division, Library of Congress.
27. Lodge-Memorandum vom 3. Oktober 1966. In: Henry Cabot Lodge Jr. Papers, Massachusetts Historical Society; sowie: »COMUSMACV Policy Points«, 3. Oktober 1966. Westmoreland Papers, U. S. Army Center of Military History.
28. Siehe: Anmerkung 8.
29. George A. Carver Jr. an Richard Helms am 15. Oktober 1966 über das Thema: Kommentare zu Minister McNamaras Reisebericht: »McNaughton VIII – Late Vietnam ... (2)«. PPW, Box 3, LBJL: *PP*, Bd. 4, S. 356; sowie: JCSM-672-66, Wheeler an McNamara, 14. Oktober 1966: »Vietnam, JCS Memos, Vol. II«. CF, VN, Box 193, NSF, LBJL.
30. Siehe: Rostows Notizen eines Treffens mit dem Präsidenten vom Freitag, 17. Dezember 1966, in Austin, Texas (datiert auf den 19. Dezember 1966). In: Files of Walt W. Rostow, Box 3, NSF, LBJL; ferner: Anhang zu den zusammenfassenden Notizen des 568. Treffens des NSC am 8. Februar 1966. NSCMF, LBJL; sowie: COMUSMACV 09101 an CINCPAC: »Force Requirements«, 18. März 1967. PPW, LBJL.
31. Zitate finden sich in: Westmoreland: *Soldier Report*, S. 299. Westys Einschätzung und Johnsons Kommentar sind in McNaughtons »Notes on Discussion with the Präsident, 27 April 1967«. PPW, LBJL.
32. Memorandum an den Präsidenten zum Thema: Das vorgeschlagene Bombardierungsprogramm gegen Nordvietnam, 9. Mai 1967;

ferner: William Bundy: »Bombing Strategy Options for the Rest of 1967«, 9. Mai 1967; McGeorge Bundy an den Präsidenten: Memorandum zur Vietnam-Politik, 3. Mai 1967; CIA-Geheimdienst-Memorandum 0642/67: »The Current State of Morale in North Vietnam«, 12. Mai 1967; CIA Geheimdienst-Bericht 0643/67: »Bomb Damage Inflicted on North Vietnam Through April 1967«, 12. Mai 1967; sowie: CIA Geheimdienst-Memorandum 0649/67 vom 23. Mai 1967. Alle in: CF, VN, NSF, LBJL.

33. Memorandums-Entwurf an den Präsidenten zum Thema: Zukünftige Aktionen in Vietnam, 19. Mai 1967. RSMP.

34. Walt Rostows Memorandum an den Präsidenten, 19. Mai 1967. CF, VN, NSF, LBJL.

10. ENTFREMDUNG UND ABSCHIED

1. *PP*, Bd. 4, S. 177

2. Siehe: *FRUS, 1964–1968*, Bd. 1, S. 172 f. und S. 153–167.

3. Siehe: JCSM-286-67, Memorandum an den Verteidigungsminister zum Thema: Operationen gegen Vietnam, 20. Mai 1967; sowie: JCSM-288-67; Memorandum an den Verteidigungsminister zum Thema: Weltweite Lage des US-Militärs, 20. Mai 1967. CF, VN, NSF, LBJL.

4. Richard Helms an Robert S. McNamara am 1. Juni 1967; sowie: Anhang zum CIA-Memorandum 196752/67 zum Thema: Einschätzung alternativer Programme zur Bombardierung Nordvietnams, 1. Juni 1967. *Ebd.*

5. Konteradmiral der US-Navy a. D. Eugene J. Carrol Jr. an Jeanne Moore am 24. September 1993; sowie Anhang von RSMP.

6. Entworfene Memoranden an den Präsidenten zu den Themen: Zusammenfassung und alternative militärische Aktionen gegen Nordvietnam, 12. Juni 1967. CF, VN, NSF, LBJL.

7. Zitiert in: Ungar, Sanford J.: *The Papers and the Papers: An Account of the Legal and Political Battle over the Pentagon Papers*. New York 1972, S. 20 f.

8. Westmoreland: »Vietnam Sec Def Briefings, 7–8 July 1967-COMUSMACV Assessment«. Department of State, Lot File 70 D 48; sowie: Bunker, CF, VN, NSF, LBJL.

9. Middleton, Harry: *LBJ – The White House Years*. New York 1990, S. 178; sowie: Notizen vom Treffen am 12. Juli 1967. In: Tom Johnson's Notes of Meetings, LBJL.

10. *New York Times*, 17. Mai 1967.
11. Notizen vom 17. Oktober 1967, Dienstags-Lunch. In: Tom Johnson's Notes of Meetings, LBJL.
12. Notizen vom 8. August 1967, Dienstags-Lunch. LBJL.
13. Siehe: *PP*, Bd. 4, S. 199.
14. Siehe zum Beispiel: CIA/DIA Memorandum S-2408/AP4AS: »An Appraisal of the Bombing of North Vietnam (Through July 18, 1967)«, Juli 1967, S. 2. CF, VN, NSF, LBJL.
15. Aussage von Verteidigungsminister Robert S. McNamara am 25. August 1967: »Air War Against North Vietnam«. In: *Hearings Before the Preparedness Investigating Subcommittee of the U. S. Senate Armed Services Committee.* Washington 1967, S. 280 f.
16. *Ebd.*, S. 304 f.
17. *Ebd.*, S. 297.
18. *Ebd.*, S. 282.
19. Presseerklärung von John Stennis, Vorsitzender des Ausschusses zur Untersuchung der Einsatzbereitschaft, Unterausschuß zum Ausschuß des Senats für die Streitkräfte, 31. August 1967.
20. Siehe: Perry, Mark: *Four Stars.* Boston 1989, S. 163–166.
21. Richard Helms Memorandum an den Präsidenten zum Thema: Wirkungen des intensivierten Luftkriegs gegen Nordvietnam, 20. August 1967; sowie: Anhang von: Walt W. Rostow an den Präsidenten, 29. August 1967, 17.55 Uhr. NSF, LBJL.
22. Richard Helms Memorandum an den Präsidenten, 12. September 1967. CF, VN, Box 259/260, NSF, LBJL.
23. »Implications« of an Unfavorable Outcome in Vietnam«, 11. September 1967. *Ebd.*
24. Goldwater, Barry: »Is McNamara Less Popular?« In: *Atlanta Constitution*, 7. September 1967.
25. Siehe: Chester L. Coopers Memorandum für das Verhandlungskomitee vom 2. August 1967. In: Herring: *Secret Diplomacy*, S. 717 f., insbes. S. 720.
26. Notizen über ein Treffen vom 8. August 1967. In: Tom Johnson's Notes of Meetings. LBJL.
27. Cooper, *Lost Crusade*, S. 379.
28. Herring (ed.): *Secret Diplomacy*, S. 745.
29. Embtel 3070 und 3097 (Paris), auszugsweise in: *Ebd.*, S. 736–738.
30. Embtel 3143 (Paris), Text von Kissingers Botschaft, 11. September 1967. Files of Walt W. Rostow, NSF, LBJL.
31. Memorandum einer Unterredung mit Minister McNamara vom

22. August 1967. In: W. Averell Harriman Papers, Manuscript Division, Library of Congress.
32. Jim Jones Notizen des wöchentlichen Lunch, 12. September 1967. MNF, LBJL; sowie: Embtel 3242 (Paris) von Kissinger, 13. September 1967. Files of Walt W. Rostow, NSF, LBJL.
33. Notizen vom 26. September 1967, Wöchentlicher Lunch. In: Tom Johnson's Notes of Meetings, LBJL.
34. Nicholas de B. Katzenbachs Memorandum an den Präsidenten zum Thema: Verhandlungen mit Nordvietnam, 26. September 1967. Files of Walt W. Rostow, NSF, LBJL.
35. Siehe: Herbert Marcovich an Henry Kissinger, vom 2. Oktober 1967. NSF, LBJL.
36. Notizen vom 18. Oktober 1967, Treffen im Kabinettssaal. In: Tom Johnson's Notes of Meetings, LBJL.
37. Siehe: Embtel 5545 (Paris) vom 20. Oktober 1967. In: Herring: *Secret Diplomacy*, S. 769.
38. David E. McGiffert: Memorandum an den Stabschef der US-Armee, 20. Oktober 1967: »Anti Vietnam Demonstrations«. Papers of Warren Christopher, Box 8, LBJL.
39. Breslin, Jimmy: »Quiet Rally Turns Vicious«. *Washington Post*, 22. Oktober 1967, S. A-1 und A-10.
40. Harwood, Richard: »Restraint Works for the Army«. *Ebd.*
41. McGeorge Bundy, Memorandum an den Präsidenten zum Thema: Vietnam – Oktober 1967. 17. Oktober 1967. NSF, LBJL.
42. Memorandum an den Präsidenten, 1. Thema: Fünfzehnmonats-Programm für militärische Operationen in Südostasien, 1. November 1967. RSPM.
43. Siehe: Jim Jones' Zusammenfassung und Notizen zu dem Treffen des Präsidenten mit außenpolitischen Beratern am 2. November 1967. MNF, LBJL.
44. Fortas, Abe: Kommentare. 5. November 1967. NSF, LBJL.
45. Clark Clifford: Memorandum vom 7. November 1967. *Ebd.*
46. McGeorge Bundy, Memorandum an den Präsidenten. Thema: Ein Kommentar zur Vietnam-Diskussion vom 2. November 1967, datiert 10. November 1967. President's Appointments File, November 2, 1967. LBJL.
47. Brief an den Präsidenten. In: »McNamara, Robert«. White House Famous Names File, Box 6, LBJL.
48. LBJ an Margy McNamara am 7. Februar 1968. In: »McNamara, Robert S.«. Name File, White House Central File, Box 318, LBJL.

11. DIE LEHREN AUS VIETNAM

1. McNamara, Robert S.: »The Post-Cold War World and Its Implications for Military Expenditures in the Developing Countries«. Konferenz der Weltbank über Volkswirtschaften von Entwicklungsländern. Washington, D. C., 25. April 1991, S. 33.
2. Zitat aus: *New York Times*, 31. Dezember 1989.
3. Kissinger, Henry: *Diplomacy*. New York 1994, S. 805.
4. Kaysen, Carl: »Is War Obsolete?« In: *International Security*, Bd. 14, Nr. 4 (Frühjahr 1990), S. 63.
5. *Budget of the United States: Historical Tables FY 1995*. Washington 1994, S. 86.
6. Clinton, Bill: »Confronting the Challenge of a Broader World«. UN-Generalversammlung am 27. September 1993, New York; sowie: Lake, Anthony: »From Containment to Enlargement«. Johns Hopkins University School of Advanced International Studies. Washington, D. C., 21. September 1993.
7. Siehe: *Washington Post*, 11. Juni 1994, S. A1.
8. Zitiert nach: Gittinger: *Johnson Years*, a.a.O., S. 76.
9. Wie in etlichen anderen Texten Kiplings finden sich in diesem 1902 veröffentlichten Gedicht eine Reihe von Schlüsselbegriffen der englischen Freimaurerei: etwa *Mason* und *Master*. Andere Wörter mit symbolischer Bedeutung verlieren diese in der Übersetzung: *level*, »Niveau«, ist auch die Wasser- bzw. Setzwaage, Symbol für die Gleichheit/Gleichberechtigung aller Freimaurer, aber »*dug down to my levels*«. Um diese Anspielungen zu erhalten, wurde auf eine rhythmische Übertragung verzichtet. Andere Freimaurer-Symbole sind implizit oder explizit vorhanden in den Steinen (*quoin, ashlar*), den Arbeitsvorgängen, Verweisen (»*risen and pleaded*«) auf Rituale etc.

ÜBER DIE GEFAHR EINES ATOMKRIEGS IN DEN SECHZIGER JAHREN UND DIE LEHREN DARAUS FÜR DAS 21. JAHRHUNDERT

1. Siehe William Perrys Erklärung im Stimson Center am 20. September 1990; sowie Presseerklärung des Verteidigungsministeriums vom 22. September 1994.
2. Siehe: Dokotschajew, Anatolij: »Afterword to Sensational 100 Day Nuclear Cruise«. *Krasnaya Zvezda*, 6. November 1992, S. 2; sowie:

V. Badurkins Interview mit Dimitrij Wolkogonow: »Operation Anadyr«. *Trud*, 27. Oktober 1992, S. 3.

3. Siehe: *Foreign Affairs*, Herbst 1991, S. 95.

4. Siehe: Fialks, John J./Kemps, Frederick: »U. S. Welcomes Soviet Arms Plan, but Dismisses Pact as Propaganda«. *Wall Street Journal*, 17. Januar 1986; ferner: Reed, Thomas C./Wheeler, Michael O.: »The Role of Nuclear Weapons in the New World Order«. Dezember 1991; sowie Anmerkung 1.

5. Siehe: Immerman, Richard H. (ed.): *John Foster Dulles and the Diplomacy of the Cold War*. Princeton 1990, S. 47 f.

6. National Academy of Sciences: »The Future of the U. S.–Soviet Nuclear Relationship«. Washington, D. C. 1991, S. 3.

7. Bundy, McGeorge/Crowe Jr., William C./Drell, Sidney O.: *Reducing Nuclear Danger: The Road away from the Brink*. New York 1993, S. 100.

8. Goodpaster, Andrew J.: »Further Reins on Nuclear Arms: Next Steps by Nuclear Powers«. Atlantik Council, Washington, D. C., August 1993.

9. Siehe: Zuckerman, Solly: *Nuclear Illusions and Reality*. New York 1982, S. 70; sowie: *Sunday Times* (London), 21. Februar 1982.

10. Kissinger, Henry: »NATO Defense and the Soviet Threat«. *Survival*, November/Dezember 1979, S. 266.

11. Zitiert in: *Congressional Record*, 1. Juli 1981.

12. Rundfunk-Interview der BBC mit Stuart Simon am 16. Juli 1987.

13. Siehe: *Washington Post*, 12. April 1982.

14. Larry Welch an Adam Scheinman am 21. März 1994.

15. *Boston Globe*, 16. Juli 1994.

16. McNamara, Robert S.: »The Military Role of Nuclear Weapons«. *Foreign Affairs*, Herbst 1983, S. 79.

17. Siehe Minister Perrys Erklärung im Stimson Center.

AUSWAHLBIBLIOGRAPHIE

Adler, Renata: *Reckless Disregard. Westmoreland v. CBS et al.: Sharon v. Time.* New York: Knopf, 1986.

Ball, George W.: *The Past Has Another Pattern. Memoirs.* New York: Norton, 1982.

Berman, Larry: *Lyndon Johnson's War. The Road to Stalemate in Vietnam.* New York: Norton, 1989.

–: *Planning a Tragedy. The Americanization of the War in Vietnam.* New York: Norton, 1982.

Beschloss, Michael R.: *The Crisis Years. Kennedy and Khrushchev, 1960–1963.* New York: HarperCollins, 1991.

Brewin, Bob/Shaw, Sydney: *Vietnam on Trial.* New York: Atheneum, 1987.

Califano, Joseph A., Jr.: *The Triumph and Tragedy of Lyndon Johnson. The White House Years.* New York: Simon & Schuster, 1991.

Charlton, Michael/Moncrieff, Anthony: *Many Reasons Why. The American Involvement in Vietnam.* New York: Hill & Wang, 1978.

Clarke, Jeffrey J.: *United States Army in Vietnam.* Bd. 3: *Advice and Support. The Final Years, 1965–1973.* Washington: U. S. Army Center of Military History, 1988.

Clifford, Clark, mit Richard Holbrooke: *Counsel to the President. A Memoir.* New York: Random House, 1991.

Clodfelter, Mark: *The Limits of Air Power. The American Bombing of North Vietnam.* New York: Free Press, 1989.

Cooper, Chester L.: *The Lost Crusade. America in Vietnam.* New York: Dodd, Mead, 1970.

Enthoven, Alain C./Smith, K. Wayne: *How Much Is Enough? Shaping the Defense Program, 1961–1969.* New York: Harper & Row, 1971.

Gelb, Leslie H., mit Richard K. Betts: *The Irony of Vietnam. The System Worked.* Washington: Brookings Institution, 1979.

Gibbons, William Conrad: *The U. S. Government and the Vietnam War. Executive and Legislative Roles and Relationships*, Teil 2, *1961–1964.* Washington: U. S. Government Printing Office, 1985.

–: *The U. S. Government and the Vietnam War. Executive and Legislative Roles and Relationships*, Teil 3, *January–July 1965*. Washington: U. S. Government Printing Office, 1988.

–: *The U. S. Government and the Vietnam War. Executive and Legislative Roles and Relationships*, Teil 4, *July 1965–January 1968*. Washington: U. S. Government Printing Office, 1994.

Gittinger, Ted (ed.): *The Johnson Years. A Vietnam Roundtable*. Austin: Lyndon Baines Johnson Library, 1993.

Goulding, Phil G.: *Confirm or Deny. Informing the People on National Security*. New York: Harper & Row, 1970.

Graff, Henry F.: *The Tuesday Cabinet. Deliberation and Decision on Peace and War Under Lyndon B. Johnson*. Englewood Cliffs: Prentice Hall, 1970.

Halberstam, David: *The Best and the Brightest*. New York: Random House, 1972.

–: *The Making of a Quagmire*. New York: Random House, 1965.

Hammer, Ellen J.: *A Death in November. America in Vietnam, 1963*. New York: Dutton, 1987.

Hammond, William M.: *United States Army in Vietnam, Public Affairs. The Military and the Media, 1962–1968*. Washington: U. S. Army Center of Military History, 1988.

Herring, George C.: *America's Longest War. The United States and Vietnam, 1950–1975*. 2. Aufl. New York: Knopf, 1986.

–: *LBJ and Vietnam. A Different Kind of War*. Austin: University of Texas Press, 1994.

– (ed.): *The Secret Diplomacy of the Vietnam War. The Negotiating Volumes of the Pentagon Papers*. Austin: University of Texas Press, 1983.

Hilsman, Roger: *To Move a Nation. The Politics of Foreign Policy in the Administration of John F. Kennedy*. Garden City: Doubleday, 1967.

Hoopes, Townsend. *The Limits of Intervention. An Inside Account of How the Johnson Policy of Escalation in Vietnam Was Reversed*. New York: McKay, 1969.

Isaacson, Walter: *Kissinger. A Biography*. New York: Simon & Schuster, 1992.

Johnson, Lyndon Baines: *The Vantage Point. Perspectives on the Presidency, 1963–1969*. New York: Holt, Rinehart and Winston, 1971.

Karnow, Stanley: *Vietnam. A History*. 2. Aufl. New York: Viking, 1991.

Kaufmann, William W.: *The McNamara Strategy*. New York: Harper & Row, 1964.

Kearns, Doris: *Lyndon Johnson and the American Dream*. New York: Harper & Row, 1976.

Kissinger, Henry: *Diplomacy*. New York: Simon & Schuster, 1994.

Kowet, Don: *A Matter of Honor*. New York: Macmillan, 1984.

Kraslow, David/Loory, Stuart H.: *The Secret Search for Peace in Vietnam*. New York: Random House, 1968.

Krepinevich, Andrew F., Jr.: *The Army and Vietnam*. Baltimore: Johns Hopkins University Press, 1986.

Lake, Anthony (ed.): *The Legacy of Vietnam*. New York: New York University Press, 1976.

Lewy, Guenter: *Americans in Vietnam*. New York: Oxford University Press, 1978.

Littauer, Raphael/Uphoff, Norman (eds.): *The Air War in Indochina*. Durchgesehene Ausg. Boston: Beacon Press, 1972.

Marolda, Edward J./Fitzgerald, Oscar P.: *The United States Navy and the Vietnam Conflict*. Bd. 2: *From Military Assistance to Combat, 1959–1965*. Washington: Naval Historical Center, 1986.

McCloud, Bill (ed.): *What Should We Tell Our Children About Vietnam?*, Norman: University of Oklahoma Press, 1989.

McNamara, Robert S.: *The Essence of Security. Reflections in Office*. New York: Harper & Row, 1968.

Momyer, William M.: *Air Power in Three Wars*. Washington: U. S. Government Printing Office, 1978.

Nolan, Janne E. (ed.): *Global Engagement. Cooperation and Security in the Twenty-first Century*. Washington: Brookings Institution, 1994.

Nolting, Frederick: *From Trust to Tragedy. The Political Memoirs of Frederick Nolting, Kennedy's Ambassador to Diem's Vietnam*. New York: Praeger, 1988.

Palmer, Bruce, Jr.: *The Twenty-five Year War. America's Military Role in Vietnam*. Lexington: University Press of Kentucky, 1984.

The Pentagon Papers: The Defense Department History of United States Decisionmaking on Vietnam. 5 Bde. Hrsg. v. Senator Gravel. Boston: Beacon Press, 1971.

Perry, Mark: *Four Stars*. Boston: Houghton Mifflin, 1989.

Pfeffer, Richard M. (ed.): *No More Vietnams? The War and the Future of American Foreign Policy*. New York: Harper & Row, 1968.

Reeves, Richard: *President Kennedy. Profile of Power*. New York: Simon & Schuster, 1993.

Reston, James: *Deadline. A Memoir*. New York: Random House, 1991.

Rostow, W. W.: *The Diffusion of Power. An Essay in Recent History.* New York: Macmillan, 1972.

Rusk, Dean (as told to Richard Rusk): *As I Saw It.* New York: Norton, 1990.

Rust, William J.: *Kennedy in Vietnam.* New York: Scribner, 1985.

Schandler, Herbert Y.: *The Unmaking of a President. Lyndon Johnson and Vietnam.* Princeton: Princeton University Press, 1977.

Schlesinger, Arthur M., Jr.: *Robert Kennedy and His Times.* Boston: Houghton Mifflin, 1978.

–: *A Thousand Days. John F. Kennedy in the White House.* Boston: Houghton Mifflin, 1965.

Schlight, John: *The United States Air Force in Southeast Asia. The War in South Vietnam: The Years of the Offensive, 1965–1968.* Washington: Office of Air Force History, 1988.

Shaplen, Robert: *The Lost Revolution. The U. S. in Vietnam.* New York: Harper & Row, 1965.

Shapley, Deborah: *Promise and Power. The Life and Times of Robert McNamara.* Boston: Little, Brown, 1993.

Sharp, U. S. Grant: *Strategy for Defeat. Vietnam in Retrospect.* Novato: Presidio Press, 1978.

Sharp, U. S. Grant/Westmoreland, W. C.: *Report on the War in Vietnam, 1964–1968.* Washington: U. S. Government Printing Office, 1968.

Sheehan, Neil: *A Bright Shining Lie. John Paul Vann and America in Vietnam.* New York: Random House, 1988.

Shulimson, Jack: *U. S. Marines in Vietnam. An Expanding War, 1966.* Washington: U. S. Marine Corps History and Museums Division, 1982.

Shulimson, Jack/Johnson, Charles M.: *U. S. Marines in Vietnam. The Landing and the Buildup, 1965.* Washington: U. S. Marine Corps History and Museums Division, 1978.

Sorensen, Theodore C.: *Kennedy.* New York: Harper & Row, 1965.

Taylor, Maxwell D.: *Swords and Plowshares.* New York: Norton, 1972.

Trewhitt, Henry L.: *McNamara.* New York: Harper & Row, 1971.

Ungar, Sanford J.: *The Papers and the Papers. An Account of the Legal and Political Battle over the Pentagon Papers.* New York: Dutton, 1972.

U. S. Congress. Senate. Committee on Armed Services: *Air War Against North Vietnam. Hearings Before the Preparedness Investi-*

gating Subcommittee, August 9–29, 1967. 90th Cong., 1st sess., 1967. Committee Print.

U. S. Department of State: *Foreign Relations of the United States, 1961–1963.* Bd. 1: *Vietnam, 1961.* Washington: U. S. Government Printing Office, 1988.

–: *Foreign Relations of the United States, 1961–1963.* Bd. 2: *Vietnam, 1962.* Washington: U. S. Government Printing Office, 1990.

–: *Foreign Relations of the United States, 1961–1963.* Bd. 3: *Vietnam, January–August 1963.* Washington: U. S. Government Printing Office, 1991.

–: *Foreign Relations of the United States, 1961–1963.* Bd. 4: *Vietnam, August–December 1963.* Washington: U. S. Government Printing Office, 1991.

–: *Foreign Relations of the United States, 1964–1968.* Bd. 1: *Vietnam, 1964.* Washington: U. S. Government Printing Office, 1992.

VanDeMark, Brian: *Into the Quagmire. Lyndon Johnson and the Escalation of the Vietnam War.* New York: Oxford University Press, 1991.

The Vietnam Hearings. Einleitung von J. William Fulbright. New York: Vintage Books, 1966.

Westmoreland, William C.: *A Soldier Reports.* Garden City: Doubleday, 1976.

BILDNACHWEIS

DIE FRÜHEN JAHRE

1 1937: Auf dem Mount Whitney (4418 Meter), vom Gewitter überrascht. Während ein Freund diese Aufnahme machte, schlug in
der Nähe der Blitz ein, so daß meine Haare im wahrsten Sinn des
Wortes zu Berge standen. Fünfzig Jahre später bestieg ich den
Mount Whitney noch einmal, kurz nachdem in einem ähnlichen
Sturm mehrere Kletterer umgekommen waren. (Photo mit freundlicher Genehmigung des Autors)

2 Die beiden, die ich in den Vereinigten Staaten zurückließ.
Während der achtzehn Monate, die ich im Ausland diente – in
Großbritannien, Indien, China und auf den Marianen – blieb
Marg in Cambridge. Wegen der Benzinrationierung fuhr sie da-
mals oft mit dem Fahrrad, auf dem Rücksitz unsere einjährige
Tochter Margy. (Photo mit freundlicher Genehmigung des Au-
tors)

3 Anfang 1943: Als Berater des Kriegsministeriums bei der neuauf-
gestellten Eighth Air Force in England wurde ich zum Haupt-
mann im U. S. Army Air Corps ernannt. (Photo mit freundlicher
Genehmigung des Autors)

4 Bei meinem Ausscheiden aus dem Militärdienst Anfang 1946 war
ich Oberstleutnant und erhielt von dem Fünf-Sterne-General der
Luftwaffe Hap Arnold die Auszeichnung »Legion of Merit«.
(Photo mit freundlicher Genehmigung des Autors)

AUTOS BAUEN UND VERKAUFEN

5 Zehn Armeeoffiziere, genannt »Whiz Kids«, traten im Januar
1946 bei der Ford Motor Company ein, um Henry Ford II bei
deren Umstrukturierung zu helfen. Von der Gruppe wurde einer
entlassen, einer kündigte, zwei begingen Selbstmord, und die
übrigen sechs – zwei wurden Firmenpräsidenten und einer Vize-

präsident – arbeiteten insgesamt 150 Jahre als Spitzenmanager. (Photo mit freundlicher Genehmigung des Autors)

6 Mitte der fünfziger Jahre, als Chefmanager bei Ford, führte ich gemeinsam mit meinem Stellvertreter und meinem Verkaufsdirektor unsere neuen Modelle vor. Es war eine aufregende Zeit, da in der Automobilindustrie damals um den zukünftigen Kurs gerungen wurde. Nicht alle unsere Versuche erwiesen sich als wirtschaftliche Erfolge. 1956 berichteten die *Automotive News*: »Chevrolet hat dieses Jahr versucht, Geschwindigkeit zu verkaufen. McNamara und Ford versuchten es mit Sicherheit. Aber es sieht so aus, als wollte die Öffentlichkeit der Geschwindigkeit den Vorzug geben.« (Photo mit freundlicher Genehmigung des Autors)

7 Oktober 1960: Nachdem mich das Direktorium der Ford Motor Company zum Präsidenten gewählt hatte – der erste Präsident in der Firmengeschichte, der kein Mitglied der Familie Ford war –, verkündete Henry Ford II, der Vorsitzende des Direktoriums, der Presse meine Wahl. Sieben Wochen später wurde ich Verteidigungsminister der USA. (Photo mit freundlicher Genehmigung des Autors)

AN DER SEITE VON JOHN F. KENNEDY

8 19. Januar 1961: Amtsübergabe im Weißen Haus. Unsere Einführung in die Probleme Südostasiens durch Präsident Eisenhower fand in einer Sitzung statt, über die es bis heute geteilte Meinungen gibt. (Photo mit freundlicher Genehmigung der John F. Kennedy Library)

9 20. Januar 1961: Vereidigung des Kabinetts Kennedy. Der aufregendste Tag in meinem Leben. (Photo mit freundlicher Genehmigung der John F. Kennedy Library)

10 Oktober 1962: Eine Besprechung des »Executive Committee«, des Ausschusses, der Präsident Kennedy während der Kubakrise beriet. Damals glaubten wir, daß die Gefahr groß sei; in den letzten Jahren haben wir erkannt, daß die Lage noch weitaus ernster war. Wir standen 1962 tatsächlich am Rande einer atomaren Katastrophe. (Photo mit freundlicher Genehmigung der John F. Kennedy Library)

11 März 1961: Kurz vor dem Debakel in der Schweinebucht, eine Besprechung mit dem Vizepräsidenten. (Photo mit freundlicher Genehmigung von AP/Wide World Photos)

12 Bobby war immer präsent und derjenige Präsidentenberater, der John F. Kennedy am nächsten stand. (Photo mit freundlicher Genehmigung des Autors)

13-15 Dean Rusk, Max Taylor und ich waren nicht nur intensive Gesprächspartner des Präsidenten, sondern auch häufige Besucher im Weißen Haus. (Photos mit freundlicher Genehmigung der John F. Kennedy Library)

DIE ÄRA JOHNSON

16 24. November 1963: Die erste Sitzung mit Präsident Lyndon B. Johnson. Eine seiner ersten Amtshandlungen – noch im Büro des Vizepräsidenten im Old Executive Office Building und vor dem Umzug ins Oval Office – war ein Treffen mit Dean Rusk, George Ball, Botschafter Lodge und mir, um die Lage in Vietnam zu besprechen. Seine Instruktion lautete kurz und bündig: Siegen! (Photo mit freundlicher Genehmigung von Cecil Stoughton/LBJ Library Collection)

17 Ich konnte ihn nicht überzeugen, er konnte mich nicht überzeugen ... Wir waren beide nicht glücklich. (Photo mit freundlicher Genehmigung von Yoichi R. Okamoto/LBJ Library Collection)

18 März 1964: Bevor Max und ich nach Vietnam abreisten, meinte Präsident Johnson, er wolle einen ganzen Berg von Photos von mir, Seite an Seite mit Khanh. Sie sollten dem südvietnamesischen Volk zeigen, daß die Vereinigten Staaten ihn bei jedem Schritt unterstützten. Es wird mir immer peinlich sein, daß ich Johnson diesen Wunsch erfüllt habe. (Photo mit freundlicher Genehmigung von Larry Burrows/LBJ Library Collection)

19 Ngo Dinh Diem war bereits 1933 Innenminister von Annam. Lehnte während des Zweiten Weltkriegs eine Zusammenarbeit mit den kommunistisch geführten Vietminh ab. 1954 – nach dem Fall von Dien Bien Phu – wurde er Ministerpräsident und 1955 – nach der Absetzung von Kaiser Bao Dai – Staatspräsident der Republik Südvietnam. Als Führer der katholischen Minderheit sah er sich bald zunehmender Ablehnung durch die buddhistische Mehrheit des Landes gegenüber. In dem Anfang November u. a. von Nguyen Khanh durchgeführten Militärputsch wurde Diem gestürzt und ermordet. (Photo mit freundlicher Genehmigung von Charlotte Berg)

20 Der ebenfalls an diesem Putsch beteiligte General Nguyen Van

Thieu wurde 1965 Leiter des nationalen Verteidigungsrates. 1967 übernahm er das Amt des Staatspräsidenten, das er bis zum Fall Saigons im Jahr 1975 innehatte. (Photo mit freundlicher Genehmigung von Charlotte Berg)

21 Mai 1965: Cy Vance und ich waren deprimiert, wenn wir an die schrecklichen Entscheidungen dachten, die vor uns lagen. (Photo mit freundlicher Genehmigung von Yoichi R. Okamoto/LBJ Library Collection)

22 27. Juli 1965: Der Tag, an dem der Präsident die schicksalhafte Entscheidung traf, einen umfassenden Bodenkrieg in Südostasien zu führen. (Photo mit freundlicher Genehmigung von Yoichi R. Okamoto/LBJ Library Collection)

23 Max und ich während einer unserer Inspektionsreisen in Vietnam. (Photo mit freundlicher Genehmigung von James Burke/*Life Magazine* © *Time Magazine*)

24 1966: Besuch bei Botschafter Henry Cabot Lodge jun. während seiner zweiten Amtszeit. (Photo mit freundlicher Genehmigung von Ray Jewett/Army News Features)

25 Unterrichtung der Kongreßführer im Kabinettssaal. (Photo mit freundlicher Genehmigung der Zeitschrift *Life*)

26 Vor einer Ansprache im East Room des Weißen Hauses: Mitglieder von Repräsentantenhaus und Senat sollen über die Situation in Vietnam informiert werden. (Photo mit freundlicher Genehmigung von Yoichi R. Okamoto/LBJ Library Collection)

27 Pressekonferenz im Pentagon.

28 Mai 1967: Ein lange zuvor geplantes Treffen mit dem britischen Premierminister Harold Wilson, bei dem er und Johnson sich ursprünglich einen Überblick über die Weltlage verschaffen wollten, konzentrierte sich statt dessen auf die Frage nach der Wahrscheinlichkeit eines größeren Krieges im Nahen Osten. (Photo mit freundlicher Genehmigung des Autors)

29 6. Juni 1967: Besprechung im Lageraum. Es ging darum, wie wir auf die Botschaft von Ministerpräsident Kossygin reagieren sollten, die er uns über den heißen Draht hatte zukommen lassen. Im Klartext lautete sie: Wenn ihr Krieg wollt, könnt ihr ihn haben. (Photo mit freundlicher Genehmigung von Yoichi R. Okamoto/LBJ Library Collection)

30 23. Juni 1967: Ein Treffen mit Kossygin in Glassboro. Der Präsident bat mich, dem sowjetischen Regierungschef zu erläutern, warum wir glaubten, die Stationierung eines sowjetischen Rake-

tenabwehrsystems würde das atomare Gleichgewicht zwischen der NATO und dem Warschauer Pakt zerstören. Meine Äußerungen erregten den Zorn Kossygins, führten aber letztlich zu den SALT-Vereinbarungen, die einige Jahre später unterzeichnet wurden. (Photo mit freundlicher Genehmigung der LBJ Library Collection)

31 29. Februar 1968: Was der Präsident am letzten Tag meiner Amtszeit erleben mußte, wirkte wie ein böses Omen für die vor ihm liegenden Schwierigkeiten. Der Regen störte die Ehrenzeremonie und zwang zum Verzicht auf die Luftparade. Als sich der Präsident in mein Büro begeben wollte, blieb der Aufzug zwischen zwei Stockwerken stecken, so daß ihn Mitarbeiter des Secret Service, die nachgerade in Panik gerieten, aus seiner Zwangslage befreien mußten. (Photo mit freundlicher Genehmigung von Mike Geissinger/LBJ Library Collection)

DIE FRAU DES MINISTERS

32 Februar 1966: Marg hielt anstelle von Lady Bird Johnson in der University of California in Los Angeles eine Rede. (Photo mit freundlicher Genehmigung der Zeitschrift *Parade*)

33 Entsetzt über die Leseschwächen bei Schülern, startete Marg 1966 ihr Programm »Reading Is Fundamental«, um das Interesse am Lesen zu fördern. Arme und sozial unterprivilegierte Kinder wurden dazu angeregt, sich Bücher zu wünschen und lesen zu lernen. Als Marg fünfzehn Jahre später starb, verteilten jährlich 70 000 Freiwillige elf Millionen Bücher an drei Millionen Kinder. (Photo mit freundlicher Genehmigung des Autors)

34 Unermüdlich war Marg für ihr Programm tätig und überzeugte viele ihrer Freunde davon, für die Organisation zu werben – so auch Ted Kennedy. (Photo mit freundlicher Genehmigung des Autors)

ALS PRÄSIDENT DER WELTBANK UND DANACH

35 April 1980: Verhandlungen mit Deng Xiaoping über die Rückkehr der Volksrepublik China in die Weltbank standen am Anfang einer für beide Seiten ausgesprochen befriedigenden Zusammenarbeit. Deng hatte soeben die Vervierfachung des chinesischen Bruttosozialprodukts bis zum Jahre 2000 angekündigt, wobei die Gewinne

auf die gesamte Gesellschaft verteilt werden sollten. Nur wenige glaubten, daß er seine Ziele erreichen würde. Tatsächlich aber werden sie noch übertroffen. (Photo mit freundlicher Genehmigung des Autors)

36 Papst Johannes Paul II. hatte sich sehr für das Programm der Weltbank interessiert, das der Förderung des wirtschaftlichen und sozialen Fortschritts in Entwicklungsländern dienen sollte, und so lud er mich zu einer Audienz ein. Wir stimmten in vielen Punkten überein, nur nicht in der Frage der »Familienplanung«. (Photo mit freundlicher Genehmigung des Autors)

37 Rede bei der 1991 in Tokyo abgehaltenen Konferenz über globale Entwicklung. Nach dreizehn Jahren als Präsident der Weltbank trat ich 1981 von diesem Amt zurück. Seitdem habe ich mich mit Problemen beschäftigt, die mir sehr am Herzen liegen: Verminderung der Gefahr eines Atomkriegs, Förderung des wirtschaftlichen und sozialen Fortschritts in den Entwicklungsländern, Suche nach alternativen Wegen zum Abbau inner- und zwischenstaatlicher Konflikte in der Welt nach dem Ende des Kalten Krieges, Kampf gegen die Polarisierung unserer Gesellschaft und die Marginalisierung – die Arbeitslosigkeit – einer zunehmenden Anzahl von Menschen in unserem Land. (Photo mit freundlicher Genehmigung des Autors)

38 Zusammen mit meinen Kindern Kathy und Craig hatte ich die Urne mit Margs Asche an ihren Lieblingsplatz in der Snowmass Maroon Bells Wilderness, in der Nähe unseres Hauses in Aspen, gebracht. Hier sind Craig und ich – mit Gipsverband um das gebrochene Handgelenk – auf dem Weg zu ihrer Ruhestätte unterhalb des Snowmass Peak (4295 Meter) und machen Rast auf dem 3810 Meter hohen Buckskin-Paß. (Photo mit freundlicher Genehmigung des Autors)

39 Während der Arbeit an diesem Buch unternahm ich eine Bergtour auf den Homestake Peak (4023 Meter) in Colorado. Der Weg zum Gipfel führt an mehreren Hütten vorbei. Zwei davon hatte ich zum Gedenken an Marg errichten lassen. Sie sind der Öffentlichkeit zugänglich. Mein Bergkamerad war Dr. Ben Eiseman, ehemals Vizepräsident des American College of Surgeons. Damals waren wir beide Ende Siebzig. Wir hoffen, auch weiterhin Ski fahren und bergsteigen zu können, bis zu unserem Tod! (Photo mit freundlicher Genehmigung des Autors)

REGISTER

(Kursiv gesetzte Ziffern beziehen sich auf den Bildteil)

503

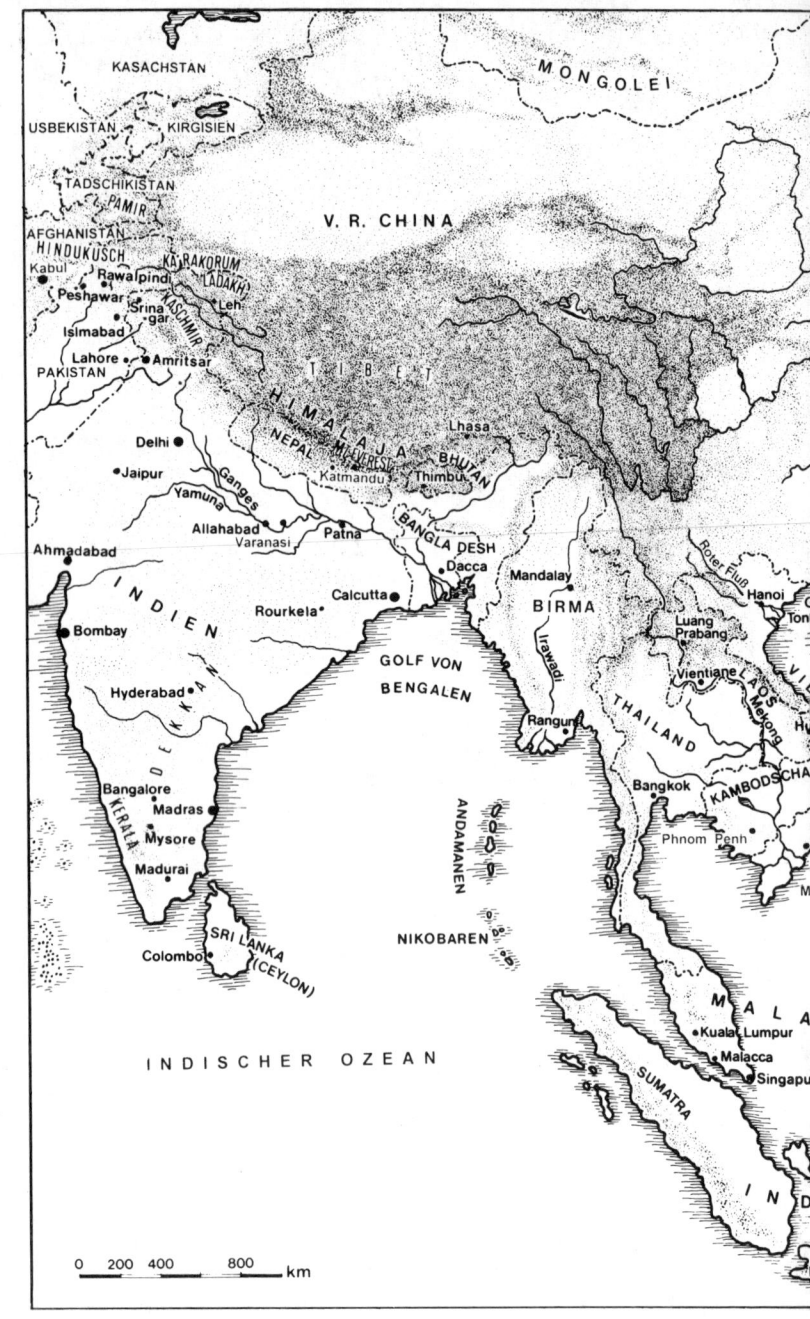

> **„Naturgemäß kann eine Reportage nur subjektiv sein. Nur der Reporter hat gesehen und gehört, was er beschreibt."** *Rudolf Augstein*